한국사
능력검정시험

고급·심화 기출문제집

신과 함께

마패

시놉시스

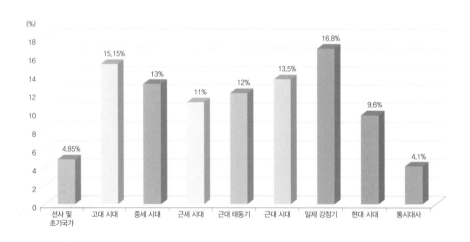

1	선사 및 초기 국가 4.85%	선사 시대는 유물 사진(가락바퀴, 비파형동검)과 특정 유적지(동굴과 막집)를 가지고 시기별 생활상을 파악하는 문제가 출제되었다. 난이도가 평이하고 점수 비중이 낮기 때문에 놓칠 수 없는 부분이고, 초기국가(부여, 고구려, 옥저, 동예, 삼한)와 관련된 문제는 매회 번갈아 출제되므로 꼭 숙지해야 한다.
2	고대 시대 15.15%	고대 시대는 근대 시대 이전에서 보자면 출제 빈도가 가장 높은 범위이다. 국가별 주요 왕들의 업적을 철저히 파악해야 한다. 그 중에서 특히 각국 전성기 왕들(근초고왕, 광개토내왕, 진흥왕)의 업적은 매년 출제된다. 특히 고대 시대는 문화사의 출제 빈도가 높은 곳으로 불상과 탑(정림사지 오층석탑, 분황사 모전석탑), 특정 승려(의상)에 관해 철저한 학습이 필요하다.
3	중세 시대 13%	중세 시대는 초기 태조, 광종, 성종의 업적과 정치제도의 특징, 거란, 여진, 몽골, 홍건, 왜구 등 이민족의 침략을 물리치는 과정, 중대에 이자겸의 난과 묘청의 서경천도운동, 무신정변기 하층민의 난과 주요 기구들, 하대에는 공민왕의 개혁정치와 신진사대부의 성장 등이 주요 학습 포인트이다. 경천사지 십층석탑이나 부석사 무량수전 같은 문화재도 빈번하게 나오며, 『삼국유사』와 『삼국사기』도 종종 출제되므로 잘 알아둔다.
4	근세 시대 11%	근세 시대는 단원의 중요도에 비해서 출제 빈도가 다소 낮은 편이다. 초기 태종과 세종, 세조와 성종의 주요 업적, 중앙과 지방 정치기구들, 사화, 임진왜란 등이 주요 출제 포인트이고, 고려시대와의 비교, 근대 태동기와의 비교 등이 자주 출제된다. 『경국대전』, 훈민정음, 조광조의 개혁정치 역시 자주 출제된다.
5	근대 태동기 12%	근대 태동기는 비변사와 훈련도감, 북벌과 예송환국, 영 · 정조의 업적은 매번 출제되는 포인트이다. 특히 이 부분에서는 근대지향적인 경제의 움직임과 수취제도의 변화(이앙법, 상품화폐경제, 영정법, 대동법, 균역법), 중인들의 신분상승운동, 서민문화의 발달, 실학, 홍경래의 난, 임술 농민봉기, 동학과 서학 등 중요 주제가 다양하게 분포하는 단원이다.

6	근대 시대 13.5%	근대 시대는 흥선대원군의 업적, 개화파 인물들, 강화도조약, 동학의 내용과 전개 과정, 임오군란, 갑신정변, 갑오개혁, 아관파천, 을사조약 등 역사적 사건에 대한 개별적인 이해와 함께 시기 구분이 자주 출제 된다. 연도를 암기할 필요는 없으나 인물에 대한 이해와 조약의 내용 등을 통해 해당 시기를 찾아내거나 순서를 정할 수 있어야 한다.
7	일제 강점기 16.8%	일제 강점기는 전 단원 중에서 출제 빈도가 가장 높은 범위이다. 주요 출제 포인트는 각 시기별 통치 방식(무단통치, 문화통치, 민족말살통치)에 해당하는 내용을 자세히 구분하는 문제가 주를 이룬다. 특히 무단통치와 민족말살통치기 내용(황국신민화 정책, 창씨개명)은 반드시 암기하여야 하고, 민족운동, 이봉창과 윤봉길, 신채호, 윤동주 관련 문제는 자주 출제된다.
8	현대 시대 9.6%	현대 시대는 광복 직후의 주요 사건들, 6 · 25 전쟁, 70년대와 90년대의 주요 경제적 내용, 7 · 4 남북공동성명, 6 · 15 남북공동선언, 민주화 운동의 내용과 순서(4 · 19, 5 · 18, 6월 민주항쟁)등이 주로 출제된다. 이승만, 박정희, 유신헌법, 전두환 관련 문제는 자주 출제된다.
9	통시대사 4.1%	구휼제도나 교육기관 등을 통시대적으로 질문하는 문제가 많이 출제된다. 이전에는 유네스코 문화유산, 민속놀이나 세시풍속을 묻는 문제가 1문제씩 출제되었으나, 최근에는 특정 지역사를 포괄적으로 묻는 문제가 자주 출제되고 있는 점도 특징이다.

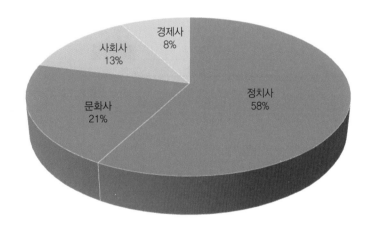

1	정치사 58%	정치사는 한국사의 핵심 부분으로 600문항 중 총 345문항(58%)이 출제되어 전체의 절반을 차지한다. 각 시기별 왕의 업적과 중앙 · 지방 정치제도, 대외항전 등은 주로 출제되는 문항이다. 회가 거듭될수록 새로운 문항이 출제되기보다는 다른 사료나 그림을 넣어 물어보는 형태로 바뀌고 있고, 왕의 업적을 직접 물어보는 경우보다 당시 사회상을 파악하는 융합형 형태를 띠고 있다.
2	문화사 21%	두 번째로 중요한 문화사는 127문항(21%)이 출제되고 있다. 주로 고대사의 유물과 유적, 불교 관련 인물(원효, 의상, 혜초, 의천, 지눌), 불상, 탑 등을 통한 시기 구분 문제와 조선 후기 풍속화와 민화 등이 주요 출제 포인트이다. 지역이나 국가를 묻는 특정 유물과 유적도 파악해야 한다. 최근 조선 후기의 풍속화는 제시되는 그림이나 사진이 다양해지는 경향을 띠고 있다.
3	사회사 13%	사회사는 최근 600문항 중 79문항(13%)이 출제되었고, 각 시기별 농민의 생활이나, 신분 해방운동, 구휼제도 등을 묻는 문제가 출제된다. 매향 활동, 가족제도나 여성의 지위 등은 앞으로도 계속 출제가 예상되는 부분이다.
4	경제사 8%	경제사는 49문항(8%)이 출제되어 전체적으로 볼 때 그리 많은 부분을 차지하고 있진 않다. 하지만 합격을 위해서 놓칠 수 없는 부분이다. 『민정문서』, 전시과, 과전법, 조선 후기 상품 화폐경제의 발달, 대외무역, 1960–90년대 시기별 경제 특징을 묻는 문항이 대부분이었다.

KNOW-HOW

01 시험 보기 전 한 번 더 정리하는 서브노트!

기본서에서 학습한 내용 중 시험에 자주 나오고 중요한 내용들만 모아 한눈에 볼 수 있도록 요약하였습니다.
이 서브노트 한 권이면 시험 날 짧은 시간 내에 학습한 내용을 다시 한 번 정리하기에 충분합니다.

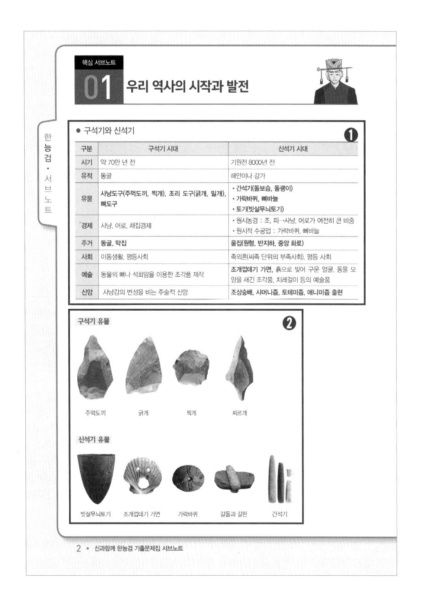

❶ 기본서의 핵심 내용을 총 8단원으로 압축하여, 한 눈에 비교하고 이해할 수 있도록 깔끔하게 표로 정리하였습니다.

❷ 시험에 자주 나오는 유물 사진들만 추려 제시하였습니다. 한 번 더 눈으로 익힌 후 시험을 볼 수 있도록 해야 합니다.

02 문제풀이에서 중요한 건 스킬! 그리고 완벽한 이해!

포인트 요소를 도입하여 시험 문제를 푸는 요령을 습득할 수 있도록 하였고, 반복해서 나오는 중요사료를 다시 한 번 눈에 익히고자 제시하였으며, 문제를 풀면서 내용을 완전히 이해할 수 있도록 구성하였습니다.

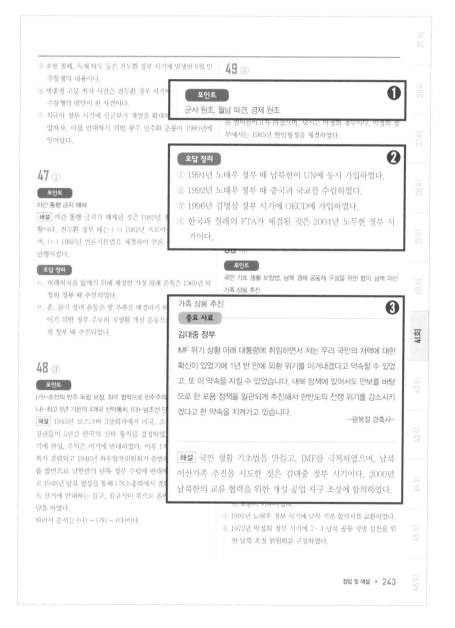

35회
38회
37회
38회
39회
40회
41회
47회
43회
44회
45회
48회

③ 호헌 철폐, 독재 타도 등은 전두환 정부 시기에 발생한 6월 민주항쟁의 내용이다.

④ 박종철 고문 치사 사건은 전두환 정부 시기에 주항쟁의 발단이 된 사건이다.

⑤ 최규하 정부 시기에 신군부가 계엄을 확대하 압하자, 이를 반대하기 위한 광주 민주화 운동이 1980년에 일어났다.

47 ①

포인트
야간 통행 금지 해제

해설 야간 통행 금지가 해제된 것은 1982년 전 황이다. 전두환 정부 때는 (ㄱ) 1982년 프로야 며, (ㄴ) 1980년 언론기본법을 제정하여 언론 단행시켰다.

오답 정리
ㄷ. 허례허식을 없애기 위해 제정한 가정 의례 준칙은 1969년 박 정희 정부 때 추진되었다.

ㄹ. 혼, 분식 장려 운동은 쌀 부족을 해결하기 위 이기 위한 정부 주도의 식생활 개선 운동으 희 정부 때 추진되었다.

48 ③

포인트
(가)-조선의 민주 독립 보장, 좌우 협작으로 민주주의
나)-최고 5년 기한의 4개국 신탁통치, (다)-남조선 단
해설 1945년 모스크바 3상회의에서 미국, 소
장관들이 5년간 한국의 신탁 통치를 결정하였으
기에 찬성, 우익은 여기에 반대하였다. 이후 1차
회가 결렬되고 1946년 좌우합작위원회가 출범
을 발언으로 남한만의 단독 정부 수립에 반대하
로 1948년 남북 협상을 통해 UN소총회에 결의
독 선거에 반대하는 김구, 김규식이 북으로 올라
담을 하였다.
따라서 순서는 (나) - (가) - (다)이다.

49 ⑤

포인트 ❶
군사 원조, 월남 파견, 경제 원조

을 멀어들이고자 하였으며, 당시는 박정희 정부이다. 박정희 정
부에서는 1965년 한일협정을 체결하였다.

오답 정리 ❷
① 1991년 노태우 정부 때 남북한이 UN에 동시 가입하였다.
② 1992년 노태우 정부 때 중국과 국교를 수립하였다.
③ 1996년 김영삼 정부 시기에 OECD에 가입하였다.
④ 한국과 칠레의 FTA가 체결된 것은 2004년 노무현 정부 시기이다.

포인트
국민 기초 생활 보장법, 남북 경제 공동체 구성을 위한 협의, 남북 이산
가족 상봉 추진

가족 상봉 추진 ❸

중요 사료
김대중 정부
IMF 위기 상황 아래 대통령에 취임하면서 저는 우리 국민의 저력에 대한
확신이 있었기에 1년 반 안에 외환 위기를 이겨내겠다고 약속할 수 있었
고, 또 이 약속을 지킬 수 있었습니다. 대북 정책에 있어서도 안보를 바탕
으로 한 포용 정책을 일관되게 추진해서 한반도의 전쟁 위기를 감소시키
겠다고 한 약속을 지켜가고 있습니다.
－광복절 경축사－

해설 국민 생활 기초법을 만들고, IMF를 극복하였으며, 남북
이산가족 추진을 시도한 것은 김대중 정부 시기이다. 2000년
남북한의 교류 협력을 위한 개성 공업 지구 조성에 합의하였다.

한 교류이 이루어

④ 1991년 노태우 정부 시기에 남북 기본 합의서를 교환하였다.
⑤ 1972년 박정희 정부 시기에 7·4 남북 공동 성명 실천을 위
한 남북 조절 위원회를 구성하였다.

❶ 문제풀이에서 중요한 스킬 중 하나는 지시문에 있는 포인트를 뽑아내는 것입니다. 포인트가 되는 요소를 제시하여 문제풀이 스킬을 기를 수 있도록 하였습니다.

❷ 오답이라고 해서 단순히 지나칠 것이 아니라, 왜 오답인지를 학습할 수 있도록 정리하였습니다.

❸ 시험에 반복하여 나오는 중요 사료를 다시 한 번 정리할 수 있도록 분석하여 제시하였습니다.

KNOW-WHAT

한국사능력검정시험이란?

- 학교 교육에서 한국사의 위상은 날로 추락하고 있는데, 주변 국가들은 역사교과서를 왜곡하고 심지어 역사 전쟁을 도발하고 있습니다. 한국사의 위상을 바르게 확립하는 것이 무엇보다 시급한 실정입니다.
- 이러한 현실에서 우리 역사에 관한 패러다임의 혁신과 한국사교육의 위상을 강화하기 위하여 국사편찬위원회에서

는 한국사 능력검정시험을 마련하였습니다.
- 국사편찬위원회는 우리 역사에 대한 관심을 제고하고, 한국사 전반에 걸쳐 역사적 사고력을 평가하는 다양한 유형의 문항을 개발하고 있습니다. 이를 통해 한국사 교육의 올바른 방향을 제시하고, 자발적 역사 학습을 통해 고차원적 사고력과 문제 해결 능력을 배양하고자 합니다.

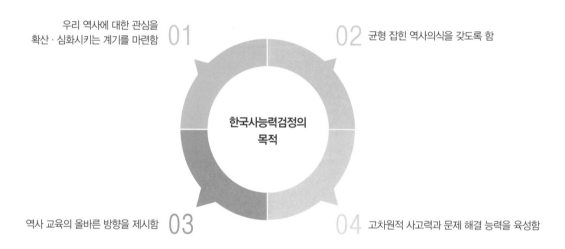

우리 역사에 대한 관심을 확산 · 심화시키는 계기를 마련함 **01**

02 균형 잡힌 역사의식을 갖도록 함

한국사능력검정의 목적

역사 교육의 올바른 방향을 제시함 **03**

04 고차원적 사고력과 문제 해결 능력을 육성함

구분	시험일시	합격자 발표
제47회	2020년 5월 23일(토)	2020년 6월 5일(금)
제48회	2020년 8월 8일(토)	2020년 8월 21일(금)
제49회	2020년 9월 19일(토)	2020년 10월 2일(금)
제50회	2020년 10월 24일(토)	2020년 11월 6일(금)

한국사능력검정시험의 특징

한국사능력검정시험은 한 나라의 국민으로서 가져야 하는 기본적인 역사적 소양을 측정하고, 역사에 대한 전 국민적 공감대를 형성하기 위한 시험으로 다음과 같은 특징을 갖고 있습니다.

0 한국사 학습능력을 측정할 수 있는 대표적인 시험입니다.

현재 한국사 지식을 검증하는 공인 시험은 오직 한능검뿐입니다.

1 응시자의 계층이 매우 다양합니다.

한국사능력검정시험은 입시생이나, 각종 채용시험과 같은 동일한 집단이 아니라, 다양한 연령층과 직업군을 가진 사람들이 응시하고 있습니다. 한국사에 대한 관심과 애정만 있다면 응시자의 학력수준이나 연령 등은 더욱 다양해질 것입니다.

2 국가기관인 국사편찬위원회가 주관합니다.

국사편찬위원회는 우리 역사에 대한 자료를 관장하고 있는 교육부 직속 기관입니다. 한국사능력검정시험은 우리나라 역사에 관란 자료를 조사 · 연구 · 편찬하는 국사편찬위원회가 주관 · 시행을 함으로써, 수준 높고 참신한 문항과 공신력 있는 관리를 통해 안정적인 시험 운영을 하고 있습니다.

3 참신한 문항 개발에 노력하고 있습니다.

매회 시험마다 단순 암기 위주의 보편적인 문항보다는, 다양한 영역에서 여러 접근 방법을 통해 풀 수 있는 참신한 문항을 새로 개발하고 있습니다. 또한 탐구력을 증진할 수 있는 문항 개발을 통해 기존 시험의 틀을 탈피하려고 노력하고 있습니다.

4 '선발 시험'이 아니라 '인증 시험'입니다.

합격의 당락을 결정하는 선발 시험의 성격이 아니라, 한국사의 학습 능력을 인증하는 시험입니다.

한국사능력검정시험의 출제유형

한국사능력검정시험의 문항은 역사교육의 목표 준거에 따라 다음의 여섯 가지 유형으로 구분됩니다.

역사 지식의 이해	역사 탐구에 필요한 기본적인 지식을 갖고 있는가를 묻는 영역입니다. 역사적 사실 · 개념 · 원리 등의 이해 정도를 측정합니다.
연대기의 파악	역사의 연속성과 변화 및 발전을 이해하고 있는지를 묻는 영역입니다. 역사 사건이나 상황을 시대 순으로 정확하게 이해하고 인과관계를 파악할 수 있는가를 측정합니다.
역사 상황 및 쟁점의 인식	제시된 자료에서 해결해야 할 구체적 역사 상황과 핵심적인 논쟁점, 주장 등을 찾을 수 있는가를 묻는 영역입니다. 문헌자료, 도표, 사진 등의 형태로 주어진 자료에서 해결해야 할 과제를 포착하거나 변별해내는 능력이 있는지를 측정합니다.
역사 자료의 분석 및 해석	자료에 나타난 정보를 해석하여 그 의미를 파악할 수 있는가를 묻는 영역입니다. 정보의 분석을 바탕으로 자료의 시대적 배경과 사회적 의미를 해석할 수 있는가를 측정합니다.
역사 탐구의 설계 및 수행	제시된 문제의 성격과 목적을 고려하여 절차와 방법에 따라 역사 탐구를 설계하고 수행할 수 있는 능력이 있는가를 묻는 영역입니다.
결론의 도출 및 평가	주어진 자료의 타당성을 판별하고, 여러 자료를 종합하여 결론을 도출할 수 있는가를 묻는 영역입니다.

시험관리 및 시행기관

- **시험 주관 및 시행 기관** : 국사편찬위원회
    - 기본계획 수립 및 업무처리지침 제작 배부
    - 홍보물 및 원서 제작 배포
    - 응시원서 교부 및 접수
    - 시험 문제 출제
    - 시험 실시 및 채점
    - 성적 및 인증서 관리

평가 및 활용

■ 평가등급 : 6개 등급(1~6급)

시험구분	심화	기본
인증등급	1급(80점 이상)	4급(80점 이상)
	2급(70~79점)	5급(70~79점)
	3급(60~69점)	6급(60~69점)
문항수	50문항(5지 택 1형)	50문항(4지 택 1형)

- 47회 시험부터 고급, 중급, 초급으로 된 시험 종류가 심화와 기본으로 바뀝니다.
- 등급은 1급부터 6급까지로 동일하고 심화 시험에서 1~3급, 기본 시험에서 4~6급을 받을 수 있습니다.
- 급수별 합격 점수에 따라 인증 등급이 달라집니다.
- 배점: 100점 만점(문항별 1~3점 차등 배점)

■ 평가내용

시험구분	평가등급	평가내용
심화	1, 2, 3급	한국사 심화 과정으로 차원 높은 역사 지식, 통합적 이해력 및 분석력을 바탕으로 시대의 구조를 파악하고, 현재의 문제를 창의적으로 해결할 수 있는 능력 평가
기본	4, 5, 6급	한국사 기본 과정으로 한국사에 대한 기본적인 이해를 바탕으로 한국사의 흐름을 대략적으로 이해할 수 있는 능력과, 전반적인 이해를 바탕으로 한국사의 개념과 전개 과정을 체계적으로 파악할 수 있는 능력 평가

■ 활용 및 특전

- 2012년부터 한국사능력검정시험 2급 이상 합격자에 한해 인사혁신처에서 시행하는 5급 국가공무원 공개경쟁채용시험 및 외교관후보자 선발시험에 응시자격 부여
- 2013년부터 한국사능력검정시험 3급 이상 합격자에 한해 교원임용시험 응시자격 부여
- 국비 유학생, 해외파견 공무원, 이공계 전문연구요원(병역) 선발 시 국사시험을 한국사능력검정시험(3급 이상 합격)으로 대체
- 일부 공기업 및 민간기업의 사원 채용이나 승진 시 반영
- 2014년부터 한국사능력검정시험 2급 이상 합격자에 한해 인사혁신처에서 시행하는 지역인재 7급 수습직원 선발시험에 추천 자격요건 부여
- 일부 대학의 수시모집 및 육군·해군·공군·국군간호사관학교 입시 가산점 부여
- 2015년부터 공무원 경력경쟁채용시험에 가산점 부여
- 2018년부터 군무원 공개경쟁채용시험에서 국사 과목을 한국사능력검정시험으로 대체
- 2021년부터 국가·지방공무원 7급 공개경쟁채용시험에서 한국사 과목을 한국사능력검정시험으로 대체

※ 인증서 유효기간은 인증서를 요구하는 각 기관에서 별도로 정함

이 책의 차례

신과함께 한능검! 합격의 지름길!
신과함께 한국사능력검정시험 기출문제집

신과함께

한능검 기출문제

35~46회

01

(가) 시대의 생활 모습으로 옳은 것은? `2점`

유물 카드

- 명칭: 슴베찌르개
- 출토지: 충청북도 단양 수양개 유적
- 시대: (가) 시대
- 소개: 뗀석기로서 슴베를 자루에 연결하여 창끝이나 화살촉 등의 용도로 사용하였다.

① 빗살무늬 토기를 제작하였다.
② 주로 동굴이나 강가의 막집에서 살았다.
③ 지배층의 무덤으로 고인돌을 축조하였다.
④ 반달 돌칼을 사용하여 곡물을 수확하였다.
⑤ 가락바퀴와 뼈바늘을 이용하여 옷을 만들었다.

02

교사의 질문에 대한 학생의 답변으로 옳은 것은? `2점`

이 우표에는 구간(九干)이 구지봉에서 6개의 알을 맞이하고, 그중 한 알에서 수로가 나오는 장면이 그려져 있습니다. 이러한 건국 신화가 있는 나라에 대해 말해볼까요?

① 덩이쇠를 화폐처럼 사용하였습니다.
② 12월에 영고라는 제천 행사를 열었습니다.
③ 제가 회의에서 국가 중대사를 결정하였습니다.
④ 박, 석, 김의 3성이 교대로 왕위를 계승하였습니다.
⑤ 마한의 목지국을 압도하고 지역의 맹주로 발돋움하였습니다.

03

밑줄 그은 '왕'의 업적으로 옳은 것은? `2점`

왕께서 불교를 일으키려 하시므로 저 이차돈도 불법(佛法)을 위해 목숨을 버리려 합니다. 하늘이시여, 상서로운 일을 백성에게 보여주소서.

① 병부와 상대등을 설치하였다.
② 중앙 관청을 22부로 확대하였다.
③ 거칠부에게 국사를 편찬하게 하였다.
④ 이사부를 보내 우산국을 복속시켰다.
⑤ 지방에 담로를 두고 왕족을 파견하였다.

04

(가), (나) 사이의 시기에 있었던 사실로 옳은 것은? `3점`

(가) 을지문덕이 우문술의 군사가 굶주린 기색이 있음을 보고 이들을 피곤하게 만들려고 매번 싸울 때마다 달아났다. 우문술이 하루에 일곱 번 싸워 모두 이기니, …… 드디어 동쪽으로 나아가 살수(薩水)를 건너 평양성에서 30리 떨어진 산에 진을 쳤다.
　　　　　　　　　　　　　　　　　　　　　　　　　ー『삼국사기』ー

(나) 여러 장수가 급히 안시성을 공격하였다. …… 강하왕 도종이 무리를 독려하여 성의 동남 모퉁이에 흙산을 쌓아 침입하려고 하니, 성 안에서도 성벽을 높여서 막았다.
　　　　　　　　　　　　　　　　　　　　　　　　　ー『삼국사기』ー

① 진흥왕이 대가야를 공격하여 멸망시켰다.
② 연개소문이 정변을 일으켜 권력을 장악하였다.
③ 장수왕이 백제를 공격하여 한성을 함락시켰다.
④ 계백이 이끄는 군대가 황산벌에서 결사 항전하였다.
⑤ 근초고왕이 평양성을 공격하여 고국원왕을 전사시켰다.

05

다음 문화유산에 대한 설명으로 옳은 것을 〈보기〉에서 고른 것은? [2점]

- 위치: 충청남도 공주시
- 소개: 1971년 송산리 6호분의 침수를 막기 위한 배수로 공사 중 도굴의 피해를 전혀 입지 않은 상태로 발견됨.

발굴 당시 모습

〈보 기〉
ㄱ. 모줄임 천장 구조로 되어 있다.
ㄴ. 중국 남조의 영향을 받아 조성되었다.
ㄷ. 고구려 장군총과 유사한 돌무지 무덤이다.
ㄹ. 무덤의 주인을 알 수 있는 묘지석이 출토되었다.

① ㄱ, ㄴ   ② ㄱ, ㄷ   ③ ㄴ, ㄷ   ④ ㄴ, ㄹ   ⑤ ㄷ, ㄹ

06

(가) 국가의 경제에 대한 설명으로 옳은 것은? [2점]

○○신문

제△△호 　　　　　　　　　○○○○년 ○○월 ○○일

쇼소인 소장 유물로 보는 고대 한·일 교류

쇼소인 소장 사하리 그릇과 청동 가위

일본 도다이 사 쇼소인의 유물 중에는 일본어로 '사하리'라고 통칭되는 금속제 그릇이 수백여 점이 있다. 그중에는 뾰족한 침으로 바닥에 '위수내말(爲水乃末)'이라고 새긴 것도 있는데, '위수'는 사람 이름이고 '내말'은 ___(가)___ 의 관등인 '나마'를 의미한다. 또한 청동 가위는 월지(안압지)에서 출토된 것과 매우 유사하여 ___(가)___ 이/가 일본과 활발한 문화 교류를 하였음을 알 수 있다.

① 솔빈부의 말이 특산물로 유명하였다.
② 벽란도를 통해 송 상인과 교역하였다.
③ 청해진이 국제 무역 거점으로 번성하였다.
④ 빈민을 구제하기 위한 진대법을 시행하였다.
⑤ 토지의 비옥도를 6등법으로 나누어 전세를 부과하였다.

07

밑줄 그은 '이 불상'으로 옳은 것은? [3점]

국보 제78호인 이 불상은 반가의 자세로 깊은 생각에 잠긴 모습을 형상화한 것입니다. 6세기 중후반에 제작된 것으로 추정되며, 삼국 시대 금동 불상 중 대표적인 작품입니다.

①　　　　　②　　　　　③

④　　　　　⑤

08

다음 자료의 인물에 대한 설명으로 옳은 것은? [1점]

묘지석 탁본

이것은 중국에서 발견된 백제 장군의 묘지석 탁본이다. 묘지문에는 그의 이름은 상지이고, 조상은 부여씨로부터 나왔는데 흑치 지방에 봉해졌기 때문에 이를 씨(氏)로 삼았으며, 그 가문은 대대로 달솔을 역임하였다고 쓰여 있다.

① 김흠돌의 반란을 진압하였다.
② 완산주에 도읍하고 나라를 세웠다.
③ 국호를 마진으로 바꾸고 철원으로 천도하였다.
④ 임존성에서 소정방이 이끄는 당군을 격퇴하였다.
⑤ 안승을 왕으로 받들어 나라를 다시 세우고자 하였다.

09

다음에서 설명하는 문화유산을 지도에서 옳게 찾은 것은?

[1점]

> 국보 제3호인 이 비석은 진흥왕 대의 영토 확장을 보여준다. 조선 후기 김정희에 의해 고증되기 전까지는 무학대사왕심비 등으로 알려져 있었다.

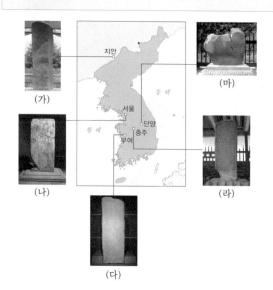

(가) (마) (나) (라) (다)

① (가)   ② (나)   ③ (다)   ④ (라)   ⑤ (마)

10

(가) 국가에 대한 설명으로 옳은 것은?

[2점]

> 옛 고구려의 장수 대조영은
> 태백산의 남쪽 성에 자리를 잡을 수 있어서
> 측천무후 원년에
> 나라를 열어 (가) (이)라고 하였네.
> 우리 태조 8년에
> 그 나라 사람들이 서로 이끌고 개경에 와서 뵈니,
> 누가 변란을 미리 알고 먼저 귀부하였나?
> 예부경과 사정경이었다네.
> ─ 『제왕운기』 ─

① 골품에 따라 관등 승진의 제한이 있었다.
② 주자감을 설치하여 유교 경전을 교육하였다.
③ 독서삼품과를 마련하여 인재를 등용하고자 하였다.
④ 오경박사, 의박사, 역박사 등을 일본에 파견하였다.
⑤ 사회 질서를 유지하기 위해 범금 8조를 제정하였다.

11

밑줄 그은 '왕'의 업적으로 옳은 것은?

[2점]

> 왕이 명령하기를, "······ 경관(京官) 5품 이상은 각기 봉사를 올려 시정(時政)의 잘잘못을 논하라."라고 하였다. ······ 최승로가 올린 글의 대략은 다음과 같다. "······ 이제 앞선 5대 조정(朝廷)의 정치와 교화에 대해서 본받을 만한 좋은 행적과 경계할 만한 나쁜 행적을 삼가 기록하여 조목별로 아뢰겠습니다. ······"
> ─ 『고려사절요』 ─

① 12목을 설치하고 지방관을 파견하였다.
② 관학 진흥을 위해 양현고를 설치하였다.
③ 왕권 강화를 위해 노비안검법을 실시하였다.
④ 신돈을 등용하고 전민변정도감을 설치하였다.
⑤ 빈민을 구제하기 위해 흑창을 처음 설치하였다.

12

(가)에 대한 고려의 대응으로 옳은 것은?

[2점]

> (가) 의 병사가 귀주를 지나자 강감찬 등이 동교(東郊)에서 맞아 싸웠다. ······ 아군이 추격하여 석천을 건너 반령에 이르니 시신이 들을 덮고 사로잡은 사람과 노획한 말·낙타, 갑옷·무기는 모두 헤아릴 수 없었다. 살아서 돌아간 자가 (십만여 명 중에서) 겨우 수천 명이니 (가) 이/가 패한 것이 이보다 심한 적이 없었다.
> ─ 『고려사』 ─

① 화포를 사용하여 진포에서 격퇴하였다.
② 별무반을 편성하여 동북 9성을 개척하였다.
③ 개경에 나성을 축조하여 침입에 대비하였다.
④ 이종무로 하여금 근거지를 정벌하게 하였다.
⑤ 도읍을 강화도로 옮겨 장기 항쟁을 준비하였다.

13

다음 제도를 운영한 국가의 지방 통치에 대한 설명으로 옳은 것은?

[2점]

> 6위를 설치하였다. ······ 6위에 직원(職員)과 장수를 배치하였다. 그 후에 응양군과 용호군 2군을 설치하였는데, 2군은 6위보다 지위가 높았다.

① 전국을 5경 15부 62주로 나누었다.
② 특수 행정 구역으로 향, 부곡, 소가 있었다.
③ 지방 장관으로 욕살, 처려근지 등을 두었다.
④ 상수리 제도를 실시하여 지방 세력을 견제하였다.
⑤ 수도의 위치가 치우친 것을 보완하기 위해 5소경을 설치하였다.

14

(가) 지역에서 있었던 사실로 옳은 것은? [2점]

> 묘청 등이 왕에게 말하기를, "신들이 보건대 ___(가)___ 의 임원역은 음양가들이 말하는 대화세(大華勢)이니 만약 이곳에 궁궐을 세우고 옮기시면 천하를 병합할 수 있을 것이요, 금나라가 공물을 바치고 스스로 항복할 것이며, 36개 나라들이 모두 신하가 될 것입니다." 라고 하였다.
>
> ― 『고려사』 ―

① 망이·망소이가 난을 일으켰다.
② 정몽주가 이방원 세력에 의해 피살되었다.
③ 우리나라 최초의 근대 교육 기관이 설립되었다.
④ 몽골의 침입으로 황룡사 구층 목탑이 소실되었다.
⑤ 조만식 등을 중심으로 조선 물산 장려회가 발족되었다.

15

다음 가상 대화가 이루어진 시기에 볼 수 있는 모습으로 적절한 것은? [1점]

① 녹읍 폐지를 명하는 국왕
② 농상집요를 소개하는 관리
③ 당백전을 주조하는 관청 소속 장인
④ 공가를 받고 관청에 물품을 납부하는 공인
⑤ 고추, 담배 등을 상품 작물로 재배하는 농민

16

(가), (나) 사이의 시기에 있었던 사실로 옳은 것은? [3점]

> (가) 다루가치가 왕을 비난하면서 말하기를, "선지(宣旨)라 칭하고, 짐(朕)이라 칭하고, 사(赦)라 칭하니 어찌 이렇게 참람합니까?" 라고 하였다. …… 이에 (왕이) 선지를 왕지(王旨)로, 짐을 고(孤)로, 사를 유(宥)로, 주(奏)를 정(呈)으로 고쳤다.
>
> ― 『고려사』 ―
>
> (나) 대사도 기철, 태감 권겸, 경양 부원군 노책이 반역을 도모하다 처단되었으며 그들의 친족과 당여는 모두 도망쳤다.
>
> ― 『고려사』 ―

① 일본 원정을 위해 정동행성이 설치되었다.
② 경기 지역에 한하여 과전법이 실시되었다.
③ 김윤후가 처인성에서 살리타를 사살하였다.
④ 정중부 등이 정변을 일으켜 권력을 장악하였다.
⑤ 우왕이 요동 정벌을 위해 이성계를 파견하였다.

17

(가)에 대한 설명으로 옳은 것은? [2점]

① 자장의 건의로 만들어졌다.
② 현존하는 최고(最古)의 금속 활자본이다.
③ 유네스코 세계 기록 유산으로 등재되었다.
④ 현재 프랑스 국립 도서관에 보관되어 있다.
⑤ 불국사 삼층 석탑을 보수하는 과정에서 발견되었다.

18

다음 인물의 활동으로 옳은 것은? 2점

나는 충선왕을 수행하여 중국의 여러 지역을 다녔습니다. 또한 역옹패설을 저술하고 역사서인 사략을 편찬하였습니다.

① 고려에 성리학을 최초로 소개하였다.
② 9재 학당을 세워 유학 교육에 힘썼다.
③ 만권당에서 원의 학자들과 교유하였다.
④ 양명학을 연구하여 강화 학파를 형성하였다.
⑤ 성리학을 도식으로 설명한 성학십도를 저술하였다.

19

다음 사건이 일어난 시기를 연표에서 옳게 고른 것은? 3점

남쪽 지방에서 적도들이 벌떼처럼 일어났다. 그중 심한 것은 운문에 웅거한 김사미와 초전에 자리 잡은 효심인데, 이들은 유랑하는 무리들을 불러 모아 각 고을을 노략질하였다. 왕이 이를 근심하여 대장군 전존걸에게 장군 이지순 등을 이끌고 가서 남적을 토벌하도록 하였다.

－『고려사』－

918	1009	1126	1170	1270	1388
(가)	(나)	(다)	(라)	(마)	
고려 건국	강조의 정변	이자겸의 난	무신 정변	개경 환도	위화도 회군

① (가) ② (나) ③ (다) ④ (라) ⑤ (마)

20

(가)에 행해지던 풍습으로 가장 적절한 것은? 1점

> 우리나라의 세시 풍속
>
> ## 조상에 제사 지내고 성묘하는 날, (가)
>
> 1. 문헌 자료
>   병조에서 아뢰기를, "동지로부터 105일이 지나면, 세찬 바람과 심한 비가 있으니 (가) (이)라 부른다고 합니다. …… 원컨대, 지금부터 (가) 에는 밤낮으로 불과 연기를 일절 금지하고, 관리들이 순찰하게 하옵소서."라고 하였다.
>   －『세종실록』－
>
> 2. 관련 행사
>   '손 없는 날' 또는 '귀신이 꼼짝 않는 날'로 여겨 산소에 손을 대도 탈이 없다고 한다. 그래서 산소에 잔디를 새로 입히는 개사초(改莎草)를 하거나, 비석 또는 상석을 세우거나 이장을 하였다.

① 진달래꽃으로 화전 부치기
② 새알심을 넣어 팥죽 만들기
③ 창포를 삶은 물로 머리 감기
④ 불을 사용하지 않고 찬 음식 먹기
⑤ 부스럼을 예방하기 위한 부럼 깨기

21

다음 대화의 왕이 재위했던 시기의 사실로 옳은 것은? 2점

우리나라에 서적이 매우 적어 유생들이 널리 볼 수 없는 것을 염려하는 바이다. 이에 주자소를 설치하고 민무질 등을 제조로 삼아 역대 사서와 경전을 간행하도록 하라.

전하의 뜻을 받들어 저희 신하들도 자원하는 마음으로 동철(銅鐵)을 내겠습니다.

① 집현전을 계승한 홍문관이 설치되었다.
② 전통 한의학을 정리한 동의보감이 간행되었다.
③ 강우량을 측정하기 위한 측우기가 제작되었다.
④ 역대 문물을 정리한 동국문헌비고가 편찬되었다.
⑤ 세계 지도인 혼일강리역대국도지도가 제작되었다.

22

(가) 인물에 대한 설명으로 옳은 것은? 3점

이 글은 (가) 이/가 태조를 칭송한 문덕곡의 서문입니다. 그는 조선경국전을 편찬하는 등 조선 초 문물제도의 정비에 크게 기여하였으며, 재상 중심의 정치를 주장하였습니다.

전하께서 즉위하시자 큰 포부를 지녀 계획을 세우시고, 백성과 더불어 나라를 바로잡아 정치를 시작하시니 칭송할 만한 것이 많았다. 그 중요한 내용을 들자면, 언로를 열고 공신을 보전하셨으며 토지 제도를 바로잡고 예악을 제정하셨다.

① 불씨잡변을 지어 불교를 비판하였다.
② 계유정난을 계기로 정계에서 축출되었다.
③ 일본에 다녀와서 해동제국기를 편찬하였다.
④ 인재 등용을 위해 현량과 실시를 건의하였다.
⑤ 방납의 폐단을 줄이고자 수미법을 주장하였다.

23

(가) 기관에 대한 설명으로 옳은 것은? 1점

(가) 을/를 설치한 것은 당초에 학문을 하고 심신을 수양하는 선비들을 대우하기 위한 것이니, 따라서 향사(享祀)의 대상이 될 사람은 사표(師表)가 될 만한 사람이어야 합니다. 그런데 지금은 그렇지 않아서 선비라는 사람은 학문을 일삼지 않고, 향사할 사람은 당치 않은 인물이기도 하여 사원(祠院)은 많으나 사문(斯文)은 더욱 침체되니 실로 한심스럽습니다. …… 지금부터 새로 창설하는 곳에 대해서는, 모두 예조(禮曹)에 보고하여 조정에서 함께 의논해서 공론으로 허용된 후에 창설하도록 하는 것이 타당하겠습니다.

① 주세붕에 의해 처음 세워졌다.
② 좌수와 별감을 중심으로 운영되었다.
③ 중앙에서 교수와 훈도가 파견되었다.
④ 조광조를 비롯한 사림의 건의로 혁파되었다.
⑤ 매향 활동을 하면서 각종 불교 행사를 주관하였다.

24

밑줄 그은 '왕'의 재위 기간에 있었던 사실로 옳은 것은? 2점

왕이 이르시기를, "요즈음 일로 말하건대 임꺽정이 많은 죄를 짓고도 오래도록 법을 피하고 있는데 국가에서는 치욕만 당하고 쉽게 잡지 못하니, 이는 오로지 경외(京外)가 무비(武備)를 닦지 않았기 때문이다. 또한 뒷날 을묘년의 왜변과 같은 일이 있으면 어떻게 하려는지 모르겠으니 한심하구나."라고 하셨다.

① 자의 대비의 복상 문제로 예송이 전개되었다.
② 외척 간의 권력 다툼으로 을사사화가 발생하였다.
③ 김종직 등 사림이 중앙 정계에 진출하기 시작하였다.
④ 사림이 이조 전랑 임명을 둘러싸고 동인과 서인으로 나뉘었다.
⑤ 폐비 윤씨 사사 사건의 전말이 알려져 관련자들이 화를 입었다.

25

(가) 군사 조직에 대한 설명으로 옳은 것은? 2점

저희 배가 나가사키로 향하던 중 풍랑을 만나 제주도에 표착해 두려움을 느꼈는데, 이렇게 같은 네덜란드 사람인 벨테브레이 당신을 만나니 안심이 됩니다.

조선 사람들은 우리 서양인이 화포를 잘 다룬다고 여기니, 히멜 자네는 한양에서 임진왜란 중에 설치된 (가) 에 배속되어 총포의 제조 및 조작법을 병사들에게 가르치게 될 것이네.

① 국경 지역인 양계에 배치되었다.
② 소속 군인에게 군인전이 지급되었다.
③ 포수, 사수, 살수의 삼수병으로 편제되었다.
④ 유사시에 향토 방위를 담당하는 예비군이었다.
⑤ 국왕의 친위 부대로 수원 화성에 외영을 두었다.

26

다음 상황이 전개된 이후의 사실로 옳은 것은? 2점

고금천하의 법 중에 군율보다 엄격한 것은 없습니다. 그런데 강홍립, 김경서 등은 중국 군대와 함께 적지에 깊숙이 들어가서 힘껏 싸우다 죽지 않고 도리어 투항을 청하여 적의 뜰에 무릎을 꿇었으니, 신하의 대의가 땅을 쓸듯이 완전히 없어졌습니다. …… 청컨대 강홍립·김경서의 가족들을 모조리 잡아서 구금하라고 명하심으로써 군율을 변경할 수 없다는 것을 분명히 보이소서.

① 김종서가 여진을 몰아내고 6진을 개척하였다.
② 조·명 연합군이 평양성 전투에서 승리하였다.
③ 정여립 모반 사건을 계기로 기축옥사가 일어났다.
④ 인조반정으로 서인이 정국의 주도권을 장악하였다.
⑤ 제한된 범위의 무역을 허용한 계해약조가 체결되었다.

27

(가) 왕이 실시한 정책으로 옳은 것은? [2점]

이 편지는 (가) 이/가 노론 벽파의 영수인 심환지에게 비밀리에 보낸 어찰이다. 이 편지에서 그는 "최근 벽파가 떨어져 나간다는 소문이 성행한다고 한다. 지금처럼 벽파가 뒤죽박죽 되었을 때에는 종종 이처럼 근거 없는 소문이 있을 수 있다."라고 언급하기도 하였다. 이와 같이 그는 국정 운영에 필요한 경우 부친인 사도 세자의 추숭(追崇)을 반대한 노론 벽파의 영수와도 수차례 편지를 교환하였다.

① 양전 사업을 실시하고 지계를 발급하였다.
② 속대전을 편찬하여 통치 체제를 정비하였다.
③ 청과의 경계를 정한 백두산 정계비를 세웠다.
④ 삼군부를 부활시켜 군국 기무를 전담하게 하였다.
⑤ 유능한 인재를 양성하기 위해 초계문신제를 시행하였다.

28

다음 자료에 나타난 시기의 경제 상황으로 옳지 않은 것은? [2점]

평안도에서는 …… 설점(設店)한 이후에 간사한 백성들이 때를 틈타 이익을 다투어 사사로이 잠채(潛採)하고 있다. 설점한 고을이 아니더라도 잠채하지 않는 곳이 없다. 묘지나 논밭을 가리지 않고 굴을 뚫고 땅을 파헤쳐서, 마을 소란스러움이 말로 다할 수 없다. 쌀값이 크게 오르고 도둑질이 끊이지 않으며, 농사를 짓던 농민들도 생업을 팽개치고 이익을 좇는다.

① 상평통보가 시장에서 유통되었다.
② 강희맹이 농서인 금양잡록을 저술하였다.
③ 보부상이 장시를 돌아다니며 활동하였다.
④ 송상, 만상이 대청 무역으로 부를 축적하였다.
⑤ 왜관에서 개시 무역과 후시 무역이 이루어졌다.

29

다음 글이 작성된 당시의 문화에 대한 설명으로 옳은 것은? [3점]

관상대 위에 진열된 여러 기구들은 천문을 관측하는 혼천의와 비슷해 보였다. 뜰 한복판에 놓인 것들 중에는 나의 벗 정철조의 집에서 본 물건과 유사한 것도 있었다. …… 언젠가 홍대용과 함께 정철조의 집에 찾아 갔는데, 두 사람은 서로 황도와 적도, 남극과 북극을 화제로 대화를 나누었다. 더러 머리를 흔들기도 하고 혹 고개를 끄덕이기도 하였으나, 주장이 모두 심오하여 이해하기 어려웠기에 나는 잠이 들어 듣지 못하였다.

① 안견이 몽유도원도를 그렸다.
② 김시습이 금오신화를 저술하였다.
③ 성현 등이 악학궤범을 편찬하였다.
④ 한글 소설과 사설시조가 유행하였다.
⑤ 서예에서 조맹부의 송설체가 도입되었다.

30

밑줄 그은 '이 사건'에 대한 설명으로 옳은 것은? [2점]

이 시집은 김삿갓으로 알려진 김병연의 시를 모은 것이다. 그는 서북민에 대한 차별에 저항하여 일어난 이 사건 당시 항복한 선천 부사 김익순을 비난하는 글을 썼다가, 후에 김익순이 자신의 조부임을 알고서 수치스러워 삿갓을 쓰고 방랑길에 올랐다고 한다.

① 백낙신의 탐학이 발단이 되었다.
② 집강소가 설치되는 결과를 가져왔다.
③ 보국안민, 제폭구민을 기치로 내걸었다.
④ 홍경래의 주도로 가산, 정주성 등을 점령하였다.
⑤ 사건의 수습을 위해 박규수가 안핵사로 파견되었다.

31

(가)에 대한 설명으로 옳은 것을 〈보기〉에서 고른 것은? 1점

지난 을축년 영중추부사 이원익이 정승으로 있을 때에, …… (가) 의 관직 진출을 허용하도록 정하였습니다. 양첩 소생은 손자 대에 가서 허용하고, 천첩 소생은 증손 대에 가서 허용하며, 과거에 급제한 뒤에는 요직은 허용하되 청직은 허용하지 않는 것으로 임금님의 재가를 받았습니다. …… 지금부터는 전교하신 대로 재능에 따라 의망(擬望)하는 것이 어떻겠습니까?

*의망: 관직 후보자를 추천하는 것

〈보 기〉
ㄱ. 화척, 양수척 등으로 불렸다.
ㄴ. 수차례 통청 운동을 전개하였다.
ㄷ. 규장각 검서관에 등용되기도 하였다.
ㄹ. 차별 철폐를 위해 조선 형평사를 조직하였다.

① ㄱ, ㄴ   ② ㄱ, ㄷ   ③ ㄴ, ㄷ   ④ ㄴ, ㄹ   ⑤ ㄷ, ㄹ

32

(가)에 들어갈 내용으로 가장 적절한 것은? 2점

시아버지 죽어 이미 상복 입었고
갓난아이 배냇물도 다 안 말랐는데
삼대의 이름이 군적에 모두 다 실렸으니
가서 억울함 호소해도 문지기는 호랑이요
이정(里正)은 호통치며 외양간 소 끌고 갔네.

이 글은 군정의 문란으로 고통받는 백성의 삶을 표현한 애절양이란 시야.

이러한 폐단을 해결하기 위해 흥선 대원군은 (가)

① 양반에게도 군포를 징수하는 호포제를 실시했어.
② 전세를 1결당 4~6두로 고정하는 영정법을 실시했어.
③ 현직 관리에게만 과전을 지급하는 직전법을 시행했어.
④ 봄에 곡식을 빌려주고 가을에 갚도록 하는 의창을 설치했어.
⑤ 기금을 모아 그 이자로 빈민을 구제하는 제위보를 마련했어.

33

밑줄 그은 '이 사건'에 대한 설명으로 옳은 것은? 2점

이 사건은 로저스 제독이 이끄는 미국 함대가 강화도를 침입하면서 시작되었습니다.

이 사건 당시 조선 군은 미군에 맞서 죽음을 무릅쓰고 용감히 싸웠지만, 사진 속 '수'자 기를 빼앗기고 말았습니다.

① 운요호 사건이 원인이 되었다.
② 병인박해가 일어나는 계기가 되었다.
③ 톈진 조약이 체결되는 배경이 되었다.
④ 어재연 부대가 광성보에서 항전하였다.
⑤ 외규장각 도서가 약탈되는 피해를 입었다.

34

다음 상황이 전개된 배경으로 가장 적절한 것은? 3점

우리 고을에 흉년이 든 것은 일본 총영사께서도 잘 알고 계실 것입니다. 가난한 백성의 먹을 것 없는 참상이 눈앞에 가득하니, 곡물 수출은 당분간 중지하지 않을 수 없습니다. …… 음력 을유년 12월 21일을 기점으로 한 달이 지난 이후부터는 쌀 수출이 금지되니 이러한 점을 귀국의 상민(商民)들에게 통지하여 주시기 바랍니다.

① 조 · 일 통상 장정이 체결되었다.
② 러시아가 절영도 조차를 시도하였다.
③ 일본이 황무지 개간권을 요구하였다.
④ 시전 상인들이 황국 중앙 총상회를 조직하였다.
⑤ 메가타의 주도로 화폐 정리 사업이 실시되었다.

35

다음 조약 체결의 계기가 된 사건으로 옳은 것은? 2점

> 제3관 조선국이 지불한 5만 원은 해를 당한 일본 관원의 유족 및 부상자에게 지급하여 특별히 돌보아 준다.
>
> ⋮
>
> 제5관 일본 공사관에 일본군 약간 명을 두어 경비를 서게 한다.
>
> 제6관 조선국은 대관(大官)을 특별히 파견하고 국서를 지어 일본국에 사과한다.

① 구식 군인들이 임오군란을 일으켰다.
② 영국이 거문도를 불법으로 점령하였다.
③ 고종이 러시아 공사관으로 거처를 옮겼다.
④ 전봉준이 이끄는 농민군이 전주성을 점령하였다.
⑤ 김옥균 등이 우정총국 개국 축하연을 기회로 정변을 일으켰다.

36

다음 글이 작성된 시기를 연표에서 옳게 고른 것은? 2점

> 제 의견은 청·러시아·일본 3국이 서로 조약을 체결하여 서양 스위스의 예에 따라 조선을 영세중립국으로 보장하는 것입니다. 그러면 설혹 뒷날 타국이 공벌(攻伐)하고자 해도 조선에서 길을 빌릴 수 없을 것입니다. 그리고 조선도 스스로 수천 명의 군대를 파견하여 국경을 지키면서, 각국과 평화 조약을 체결하여 통상을 한다면 영원히 큰 이익을 누릴 것입니다.
>
> – 독일 부영사 부들러 –

1876	1884	1894	1897	1904	1910
(가)	(나)	(다)	(라)	(마)	
강화도 조약	갑신 정변	청·일 전쟁	대한 제국 수립	러·일 전쟁	국권 피탈

① (가)　　② (나)　　③ (다)　　④ (라)　　⑤ (마)

37

다음 조서가 반포된 이후의 사실로 옳은 것은? 2점

> 짐이 정부에 명하여 학교를 널리 세우고 인재를 양성하는 것은 너희들 신하와 백성의 학식으로 나라를 중흥시키는 큰 공로를 이룩하기 위해서이다. 너희는 임금에게 충성하고 나라를 사랑하는 마음으로 덕성, 체력, 지혜를 기르라. 왕실의 안전도 신하와 백성의 교육에 달려 있고, 나라의 부강도 신하와 백성의 교육에 달려 있다.

① 박문국이 설치되었다.
② 육영 공원이 세워졌다.
③ 조사 시찰단이 파견되었다.
④ 통리기무아문이 설치되었다.
⑤ 한성 사범학교가 건립되었다.

38

다음 인물에 대한 설명으로 옳은 것은? 2점

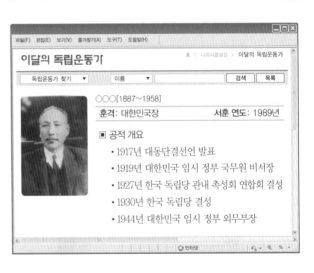

① 도쿄에서 일왕의 행렬에 폭탄을 투척하였다.
② 재미 한인을 중심으로 흥사단을 조직하였다.
③ 일본의 침략 과정을 서술한 한국통사를 저술하였다.
④ 새로운 국가 건설의 이념으로 삼균주의를 주창하였다.
⑤ 일제의 패망과 광복에 대비하여 조선 건국 동맹을 결성하였다.

39

(가)에 들어갈 내용으로 옳은 것은? 1점

조사 보고서

◎ 주제: 개항 이후 들어온 근대 문물

1. 한국 최초의 서양식 극장 ○○○
  • 위치: 서울특별시 종로구
  • 운영 시기: 1908~1909년
  • 특징
  • 사진 자료

  – 개장 초기 판소리를
    공연하기도 함.
  – [(가)]
  – 극장 건물은 1914년
    화재로 소실됨.

① 알렌의 건의로 만들어졌다.
② 나운규의 아리랑이 개봉되었다.
③ 신간회 창립 대회가 개최되었다.
④ 고종의 황제 즉위식이 거행되었다.
⑤ 은세계, 치악산 등의 신극이 공연되었다.

40

다음 조약이 체결된 이후의 사실로 옳은 것은? 3점

제1조 한국 정부는 시정 개선에 관해 통감의 지도를 받을 것.

제2조 한국 정부의 법령 제정 및 중요한 행정상 처분은 미리 통감의
  승인을 거칠 것.

  ⋮

제5조 한국 정부는 통감이 추천하는 일본인을 한국 관리에 임명할 것.

① 이만손 등이 영남 만인소를 올렸다.
② 최익현이 태인에서 의병을 일으켰다.
③ 독립 협회가 만민 공동회를 개최하였다.
④ 민영환이 조약 체결에 항거하여 순국하였다.
⑤ 13도 연합 의병이 서울 진공 작전을 전개하였다.

41

다음 민족 운동의 배경으로 옳은 것을 〈보기〉에서 고른 것은? 2점

정오가 가까워 오자 민족 대표들이 모여들기 시작하였다. 29인이 이 엄숙한 자리에 모였다. 33인 중 4인은 참석하지 못하였다. 정오가 되자 태화관의 정자 동쪽 처마에 태극기가 걸렸다. 일동은 근엄한 자세로 태극기를 향하여 경례하였다. '독립 선언서' 낭독을 생략하고 이종일이 선언서 백 장을 탁자 위에 놓고, 한용운이 일장의 식사(式辭)를 한 뒤에 그의 선창으로 '대한 독립 만세'를 외쳤다. 한편, 탑골 공원에 모인 학생들의 대한 독립 만세 소리는 천지를 진동하였다. 공원에 모였던 수천 명의 학생들은 길거리로 쏟아져 나갔다.

───〈 보 기 〉───

ㄱ. 대한 제국의 황제였던 순종이 사망하였다.
ㄴ. 사회주의 세력이 정우회 선언을 발표하였다.
ㄷ. 미국 대통령 윌슨이 민족 자결주의를 제창하였다.
ㄹ. 도쿄에서 유학생들이 2·8 독립 선언을 발표하였다.

① ㄱ, ㄴ   ② ㄱ, ㄷ   ③ ㄴ, ㄷ   ④ ㄴ, ㄹ   ⑤ ㄷ, ㄹ

42

(가)의 활동으로 옳지 않은 것은? 2점

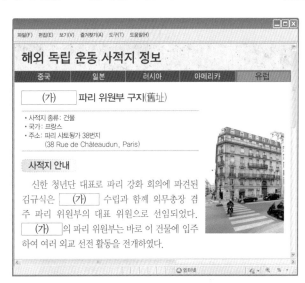

파일(F) 편집(E) 보기(V) 즐겨찾기(A) 도구(T) 도움말(H)

해외 독립 운동 사적지 정보

| 중국 | 일본 | 러시아 | 아메리카 | 유럽 |

[(가)] 파리 위원부 구지(舊址)

• 사적지 종류: 건물
• 국가: 프랑스
• 주소: 파리 샤토됭가 38번지
  (38 Rue de Châteaudun, Paris)

사적지 안내

신한 청년단 대표로 파리 강화 회의에 파견된 김규식은 [(가)] 수립과 함께 외무총장 겸 주 파리 위원부의 대표 위원으로 선임되었다. [(가)]의 파리 위원부는 바로 이 건물에 입주하여 여러 외교 선전 활동을 전개하였다.

인터넷

① 국내 비밀 행정 조직으로 연통제를 두었다.
② 독립 의식을 고취하기 위해 독립신문을 간행하였다.
③ 독립운동 자금 마련을 위해 독립 공채를 발행하였다.
④ 대성 학교와 오산 학교를 세워 민족 교육을 전개하였다.
⑤ 임시 사료 편찬 위원회를 두고 한·일 관계 사료집을 발간하였다.

43

(가) 지역에서 일어난 민족 운동으로 옳은 것은? 1점

○○신문

제△△호   2017년 ○○월 ○○일

한글 신문 '선봉'으로 본 고려인의 생활

1920~1930년대 (가) 지역에서 살던 고려인들의 모습을 보여주는 책이 발간되었다. 이 책은 (가) 지역에 거주하는 고려인들이 창간한 한글 신문인 '선봉'에 실린 기사를 분석하여 당시의 생활상을 보여주고 있다. 당시 이곳에는 신한촌 등 고려인 집단 거주 지역이 형성되었고, 고려인 교사를 양성하는 고려 사범 대학도 세워졌다. 또한 우리글로 쓰인 문학 작품과 우리말 연극, 영화, 라디오 방송도 제작되었다.

① 독립군 양성을 위해 신흥 강습소를 설립하였다.
② 대조선 국민 군단을 조직하여 군사 훈련을 하였다.
③ 권업회를 조직하고 대한 광복군 정부를 수립하였다.
④ 대한인 국민회를 중심으로 외교 활동을 전개하였다.
⑤ 민족 교육을 위해 서전서숙, 명동 학교를 건립하였다.

44

다음 지역에 대한 탐구 활동으로 적절하지 않은 것은? 2점

〈답사 보고서〉

▣ 주제: 우리 고장의 일제 강점기 군사 시설
▣ 날짜: 2017년 ○○월 ○○일
▣ 답사지 개관

    우리 고장에는 삼별초의 마지막 근거지인 항파두리 항몽 유적이 있다. 한편 일제가 주민들을 강제 동원하여 건설한 군사 시설 등의 유적도 있는데, 대표적인 것으로 비행장과 격납고, 그리고 연합군의 상륙에 대비해 해안 절벽에 굴을 뚫어 만든 동굴 진지가 있다.

▣ 유적지 사진

알뜨르 비행장   송악산 해안 동굴 진지

① 탐라총관부가 설치된 목적을 살펴본다.
② 고산리 유적에서 출토된 유물을 알아본다.
③ 정약전이 자산어보를 저술한 지역을 찾아본다.
④ 김만덕의 빈민 구제 활동에 대한 기록을 조사한다.
⑤ 4·3 사건으로 많은 주민이 희생된 지역을 파악한다.

45

밑줄 그은 '이 시기'의 일제 정책으로 옳은 것은? 2점

이 건물은 난징 리지샹 위안소 구지(舊址) 진열관이다. 리지샹 위안소는 일제가 중·일 전쟁을 일으키고 침략 전쟁을 확대하던 이 시기에 운영되었다. 난징 대도심에 위치한 이곳은 개발이 예정되어 있었지만, 북한의 고(故) 박영심 할머니가 자신이 일본군 '위안부'로 끌려왔던 위안소임을 증언하면서 개발이 중단되었다. 이후 2015년 12월 일제의 전쟁 범죄를 알리고 평화를 기원하는 기념관으로 새로 개관하였다.

① 회사령을 제정하였다.
② 미곡 공출제를 시행하였다.
③ 조선 태형령을 시행하였다.
④ 미쓰야 협정을 체결하였다.
⑤ 토지 조사 사업을 실시하였다.

46

(가), (나) 독립군에 대한 설명으로 옳은 것은? 3점

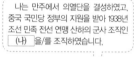

나는 광복군 총영에서 활동하였고, 1931년 국민부 산하 (가) 의 총사령이 되었습니다. 이후 만주의 중국 의용군과 연합하여 한·중 연합군을 편성하였습니다.

나는 만주에서 의열단을 결성하였고, 중국 국민당 정부의 지원을 받아 1938년 조선 민족 전선 연맹 산하의 군사 조직인 (나) 을/를 조직하였습니다.

① (가) - 자유시 참변으로 큰 타격을 입었다.
② (가) - 연합군의 일원으로 인도, 미얀마 전선에 파견되었다.
③ (나) - 대전자령 전투에서 일본군을 격퇴하였다.
④ (나) - 중국 관내(關內)에서 결성된 최초의 한인 무장 부대였다.
⑤ (가), (나) - 미군과 연계하여 국내 진공 작전을 계획하였다.

47

다음 두 주장이 제기된 계기로 가장 적절한 것은? `1점`

> ○ 우리는 피로써 건립한 독립국과 정부가 이미 존재하였음을
> 다시 선언한다. 5천 년의 주권과 3천 만의 자유를 전취하기
> 위하여 자기의 정치 활동을 옹호하고 외래의 탁치 세력을 배격함에
> 있다.
>
> ○ 신탁 제도 역시 그 내용이 조선 독립을 달성하는 순서상 과도적
> 방도인 한 충분히 진보적 역할을 하는 것이며, 8월 15일 해방으로
> 부터의 위대한 일보 전진이다. 그것은 을사조약이나 위임 통치와는
> 전연 다른 것일 뿐 아니라 우리가 통상 이해하는 신탁과도 아주
> 판이할 것이다.

① 이승만 정부가 반공 포로를 석방하였다.
② 김구, 김규식 등이 남북 협상에 참석하였다.
③ 제헌 국회에서 반민족 행위 처벌법이 제정되었다.
④ 모스크바 3국 외상 회의의 결정 사항이 보도되었다.
⑤ 유엔이 한반도에서 인구 비례에 따른 총선거 실시를 결의
하였다.

48

밑줄 그은 '정부' 시기의 사회 모습으로 옳은 것은? `2점`

> 정부는「경범죄처벌법」을 개정하여 '성별을 알아볼 수 없을 정도의
> 장발을 한 남자, 또는 미풍양속을 해하는 저속한 옷차림을 하거나
> 장식물을 달고 다니는 자'를 경범죄 유형으로 추가하였다. 정부는
> 이를 근거로 젊은이들의 장발과 미니스커트 착용을 대대적으로
> 단속하였다.

① 프로 야구단이 정식으로 창단되었다.
② 양성평등의 실현을 위해 호주제가 폐지되었다.
③ 농촌 근대화를 표방한 새마을 운동이 전개되었다.
④ 과외 전면 금지와 대학 졸업 정원제가 시행되었다.
⑤ 외환 위기 극복을 위해 금 모으기 운동이 전개되었다.

49

(가) 민주화 운동에 대한 설명으로 옳은 것을 〈보기〉에서 고른 것은? `3점`

> 이곳은 경찰청 인권보호센터로 예전에는 치안본부 산하 수사기관이
> 있었습니다. 이 건물 5층에서는 당시 대학생인 박종철 군이 고문
> 으로 사망하는 사건이 일어났습니다. 이 사건은 (가) 이 일어나는
> 중요한 계기가 되었습니다.

──── 〈보 기〉 ────
ㄱ. 계엄군의 무력 진압으로 시민들이 희생되었다.
ㄴ. 국민의 요구에 굴복하여 대통령이 하야하였다.
ㄷ. 호헌 철폐와 독재 타도 등의 구호를 내세웠다.
ㄹ. 5년 단임의 대통령 직선제 개헌을 이끌어 냈다.

① ㄱ, ㄴ ② ㄱ, ㄷ ③ ㄴ, ㄷ ④ ㄴ, ㄹ ⑤ ㄷ, ㄹ

50

다음 대회를 개최한 정부의 통일 노력으로 옳은 것은? `2점`

> 제24회 서울 올림픽 대회가 개막되었습니다. 12년 만에 동·서
> 양 진영이 함께 모인 이번 대회에는 159개국의 선수 8,000여 명이
> 참가하여 과거 어느 대회보다 수준 높은 경기가 펼쳐질 것으로
> 예상됩니다.

사상 최대 규모의 올림픽 대회 드디어 개막

① 남북 조절 위원회를 구성하였다.
② 남북 기본 합의서를 채택하였다.
③ 개성 공단 건설 사업을 실현하였다.
④ 7·4 남북 공동 성명을 발표하였다.
⑤ 분단 이후 최초로 남북 정상 회담을 성사시켰다.

01

밑줄 그은 '이 시대'의 생활 모습으로 옳은 것은? 1점

이곳은 서울 암사동에 위치한 이 시대의 대표적인 유적지입니다. 당시에는 농경이 시작되고 정착 생활이 이루어지면서 움집에 거주하게 되었습니다.

① 빗살무늬 토기에 식량을 저장하였다.
② 소를 이용한 깊이갈이가 일반화되었다.
③ 명도전, 반량전 등의 화폐를 사용하였다.
④ 많은 인력을 동원하여 고인돌을 만들었다.
⑤ 거푸집을 이용하여 세형 동검을 제작하였다.

02

(가), (나) 나라에 대한 설명으로 옳은 것은? 2점

○ (가) 은/는 고구려 개마대산의 동쪽에 있다. 동쪽은 넓은 바다에 맞닿아 있다. …… 북쪽은 읍루·부여와, 남쪽은 예맥과 접하여 있다. …… 사람이 죽으면 가매장을 하는데, 시신만 겨우 묻었다가 피부와 살이 썩어 없어지면 유골을 거두어 곽 안에 안치한다.
－『삼국지』 동이전 －

○ (나) 은/는 남쪽으로는 진한에 접하였고 …… 동쪽으로는 큰 바다에 닿았으니 오늘날 조선의 동쪽이 모두 그 지역이다. …… 단궁이 그 땅에서 생산되며, 그 바다에서는 반어피가 나고 …… 또한 과하마가 난다.
－『삼국지』 동이전 －

① (가) － 10월에 무천이라는 제천 행사를 열었다.
② (가) － 여러 가(加)들이 별도로 사출도를 주관하였다.
③ (나) － 신지, 읍차 등의 지배자가 있었다.
④ (나) － 읍락 간의 경계를 중시하는 책화가 있었다.
⑤ (가), (나) － 제사장인 천군과 신성지역인 소도가 있었다.

03

다음 검색창에 들어갈 왕의 업적으로 옳은 것은? 2점

역사 인물 검색

검색어

검색

↳ 검색 결과

－ 재위 기간: 412년~491년
－ 이름은 거련(巨連)
－ 광개토 대왕의 뒤를 이어 즉위함
－ 도읍을 국내성에서 평양으로 옮김

① 수의 군대를 살수에서 크게 물리쳤다.
② 서안평을 공격하여 영토를 확장하였다.
③ 전진의 순도를 통해 불교를 수용하였다.
④ 백제의 한성을 공격하여 개로왕을 전사시켰다.
⑤ 당의 침략에 대비하여 천리장성을 축조하였다.

04

(가) ~ (마)에 대한 탐구 활동으로 적절하지 않은 것은? 3점

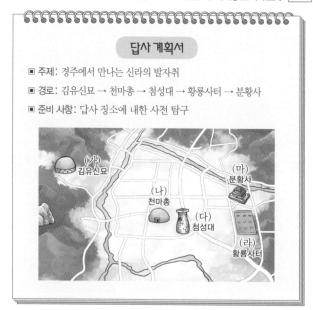

답사 계획서

■ 주제: 경주에서 만나는 신라의 발자취
■ 경로: 김유신묘 → 천마총 → 첨성대 → 황룡사터 → 분황사
■ 준비 사항: 답사 장소에 대한 사전 탐구

(가) 김유신묘 (나) 천마총 (다) 첨성대 (라) 황룡사터 (마) 분황사

① (가) － 무덤 둘레돌에 12지 신상을 새긴 이유를 찾아본다.
② (나) － 돌무지 덧널무덤의 내부 구조와 특징을 검색한다.
③ (다) － 무구정광대다라니경의 발견 경위를 조사한다.
④ (라) － 9층 목탑을 건립하였던 목적을 파악한다.
⑤ (마) － 모전 석탑의 제작 방식을 알아본다.

05

(가), (나) 사이의 시기에 있었던 사실로 옳은 것은? `3점`

> (가) 왕 16년 봄, 사비(일명 소부리라고 한다)로 도읍을 옮기고 국호를 남부여라고 하였다.
> — 『삼국사기』 —
>
> (나) 왕 32년 가을, 신라를 습격하기 위해 왕이 직접 보병과 기병 50명을 거느리고 밤에 구천(狗川)에 이르렀는데, 신라 복병과 만나 싸우다가 신라군에게 살해되었다.
> — 『삼국사기』 —

① 지증왕이 우산국을 복속하였다.
② 근초고왕이 마한을 정벌하였다.
③ 고국원왕이 평양성에서 전사하였다.
④ 무령왕이 22담로에 왕족을 파견하였다.
⑤ 진흥왕이 한강 하류 지역을 차지하였다.

06

(가) 나라의 문화유산으로 옳은 것은? `2점`

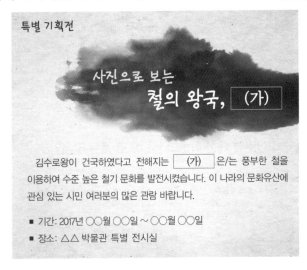

특별 기획전

사진으로 보는
철의 왕국, (가)

김수로왕이 건국하였다고 전해지는 (가) 은/는 풍부한 철을 이용하여 수준 높은 철기 문화를 발전시켰습니다. 이 나라의 문화유산에 관심 있는 시민 여러분의 많은 관람 바랍니다.

■ 기간: 2017년 ○○월 ○○일 ~ ○○월 ○○일
■ 장소: △△박물관 특별 전시실

①   ②   ③

④  ⑤

07

교사의 질문에 대한 학생의 답변으로 옳은 것은? `2점`

> 이와 같은 중앙 통치 체제를 운영한 국가의 지방 통치에 대해 발표해 볼까요?

< 중앙 통치 체제 >
- 집사부, 병부, 위화부 등 총 14개의 중앙 부서 운영
- 집사부의 장관인 시중이 왕명을 받들어 국정 수행
- 감찰 기구인 사정부를 두어 관리의 비리 방지
- 중앙 교육 기관으로 국학 설치

① 전국의 주요 지역에 12목을 설치했어요.
② 경재소를 설치하여 유향소를 통제했어요.
③ 국경 지역인 양계에 병마사를 파견했어요.
④ 상수리 제도를 실시하여 지방 세력을 견제했어요.
⑤ 각 도에 관찰사를 보내 해당 관할 고을의 수령을 감독했어요.

08

밑줄 그은 '이 나라'의 경제 상황에 대한 설명으로 옳은 것은? `2점`

> 이 나라는 영주(營州)*에서 동쪽으로 2천 리 밖에 위치하며 …… 동쪽은 멀리 바다에 닿았고, 서쪽으로는 거란[契丹]이 있었다. …… 귀중히 여기는 것은 태백산의 토끼, 남해의 다시마, 책성의 된장, …… 막힐의 돼지, 솔빈의 말, 현주의 베, 옥주의 면, 용주의 명주, 위성의 철, 노성의 벼, 미타호의 붕어이다. …… 이 밖의 풍속은 고구려, 거란과 대개 같다.
> — 『신당서』 —
>
> *영주(營州): 지금의 랴오닝성 차오양

① 신라도라는 교통로를 통해 신라와 교역하였다.
② 감자, 고구마 등의 구황 작물을 널리 재배하였다.
③ 해동통보를 발행하여 금속 화폐의 통용을 추진하였다.
④ 농사직설을 간행하여 우리 풍토에 맞는 농법을 정리하였다.
⑤ 삼포를 열어 일본과의 무역을 허용하고 계해약조를 체결하였다.

35회 36회 37회 38회 39회 40회 41회 42회 43회 44회 45회 46회

09

(가)에 들어갈 문화유산으로 옳은 것은? `1점`

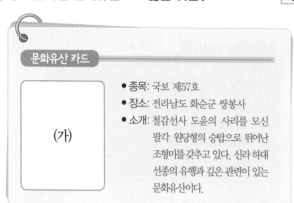

문화유산 카드

(가)

● 종목: 국보 제57호
● 장소: 전라남도 화순군 쌍봉사
● 소개: 철감선사 도윤의 사리를 모신 팔각 원당형의 승탑으로 뛰어난 조형미를 갖추고 있다. 신라 하대 선종의 유행과 깊은 관련이 있는 문화유산이다.

①  ② ③

④ ⑤

10

(가), (나) 인물의 활동으로 옳은 것은? `3점`

　　　(가) 은/는 본래 신라의 왕자로서 도리어 제 나라를 원수로 심아 심지어는 선조(先祖)의 화상(畫像)을 칼로 베었으니 그 행위가 매우 어질지 못하였다. (나) 은/는 신라의 백성으로서 신라의 녹을 먹으면서 세력을 키우다가 화(禍)를 일으킬 마음을 품고 (신라의) 도읍을 침범하여 임금과 신하를 살해하니 (그 행위가) 마치 짐승과 같았다. 참으로 천하의 으뜸가는 악인이로다. 그러므로 (가) 은/는 그 신하로부터 버림을 당하였고, (나) 은/는 그 아들에게서 화가 생겨났으니 모두 스스로 불러들인 것인데 누구를 원망한단 말인가.

－「삼국유사」－

① (가) - 완산주를 도읍으로 하여 후백제를 세웠다.
② (가) - 국호를 마진으로 바꾸고 철원으로 천도하였다.
③ (나) - 송악을 도읍으로 정하고 후고구려를 건국하였다.
④ (나) - 서경을 중시하여 북진 정책의 전진 기지로 삼았다.
⑤ (가), (나) - 황산 전투에서 왕건의 고려군에게 패배하였다.

11

밑줄 그은 '왕'의 재위 기간에 있었던 사실로 옳은 것은? `2점`

　　중군(中軍) 김부식이 아뢰기를, "윤언이는 정지상과 결탁하여 생사를 함께하기로 맹세한 당(黨)이 되어 크고 작은 일마다 실제로 함께 의논하였습니다. 또한 임자년에 왕께서 서경으로 행차하실 때, 글을 올려 연호를 세우고 황제로 칭하기를 청하였습니다. …… 이는 모두 금나라를 격노하게 하여 이때를 틈타 방자하게도 자기 당이 아닌 사람을 처치하고 반역을 도모한 것이니 신하의 마음이 아니었습니다."라고 하였다.

－「고려사」－

① 원종과 애노가 사벌주에서 봉기하였다.
② 경순왕 김부가 경주의 사심관이 되었다.
③ 웅천주 도독 김헌창이 반란을 일으켰다.
④ 강조가 정변을 일으켜 김치양을 제거하였다.
⑤ 왕실의 외척인 이자겸이 권력을 독점하였다.

12

교사의 질문에 대한 학생의 답변으로 옳은 것은? `1점`

이것은 국보 제41호 청주 용두사지 철당간으로, 그 명문에는 준풍(峻豊)이라는 연호가 있습니다. 이 연호를 사용한 왕은 관리의 공복을 제정하여 국왕 중심의 위계질서를 확립하였습니다. 이 왕의 또 다른 업적에 대해 발표해 볼까요?

峻豊

① 흑창을 처음 설치하여 민생을 안정시켰어요.
② 국자감을 설립하여 유학 교육 진흥에 힘썼어요.
③ 노비안검법을 시행하여 호족 세력을 견제했어요.
④ 정계와 계백료서를 지어 관리의 규범을 제시했어요.
⑤ 전시과 제도를 마련하여 관리에게 토지를 지급했어요.

13

(가) 부대에 대한 설명으로 옳은 것은? `2점`

> 민영(閔瑛)은 사람됨이 호방하며 의협심이 있었다. 어려서부터 매와 개를 데리고 사냥하고 말을 달려 격구(擊毬)하는 것을 좋아하였으며, 벼슬을 구하지 않았다. 그의 부친 민효후가 동계 병마판관이 되어 적에 맞서 싸우다 사망하였다. 그는 이를 한스럽게 여겨 복수를 하여 부친의 치욕을 갚으려 하였다. 때마침 예종이 동쪽 오랑캐를 정벌하려 하자, 민영은 자청하여 (가) 의 신기군에 편성되었다. …… 매번 군대의 선봉이 되어서 말을 타고 돌격하여 적군을 사로잡고 물리친 것이 한두 번이 아니었다.
>
> – 민영 묘지명 –

① 경대승에 의해 설치된 숙위 기관이었다.
② 여진을 정벌하여 동북 9성 일대를 확보하였다.
③ 진도에서 제주도로 근거지를 옮겨 활동하였다.
④ 최씨 무신 정권의 권력 기반 강화를 위해 조직되었다.
⑤ 9주에 1정씩 배치되고 한주(漢州)에만 1정을 더 두었다.

14

밑줄 그은 '그대'의 활동으로 옳은 것은? `2점`

역적 이의민이 선왕인 의종을 시해하고 백성을 괴롭히며 왕위를 엿보기까지 하였으므로 신이 제거하였습니다. 폐하께서는 낡은 것을 개혁하고 새로운 정치를 도모하시기 바랍니다.

그대가 올린 봉사 10조를 잘 읽어 보았소. 올린 대로 행하도록 하시오.

① 정방을 설치하여 인사권을 행사하였다.
② 교정별감이 되어 국정 전반을 장악하였다.
③ 처인성에서 몽골 장수 살리타를 사살하였다.
④ 전민변정도감의 책임자로서 개혁을 이끌었다.
⑤ 거란의 침입에 대비하여 개경에 나성을 축조하였다.

15

다음 글이 작성된 시기의 사회 모습으로 가장 적절한 것은? `2점`

> 제주 만호 임숙(林淑)이 몹시 탐욕스러워 우리 백성들은 그 고통을 견딜 수가 없었습니다. 죄를 지어 정동행성에 갇혀 있던 그를 제주로 복귀시키려 하다니 도대체 우리가 무슨 죄가 있습니까? 이는 정동행성의 관리들이 임숙으로부터 뇌물을 받고 풀어 주었기 때문입니다. 그를 심문하여 처벌하지 않는다면 원의 조정에 고소할 것입니다.

① 만적이 개경에서 반란을 모의하였다.
② 독서삼품과를 실시하여 인재를 등용하였다.
③ 대각국사 의천이 해동 천태종을 개창하였다.
④ 지배층을 중심으로 변발과 호복이 유행하였다.
⑤ 최충이 9재 학당을 설립하여 유학 교육을 실시하였다.

16

(가), (나) 사이의 시기에 있었던 사실로 옳은 것은? `3점`

> (가) 최영이 백관(百官)과 함께 철령 이북의 땅을 떼어 줄지 여부를 논의하자 관리들이 모두 반대하였다. 우왕은 홀로 최영과 비밀리에 요동을 공격할 것을 의논하였는데, 최영이 이를 권하였다.
>
> (나) 배극렴 등이 왕위에 오르기를 권고하자 태조는 "예로부터 제왕의 흥기(興起)는 천명이 있지 않으면 불가하다. 나는 실로 부덕한 사람인데 어찌 감히 왕위를 감당하겠는가?"라며 결국 불응하였다. 신하들이 왕위에 오르기를 거듭 권하니 마침내 태조가 즉위하였다.

① 조준 등의 건의로 과전법이 제정되었다.
② 대표적 친원 세력인 기철이 숙청되었다.
③ 공주 명학소에서 망이·망소이가 봉기하였다.
④ 쌍성총관부를 공격하여 철령 이북의 땅을 수복하였다.
⑤ 백성의 억울함을 풀어 주기 위해 신문고가 설치되었다.

35회 36회 37회 38회 39회 40회 41회 42회 43회 44회 45회 46회

17

밑줄 그은 '이 인물'의 활동으로 옳은 것은? [2점]

그림 속 역사 이야기

이 그림은 겸재 정선이 부채에 그린 '도산서원'으로, 조선 시대 서원의 고요하고 한적한 분위기를 실감나게 묘사하고 있다. 도산 서원은 이 인물의 학문과 덕행을 기리기 위한 공간으로, 그는 주자의 서간문에서 성리학의 핵심을 뽑아 주자서절요를 지었다.

① 최초의 서원인 백운동 서원을 건립하였다.
② 성호사설에서 한전론의 실시를 주장하였다.
③ 동호문답을 통해 다양한 개혁 방안을 제시하였다.
④ 군주의 도를 도식으로 설명한 성학십도를 저술하였다.
⑤ 가례집람을 지어 예학을 조선의 현실에 맞게 정리하였다.

18

(가) 인물에 대한 설명으로 옳은 것은? [2점]

세종 이래 정치와 교화가 나날이 새로워지고 예악(禮樂)이 제정되어 태평스런 시대를 빛내게 되자, 글 잘하고 절의를 지닌 선비들이 조정으로 모여들었다. …… 그때에 여러 왕자들이 다투어 빈객들을 맞아들였는데, 문인(文人)과 재사(才士)들이 모두 안평 대군에게 의탁하여 (가) 에게는 이들보다 나은 인재들이 없었다. 한명회가 (가) 을/를 찾아가 신임을 얻고 되자 은밀하게 계책을 올리기를, "세도(世道)에 변고가 있을 때에는 문인들이 쓸모가 없으니 모름지기 무사들과 결탁하소서."라고 하였다.

– 『연려실기술』 단종조 고사본말 –

① 계유정난을 통해 정권을 장악하였다.
② 불씨잡변을 지어 불교를 비판하였다.
③ 금위영을 설치하여 5군영 체제를 완성하였다.
④ 두 차례 왕자의 난을 통해 반대파를 제거하였다.
⑤ 삼군부를 부활시켜 군국 기무를 전담하게 하였다.

19

(가)에 들어갈 세시 풍속으로 옳은 것은? [1점]

세시 풍속 체험 프로그램 안내

강남 갔던 제비가 돌아와 새봄을 알린다는 (가) 은/는 답청절(踏靑節)이라고도 하여 들판에 나가 꽃놀이를 하고 새 풀을 밟으며 봄을 즐기는 날입니다. 이날을 맞이하여 다채로운 행사를 준비하였으니 시민 여러분의 많은 참여 바랍니다.

1. 일시: 2017년 ○○월 ○○일 10:00 ~ 17:00
2. 장소: △△문화원 야외 체험장
3. 체험 프로그램
   ■ 노랑나비 날리기 – 이날 노랑나비를 보면 길하다는 속설에 따라 살아있는 노랑나비를 날려 보내기
   ■ 화전 만들기 – 진달래꽃으로 장식한 화전 부치기
   ■ 풀각시놀이 – 각시풀을 추려서 한쪽 끝을 실로 묶어 머리채를 만든 다음 나뭇가지에 묶어 인형처럼 가지고 놀기

△△문화원

① 단오
② 칠석
③ 대보름
④ 삼짇날
⑤ 한가위

20

밑줄 그은 '이 섬'에 대한 설명으로 옳은 것은? [2점]

□□□□신보

제△△호   ○○○○년 ○○월 ○○일

울릉도 군수 심흥택 씨가 내부(內部)에 보고하되, 일본 관원이 본군에 도착하여 본군 소재 이 섬을 일본 속지(屬地)라 자칭하고 토지 면적과 호구(戶口) 수를 적어 갔다고 하더라. 이에 내부에서 지령하기를, 유람하는 길에 타국의 토지와 호구 정보를 적어 가는 것이 이상한 것은 아니지만, 이 섬을 일본의 속지라고 하는 것은 이치에 맞지 않으니 보고한 내용이 매우 놀랍다고 하더라.

① 양헌수 부대가 프랑스군을 격퇴하였다.
② 일본이 러·일 전쟁 중에 불법적으로 편입하였다.
③ 러시아가 저탄소 설치를 위하여 조차를 요구하였다.
④ 네덜란드 상인인 하멜 일행이 표류하여 도착하였다.
⑤ 정약전이 섬의 어종을 조사하여 자산어보를 저술하였다.

한국사능력검정시험 고급

36회
35회
37회
38회
39회
40회
41회
42회
43회
44회
45회
46회

21

다음 시나리오에 등장하는 왕의 재위 기간에 있었던 사실로 옳은 것은? [3점]

> S# 36. 궁궐 안
>
> 왕이 승지와 사관을 내보내고 이조 판서 송시열과 단 둘이 은밀하게 대화하고 있다.
>
> 왕: 저 오랑캐는 반드시 망하게 될 형편에 처할 것이오. 정예병 10만을 양성하여 기회를 보아 곧장 청으로 쳐들어가고자 하오. 그렇게 되면 중원의 의사(義士)와 호걸 중에 어찌 호응하는 자가 없겠소?
>
> 송시열: 전하의 뜻이 이와 같으시니 우리나라뿐만 아니라 실로 천하 만대의 다행이옵니다.
>
> ⋮

① 신무기인 신기전이 개발되었다.
② 나선 정벌에 조총 부대가 동원되었다.
③ 국왕 친위 부대인 장용영이 조직되었다.
④ 최무선의 건의로 화통도감이 설치되었다.
⑤ 명의 요청으로 강홍립의 부대가 파병되었다.

22

다음 가상 대화 이후에 전개된 사실로 옳은 것은? [2점]

① 권율이 행주산성에서 왜군을 크게 물리쳤다.
② 김종서가 여진을 몰아내고 6진을 개척하였다.
③ 위훈 삭제를 주장한 조광조 일파가 축출되었다.
④ 기유약조의 체결로 일본과의 국교가 재개되었다.
⑤ 정묘호란이 일어나 정봉수가 용골산성에서 항쟁하였다.

23

(가)에 대한 설명으로 옳은 것은? [2점]

이 그림은 김육의 초상화로, 그는 (가) 의 시행에 크게 기여한 인물입니다. (가) 은/는 각 지방의 특산물을 징수하면서 나타난 방납의 폐단을 막고 백성들의 부담을 줄여주기 위해 실시되었습니다.

① 양반에게도 군포를 부과하였다.
② 풍흉에 관계없이 토지 1결당 쌀 4두를 거두었다.
③ 어세, 염세, 선세를 균역청에서 관할하게 하였다.
④ 관청에서 필요한 물품을 납부하는 공인의 등장 배경이 되었다.
⑤ 재정 부족 문제를 해결하기 위해 지주에게 결작을 부과하였다.

24

밑줄 그은 '그'에 대한 설명으로 옳은 것은? [2점]

> □□신문
>
> 제△△호 ○○○○년 ○○월 ○○일
>
> ### 담헌(湛軒), 소행성의 이름으로 다시 태어나다
>
> 한국천문연구원은 "국내 연구진이 발견한 새로운 소행성에 대해, 호가 담헌인 그의 인명을 헌정하여 국제천문연맹으로부터 최종 승인을 받았다."라고 밝혔다. 인명이 헌정된 이유는 그가 무한 우주론과 지전설 등을 주장한 조선 후기의 대표적인 과학자이자 실학자이기 때문이다.
>
> 담헌이 제작한 것으로 알려진 혼천의

① 기기도설을 참고하여 거중기를 설계하였다.
② 북학의에서 수레와 배의 이용을 강조하였다.
③ 양반전에서 양반의 위선과 무능을 지적하였다.
④ 의산문답에서 중국 중심의 세계관을 비판하였다.
⑤ 우서에서 사농공상의 직업적 평등과 전문화를 주장하였다.

25

(가)~(마) 지역에 대한 탐구 주제로 가장 적절한 것은? [3점]

① (가) – 반구대 암각화로 보는 선사 시대 생활
② (나) – 고액 소작료에 반발한 암태도 소작 쟁의
③ (다) – 신립 장군이 배수의 진을 친 탄금대 전투
④ (라) – 신미양요의 발단이 된 제너럴 셔먼호 사건
⑤ (마) – 벽란도에서 이루어진 고려와 송의 국제무역

26

(가) 기구에 대한 설명으로 옳지 않은 것은? [2점]

> 의정부와 별도로 ____(가)____ 을/를 설치하여 재신들 중 군무(軍務)를 아는 자로 당상을 삼아 …… 변방의 일에 대응하도록 하였다. …… 조정의 명령이 부득불 모두 ____(가)____ (으)로 돌아가지 않을 수 없게 되어, (의정부의) 찬성, 참찬은 신병 치료나 하는 자리가 되고 말았다.
> – 『연려실기술』 –

① 을묘왜변을 계기로 상설 기구화 되었다.
② 흥선대원군이 집권한 시기에 혁파되었다.
③ 임진왜란을 거치면서 조직과 기능이 확대되었다.
④ 세도 정치 시기에 외척 세력의 권력 기반이 되었다.
⑤ 어사대의 관원과 중서문하성의 낭사로 구성되었다.

27

다음 조사 보고서의 제목으로 가장 적절한 것은? [1점]

> **조사 보고서 제출 안내**
> ▶ 주제: 숙종 때의 정치적 변화 양상
> ▶ 조사 방법: 숙종 재위 시기의 정치 변화에 한정하여 조사함
> ▶ 분량: A4 용지 3장 이내
> ▶ 제출 기한: 2017년 ○○월 ○○일 17시까지

① 이조 전랑 임명 문제와 동·서 분당
② 서인과 남인의 대립으로 인한 환국
③ 자의 대비의 복상 문제로 촉발된 기해예송
④ 세자 추숭(追崇)을 둘러싼 시파와 벽파의 갈등
⑤ 외척 세력인 대윤과 소윤의 대립으로 일어난 을사사화

28

밑줄 그은 '이 왕'의 업적으로 옳은 것을 〈보기〉에서 고른 것은? [2점]

이 책은 균역법을 처음으로 시행한 이 왕의 명에 의해 홍계희가 편찬한 것이다. 균역법의 제정 배경, 부족한 재정의 보충 방안을 확정하는 과정 등이 서술되어 있다. 특히 이 책에서는 양반 사대부들의 반대 여론에 대응하여, 균역법의 시행이 지극한 애민 정신을 바탕으로 하였음을 강조하고 있다.

균역사실

〈보 기〉
ㄱ. 속대전을 편찬하여 통치 체제를 정비하였다.
ㄴ. 붕당의 폐해를 경계하고자 탕평비를 세웠다.
ㄷ. 왕실의 권위를 세우고자 경복궁을 중건하였다.
ㄹ. 신해통공으로 시전 상인의 특권을 축소하였다.

① ㄱ, ㄴ   ② ㄱ, ㄷ   ③ ㄴ, ㄷ   ④ ㄴ, ㄹ   ⑤ ㄷ, ㄹ

29

교사의 질문에 대한 학생의 답변으로 가장 적절한 것은? [2점]

이 그림은 김홍도가 중인들의 시사(詩社) 광경을 그린 '송석원 시사야연도'입니다. 당시 중인들은 시사를 조직해 활발한 문예 활동을 전개하기도 하였습니다. 이 그림이 그려진 시기의 문화에 대해 발표해 볼까요?

① 성현 등이 악학궤범을 편찬하였습니다.
② 정철이 관동별곡, 사미인곡 등의 작품을 지었습니다.
③ 노래와 사설로 줄거리를 풀어 가는 판소리가 발달하였습니다.
④ 서거정이 역대 문학 작품을 선별하여 동문선을 편찬하였습니다.
⑤ 청주 흥덕사에서 금속 활자본인 직지심체요절을 간행하였습니다.

30

다음 자료가 작성된 시기에 볼 수 있는 모습으로 적절하지 않은 것은? [2점]

이현과 종루 그리고 칠패,
이는 도성(한양)의 3대 시장이라네.
온갖 수공업자가 다 모여 있고 사람들은 분주한데,
수많은 화물이 값을 다투며 수레가 줄을 이었네.
봉성의 털모자, 연경의 비단실,
함경도의 마포, 한산의 모시,
쌀, 콩, 기장, 조, 피, 보리 ……
어떤 사람은 소에 실은 나무를 사려고 고삐를 끌기도 하고,
어떤 사람은 말 이빨을 보고 나이를 알려고 허리에 채찍을 꽂고 있으며,
어떤 사람은 눈을 껌뻑이며 말 중개인을 부르기도 하네.

– 성시전도시 –

① 이앙법으로 벼농사를 짓는 농민
② 상평통보로 토지를 매매하는 양반
③ 공명첩을 통해 면역의 혜택을 받는 상민
④ 한강을 무대로 운송업에 종사하는 경강상인
⑤ 직전법에 의해 토지의 수조권을 지급받는 관리

31

밑줄 그은 '이 사건'이 일어난 배경으로 옳은 것은? [1점]

김포 문수산성 장대가 151년 만에 복원되었습니다. 문수산성은 정족산성과 함께 이 사건의 주요 격전지 중 하나로, 서양 세력의 침입에 맞서 한성근 부대가 치열하게 항전한 곳입니다.

김포 문수산성 장대 복원

① 운요호가 강화도 초지진을 공격하였다.
② 오페르트가 남연군 묘 도굴을 시도하였다.
③ 조선 정부가 프랑스인 선교사들을 처형하였다.
④ 함경도 관찰사 조병식이 방곡령을 선포하였다.
⑤ 영국이 러시아를 견제하기 위해 거문도를 불법 점령하였다.

32

(가) 인물의 활동으로 옳은 것은? [2점]

이 사당은 위정 척사 운동을 주도한 (가) 의 위패를 모신 충청남도 청양의 모덕사입니다. 흥선 대원군의 하야와 고종의 친정(親政)을 요구하는 상소를 올렸던 그는 왜양일체론을 내세워 강화도 조약 체결에 반대하였습니다.

① 한국독립운동지혈사를 저술하였다.
② 봉오동 전투에서 일본군을 격파하였다.
③ 고종의 밀지를 받아 독립 의군부를 조직하였다.
④ 을사늑약 체결에 반대하여 태인에서 의병을 일으켰다.
⑤ 13도 창의군을 결성하여 서울 진공 작전을 전개하였다.

33

(가) 기구를 통해 추진된 정책으로 옳은 것은? [3점]

역사 용어 해설

(가)

고종 17년(1880)에 만들어진 개화 정책 총괄 기구이다. 개항 이후의 정세 변화에 대응하기 위하여 의정부, 6조와는 별도로 신설되었다. 소속 부서에 교린사, 군무사, 통상사 등의 12사를 두었다.

① 교원 양성을 위해 한성 사범 학교를 설립하였다.
② 외교 활동을 펼치기 위해 구미 위원부를 설치하였다.
③ 개혁의 기본 방향을 제시한 홍범 14조를 반포하였다.
④ 구(舊) 백동화를 제일은행권으로 교환하는 사업을 시행하였다.
⑤ 영선사를 파견하여 근대식 무기 제조 기술을 도입하고자 하였다.

34

다음 책이 유포된 이후에 있었던 사실로 옳은 것은? 2점

조선의 땅은 실로 아시아의 요충에 자리 잡고 있어 전략적으로 중요하므로 반드시 분쟁이 발생할 수밖에 없다. 조선이 위태로우면 동아시아의 정세가 날로 악화될 것이다. 러시아가 영토를 공략하고자 하면 반드시 조선으로부터 시작할 것이다. ……

그러므로 오늘날 조선의 제일 급선무는 러시아를 막는 것이다. 러시아를 막는 책략은 무엇인가. 중국을 가까이 하며[親中國], 일본과 관계를 공고히 하고[結日本], 미국과 연계하여[聯美國] 자강을 도모할 따름이다.

① 이만손 등이 영남 만인소를 올렸다.
② 김기수를 일본에 수신사로 파견하였다.
③ 어재연 장군이 광성보에서 항전하였다.
④ 박규수의 건의로 삼정이정청을 설치하였다.
⑤ 홍경래가 난을 일으켜 정주성 등을 장악하였다.

35

(가)에 들어갈 내용으로 옳은 것은? 2점

〈역사 다큐멘터리 기획안〉

동학 농민 운동, 새로운 세상을 꿈꾸다

■ 기획 의도
19세기 말 제폭구민, 보국안민을 기치로 일어난 동학 농민 운동의 전개 과정을 사건의 발생 순서대로 제작하여 의미를 되새겨 본다.

■ 회차별 방송 내용
 − 1회. 파괴되는 만석보
 − 2회. (가)
 − 3회. 전주성을 점령하고 전주 화약을 체결하는 농민군
 ⋮

① 전라도 순창에서 체포되는 전봉준
② 황토현 전투에서 승리하는 농민군
③ 공주 우금치에서 패배하는 농민군
④ 논산에서 연합하는 남접과 북접 부대
⑤ 무력을 동원하여 경복궁을 점령하는 일본군

36

(가) 단체의 활동으로 옳은 것은? 1점

계간 **한국사 저널** 2017 여름호

특별기획 (가) ,
자주 국권, 자유 민권, 자강 개혁 운동을 전개하다

기획 1. 서재필의 주도로 창립되다
기획 2. 만민 공동회를 개최하다
기획 3. 관민 공동회, 헌의 6조를 올리다

① 일본의 황무지 개간권 요구를 저지하였다.
② 고종의 강제 퇴위 반대 운동을 전개하였다.
③ 민립 대학 설립을 위한 모금 활동을 벌였다.
④ 중추원 개편을 통해 의회 설립을 추진하였다.
⑤ 국제법상 교전 단체로 승인해 줄 것을 요청하였다.

37

밑줄 그은 '사변' 이후 추진된 개혁의 내용으로 옳은 것은? 2점

고등 재판소에서 심리한 피고 이희화를 교형에 처하도록 한 안건을 법부 대신이 상주하여 폐하께서 재가하셨다. 피고는 사변 때 대궐을 침범한 일본인들과 함께 아무런 직책도 없이 입궐하여 왕후 폐하가 시해당하시던 곤녕합에 들어갔다. 그리고 왕후 폐하가 시해당하신 뒤 얼마 안 되어 대군주 폐하 어전에 제멋대로 들어가서 대군주 폐하께서 결정하시지 않은 조칙문을 베껴 썼다. 위의 사실은 피고의 진술과 각 증거를 통해 명확히 밝혀졌다.

- 『고종실록』 -

① 미국에 보빙사를 파견하였다.
② 신식 군대인 별기군을 창설하였다.
③ 박문국을 설치하여 한성순보를 발간하였다.
④ 청과 조 · 청 상민 수륙 무역 장정을 체결하였다.
⑤ 태양력을 채택하고 건양이라는 연호를 제정하였다.

한국사능력검정시험 고급

35회
36회
37회
38회
39회
40회
41회
42회
43회
44회
45회
46회

38

(가)에 들어갈 민족 운동에 대한 설명으로 옳은 것은? 1점

> ### 🏵 학술 대회 안내 🏵
>
> 우리 학회는 (가) 110주년을 맞이하여 일제의 경제 침탈에 맞서 거국적으로 전개되었던 (가) 을/를 조명하기 위한 학술 대회를 개최하고자 합니다.
>
>
> 기념비
>
> ■ 발표 주제
> • 광문사 사장 김광제의 역할
> • 논설 '단연보국채'의 내용과 영향
> • 가족의 패물을 헌납한 조마리아의 애국 정신
> • 통감부의 대응과 탄압
>
> ■ 일시: 2017년 ○○월 ○○일 13:00 ~ 18:00
> ■ 장소: △△대학교 대강당

① 평양에서 시작되어 전국으로 확산되었다.
② '조선 사람 조선 것' 등의 구호를 내세웠다.
③ 자작회, 토산 애용 부인회 등의 단체가 활동하였다.
④ 민족주의 진영과 사회주의 진영이 함께 준비하였다.
⑤ 대한매일신보 등 당시 언론이 적극적으로 참여하였다.

39

다음 법령이 공포된 이후에 있었던 사실로 옳지 않은 것은? 3점

> 제1조 국체를 변혁하거나 사유 재산 제도를 부인하는 것을 목적으로 결사를 조직하거나 또는 사정을 알고 이에 가입한 자는 10년 이하의 징역 또는 금고에 처한다. 전항의 미수죄도 처벌한다.
> 제2조 전조 제1항의 목적으로 그 목적이 되는 사항의 실행에 관하여 협의를 한 자는 7년 이하의 징역 또는 금고에 처한다.

① 박상진의 주도로 대한 광복회가 조직되었다.
② 전국적 조직인 조선 농민 총동맹이 결성되었다.
③ 민족 유일당 운동의 일환으로 신간회가 창립되었다.
④ 사회주의 세력의 활동 방향을 밝힌 정우회 선언이 발표되었다.
⑤ 노동 조건 개선을 요구하며 원산 노동자 총파업이 전개되었다.

40

밑줄 그은 '이 단체'에 대한 설명으로 옳은 것은? 2점

> ### 판결문
>
> **주문(主文)**
> 피고 이승훈·윤치호·양기탁·임치정·안태국·유동열을 각각 징역 10년에 처한다.
>
> **이유(理由)**
> 피고 이승훈은 …… 안창호·이갑 등과 함께 미국에 있는 이대위·김유순, 그리고 러시아에 있던 김성무 등과 이 단체를 조직하였다. 이들은 구(舊) 청국 영토 내에 있는 서간도에 무관 학교를 설립하고 청년의 군사 교육을 실시하였다. 그리고 일본과 미국 혹은 일본과 청국 사이에 갈등이 생기면 그 기회를 틈타 독립 전쟁을 일으켜 국권을 회복하고자 하였다.
> ⋮

① 농촌 계몽을 위해 브나로드 운동을 전개하였다.
② 일제가 조작한 105인 사건으로 조직이 해체되었다.
③ 단원인 이봉창이 일왕의 행렬에 폭탄을 투척하였다.
④ 독립 운동 자금 마련을 위해 독립 공채를 발행하였다.
⑤ 조선 총독부에 국권 반환 요구서를 발송하려 하였다.

41

(가)에 들어갈 내용으로 옳은 것은? 2점

① 태극 서관 운영
② 국문 연구소 설립
③ 최초의 한글 신문 발행
④ 한글 맞춤법 통일안 제정
⑤ 개벽, 신여성 등의 잡지 간행

42

밑줄 그은 '이 운동'에 대한 설명으로 옳은 것은? 1점

형평사 창립 대회

공평은 사회의 근본이요 애정은 인류의 본성입니다. 이 운동은 우리들의 모욕적 칭호를 폐지하며, 교육을 장려하고 참다운 인간이 되는 것을 목표로 하고 있습니다.

① 만세보를 발행하여 민중 계몽에 힘썼다.

② 조만식, 이상재 등의 주도로 시작되었다.

③ 백정에 대한 사회적 차별 철폐를 목적으로 하였다.

④ 일제가 이른바 문화 통치를 실시하는 계기가 되었다.

⑤ 고종의 인산(因山)을 기회로 삼아 대규모 시위를 전개하였다.

43

다음 법령의 시행 결과로 옳지 않은 것은? 2점

> 제1조 토지의 조사 및 측량은 이 영(令)에 의한다.
>
> ⋮
>
> 제4조 토지의 소유자는 조선 총독이 정하는 기간 내에 그 주소, 성명 또는 명칭 및 소유지의 소재, 지목, 자번호, 사표, 등급, 지적, 결수를 임시 토지 조사 국장에게 신고하여야 한다. 다만, 국유지는 보관 관청에서 임시 토지 조사 국장에게 통지하여야 한다.
>
> 제5조 토지의 소유자 또는 임차인, 기타 관리인은 조선 총독이 정하는 기간 내에 그 토지의 사방 경계에 표말판을 세우되, 민유지에는 지목 및 자번호와 소유자의 성명 또는 명칭을, 국유지에는 지목 및 자번호와 보관 관청명을 기재하여야 한다.

① 조선 총독부의 재정 수입이 증대되었다.

② 지계아문이 설치되어 지계가 발급되었다.

③ 일본에서 한국으로의 농업 이민이 증가하였다.

④ 만주와 연해주로 이주하는 농민들이 늘어났다.

⑤ 동양 척식 주식회사의 보유 토지가 확대되었다.

44

다음 자료에 대한 설명으로 옳은 것은? 3점

> 강도(強盜) 일본을 쫓아내려면 오직 혁명으로만 가능하며, 혁명이 아니고는 강도 일본을 쫓아낼 방법이 없는 바이다. …… 민중은 우리 혁명의 대본영(大本營)이다. 폭력은 우리 혁명의 유일한 무기이다. 우리는 민중 속에 가서 민중과 손을 잡아 끊임없는 폭력, 암살, 파괴, 폭동으로써 강도 일본의 통치를 타도하고 우리 생활에 불합리한 일체 제도를 개조하여 인류로써 인류를 압박하지 못하며 사회로써 사회를 약탈하지 못하는 이상적 조선을 건설할지니라.

① 민족 대표 33인이 선언에 참여하였다.

② 대한민국 임시 정부의 건국 강령이었다.

③ 의열단 단장인 김원봉의 요청으로 작성되었다.

④ 일본 유학생을 중심으로 도쿄에서 발표되었다.

⑤ 독립 청원을 위해 파리 강화 회의에 제출되었다.

45

(가)에 들어갈 내용으로 옳은 것은? 2점

보재(溥齋) 이상설 선생의 항일 투쟁

활동 지역	주요 활동
국내(서울)	을사늑약 체결 비판과 을사 5적 처단 상소
간도	서전서숙 설립과 민족 교육 실시
네덜란드(헤이그)	만국 평화 회의에 파견되어 을사늑약의 부당성 폭로
미국	애국 동지 대표자 회의 참석과 국민회 결성에 기여
러시아(연해주)	(가)
중국(상하이)	신한 혁명당 결성과 외교 활동

① 숭무 학교 설립과 무장 투쟁 준비

② 한인 애국단 결성과 항일 의거 활동

③ 권업회 조직과 대한 광복군 정부 수립

④ 한국 광복군 창설과 국내 정진군 훈련

⑤ 국민 대표 회의 참여와 대한민국 임시 정부 활동

한국사능력검정시험 고급

35회
36회
37회
38회
39회
40회
41회
42회
43회
44회
45회
46회

46

다음 협정이 적용된 시기 우리나라의 경제 상황으로 옳은 것은? [2점]

> 대한민국 정부는 대한민국의 경제적 위기를 방지하며 국력 부흥을 촉진하고 국내 안정을 확보하기 위하여 미합중국 정부에 재정적, 물질적, 기술적 원조를 요청하였으며, 미합중국 의회는 …… 대한민국 국민에게 원조를 제공할 권한을 미합중국 대통령에게 부여하였고, 대한민국 정부 및 미합중국 정부는 대한민국 정부의 독립과 안전 보장에 합치되는 조건에 의한 그 원조의 제공이 …… 한국 국민과 미국 국민 간의 우호적 연대를 일층 강화할 것을 확신하므로 …… 아래와 같이 협정하였다. ……
>
> — 한·미 원조 협정 —

① 경부 고속 국도를 개통하였다.
② 경제 협력 개발 기구(OECD)에 가입하였다.
③ 제분·제당·면방직의 삼백 산업이 성장하였다.
④ 3저 호황으로 물가가 안정되고 수출이 증가하였다.
⑤ 대통령의 긴급 명령으로 금융 실명제를 실시하였다.

47

(가)~(다)의 전선을 전쟁이 진행된 순서대로 옳게 나열한 것은? [1점]

지도로 보는
동족상잔의 비극, 6·25 전쟁

① (가) – (나) – (다)   ② (가) – (다) – (나)
③ (나) – (가) – (다)   ④ (나) – (다) – (가)
⑤ (다) – (가) – (나)

48

(가) 부대에 대한 설명으로 옳은 것은? [3점]

> 임시 대회에서 중국군과 합작하기로 결의한 뒤, (가) 의 총사령 지청천은 각 지방에 산재해 있는 독립군을 소집하였다. 그 결과 인원이 60명에 달하였다. 이를 일대(一隊)로 조직 편성하여 지린성 자위군 왕즈웨이[王之維]가 인솔하는 약 10만 군과 연합하여 싸우다가 헤이룽강으로 향하였고 …… 지청천은 아청[阿城]으로 약 400명의 독립군을 인솔하고 되돌아왔다.
>
> — 이규채 신문 조서 —

① 대전자령 전투에서 일본군을 상대로 승리를 거두었다.
② 간도 참변 이후 조직을 정비하고 자유시로 이동하였다.
③ 중국 관내(關內)에서 조직된 최초의 한인 무장 부대였다.
④ 남만주 지역에서 결성된 조선 혁명당의 군사조직이었다.
⑤ 홍범도 부대와 연합하여 청산리에서 일본군과 교전하였다.

49

(가)에 들어갈 민주화 운동에 대한 설명으로 옳은 것은? [2점]

이곳은 이승만의 장기 독재에 저항하여 일어난 (가) 당시 희생된 김주열 열사의 묘소입니다. 3·15 부정 선거를 규탄하는 시위에 참가하였던 열사가 마산 앞바다에서 시신으로 발견되면서, 시위가 전국적으로 확산되었습니다.

① 장면 내각이 출범하는 배경이 되었다.
② 4·13 호헌 조치의 철폐를 요구하였다.
③ 굴욕적인 한·일 국교 정상화에 반대하였다.
④ 신군부의 계엄령 확대와 무력 진압에 항거하였다.
⑤ 3·1 민주 구국 선언을 통하여 유신 체제에 저항하였다.

50

다음 선언을 발표한 정부의 통일 노력으로 옳은 것은? [2점]

> 1. 남과 북은 나라의 통일 문제를 그 주인인 우리 민족끼리 서로 힘을 합쳐 자주적으로 해결해 나가기로 하였다.
> 2. 남과 북은 나라의 통일을 위한 남측의 연합제 안과 북측의 낮은 단계의 연방제 안이 서로 공통성이 있다고 인정하고 앞으로 이 방향에서 통일을 지향시켜 나가기로 하였다.
>   ⋮

① 남북 조절 위원회를 구성하였다.
② 금강산 관광 사업을 실시하였다.
③ 남북 기본 합의서를 채택하였다.
④ 제2차 남북 정상 회담을 개최하였다.
⑤ 이산가족 고향 방문을 최초로 성사시켰다.

01

(가) 시대에 대한 설명으로 옳은 것은? [1점]

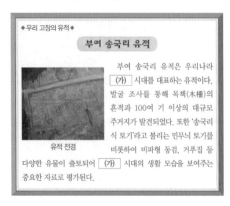

◆우리 고장의 유적◆
부여 송국리 유적

부여 송국리 유적은 우리나라 (가) 시대를 대표하는 유적이다. 발굴 조사를 통해 목책(木柵)의 흔적과 100여 기 이상의 대규모 주거지가 발견되었다. 또한 '송국리식 토기'라고 불리는 민무늬 토기를 비롯하여 비파형 동검, 거푸집 등 다양한 유물이 출토되어 (가) 시대의 생활 모습을 보여주는 중요한 자료로 평가된다.

유적 전경

① 소를 이용한 깊이갈이가 일반화되었다.
② 반달 돌칼을 사용하여 곡물을 수확하였다.
③ 계급이 없는 평등한 공동체 생활을 하였다.
④ 사냥을 위해 슴베찌르개를 처음 제작하였다.
⑤ 정착 생활이 시작되면서 움집이 등장하였다.

02

밑줄 그은 '이 나라'에 대한 설명으로 옳은 것은? [2점]

건국 이야기가 삼국유사에 실려 있는 이 나라에 대해 말해 보자.

기원전 2세기경에는 위만이 준왕을 몰아내고 왕이 되었어.

한반도 남부의 진국과 중국의 한 사이에서 중계 무역을 하기도 하였지.

① 신지, 읍차 등의 지배자가 있었다.
② 여러 가(加)들이 별도로 사출도를 다스렸다.
③ 제사장인 천군과 신성지역인 소도가 있었다.
④ 읍락 간의 경계를 중요시하는 책화가 있었다.
⑤ 범금 8조를 통해 살인, 절도 등의 죄를 다스렸다.

03

(가) 나라에 대한 설명으로 옳은 것은?   [2점]

문화재청이 올해 발굴 대상으로 선정한 경상남도 김해 원지리 고분군에 대한 발굴이 본격적으로 시작됩니다. 이 고분군은 김해 대성동 고분군과 함께 (가) 의 주요 유적입니다.

경상남도 김해 원지리 고분군 발굴 착수

① 지방의 22담로에 왕족을 파견하였다.
② 12월에 영고라는 제천 행사를 거행하였다.
③ 박, 석, 김의 3성이 교대로 왕위를 계승하였다.
④ 철이 많이 생산되어 낙랑, 왜 등에 수출하였다.
⑤ 집사부를 비롯한 14부를 두어 행정 업무를 분담하였다.

04

(가), (나) 사이의 시기에 있었던 사실로 옳은 것은? [3점]

(가) 백제왕이 병력 3만 명을 거느리고 평양성을 공격해 왔다. 왕이 출병하여 막다가 날아오는 화살에 맞아 서거하였다.

(나) 왕이 보병과 기병 5만 명을 보내 신라를 구원하게 하였다. (고구려군이) 남거성을 통해 신라성에 이르렀는데, 그곳에 왜적이 가득하였다. 고구려군이 도착하자 왜적이 퇴각하였다.

① 전진의 순도가 고구려에 불교를 전파하였다.
② 연개소문이 정변을 일으켜 권력을 장악하였다.
③ 이문진이 유기(留記)를 간추린 신집을 편찬하였다.
④ 관구검이 이끄는 위의 군대가 고구려를 공격하였다.
⑤ 장수왕이 평양으로 천도하고 남진 정책을 본격화하였다.

05

다음 비석을 세운 왕이 시행한 정책으로 옳은 것은? 3점

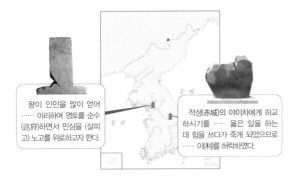

왕이 인민을 많이 얻어 …… 이리하여 영토를 순수(巡狩)하면서 민심을 (살피고) 노고를 위로하고자 한다.

적성(赤城)의 야이차에게 하교하시기를 …… 옳은 일을 하는 데 힘을 쓰다가 죽다 죽게 되었으므로 …… 이(利)를 허락하였다.

① 국학을 설립하여 유학을 교육하였다.

② 대가야를 정복하여 영토를 확장하였다.

③ 병부 등을 설치하여 지배 체제를 정비하였다.

④ 지방관을 감찰하기 위하여 외사정을 설치하였다.

⑤ 국호를 신라로 확정하고 왕이라는 칭호를 사용하였다.

06

(가)~(라)를 일어난 순서대로 옳게 나열한 것은? 2점

(가) 의자왕은 당과 신라 군사들이 이미 백강과 탄현을 지났다는 소식을 듣고 장군 계백을 시켜 결사대 5천 명을 거느리고 황산으로 가서 신라 군사와 싸우게 하였다.

(나) 유인원과 신라왕 김법민은 육군을 거느려 나아가고, 유인궤와 부여융은 수군과 군량을 실은 배를 거느리고 …… 백강으로 가서 육군과 합세하여 주류성으로 갔다. 백강 어귀에서 왜의 군사를 만나 …… 그들의 배 4백 척을 불살랐다.

(다) 이근행이 군사 20만 명을 이끌고 매소성에 진을 쳤다. 신라군이 (이근행의 군사를) 공격하여 패주시키고, 말 3만여 필과 그 만큼의 다른 병기를 얻었다.

(라) 검모잠이 남은 백성들을 모아서 …… 당의 관리와 승려 법안 등을 죽이고 신라로 향하였다. …… 안승을 한성 안으로 맞아들여 받들어 왕으로 삼았다.

① (가) - (나) - (다) - (라)

② (가) - (나) - (라) - (다)

③ (나) - (가) - (라) - (다)

④ (나) - (다) - (가) - (라)

⑤ (다) - (라) - (나) - (가)

07

(가) 제도가 시행된 국가에 대한 설명으로 옳은 것은? 2점

자네, 이번에 정말 당으로 떠나려고 하는가?

우리나라에는 (가) 이/가 있어서 나는 아무리 큰 공을 세워도 신분적인 한계 때문에 관등이 아찬까지밖에 오르지 못한다네. 이런 현실이 답답하네.

① 제가 회의에서 나라의 중요한 일을 결정하였다.

② 상수리 제도를 실시하여 지방 세력을 견제하였다.

③ 중국 남조의 영향을 받아 벽돌무덤을 축조하였다.

④ 왕족인 부여씨와 8성의 귀족이 지배층을 이루었다.

⑤ 경당을 설치하여 청소년에게 글과 활쏘기를 가르쳤다.

08

(가) 왕에 대한 설명으로 옳은 것을 〈보기〉에서 고른 것은? 2점

이곳은 산둥반도의 등주성입니다. (가) 이/가 이 지역에 장문휴를 보내 당의 군대를 격파하였습니다.

─── 〈보 기〉 ───

ㄱ. 중경 현덕부에서 상경 용천부로 천도하였다.

ㄴ. 고구려 유민을 이끌고 동모산에서 건국하였다.

ㄷ. 인안(仁安)이라는 독자적인 연호를 사용하였다.

ㄹ. 대문예로 하여금 흑수 말갈을 정벌하게 하였다.

① ㄱ, ㄴ   ② ㄱ, ㄷ   ③ ㄴ, ㄷ   ④ ㄴ, ㄹ   ⑤ ㄷ, ㄹ

09

밑줄 그은 '탑'에 해당하는 사진 자료로 옳은 것은? [1점]

> 어느 날 무왕이 부인과 함께 사자사(師子寺)에 가려고 용화산 밑의 큰 못가에 이르렀는데, 미륵 삼존이 연못 가운데서 나타나므로 수레를 멈추고 절을 올렸다. 부인이 왕에게 말하기를, "모름지기 이곳에 큰 절을 지어 주십시오. 그것이 제 소원입니다."라고 하였다. 왕이 이를 허락하여 …… 미륵이 세 번 법회를 연 것을 본 따 법당과 탑과 낭무(廊廡)*를 각각 세 곳에 세우고, 절 이름을 미륵사라고 하였다.
>
> — 『삼국유사』 —
>
> * 낭무(廊廡): 건물 사이를 이어주는 복도

① 　② 　③

④ 　⑤

10

(가) 왕의 재위 기간에 있었던 사실로 옳은 것은? [2점]

> 이곳은 개성에 있는 　(가)　의 무덤입니다. 그는 정계와 계백료서를 지어 관리들이 지켜야 할 규범을 제시하고, 후대 왕들이 지키야 할 정책 방향을 담은 훈요 10조를 남겼다고 합니다.

① 12목에 지방관을 파견하였다.
② 서경을 북진 정책의 전진 기지로 삼았다.
③ 국자감에 7재라는 전문 강좌를 개성하였다.
④ 쌍기의 건의를 받아들여 과거제를 시행하였다.
⑤ 노비안검법을 시행하여 호족과 공신세력을 견제하였다.

11

(가) 국가의 경제에 대한 설명으로 옳은 것은? [2점]

> 이 석상은 원성왕릉 앞에 세워진 무인상이다. 부리부리한 눈이나 이국적인 얼굴 윤곽과 복식은 흥덕왕릉 앞에 있는 무인상과 더불어 서역인의 모습을 하고 있다. 이는 당시 　(가)　이/가 아라비아 등 서역과 활발하게 교류하였다는 주장을 뒷받침해 준다.

① 의창을 두어 빈민을 구제하였다.
② 솔빈부의 말이 특산물로 유명하였다.
③ 왜관을 설치하여 일본과 교역하였다.
④ 경시서를 통해 수도의 시전을 감독하였다.
⑤ 청해진을 중심으로 해상 무역이 전개되었다.

12

다음 상황이 나타난 시기를 연표에서 옳게 고른 것은? [2점]

> 왕이 원(元) 연호의 사용을 중지시키면서 교서를 내렸다. "근래에 나라의 풍속이 크게 바뀌어 오직 권세만을 추구하게 되었으니, 기철 일당이 권세를 믿고 나라의 법도를 뒤흔드는 일이 벌어졌다. …… 법령을 다듬어 명확히 하고 기강을 정돈함으로써 조종(祖宗)이 세운 법을 회복하여 온 나라 백성들과 함께 새롭게 시작하고자 한다."

918	1009	1135	1232	1270	1388
	(가)	(나)	(다)	(라)	(마)
고려 건국	강조의 정변	묘청의 난	강화 천도	개경 환도	위화도 회군

① (가)　② (나)　③ (다)　④ (라)　⑤ (마)

13

다음 자료에 나타난 상황 이후의 사실로 옳은 것은? [3점]

> 정중부 등이 왕을 모시던 신하 20여 명을 살해하였다. 왕은 수문전(修文殿)에 앉아서 술을 마시며 영관(伶官)*들에게 음악을 연주하게 하였으며 밤중에야 잠이 들었다. 이고와 채원이 왕을 시해하려고 했으나 양숙이 막았다. …… 정중부가 왕을 협박하여 군기감으로 옮기고, 태자는 영은관으로 옮겼다.
>
> * 영관(伶官): 음악을 맡아보던 벼슬아치

① 왕실의 외척인 이자겸이 난을 일으켰다.
② 윤관이 여진을 정벌하고 동북 9성을 쌓았다.
③ 공주 명학소에서 망이·망소이가 봉기하였다
④ 김부식 등이 왕명으로 삼국사기를 편찬하였다.
⑤ 최충이 9재 학당을 세워 유학 교육을 실시하였다.

14

교사의 질문에 대한 학생의 답변으로 옳은 것은? 1점

이 우표에는 고려 현종 10년(1019)에 강감찬이 이끄는 고려군이 소배압의 10만 대군을 물리친 전투 장면이 그려져 있습니다. 이 전투에 대해 말해 볼까요?

① 개경까지 침입한 홍건적을 몰아냈어요.
② 몽골군의 침략을 처인성에서 물리쳤어요.
③ 쌍성총관부를 공격하여 철령 이북의 땅을 수복했어요.
④ 강동 6주의 반환 등을 요구한 거란의 침략을 격퇴했어요.
⑤ 내륙까지 쳐들어와 약탈하던 왜구를 황산에서 무찔렀어요.

15

(가) 지역에서 있었던 사실로 옳지 않은 것은? 2점

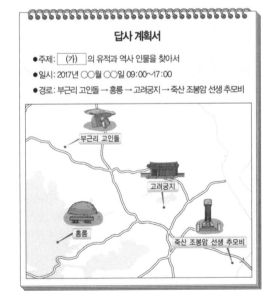

답사 계획서

● 주제: [(가)]의 유적과 역사 인물을 찾아서
● 일시: 2017년 ○○월 ○○일 09:00~17:00
● 경로: 부근리 고인돌 → 홍릉 → 고려궁지 → 죽산 조봉암 선생 추모비

부근리 고인돌
고려궁지
홍릉
죽산 조봉암 선생 추모비

① 병자호란 때 김상용이 순절하였다.
② 프랑스군이 외규장각을 약탈하였다.
③ 정몽주가 이방원 세력에 의해 피살되었다.
④ 어재연이 이끄는 부대가 미국군과 맞서 싸웠다.
⑤ 조선왕조실록을 보관하던 사고(史庫)가 설치되었다.

16

(가)에 들어갈 문화유산으로 옳은 것은? 2점

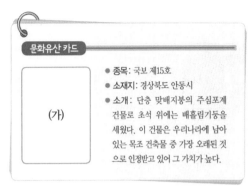

문화유산 카드

(가)

● 종목: 국보 제15호
● 소재지: 경상북도 안동시
● 소개: 단층 맞배지붕의 주심포계 건물로 초석 위에는 배흘림기둥을 세웠다. 이 건물은 우리나라에 남아 있는 목조 건축물 중 가장 오래된 것으로 인정받고 있어 그 가치가 높다.

①
봉정사 극락전

②
수덕사 대웅전

③
쌍계사 대웅전

④
화엄사 각황전

⑤
전등사 대웅전

17

다음 자료의 화폐를 제작한 시기의 경제 상황으로 옳은 것은? 2점

왕이 명령하기를, "백성들을 부유하게 하고 나라에 이익을 가져오게 하는 데 돈보다 중요한 것은 없다. …… 이제 금속을 녹여 돈을 주조하는 법을 제정하였으니, 주조한 돈 1만 5천 관(貫)을 여러 관리와 군인들에게 나누어 주어 이를 통용의 시초로 삼고 돈의 명칭을 해동통보라 하여라."라고 하였다.

① 모내기법이 전국적으로 확산되었다.
② 벽란도에서 국제 무역이 이루어졌다.
③ 계해약조를 맺어 일본과 교역을 하였다.
④ 시장을 감독하는 관청인 동시전이 있었다.
⑤ 감자, 고구마 등의 구황 작물이 재배되었다.

18

밑줄 그은 '그'에 대한 설명으로 옳은 것은? [2점]

이것은 그의 행적을 새긴 비석으로 개성의 영통사에 있다. 고려 숙종의 동생인 그는 국청사를 중심으로 해동 천태종을 개창하고, 교종을 중심으로 선종을 통합하여 당시 불교계의 문제를 해결하려 하였다.

① 수심결을 지어 돈오점수를 강조하였다.
② 심성 도야를 강조한 유불 일치설을 주장하였다.
③ 법화 신앙에 중점을 둔 백련 결사를 주도하였다.
④ 이론의 연마와 실천을 함께 강조하는 교관겸수를 제창하였다.
⑤ 인도와 중앙아시아의 풍물을 기록한 왕오천축국전을 저술하였다.

19

(가)~(라)를 일어난 순서대로 옳게 나열한 것은? [3점]

(가) 왜적이 대거 침략해 왔다. 부산진이 함락되면서 첨사(僉使) 정발이 전사하였다. 이어 동래부가 함락되면서 부사 송상현도 전사하였다.
　　　　　　　　　　　　　　　　　- 「선조수정실록」 -

(나) 왜적이 총출동하여 추격하기에 한산 앞바다로 끌어냈다. 아군이 학익진을 펼쳐 …… 쳐부수니 왜적이 사기가 꺾이어 퇴각하였다. 여러 장수와 군졸들이 환호하며 뛸 듯이 기뻐하였다.
　　　　　　　　　　　　　　　　　- 「선조실록」 -

(다) 권율이 행주에서 왜적을 대파하고, 고산 현감 신경희를 보내어 승전 소식을 아뢰었다. …… 신경희가 아뢰기를, "…… 그 지역에는 돌이 많아 모든 군사들이 앞다투어 돌을 던져 싸움을 도왔습니다." 라고 하였다.
　　　　　　　　　　　　　　　　　- 「선조실록」 -

(라) (이순신이) 노량에 도착하니 많은 왜적이 이르렀다. 불의에 진격하여 한참 혈전을 하던 중 이순신이 몸소 왜적에게 활을 쏘다가 왜적의 탄환에 가슴을 맞아 배 위에 쓰러졌다. …… 왜적이 마침내 대패하니 사람들은 모두 "죽은 이순신이 산 왜적을 물리쳤다." 라고 하였다.
　　　　　　　　　　　　　　　　　- 「선조실록」 -

① (가) - (나) - (다) - (라)　② (가) - (나) - (라) - (다)
③ (나) - (가) - (라) - (다)　④ (나) - (다) - (가) - (라)
⑤ (다) - (라) - (나) - (가)

20

(가) 왕의 재위 기간에 있었던 사실로 옳은 것은? [1점]

이 책은 　(가)　의 명에 의해 우리나라 약재와 중국 약재의 비교 연구, 각 지역에서 생산되는 약재에 대한 실태 조사, 향약채취월령 등을 바탕으로 편찬되었다. 또한 각 질병의 증상에 따른 치료 방법까지 수록되어 있어 우리 풍토에 알맞은 약재와 치료 방법을 종합적으로 정리한 의약서로 평가받고 있다.

향약집성방

① 세계 지도인 곤여만국전도가 전해졌다.
② 우리말 음운 연구서인 언문지가 저술되었다.
③ 홍길동전, 춘향전 등의 한글 소설이 등장하였다.
④ 최초로 100리 척을 사용한 동국지도가 제작되었다.
⑤ 한양을 기준으로 천체 운동을 계산한 칠정산이 편찬되었다.

21

(가)에 대한 설명으로 옳은 것을 <보기>에서 고른 것은? [2점]

　　하나, 나이가 많고 덕망과 학술을 지닌 1인을 여러 사람들이 도약정(都約正)으로 추대하고, 학문과 덕행을 지닌 2인을 부약정으로 삼는다. 　(가)　의 구성원 중에서 교대로 직월(直月)과 사화(司貨)를 맡는다.
　　하나, 세 가지 장부를 두어 　(가)　에 가입하기를 원하는 자들, 덕업(德業)이 볼 만한 자들, 과실(過失)이 있는 자들을 각각의 장부에 기록한다. 이를 직월이 맡았다가 매번 모임이 있을 때 약정에게 알려서 각각 그 순위를 매긴다.
　　　　　　　　　　　　　　　　　- 「율곡전서」 -

〈보 기〉
ㄱ. 흥선 대원군에 의해 철폐되었다.
ㄴ. 지방 사족이 주요 직임을 맡았다.
ㄷ. 대성전을 세워 선현에 제사를 지냈다.
ㄹ. 풍속 교화와 향촌 자치의 역할을 하였다.

① ㄱ, ㄴ　② ㄱ, ㄷ　③ ㄴ, ㄷ　④ ㄴ, ㄹ　⑤ ㄷ, ㄹ

22

(가) 기구에 대한 설명으로 옳은 것은? 2점

① 고려의 삼사와 같은 기능을 담당하였다.
② 왕명 출납을 맡은 왕의 비서 기관이었다.
③ 실록을 보관하고 관리하는 업무를 관장하였다.
④ 재신, 추밀 등으로 구성되어 법제를 논의하였다.
⑤ 5품 이하 관리 임명 과정에서 서경권을 행사하였다.

23

(가)에 들어갈 세시 풍속으로 옳은 것은? 1점

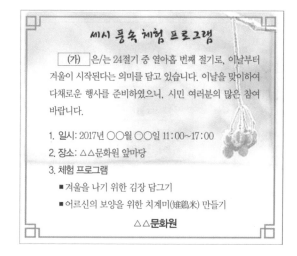

① 단오 ② 입동 ③ 칠석
④ 대보름 ⑤ 한가위

24

다음 왕에 대한 설명으로 옳은 것은? 2점

〈조사 보고서〉
국왕 중심의 통치 체제를 정비한 ○○

1. 즉위 과정 : 왕자의 난을 통해 개국 공신인 정도전 등을 몰아내고 왕위에 오름
2. 정책
   - 사원의 토지와 노비를 몰수함
   - 신문고를 설치하고 호패법을 시행함

① 어영청을 중심으로 북벌을 추진하였다.
② 경국대전을 완성하여 법령을 정비하였다.
③ 청과의 국경을 정하는 백두산정계비를 세웠다.
④ 초계문신을 선발하여 학문 연구에 힘쓰도록 하였다.
⑤ 의정부의 권한을 약화시키고 6조 직계제를 실시하였다.

25

다음 상황이 전개된 이후의 사실로 옳은 것은? 3점

왕의 이복동생인 연잉군이 노론의 지지를 업고 왕세제(王世弟)로 책봉되었다. 이어서 왕세제의 대리청정이 추진되었다. 이 과정에서 소론은 노론의 대신들이 왕을 위협하고 능멸하는 역적 행위를 하였다고 주장하였다. 왕은 이를 받아들여 김창집, 이이명, 이건명, 조태채 등 노론의 사대신(四大臣)을 처벌하였다.

① 폐비 윤씨 사사 사건의 관련자들이 화를 입었다.
② 자의 대비의 복상 문제로 기해 예송이 전개되었다.
③ 붕당 정치의 폐해를 경계하기 위한 탕평비가 세워졌다.
④ 외척 세력인 대윤과 소윤의 대립으로 사화가 일어났다.
⑤ 희빈 장씨 소생의 원자 책봉 문제로 환국이 발생하였다.

26

(가) 인물에 대한 설명으로 옳은 것은? 2점

이 그림은 화성성역의궤에 수록된 거중기 전도이다. 거중기는 화성 건설에 참여했던 (가) 이/가 고안하였다. 그는 조선 후기의 실학자로 경세유표를 통해 국가 제도의 개혁 방향을 제시하였으며, 지방 행정의 개혁안을 담은 목민심서를 저술하였다.

① 양반전에서 양반의 위선과 무능을 비판하였다.
② 북학의를 저술하여 청의 문물 수용을 강조하였다.
③ 사람의 체질을 연구하여 사상 의학을 확립하였다.
④ 조선책략 유포에 반발하여 영남 만인소를 주도하였다.
⑤ 여전론을 통해 토지의 공동 소유와 공동 경작을 주장하였다.

27

밑줄 그은 '방법'의 시행 내용으로 옳은 것을 〈보기〉에서 고른 것은? 2점

> 왕이 명정전에 나아가 전·현직 대신을 비롯한 여러 신하들을 불러 양역의 변통 대책에 대해 논의하면서 말하였다.
> "호포나 결포가 모두 문제점이 있으니, 이제는 1필로 줄이는 것으로 온전히 돌아갈 것이다. 경들은 1필을 줄였을 때 생기는 세입 감소분을 대신할 방법을 강구하라."

〈보 기〉
ㄱ. 토지 1결당 쌀 2두의 결작을 부과하였다.
ㄴ. 양전 사업을 실시하여 지계를 발급하였다.
ㄷ. 선무군관에게 1년에 1필의 군포를 징수하였다.
ㄹ. 관리들에게 경기 지방에 한하여 과전을 지급하였다.

① ㄱ, ㄴ ② ㄱ, ㄷ ③ ㄴ, ㄷ ④ ㄴ, ㄹ ⑤ ㄷ, ㄹ

28

다음 가상 대화가 이루어진 시기의 경제 상황으로 옳지 않은 것은? 2점

주상 전하께서 궁방과 중앙 각 관청 소속의 노비를 모두 혁파하라고 하교하셨다네.

이로 인한 재정 손실은 장용영에서 부담하는 것으로 결정되었다는군.

① 상평통보가 시장에서 유통되었다.
② 담배와 면화 등이 상품 작물로 재배되었다.
③ 송상, 만상이 대청 무역으로 부를 축적하였다.
④ 보부상이 장시를 돌아다니며 상업 활동을 하였다.
⑤ 관리가 직전법에 의해 토지의 수조권을 지급하였다.

29

(가) 인물에 대한 설명으로 옳은 것은? 2점

이 책은 (가) 의 글을 모아 펴낸 문집이다. 그는 학변(學辨), 존언(存言) 등의 글에서 심(心)과 이(理)를 구별하는 주자의 견해를 비판하였다. 또한 지(知)와 행(行)을 둘로 구분하는 것은 물욕에 가려진 것이라고 하면서 양지(良知)의

하곡집 중 존언 부분

본체에서 보면 지와 행은 하나라고 주장하였다. 그의 학문은 스승인 박세채, 윤증과의 교류를 통해 심화되었다.

① 계유정난을 계기로 정계에서 축출되었다.
② 일본에 다녀와서 해동제국기를 편찬하였다.
③ 서얼 출신으로 규장각 검서관에 임용되었다.
④ 양명학을 연구하여 강화 학파 형성의 기초를 마련하였다.
⑤ 성학집요를 저술하여 군주가 수양해야 할 덕목을 제시하였다.

30

밑줄 그은 '그'가 그린 그림으로 옳은 것은? 1점

> 그의 자(字)는 사능이요, 호(號)는 단원이다. …… 산수, 인물, 꽃과 나무, 새와 짐승을 그려 신묘한 경지에 이르지 않은 것이 없었는데, 신선을 그린 것이 가장 뛰어났다. …… 도화서 화원으로 있었는데 매양 한 폭씩 올릴 때마다 왕의 마음에 들었다. …… 벼슬이 연풍 현감에 이르렀다.
> — 『이향견문록』 —

①   ②

③   ④

⑤

31

(가) 조약에 대한 설명으로 옳은 것은? 1점

심행일기는 (가) 체결 당시 조선측 대표를 맡았던 신헌이 이 조약의 전말을 기록한 것으로, 구로다 기요타카 등 일본측 대표들과 벌였던 협상의 내용이 대화체로 상세하게 기록되어 있다. 운요호 사건을 계기로 시작된 양국 간 협상의 진행 과정을 살피는 데 중요한 문헌이다.

심행일기

① 거중조정의 조항을 포함하였다.
② 갑신정변이 원인이 되어 체결되었다.
③ 조약 체결에 항거하여 민영환이 자결하였다.
④ 천주교 포교의 자유를 인정하는 계기가 되었다.
⑤ 부산과 그 외 2곳의 항구가 개항되는 결과를 가져왔다.

32

(가)~(마)에 대한 설명으로 옳은 것은? 2점

한국사 과제 안내문

■ 개항 이후 발행된 다음 신문 중 하나를 선택하여 보고서를 제출하시오.

- 한성순보 ······················· (가)
- 독립신문 ······················· (나)
- 황성신문 ······················· (다)
- 제국신문 ······················· (라)
- 대한매일신보 ·················· (마)

■ 조사 방법: 문헌 조사, 인터넷 검색 등
■ 제출 기간: 2017년 ○○월 ○○일~○○월 ○○일
■ 분량: A4 용지 2장 이상

---

① (가) – 정부에서 발행하는 순 한문 신문이었다.
② (나) – 국채 보상 운동을 적극적으로 후원하였다.
③ (다) – 외국인이 읽을 수 있도록 영문으로도 발행되었다.
④ (라) – 국권 피탈 후 총독부의 기관지로 전락하였다.
⑤ (마) – 최초로 상업 광고가 게재되었다.

33

(가) 교육 기관에 대한 설명으로 옳은 것은? 2점

역사신문

제△△호   1886년 ○○월 ○○일

정부 차원의 신식 학교 건립 예정

정부는 좌원(左院)과 우원(右院)으로 구성된 신식 학교인 (가) 을/를 건립할 예정이다. 관계자의 말에 따르면, 좌원에서는 양반 출신의 젊고 유능한 관리들을 특별히 선발하여 가르치고, 우원에서는 재주가 있고 똑똑한 인재들을 뽑아 공부시키기로 방침이 정해졌다고 한다. '영재를 기른다.'라는 의미의 교명이 붙여진 이 학교는 신학문을 가르치는 곳인 만큼 여러 사람들의 기대가 크다.

① 교육 입국 조서에 근거하여 세워졌다.
② 교원 양성을 목적으로 한 사범학교이다.
③ 전국의 부 · 목 · 군 · 현에 하나씩 설치되었다.
④ 미국인 헐버트, 길모어 등을 교사로 초빙하였다.
⑤ 장학 기금을 마련하기 위해 양현고를 설립하였다.

34

밑줄 그은 '전쟁' 기간에 있었던 사실로 옳은 것을 〈보기〉에서 고른 것은? 3점

자네, 소식 들었나? 일본이 전쟁을 일으키고 나서 한성을 장악하고 한 · 일 의정서 체결을 강요하였다네.

나도 들었네. 결국, 우리나라의 국외 중립 선언을 일본이 무시하였군.

〈보 기〉

ㄱ. 러시아가 절영도 조차를 요구하였다.
ㄴ. 일본이 독도를 불법적으로 편입하였다.
ㄷ. 고종이 러시아 공사관으로 거처를 옮겼다.
ㄹ. 메가타가 대한 제국의 재정 고문으로 부임하였다.

① ㄱ, ㄴ   ② ㄱ, ㄷ   ③ ㄴ, ㄷ   ④ ㄴ, ㄹ   ⑤ ㄷ, ㄹ

35

(가)에 해당하는 개혁의 내용으로 옳은 것은? 2점

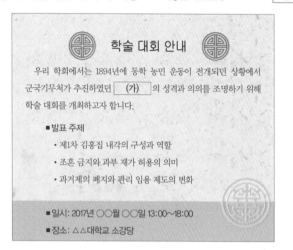

학술 대회 안내

우리 학회에서는 1894년에 동학 농민 운동이 전개되던 상황에서 군국기무처가 추진하였던 **(가)** 의 성격과 의의를 조명하기 위해 학술 대회를 개최하고자 합니다.

■ 발표 주제
• 제1차 김홍집 내각의 구성과 역할
• 조혼 금지와 과부 재가 허용의 의미
• 과거제의 폐지와 관리 임용 제도의 변화

■ 일시: 2017년 ○○월 ○○일 13:00~18:00
■ 장소: △△대학교 소강당

① 대한국 국제를 제정하였다.
② 신식 군대인 별기군을 창설하였다.
③ 황제 직속의 원수부를 설치하였다.
④ 청의 연호를 폐지하고 개국 기원을 사용하였다.
⑤ 의정부의 기능을 회복시키고 비변사를 혁파하였다.

36

(가) 운동에 대한 설명으로 옳은 것은? 1점

이 사진은 산업 장려, 토산품 애용 등을 내세운 **(가)** 을/를 효과적으로 선전·계몽하기 위해 월간으로 발행되었던 잡지의 표지입니다. 이 잡지는 1923년 11월에 창간되어 1924년 9월 통권 5호까지 간행되었습니다.

① 조선 형평사의 주도로 전개되었다.
② 평양에서 시작되어 전국으로 확산되었다.
③ 순종의 인산일을 기회로 삼아 추진되었다.
④ 일제가 회사령을 제정하는 계기가 되었다.
⑤ 김광제, 서상돈 등의 발의로 본격화 되었다.

37

다음 사건을 일으킨 단체에 대한 설명으로 옳은 것은? 3점

김익상이 일본인 노동자로 행세하며 곧바로 조선 총독부에 들어가서 2층으로 올라가 비서과와 회계과를 향하여 폭탄을 던지니, 그 소리가 천지를 뒤흔들었다. ……
그는 우리나라 사람이 하는 여관에 들어가면 반드시 수색이 있을 것이라고 여겨 일본 요리점으로 갔다. 철공(鐵工)의 옷을 사서 변장하고 열차로 평양으로 가서 며칠을 보낸 다음 다시 북경으로 향하였다.

– 『기려수필』 –

① 105인 사건으로 해체되었다.
② 중·일 전쟁 발발 직후에 조직되었다.
③ 조선 혁명 선언을 활동 지침으로 삼았다.
④ 파리 강화 회의에 김규식을 대표로 파견하였다.
⑤ 고종의 밀지를 받아 결성된 비밀 무장 단체였다.

38

(가) 인물에 대한 설명으로 옳은 것은? 2점

사진 속 역사 이야기

이 사진은 1920년 조선 체육회 창립을 기념하여 열린 '제1회 전조선야구대회'에서 **(가)** 이/가 흰 두루마기를 입고 시구하는 모습이다. 그는 서재필 등과 함께 독립 협회를 조직하여 만민 공동회를 주도하고, 민립 대학 설립 운동을 이끄는 등 민족 운동 지도자로서 다양한 활동을 하였다. 1927년에 그가 세상을 떠나자 사회장으로 장례가 치러졌다.

① 대한민국 임시 정부 대통령으로 활동하였다.
② 일제의 침략 과정을 서술한 한국통사를 저술하였다.
③ 민족 단결을 내세운 신간회의 회장으로 추대되었다.
④ 새로운 국가 건설의 이념으로 삼균주의를 주창하였다.
⑤ 일제의 패망과 광복에 대비하여 조선 건국 동맹을 결성하였다.

39

(가), (나) 사건에 대한 설명으로 옳은 것은? 2점

신문으로 보는 1920년대 사회 운동

전라남도 신안군(당시 무안군)에서 고율의 소작료를 징수한 지주 문재철의 횡포에 맞서, 1923년부터 1년여에 걸쳐 소작인들이 전개한 (가) 을/를 보도한 기사

문평 라이징 선 석유 회사에서 일본인 감독이 조선인 노동자를 구타한 사건이 발단이 되어, 1929년 1월 총파업에 돌입한 해당 지역 노동자들의 투쟁인 (나) 을/를 보도한 기사

① (가) – 중국의 5 · 4 운동에 영향을 주었다.
② (가) – 혁명적 농민 조합을 중심으로 펼쳐졌다.
③ (나) – 대한민국 임시 정부 수립의 계기가 되었다.
④ (나) – 일본, 프랑스 등지의 노동 단체로부터 격려 전문을 받았다.
⑤ (가), (나) – 일제가 이른바 문화 통치를 실시하는 배경이 되었다.

40

(가) 무장 투쟁에 대한 탐구 활동으로 가장 적절한 것은? 2점

이것은 1920년 10월, 백운평 · 완루구 · 어랑촌 등지에서 일본군에 맞서 싸운 (가) 당시 독립군들이 불렀던 노래가사의 일부입니다. 독립군들의 비장한 각오를 잘 보여주고 있습니다.

하늘은 미워한다
배달족의 자유를 억탈하는 왜적 놈들을
삼천리 강산에 열혈이 끓어
분연히 일어나는 우리 독립군
맹세코 싸우고 또 싸우리니
성결한 전사를 하게 하소서
– 「기전사가(祈戰死歌)」

① 조선 의용대가 참여한 전투에 대해 알아본다.
② 일본군에서 탈출한 학도병들의 활동을 정리한다.
③ 북로 군정서와 대한 독립군의 활약상을 조사한다.
④ 조선 혁명군이 흥경성에서 승리한 요인을 살펴본다.
⑤ 한국 독립군이 대전자령에서 수행한 작전을 찾아본다.

41

(가) 인물에 대한 설명으로 옳은 것은? 3점

< 주제: (가) 의 저술 활동과 사상 >

조선상고사에서 역사를 '아(我)와 비아(非我)의 투쟁'으로 정의하였습니다.

이순신전과 을지문덕전 등을 집필하여 애국심을 고취하고자 하였습니다.

① 여유당전서를 간행하고 조선학 운동을 전개하였다.
② 서유견문을 집필하여 서양 근대 문명을 소개하였다.
③ 한국독립운동지혈사에서 독립 투쟁 과정을 서술하였다.
④ 독사신론을 발표하여 민족을 역사 서술의 중심에 두었다.
⑤ 조선사회경제사에서 식민 사학의 정체성 이론을 반박하였다.

42

다음 요강이 발표된 이후에 볼 수 있는 모습으로 적절한 것은? 1점

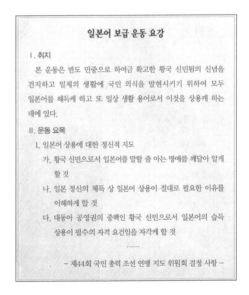

일본어 보급 운동 요강

I. 취지

본 운동은 반도 민중으로 하여금 확고한 황국 신민됨의 신념을 견지하고 일체의 생활에 국민 의식을 발현시키기 위하여 모두 일본어를 해득케 하고 또 일상 생활 용어로서 이것을 상용케 하는 데에 있다.

II. 운동 요목

1. 일본어 상용에 대한 정신적 지도
   가. 황국 신민으로서 일본어를 말할 줄 아는 명예를 깨달아 알게 할 것
   나. 일본 정신의 체득 상 일본어 상용이 절대로 필요한 이유를 이해하게 할 것
   다. 대동아 공영권의 중핵인 황국 신민으로서 일본어의 습득 상용이 필수의 자격 요건임을 자각케 할 것
......

– 제44회 국민 총력 조선 연맹 지도 위원회 결정 사항 –

① 조선인에게 태형을 집행하는 헌병 경찰
② 일본 군수 공장에 강제 동원되는 여자 근로 정신대
③ 경성 제국 대학 설립 업무를 수행하는 조선 총독부 관리
④ 안창남의 고국 방문 비행을 환영하기 위해 상경하는 청년
⑤ 나운규가 제작한 영화 아리랑의 첫 상영을 준비하는 단성사 직원

43

다음 검색창에 들어갈 종교에 대한 설명으로 옳은 것은? 2점

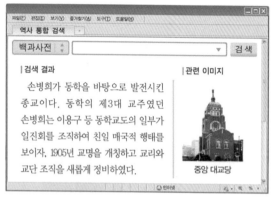

① 항일 무장 단체인 중광단을 결성하였다.
② 경향신문을 발간하여 민중 계몽에 기여하였다.
③ 배재 학당을 세워 신학문을 보급하고자 노력하였다.
④ 만주에서 의민단을 조직하여 독립 전쟁을 전개하였다.
⑤ 어린이 등의 잡지를 발간하여 소년 운동을 주도하였다.

44

(가) 부대에 대한 설명으로 옳은 것은? 2점

이달의 독립운동가

중국 대륙을 누빈 여성 독립군

오광심 吳光心

1910. 3. 15.~1976. 4. 7.

평안북도 선천 출신으로 남만주에서 교직 생활을 하다가, 1931년 만주 사변이 일어나자 교직을 그만두고 독립운동에 투신하였다. 특히, 1940년 9월 17일에 충칭에서 대한민국 임시 정부 산하의 (가) 이/가 창설될 때, 김정숙·지복영 등과 함께 참여하였다. 또한 기관지인 '광복'의 간행 업무를 담당하고 병사 모집과 선전·파괴 활동을 전개하는 등 독립 투쟁에 큰 업적을 남겼다.

① 자유시 참변으로 큰 타격을 입었다.
② 미국과 연계하여 국내 진공 작전을 계획하였다.
③ 신흥 무관 학교를 설립하여 독립군을 양성하였다.
④ 중국 관내(關內)에서 결성된 최초의 한인 무장 부대였다.
⑤ 중국 호로군과 연합 작전을 통해 항일 전쟁을 전개하였다.

45

밑줄 그은 '위원회'에 대한 설명으로 옳은 것은? 2점

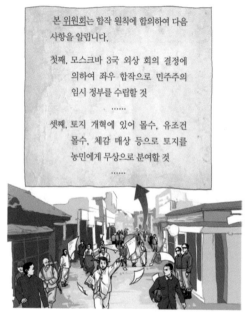

본 위원회는 합작 원칙에 합의하여 다음 사항을 알립니다.

첫째, 모스크바 3국 외상 회의의 결정에 의하여 좌우 합작으로 민주주의 임시 정부를 수립할 것

……

셋째, 토지 개혁에 있어 몰수, 유조건 몰수, 체감 매상 등으로 토지를 농민에게 무상으로 분여할 것

……

① 통일 정부 구성을 위한 남북 협상을 추진하였다.
② 유엔 감시하에 치러진 남북한 총선거에 참여하였다.
③ 여운형, 김규식 등 중도 세력을 중심으로 결성되었다.
④ 반민족 행위 처벌을 위한 특별 조사 위원회의 활동을 방해하였다.
⑤ 귀속 재산 처리법을 제정하여 일본인들이 남기고 간 재산을 처리하였다.

46

(가) 사건에 대한 설명으로 옳은 것은? 3점

1948년 제주섬에서는 국제법이 요구하는, 문명 사회의 기본 원칙이 무시되었다. 특히, 법을 지켜야 할 국가 공권력이 법을 어기면서 민간인들을 살상하기도 했다. 토벌대가 재판 절차 없이 비무장 민간인들을 살상한 점, 특히 어린이와 노인까지가 살해한 점은 중대한 인권 유린이며 과오이다. 결론적으로 제주도는 냉전의 최대 희생지였다고 판단된다. 바로 이 점이 (가) 의 진상 규명을 50년 동안 억제해 온 요인이 되기도 했다.

— (가) 진상 조사 보고서(2003) —

① 4·13 호헌 조치에 저항하며 일어났다.
② 장면의 민주당 정권이 들어서는 계기가 되었다.
③ 전개 과정에서 3·1 민주 구국 선언이 발표되었다.
④ 3·15 부정 선거에 항의하는 시위에서 비롯되었다.
⑤ 희생자들의 명예 회복을 위해 특별법이 제정되었다.

47

다음 뉴스의 사건이 일어난 정부 시기의 경제 상황으로 옳은 것은? `1점`

오늘 서울에서는, 국교 정상화 추진을 위해 열리는 한·일 회담에 반대하는 시위가 일어났습니다. 여기서 학생과 시민들은 정부가 굴욕적 회담을 추진하고 있다고 거세게 비판하면서 '민족적 민주주의 장례식'을 거행하였습니다.

학생과 시민들, '민족적 민주주의 장례식' 거행

① 경제 협력 개발 기구(OECD)에 가입하였다.
② 칠레와 자유 무역 협정(FTA)이 체결되었다.
③ 금융 거래의 투명성을 확보하고자 금융 실명제가 실시되었다.
④ 세계 무역 기구(WTO)의 출범으로 시장 개방이 가속화되었다.
⑤ 자립 경제 구축을 내세운 제1차 경제 개발 5개년 계획이 진행되었다.

48

다음 자료가 작성된 시기를 연표에서 옳게 고른 것은? `3점`

1. 파괴된 민주 헌정의 회복을 위해 대통령 자신이 개헌을 발의하되 민족 통일의 기초가 될 수 있는 완전한 민주 헌법으로 하여 이 헌법에 의해 자신의 거취를 지혜롭고 영예롭게 스스로 택함은 물론 앞으로 오고 올 모든 이 나라 집권자들의 규범으로 삼게 할 것
2. 긴급 조치로 구속된 민주 인사와 학생 전원을 무조건 급속히 석방할 것

……

4. 학원·종교계·언론계·정계의 사찰, 탄압을 중지하고 야비한 정보 정치의 수법인 이간, 중상, 분열 공작으로 이 이상 더 우리 사회의 불신 풍조와 배신의 습성을 조장시키지 말도록 할 것

……

개헌 청원 백만인 서명 운동 본부 장준하

1948	1952	1960	1972	1979	1987
(가)	(나)	(다)	(라)	(마)	
대한민국 정부 수립	부산 정치 파동	4·19 혁명	7·4 남북 공동 성명	부·마 항쟁	6월 민주 항쟁

① (가)   ② (나)   ③ (다)   ④ (라)   ⑤ (마)

49

(가) 민주화 운동에 대한 설명으로 옳은 것은? `2점`

(가) 특별전

37년 전 그 날, 국민들의 민주화 요구를 묵살하고 비상 계엄령을 전국으로 확대한 신군부의 조치에 반대하여 도청과 금남로 일대에서 시위가 일어났습니다. 계엄군은 시민들에게 무차별적인 폭력을 자행하였습니다. 폭력의 진실을 세계에 알린 한 독일 언론인을 추모하며, 그가 남긴 자료를 전시하는 특별전을 개최합니다.

· 기간: 2017년 ○○월 ○○일~○○월 ○○일
· 장소: △△문화원

① 허정 과도 정부가 구성되는 계기가 되었다.
② 호헌 철폐와 독재 타도 등의 구호를 내세웠다.
③ 5년 단임의 대통령 직선제 개헌을 이끌어 냈다.
④ 전개 과정에서 시민군이 자발적으로 조직되었다.
⑤ 대통령 하야를 요구하는 대학 교수단의 시위 행진이 있었다.

50

(가) 정부의 통일 정책으로 옳은 것은? `2점`

최근 '한반도의 비핵화에 관한 공동 선언'이 재조명되고 있습니다. 선언의 주요 내용에 대해 말씀해 주시기 바랍니다.

이 선언은 (가) 정부 시기에 남북 고위급 회담의 결과로 발표되었는데, 주요 내용에는 핵무기의 시험·생산·보유·사용의 금지, 핵에너지의 평화적 이용 등이 있습니다.

① 남북 기본 합의서를 채택하였다.
② 금강산 관광 사업을 시작하였다.
③ 경의선 복원 공사를 시작하였다.
④ 남북 조절 위원회를 설치하였다.
⑤ 제2차 남북 정상 회담을 개최하였다.

01

(가) 시대의 생활 모습으로 옳은 것은? 1점

○○신문

제△△호 2018년 ○○월 ○○일

연천 전곡리 유적 발견 40주년, 그 고고학적 의의

올해는 경기도 연천 전곡리에서 (가) 시대의 주요 유물인 아슐리안형 주먹도끼가 발견된 지 40주년이 되는 해이다. 이 발견은 동아시아에는 찍개 문화만 존재하였고 주먹도끼 문화는 없었다는 모비우스(Hallam L. Movius)의 학설을 뒤집는 증거가 되었다. 이곳은 현재 사적 제268호로 지정되어 있다.

발굴 현장

① 거푸집을 이용하여 도구를 제작하였다.
② 지배자의 무덤으로 고인돌을 축조하였다.
③ 반달 돌칼을 이용하여 곡식을 수확하였다.
④ 가락바퀴와 뼈바늘을 이용하여 옷을 지었다.
⑤ 주로 동굴이나 강가의 막집에서 거주하였다.

02

다음 사건이 일어난 시기를 연표에서 옳게 고른 것은? 2점

여러 대인(大人)과 왕은 몰래 [연개소문을] 죽이고자 논의하였는데 일이 새어나갔다. [연개]소문은 부병(部兵)을 모두 모아놓고 마치 군대를 사열할 것처럼 꾸몄다. …… 손님이 이르자 모두 살해하니, 1백여 명이었다. [그리고] 말을 달려 궁궐로 들어가 왕을 시해하였다. …… [연개소문은] 왕제(王弟)의 아들인 장(臧)을 세워 왕으로 삼고 스스로 막리지가 되었다.

- 「삼국사기」 -

589	612	618	645	660	676
(가)	(나)	(다)	(라)	(마)	
수의 중국 통일	살수 대첩	당의 건국	안시성 전투	황산벌 전투	기벌포 전투

① (가) ② (나) ③ (다) ④ (라) ⑤ (마)

03

(가), (나) 나라에 대한 설명으로 옳은 것은? 3점

(가) 동이 지역 중에서 가장 평탄하고 넓은 곳으로 토질은 오곡이 자라기에 알맞다. …… 12월에 지내는 제천 행사에는 연일 크게 모여서 마시고 먹으며 노래하고 춤추는데, …… 이때에는 형옥(刑獄)을 중단하고 죄수를 풀어 준다. 전쟁을 하게 되면 그때에도 하늘에 제사를 지내고, 소를 잡아서 그 발굽으로 길흉을 점친다.

- 「후한서」 -

(나) 그 나라의 넓이는 사방 2천 리인데, 큰 산과 깊은 골짜기가 많으며 사람들은 산골짜기에 의지하여 산다. …… 혼인에 있어서는 [신랑이] 신부의 집에 가서 살다가 자식을 낳아 장성한 뒤에야 남자의 집으로 돌아온다. …… 금과 은, 재물을 모두 써 성대하게 장례를 치르며, 돌을 쌓아 봉분을 만들고 소나무와 잣나무를 심는다.

- 「후한서」 -

① (가) - 여러 가(加)들이 별도로 사출도를 주관하였다.
② (가) - 박, 석, 김의 3성이 교대로 왕위를 계승하였다.
③ (나) - 10월에 무천이라는 제천 행사를 열었다.
④ (나) - 읍락 간의 경계를 중시하는 책화가 있었다.
⑤ (가), (나) - 제사장인 천군과 신성 지역인 소도가 있었다.

04

(가) 인물에 대한 설명으로 옳은 것은? 2점

불교 인물 카드

(가)

- 생몰: 617년~686년
- 가계: 부(父) 담날, 자(子) 설총
- 주요 활동
  - 무애가를 지어 불교 대중화에 기여함.
  - 모든 진리는 한마음에서 나온다는 일심 사상을 주장함.

① 대승기신론소, 십문화쟁론을 저술하였다.
② 화랑도의 규범으로 세속 5계를 제시하였다.
③ 화엄일승법계도를 지어 화엄종을 정리하였다.
④ 인도와 중앙아시아를 여행하고 왕오천축국전을 지었다.
⑤ 당에서 귀국하여 황룡사 구층 목탑의 건립을 건의하였다.

05

(가), (나) 무덤 양식에 대한 설명으로 옳은 것은? 2점

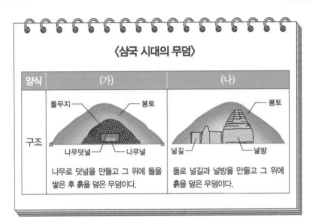

① (가) – 모줄임 천장 구조로 되어 있다.
② (가) – 무덤의 둘레돌에 12지 신상을 새겼다.
③ (나) – 대표적인 무덤으로 황남대총이 있다.
④ (나) – 내부의 천장과 벽에 그림을 그리기도 하였다.
⑤ (가), (나) – 중국 남조의 영향을 받아 만들어졌다.

06

(가) 나라의 문화유산으로 옳은 것은? 2점

> (가) 의 왕인 김구해가 왕비와 세 명의 아들, 즉 큰 아들인 노종, 둘째 아들인 무덕, 막내 아들인 무력을 데리고 나라의 창고에 있던 보물을 가지고 와서 항복하였다. [법흥]왕이 예로써 대접하고 상등(上等)의 벼슬을 주었으며, 본국을 식읍으로 삼게 하였다. 아들인 무력은 벼슬이 각간(角干)에 이르렀다.
> – 『삼국사기』 –

07

(가), (나) 사이의 시기에 있었던 사실로 옳은 것은? 3점

> (가) [장수왕] 15년, 평양으로 도읍을 옮겼다.
> – 『삼국사기』 –
>
> (나) 고구려왕 거련이 몸소 군사를 거느리고 백제를 공격하였다. 백제왕 경(慶)이 아들 문주를 [신라에] 보내 구원을 요청하였다. 왕이 군사를 내어 구해 주려 하였으나 미처 도착하기도 전에 백제가 이미 [고구려에] 함락되었고, 경(慶) 역시 피살되었다.
> – 『삼국사기』 –

① 광개토 대왕이 신라에 침입한 왜를 물리쳤다.
② 진흥왕이 화랑도를 국가 조직으로 개편하였다.
③ 소수림왕이 태학을 설립하고 율령을 반포하였다.
④ 개로왕이 고구려를 견제하고자 북위에 국서를 보냈다.
⑤ 근초고왕이 평양성을 공격하여 고국원왕을 전사시켰다.

08

(가)~(라)를 시행한 순서대로 옳게 나열한 것은? 2점

삼국사기로 보는 통일 신라의 토지 제도

(가) 교서를 내려 문무 관료전을 지급하되 차등을 두었다.
(나) 내외(內外) 관료의 녹읍을 폐지하고, 해마다 조(租)를 차등있게 하사하고 이를 항식(恒式)*으로 삼았다.
(다) 처음으로 백성에게 정전을 나누어 주었다.
(라) 내외(內外) 관료에게 매달 지급하던 녹봉을 없애고 다시 녹읍을 주었다.

*항식(恒式): 항상 따라야 하는 형식이나 정해진 법식

① (가) – (나) – (다) – (라) ② (가) – (다) – (라) – (나)
③ (나) – (라) – (가) – (다) ④ (다) – (나) – (가) – (라)
⑤ (라) – (가) – (나) – (다)

09

다음 검색창에 들어갈 왕에 대한 설명으로 옳은 것은?

1점

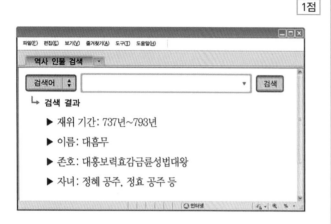

① 인안이라는 독자적 연호를 사용하였다.
② 장문휴를 보내 당의 등주를 공격하였다.
③ 수도를 중경 현덕부에서 상경 용천부로 옮겼다.
④ 대문예로 하여금 흑수 말갈을 정벌하게 하였다.
⑤ 고구려 유민을 이끌고 동모산에서 나라를 세웠다.

11

(가) 인물에 대한 설명으로 옳은 것은?

2점

> ○ 넷째 아들 금강은 몸이 크고 지략이 많았다. (가) 이/가 특별히 그를 총애하여 왕위를 물려주려고 하였다. 그의 형 신검, 양검, 용검 등이 이를 알고서 걱정하고 번민하였다.
>
> ○ (가) 이/가 요청하여 말하기를, "늙은 신하가 멀리 바다를 건너 성군(聖君)의 교화에 투항하였으니, 바라건대 그 위엄에 기대어 역적인 아들을 베고자 할 뿐입니다."라고 하였다.

① 김흠돌의 반란을 진압하였다.
② 경주의 사심관으로 임명되었다.
③ 후당, 오월에 사신을 파견하였다.
④ 국호를 마진으로 바꾸고 철원으로 천도하였다.
⑤ 정계와 계백료서를 지어 관리의 규범을 제시하였다.

10

교사의 질문에 대한 학생의 답변으로 옳은 것은?

2점

① 경재소를 두어 유향소를 통제하였어요.
② 지방의 22담로에 왕족을 파견하였어요.
③ 전국의 주요 지역에 12목을 설치하였어요.
④ 지방관을 감찰하기 위해 외사정을 두었어요.
⑤ 관찰사를 보내어 관할 고을의 수령을 감독하였어요.

12

(가), (나) 사이의 시기에 있었던 사실로 옳은 것은?

2점

> (가) 쌍기가 처음으로 과거 제도의 실시를 건의하였고, 마침내 지공거가 되어 시(詩)·부(賦)·송(頌)·책(策)으로써 진사 갑과에 최섬 등 2인, 명경업(明經業)에 3인, 복업(卜業)에 2인을 선발하였다.
>
> (나) 최승로가 상서하기를, "…… 지금 살펴보면 지방의 세력가들은 매번 공무를 핑계 삼아 백성을 침탈하므로 백성이 그 명을 감당하지 못합니다. 청컨대 외관(外官)을 두소서."라고 하였다.

① 국가 주도로 해동통보가 발행되었다.
② 인사 행정을 담당하던 정방이 폐지되었다.
③ 관학 진흥을 위해 전문 강좌인 7재가 개설되었다.
④ 호구의 정확한 파악을 위해 호패법이 실시되었다.
⑤ 처음으로 직관·산관 각 품의 전시과가 제정되었다.

13

(가) 군사 조직에 대한 설명으로 옳은 것은? 3점

오늘은 개경 환도 결정에 반발하여 봉기한 [(가)] 을/를 소개하는 시간입니다. 화면 속 자료에 대한 설명 부탁드립니다.

이 자료는 승화후 왕온을 왕으로 추대한 [(가)] 이/가 일본에 보낸 외교 문서를 일본 측에서 그 이전의 고려 국서와 비교하여 정리한 것입니다.

고려첩장불심조조

① 승려 출신으로 구성된 항마군이 있었다.
② 여진을 정벌하여 동북 9성 일대를 확보하였다.
③ 거란의 침입에 대비하는 과정에서 설치되었다.
④ 경대승이 신변 보호를 위해 만든 사병 조직이다.
⑤ 진도와 제주도로 근거지를 옮기면서 항쟁하였다.

14

(가), (나) 역사서에 대한 설명으로 옳은 것은? 2점

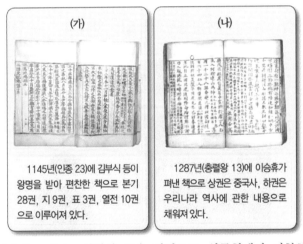

(가)

(나)

1145년(인종 23)에 김부식 등이 왕명을 받아 편찬한 책으로 본기 28권, 지 9권, 표 3권, 열전 10권으로 이루어져 있다.

1287년(충렬왕 13)에 이승휴가 펴낸 책으로 상권은 중국사, 하권은 우리나라 역사에 관한 내용으로 채워져 있다.

① (가) – 사초, 시정기 등을 바탕으로 실록청에서 편찬하였다.
② (가) – 불교사를 중심으로 고대의 민간 설화 등을 수록하였다.
③ (나) – 고조선의 건국 이야기가 수록되어 있다.
④ (나) – 유네스코 세계 기록 유산으로 등재되었다.
⑤ (가), (나) – 고구려 건국 시조의 일대기를 서사시 형태로 서술하였다.

15

(가) 기구에 대한 설명으로 옳은 것은? 1점

역사 용어 해설

[(가)]

1. 개요

토지와 노비 문제를 해결하기 위해 설치된 임시 기구로, 불법적으로 빼앗긴 토지를 원래의 주인에게 돌려주거나 억울하게 노비가 된 자들을 본래 신분으로 되돌리기 위해 만들어졌다. 1269년(원종 10)에 처음 설치되었고, 이후 폐지와 설치를 거듭하였다.

2. 관련 사료

신돈이 [(가)] 을/를 설치할 것을 청하고 스스로 판사(判事)가 되었다. …… 권세가와 부호 중에 빼앗았던 토지와 노비를 그 주인에게 돌려주는 자가 많아, 온 나라 사람들이 기뻐하였다.

① 원 간섭기에 첨의부로 격하되었다.
② 고려 말에 도평의사사로 명칭이 바뀌었다.
③ 소속 관원이 낭사와 함께 대간으로 불렸다.
④ 공민왕 때 내정 개혁의 일환으로 운영되었다.
⑤ 최씨 무신 정권의 최고 권력 기구로 활용되었다.

16

다음 대화의 왕이 재위했던 시기의 사실로 옳은 것은? 2점

신 서거정 등이 동국통감을 완성하여 바치나이다. 삼국 이하 여러 역사책에서 뽑아내고 중국 역사에서 가려내서 편년체로 기록하였습니다.

이 책은 진실로 만세에 남길 만한 것이다.

① 주자소가 설치되어 계미자가 주조되었다.
② 전통 한의학을 정리한 동의보감이 완성되었다.
③ 음악 이론 등을 집대성한 악학궤범이 간행되었다.
④ 세계 지도인 혼일강리역대국도지도가 제작되었다.
⑤ 한양을 기준으로 한 역법서인 칠정산 내편이 편찬되었다.

17

(가) 인물에 대한 설명으로 옳은 것은? 1점

이 책은 (가) 이/가 태조 이성계에게 지어 바친 법전으로, 경제육전과 경국대전의 모체가 되었다고 평가받는다. 이 책에서 재상 중심의 정치를 강조한 (가) 은/는 도성의 축조 계획을 세우고, 새 궁궐의 이름을 경복궁이라고 짓는 등 국가의 기틀을 다지는 데 주도적인 역할을 하였다.

① 불씨잡변을 지어 불교를 비판하였다.
② 계유정난을 통해 정권을 장악하였다.
③ 일본에 다녀와서 해동제국기를 편찬하였다.
④ 기축봉사를 올려 명에 대한 의리를 내세웠다.
⑤ 성학십도에서 군주의 도를 도식으로 설명하였다.

18

(가), (나) 사이의 시기에 있었던 사실로 옳은 것은? 2점

(가) [임금이] 전지하기를, "…… 지금 김일손이 찬수한 사초에 부도한 말로써 선대의 일을 거짓으로 기록하고 또한 그의 스승 김종직의 조의제문을 실었도다. …… 대간, 홍문관으로 하여금 형을 의논하여 아뢰도록 하라."라고 하였다.

(나) 대사헌 조광조 등이 아뢰기를, "…… 반정 때에 공이 있었다면 기록되어야 하겠으나, 이들은 또 그다지 공도 없습니다. 무릇 이들을 공신으로 중히 여기면 공(功)과 이(利)를 탐내게 되니 임금을 죽이고 나라를 빼앗는 일이 다 이것에서 비롯됩니다. 임금이 나라를 잘 다스리고자 한다면 먼저 이(利)의 근원을 막아야 합니다. ……"라고 하였다.

① 외척 간의 권력 다툼으로 윤임이 제거되었다.
② 인현 왕후가 폐위되고 남인이 권력을 장악하였다.
③ 공신 책봉에 불만을 품고 이괄이 반란을 일으켰다.
④ 이조 전랑 임명을 둘러싸고 사림이 동인과 서인으로 나뉘었다.
⑤ 폐비 윤씨 사사 사건의 전말이 알려져 김굉필 등이 처형되었다.

19

(가) 상인에 대한 설명으로 옳은 것은? 1점

이곳은 조선 시대의 상점 터가 확인된 종로 피맛골 발굴 현장입니다. 조선 정부는 이 일대에 행랑을 지어 상가를 조성하고 (가) 에게 빌려 주었습니다. (가) 중에는 육의전 상인이 대표적이었습니다.

① 혜상공국을 통해 보호받았다.
② 금난전권이라는 특권을 부여받았다.
③ 전국에 송방이라는 지점을 설치하였다.
④ 책문 후시를 통해 대청 무역을 주도하였다.
⑤ 포구에서 중개 · 금융 · 숙박업 등에 주력하였다.

20

밑줄 그은 '이 전쟁'의 영향으로 옳은 것은? 3점

사진은 김준룡 장군 전승지 및 비입니다. 김준룡 장군은 이 전쟁이 일어나자 남한산성으로 피란한 국왕을 구하기 위해 근왕병을 이끌고 누르하치의 사위인 적장을 사살하는 등의 전공을 세웠습니다.

① 북방에 4군 6진이 개척되었다.
② 이종무에 의해 대마도가 정벌되었다.
③ 청에 당한 치욕을 갚자는 북벌론이 전개되었다.
④ 계해약조가 체결되어 세견선의 입항이 허가되었다.
⑤ 외적에 대비하기 위해 비변사가 처음으로 설치되었다.

21

밑줄 그은 '이 법'에 대한 설명으로 옳은 것은? 2점

좌의정 이원익의 건의로 이 법을 비로소 시행하여 백성의 토지에서 미곡을 거두어 서울로 옮기게 했는데, 먼저 경기에서 시작하고 드디어 선혜청을 설치하였다. …… 우의정 김육의 건의로 충청도에도 시행하게 되었으며 …… 황해도 관찰사 이언경의 상소로 황해도에도 시행하게 되었다.

- 「만기요람」 -

① 양반에게도 군포를 납부하게 하였다.
② 풍흉에 따라 9등급으로 나누어 전세를 부과하였다.
③ 어장세, 염전세, 선박세를 거두어 군사비로 충당하였다.
④ 재정 부족 문제를 해결하기 위해 지주에게 결작을 징수하였다.
⑤ 관청에 필요한 물품을 납부하는 공인이 등장하는 배경이 되었다.

22

다음 그림이 그려진 시기에 볼 수 있는 모습으로 적절하지 않은 것은? 2점

이 그림은 김득신이 그린 풍속화로 병아리를 물고 도망가는 고양이와 이에 놀란 닭, 긴 담뱃대로 이를 제지하려는 남성의 모습 등이 묘사되어 있다. 조용한 여염집에서 벌어진 소동을 그렸기 때문에 파적도(破寂圖)라 불리기도 한다.

① 생선을 팔고 상평통보를 받는 상인
② 장시에서 탈춤 공연을 벌이는 광대
③ 시사(詩社)를 조직하여 활동하는 중인
④ 직전법에 의해 수조권을 지급받는 관리
⑤ 고추, 인삼 등을 상품 작물로 재배하는 농민

23

다음 사건이 일어난 시기를 연표에서 옳게 고른 것은? 2점

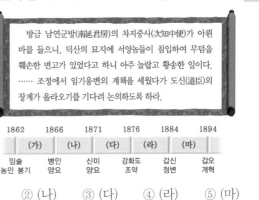

방금 남연군방(南延君房)의 차지중사(次知中使)가 아뢴 바를 들으니, 덕산의 묘지에 서양놈들이 침입하여 무덤을 훼손한 변고가 있었다고 하니 아주 놀랍고 황송한 일이다. …… 조정에서 임기응변의 계책을 세웠다가 도신(道臣)의 장계가 올라오기를 기다려 논의하도록 하라.

1862	1866	1871	1876	1884	1894
(가)	(나)	(다)	(라)	(마)	
임술 농민 봉기	병인 양요	신미 양요	강화도 조약	갑신 정변	갑오 개혁

① (가)   ② (나)   ③ (다)   ④ (라)   ⑤ (마)

24

다음 가상 인터뷰의 왕이 추진한 정책으로 옳은 것은? 3점

팔순을 맞이하여 재위 기간의 치적을 쓰신 어제문업에는 어떤 내용이 있나요?

탕평, 청계천 준설 등 여섯 가지의 치적을 기록하였소.

① 집현전을 계승한 홍문관을 설치하였다.
② 국경을 정한 백두산 정계비를 건립하였다.
③ 왕실의 권위를 세우고자 경복궁을 중건하였다.
④ 역대 문물을 정리한 동국문헌비고를 편찬하였다.
⑤ 삼정의 문란을 해결하고자 삼정이정청을 설치하였다.

25

밑줄 그은 '그'에 대한 설명으로 옳은 것은? 2점

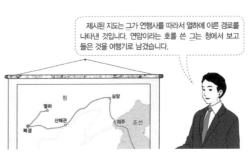

제시된 지도는 그가 연행사를 따라서 열하에 이른 경로를 나타낸 것입니다. 연암이라는 호를 쓴 그는 청에서 보고 들은 것을 여행기로 남겼습니다.

① 양명학을 연구하여 강화 학파를 형성하였다.
② 서얼 출신으로 규장각 검서관에 임명되었다.
③ 양반전에서 양반의 위선과 무능을 지적하였다.
④ 의산문답에서 중국 중심의 세계관을 비판하였다.
⑤ 우서에서 사농공상의 직업적 평등과 전문화를 내세웠다.

26

(가) 군사 조직에 대한 설명으로 옳은 것은? 2점

> [왕이] 비망기로 전교하였다. "…… 적의 난리를 겪는 2년 동안 군사 한 명을 훈련시키거나 무기 하나를 수리한 것이 없이, 명의 군대만을 바라보며 적이 제 발로 물러가기만을 기다렸으니 불가하지 않겠는가. …… 과인의 생각에는 따로 ___(가)___ 을/를 설치하여 합당한 인원을 차출해서 장정을 뽑아 날마다 활을 익히기도 하고 조총을 쏘기도 하여 모든 무예를 훈련시키도록 하고 싶으니, 의논하여 처리하라."라고 하였다.

① 수원 화성에 외영을 두었다.
② 국경 지대인 양계에 설치되었다.
③ 후금과의 항쟁 과정에서 창설되었다.
④ 급료를 받는 상비군이 주축을 이루었다.
⑤ 응양군과 용호군으로 구성된 친위 부대였다.

27

밑줄 그은 '이 조약'에 대한 설명으로 옳은 것은? 1점

> S# 36. 궁궐 안
>
> 이 조약의 체결로 이루어진 공사(公使)의 부임에 대한 답례차 파견되었던 전권대신 민영익이 귀국하여 고종을 알현하고 있다.
>
> 고 종: 그 나라의 부강함은 천하제일이라던데, 경이 이번에 눈으로 보니 과연 그러하던가?
> 민영익: 곡식이 생산되는 땅이 많고 사람들이 모두 실제에 힘씁니다. 그래서 상무(商務)가 가장 왕성하니, 다른 나라와 비교가 되지 않습니다.
> 고 종: 대통령이 이번에 바뀌었다고 하던가?
> 민영익: 신이 귀국하기 전에는 미처 듣지 못하였습니다.

① 최혜국 대우 조항이 포함되었다.
② 천주교 선교를 인정하는 근거가 되었다.
③ 양곡의 수출을 허용하고 관세를 설정하지 않았다.
④ 스티븐스가 외교 고문으로 부임하는 계기가 되었다.
⑤ 부산, 원산, 인천에 개항장이 설치되는 결과를 가져왔다.

28

(가) 사건에 대한 설명으로 옳은 것은? 2점

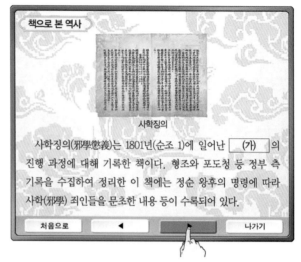

① 정여립의 모반 사건이 계기가 되었다.
② 최제우가 혹세무민의 죄로 처형되었다.
③ 홍경래 등의 봉기로 정주성이 점령되었다.
④ 이승훈, 정약용 등이 연루되어 처벌되었다.
⑤ 사건의 수습을 위해 박규수가 안핵사로 파견되었다.

29

밑줄 그은 '이 운동'에 대한 탐구 활동으로 가장 적절한 것은? 3점

> 🌊 학술 대회 안내 🌊
>
> 우리 학회는 동비토록(東匪討錄)에 수록된 내용을 분석하여 이 운동의 역사적 의미를 조명하는 학술 대회를 개최하고자 합니다.
>
> ■발표 주제
> (1) 무장(茂長) 포고문에 나타난 보국안민 사상
> (2) 초토사 홍계훈이 올린 장계를 통해 본 조정의 입장
> (3) 청과 일본 군대의 조선 상륙과 청·일 전쟁의 전개 과정
>
> ■일시: 2018년 ○○월 ○○일 13:00~18:00
> ■장소: □□ 대학교 대강당

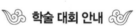

① 외규장각 도서의 약탈 과정을 살펴본다.
② 영국이 거문도를 불법 점령한 배경을 분석한다.
③ 아관 파천 이후 열강의 이권 침탈 사례를 조사한다.
④ 황토현 전투와 황룡촌 전투의 전개 과정을 알아본다.
⑤ 헤이그 만국 평화 회의에 파견된 특사의 활동 내용을 파악한다.

30

다음 상황 이후에 전개된 사실로 옳은 것은? 2점

> 대원군에게 군국사무를 처리하라는 명이 내려지자, 대원군은 궐내에 거처하면서 [통리]기무아문과 무위영·장어영을 폐지하고, 5영의 군제를 복구하고 군료(軍料)를 지급하도록 하였다. 그리고 난병(亂兵)에게 물러가라 명하고 대사령을 내렸다. 난병들은 대궐에서 물러나 사방으로 흩어졌다.
>
> – 『매천야록』 –

① 전국 각지에 척화비가 건립되었다.
② 김기수가 수신사로 일본에 파견되었다.
③ 왕조의 통치 규범을 재정비한 대전통편이 편찬되었다.
④ 조선책략 유포에 반발하여 이만손 등이 영남 만인소를 올렸다.
⑤ 일본 공사관 경비병의 주둔을 인정한 제물포 조약이 체결되었다.

31

(가)~(마) 지역에서 있었던 사실로 옳은 것은? 2점

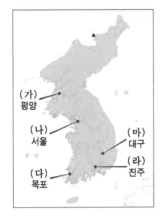

① (가) – 지주 문재철의 횡포에 맞선 소작 쟁의가 발생하였다.
② (나) – 상권 수호를 위해 황국 중앙 총상회가 조직되었다.
③ (다) – 김광제 등의 발의로 국채 보상 운동이 일어났다.
④ (라) – 토산품 애용을 위한 조선 물산 장려회가 발족되었다.
⑤ (마) – 백정에 대한 차별 철폐를 위해 조선 형평사가 창립되었다.

32

다음 글이 작성된 이후의 사실로 옳지 않은 것은? 3점

> 본 [덕원]부는 해안의 요충지에 위치해 있고 아울러 개항지입니다. 이곳을 빈틈없이 잘 운영해 나가는 방도는 인재를 선발하여 쓰는 데 있고 그 핵심은 가르치고 기르는 데 있습니다. 그래서 원산사(元山社)에 글방을 설치하였습니다.
>
> – 덕원 부사 정현석의 장계 –

① 국한문 혼용체의 황성신문이 발간되었다.
② 교원 양성을 위해 한성 사범 학교가 설립되었다.
③ 헐버트, 길모어 등이 육영 공원 교사로 초빙되었다.
④ 근대 기술을 배우기 위해 청에 영선사 일행이 파견되었다.
⑤ 교육의 기본 방향을 제시한 교육 입국 조서가 반포되었다.

33

(가) 시기에 실시된 정책으로 옳은 것은? 2점

> 이것은 고종이 국호를 (가) (으)로 고치고 새로운 연호를 선포한 이후 만들어진 여권입니다. 이 여권이 발행된 (가) 시기에는 황제 직속의 원수부가 설치되는 등 각종 개혁이 실시되었습니다.

① 양전 사업을 실시하고 지계를 발급하였다.
② 박문국을 설치하고 한성순보를 발행하였다.
③ 공사 노비법을 혁파하고 과거제를 폐지하였다.
④ 지방 행정 구역을 8도에서 23부로 개편하였다.
⑤ 개혁의 방향을 제시한 홍범 14조를 반포하였다.

34

다음 인물에 대한 설명으로 옳은 것은? 2점

> 한글을 사랑한 ○○○
> • 호: 한힌샘, 백천(白泉)
> • 생몰: 1876년~1914년
> • 주요 활동
> - 독립신문 교보원 활동
> - 국문동식회 조직
> - 국어문법, 말의 소리 저술
> • 서훈: 1980년 건국 훈장 대통령장

① 잡지 한글을 간행하였다.
② 한글 맞춤법 통일안을 제정하였다.
③ 가갸날을 제정하고 기념식을 거행하였다.
④ 국문 연구소에서 한글 연구를 체계화하였다.
⑤ 조선어 학회 사건으로 구속되어 옥고를 치렀다.

35

밑줄 그은 '이 단체'의 활동으로 옳은 것은? [1점]

이것은 광복 70주년을 기념하여 제작된 안창호 기념 메달입니다. 그가 양기탁 등과 함께 조직한 비밀 결사인 이 단체는 대성 학교, 오산 학교를 세워 인재를 양성하는 등 다양한 활동을 전개하였습니다.

앞면   뒷면

① 이륭양행에 교통국을 설치하였다.
② 태극 서관과 자기 회사를 운영하였다.
③ 일본의 황무지 개간권 요구를 저지하였다.
④ 중추원 개편을 통해 의회 설립을 추진하였다.
⑤ 만민 공동회를 열어 민권 신장을 추구하였다.

36

(가) 지역에서 있었던 민족 운동에 대한 설명으로 옳은 것은? [2점]

○○신문

제△△호   ○○○○년 ○○월 ○○일

이은숙의 회고록으로 본 국외 민족 운동

한국 독립운동사의 일면을 살펴볼 수 있는 책이 발간되었다. 이 책은 이회영의 아내이자 독립운동가로 파란만장한 삶을 살았던 이은숙이 일제 강점기에 겪은 일을 중심으로 기록한 수기이다. 이 책에는 국권 피탈 직후 (가) 지역으로 이주하여 독립운동에 헌신한 이회영 일가의 삶이 담겨 있으며, (가) 지역의 삼원보에 터를 잡고 신흥 강습소를 설립하는 과정이 잘 드러나 있다.

① 한인 자치 기구인 경학사를 설립하였다.
② 대조선 국민 군단을 조직하여 군사 훈련을 하였다.
③ 대한인 국민회를 중심으로 외교 활동을 전개하였다.
④ 유학생들이 중심이 되어 2·8 독립 선언서를 발표하였다.
⑤ 대한 광복군 정부가 세워져 무장 독립 투쟁을 준비하였다.

37

밑줄 그은 '이 사건'이 일어난 시기를 연표에서 옳게 고른 것은? [1점]

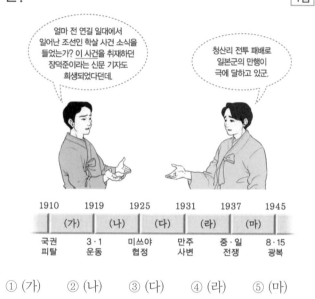

얼마 전 연길 일대에서 일어난 조선인 학살 사건 소식을 들었는가? 이 사건을 취재하던 장덕준이라는 신문 기자도 희생되었다던데.

청산리 전투 패배로 일본군의 만행이 극에 달하고 있군.

1910		1919		1925		1931		1937		1945
	(가)		(나)		(다)		(라)		(마)	
국권 피탈		3·1 운동		미쓰야 협정		만주 사변		중·일 전쟁		8·15 광복

① (가)   ② (나)   ③ (다)   ④ (라)   ⑤ (마)

38

(가) 종교의 활동으로 옳은 것은? [2점]

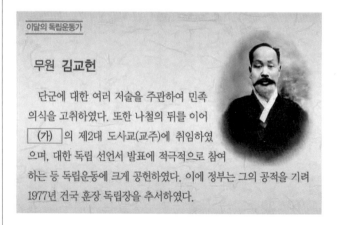

이달의 독립운동가

무원 김교헌

단군에 대한 여러 저술을 주관하여 민족 의식을 고취하였다. 또한 나철의 뒤를 이어 (가) 의 제2대 도사교(교주)에 취임하였으며, 대한 독립 선언서 발표에 적극적으로 참여하는 등 독립운동에 크게 공헌하였다. 이에 정부는 그의 공적을 기려 1977년 건국 훈장 독립장을 추서하였다.

① 사찰령 폐지 운동을 전개하였다.
② 개벽, 신여성 등의 잡지를 발행하였다.
③ 항일 단체인 중광단의 결성을 주도하였다.
④ 배재 학당을 세워 신학문 보급에 기여하였다.
⑤ 경향신문을 발행하여 민중 계몽을 위해 노력하였다.

39

다음 취지서를 발표한 민족 운동에 대한 설명으로 옳은 것은? `3점`

발기 취지서

우리의 운명을 어떻게 개척할까? …… 민중의 보편적 지식은 보통 교육으로도 가능하지만 심오한 지식과 학문은 고등 교육이 아니면 불가하며, 사회 최고의 비판을 구하며 유능한 인물을 양성하려면 최고 학부의 존재가 가장 필요하도다. …… 그러므로 우리는 이에 느낀 바 있어 감히 만천하 동포에게 향하여 민립 대학의 설립을 제창하노니, 형제 자매는 와서 찬성하고 나아가며 이루라.

① 근우회를 중심으로 진행되었다.
② 중국의 5 · 4 운동에 영향을 주었다.
③ 이상재 등이 주도하여 모금 활동을 전개하였다.
④ 어린이날을 제정하고 잡지 어린이 등을 발간하였다.
⑤ '배우자 가르치자 다 함께 브나로드' 등의 구호를 내세웠다.

40

다음 검색창에 들어갈 민족 운동에 대한 설명으로 옳은 것은? `1점`

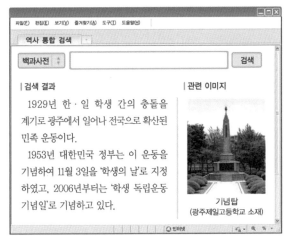

| 역사 통합 검색 |
| 백과사전 | 검색 |

검색 결과

1929년 한 · 일 학생 간의 충돌을 계기로 광주에서 일어나 전국으로 확산된 민족 운동이다.

1953년 대한민국 정부는 이 운동을 기념하여 11월 3일을 '학생의 날'로 지정하였고, 2006년부터는 '학생 독립운동 기념일'로 기념하고 있다.

관련 이미지

기념탑
(광주제일고등학교 소재)

① 신간회에서 진상 조사단을 파견하였다.
② 순종의 인산일에 학생들의 주도로 전개되었다.
③ 대한민국 임시 정부가 수립되는 계기가 되었다.
④ 대한매일신보의 후원으로 전국적으로 확산되었다.
⑤ 일제가 이른바 문화 통치를 실시하는 배경이 되었다.

41

(가), (나) 인물의 활동으로 옳은 것은? `2점`

옛 사람이 말하기를 나라는 멸망할 수 있으나 그 역사는 없어질 수 없다고 했으니, 이는 나라가 형체라면 역사는 정신이기 때문이다.

우리 조선의 역사는 세계사적 · 일원론적인 역사 법칙에 의해 다른 민족들과 거의 같은 궤도로 발전 과정을 거쳐 왔다.

(가)　　　　(나)

① (가) – 한국독립운동지혈사에서 독립 투쟁 과정을 서술하였다.
② (가) – 유물 사관을 토대로 식민 사학의 정체성론을 반박하였다.
③ (나) – 진단 학회를 창립하여 실증주의 사학을 발전시켰다.
④ (나) – 독사신론을 발표하여 민족을 역사 서술의 중심에 두었다.
⑤ (가), (나) – 조선학 운동을 주도하며 여유당전서를 간행하였다.

42

(가) 인물의 활동으로 옳은 것은? `2점`

이것은 한국 독립군과 한국 광복군의 총사령관으로서 항일 독립 전쟁을 이끈 　(가)　의 친필 일기입니다. 이 일기에는 광복 후 그의 활동과 과거 독립운동을 함께 했던 인물들에 대한 회상이 담겨져 있습니다.

① 의열단을 조직하여 단장으로 활동하였다.
② 동양 척식 주식회사에 폭탄을 투척하였다.
③ 고종의 밀지를 받아 독립 의군부를 조직하였다.
④ 쌍성보 전투에서 한 · 중 연합 작전을 전개하였다.
⑤ 명동 성당 앞에서 이완용을 습격하여 중상을 입혔다.

43

다음 두 의거를 일으킨 단체에 대한 설명으로 옳은 것은? [2점]

> ○ 오늘 아침 신년 관병식을 마치고 궁성으로 돌아가던 일왕의 행렬이 궁성 부근 앵전문(櫻田門) 앞에 이르렀을 때 군중 가운데서 돌연 한인(韓人) 한 명이 뛰쳐나와 행렬을 향해 수류탄을 투척하였다.
>
> — 시보(時報) —
>
> ○ 일왕의 생일인 천장절 기념식장에 폭탄을 투척하여 다수의 일본 군부 및 정계 요인에게 부상을 입혔던 한인(韓人) 윤(尹) 지사는 현장에서 체포된 뒤 일본군 헌병대 사령부로 압송되었다.
>
> — 상해보(上海報) —

① 중·일 전쟁 발발 이후에 창설되었다.
② 김구의 주도로 상하이에서 조직되었다.
③ 조선 혁명 선언을 활동 지침으로 하였다.
④ 김익상, 김상옥 등이 단원으로 활동하였다.
⑤ 일제가 꾸며낸 105인 사건으로 해체되었다.

44

밑줄 그은 '시기'에 있었던 사실로 옳은 것은? [2점]

> 이것은 태평양 전쟁이 전개되던 시기에 만들어진 포스터로, 애국반에 호적 미등재자가 없도록 하자는 수칙이 쓰여 있습니다. 특히 징병제의 대상자는 빠짐없이 호적에 등재할 것을 강조하고 있습니다.

① 회사령이 철폐되었다.
② 조선 태형령이 시행되었다.
③ 토지 조사 사업이 실시되었다.
④ 여자 정신 근로령이 공포되었다.
⑤ 제1차 조선 교육령이 발표되었다.

45

다음 가상 인터뷰의 주인공에 대한 설명으로 옳은 것은? [3점]

> 선생께서는 광복에 대비하여 조선 건국 동맹을 결성하셨습니다. 광복 이후에는 어떤 활동을 하셨나요?

> 조선 건국 준비 위원회의 위원장을 맡아 완전한 독립 국가 건설을 위해 노력하였습니다.

① 좌우 합작 위원회의 주축이 되었다.
② 김규식과 함께 남북 협상에 참여하였다.
③ 재미 한인을 중심으로 흥사단을 설립하였다.
④ 정읍에서 남한만의 단독 정부 수립을 주장하였다.
⑤ 중국 국민당과 협력하여 조선 의용대를 창설하였다.

46

(가), (나) 사이의 시기에 있었던 사실로 옳은 것은? [2점]

> (가) 반민족 행위 특별 조사 위원회(반민 특위)가 본격적으로 친일 청산에 나서자, 친일 경력이 있던 일부 경찰과 친일파들은 '공산당과 싸우는 애국지사를 잡아 간 반민 특위 위원은 공산당'이라며 시위를 벌였다. 대통령은 특별 담화를 발표하고, 공산당과 내통했다는 구실로 반민 특위 소속 국회의원들을 구속하였다.
>
> (나) 자유당은 당시 대통령에 한하여 중임 제한을 적용하지 않는다는 내용을 골자로 하는 개헌을 추진하였다. 그해 11월, 개헌안은 의결 정족수에 1명이 부족하여 부결되었는데, 사사오입의 논리를 내세워 개헌안이 다시 통과된 것으로 번복하였다.

① 정부 형태가 내각 책임제로 바뀌었다.
② 장기 독재를 가능하게 한 유신 헌법이 공포되었다.
③ 평화 통일론을 주장한 진보당의 조봉암이 구속되었다.
④ 임시 수도 부산에서 대통령 직선제 개헌안이 통과되었다.
⑤ 여당 부통령 후보 당선을 위한 3·15 부정 선거가 자행되었다.

35회

36회

37회

38회

39회

40회

41회

42회

43회

44회

45회

46회

47

밑줄 그은 '총선거'에 대한 설명으로 옳지 <u>않은</u> 것은? 1점

> 제시된 자료는 유엔 한국 임시 위원단이 지켜보는 가운데 실시된 총선거의 투표 방법 안내 포스터로, 선거인 등록부터 기표한 용지를 투표함에 넣는 것까지 매우 상세하게 알려주고 있습니다.

① 비례 대표제가 적용되었다.
② 우리나라 최초의 보통 선거였다.
③ 38도선 이남 지역에서만 실시되었다.
④ 제헌 국회를 구성하기 위한 선거였다.
⑤ 제주도의 일부 지역에서 선거가 무효 처리되었다.

48

다음 뉴스에 보도된 사건 이후의 사실로 옳은 것을 〈보기〉에서 고른 것은? 3점

> 어제 동대문 평화시장 재단사 전태일 씨가 분신하는 사건이 발생하였습니다. 이 과정에서 그는 노동자들의 열악한 근무 환경 실태를 고발하며 근로 기준법의 준수를 외쳤습니다.

─────〈보 기〉─────
ㄱ. 최저 임금법이 제정되었다.
ㄴ. 한·미 원조 협정이 체결되었다.
ㄷ. 연간 수출액 100억 달러가 달성되었다.
ㄹ. 제1차 경제 개발 5개년 계획이 추진되었다.

① ㄱ, ㄴ　② ㄱ, ㄷ　③ ㄴ, ㄷ　④ ㄴ, ㄹ　⑤ ㄷ, ㄹ

49

(가), (나) 인물이 대통령으로 재임했던 시기에 있었던 사실로 옳은 것을 〈보기〉에서 고른 것은? 2점

인물로 보는 한국 현대사

(가)
• 경상남도 거제 출신
• 신민당, 통일 민주당 총재
• 민주화 추진 협의회 공동 의장
• 대한민국 제14대 대통령

(나)
• 전라남도 신안 출신
• 제1대 대통령 선거 신민당 후보
• 민주화 추진 협의회 공동 의장
• 대한민국 제15대 대통령

─────〈보 기〉─────
ㄱ. (가) – 남북 기본 합의서가 채택되었다.
ㄴ. (가) – 금융 실명제가 전격 시행되었다.
ㄷ. (나) – 6·15 남북 공동 선언이 발표되었다.
ㄹ. (나) – 미국과의 자유 무역 협정(FTA)이 체결되었다.

① ㄱ, ㄴ　② ㄱ, ㄷ　③ ㄴ, ㄷ　④ ㄴ, ㄹ　⑤ ㄷ, ㄹ

50

다음 선언문을 발표한 민주화 운동에 대한 설명으로 옳은 것은? 2점

> 이제 우리 국민은 그 어떠한 명분으로도 더 이상 민주화의 실현이 지연되어서는 안된다고 요구하고 있다. 분단을 이유로, 경제 개발을 이유로, 그리고 지금은 올림픽을 이유로 민주화를 유보하자는 역대 독재 정권의 거짓 논리에서 이제는 깨어나고 있다. …… 4·13 폭거가 무효임을 선언하는 우리 국민들의 행진은 이제 거스를 수 없는 역사의 대세가 되었다.

① 양원제 국회가 출현하는 결과를 가져왔다.
② 굴욕적인 한·일 국교 정상화에 반대하였다.
③ 신군부의 비상 계엄 확대가 원인이 되어 일어났다.
④ 관련 자료가 유네스코 세계 기록 유산으로 등재되었다.
⑤ 5년 단임의 대통령 직선제 개헌이 이루어지는 계기가 되었다.

01

교사의 질문에 대한 답변으로 가장 적절한 것은? [1점]

 이것은 사유 재산과 계급이 발생했던 시대의 대표적인 유적입니다. 이 시대에 새롭게 나타난 사회 모습을 말해 볼까요?

① 농경과 목축을 시작하여 식량을 생산하였습니다.
② 가락바퀴를 이용하여 실을 뽑기 시작하였습니다.
③ 쟁기, 쇠스랑 등의 철제 농기구를 사용하였습니다.
④ 거푸집을 이용하여 비파형 동검을 제작하였습니다.
⑤ 정착 생활을 하게 되면서 움집이 처음 만들어졌습니다.

02

(가), (나) 나라에 대한 설명으로 옳은 것은? [2점]

(가) 백성들은 노래와 춤을 좋아하여 촌락마다 밤이 되면 남녀가 무리 지어 모여 서로 노래하며 즐긴다. …… 10월에 지내는 제천 행사는 국중대회(國中大會)로서 동맹이라 부른다. 그 나라의 풍속에 혼인을 할 때에는 말로 미리 정한 다음, 여자 집에서는 본채 뒤에 작은 집을 짓는데 그 집을 서옥이라 부른다.
－『삼국지』동이전 －

(나) 해마다 5월이면 씨뿌리기를 마치고 귀신에게 제사를 지낸다. 무리 지어 모여서 노래와 춤을 즐긴다. 술을 마시고 노는데 밤낮을 가리지 않는다. 춤은 수십 명이 모두 일어나서 뒤를 따라가고, 땅을 밟고 몸을 구부렸다 펴면서 손과 발로 장단을 맞추며 춘다. …… 10월에 농사일을 마치고 나서도 이렇게 한다.
－『삼국지』동이전 －

① (가) － 남녀가 몸에 문신을 새기는 풍습이 있었다.
② (가) － 철이 많이 생산되어 낙랑과 왜에 수출하였다.
③ (나) － 신성 지역인 소도가 존재하였다.
④ (나) － 읍락 간의 경계를 중시하는 책화가 있었다.
⑤ (가), (나) － 물건을 훔친 자는 12배로 배상하게 하였다.

03

다음 법을 시행하였던 나라에 대한 설명으로 옳은 것은? [2점]

범금 8조가 있다. 남을 죽이면 즉시 죽음으로 갚고, 남을 상해하면 곡식으로 배상한다. 남의 물건을 훔친 자가 남자면 그 집의 노(奴)로 삼으며 여자면 비(婢)로 삼는데, 자신의 죄를 용서받으려는 자는 한 사람마다 50만[전]을 내야 한다.
－『한서』－

① 신지, 읍차 등의 지배자가 있었다.
② 골품제라는 신분 제도를 마련하였다.
③ 제가 회의에서 국가 중대사를 결정하였다.
④ 왕 아래 상, 대부, 장군 등의 관직을 두었다.
⑤ 여러 가(加)들이 별도로 사출도를 주관하였다.

04

밑줄 그은 '대책'으로 옳은 것은? [1점]

 역사와 오늘

고구려에서 찾은 사회 보장 제도

사회 보장 제도란 빈곤, 질병 등 사회적 위험으로부터 국민을 보호하기 위한 국가의 조직적 행정을 말한다. 전통 사회의 구휼 정책도 그 범주에 넣을 수 있는데, 고구려에서도 유사한 사례를 찾을 수 있다. 삼국사기에 따르면, 사냥을 나갔던 고국천왕이 길에서 슬피 우는 사람을 만나 그 연유를 물었더니, "가난하여 품을 팔며 어머니를 간신히 모셨는데, 올해는 흉년이 극심해 품을 팔 곳도 찾을 수 없고 곡식을 구하기도 어려워 어찌 어머니를 봉양할까 걱정되어 울고 있습니다."라고 답하였다. 왕이 그를 불쌍히 여겨 위로하고, 재상 을파소와 논의하여 대책을 마련하였다.

① 진대법을 실시하여 빈민을 구제하였다.
② 상평창을 설치하여 물가를 조절하였다.
③ 구황촬요를 간행하여 기근에 대비하였다.
④ 구제도감을 설립하여 백성을 구호하였다.
⑤ 혜민국을 마련하여 병자에게 약을 지급하였다.

05

다음 사건이 일어난 이후의 사실로 옳은 것은? `2점`

> 왕이 보병과 기병 등 5만 명을 보내 신라를 구원하게 하였다. 고구려군이 남거성을 거쳐 신라성에 이르렀는데, 그곳에 왜적이 가득하였다. 고구려군이 도착하자 왜적이 퇴각하였다.

① 고구려가 옥저를 복속시켰다.
② 백제가 고구려의 평양성을 공격하였다.
③ 가야 연맹이 대가야를 중심으로 재편되었다.
④ 신라 지배자의 칭호가 차차웅으로 바뀌었다.
⑤ 고구려가 대방군을 축출하고 영토를 확장하였다.

06

(가), (나) 사이의 시기에 있었던 사실로 옳은 것은? `3점`

> (가) 왕 원년 겨울, 10월에 도읍을 웅진으로 옮겼다.
> – 『삼국사기』 –
>
> (나) 왕 16년 봄, 도읍을 사비로 옮기고 국호를 남부여라고 하였다.
> – 『삼국사기』 –

① 무령왕이 22담로에 왕족을 파견하였다.
② 침류왕이 동진으로부터 불교를 수용하였다.
③ 의자왕이 신라를 공격하여 대야성을 함락하였다.
④ 고이왕이 좌평과 관등제의 기본 골격을 마련하였다.
⑤ 성왕이 고구려를 공격하여 한강 유역을 수복하였다.

07

다음 자료에 나타난 시기의 사실로 옳은 것은? `2점`

> 당나라 19대 소종이 중흥을 이룰 때에 전쟁과 흉년의 재앙이 서쪽[중국]에서는 멈추었으나 동쪽으로 오니, 악 중의 악이 없는 곳이 없었고 굶어 죽고 싸우다 죽은 시체가 들판에 즐비하였다. 해인사의 별대덕(別大德)인 승훈(僧訓)이 이를 애통해 하더니 도사(導師)의 힘을 베풀어 미혹한 무리들의 마음을 이끌며 각자 벼 한 줌을 내게 하여 함께 옥돌로 삼층을 쌓았다. ……
>
> 해인사 묘길상탑기
> 최치원 지음

① 복신과 도침 등이 주류성에서 군사를 일으켰다.
② 묘청 등이 중심이 되어 서경 천도를 주장하였다.
③ 신라군이 당의 군대에 맞서 매소성에서 승리하였다.
④ 지방에서 호족들이 반독립적인 세력으로 성장하였다.
⑤ 요세가 법화 신앙에 중점을 둔 백련 결사를 주도하였다.

08

(가) 왕에 대한 설명으로 옳은 것은? `2점`

> 이곳은 신라 (가) 의 무덤으로 알려져 있습니다. 그는 김흠돌의 난을 진압하고 진골 귀족 세력을 숙청하여 강력한 왕권을 확립하였습니다.

① 화랑도를 국가 조직으로 개편하였다.
② 이사부를 보내 우산국을 복속시켰다.
③ 건원이라는 독자적인 연호를 사용하였다.
④ 관리에게 관료전을 지급하고 녹읍을 폐지하였다.
⑤ 호국의 염원을 담아 황룡사 구층 목탑을 건립하였다.

09

(가) 국가의 경제 상황에 대한 설명으로 옳은 것은? `2점`

> ### ○○신문
> 제△△호   ○○○○년 ○○월 ○○일
>
> #### 대외 교류를 보여주는 청동 낙타상 출토
>
>
>
> 러시아 연해주 크라스키노에 있는 염주성 터에서 청동 낙타상이 나왔다. 쌍봉낙타를 표현한 높이 1.9cm의 이 유물은 2012년 출토된 낙타 뼈와 더불어 (가) 이/가 외국과 활발히 교류했음을 보여준다. 염주성은 (가) 의 62개 주 가운데 하나인 염주의 치소로 일본 등 대외 교류의 거점이었다.

① 울산항이 국제 무역항으로 번성하였다.
② 특산품으로 솔빈부의 말이 유명하였다.
③ 청해진을 설치하여 해상 무역을 전개하였다.
④ 건원중보를 발행하여 화폐 유통을 추진하였다.
⑤ 시장을 관리하는 관청인 동시전을 설치하였다.

10

(가), (나) 왕이 실시한 정책으로 옳은 것은? 3점

백제의 견훤은 흉포하고 무도하며, 난을 일으키기를 좋아하여 임금을 죽이고 백성들에게 가혹하게 하였습니다. (가) 께서 이를 듣고 잠을 자고 식사를 할 겨를도 없이 군사들을 이끌고 가서 토벌하여 마침내 위태로운 나라를 구하였으니, 그 옛 임금을 잊지 않고 기울어지고 위태로웠던 신라를 바로잡고 도우심이 또한 이러하였습니다. …… (나) 께서는 정종의 고명(顧命)을 받으셨는데 …… 쌍기가 투탁하여 온 이후로는 문사(文士)를 존숭하고 중히 여겨 은혜를 베풀고 예우함이 과도하게 후하였습니다.

① (가) – 흑창을 설치하여 민생을 안정시켰다.
② (가) – 광덕, 준풍 등의 독자적인 연호를 사용하였다.
③ (나) – 12목을 설치하고 지방관을 파견하였다.
④ (나) – 상수리 제도를 실시하여 지방 세력을 통제하였다.
⑤ (가), (나) – 현직 관리에게 전지와 시지를 지급하였다.

11

(가)에 들어갈 문화유산으로 옳은 것은? 2점

문화유산 카드

(가)

• 종목: 국보 제84호
• 소재지: 충청남도 서산시
• 소개: 이 석불은 6세기 말에서 7세기 초, 서산 일대에서 부여로 가는 길목에 조성된 것으로 '백제의 미소'로 널리 알려져 있다. 연꽃잎을 새긴 대좌 위의 여래상은 전체 얼굴 윤곽이 둥글고 풍만하여 백제 불상 특유의 자비로운 인상을 보여준다.

①  ②   ③

④   ⑤

12

(가) 인물에 대한 설명으로 옳은 것은? 1점

이곳 송광사 국사전에는 이 절이 배출한 16국사 진영이 모셔져 있습니다. 이 가운데 (가) 은/는 수선사 결사를 창립하여 불교계의 개혁 운동을 이끌었습니다.

① 권수정혜결사문을 작성하여 정혜쌍수를 강조하였다.
② 해동고승전을 집필하여 승려들의 전기를 기록하였다.
③ 보현십원가를 지어 불교 교리를 대중에게 전파하였다.
④ 교관겸수를 내세워 이론 연마와 실천을 함께 중시하였다.
⑤ 삼국유사를 저술하여 불교 중심의 민간 설화를 정리하였다.

13

다음 상황이 전개된 이후의 사실로 옳은 것은? 3점

강조의 군사들이 궁문으로 마구 들어오자, 목종이 모면할 수 없음을 깨닫고 태후와 함께 목 놓아 울며 법왕사로 옮겼다. 잠시 후 황보유의 등이 대량원군(大良院君) [순(詢)]을 받들어 왕위에 올렸다. 강조가 목종을 폐위하여 양국공으로 삼고, 군사를 보내 김치양 부자와 유행간 등 7인을 죽였다. …… 적성현에 이르자 강조가 사람을 시켜 목종을 죽인 후 자결하였다고 보고하였으며, 그 시신은 문짝으로 만든 관에 넣어 객관에 임시로 안치하였다.

－『고려사』－

① 광군을 창설하여 외침에 대비하였다.
② 거란의 침략을 피해 왕이 나주로 피난하였다.
③ 서희가 외교 담판을 벌여 강동 6주를 획득하였다.
④ 만부교 사건이 일어나 거란과의 관계가 악화되었다.
⑤ 후주와 사신을 교환하여 대외 관계의 안정을 꾀하였다.

한국사능력검정시험 고급

35회

36회

37회

38회

39회

40회

41회

42회

43회

44회

45회

46회

14

밑줄 그은 '정책'으로 옳은 것을 〈보기〉에서 고른 것은?

2점

> 고려의 관학이 위축되었던 이유는 무엇인가요?

> 문헌공도를 비롯한 사학 출신이 과거에서 좋은 성적을 거두었기 때문입니다. 이에 고려 정부도 관학을 진흥하기 위한 정책을 추진하였습니다.

─────〈보 기〉─────
ㄱ. 독서삼품과를 마련하여 인재를 등용하였다.
ㄴ. 양현고를 설치하여 장학 기금을 마련하였다.
ㄷ. 국자감에 전문 강좌인 7재를 두어 운영하였다.
ㄹ. 수도에 4부 학당을 두어 유학 경전을 교육하였다.

① ㄱ, ㄴ ② ㄱ, ㄷ ③ ㄴ, ㄷ ④ ㄴ, ㄹ ⑤ ㄷ, ㄹ

15

(가) 인물에 대한 설명으로 옳은 것은?

3점

○ 고종 12년, …… 이때부터 (가) 은/는 정방을 자기 집에 설치하고 문사를 선발하여 여기에 소속시켰으니, 이를 비칙치라고 불렀다.
  ─『고려사』─

○ 고종 14년, (가) 의 문객들은 당대에 이름난 학자들이 많았는데, 이들을 3번(番)으로 나누어 돌아가면서 서방에서 숙직하도록 하였다.
  ─『고려사』─

① 칭제 건원과 금국 정벌을 주장하였다.
② 봉사 10조를 올려 시정 개혁을 제안하였다.
③ 보현원에서 정변을 일으켜 정권을 장악하였다.
④ 강화도로 도읍을 옮겨 몽골의 침략에 대비하였다.
⑤ 전민변정도감의 판사가 되어 권문세족을 견제하였다.

16

교사의 질문에 대한 답변으로 옳은 것은?

2점

> 이 그림은 고려·원 연합군과 일본군 간의 전투를 그린 몽고습래회사(蒙古襲來繪詞)의 일부입니다. 고려가 원의 일본 원정에 동원되었던 시기의 사실에 대해 말해 볼까요?

① 나성을 쌓고 천리장성을 축조하였습니다.
② 만적이 개경에서 반란을 모의하였습니다.
③ 도병마사가 도평의사사로 개편되었습니다.
④ 국난을 극복하고자 초조 대장경을 간행하였습니다.
⑤ 윤관의 건의를 받아들여 별무반을 편성하였습니다.

17

(가)에 들어갈 문화유산으로 옳지 않은 것은?

1점

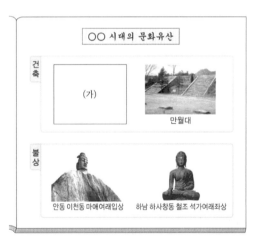

○○ 시대의 문화유산

건축 | (가) | 만월대

불상 | 안동 이천동 마애여래입상 | 하남 하사창동 철조 석가여래좌상

① 봉정사 극락전

② 법주사 팔상전

③ 수덕사 대웅전

④ 성불사 응진전

⑤ 부석사 무량수전

18

(가)에 대한 설명으로 옳은 것은? [2점]

○ 사헌부 대사헌 허응 등이 시무 7조를 올렸다. "…… 주·부·군· 현에 각각 수령이 있는데, 향원(鄕愿) 가운데 일 삼기를 좋아하는 무리들이 (가) 을/를 설치하고, 아무 때나 무리지어 모여서 수령을 헐뜯고 사람을 올리고 내치고, 백성들을 핍박하는 것이 교활한 향리보다 심합니다. 원하건대, 모두 혁거(革去)하여 오랜 폐단을 없애소서."

– 『태종실록』 –

○ 헌납 김대가 아뢰기를, "백성을 괴롭힘은 향리보다 더한 자가 없는데, 수령도 반드시 다 어질 수는 없습니다. 그래서 백성이 편안하게 살 수 없는데, 비록 경재소가 있더라도 귀와 눈이 미치지 못하는 곳은 규명해 낼 수가 없습니다. …… (가) 의 법은 매우 훌륭했습니다만 중간에 폐지하여 이러한 큰 폐단이 생겼 으니, 다시 세우는 것이 어떻겠습니까?"라고 하였다.

– 『성종실록』 –

① 좌수와 별감을 선발하여 운영되었다.
② 대성전을 세워 선현에 제사를 지냈다.
③ 옥당이라고 불리며 경연을 담당하였다.
④ 농민들로 구성된 공동 노동의 작업 공동체였다.
⑤ 매향(埋香) 활동 등 각종 불교 행사를 주관하였다.

19

밑줄 그은 ㉠에 대한 조선의 대외 정책으로 옳은 것을 〈보기〉 에서 고른 것은? [2점]

이 작품은 야연사준도로 김종서가 ㉠두만강 일대에 흩어져 살던 야인들을 몰아내고 동북면의 6진을 개척한 뒤의 일화를 그린 것이다. 그림 속에는 연회 중 갑자기 화살이 날아와 큰 술병에 꽂히자, 다른 장수들은 겁을 먹었지만 김종서 는 침착하게 연회를 진행하였다는 이야기가 묘사되어 있다.

〈 보 기 〉

ㄱ. 강경책의 일환으로 대마도를 정벌하였다.
ㄴ. 경성과 경원에 무역소를 설치하여 회유하였다.
ㄷ. 초량에 왜관을 설치하고 개시 무역을 실시하였다.
ㄹ. 한양에 북평관을 개설하여 조공 무역을 허용하였다.

① ㄱ, ㄴ   ② ㄱ, ㄷ   ③ ㄴ, ㄷ   ④ ㄴ, ㄹ   ⑤ ㄷ, ㄹ

20

(가) 교육 기관에 대한 설명으로 옳은 것은? [2점]

주세붕이 처음 (가) 을/를 세울 때 세상에서는 의심하였습니다. 주세붕은 뜻을 더욱 가다듬어 많은 비웃음을 무릅쓰고 비방을 물리쳐 지금까지 누구도 하지 못했던 장한 일을 이루었습니다. 아마도 하늘이 (가) 을/를 세우는 가르침을 동방에 흥하게 하여 [우리나라가] 중국과 같아지도록 하려는 것인가 봅니다.

– 『퇴계선생문집』 –

① 학술 연구 기구로 청연각이 설치되었다.
② 전국의 부·목·군·현에 하나씩 설립되었다.
③ 중앙에서 파견된 교수나 훈도가 지도하였다.
④ 유학을 비롯하여 율학, 서학, 산학을 교육하였다.
⑤ 국왕으로부터 현판과 함께 노비 등을 받기도 하였다.

21

(가) 인물이 활동한 시기에 있었던 사실로 옳은 것은? [3점]

격몽요결

이 책은 (가) 이/가 성리학을 처음 배우는 학도 들의 입문서로 저술한 것이다. 서문에 의하면 제자 들에게 뜻을 세우고 몸을 삼가며, 부모를 봉양하고 손님을 접대하는 방법을 가르치고자 지었다고 한다. 총 10장으로 구성되어 있으며, 덕행과 지식의 함양을 위하여 여러 차례 간행되었다.

① 광해군이 중립 외교를 추진하였다.
② 사림이 동인과 서인으로 분화되었다.
③ 경기도에 한해서 대동법이 실시되었다.
④ 폐비 윤씨 사사 사건을 빌미로 사화가 발생하였다.
⑤ 자의 대비의 복상 문제를 둘러싸고 예송이 전개되었다.

22

다음 상황이 나타난 시기에 볼 수 있는 모습으로 적절하지 않은 것은? [1점]

임금이 백성을 대할 때는 귀천이 없고 내외 없이 균등하게 적자(赤子)로 여겨야 하는데, 노(奴)라고 하고 비(婢)라고 하여 구분하는 것이 어찌 똑같이 동포로 여기는 뜻이겠는가. 내노비 (內奴婢) 36,974명과 시노비(寺奴婢) 29,093명을 모두 양민으로 삼도록 허락하고 승정원에 명을 내려 노비 문서를 모아 돈화문 밖에서 불태우도록 하라.

① 청화 백자를 제작하는 장인
② 상평통보로 물건을 구매하는 농민
③ 제포의 왜관에서 교역을 하는 상인
④ 시사(詩社)를 조직하여 활동하는 중인
⑤ 여러 장시를 돌며 물품을 판매하는 보부상

한국사능력검정시험 고급

35회

36회

37회

38회

39회

40회

41회

42회

43회

44회

45회

46회

23

밑줄 그은 '그'에 대한 설명으로 옳은 것은? 2점

이것은 위훈 삭제 등 개혁 정치를 추진하다가 훈구파의 반발로 유배되어 사사당한 그의 옛 자취가 기록된 비입니다.

① 사화의 발단이 된 조의제문을 작성하였다.
② 소학의 보급과 공납의 개선을 주장하였다.
③ 기축봉사를 올려 명에 대한 의리를 강조하였다.
④ 예안 향약을 시행하여 향촌 교화를 위해 노력하였다.
⑤ 사변록에서 유교 경전에 대한 독자적 해석을 시도하였다.

24

(가) 궁궐에 대한 설명으로 옳은 것은? 3점

(가) 으로 떠나는 궁궐 탐방

서울 중구 세종대로 99

대한문
궁궐의 정문

중화전
궁궐의 정전

석조전
대한 제국 시기의 서양식 건물

석어당
궁궐의 유일한 중층 목조 건물

① 고종이 아관 파천 이후에 환궁한 곳이다.
② 도성 내 북쪽에 있어 북궐이라고 하였다.
③ 태종이 한양 재천도를 위하여 건립하였다.
④ 일제에 의해 창경원으로 격하되기도 하였다.
⑤ 정도전이 궁궐과 주요 전각의 명칭을 정하였다.

25

밑줄 그은 '왕'이 실시한 정책으로 옳은 것은? 2점

이번에 정초와 변효문이 새로운 농서를 편찬했다는군.

우리 풍토에 맞는 농법을 보급하기 위한 서적을 편찬하라는 왕의 명을 받들었다고 하네.

① 결작을 징수하여 재정 부족 문제에 대처하였다.
② 연분 9등법을 시행하여 수취 체제를 정비하였다.
③ 기유약조를 체결하여 일본과의 무역을 재개하였다.
④ 설점수세제를 시행하여 민간의 광산 개발을 허용하였다.
⑤ 직전법을 실시하여 현직 관리에게만 수조권을 지급하였다.

26

(가) 왕이 추진한 정책으로 옳은 것은? 2점

이곳은 (가) 이/가 후금의 위협에 대비하여 축조한 남한산성의 4개 장대 중 유일하게 남아 있는 건물로 장수들이 군사를 지휘하던 장소입니다.

① 왕권 강화를 위하여 장용영을 신설하였다.
② 나선 정벌을 위하여 조총 부대를 파견하였다.
③ 수도의 방어를 담당하는 어영청을 설치하였다.
④ 청과의 국경을 정한 백두산정계비를 건립하였다.
⑤ 농민들의 군역 부담을 줄여주고자 균역법을 시행하였다.

27

(가), (나) 사이의 시기에 있었던 사실로 옳은 것은? `2점`

① 조·명 연합군이 평양성을 탈환하였다.
② 이괄의 반란 세력이 도성을 점령하였다.
③ 신립이 탄금대에 배수진을 치고 항전하였다.
④ 이순신이 명량에서 왜의 수군을 대파하였다.
⑤ 정봉수와 이립이 의병을 이끌고 활약하였다.

28

(가) 왕의 재위 기간에 있었던 사실로 옳은 것은? `2점`

① 홍경래 등의 봉기로 정주성이 점령되었다.
② 대외 관계를 정리한 동문휘고가 간행되었다.
③ 신유박해로 수많은 천주교도들이 처형되었다.
④ 붕당의 폐해를 경계하기 위한 탕평비가 건립되었다.
⑤ 한양을 기준으로 한 역법서인 칠정산 내편이 편찬되었다.

29

다음 인물에 대한 설명으로 옳은 것은? `1점`

역사 인물 카드

• 생몰: 1786년~1856년
• 호: 추사(秋史), 완당(阮堂) 등
• 출신지: 충청남도 예산
• 주요 활동
  - 역대 서체를 연구하여 추사체 창안
  - 제주도 유배 생활 중 세한도를 그림
  - 옹방강, 완원 등 청의 학자들과 교류

① 거중기를 제작하여 수원 화성 건설에 이용하였다.
② 양반전을 지어 양반의 허례와 무능을 풍자하였다.
③ 최초로 100리 척을 활용한 동국지도를 제작하였다.
④ 북학의를 저술하여 수레와 배의 이용을 권장하였다.
⑤ 금석과안록에서 북한산비가 진흥왕 순수비임을 고증하였다.

30

다음 상황 이후에 전개된 사실로 옳은 것은? `2점`

① 소론과 노론이 정국을 주도하였다.
② 외척 간의 대립으로 을사사화가 일어났다.
③ 허적과 윤휴 등 남인들이 대거 축출되었다.
④ 북인이 서인과 남인을 배제하고 권력을 장악하였다.
⑤ 정여립 모반 사건으로 인해 기축옥사가 발생하였다.

31

(가)에 들어갈 그림으로 가장 적절한 것은? 2점

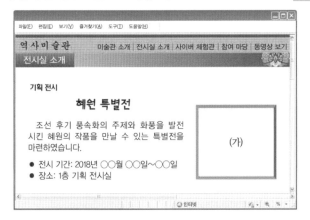

① 　②

③ 　④

⑤

32

다음 자료에 나타난 사건에 대한 설명으로 옳은 것은? 2점

> 이날 밤 우정국에서 낙성연을 열었는데 총판 홍영식이 주관하였다. 연회가 끝나갈 무렵 담장 밖에 불길이 일어나는 것이 보였다. 이때 민영익도 우영사로서 연회에 참가하였다가 불을 끄기 위해 먼저 일어나 문 밖으로 나갔다. 밖에 흉도 여러 명이 휘두른 칼을 맞받아치다가 민영익이 칼에 맞아 당상 위로 돌아와 쓰러졌다. …… 왕이 경우궁으로 거처를 옮기자 각 비빈과 동궁도 황급히 따라갔다. …… 깊은 밤, 일본 공사 다케조에 신이치로 (竹添進一郎)가 군대를 이끌고 와 호위하였다.
>
> - 『고종실록』-

① 최익현, 민종식 등이 주도하였다.

② 한성 조약이 체결되는 계기가 되었다.

③ 보국안민, 제폭구민을 기치로 내걸었다.

④ 구식 군인에 대한 차별 대우가 발단이 되었다.

⑤ 사건의 수습을 위해 박규수가 안핵사로 파견되었다.

33

다음 상소가 올려진 이후의 사실로 옳은 것은? 3점

> 진실로 황준헌의 말처럼 러시아가 비록 병탄할 힘과 침략할 뜻이 있다고 해도, 장차 만 리 밖의 구원을 앉아 기다리면서 홀로 가까운 오랑캐들과 싸우겠습니까? 이야말로 이해 관계가 뚜렷한 것입니다. 지금 조정은 어찌 백해무익한 일을 해서 러시아 오랑캐에게는 없는 마음을 갖게 하고, 미국에게는 일도 아닌 것을 일로 삼게 하여 오랑캐를 불러 들이려 합니까?

① 조·미 수호 통상 조약이 체결되었다.

② 어재연 부대가 광성보에서 항전하였다.

③ 운요호가 강화도 초지진을 공격하였다.

④ 프랑스군이 외규장각 도서를 약탈하였다.

⑤ 제2차 수신사 김홍집이 조선책략을 들여왔다.

34

(가) 인물에 대한 설명으로 옳은 것은? 1점

> 이곳 운현궁은 (가) 의 개인 저택으로 그의 아들인 고종이 태어나 12살까지 살았던 잠저입니다. 원래 운현은 저택이 위치한 곳의 지명이었는데, 고종이 즉위하면서 궁의 칭호를 받아 운현궁이 되었습니다.

① 주자소를 설치하여 계미자를 주조하였다.

② 속대전을 편찬하여 통치 체제를 정비하였다.

③ 양반에게도 군포를 징수하는 호포제를 추진하였다.

④ 삼정의 문란을 개선하기 위해 삼정이정청을 설치하였다.

⑤ 육의전 이외 시전 상인의 특권을 폐지하는 신해통공을 실시하였다.

35

(가) 단체에 대한 설명으로 옳은 것은? `2점`

이것은 (가) 을/를 주도한 박상진, 김한종에게 사형을 선고한다는 판결문입니다. (가) 은/는 풍기 광복단과 조선 국권 회복단의 일부 인사를 중심으로 1915년에 결성되었습니다.

① 조선 혁명 선언을 활동 지침으로 하였다.
② 고종의 밀지를 받아 결성된 비밀 단체이다.
③ 일제가 꾸며낸 105인 사건으로 해체되었다.
④ 중추원 개편을 통한 의회 설립을 추진하였다.
⑤ 공화정체의 국민 국가 수립을 목표로 삼았다.

36

(가)~(라)에 들어갈 내용으로 옳은 것을 〈보기〉에서 고른 것은? `2점`

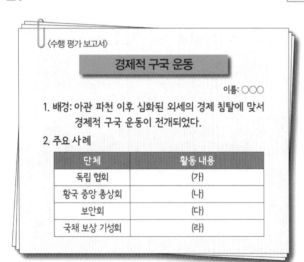

〈수행 평가 보고서〉

경제적 구국 운동

이름: ○○○

1. 배경: 아관 파천 이후 심화된 외세의 경제 침탈에 맞서 경제적 구국 운동이 전개되었다.

2. 주요 사례

단체	활동 내용
독립 협회	(가)
황국 중앙 총상회	(나)
보안회	(다)
국채 보상 기성회	(라)

─── 〈보 기〉 ───
ㄱ. (가) - 대동 상회, 장통 상회를 설립하였다.
ㄴ. (나) - 러시아의 절영도 조차 요구를 저지하였다.
ㄷ. (다) - 일제의 황무지 개간권 요구를 철회시켰다.
ㄹ. (라) - 금주·금연을 통한 차관 갚기 운동을 전개하였다.

① ㄱ, ㄴ ② ㄱ, ㄷ ③ ㄴ, ㄷ ④ ㄴ, ㄹ ⑤ ㄷ, ㄹ

37

밑줄 그은 '이 사건'이 일어난 시기를 연표에서 옳게 고른 것은? `1점`

● 우리 고장 유적 소개 ●

○○○ 역사 공원(영국군 묘)

• 소재지: 전라남도 여수시 삼산면 거문리
• 개관: 이곳은 영국이 함대를 보내 조선의 영토를 불법으로 점령했던 이 사건과 관련된 장소이다. 영국군 묘지 근처에는 포대를 설치한 곳, 해군 막사 자리, 녹슨 전선 케이블, 테니스장 등 영국군의 흔적이 곳곳에 남아 있다.

1866	1876	1882	1894	1904	1910
	(가)	(나)	(다)	(라)	(마)	
병인 양요	강화도 조약	임오 군란	청·일 전쟁	러·일 전쟁	국권 피탈

① (가) ② (나) ③ (다) ④ (라) ⑤ (마)

38

(가)에 대한 설명으로 옳지 않은 것은? `2점`

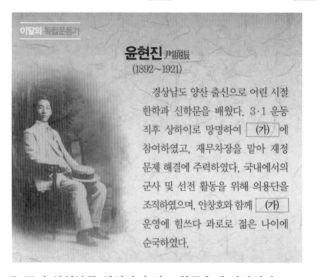

이달의 독립운동가

윤현진 尹顯振
(1892~1921)

경상남도 양산 출신으로 어린 시절 한학과 신학문을 배웠다. 3·1 운동 직후 상하이로 망명하여 (가) 에 참여하였고, 재무차장을 맡아 재정 문제 해결에 주력하였다. 국내에서의 군사 및 선전 활동을 위해 의용단을 조직하였으며, 안창호와 함께 (가) 운영에 힘쓰다 과로로 젊은 나이에 순국하였다.

① 구미 위원부를 설치하여 외교 활동을 추진하였다.
② 한인 애국단을 조직하여 의열 투쟁을 전개하였다.
③ 이륭양행에 교통국을 설치하여 국내와 연락을 취하였다.
④ 임시 사료 편찬회를 두어 한·일 관계 사료집을 간행하였다.
⑤ 태극 서관을 설립하여 조선 광문회에서 발간한 서적을 보급하였다.

39

(가)에 들어갈 내용으로 옳은 것은? `2점`

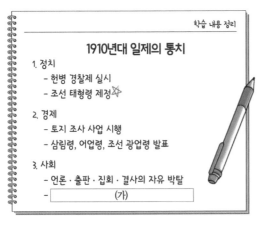

① 국민 교육 헌장 발표
② 경성 제국 대학 설립
③ 한성 사범 학교 관제 마련
④ 소학교 명칭을 국민학교로 변경
⑤ 보통학교 수업 연한을 4년으로 함

40

(가), (나) 사이의 시기에 있었던 사실로 옳은 것은? `3점`

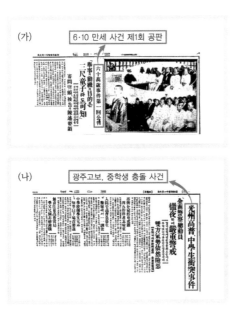

① 3·1 운동이 전국적으로 전개되었다.
② 광복에 대비하여 조선 건국 동맹이 결성되었다.
③ 조선 혁명군이 영릉가에서 일본군에 승리하였다.
④ 민족 유일당 운동의 일환으로 신간회가 창립되었다.
⑤ 조선 민족 전선 연맹 산하에 조선 의용대가 조직되었다.

41

다음 대화에 나타난 사건에 대한 설명으로 옳은 것은? `2점`

① 조선 노동 총동맹 결성으로 이어졌다.
② 원산 총파업이 일어나는 계기가 되었다.
③ 대한매일신보 등 언론 단체들이 참여하였다.
④ 임금 삭감 반대, 노동 조건 개선을 주장하였다.
⑤ 백정에 대한 사회적 차별 철폐를 목적으로 하였다.

42

다음 자료를 발표한 단체에 대한 설명으로 옳은 것은? `1점`

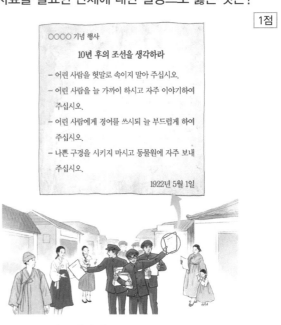

① 잡지 근우를 발간하였다.
② 김기전, 방정환 등이 주도하였다.
③ 발명 학회와 과학 문명 보급회를 창립하였다.
④ 가갸날을 제정하고 기관지인 한글을 발행하였다.
⑤ 대성 학교와 오산 학교를 설립하여 민족 교육을 실시하였다.

43

다음 법령이 발표된 이후에 있었던 사실로 옳은 것은? 2점

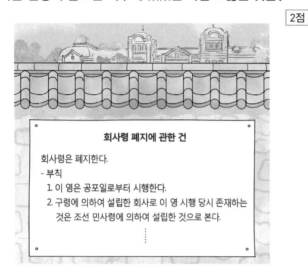

회사령 폐지에 관한 건

회사령은 폐지한다.
- 부칙
  1. 이 영은 공포일로부터 시행한다.
  2. 구령에 의하여 설립한 회사로 이 영 시행 당시 존재하는 것은 조선 민사령에 의하여 설립한 것으로 본다.

① 조선 물산 장려회가 발족되었다.
② 함경도에서 방곡령이 선포되었다.
③ 동양 척식 주식회사가 창립되었다.
④ 한성 은행, 대한 천일 은행이 설립되었다.
⑤ 메가타의 주도로 화폐 정리 사업이 실시되었다.

44

밑줄 그은 ㉠이 실시된 시기의 사실로 옳은 것은? 2점

남태평양 밀리 환초로 끌려갔던 한국인 노동자들의 사진이 처음 공개되었다. 이들은 ㉠일제의 징용령 이후 강제로 끌려가 가혹한 처우에 반란을 일으켰으나, 일본군에게 130여 명이 학살당하고 68명만 살아남았다. 미군에게 구조된 사진 속 생존자들은 뼈가 드러날 정도로 앙상하게 마른 모습이다.

① 일본군의 보복으로 간도 참변이 발생하였다.
② 일제가 중국 군벌과 미쓰야 협정을 체결하였다.
③ 농촌을 계몽하기 위한 브나로드 운동이 시작되었다.
④ 한국 독립군이 대전자령 전투에서 일본군을 격퇴하였다.
⑤ 일제가 한국인의 성과 이름을 일본식으로 바꾸도록 강요하였다.

45

밑줄 그은 '그'에 대한 설명으로 옳은 것은? 2점

○○신문

제△△호   ○○○○년 ○○월 ○○일

일본에 세워진 기억과 화해의 비

일본 교토 우지시에 그를 기리는 '기억과 화해의 비'가 세워졌다. 북간도 명동촌에서 태어나 연희 전문 학교를 졸업한 그는 일본 유학 중 반일 운동 혐의로 송몽규와 함께 체포되어 1945년 2월에 29세의 나이로 후쿠오카 형무소에서 생을 마쳤다. 이번 기념비 건립은 일본 시민들이 직접 모금하고, 지자체를 설득하여 만들었다는 점에서 의미가 깊다.

① 하늘과 바람과 별과 시라는 유고집이 있다.
② 조선어 학회를 창립하여 한글을 연구하였다.
③ 단성사에서 개봉된 영화 아리랑을 제작하였다.
④ 일제의 침략 과정을 서술한 한국통사를 저술하였다.
⑤ 카프(KAPF)를 조직하여 식민지 현실을 고발하였다.

46

(가) 사건에 대한 탐구 활동으로 가장 적절한 것은? 3점

저는 지금 (가) 70주년을 맞아 큰널궤에 나와 있습니다. 이곳은 1948년 토벌대의 제주 중산간 마을에 대한 초토화 작전을 피해 동광리 주민들이 두 달 가까이 은신했던 장소입니다. 하지만 결국 발각되어 많은 사람들이 학살당했습니다. 70주년 추념식에 참석한 대통령은 제주도민에게 깊은 사과와 위로를 전했습니다.

① 통일 주체 국민 회의의 역할을 알아본다.
② 국가 보위 비상 대책 위원회의 설치 배경을 찾아본다.
③ 5년 단임의 대통령 직선제가 실시된 계기를 파악한다.
④ 비상 국무 회의에서 마련한 유신 헌법의 내용을 검색한다.
⑤ 단독 정부 수립에 대한 반발로 일어난 사실들을 조사한다.

47

다음 자료를 발표한 정부의 통일 정책으로 옳은 것을 〈보기〉에서 고른 것은? [2점]

> 국민 여러분! 나는 오늘 다시 이 자리를 빌어 북괴에 대해 지금이라도 늦지 않았으니 우리의 평화 통일 제의를 하루 속히 수락하고, 무력과 폭력을 포기할 것을 거듭 촉구하면서 평화 통일만이 우리가 추구하는 통일의 길임을 다시 한 번 천명하는 바입니다. …… 특히 이번에 우리 대한 적십자사가 제의한 인도적 남북 회담은 1천만 흩어진 가족을 위해서 뿐만 아니라, 5천만 동포들의 오랜 갈증을 풀어 주는 복음의 제의로서 나는 이를 여러분과 함께 환영하며 그 성공을 빌어 마지 않습니다.
>
> – 제26주년 광복절 경축사 중에서 –

〈보 기〉

ㄱ. 남북 조절 위원회를 구성하였다.
ㄴ. 남북 기본 합의서를 채택하였다.
ㄷ. 7·4 남북 공동 성명을 발표하였다.
ㄹ. 한반도 비핵화 공동 선언에 합의하였다.

① ㄱ, ㄴ   ② ㄱ, ㄷ   ③ ㄴ, ㄷ   ④ ㄴ, ㄹ   ⑤ ㄷ, ㄹ

48

밑줄 그은 '이 사건'의 계기로 가장 적절한 것은? [2점]

민주화 운동 사진전

사진 속 외국인이 '푸른 눈의 목격자'로 불리는 독일 기자이지?

맞아. 위르겐 힌츠페터야. 그는 1980년에 택시 기사 김사복과 함께 광주로 가서 이 사건을 취재하여 세계에 알렸어.

① 3·15 부정 선거가 실시되었다.
② 베트남 파병에 관한 브라운 각서가 체결되었다.
③ 대통령의 3선이 가능하도록 헌법이 개정되었다.
④ 신군부 세력이 쿠데타를 일으켜 권력을 장악하였다.
⑤ 국민의 직선제 요구를 거부한 4·13 호헌 조치를 발표하였다.

49

밑줄 그은 '이 작전'이 실행된 시기를 연표에서 옳게 고른 것은? [3점]

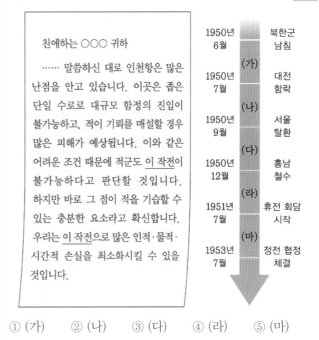

> 친애하는 ○○○ 귀하
>
> …… 말씀하신 대로 인천항은 많은 난점을 안고 있습니다. 이곳은 좁은 단일 수로로 대규모 함정의 진입이 불가능하고, 적이 기뢰를 매설할 경우 많은 피해가 예상됩니다. 이와 같은 어려운 조건 때문에 적군도 이 작전이 불가능하다고 판단할 것입니다. 하지만 바로 그 점이 적을 기습할 수 있는 충분한 요소라고 확신합니다. 우리는 이 작전으로 많은 인적·물적·시간적 손실을 최소화시킬 수 있을 것입니다.

1950년 6월	북한군 남침
(가)	
1950년 7월	대전 함락
(나)	
1950년 9월	서울 탈환
(다)	
1950년 12월	흥남 철수
(라)	
1951년 7월	휴전 회담 시작
(마)	
1953년 7월	정전 협정 체결

① (가)   ② (나)   ③ (다)   ④ (라)   ⑤ (마)

50

다음 뉴스의 사건이 일어난 정부 시기의 사실로 옳은 것은? [1점]

정부는 최근 겪고 있는 금융, 외환 시장에서의 어려움을 극복하기 위해 국제 통화 기금에 유동성 조절 자금을 지원해 줄 것을 요청하기로 결정했습니다.

국제 통화 기금(IMF)에 지원 요청

① 제1차 경제 개발 5개년 계획이 추진되었다.
② 경제 협력 개발 기구(OECD)에 가입하였다.
③ 한·미 자유 무역 협정(FTA)이 체결되었다.
④ 제2차 석유 파동으로 경제 불황이 심화되었다.
⑤ 유상 매수, 유상 분배의 농지 개혁법이 제정되었다.

01

(가) 시대의 생활 모습으로 옳은 것은? 1점

이것은 경상남도 창녕군 비봉리에서 출토된 (가) 시대 배의 복제품입니다. 본래의 출토품은 약 8천 년 전에 제작된 것으로 추정되는데, 지금까지 한반도에서 발견된 배 중 가장 오래된 것입니다. (가) 시대 사람들은 낚싯바늘과 그물을 이용하여 물고기를 잡았고, 농경과 목축을 시작하였습니다.

① 소를 이용한 깊이갈이가 일반화되었다.
② 반량전, 명도전 등의 화폐를 사용하였다.
③ 빗살무늬 토기를 만들어 식량을 보관하였다.
④ 많은 인력을 동원하여 고인돌을 축조하였다.
⑤ 대표적인 도구로 주먹도끼, 찍개 등을 제작하였다.

02

(가) 나라에 대한 설명으로 옳은 것은? 2점

이것은 지린 성 라오허선 유적에서 출토된 (가) 의 황금 귀고리이다. 이 나라에서는 금이 많이 산출되고 사람들이 금과 은으로 치장하기를 즐겼다고 한다. 삼국지 동이전에 따르면 (가) 은/는 장성 북쪽에 있었던 나라로, 여러 가(加)들이 별도로 주관하는 사출도가 있었다.

① 12월에 영고라는 제천 행사를 열었다.
② 혼인 풍속으로 민며느리제가 있었다.
③ 소도라고 불린 신성 지역이 존재하였다.
④ 단궁, 과하마, 반어피 등의 특산물이 유명하였다.
⑤ 사회 질서를 유지하기 위하여 범금 8조를 두었다.

03

다음 문화유산을 남긴 나라에 대한 설명으로 옳은 것은? 2점

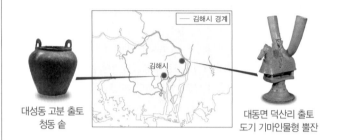

대성동 고분 출토
청동 솥

— 김해시 경계
김해시

대동면 덕산리 출토
도기 기마인물형 뿔잔

① 읍락 간의 경계를 중시하는 책화가 있었다.
② 백강에서 왜군과 함께 당군에 맞서 싸웠다.
③ 지방 장관으로 욕살, 처려근지 등을 두었다.
④ 낙랑과 왜를 연결하는 중계 무역으로 번성하였다.
⑤ 만장일치제인 화백 회의를 통해 국정을 운영하였다.

04

(가), (나) 사이의 시기에 있었던 사실로 옳은 것은? 3점

(가) 영락 6년 병신(丙申)에 왕이 친히 군사를 이끌고 백제[百殘]를 토벌하였다. …… 백제가 의(義)에 복종치 않고 감히 나아 싸우니 왕이 크게 노하여 아리수를 건너 정병(精兵)을 보내 그 도성에 육박하였다. …… 이에 백제왕[殘主]이 …… 이제부터 영구히 고구려왕의 노객(奴客)이 되겠다고 맹세하였다.

(나) 고구려의 대로 제우, 재증걸루, 고이만년 등이 북쪽 성을 공격한 지 7일 만에 함락시키고 남쪽 성으로 옮겨 공격하자, 성 안이 위험에 빠지고 개로왕이 도망하여 나갔다. 고구려 장수 재증걸루 등이 왕을 보고 …… 그 죄를 책망하며 포박하여 아차성 아래로 보내 죽였다.

① 의자왕이 대야성을 함락하였다.
② 미천왕이 서안평을 점령하였다.
③ 동성왕이 나·제 동맹을 강화하였다.
④ 성왕이 한강 하류 지역을 수복하였다.
⑤ 장수왕이 국내성에서 평양으로 천도하였다.

05

밑줄 그은 '왕'의 재위 기간에 있었던 사실로 옳은 것은?

2점

거칠부가 왕의 명령을 받들어 국사를 편찬했다고 하네.

나라 안의 문사(文士)들이 많이 참여했다고 하더군. 거칠부는 그 공으로 파진찬에 올랐다고 하네.

① 중앙군으로 9서당이 편성되었다.
② 대가야를 병합하여 영토가 확장되었다.
③ 지방관 감찰을 위하여 외사정이 파견되었다.
④ 최고 지배자의 칭호가 마립간으로 변경되었다.
⑤ 시장을 관리하기 위하여 동시전이 설치되었다.

06

(가) 국가에 대한 설명으로 옳은 것은?

1점

> [(가)] 중대성이 일본국 태정관에게 보내는 첩(牒)
>
> 귀국에 가서 알현할 사신 정당성 좌윤 하복연과 그 일행 105명을 파견합니다. …… 일본 땅은 동쪽으로 멀리 있고, 요양(遼陽)은 서쪽으로 멀리 있으니, 양국이 서로 떨어져 있는 거리가 1만 리나 되고도 남음이 있습니다. ……

① 옥저를 정복하고 동해안으로 진출하였다.
② 광덕, 준풍 등의 독자적인 연호를 사용하였다.
③ 5경 15부 62주의 지방 행정 제도를 갖추었다.
④ 상수리 제도를 실시하여 지방 세력을 견제하였다.
⑤ 내신 좌평, 위사 좌평 등 6좌평의 관제를 마련하였다.

07

(가) 왕의 업적으로 옳은 것은?

3점

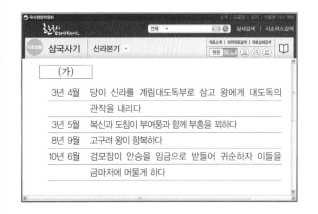

(가)	
3년 4월	당이 신라를 계림대도독부로 삼고 왕에게 대도독의 관작을 내리다
3년 5월	복신과 도침이 부여풍과 함께 부흥을 꾀하다
8년 9월	고구려 왕이 항복하다
10년 6월	검모잠이 안승을 임금으로 받들어 귀순하자 이들을 금마저에 머물게 하다

① 백성에게 정전을 지급하였다.
② 이사부를 보내 우산국을 복속시켰다.
③ 매소성에서 당의 군대를 격파하였다.
④ 유학 교육을 위하여 국학을 설립하였다.
⑤ 인재를 등용하기 위하여 독서삼품과를 실시하였다.

08

(가) 국가의 문화유산으로 옳은 것은?

2점

> [(가)] 은/는 마한의 족속이다. …… 도성을 고마(固麻)라 하였다. 읍(邑)을 일컬어 담로라 하였는데, 중국의 군현과 같았다. 22담로를 두었는데, (왕의) 자제와 종족을 보내 다스렸다.
>
> – 「양직공도」 –

① 　　②

③ 　　④

⑤

09

(가)~(마)에 들어갈 내용으로 옳은 것은? `2점`

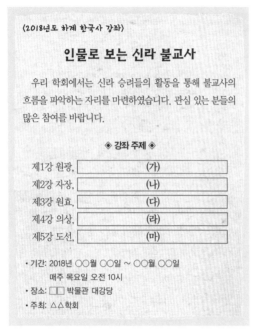

(2018년도 하계 한국사 강좌)

인물로 보는 신라 불교사

우리 학회에서는 신라 승려들의 활동을 통해 불교사의 흐름을 파악하는 자리를 마련하였습니다. 관심 있는 분들의 많은 참여를 바랍니다.

◈ 강좌 주제 ◈

제1강 원광,	(가)
제2강 자장,	(나)
제3강 원효,	(다)
제4강 의상,	(라)
제5강 도선,	(마)

· 기간: 2018년 ○○월 ○○일 ~ ○○월 ○○일
　　　매주 목요일 오전 10시
· 장소: □□박물관 대강당
· 주최: △△학회

① (가) - 풍수지리설을 들여오다
② (나) - 황룡사 구층 목탑 건립을 건의하다
③ (다) - 영주에 부석사를 창건하다
④ (라) - 세속 오계를 제시하다
⑤ (마) - 대승기신론소를 저술하다

10

(가) 인물에 대한 설명으로 옳은 것은? `3점`

남북이 공동 발굴을 추진하고 있는 비무장지대 내 역사 유적으로, 강원도 철원의 태봉 옛 도성이 유력하다는 소식입니다. 이 도성은 태봉 왕의 이름을 따 흔히 [(가)] 도성으로 불리기도 합니다.

남북 공동 발굴 비무장지대 내 유적, [(가)] 도성 유력

① 후당, 오월에 사신을 파견하였다.
② 광평성 등 각종 정치 기구를 마련하였다.
③ 일리천 전투에서 왕건의 고려군에게 패배하였다.
④ 정계와 계백료서를 지어 관리의 규범을 제시하였다.
⑤ 완도에 청해진을 설치하여 해상 무역을 전개하였다.

11

다음 사실이 있었던 시기를 연표에서 옳게 고른 것은? `2점`

○ (왕이) 선정전 남문에 거동하여 (사신) 요불과 사현 등 6인을 접견하고 입조한 연유를 묻자 요불 등이 아뢰기를, "…… 만약 9성을 되돌려주어 우리의 생업을 편안하게 해주시면, 우리는 하늘에 맹세하여 자손대대에 이르기까지 공물을 정성껏 바칠 것이며 감히 기와 조각 하나라도 국경에 던지지 않겠습니다."라고 하였다.
－「고려사」－

○ (왕이) 선정전 남문에 거동하여 요불 등을 접견하고 9성의 반환을 허락하자, 요불이 감격하여 울며 감사의 절을 올렸다. ……
－「고려사」－

1019		1104		1232		1270		1356		1380
	(가)		(나)		(다)		(라)		(마)	
귀주 대첩		별무반 조직		처인성 전투		개경 환도		쌍성총관부 탈환		진포 대첩

① (가)　② (나)　③ (다)　④ (라)　⑤ (마)

12

밑줄 그은 '이 사건'에 대한 설명으로 옳은 것은? `1점`

한국사 대담 **단재 신채호의 역사 인식**

단재 신채호 선생은 이 사건을 조선 역사상 일천년래 제일 대사건으로 평가하였습니다. 그 이유가 무엇인가요?

선생은 이 사건을 진취 사상 대 보수 사상의 싸움으로 보아, 전자가 패하고 후자가 승리하면서 우리 역사가 사대적, 보수적으로 전개되었다고 이해하였기 때문입니다.

① 이성계가 위화도에서 회군하여 최영을 제거하였다.
② 왕실의 외척인 이자겸이 척준경과 함께 난을 일으켰다.
③ 묘청 일파가 김부식이 이끄는 관군에 의해 토벌되었다.
④ 조위총이 군사를 일으켜 정중부 등의 제거를 도모하였다.
⑤ 강조가 정변을 일으켜 김치양을 제거하고 목종을 폐위하였다.

13

(가), (나)에 해당하는 토지 제도에 대한 설명으로 옳은 것을 〈보기〉에서 고른 것은? 2점

(가) 경종 원년(976) 11월, 처음으로 직관(職官)과 산관(散官) 각 품의 전시과를 제정하였다.

(나) 공양왕 3년(1391) 5월, 도평의사사가 글을 올려 과전을 주는 법을 정하자고 요청하니 왕이 따랐다.

─── 〈보 기〉 ───
ㄱ. (가) – 전지와 시지를 지급하여 수취의 권리를 행사하게 하였다.
ㄴ. (가) – 관리의 사망 시 유가족에게 수신전과 휼양전을 지급하였다.
ㄷ. (나) – 지급 대상 토지를 원칙적으로 경기 지역에 한정하였다.
ㄹ. (나) – 관리의 인품과 공복을 기준으로 하여 토지를 지급하였다.

① ㄱ, ㄴ   ② ㄱ, ㄷ   ③ ㄴ, ㄷ   ④ ㄴ, ㄹ   ⑤ ㄷ, ㄹ

14

밑줄 그은 '이 왕'의 업적으로 옳은 것은? 2점

이 그림은 고려의 제31대 왕과 그 왕비인 노국 대장 공주의 영정입니다. 이 왕은 원·명 교체기에 적극적인 개혁을 추진하였습니다.

① 국자감에 전문 강좌인 7재를 개설하였다.
② 외침에 대비하기 위하여 광군을 창설하였다.
③ 인사권을 장악하기 위하여 정방을 폐지하였다.
④ 쌍기의 건의를 받아들여 과거 제도를 도입하였다.
⑤ 전국에 12목을 처음으로 설치하고 지방관을 파견하였다.

15

(가)에 들어갈 문화유산으로 옳은 것은? 1점

문화유산 카드

(가)

● 종목: 국보 제48-1호
● 소재지: 강원도 평창군
● 소개: 고려 전기의 석탑으로 당시 불교 문화 특유의 화려하고 귀족적인 면모를 잘 보여준다. 전체적인 비례와 조각 수법이 착실하여 다각 다층 석탑을 대표하는 문화유산으로 손꼽힌다.

①
②
③
④
⑤

16

(가)에 들어갈 내용으로 가장 적절한 것은? 2점

이곳은 강진의 만덕산에 위치한 백련사입니다. 고려 무신 정권기 최우의 후원으로 절의 규모가 크게 확장되었는데, 특히 이 절에서 (가)

① 의천이 불교 통합을 위해 해동 천태종을 개창하였습니다.
② 요세가 법화 신앙을 바탕으로 신앙 결사를 이끌었습니다.
③ 지눌이 정혜사를 결성하고 불교 개혁 운동을 전개하였습니다.
④ 각훈이 해동고승전을 저술하여 승려들의 전기를 기록하였습니다.
⑤ 일연이 삼국유사를 집필하여 불교 중심의 설화, 야사 등을 정리하였습니다.

17

다음 시나리오에 등장하는 왕의 재위 기간에 있었던 사실로 옳은 것은? `2점`

S#17. 궁궐 안

천도를 위해 축조한 궁궐과 전각의 이름을 신하에게 짓게 한 왕, 그 신하를 불러 전각의 이름에 담긴 뜻을 묻는다.

왕: (궁금한 표정으로) 이번에 경이 지어 올린 전각의 이름 중 근정전에는 어떤 뜻이 담겨 있는 것이오?

신하: (공손하게 엎드려) 천하의 일은 부지런하면 다스려지고, 부지런하지 못하면 다스려지지 못하는 것이 당연한 이치입니다. 이에 임금께서 항상 정사를 부지런히 돌보시는 전각이라는 뜻을 담았사옵니다.

① 학문 연구 기관인 집현전이 설치되었다.
② 왕위 계승을 둘러싸고 왕자의 난이 발생하였다.
③ 백성의 유망을 막기 위하여 호패법이 실시되었다.
④ 국가의 의례를 정비한 국조오례의가 완성되었다.
⑤ 궁궐의 공사비 마련을 위하여 당백전이 발행되었다.

18

(가)에 들어갈 내용으로 옳지 <u>않은</u> 것은? `2점`

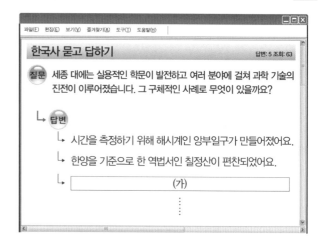

고려 시대에 민생 안정을 위해 시행된 다양한 사회 시책에 대해 말해 볼까요?

봄에 곡식을 빌려주고 가을에 갚게 한 의창을 두었어요.

(가)

① 물가 조절을 위해 상평창을 설치하였어요.
② 병자에게 의약품을 제공하는 혜민국이 있었어요.
③ 기근에 대비하기 위해 구황촬요를 간행하여 보급하였어요.
④ 환자 치료와 빈민 구제를 위해 개경에 동·서 대비원을 두었어요.
⑤ 기금을 모아 그 이자로 빈민을 구제하는 제위보를 운영하였어요.

19

(가)에 들어갈 내용으로 옳은 것은? `2점`

파일(F) 편집(E) 보기(V) 즐겨찾기(A) 도구(T) 도움말(H)

한국사 묻고 답하기 답변: 5 조회: 63

질문 세종 대에는 실용적인 학문이 발전하고 여러 분야에 걸쳐 과학 기술의 진전이 이루어졌습니다. 그 구체적인 사례로 무엇이 있을까요?

└ 답변

　└ 시간을 측정하기 위해 해시계인 앙부일구가 만들어졌어요.

　└ 한양을 기준으로 한 역법서인 칠정산이 편찬되었어요.

　└ (가)

① 개량된 금속 활자인 갑인자가 주조되었어요.
② 폭탄의 일종인 비격진천뢰가 만들어졌어요.
③ 기기도설을 참고하여 거중기가 설계되었어요.
④ 100리 척을 사용한 동국지도가 제작되었어요.
⑤ 사상 의학을 정립한 동의수세보원이 편찬되었어요.

20

(가) 왕에 대한 설명으로 옳은 것은? `3점`

〈답사 안내 자료집〉

(가) 이가 묻힌 광릉을 가다

⊙ 광릉 이야기

한명회, 권람 등과 함께 변란을 일으킨 후 왕위에 오른 (가) 은/는 육조 직계제를 실시하고 군제를 개편하는 등 왕권 강화에 노력하였다. 그는 자신의 무덤에 석실과 석곽을 마련하지 말라는 유언을 남겼는데, 이에 따라 내부는 석회다짐으로 막았고, 봉분 둘레에도 병풍석을 세우지 않았다. 이는 백성의 부담을 줄이기 위한 것으로 후대 왕릉 축조의 전범(典範)이 되었다.

① 4군 6진을 설치하여 북방 영토를 개척하였다.
② 대전회통을 편찬하여 통치 체제를 정비하였다.
③ 기유약조를 체결하여 일본과의 무역을 재개하였다.
④ 균역법을 시행하여 백성들의 군역 부담을 줄여주었다.
⑤ 직전법을 실시하여 현직 관리에게만 수조지를 지급하였다.

21

(가) 신분에 대한 설명으로 옳은 것은?　2점

이 책은 　(가)　 출신인 유재건이 지은 인물 행적기로, 위항 문학 발달에 크게 기여하였다. 　(가)　은/는 자신들의 신분에 따른 사회적인 차별에 불만이 많았는데, 시사(詩社)를 조직하는 등의 문예 활동을 통해 스스로의 위상을 높이고자 하였다. 책의 서문에는 이항(里巷)*에 묻혀 있는 유능한 인사들의 행적을 기록하여 세상에 널리 알리고자 이 책을 썼다고 밝히고 있다.

이향견문록

* 이항: 마을의 거리

① 매매, 증여, 상속의 대상이 되었다.
② 장례원을 통해 국가의 관리를 받았다.
③ 공장안에 등록되어 수공업 제품 생산을 담당하였다.
④ 양인이지만 천역을 담당하는 신량역천으로 분류되었다.
⑤ 관직 진출 제한을 없애달라는 소청 운동을 전개하였다.

22

(가)에 들어갈 그림으로 옳은 것은?　1점

특별 전시

❋ 겸재 특별전 ❋

우리 미술관에서는 우리나라 산천의 아름다움을 사실적으로 그려낸 겸재의 그림을 만날 수 있는 특별전을 마련하였습니다.

(가)

• 기간: 2018년 ○○월 ○○일 ~ ○○월 ○○일
• 장소: △△미술관

① 　②

③ 　④

⑤

23

(가)에 대한 설명으로 옳은 것은?　2점

이것은 영조가 세손을 데리고 　(가)　에 거둥하여 해당 관원들에게 내린 사언시입니다. 집현전을 계승한 이 기구는 사진에서 보이듯이 옥당이라는 별칭으로 불리기도 하였습니다.

① 수도의 행정과 치안을 담당하였다.
② 고려의 삼사와 같은 기능을 수행하였다.
③ 실록을 보관하고 관리하는 업무를 관장하였다.
④ 왕에게 경서와 사서를 강론하는 경연을 주관하였다.
⑤ 국왕 직속 사법 기구로 반역죄, 강상죄 등을 처결하였다.

24

다음 가상 대화가 이루어진 시기의 경제 상황으로 옳지 않은 것은?　3점

얼마 전 종로의 연초 가게에서 어떤 전기수가 영웅 소설을 읽어주고 있었는데, 주인공인 임경업이 어려움에 빠지는 대목에서 듣고 있던 한 사람이 흥분하여 전기수를 살해하는 사건이 발생했다네.

소설 때문에 황당한 사건이 벌어졌군. 하긴 집안일을 내버려두고 소설을 빌려보는 것에 정신이 팔려 가산을 탕진하는 사람도 많다고 하네.

① 금속 화폐인 건원중보가 주조되었다.
② 고구마 등의 구황 작물이 재배되었다.
③ 독점적 도매상인인 도고가 활동하였다.
④ 여러 장시가 하나의 유통망으로 연계되었다.
⑤ 송상, 만상이 대청 무역으로 부를 축적하였다.

25

다음 상황 이후에 전개된 사실로 옳은 것은? `2점`

> 며칠 전 역적의 입을 통해 김제남과 함께 영창 대군을 옹립하기로 모의한 사실이 밝혀졌습니다. 영창 대군이 비록 아무 것도 모르는 어린아이라 할지라도 용서받을 수 없는 죄가 있사오니, 법대로 처리하게 하소서.

① 서인이 반정을 일으켜 정권을 장악하였다.
② 외척 간의 갈등으로 을사사화가 일어났다.
③ 조의제문이 발단이 되어 김일손 등이 처형되었다.
④ 정여립 모반 사건을 계기로 기축옥사가 발생하였다.
⑤ 이조 전랑 임명을 둘러싸고 김효원과 심의겸이 대립하였다.

26

(가)에 대한 설명으로 옳은 것을 <보기>에서 고른 것은? `2점`

> 변방의 일은 병조가 주관하는 것입니다. …… 그런데 근래 변방 일을 위해 __(가)__ 을/를 설치했고, 변방에 관계되는 모든 일을 실제로 다 장악하고 있습니다. …… 혹 병조 판서가 참여하는 경우가 있기는 하지만 도리어 지엽적인 입장이 되어버렸고, 참판 이하의 당상관은 전혀 일의 내용을 모르고 있습니다. …… 청컨대 혁파하소서.

〈보 기〉
ㄱ. 왕명 출납을 맡은 왕의 비서 기관이었다.
ㄴ. 임진왜란 이후 조직과 기능이 확대되었다.
ㄷ. 조광조를 비롯한 사림의 건의로 혁파되었다.
ㄹ. 세도 정치 시기에 외척의 세력 기반이 되었다.

① ㄱ, ㄴ　② ㄱ, ㄷ　③ ㄴ, ㄷ　④ ㄴ, ㄹ　⑤ ㄷ, ㄹ

27

밑줄 그은 '소란'이 일어난 시기를 연표에서 옳게 고른 것은? `1점`

> 금번 진주의 난민들이 소란을 일으킨 것은 오로지 전 경상 우병사 백낙신이 탐욕스러워 백성을 침학했기 때문입니다. 경상 우병영의 환곡 결손[逋欠] 및 도결(都結)에 대해 시기를 틈타 한꺼번에 6만 냥의 돈을 가호(家戸)에 배정하여 억지로 부과하려고 하니, 민심이 크게 들끓고 백성들의 분노가 폭발하여 전에 듣지 못했던 소란이 발생하기에 이른 것입니다.
> ＊도결: 각종 명목의 조세를 토지에 부과하여 징수함

1510	1597	1680	1728	1811	1894
(가)	(나)	(다)	(라)	(마)	
삼포왜란	정유재란 발발	경신환국	이인좌의 난	홍경래의 난	동학 농민 운동

① (가)　② (나)　③ (다)　④ (라)　⑤ (마)

28

(가), (나) 사이의 시기에 있었던 사실로 옳은 것은? `3점`

> (가) 정묘년 때 맹약을 잠시라도 지켜서 몇 년이나마 화(禍)를 늦춰야 합니다. 그 사이 어진 정치를 베풀어 민심을 수습하며 성을 쌓고 군량을 비축해야 합니다. 또 방어를 더욱 튼튼히 하고 군사를 집합시켜 일사불란하게 해야 합니다. 그런 다음 적의 허점을 노리는 것이 우리로서는 최상의 계책일 것입니다.
> － 『지천집』 －

> (나) 오라총관 목극등이 …… 국경을 정하기 위하여 백두산에 이르렀다. 우리나라에서는 접반사 박권, 함경도 순찰사 이선부, 역관 김경문 등을 보내어 응접하게 하였다. …… 목극등이 중천(中泉)의 물줄기가 나뉘는 위치에 앉아서 말하기를, "이곳이 분수령이라 할 수 있다."라고 하고, 그곳에 경계를 정하고 돌을 깎아서 비를 세웠다.
> － 『만기요람』 －

① 조총 부대가 파견되어 러시아 군대와 교전하였다.
② 명의 요청에 따라 강홍립이 이끄는 부대가 파병되었다.
③ 후금의 침입에 대비하여 이괄이 평안도에 주둔하였다.
④ 용골산성에서 정봉수와 이립이 의병을 이끌고 항전하였다.
⑤ 포수, 살수, 사수의 삼수병으로 구성된 훈련도감이 설치되었다.

29

다음 인물에 대한 설명으로 옳은 것은? `2점`

◆ 이달의 문화 인물 ◆
그림에도 두각을 나타낸 실학자, 초정(楚亭) 선생

초정 선생은 조선 후기의 대표적인 실학자로, 문인화풍의 산수화와 생동감이 넘치는 꿩, 물고기 그림 등을 잘 그렸다. 그는 청에 다녀온 후 북학의를 저술하여 조선 사회의 모순을 지적하고 개혁 방안을 제시하였는데, 특히 재물을 우물에 비유하여 절약보다 소비를 권장하였다.

초정이 그린 꿩 그림, 야치도

① 양반전을 지어 양반의 허례와 무능을 풍자하였다.
② 북한산 신라 진흥왕 순수비를 처음으로 고증하였다.
③ 서얼 출신으로 규장각 검서관에 발탁되어 활동하였다.
④ 곽우록에서 토지 매매를 제한하는 한전론을 제시하였다.
⑤ 우서를 통해 사농공상의 직업적 평등과 전문화를 주장하였다.

30

(가)에 대한 설명으로 옳은 것을 〈보기〉에서 고른 것은?

2점

□□신문

제△△호　　　　　　　　　○○○○년 ○○월 ○○일

서울시, 양헌수 장군 문집과 일기 등 유형문화재 지정

서울시는　(가)　때 정족산성 전투를 지휘한 양헌수 장군의 문집인 하거집과 일기 등을 서울시 유형문화재로 지정하였다. (가)은/는 로즈 제독의 함대가 강화도를 침략한 사건으로, 양헌수 장군은 정족산성 에서 이를 물리치는 데 크게 기여하였다.

하거집
양헌수가 관직 생활을 하면서
남긴 글을 모은 책

〈보 기〉

ㄱ. 러시아의 절영도 조차 요구를 저지시켰다.
ㄴ. 외규장각 도서가 약탈당하는 피해를 입었다.
ㄷ. 어재연 부대가 광성보에서 결사 항전하였다.
ㄹ. 조선 정부의 프랑스 선교사 처형이 구실이 되어 일어났다.

① ㄱ, ㄴ　② ㄱ, ㄷ　③ ㄴ, ㄷ　④ ㄴ, ㄹ　⑤ ㄷ, ㄹ

31

밑줄 그은 '사변'의 결과로 옳은 것은?

2점

이번 경성에서의 사변은 작은 문제가 아니므로 대일본 대황제는 이노우에 가오루를 대조선국에 파견하고 …… 대조선국 대군주는 김홍집에게 전권을 위임하여 토의·처리하도록 임명하여 ……
⋮
제2조 이번에 피해를 입은 일본인의 유가족과 부상자를 돌보아 주고, 아울러 상인들의 화물이 훼손·약탈된 것을 보상하기 위해 조선국은 11만 원을 지불한다.
⋮
제4조 일본 공관을 신축해야 하므로 조선국은 땅과 건물을 내주어 공관 및 영사관으로 사용할 수 있도록 한다. 그것을 수축 이나 증축할 경우 조선국이 다시 2만 원을 지불하여 공사비로 충당하게 한다.

① 신식 군대인 별기군이 창설되었다.
② 김기수가 수신사로 일본에 파견되었다.
③ 이만손 등의 영남 유생들이 만인소를 올렸다.
④ 개화 정책을 담당하는 통리기무아문이 설치되었다.
⑤ 3일 만에 실패로 끝나 주동자들이 해외로 망명하였다.

32

다음 상황이 나타난 배경에 대한 탐구 활동으로 가장 적절한 것은?

2점

요즘은 공주, 전주 등에도 장이 열리면 청 상인들이 물건을 팔러 온다고 하네.

그렇다네. 청 상인들에게 상권을 빼앗긴 조선 상인들이 많다더군.

① 동양 척식 주식회사가 설립된 과정을 정리한다.
② 회사 설립을 신고제로 변경한 목적을 살펴본다.
③ 고종이 러시아 공사관으로 피신한 이유를 찾아본다.
④ 임오군란의 결과로 체결된 협정의 내용을 조사한다.
⑤ 구(舊) 백동화가 제일 은행권으로 교환된 시기를 검색한다.

33

(가), (나) 사이의 시기에 볼 수 있는 모습으로 적절하지 않은 것은?

3점

(가) 본 덕원부는 해안의 요충지에 위치해 있고 아울러 개항지입니다. 이곳을 빈틈없이 미리 대비하는 방도는 인재를 선발하여 쓰는 데 있고, 그 핵심은 가르치고 기르는 데 있습니다. 그래서 원산사 (元山社)에 학교를 설치하였습니다.

(나) 경인 철도 회사에서 어제 개업 예식을 거행하는데 …… 화륜거 구르는 소리는 우레 같아 천지가 진동하고 기관차 굴뚝 연기는 반공에 솟아오르더라. 수레를 각기 방 한 칸씩 되게 만들어 여러 수레를 철구로 연결하여 수미상접하게 이었는데, 수레 속은 상·중·하 3등으로 수장하여 그 안에 배포한 것과 그 밖에 치장한 것은 이루 형언할 수 없더라.

① 전신선을 가설하는 인부
② 이화 학당에서 공부하는 학생
③ 제중원에서 치료를 받고 있는 환자
④ 한성 전기 회사 창립을 협의하는 관리
⑤ 대한매일신보의 기사를 읽고 있는 교사

34

밑줄 그은 '이 개혁'의 내용으로 옳은 것은? 　[2점]

이것은 고종이 종묘에 바친 독립서고문으로 홍범 14조가 포함되어 있습니다. 홍범 14조는 김홍집과 박영효의 연립 내각이 주도한 이 개혁의 기본 방향이 되었습니다.

① 양전 사업을 실시하고 지계를 발급하였다.

② 상회사인 대동 상회, 장통 상회를 설립하였다.

③ 황제의 군사권을 강화하기 위하여 원수부를 설치하였다.

④ 근대식 무기 제조 기술 도입을 위하여 영선사를 파견하였다.

⑤ 교육 입국 조서를 반포하고 한성 사범 학교 관제를 마련하였다.

35

(가) 단체에 대한 설명으로 옳은 것은? 　[1점]

〈역사 다큐멘터리 기획안〉

　(가)　, 근대적 자주 독립 국가를 꿈꾸다

■ 기획 의도

　자주 독립 국가를 목표로 창립된 　(가)　의 활동을 3부작 다큐멘터리로 제작하여 그 역사적 의미를 살펴본다.

■ 회차별 방송 내용

－ 1회. 만민 공동회를 통한 자주 국권 운동 전개

－ 2회. 관민 공동회를 통한 헌의 6조 결의

－ 3회. 황국 협회의 습격과 단체의 해산

① 고종 강제 퇴위 반대 운동을 주도하였다.

② 일제의 황무지 개간권 요구를 저지시켰다.

③ 중추원 개편을 통한 의회 설립을 추진하였다.

④ 태극 서관을 설립하여 계몽 서적을 보급하였다.

⑤ 한·일 관계 사료집을 편찬하고 독립신문을 발행하였다.

36

(가)에 대한 설명으로 옳은 것은? 　[1점]

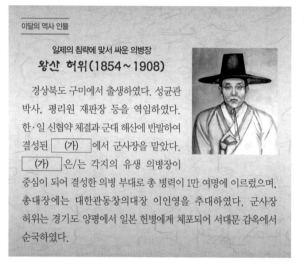

이달의 역사 인물

일제의 침략에 맞서 싸운 의병장
왕산 허위(1854~1908)

경상북도 구미에서 출생하였다. 성균관 박사, 평리원 재판장 등을 역임하였다. 한·일 신협약 체결과 군대 해산에 반발하여 결성된 　(가)　에서 군사장을 맡았다. 　(가)　은/는 각지의 유생 의병장이 중심이 되어 결성한 의병 부대로 총 병력이 1만 여명에 이르렀으며, 총대장에는 대한관동창의대장 이인영을 추대하였다. 군사장 허위는 경기도 양평에서 일본 헌병에게 체포되어 서대문 감옥에서 순국하였다.

① 봉오동 전투에서 일본군을 격퇴하였다.

② 독립 공채를 발행하여 자금을 마련하였다.

③ 고종의 해산 권고 조칙에 따라 해산하였다.

④ 양주에 집결하여 서울 진공 작전을 전개하였다.

⑤ 조선 총독부에 국권 반환 요구서를 제출하려 하였다.

37

(가)~(마)에 들어갈 내용으로 옳은 것은? 　[3점]

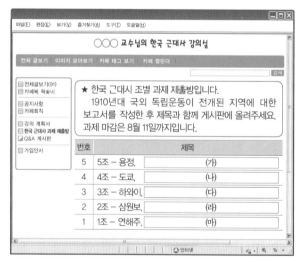

○○○ 교수님의 한국 근대사 강의실

전체 글보기　이미지 모아보기　카페 태그 보기　카페 캘린더

★ 한국 근대사 조별 과제 재출방입니다.
1910년대 국외 독립운동이 전개된 지역에 대한 보고서를 작성한 후 제목과 함께 게시판에 올려주세요. 과제 마감은 8월 11일까지입니다.

번호		제목
5	5조 - 용정.	(가)
4	4조 - 도쿄.	(나)
3	3조 - 하와이.	(다)
2	2조 - 삼원보.	(라)
1	1조 - 연해주.	(마)

① (가) - 신흥 강습소를 세워 독립군을 양성하다

② (나) - 서전서숙을 설립하여 민족 교육에 힘쓰다

③ (다) - 유학생을 중심으로 2·8 독립 선언서를 발표하다

④ (라) - 대조선 국민 군단을 결성하여 군사 훈련을 실시하다

⑤ (마) - 대한 광복군 정부를 수립하여 무장 독립 전쟁을 준비하다

38

(가) 민족 운동에 대한 설명으로 옳은 것은? `2점`

> ___(가)___ 에 대한 반대 측 의견을 종합하건대 크게 두 가지 논점이 있는 것 같다. 하나는 일본인 측이나 또는 관청의 일부분에서 일종의 일본 제품 배척 운동으로 간주하고 불온한 사상이라고 공격하는 것이다. 또 하나는 소위 사회주의자 중 일부 논객이 주장하는 것인데, ___(가)___ 은/는 유산 계급의 이익을 위한 것이며 무산 계급에는 아무 관련이 없으니 유산 계급만의 운동으로 남겨 버리자는 것이다.
> – 동아일보 –

① 조선 노동 총동맹의 주도로 추진되었다.
② 진주에서 시작되어 전국으로 확산되었다.
③ 국민의 성금을 모아 국채를 갚고자 하였다.
④ 조선 사람 조선 것이라는 구호를 내세웠다.
⑤ 농민 단체를 결성하여 소작 쟁의를 전개하였다.

39

다음 잡지가 발간되던 기간에 있었던 사실로 옳은 것은? `2점`

방정환이 이끈 천도교 소년회는 "씩씩하고 참된 소년이 됩시다. 그리고 늘 서로 사랑하며 도와갑시다."를 신조로 잡지 어린이를 간행하였다. 그 주요 내용은 아동 문학과 이야기, 그림, 교양 지식, 독자란 등으로 구성되어 있다. 천도교는 어린 아이를 한울님처럼 대하라는 제2대 교주 최시형의 뜻을 이어받아 소년 운동을 적극적으로 전개하였다.

① 박은식 등이 조선 광문회를 조직하였다.
② 안국선이 신소설 금수회의록을 집필하였다.
③ 나운규가 제작한 영화 아리랑이 처음 개봉되었다.
④ 국내 최초의 서양식 극장인 원각사가 건립되었다.
⑤ 주시경이 국문 연구소를 세워 한글을 체계적으로 연구하였다.

40

밑줄 그은 '이 운동'에 대한 설명으로 옳은 것은? `2점`

이것은 안동에 있는 '항일구국열사 권오설 선생 기적비'이다. 권오설은 사회주의 진영의 중심 인물로서, 순종 인산일을 기회로 삼아 천도교 계열과 사회주의 계열이 함께 준비한 이 운동을 기획하는데 주도적인 역할을 하였다. 정부는 그의 애국 애족 정신을 기리기 위하여 2005년에 건국 훈장 독립장을 추서하였다.

① 치안 유지법이 제정되는 결과를 가져왔다.
② 백정에 대한 사회적 차별 철폐를 목적으로 하였다.
③ 일제가 이른바 문화 통치를 실시하는 배경이 되었다.
④ 국내에서 민족 유일당 운동이 전개되는 계기가 되었다.
⑤ 배우자 가르치자 다 함께 브나로드를 구호로 내세웠다.

41

다음 법령이 제정된 이후 볼 수 있는 모습으로 가장 적절한 것은? `2점`

> 제1조 국민학교의 교과는 국민과·이수과·체련과·예능과 및 직업과로 한다.
>
> ⋮
>
> 제2조 국민학교에서는 항상 다음 각 호의 사항에 유의하여 아동을 교육하여야 한다.
>   1. 교육에 관한 칙어의 취지에 의하여 교육의 전반에 걸쳐 황국의 도를 수련하게 하고 특히 국체에 대한 신념을 공고히 하여 황국 신민이라는 자각에 철저하게 하도록 힘써야 한다.
>
> ⋮
>
>   14. 수업 용어는 국어를 사용하여야 한다.

① 원산 총파업에 동참하는 노동자
② 헌병 경찰에게 태형을 당하는 상인
③ 신간회 창립 대회에 참여하는 청년
④ 광주 학생 항일 운동을 주도하는 학생
⑤ 여자 정신 근로령에 의해 강제로 끌려가는 여성

42

(가)에 대한 설명으로 옳은 것은? `3점`

> ※ 학술 대회 안내 ※
>
> 우리 학회는 일제의 식민 지배 이데올로기에 대항하여 한국 역사와 문화의 독자성·주체성을 탐구한 민족 운동인 ___(가)___ 의 역사적 의의를 조명하는 학술 대회를 개최합니다.
>
> ◈ 발표 주제 ◈
> • 정인보의 조선 양명학 연구와 얼 사상
> • 안재홍의 조선학과 신민족주의론
> • 문일평의 조선학론과 역사 대중화
>
> ■ 일시: 2018년 ○○월 ○○일 13:00~17:00
> ■ 장소: □□대학교 대강당
> ■ 주최: △△학회

① 신경향파 문학이 등장하는 배경이 되었다.
② 여유당전서 간행 사업을 계기로 전개되었다.
③ 조선사 편수회를 설치하여 조선사를 편찬하였다.
④ 모금 활동을 통한 민립 대학 설립을 목표로 하였다.
⑤ 오산 학교와 대성 학교를 설립하여 민족 교육을 실시하였다.

43

(가) 부대에 대한 설명으로 옳은 것은? 2점

이것은 (가) 의 총사령인 양세봉(양서봉) 장군의 흉상으로, 광복 50주년을 기념하여 중국 동북 지역에 거주하는 동포들의 모금을 통해 세워졌습니다. 양세봉 장군은 영릉가와 흥경성 전투에서 일본군을 격퇴하였습니다.

① 남만주에서 중국군과 연합 작전을 전개하였다.
② 연합군의 일원으로 인도 · 미얀마 전선에 파견되었다.
③ 간도 참변 이후 조직을 정비하고 자유시로 이동하였다.
④ 중국 관내(關內)에서 조직된 최초의 한인 무장 부대였다.
⑤ 홍범도 부대와 연합하여 청산리에서 일본군과 교전하였다.

44

다음 인물의 활동으로 옳은 것은? 2점

○○○ 연보

1918년 평안북도 의주 출생
1942년 도쿄 일본신학교 재학
1944년 학병 강제 징집
1947년 조선 민족 청년단 활동
1953년 사상계 창간 주도
1962년 막사이사이상(賞) 수상
1967년 제7대 총선에서 옥중 출마하여 국회의원에 당선
1973년 민주 회복을 위한 개헌 청원 백만인 서명 운동 주도
1975년 사망
1991년 건국 훈장 애국장 추서

① 삼균주의를 바탕으로 건국 강령을 기초하였다.
② 한국광복군의 일원으로 국내 진공 작전을 준비하였다.
③ 민중의 직접 혁명을 주장하는 조선 혁명 선언을 집필하였다.
④ 일제의 패망과 광복에 대비하여 조선 건국 동맹을 결성하였다.
⑤ 중국 국민당 정부의 지원을 받아 조선 혁명 간부 학교를 설립하였다.

45

다음 자료가 작성된 이후에 일어난 사실로 옳은 것은? 2점

1. 무상 원조에 대해 한국 측은 3억 5천만 달러, 일본 측은 2억 5천만 달러를 주장한 바 3억 달러를 10년에 걸쳐 공여하는 조건으로 양측 수뇌에게 건의함.
2. 유상 원조(해외 경제 협력 기금)에 대해 한국 측은 2억 5천만 달러, 일본 측은 1억 달러를 주장한 바 2억 달러를 10년 간에 걸쳐 이자율 3.5%로 제공하기로 양측 수뇌에게 건의함.
3. 수출입 은행 차관에 대해 한국 측은 별개 취급을 희망하고 일본 측은 1억 달러 이상을 프로젝트에 따라 늘릴 수 있도록 하자고 주장한 바 양측 합의에 따라 국교 정상화 이전이라도 협력하도록 추진할 것을 양측 수뇌에게 건의함.

① 반민족 행위 특별 조사 위원회가 구성되었다.
② 6 · 3 시위가 전개되고 비상 계엄령이 선포되었다.
③ 평화 통일론을 주장한 진보당의 조봉암이 구속되었다.
④ 유엔 한국 재건단의 지원으로 문경 시멘트 공장이 건설되었다.
⑤ 일제가 남긴 재산 처리를 위하여 귀속 재산 처리법이 제정되었다.

46

다음 조치를 시행한 정부 시기의 사실로 옳은 것은? 1점

국민 생활의 안정을 위한 대통령 긴급 조치

제1조 (목적) 이 긴급 조치는 …… 격동하는 세계 경제의 충격에 따른 국민 경제의 위기를 국민의 총화적 참여에 의하여 극복함을 목적으로 한다.

제4조 (석유류세 세율의 특례) 휘발유에 대하여는 석유류세법에 의한 석유류세의 세율을 100분의 300으로 한다.

제11조 (취득세 세율의 특례) ① 고급 주택, 별장, 골프장, 고급 승용차, 비업무용 고급 선박 또는 고급 오락장을 취득하거나 법인이 비업무용 토지를 취득하는 경우에는 지방세법에 의한 취득세의 세율을 취득가액 또는 연부금액의 100분의 15로 한다.

① 미국과의 자유 무역 협정(FTA)이 체결되었다.
② YH 무역 노동자들이 폐업에 항의하며 농성하였다.
③ 경자유전의 원칙에 따른 농지 개혁법이 제정되었다.
④ 남북 간 경제 교류 활성화를 위한 개성 공단이 건설되었다.
⑤ 금융 거래의 투명성을 확보하고자 금융 실명제가 실시되었다.

35회
36회
37회
38회
39회
40회
41회
42회
43회
44회
45회
46회

47

(가)~(라)의 헌법을 공포된 순서대로 옳게 나열한 것은?

3점

(가)	제69조 ① 대통령의 임기는 4년으로 한다. ② 대통령이 궐위된 경우의 후임자는 전임자의 잔임 기간 중 재임한다. ③ 대통령의 계속 재임은 3기에 한한다.
(나)	제39조 ① 대통령은 통일 주체 국민회의에서 토론 없이 무기명 투표로 선거한다. 제47조 대통령의 임기는 6년으로 한다.
(다)	제39조 ① 대통령은 대통령 선거인단에서 무기명 투표로 선거한다. 제45조 대통령의 임기는 7년으로 하며, 중임할 수 없다.
(라)	제67조 ① 대통령은 국민의 보통·평등·직접·비밀선거에 의하여 선출한다. 제70조 대통령의 임기는 5년으로 하며, 중임할 수 없다.

① (가) – (나) – (다) – (라)
② (가) – (다) – (라) – (나)
③ (나) – (가) – (라) – (다)
④ (나) – (라) – (가) – (다)
⑤ (다) – (라) – (나) – (가)

48

(가) 지역에서 있었던 사실로 옳은 것은?

1점

답사 계획서

◈ 주제: (가) 의 근·현대 유적과 역사를 찾아서
◈ 일시: 2018년 ○○월 ○○일 09:00~17:00
◈ 경로: 짜장면 박물관 → 구(舊) 조선 은행 지점 → 제물포 구락부
→ 맥아더 장군 동상 → 바랴그호 추모비

(지도: 짜장면 박물관, 맥아더 장군 동상, 구(舊) 조선 은행 지점, 제물포 구락부, 바랴그호 추모비)

① 개항 이후 조계가 설정되었다.
② 제1차 미·소 공동 위원회가 개최되었다.
③ 일본과의 무역을 위한 왜관이 설치되었다.
④ 강우규가 사이토 총독에게 폭탄을 투척하였다.
⑤ 영국군이 러시아 견제를 빌미로 불법 점령하였다.

49

다음 자료를 통해 알 수 있는 민주화 운동에 대한 설명으로 옳은 것은?

2점

나는 해방 후 본국에 들어와서 우리 여러 애국 애족하는 동포들과 더불어 잘 지내왔으니 이제는 세상을 떠나도 한이 없으나, 나는 무엇이든지 국민이 원하는 것만 알면 민의를 따라서 하고자 한 것이며, 또 그렇게 하기를 원하는 것이다. ……

첫째는 국민이 원하면 대통령직을 사임할 것이며, 둘째는 지난번 정·부통령 선거에 많은 부정이 있었다고 하니, 선거를 다시 하도록 지시하였고, 셋째는 선거로 인연한 모든 불미스러운 것을 없애게 하기 위해서, 이미 이기붕 의장이 공직에서 완전히 물러가겠다고 결정한 것이다. ……

① 호헌 철폐와 독재 타도 등의 구호를 내세웠다.
② 전개 과정에서 시민군이 자발적으로 조직되었다.
③ 신군부의 비상 계엄 확대가 원인이 되어 일어났다.
④ 양원제 국회와 장면 내각이 출범하는 계기가 되었다.
⑤ 3·1 민주 구국 선언을 통하여 장기 독재에 저항하였다.

50

(가)~(라)의 사건을 일어난 순서대로 옳게 나열한 것은? 2점

사진으로 보는 통일 노력

7·4 남북 공동 성명 발표 (가)

남북 학생 회담 요구 집회 (나)

10·4 남북 공동 선언 채택 (다)

정주영 북한 방문 (라)

① (가) – (나) – (다) – (라)
② (가) – (다) – (라) – (나)
③ (나) – (가) – (라) – (다)
④ (나) – (라) – (가) – (다)
⑤ (다) – (라) – (나) – (가)

01

(가) 시대의 생활 모습으로 옳은 것은? 1점

> 이곳 여주 흔암리 선사 유적은 [(가)] 시대 한강 유역의 대표적인 유적입니다. 여기에서 확인된 20여 기의 집자리에서는 민무늬 토기, 반달 돌칼 등이 출토되었습니다. 특히 토기 안에서는 탄화된 쌀·겉보리·조·수수가 발견되어 이 시대에 벼농사가 이루어졌음을 알 수 있습니다.

① 주로 동굴이나 강가의 막집에서 살았다.
② 계급이 없는 평등한 공동체 생활을 하였다.
③ 오수전, 화천 등의 중국 화폐를 사용하였다.
④ 많은 인력을 동원하여 고인돌을 축조하였다.
⑤ 실을 뽑기 위해 가락바퀴를 처음 사용하였다.

02

(가) 인물에 대한 설명으로 옳은 것을 〈보기〉에서 고른 것은? 3점

> 연왕(燕王) 노관이 한(漢)을 배반하고 흉노로 들어가자, [(가)] 도 망명하였다. 무리 천여 명을 모아 상투를 틀고 오랑캐 복장을 하고서 동쪽으로 도망하여 요새를 나와 패수를 건너 진(秦)의 옛 땅인 상하장에 살았다.
> ─ 『사기』 조선열전 ─

─────〈보 기〉─────
ㄱ. 준왕을 몰아내고 왕이 되었다.
ㄴ. 한 무제가 파견한 군대에 맞서 싸웠다.
ㄷ. 진번과 임둔을 복속시켜 세력을 확장하였다.
ㄹ. 연의 장수 진개의 공격을 받아 땅을 빼앗겼다.

① ㄱ, ㄴ ② ㄱ, ㄷ ③ ㄴ, ㄷ ④ ㄴ, ㄹ ⑤ ㄷ, ㄹ

03

(가), (나) 나라에 대한 설명으로 옳은 것은? 1점

> (가) 그 나라의 풍속에 혼인을 할 때는 말로 미리 정한 다음, 여자 집에서는 본채 뒤에 작은 집을 짓는데 그 집을 서옥(婿屋)이라 부른다.
> ─ 『삼국지』 동이전 ─
>
> (나) 장사를 지낼 때 큰 나무 곽을 만드는데, 길이가 10여 장이나 되며 한쪽을 열어 놓아 문을 만든다. 사람이 죽으면 모두 가매장을 해서 …… 뼈만 추려 곽 속에 안치한다. 온 집 식구를 모두 하나의 곽 속에 넣어 두는데, 죽은 사람의 숫자대로 나무를 깎아 생전의 모습과 같이 만든다.
> ─ 『삼국지』 동이전 ─

① (가) ─ 대가들이 사자, 조의 등을 거느렸다.
② (가) ─ 읍락 간 경계를 중시하는 책화가 있었다.
③ (나) ─ 도둑질한 자에게 12배를 변상하게 하였다.
④ (나) ─ 철이 많이 생산되어 낙랑과 왜에 수출하였다.
⑤ (가), (나) ─ 제사장인 천군과 신성 지역인 소도가 존재하였다.

04

(가) 나라의 문화유산으로 옳은 것은? 2점

> 고령군은 본래 [(가)] (으)로 시조 이진아시왕에서 도설지왕까지 모두 16대에 걸쳐 520년간 이어졌던 곳이다. 진흥왕이 공격하여 멸망시키고 그 땅을 군(郡)으로 삼았다. 경덕왕이 이름을 고쳐 지금(고려)에 이르고 있다.
> ─ 『삼국사기』 ─

①

②

③

④

⑤

05

(가), (나) 사이의 시기에 있었던 사실로 옳은 것은? 3점

> (가) 겨울 10월에 백제 왕이 병력 3만을 거느리고 평양성을 공격해 왔다. 왕이 군대를 내어 막다가 흐르는 화살[流矢]에 맞아 이 달 23일에 서거하였다. 고국(故國)의 들에 장사지냈다.
> — 「삼국사기」 —
>
> (나) 가을 7월에 고구려 왕 거련(巨連)이 몸소 군사를 거느리고 백제를 공격하였다. 백제 왕 경(慶)이 아들 문주(文周)를 (신라에) 보내 구원을 요청하였다. 왕이 군사를 내어 구해주려 했으나 미처 도착하기도 전에 백제가 이미 (고구려에) 함락되었고, 경 역시 피살되었다.
> — 「삼국사기」 —

① 미천왕이 낙랑군을 몰라내었다.
② 당이 평양에 안동도호부를 설치하였다.
③ 이문진이 유기를 간추린 신집을 편찬하였다.
④ 고구려가 후연을 공격하고 요동 땅을 차지하였다.
⑤ 관구검이 이끄는 위의 군대가 고구려를 침략하였다.

06

(가)~(마)에 대한 설명으로 옳은 것은? 2점

답사 계획서

◆ 주제: 부여에서 만나는 백제의 발자취
◆ 날짜: 2018년 ○○월 ○○일
◆ 경로: 부소산성 → 관북리 유적 → 정림사지 → 궁남지
　　　　→ 능산리 고분군

① (가) – 재상을 선출하던 천정대가 있다.
② (나) – 백제 금동 대향로가 발굴되었다.
③ (다) – 백제의 대표적인 5층 석탑이 남아 있다.
④ (라) – 귀족들의 놀이 도구인 나무 주사위가 출토되었다.
⑤ (마) – 무령왕 부부의 무덤이 발견되었다.

07

다음 인물에 대한 설명으로 옳은 것은? 1점

역사 인물 카드
- 생몰: 595년~673년
- 가계: 수로왕의 12대손
- 생애
  – 화랑이 되어 용화 향도를 이끎
  – 비담과 염종의 반란 진압
  – 무열왕의 딸인 지소와 결혼
  – 삼국 통일에 기여

① 매소성 전투를 승리로 이끌었다.
② 관산성 전투에서 성왕을 전사시켰다.
③ 당으로 건너가 군사 동맹을 체결하였다.
④ 황산벌에서 계백이 이끄는 군대를 물리쳤다.
⑤ 임존성에서 소정방이 지휘하는 당군을 격퇴하였다.

08

다음 상황이 전개된 배경으로 가장 적절한 것은? 2점

> 당 현종은 (대)문예를 파견하여 유주에 가서 군사를 징발하여 이를 토벌케 하는 동시에, 태복원외경 김사란을 시켜 신라에 가서 군사를 일으켜 발해의 남쪽 국경을 치게 하였다. 마침 산이 험하고 날씨가 추운 데다 눈이 한 길이나 내려서 병사들이 태반이나 죽으니, 전공을 거두지 못한 채 돌아왔다.
> — 「구당서」 —

① 장문휴가 등주를 공격하였다.
② 대흥이라는 연호를 사용하였다.
③ 철리부 등 동북방 말갈을 복속시켰다.
④ 별무반을 편성하고 동북 9성을 축조하였다.
⑤ 연개소문이 정변을 일으켜 권력을 장악하였다.

09

(가) 인물에 대한 설명으로 옳은 것은? 2점

> (가) 은/는 열 곳의 절에 교(敎)를 전하게 하니 태백산의 부석사, …… 남악의 화엄사 등이 그것이다. 또한 법계도서인(法界圖書印)을 짓고 아울러 간략한 주석을 붙여 일승(一乘)의 요점을 모두 기록하였다. …… 법계도는 총장(總章) 원년 무진(戊辰)에 완성되었다.
> — 「삼국유사」 —

① 황룡사 구층 목탑의 건립을 건의하였다.
② 무애가를 지어 불교 대중화에 노력하였다.
③ 보현십원가를 지어 불교 교리를 전파하였다.
④ 인도와 중앙아시아를 다녀와서 왕오천축국전을 남겼다.
⑤ 현세의 고난에서 구제받고자 하는 관음 신앙을 강조하였다.

10

(가), (나) 사이의 시기에 있었던 사실로 옳은 것은? `2점`

> (가) 3월에 웅천주 도독 헌창이 아버지 주원이 왕이 되지 못함을 이유로 반란을 일으켜, 국호를 장안이라 하고 연호를 세워 경운 원년이라 하였다. 무진·완산·청(菁)·사벌의 4개 주 도독과 국원경·서원경·금관경의 사신(仕臣), 여러 군현의 수령을 협박해 자기 소속으로 삼았다.
>
> – 「삼국사기」 –
>
> (나) 진성왕 3년, 나라 안의 모든 주·군에서 공물과 부세를 보내지 않아 창고가 비고 재정이 궁핍해졌다. 왕이 관리를 보내 독촉하니 곳곳에서 도적이 벌떼처럼 일어났다. 이때 원종, 애노 등이 사벌주를 근거지로 반란을 일으켰다.
>
> – 「삼국사기」 –

① 왕명으로 거칠부가 국사를 편찬하였다.
② 왕의 장인인 김흠돌이 반란을 일으켰다.
③ 병부 등을 설치하여 지배 체제를 정비하였다.
④ 장보고가 청해진을 거점으로 반란을 도모하였다.
⑤ 관리들에게 관료전이 지급되고 녹읍이 폐지되었다.

11

(가)~(라)를 일어난 순서대로 옳게 나열한 것은? `3점`

> (가) 태조는 정예 기병 5천을 거느리고 공산(公山) 아래에서 견훤을 맞아서 크게 싸웠다. 태조의 장수 김락과 신숭겸이 죽고 모든 군사가 패했으며, 태조는 겨우 죽음을 면하였다.
>
> – 「삼국유사」 –
>
> (나) (태조가) 포정전에서 즉위하여 국호를 고려라 하고 연호를 고쳐 천수(天授)라 하였다.
>
> – 「고려사」 –
>
> (다) 왕이 삼군을 통솔하여 천안부에 이르러 군대를 합치고 일선군으로 진격하였다. 신검이 군대로 막아서니, 일리천을 사이에 두고 진을 쳤다.
>
> – 「고려사절요」 –
>
> (라) 견훤이 막내 아들 능예와 딸 애복, 폐첩(嬖妾) 고비 등과 더불어 나주로 도망쳐 와서 조정에 들어오기를 요청하였다.
>
> – 「고려사절요」 –

① (가) – (나) – (다) – (라)   ② (가) – (다) – (라) – (나)
③ (나) – (가) – (라) – (다)   ④ (나) – (라) – (가) – (다)
⑤ (다) – (라) – (나) – (가)

12

밑줄 그은 '왕'의 업적으로 옳은 것은? `1점`

> 왕이 교서를 내려 말하기를, "…… 이제 경서에 통달하고 책을 두루 읽은 선비와 온고지신하는 무리를 가려서, 12목에 각각 경학박사 1명과 의학박사 1명을 뽑아 보낼 것이다. …… 여러 주·군·현의 장리(長吏)와 백성 가운데 가르치고 배울만한 재주 있는 아이를 둔 자들은 이에 응해 마땅히 선생으로부터 열심히 수업을 받도록 훈계해야 한다."라고 하였다.
>
> – 「고려사」 –

① 관학 진흥을 위해 양현고를 설치하였다.
② 노비안검법을 실시하여 왕권을 강화하였다.
③ 권문세족을 견제하기 위해 전민변정도감을 설치하였다.
④ 최승로의 시무 28조를 받아들여 통치 체제를 정비하였다.
⑤ 정계와 계백료서를 지어 관리가 지켜야 할 규범을 제시하였다.

13

다음 사건이 일어난 시기를 연표에서 옳게 고른 것은? `2점`

> ○ 남쪽에서 적(賊)들이 봉기하였다. 가장 심한 자들은 운문을 거점으로 한 김사미와 초전을 거점으로 한 효심이었다. 이들은 유랑민을 불러 모아 주현(州縣)을 습격하여 노략질하였다.
>
> – 「고려사절요」 –
>
> ○ 최광수가 마침내 서경에 웅거해 반란을 일으켜 고구려흥복병마사(高句麗興復兵馬使) 금오위섭상장군(金吾衛攝上將軍)이라 자칭하고 막료들을 임명하여 배치한 후 정예군을 모았다.
>
> – 「고려사」 –

945	1009	1126	1170	1270	1388
(가)	(나)	(다)	(라)	(마)	
왕규의 난	강조의 정변	이자겸의 난	무신 정변	개경 환도	위화도 회군

① (가)   ② (나)   ③ (다)   ④ (라)   ⑤ (마)

14

(가) 국가에 대한 고려의 대응으로 옳은 것은? `2점`

> (가) 에서 사신을 파견하여 낙타 50필을 보냈다. 왕은 (가) 이/가 일찍이 발해와 화목하다가 갑자기 의심하여 맹약을 어기고 멸망시켰으니, 매우 무도하여 친선 관계를 맺어 이웃으로 삼을 수는 없다고 생각하였다. 드디어 교빙을 끊고 사신 30인을 섬으로 유배 보냈으며, 낙타는 만부교 아래에 매어두니 모두 굶어 죽었다.
>
> – 「고려사」 –

① 침입에 대비하여 광군을 창설하였다.
② 화통도감을 설치하여 화포를 제작하였다.
③ 진관 체제를 실시하여 국방을 강화하였다.
④ 상비군으로 구성된 훈련도감을 설치하였다.
⑤ 좌·우별초와 신의군으로 삼별초를 조직하였다.

15

(가) 인물에 대한 설명으로 옳은 것은? `2점`

이것은 문종의 아들인 <u>(가)</u> 이/가 송·요·일본 등 동아시아 각지의 불교 서적을 수집하여 그 목록을 정리한 신편 제종교장총록(新編諸宗教藏總錄)의 일부 입니다.

① 국청사를 중심으로 해동 천태종을 창시하였다.
② 법화 신앙에 중점을 둔 백련 결사를 주도하였다.
③ 정혜사를 결성하여 불교계를 개혁하고자 하였다.
④ 유불 일치설을 주장하여 심성의 도야를 강조하였다.
⑤ 승려들의 전기를 정리하여 해동고승전을 편찬하였다.

16

(가), (나) 제도에 대한 설명으로 옳은 것을 〈보기〉에서 고른 것은? `2점`

(가) 제술업·명경업의 두 업(業)과 의업·복업(卜業)·지리업· 율업·서업·산업(算業) …… 등의 잡업이 있었는데, 각각 그 업으로 시험을 쳐서 벼슬길에 나아가게 하였다.
- 『고려사』 -

(나) 무릇 조상의 공로[蔭]로 벼슬길에 나아가는 자는 모두 나이 18세 이상으로 제한하였다.
- 『고려사』 -

〈 보 기 〉
ㄱ. (가) - 재가한 여자의 자손은 응시에 제한을 받았다.
ㄴ. (가) - 향리의 자제가 중앙 관직으로 진출하는 통로가 되었다.
ㄷ. (나) - 후주 출신 쌍기의 건의로 시작되었다.
ㄹ. (나) - 사위, 조카, 외손자에게 적용되기도 하였다.

① ㄱ, ㄴ ② ㄱ, ㄷ ③ ㄴ, ㄷ ④ ㄴ, ㄹ ⑤ ㄷ, ㄹ

17

(가)에 들어갈 사진으로 적절한 것은? `2점`

특별 사진전
🌸 **문화유산을 통해 본 고려와 몽골의 교류** 🌸
우리 박물관에서는 고려와 몽골 간 교류의 역사를 보여주는 문화유산 특별 사진전을 마련하였습니다.

천산대렵도 　　송광사 티베트문 법지　　 (가)

• 기간: 2018년 ○○월 ○○일 ~ ○○월 ○○일
• 장소: △△박물관

①  ②  ③

④  ⑤

18

(가) 화폐가 발행된 시기의 경제 상황으로 옳은 것은? `2점`

왕이 이르기를, "금과 은은 천지(天地)의 정수(精髓)이자 국가의 보물인데, 근래에 간악한 백성들이 구리를 섞어 몰래 주조하고 있다. 지금부터 <u>(가)</u> 에 모두 표지를 새겨 이로써 영구한 법식으로 삼도록 하라. 어기는 자는 엄중히 논하겠다." 라고 하였다. 이때에 비로소 <u>(가)</u> 을/를 화폐로 쓰기 시작하였다. 그 제도는 은 1근으로 만들어 본국의 지형을 본뜨도록 하였으니, 속칭 활구라고 하였다.

① 왜관이 설치되어 일본과 무역하였다.
② 경시서가 수도의 시전을 감독하였다.
③ 보부상이 장시를 돌아다니며 활동하였다.
④ 광산을 전문적으로 경영하는 덕대가 나타났다.
⑤ 중강 개시와 중강 후시를 통한 중국과의 교역이 활발하였다.

19

밑줄 그은 '이 왕'의 업적으로 옳은 것은?   2점

> 이 책은 동래선생교정북사상절(東萊先生校正北史詳節)의 일부로 이 왕 때 주자소에서 제작한 계미자를 이용하여 간행되었습니다. 또한 이 왕 때에는 세계 지도인 혼일강리역대국도지도가 제작되기도 하였습니다.

① 전통 한의학을 정리한 동의보감을 간행하였다.
② 문하부 낭사를 분리하여 사간원으로 독립시켰다.
③ 경국대전을 반포하여 국가 통치 규범을 마련하였다.
④ 붕당 정치의 폐해를 극복하고자 탕평비를 건립하였다.
⑤ 한양을 기준으로 한 역법서인 칠정산 내편을 편찬하였다.

20

(가)~(마)에 대한 탐구 활동으로 적절하지 않은 것은?   3점

(마) 안동 봉정사
(가) 청주 흥덕사지
(라) 군위 인각사
(나) 논산 개태사
(다) 합천 해인사

① (가) – 직지심체요절의 인쇄 과정을 파악한다.
② (나) – 팔상전에 나타난 목탑 양식의 특징을 찾아본다.
③ (다) – 팔만대장경판의 보존 방식에 대해 조사한다.
④ (라) – 일연이 삼국유사를 집필한 경위를 알아본다.
⑤ (마) – 주심포 양식 건축물의 구조와 특징을 분석한다.

21

(가) 문화유산에 대한 설명으로 옳은 것은?   1점

유네스코 세계유산. (가)

■ 종목: 사적 제125호
■ 소개
　태조 이성계가 왕실의 정통성을 확립하고 효를 실천하기 위해 한양으로 천도하면서 가장 먼저 짓기 시작한 공간이다. 건축물들은 임진왜란 때 소실되어 1608년에 중건되었다. 정전은 국보 제227호, 영녕전은 보물 제821호로 지정되었다. 1995년 유네스코 세계유산에 등재되었다.
■ 주요 관람 코스
　향대청 → 재궁 → 전사청 → 정전 → 영녕전

■ 안내도
영녕전
정전 전사청
재궁
향대청

① 역대 국왕과 왕비의 신주가 모셔져 있다.
② 공자와 여러 성현들의 위패를 모셔 놓았다.
③ 신농씨와 후직씨에게 풍년을 기원하는 곳이다.
④ 토지와 곡식의 신에게 제사를 지내는 공간이다.
⑤ 일제에 의해 경내에 조선 총독부 청사가 세워졌다.

22

밑줄 그은 '왕'의 재위 기간에 있었던 사실로 옳은 것은?   2점

> 포도대장 김순고가 왕에게 아뢰기를, "풍문으로 들으니 황해도의 흉악한 도적 임꺽정의 일당인 서임이란 자가 이름을 엄가이로 바꾸고 숭례문 밖에 와서 산다고 하므로, 가만히 엿보다가 잡아서 범한 짓에 대하여 심문하였습니다. 그가 말하기를, '…… 대장장이 이춘동의 집에 모여서 새 봉산 군수 이흠례를 죽이기로 의논하였다. ……'고 하였습니다. …… 속히 달려가서 봉산 군수 이흠례, 금교 찰방 강여와 함께 몰래 잡게 하는 것이 어떻겠습니까?"라고 하였다.

① 청의 요청으로 조총 부대를 파견하였다.
② 4군 6진을 설치하여 북방 영토를 개척하였다.
③ 외척 사이의 권력 다툼으로 을사사화가 발생하였다.
④ 남인이 축출되고 노론과 소론이 정국을 주도하였다.
⑤ 이조 전랑 임명을 둘러싸고 사림이 동인과 서인으로 나뉘었다.

23

밑줄 그은 '국문 교서'가 발표된 이후의 사실로 옳은 것은?   2점

이것은 의주로 파천한 국왕이 내린 국문 교서입니다. 어쩔 수 없이 왜군에게 잡혀가 협조한 백성의 죄는 묻지 않으며, 왜군을 잡아오거나 포로가 된 우리 백성을 많이 데리고 나오는 사람에게 벼슬을 내린다는 내용이 적혀 있습니다.

① 이순신이 명량에서 왜의 수군을 대파하였다.
② 신립이 탄금대에서 배수의 진을 치고 항전하였다.
③ 이종무가 왜구의 근거지인 쓰시마섬을 정벌하였다.
④ 계해약조가 체결되어 세견선의 입항이 허가되었다.
⑤ 조선 정부의 통제에 반발하여 3포 왜란이 일어났다.

24

다음 주장을 펼친 인물에 대한 설명으로 옳은 것은?   3점

이제 농사를 짓는 사람은 전지(田地)를 얻게 하고 농사를 짓지 않는 사람은 전지를 얻지 못하게 하고자 한다면, 여전(閭田)의 법을 시행하여 나의 뜻을 이룰 수 있을 것이다. 무엇을 여전이라 하는가? 산골짜기와 천원(川原)의 형세로써 나누어 경계로 삼아 그 안을 여(閭)라 한다. …… 여에는 여장(閭長)을 두고 무릇 한 여의 전지는 그 여의 사람들로 하여금 다 함께 경작하게 한다. …… 추수 때에는 …… 그 양곡을 나누는데, 먼저 국가에 세를 내고 그 다음은 여장의 봉급을 주고, 그 나머지를 가지고 장부에 의해, 일한 만큼 (여민에게) 분배한다.

－「전론」－

① 의산문답에서 중국 중심의 세계관을 비판하였다.
② 동의수세보원을 저술하여 사상 의학을 확립하였다.
③ 우서에서 사농공상의 직업적 평등과 전문화를 주장하였다.
④ 경세유표를 저술하여 국가 제도의 개혁 방향을 제시하였다.
⑤ 북학의에서 재물을 우물에 비유하여 절약보다 소비를 권장하였다.

25

밑줄 그은 '대책'의 내용으로 옳은 것을 〈보기〉에서 고른 것은?   2점

임금께서 군포를 기존의 절반인 1필로 줄이는 법을 시행한다더군.

그렇다면 세입이 감소할 텐데 이를 보충하기 위해 마련된 대책이 무엇인지 궁금하네.

───〈보 기〉───
ㄱ. 양전 사업을 실시하여 지계를 발급하였다.
ㄴ. 어염세, 선박세를 국가 재정으로 귀속시켰다.
ㄷ. 선무군관에게 1년에 1필의 군포를 징수하였다.
ㄹ. 수신전, 휼양전 등의 명목으로 세습되는 토지를 폐지하였다.

① ㄱ, ㄴ   ② ㄱ, ㄷ   ③ ㄴ, ㄷ   ④ ㄴ, ㄹ   ⑤ ㄷ, ㄹ

26

(가)에 대한 설명으로 옳은 것은?   2점

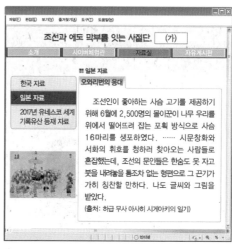

① 매년 정기적으로 파견되었다.
② 다녀온 여정을 연행록으로 남겼다.
③ 하정사, 성절사, 천추사 등이 있었다.
④ 사절 왕래를 위하여 북평관을 개설하였다.
⑤ 19세기 초까지 파견되어 문화 교류의 역할을 하였다.

27

(가) 기구에 대한 설명으로 옳은 것은? 2점

이 상대계첩(霜臺契帖)은 [(가)] 소속 감찰직 관원들의 계모임을 기념하여 제작되었습니다. 여기에는 그들이 근무하는 청사가 그려져 있고 당시 모인 사람들의 명단이 적혀 있습니다. 상대란 서릿발 같은 관리 감찰 때문에 붙여진 [(가)]의 다른 이름으로, 그 수장은 대사헌이라고 하였습니다.

① 사림의 건의로 중종 때 폐지되었다.

② 왕명 출납을 맡은 왕의 비서 기관이었다.

③ 국왕의 친위 부대로 서울과 수원에 배치되었다.

④ 왕에게 경서와 사서를 강론하는 경연을 주관하였다.

⑤ 5품 이하 관리의 임명 과정에서 서경권을 행사하였다.

28

다음 검색창에 들어갈 인물의 활동으로 옳은 것은 3점

🔍 역사 인물 검색

[검색어 ▾] [   ] [▾] [검색]

【검색 결과】
ㅇ 생몰: 1617년~1680년
ㅇ 호: 백호(白湖), 하헌(夏軒)
ㅇ 생애
　- 1, 2차 예송에서 각각 3년설,
　　1년설을 주장함
　- 유교 경전의 재해석을 시도하여
　　'사문난적'이라고 비판받음
　- 경신환국으로 사사(賜死)됨

① 사화의 발단이 된 조의제문을 작성하였다.

② 청의 정세 변화를 계기로 북벌을 주장하였다.

③ 반계수록에서 토지 제도 개혁론을 제시하였다.

④ 양반전을 지어 양반의 허례와 무능을 지적하였다.

⑤ 충청도 지역까지 대동법의 확대 실시를 건의하였다.

29

밑줄 그은 '거사'에 대한 설명으로 옳은 것은? 1점

S# 9. 가산군 다복동 부근 비밀 회의 장소

이희저: 조정의 지나친 세금 수탈로 인해 평안도민들의 불만이 매우 많습니다. 또 계속된 자연 재해로 인해 많은 사람이 굶어 죽고 있습니다.

우군칙: 금광을 연다고 하여 사람들을 모으고, 군사 훈련을 하여 거사를 일으킵시다.

김창시: 평안도민에 대한 차별을 부각하는 격문을 발표한다면 더 많은 사람들이 호응할 것입니다.

홍경래: 거사 날은 12월 20일입니다. 백성들이 잘 살 수 있는 세상을 만들 수 있도록 마지막까지 힘을 냅시다.

① 청의 군대에 의해 진압되었다.

② 백낙신의 탐학이 발단이 되어 일어났다.

③ 왕이 도성을 떠나 공산성으로 피란하였다.

④ 정부와 약조를 맺고 집강소를 설치하였다.

⑤ 선천, 정주 등 청천강 이북의 여러 고을을 점령하였다.

30

다음 자료의 상황이 나타난 시기에 볼 수 있는 모습으로 적절하지 않은 것은? 2점

백목전 상인이 말하기를, "서양목(西洋木)이 나온 이후 토산 면포가 소용이 없게 되어 망할 지경이 되었습니다. 연경을 왕래하는 상인들의 물건 수입을 일절 금지하거나 아니면 우리 전에 오로지 속하게 해야 할 것입니다."라고 하였다.

－「일성록」－

① 청화 백자를 제작하는 도공

② 시사를 조직하여 활동하는 중인

③ 담배 등의 상품 작물을 재배하는 농민

④ 저잣거리에서 이야기책을 읽어주는 전기수

⑤ 과전법에 의해 토지의 수조권을 지급받는 관리

31

(가), (나) 사이의 시기에 있었던 사실로 옳은 것은? 2점

(가) 지난 달 조선에서 국왕의 명령에 의해, 선교 중이던 프랑스인 주교 2명과 선교사 9명, 조선인 사제 7명과 무수히 많은 남녀 노소 천주교도들이 학살되었습니다. …… 며칠 내로 우리 군대가 조선을 정복하기 위해 출발할 것입니다. …… 이제 우리는 중국 정부의 조선 왕국에 대한 어떤 영향력도 인정하지 않을 것임을 선언합니다.

－「베이징 주재 프랑스 대리공사 벨로네의 서한」－

(나) 이때에 이르러서는 돌을 캐어 종로에 비석을 세웠다. 그 비면에 글을 써서 이르기를, "서양 오랑캐가 침범하는데 싸우지 않으면 즉 화친하는 것이요, 화친을 주장함은 나라를 팔아먹는 짓이다." 라고 하였다.

－「대한계년사」－

① 오페르트가 남연군 묘 도굴을 시도하였다.
② 일본 군함 운요호가 영종도를 공격하였다.
③ 영국군이 러시아를 견제하기 위해 거문도를 점령하였다.
④ 조선이 프랑스와 조약을 체결하고 천주교 포교를 허용하였다.
⑤ 조선책략 유포에 반발하여 이만손 등이 영남 만인소를 올렸다.

32

다음 조약에 대한 설명으로 옳은 것은? 3점

제1관 사후 대조선국 군주와 대미국 대통령과 아울러 그 인민은 각각 모두 영원히 화평하고 우호를 다진다. 만약 타국이 어떤 불공평하게 하고 경시하는 일이 있으면 통지를 거쳐 반드시 서로 도와주며 중간에서 잘 조정해 두터운 우의와 관심을 보여준다.

⋮

제14관 현재 양국이 의논해 정한 이후 대조선국 군주가 어떤 혜택·은전의 이익을 타국 혹은 그 나라 상인에게 베풀면 …… 미국과 그 상인이 종래 점유하지 않고 이 조약에 없는 것 또한 미국 관민이 일체 균점하도록 승인한다.

① 양곡의 무제한 유출 조항을 포함하고 있다.
② 외국 상인의 내지 통상권을 최초로 규정하였다.
③ 청의 알선으로 서양 국가와 맺은 최초의 조약이다.
④ 스티븐스가 외교 고문으로 부임하는 계기가 되었다.
⑤ 부산, 원산, 인천에 개항장이 설치되는 결과를 가져왔다.

33

(가) 인물에 대한 설명으로 옳은 것은? 2점

심문자: 재차 기포(起包)한 것을 일본 군사가 궁궐을 침범하였다고 한 까닭에 다시 일어났다 하니, 다시 일어난 후에는 일본 병사에게 무슨 행동을 하려 하였느냐.

진술자: 궁궐을 침범한 연유를 힐문하고자 하였다.

심문자: 그러면 일본 병사나 각국 사람이 경성에 머물고 있는 자를 내쫓으려 하였느냐.

진술자: 그런 것이 아니라 각국인은 다만 통상만 하는데 일본인은 병사를 거느리고 경성에 진을 치고 있으므로 우리나라 영토를 침략하는가 하고 의아해한 것이다.

－「 (가) 공초」－

① 을사늑약에 반대하여 의병을 일으켰다.
② 독립 협회를 창립하고 독립문을 세웠다.
③ 지부복궐척화의소를 올려 왜양일체론을 주장하였다.
④ 13도 창의군을 지휘하여 서울 진공 작전을 전개하였다.
⑤ 보국안민을 기치로 우금치에서 일본군 및 관군과 맞서 싸웠다.

34

다음 인물에 대한 설명으로 옳은 것은? 1점

이달의 역사 인물

국권 침탈에 저항한 구국 운동의 지도자

이준(1859년~1907년)

1896년에 한성 재판소 검사보로 임명되었다. 을사늑약 폐기를 주장하는 상소 운동을 펼쳤고, 안창호 등과 함께 비밀 결사인 신민회를 조직하여 구국 운동을 전개하였다. 정부에서는 그의 공훈을 기리어 1962년에 건국훈장 대한민국장을 추서하였다.

① 고종의 밀지를 받아 독립 의군부를 조직하였다.
② 영국인 베델과 함께 대한매일신보를 발간하였다.
③ 평양에서 조선 물산 장려회 발기인 대회를 개최하였다.
④ 북간도에 서전서숙을 설립하여 민족 교육을 실시하였다.
⑤ 네덜란드 헤이그에서 열린 만국 평화 회의에 특사로 파견되었다.

35

다음 상황 이후에 전개된 사실로 옳은 것을 <보기>에서 고른 것은? 2점

(환구단에서) 천지에 고하는 제사를 지냈다. 왕태자가 배참(陪參)하였다. 예를 마치고 의정부 의정(議政) 심순택이 백관을 거느리고 무릎을 꿇고 아뢰기를, "제례를 마치었으므로 황제의 자리에 오르소서."라고 하였다. 왕이 부축을 받으며 단에 올라 금으로 장식한 의자에 앉았다. 심순택이 나아가 12장문(章文)의 곤면(袞冕)을 입혀 드리고 옥새를 올렸다. 왕이 두 번 세 번 사양하다가 친히 옥새를 받고 황제의 자리에 올랐다.

− 『고종실록』 −

〈 보 기 〉
ㄱ. 관립 실업 학교인 상공학교가 개교되었다.
ㄴ. 군 통수권 장악을 위한 원수부가 설치되었다.
ㄷ. 근대식 무기 제조 공장인 기기창이 설립되었다.
ㄹ. 서양식 근대 교육 기관인 육영 공원이 세워졌다.

① ㄱ, ㄴ ② ㄱ, ㄷ ③ ㄴ, ㄷ ④ ㄴ, ㄹ ⑤ ㄷ, ㄹ

36

다음 사건이 일어난 시기를 연표에서 옳게 고른 것은? 3점

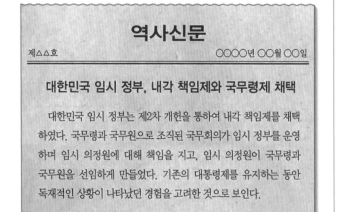

역사신문

제△△호　　　　　　　　○○○○년 ○○월 ○○일

대한민국 임시 정부, 내각 책임제와 국무령제 채택

대한민국 임시 정부는 제2차 개헌을 통하여 내각 책임제를 채택하였다. 국무령과 국무원으로 조직된 국무회의가 임시 정부를 운영하며 임시 의정원에 대해 책임을 지고, 임시 의정원이 국무령과 국무원을 선임하게 만들었다. 기존의 대통령제를 유지하는 동안 독재적인 상황이 나타났던 경험을 고려한 것으로 보인다.

1919	1923	1931	1935	1941	1945
(가)	(나)	(다)	(라)	(마)	
대한민국 임시 정부 수립	국민 대표 회의 개최	한인 애국단 조직	한국 국민당 창당	대한민국 건국 강령 발표	8·15 광복

① (가)　② (나)　③ (다)　④ (라)　⑤ (마)

37

(가) 단체에 대한 설명으로 옳은 것은? 1점

조선일보사 귀중

본인은 우리 2천만 민족의 생존권을 찾아 자유와 행복을 천추만대에 누리기 위하여 의열 남아가 희생적으로 단결한 _____(가)_____ 의 일원으로 왜적의 관·사설 기관을 물론하고 파괴하려고 금차 회국도경(回國渡境)한 바, 최후 힘을 진력하여 휴대 물품을 동척 회사, 식산 은행에 선사하고 …… 불행히 왜경에게 생포되면 …… 소위 심문이니 무엇이니 하면서 세계에 없는 야만적 악행을 줄 것이 명백하기로 불복하는 뜻으로 현장에서 자살하기로 결심하였습니다. ……

희생자 나석주 올림

① 김구에 의해 상하이에서 결성되었다.
② 일제의 황무지 개간권 요구를 저지하였다.
③ 고종의 강제 퇴위에 반대하는 시위를 주도하였다.
④ 신채호의 조선 혁명 선언을 활동 지침으로 삼았다.
⑤ 일제가 조작한 105인 사건으로 조직이 해체되었다.

38

(가) 지역의 독립운동에 대한 설명으로 옳은 것은? 2점

이 사진은 박용만이 주도하여 _____(가)_____ 에서 창설한 대조선 국민 군단의 훈련 모습입니다. 이 부대의 대원들은 병영에 기숙하면서 군사 훈련과 파인애플·사탕수수 농사를 병행하였습니다.

① 권업신문을 발간하여 민족 의식을 고취하였다.
② 대한인 국민회를 중심으로 독립운동을 전개하였다.
③ 대한 광복군 정부를 세워 무장 독립 투쟁을 준비하였다.
④ 신한청년당을 결성하여 파리 강화 회의에 대표를 파견하였다.
⑤ 조선 청년 독립단을 중심으로 2·8 독립 선언서를 발표하였다.

39

(가) 인물에 대한 설명으로 옳은 것은? [2점]

이것은 한국광복군 총사령관을 역임한 (가) 의 흉상입니다. 이 흉상은 3·1절과 대한민국 임시 정부 수립 99주년을 기념하기 위해 대한민국 육군 사관 학교에 건립되었습니다. 그는 일본 육군 사관 학교를 졸업하였으나 만주 지역으로 망명하여 신흥 무관 학교에서 독립군 양성에 힘썼습니다. 또한 한국 독립군의 총사령관으로 대전자령 전투를 지휘하여 승리로 이끌었습니다.

① 숭무 학교를 설립하여 독립군을 양성하였다.
② 쌍성보 전투에서 한·중 연합 작전을 전개하였다.
③ 독립군 비행사 육성을 위해 한인 비행 학교를 세웠다.
④ 독립군 연합 부대를 이끌고 청산리 전투에서 승리하였다.
⑤ 일제 패망과 광복에 대비하여 조선 건국 동맹을 결성하였다.

40

다음 글을 쓴 인물의 활동으로 옳은 것은? [2점]

대륙의 원기는 동으로는 바다로 뻗어 백두산으로 솟았고, 북으로는 요동 평야를 열었으며, 남으로는 한반도를 이루었다. …… 저들이 일찍이 우리를 스승으로 섬겨 왔는데, 이제는 우리를 노예로 삼았구나. …… 옛사람이 이르기를 나라는 멸할 수 있으나 역사는 멸할 수 없다고 하였다. 나라는 형체이고 역사는 정신이다. 이제 한국의 형체는 허물어졌으나 정신만을 홀로 보존하는 것이 어찌 불가능하겠는가.

태백광노(太白狂奴) 지음

① 진단 학회를 창립하고 진단 학보를 발행하였다.
② 여유당전서를 간행하고 조선학 운동을 주도하였다.
③ 한국독립운동지혈사에서 독립 투쟁 과정을 정리하였다.
④ 독사신론을 저술하여 민족주의 사관의 기초를 마련하였다.
⑤ 조선사회경제사에서 식민 사학의 정체성 이론을 반박하였다.

41

다음 성명서가 발표된 이후의 사실로 옳은 것은? [3점]

금반 우리의 노동 정지는 다만 국제 통상 주식회사 원산 지점이 계약을 무시하고 부두 노동 조합 제1구에 대하여 노동을 정지시킨 것으로 인하여 각 세포 단체가 동정을 표한 것뿐이다. 그러므로 결코 동맹 파업을 행한 것은 아니다. 그럼에도 불구하고 재향 군인회, 소방대가 출동한다 하여 온 도시를 경동케 함은 실로 이해할 수 없는 현상이니 …… 또한 원산 상업 회의소가 우리 연합회 회원과 그 가족 만여 명을 비(非) 시민과 같이 보는 행동을 감행하고 있는 것이 사실임으로 …… 상업 회의소에 대하여 입회 연설회를 개최할 것을 요구하였다.

- 동아일보 -

① 조선 노동 총동맹과 조선 농민 총동맹이 성립되었다.
② 경성 고무 여자 직공 조합이 아사 동맹을 결성하였다.
③ 노동자 강주룡이 을밀대 지붕에서 고공 농성을 전개하였다.
④ 전국 단위의 노동 운동 단체인 조선 노동 공제회가 조직되었다.
⑤ 백정에 대한 차별 철폐를 요구하는 조선 형평사가 창립되었다.

42

(가) 부대에 대한 설명으로 옳은 것은? [2점]

중국 광시성[廣西省] 구이린[桂林]에 위치한 이 건물 터는 김원봉이 조직한 (가) 이/가 주둔했던 곳입니다. 이 부대는 중·일 전쟁 발발 직후 중국 국민당 정부의 지원을 받아 후베이성[湖北省] 우한[武漢]에서 창설되었고, 주로 일본군에 대한 심리전이나 후방 공작 활동을 전개하였습니다.

① 간도 참변 이후 조직을 정비하고 자유시로 이동하였다.
② 북만주 지역에서 활동한 한국 독립당의 산하 부대였다.
③ 남만주에서 중국군과 연합 작전으로 항일 전쟁을 벌였다.
④ 중국 관내(關內)에서 결성된 최초의 한인 군사 조직이었다.
⑤ 대한 국민회군과 연합하여 봉오동에서 일본군을 격파하였다.

43

(가) 종교의 활동으로 옳은 것은? 1점

> [(가)]은/는 지금으로부터 20년 전 나철이 조직한 것으로 ……
> (그들은) 대한 독립 군정서를 조직하여 본부를 밀산에 두고 북간도
> 일원에 걸쳐 활동을 개시하였다. 총지휘관 서일은 약 1만 명의 신도를
> 거느리고 폭위를 떨쳤다가 …… 자연히 해산된 상태이다.
> 김교헌은 최근 [(가)] 부활을 목적으로 …… 일반 신도에게
> 정식으로 발표하고 사무를 개시함에 따라 각지에 산재한 군정서
> 간부원은 본부를 출입하며 무언가 획책하고 있다.
> ─「불령단관계잡건」 ─

① 개벽, 신여성 등의 잡지를 발행하였다.

② 항일 무장 단체인 중광단을 결성하였다.

③ 배재 학당을 세워 신학문 보급에 기여하였다.

④ 만주에서 의민단을 조직하여 무장 투쟁을 전개하였다.

⑤ 어린이 등의 잡지를 발간하여 소년 운동을 주도하였다.

44

다음 법령이 제정된 이후에 일어난 사실로 옳은 것은? 2점

> 제1조 ① 치안 유지법의 죄를 범하여 형에 처하여진 자가 집행을
> 종료하여 석방되는 경우에 석방 후 다시 동법의 죄를
> 범할 우려가 현저한 때에는 재판소는 검사의 청구에
> 의하여 본인을 예방 구금에 부친다는 취지를 명할 수
> 있다.
> ② …… 조선 사상범 보호 관찰령에 의하여 보호 관찰에
> 부쳐져 있는 경우에 보호 관찰을 하여도 동법의 죄를
> 범할 위험을 방지하기 곤란하고 재범의 우려가 현저하게
> 있는 때에도 전항과 같다.

① 민족 유일당 운동의 일환으로 신간회가 창립되었다.

② 조선어 학회 사건으로 최현배, 이극로 등이 투옥되었다.

③ 순종의 인산일을 기회로 삼아 6·10 만세 운동이 일어났다.

④ 사회주의 세력의 활동 방향을 밝힌 정우회 선언이 발표
되었다.

⑤ 윤봉길이 훙커우 공원에서 폭탄을 던져 일제 요인을 살상
하였다.

45

(가)에 들어갈 내용으로 가장 적절한 것은? 2점

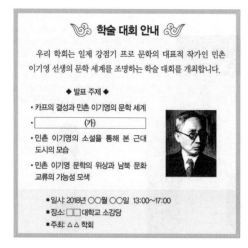

① 황성신문에 연재된 소설의 주제와 문체

② 해에게서 소년에게에 나타난 신체시의 형식

③ 소설 고향을 통해 본 일제 강점기 농촌 현실

④ 금수회의록을 통해 본 신소설의 소재와 내용

⑤ 시 광야에 드러난 항일 정신과 작가의 독립운동

46

다음 법령이 제정된 정부 시기의 사실로 옳은 것은? 2점

> 제1조 본령은 육군 군대가 영구히 일지구에 주둔하여 당해 지구의
> 경비, 육군의 질서 및 군기의 감시와 육군에 속하는 건축물
> 기타 시설의 보호에 임함을 목적으로 한다.
> ⋮
> 제12조 위수 사령관은 재해 또는 비상사태에 제하여 지방 장관으로
> 부터 병력의 청구를 받았을 때에는 육군 총참모장에게
> 상신하여 그 승인을 얻어 이에 응할 수 있다. 전항의 경우에
> 있어서 사태 긴급하여 육군 총참모장의 승인을 기다릴 수
> 없을 때에는 즉시 그 요구에 응할 수 있다.
> 단, 위수 사령관은 지체 없이 이를 육군 총참모장에게
> 보고하여야 한다.

① 5년 단임의 대통령 직선제 개헌이 이루어졌다.

② 부정 선거에 항거하는 4·19 혁명이 전국 각지에서 일어
났다.

③ 호헌 철폐와 독재 타도 등의 구호를 내세운 시위가 전개
되었다.

④ 치안본부 대공 분실에서 박종철 고문 치사 사건이 발생
하였다.

⑤ 신군부의 계엄 확대와 무력 진압에 저항하는 시위가 벌
어졌다.

47

다음 기사 내용이 보도된 정부 시기의 사실로 옳은 것을 〈보기〉에서 고른 것은? [2점]

□□신문

제△△호   ○○○○년 ○○월 ○○일

야간 통행 금지 해제

오는 1월 5일 24시를 기하여, 지난 37년간 지속되어 온 야간 통행 금지가 전국적으로 해제될 예정이다. 다만 국방상 중요한 전방 지역과 후방 해안 도서 지역은 대상에서 제외되었다.

이번 야간 통행 금지의 해제로 국민 생활의 편익이 증진되고 관광과 경제 활동이 활성화될 전망이다.

〈보 기〉

ㄱ. 한국 프로 야구가 6개 구단으로 출범하였다.
ㄴ. 언론의 통폐합이 강제로 단행되고 언론 기본법이 제정되었다.
ㄷ. 허례허식을 없애기 위해 법령으로 가정 의례 준칙이 제정되었다.
ㄹ. 재건 국민 운동 본부를 중심으로 혼·분식 장려 운동이 전개되었다.

① ㄱ, ㄴ   ② ㄱ, ㄷ   ③ ㄴ, ㄷ   ④ ㄴ, ㄹ   ⑤ ㄷ, ㄹ

48

(가)~(다)를 발표된 순서대로 옳게 나열한 것은? [3점]

(가)
1. 조선의 민주 독립을 보장한 삼상 회의 결정에 의하여 남북을 통한 좌우 합작으로 민주주의 임시 정부를 수립할 것
4. 친일파 민족 반역자를 처리할 조례를 본 합작위원회에서 입법 기구에 제안하여 입법 기구로 하여금 심리 결정하여 실시 케 할 것

(나)
3. …… 공동 위원회의 제안은 최고 5년 기한의 4개국 신탁 통치 협약을 작성하기 위해 미·영·소·중 4국 정부가 공동 참작할 수 있도록 조선 임시 정부와 협의한 후 제출되어야 한다.

(다)
3. 외국 군대가 철퇴한 이후 하기(下記) 제 정당·단체들은 공동 명의로써 전 조선 정치 회의를 소집하여 조선 인민의 각층 각계를 대표하는 민주주의 임시 정부가 즉시 수립될 것이며 ……
4. 상기 사실에 의거하여 본 성명서에 서명한 제 정당·사회 단체들은 남조선 단독 선거의 결과를 결코 인정하지 않으며 지지하지 않을 것이다.

① (가) - (나) - (다)   ② (가) - (다) - (나)
③ (나) - (가) - (다)   ④ (나) - (다) - (가)
⑤ (다) - (나) - (가)

49

다음 문서를 접수한 정부 시기의 외교 정책으로 옳은 것은? [2점]

1. 군사 원조
  • 한국에 있는 한국군의 현대화 계획을 위해 앞으로 수년 동안에 걸쳐 상당량의 장비를 제공한다.
  • 월남에 파견되는 추가 증파 병력에 필요한 장비를 제공하는 한편 증파에 따른 모든 추가적 원화 경비를 부담한다.

2. 경제 원조
  • 주월 한국군에 소요되는 보급 물자, 용역 설치 장비를 실시 할 수 있는 한도까지 한국에서 구매하며 주월 미군과 월남군을 위한 물자 가운데 선정된 구매 품목을 한국에 발주할 것이며 그 경우는 다음과 같다. ……

① 남북한이 유엔에 동시 가입하였다.
② 중화 인민 공화국과 국교를 수립하였다.
③ 경제 협력 개발 기구(OECD)에 가입하였다.
④ 칠레와 자유 무역 협정(FTA)을 체결하였다.
⑤ 한·일 협정을 체결하여 국교 정상화를 추진하였다.

50

다음 뉴스가 보도된 정부 시기의 통일 노력으로 옳은 것은? [1점]

대통령은 신년사에서 작년에 제정한 국민 기초 생활 보장법을 통해 IMF 외환 위기로 어려워진 중산층과 서민들의 삶의 질 향상을 위해 노력하겠다고 강조하였습니다. 또한 새천년에는 남북 경제 공동체 구성을 위한 협의와 남북 이산가족 상봉을 추진하겠다고 발표하였습니다.

대통령 신년사, 복지와 통일 정책 방향 제시

① 남북한이 한반도 비핵화 공동 선언을 채택하였다.
② 최초의 이산가족 고향 방문에 예술 공연단 교환이 이루어졌다.
③ 남북한의 교류 협력을 위한 개성 공업 지구 조성에 합의하였다.
④ 남북한 간 최초의 공식 합의서인 남북 기본 합의서를 교환하였다.
⑤ 7·4 남북 공동 성명을 실천하기 위한 남북 조절 위원회를 구성하였다.

01

(가) 시대의 사회 모습으로 옳은 것은? [1점]

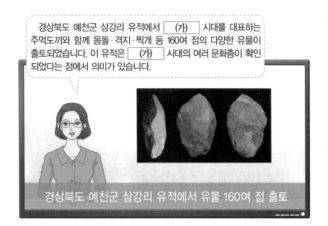

경상북도 예천군 삼강리 유적에서 (가) 시대를 대표하는 주먹도끼와 함께 몸돌·격지·찍개 등 160여 점의 다양한 유물이 출토되었습니다. 이 유적은 (가) 시대의 여러 문화층이 확인되었다는 점에서 의미가 있습니다.

경상북도 예천군 삼강리 유적에서 유물 160여 점 출토

① 가락바퀴를 이용하여 실을 뽑았다.
② 주로 동굴에 살면서 사냥과 채집을 하였다.
③ 거푸집을 이용하여 세형 동검을 제작하였다.
④ 빗살무늬 토기를 만들어 식량을 저장하였다.
⑤ 쟁기, 쇠스랑 등의 철제 농기구를 사용하였다.

02

(가) 에 들어갈 내용으로 옳은 것은? [2점]

기원전 2세기경에 위만이 준왕을 몰아내고 왕이 된 이후 고조선의 상황에 대해 이야기해 볼까요?

(가)

우거왕이 왕검성을 침략한 한 무제의 군대에 맞서 저항했습니다.

① 지방의 여러 성에 욕살, 처려근지 등을 두었습니다.
② 제가 회의에서 나라의 중요한 일을 결정하였습니다.
③ 한(漢)과 진국(辰國) 사이에서 중계 무역을 하였습니다.
④ 전국 7웅 중 하나인 연과 대적할 만큼 성장하였습니다.
⑤ 부왕(否王) 등 강력한 왕이 등장하여 왕위를 세습하였습니다.

03

(가), (나) 나라에 대한 설명으로 옳은 것은? [3점]

(가) 나라가 작아 큰 나라의 틈바구니에서 압박을 받다가 마침내 고구려에 예속되었다. 고구려는 그 [지역 사람] 중에서 대인(大人)을 두고 사자(使者)로 삼아 함께 통치하게 하였다. 또 대가(大加)로 하여금 조세를 책임지도록 하였고, 맥포(貊布)·어염(魚鹽) 및 해산물 등을 천리나 되는 거리에서 짊어져 나르게 하였다.
ㅡ 『삼국지』 동이전 ㅡ

(나) 해마다 10월이면 하늘에 제사를 지내는데, 밤낮으로 술 마시며 노래 부르고 춤추니 이를 무천(舞天)이라 한다. 또 호랑이를 신(神)으로 여겨 제사 지낸다. …… 낙랑의 단궁이 그 지역에서 산출된다. 바다에서는 반어피가 나며, 땅은 기름지고 무늬 있는 표범이 많고, 과하마가 나온다.
ㅡ 『삼국지』 동이전 ㅡ

① (가) - 혼인 풍속으로 민며느리제가 있었다.
② (가) - 읍락 간의 경계를 중시하여 책화가 있었다.
③ (나) - 여러 가(加)들이 별도로 사출도를 주관하였다.
④ (나) - 남의 물건을 훔쳤을 때에는 12배로 갚게 하였다.
⑤ (가), (나) - 제사장인 천군과 신성 지역인 소도가 존재하였다.

04

(가) 나라에 대한 설명으로 옳은 것은? [2점]

호계사의 파사석탑(婆娑石塔)은 옛날 이 고을이 (가) 이었을 때, 시조 수로왕의 왕비 허황옥이 동한(東漢) 건무 24년에 서역 아유타국에서 싣고 온 것이다. …… 탑은 사각형에 5층인데, 그 조각은 매우 기이하다. 돌에는 희미한 붉은 무늬가 있고 그 질이 매우 연하여 우리나라에서 나는 돌이 아니다.
ㅡ 『삼국유사』 ㅡ

① 철이 많이 생산되어 왜 등에 수출하였다.
② 만장일치제로 운영된 화백 회의가 있었다.
③ 빈민을 구제하기 위해 진대법을 실시하였다.
④ 지방을 통제하기 위해 22담로를 설치하였다.
⑤ 박, 석, 김의 3성이 교대로 왕위를 계승하였다.

05

다음 검색창에 들어갈 왕에 대한 설명으로 옳은 것은? 2점

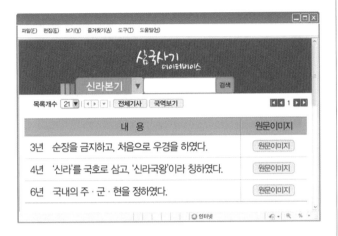

① 첨성대를 세워 천체를 관측하였다.
② 대가야를 정복하여 영토를 확장하였다.
③ 거칠부에게 국사를 편찬하도록 하였다.
④ 건원이라는 독자적인 연호를 사용하였다.
⑤ 시장을 감독하는 관청인 동시전을 설치하였다.

06

(가), (나) 사이의 시기에 있었던 사실로 옳은 것은? 3점

> (가) 김춘추가 무릎을 꿇고 아뢰기를, "…… 만약 폐하께서 당의 군사를 빌려주어 흉악한 무리를 잘라 없애지 않는다면 저희 백성은 모두 포로가 될 것이며, 산 넘고 바다 건너 행하는 조회도 다시는 바랄 수 없을 것입니다."라고 하였다. 태종이 매우 옳다고 여겨서 군사의 출동을 허락하였다.
> － 『삼국사기』 －

> (나) 계필하력이 먼저 군사를 이끌고 평양성 밖에 도착하였고, 이적의 군사가 뒤따라 와서 한 달이 넘도록 평양을 포위하였다. …… 남건은 성문을 닫고 항거하여 지켰다. …… 5일 뒤에 신성이 성문을 열었다. …… 남건은 스스로 칼을 들어 자신을 찔렀으나 죽지 못했다. [보장]왕과 남건 등을 붙잡았다.
> － 『삼국사기』 －

① 당이 안동도호부를 요동 지역으로 옮겼다.
② 신라와 당의 연합군이 백강에서 왜군을 물리쳤다.
③ 신라가 당의 군대에 맞서 매소성에서 승리하였다.
④ 고구려 안승이 신라에 의해 보덕국왕으로 임명되었다.
⑤ 고구려가 당의 침입에 대비하여 천리장성을 완성하였다.

07

다음 특별전에 전시될 사진으로 적절하지 않은 것은? 1점

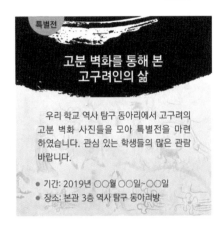

①  ②

③  ④

⑤

08

밑줄 그은 '왕'의 재위 기간에 있었던 사실로 옳은 것은? 2점

> 왕이 장군 윤충을 보내 군사 1만 명을 거느리고 신라의 대야성을 공격하게 하였다. 성주 품석이 처자를 데리고 나와 항복하자 윤충이 그들을 모두 죽이고 품석의 목을 베어 왕도(王都)에 보냈다. 남녀 1천여 명을 사로잡아 서쪽 지방의 주·현에 나누어 살게 하고 군사를 남겨 그 성을 지키게 하였다.
> － 『삼국사기』 －

① 익산에 미륵사를 창건하였다.
② 사비로 천도하고 국호를 남부여로 고쳤다.
③ 수와 외교 관계를 맺고 친선을 도모하였다.
④ 평양성을 공격하여 고국원왕을 전사시켰다.
⑤ 계백의 결사대를 보내 신라군에 맞서 싸웠다.

09

밑줄 그은 '왕'의 정책으로 옳은 것은? 　2점

> **설화 속에 담긴 역사**
>
> ○ 왕이 한여름날 설총에게 이야기를 청하였다. 설총이 아첨하는 미인 장미와 충언하는 백두옹(白頭翁: 할미꽃)을 두고 누구를 택할까 망설이는 화왕(花王)에게 백두옹이 간언한 이야기를 해 주었다. 이에 왕이 정색하고 낯빛을 바꾸며 "그대의 우화 속에는 실로 깊은 뜻이 있구나. 이를 기록하여 임금된 자의 교훈으로 삼도록 하라."고 하고, 드디어 설총을 높은 벼슬에 발탁하였다.
>
> ○ 동해 가운데 홀연히 한 작은 산이 나타났는데, 형상이 거북 머리와 같았다. 그 위에 한 줄기의 대나무가 있어, 낮에는 갈라져 둘이 되고 밤에는 합하여 하나가 되었다. 왕이 사람을 시켜 베어다가 피리를 만들어 이름을 만파식적(萬波息笛)이라고 하였다.

① 관료전을 지급하고 녹읍을 폐지하였다.

② 관리 채용을 위해 독서삼품과를 시행하였다.

③ 병부와 상대등을 설치하고 관등을 정비하였다.

④ 자장의 건의로 황룡사 구층 목탑을 건립하였다.

⑤ 위홍과 대구화상에게 삼대목을 편찬하도록 하였다.

10

(가) 국가의 문화유산으로 옳은 것은? 　2점

> **□□신 문**
>
> 제△△호　　　　　○○○○년 ○○월 ○○일
>
> **(가) 의 황후 묘지 발굴**
>
> 중국 지린성 허룽시 룽하이촌 룽터우산 고분군에서 (가) 이/가 황제국이었음을 보여주는 제3대 문왕의 부인 효의황후와 제9대 간왕의 부인 순목황후의 묘지(墓誌)가 발굴되었다. 이와 함께 고구려 양식을 계승한 것으로 보이는 금제 관식도 출토되었다.
>
> 순목황후묘 실측도

①

②

③

④

⑤

11

(가) 인물의 활동에 대한 설명으로 옳은 것은? 　2점

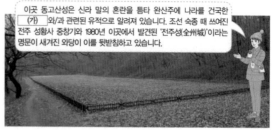

이곳 동고산성은 신라 말의 혼란을 틈타 완산주에 나라를 건국한 (가) 와/과 관련된 유적으로 알려져 있습니다. 조선 숙종 때 쓰여진 전주 성황사 중창기와 1980년 이곳에서 발견된 '전주성(全州城)'이라는 명문이 새겨진 와당이 이를 뒷받침하고 있습니다.

① 양길의 휘하에서 세력을 키웠다.

② 후당, 오월에 사신을 파견하였다.

③ 광평성 등 각종 정치 기구를 마련하였다.

④ 일리천 전투에서 고려군에게 패배하였다.

⑤ 국호를 마진으로 바꾸고 철원으로 천도하였다.

12

다음 정책이 추진된 시기의 경제 상황으로 옳은 것은? 　1점

> ○ 왕 2년 교서를 내리기를, "…… 짐은 선왕의 업적을 계승하여 장차 민간에 큰 이익을 일으키고자 주전(鑄錢)하는 관청을 세우고 백성들에게 두루 유통시키려 한다."라고 하였다.
>
> ○ 왕 6년 주전도감(鑄錢都監)에서 아뢰기를, "백성들이 비로소 동전 사용의 이로움을 알아 편리하게 여기고 있으니 종묘에 고하소서." 라고 하였다. 또한 이 해에 은병(銀瓶)을 사용하여 화폐로 삼았다.

① 집집마다 부경이라는 창고가 있었다.

② 청해진을 중심으로 해상 무역이 전개되었다.

③ 서적점, 다점 등의 관영 상점이 운영되었다.

④ 감자, 고구마 등의 구황 작물을 널리 재배하였다.

⑤ 일본과의 무역을 허용하고 계해약조를 체결하였다.

13

(가) 왕이 시행한 정책으로 옳지 않은 것은? 　2점

> 발해가 거란의 군사에게 격파되자 그 나라 세자인 대광현 등이 우리나라가 의(義)로써 흥기하였으므로 남은 무리 수만 호를 거느리고 밤낮으로 길을 재촉하여 달려왔습니다. (가) 께서는 이들을 더욱 가깝게 여기시어 영접과 대우가 매우 두터웠고, 성과 이름을 하사하시기까지 이르렀습니다. 또한 그들을 종실의 족보에 붙이고, 본국 조상들의 제사를 받들도록 하셨습니다.
>
> － 「고려사」 －

① 평양을 서경으로 삼아 중시하였다.

② 민생 안정을 위해 흑창을 설치하였다.

③ 경순왕 김부를 경주의 사심관으로 삼았다.

④ 국자감에 7재라는 전문 강좌를 개설하였다.

⑤ 계백료서를 지어 관리의 규범을 제시하였다.

14

(가)~(라)를 일어난 순서대로 옳게 나열한 것은? [3점]

> (가) 강감찬이 수도에 성곽이 없다 하여 나성을 쌓을 것을 요청하니, 왕이 그 건의를 따라 왕가도에게 명령하여 축조하게 하였다.
>
> (나) 양규가 흥화진으로부터 군사 7백여 명을 이끌고 통주까지 와서 군사 1천여 명을 수습하였다. 밤중에 곽주로 들어가서 지키고 있던 거란군을 급습하여 모조리 죽인 후 성 안에 있던 남녀 7천여 명을 통주로 옮겼다.
>
> (다) 묘청 등이 왕에게 말하기를, "신들이 보건대 서경의 임원역은 음양가들이 말하는 대화세(大華勢)이니 만약 이곳에 궁궐을 세우고 옮기시면 천하를 병합할 수 있을 것이요, 금이 공물을 바치고 스스로 항복할 것입니다."라고 하였다.
>
> (라) 윤관이 여진을 평정하고 6성을 새로 쌓았다 하여 하례하는 표를 올렸고, 임언에게 공적을 칭송하는 글을 짓게 하여 영주(英州) 남청(南廳)에 걸었다. 또 공험진에 비를 세워 경계로 삼았다.

① (가) - (나) - (다) - (라)
② (가) - (나) - (라) - (다)
③ (나) - (가) - (라) - (다)
④ (나) - (다) - (가) - (라)
⑤ (다) - (라) - (나) - (가)

15

(가)에 해당하는 문화유산으로 옳은 것은? [1점]

 ①
 ②
 ③
 ④
 ⑤

16

(가) 국가의 침입에 대한 고려의 대응으로 옳지 않은 것은? [3점]

> ○ (가) 의 장수 합진과 찰랄이 군사를 거느리고 …… 거란을 토벌하겠다고 말하면서 화주, 맹주, 순주, 덕주의 4개 성을 공격하여 격파하고 곧바로 강동성으로 향하였다. …… 조충과 김취려가 합진, 완안자연 등과 함께 병사를 합하여 강동성을 포위하니 적들이 성문을 열고 나와 항복하였다.
> – 『고려사』 –
>
> ○ (가) 에서 조서를 보내 이르기를, "…… 너희들이 모의하여 [우리 사신] 저고여를 죽이고서는 포선만노의 백성들이 죽였다고 한 것이 세 번째 죄이다. ……"라고 하였다.
> – 『고려사』 –

① 강화도로 도읍을 옮겨 항전하였다.
② 김윤후가 처인성 전투에서 활약하였다.
③ 화포를 이용하여 진포에서 대승을 거두었다.
④ 다인철소 주민들이 충주 지역에서 저항하였다.
⑤ 대장도감을 설치하여 팔만대장경판을 만들었다

17

(가) 정치 기구에 대한 설명으로 옳은 것은? [2점]

> **역사 용어 해설**
>
> **(가)**
>
> 1. 개요
> 1405년(태종 5)에 독립된 기구로 개편된 중앙 관서로, 경국대전에 의하면 도승지·좌승지·우승지·좌부승지·우부승지·동부승지 모두 6인의 승지가 있었다.
>
> 2. 관련 사료
> 승지에 임명되는 당상관은 이조나 대사간을 거쳐야 맡을 수 있었고, 인망이 마치 신선과 같으므로 세속 사람들이 '은대(銀臺) 학사'라고 부른다.
> – 『임하필기』 –

① 수도의 행정과 치안을 맡아보았다.
② 화폐와 곡식의 출납과 회계를 맡았다.
③ 5품 이하의 관원에 대한 서경권을 가졌다.
④ 왕의 비서 기관으로 왕명 출납을 담당하였다.
⑤ 외국어의 통역과 번역에 관한 업무를 관장하였다.

18

다음 역사서가 편찬된 이후의 사실로 옳은 것은? `2점`

○ 대체로 옛 성인들은 예악으로 나라를 일으키고 인의로 가르침을 베푸는 데 있어 괴력난신(怪力亂神)을 말하지 않았다. 그러나 제왕이 장차 일어날 때에는 …… 보통사람과는 다른 점이 있기 마련이다. …… 이로 보건대 삼국의 시조가 모두 신비로운 데에서 탄생하였다고 하여 이상할 것이 없다. 이 책머리에 기이(紀異)편을 싣는 까닭도 바로 여기에 있는 것이다.

○ 신(臣) 이승휴가 지어서 바칩니다. 예로부터 제왕들이 서로 계승하여 주고받으며 흥하고 망한 일은 세상을 경영하는 군자가 밝게 알지 않아서는 안 되는 바입니다. …… 그 선하여 본받을 만한 것과 악하여 경계로 삼을 만한 것은 모두 일마다 춘추 필법에 따랐습니다.

① 쌍기의 건의로 과거제가 도입되었다.
② 이제현이 만권당에서 유학자들과 교류하였다.
③ 최충이 유학을 교육하는 9재 학당을 설립하였다.
④ 망이·망소이가 가혹한 수탈에 저항하여 봉기하였다.
⑤ 의천이 불교 교단 통합을 위해 천태종을 개창하였다.

19

(가) 지역에서 있었던 사실로 옳은 것은? `2점`

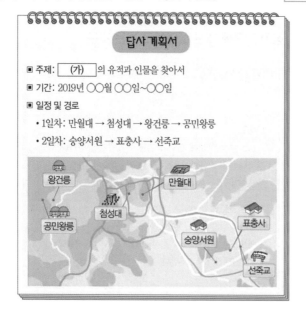

답사 계획서

■ 주제: (가) 의 유적과 인물을 찾아서
■ 기간: 2019년 ○○월 ○○일~○○일
■ 일정 및 경로
• 1일차: 만월대 → 첨성대 → 왕건릉 → 공민왕릉
• 2일차: 숭양서원 → 표충사 → 선죽교

① 인조가 피신하여 청군에 항전하였다.
② 제1차 미·소 공동 위원회가 개최되었다.
③ 오페르트가 남연군 묘 도굴을 시도하였다.
④ 만적을 비롯한 노비들이 신분 해방을 도모하였다.
⑤ 현존 최고(最古)의 금속 활자본인 직지심체요절이 간행되었다.

20

(가)에 들어갈 내용으로 옳은 것은? `2점`

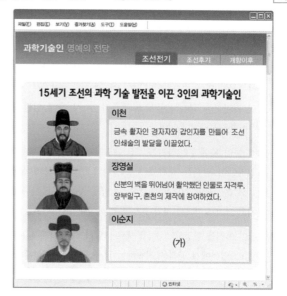

과학기술인 명예의 전당

조선전기 | 조선후기 | 개항이후

15세기 조선의 과학 기술 발전을 이끈 3인의 과학기술인

이천 : 금속 활자인 경자자와 갑인자를 만들어 조선 인쇄술의 발달을 이끌었다.

장영실 : 신분의 벽을 뛰어넘어 활약했던 인물로 자격루, 앙부일구, 혼천의 제작에 참여하였다.

이순지 : (가)

① 기기도설을 참고하여 거중기를 설계하였다.
② 최초로 100리 척 축척법을 사용하여 지도를 만들었다.
③ 홍역에 관한 국내외 자료를 종합하여 의서를 편찬하였다.
④ 한양을 기준으로 천체 운동을 계산한 역법서를 저술하였다.
⑤ 체질에 따라 처방을 달리해야 한다는 사상 의학을 확립하였다.

21

(가), (나)에 대한 설명으로 옳은 것은? `2점`

나는 8도의 부·목·군·현에 파견되는 (가) 입니다. 경국대전에 의하면 임기는 1,800일이고, 원칙적으로 상피제의 적용을 받고 있습니다.

나는 지방 관아에서 행정 실무를 담당하는 (나) 입니다. 고려 때와는 달리 요즘은 외역전도 지급받지 못하고 직무를 수행하고 있습니다. 우리들의 수장을 호장이라고도 부릅니다.

① (가) - 단안(壇案)이라는 명부에 등재되었다.
② (가) - 지방의 행정·사법·군사권을 행사하였다.
③ (나) - 감사, 도백으로도 불렸다.
④ (나) - 장례원(掌隸院)을 통해 국가의 관리를 받았다.
⑤ (가), (나) - 잡과를 통해 선발되었다.

22

(가), (나) 사이의 시기에 있었던 사실로 옳은 것은? 2점

(가) 왕이 어머니 윤씨가 폐위되고 죽은 것이 엄씨와 정씨의 참소 때문이라 여기고, 밤에 엄씨와 정씨를 대궐 뜰에 결박하여 놓고 손수 마구 치고 짓밟았다. …… 왕이 장검을 들고 자순 왕대비 침전 밖에 서서 …… 말하기를 "대비는 어찌하여 내 어머니를 죽였습니까?"라고 하며 불손한 말을 많이 하였다.

(나) 정유년 이후부터 조정 신하들 사이에는 대윤이니 소윤이니 하는 말들이 있었다. …… 인종이 승하한 뒤에 윤원형이 기회를 얻었음을 기뻐하여 비밀리에 보복할 생각을 품었다. …… 자전(慈殿)*은 밀지를 윤원형에게 내렸다. 이에 이기·임백령·정순붕·허자가 고변하여 큰 화를 만들어 냈다.

*자전(慈殿): 임금의 어머니

① 왕자의 난으로 정도전 등이 피살되었다.

② 위훈 삭제를 주장한 조광조가 제거되었다.

③ 서인이 반정을 일으켜 정권을 장악하였다.

④ 성삼문 등이 상왕의 복위를 꾀하다 처형되었다.

⑤ 이조 전랑 임명을 둘러싸고 사림이 동인과 서인으로 나뉘었다.

23

(가)에 대한 설명으로 옳은 것은? 1점

○○교육박물관

고대 | 고려 | 조선 | 대한제국 | 일제강점기 | 대한민국

전시관 안내

교육기관 >
교육연표 >
소장품목록 >

(가)

경국대전에 정원이 200명으로 정해져 있었다. 생원·진사인 상재생과 상재생이 모자랄 때 유학(幼學)으로 보충하는 기재생으로 구분되었다. 이들에게는 원점(圓點) 300을 얻으면 문과 초시에 응시할 수 있는 자격을 주었는데, 아침·저녁 식당에 출석하는 것을 원점 하나로 계산해 주었다. 재학 연한은 제한되어 있지 않았다.

● 주요 시설

대성전　　　명륜당

① 좌수와 별감을 선발하여 운영하였다.

② 지방의 사림 세력이 주로 설립하였다.

③ 전국의 부·목·군·현에 하나씩 설립되었다.

④ 최고의 관립 교육 기관으로 성현의 제사도 지냈다.

⑤ 흥선 대원군에 의해 47개소를 제외하고 철폐되었다.

24

밑줄 그은 '이 왕'의 재위 기간에 있었던 사실로 옳은 것은? 2점

제시된 자료는 이 왕이 세자 시절 쓴 칠언시입니다. 척화를 주장했던 신하들과 함께 청에 볼모로 잡혀갔다 돌아온 후에 지은 것으로 보입니다.

세상의 뜬 이름 모두 다 헛되니
물가에서 뛰어난 흥취를
한 잔 술에 붙이노라.
높은 수레 발이 묶여
참으로 부끄러운데
샘물 소리 도도하니
나의 한도 끝이 없노라.

① 나선 정벌에 조총 부대가 동원되었다.

② 왕권 강화를 위해 장용영이 설치되었다.

③ 청과의 경계를 정한 백두산정계비가 건립되었다.

④ 역대 문물을 정리한 동국문헌비고가 편찬되었다.

⑤ 전통 한의학을 집대성한 동의보감이 완성되었다.

25

다음 상황 이후에 전개된 사실로 옳은 것은? 3점

인평 대군의 아들 여러 복(복창군·복선군·복평군)이 본래 교만하고 억세었는데, 임금이 초년에 자주 병을 앓았으므로 그들이 몰래 못된 생각을 품고 바라서는 안 될 자리를 넘보았다. …… 남인에 붙어서 윤휴와 허목을 스승으로 삼고 …… 그들이 허적의 서자 허견을 보고 말하기를, "임금에게 만약 불행한 일이 생기면 너는 우리를 후사로 삼계 하라. 우리는 너에게 병조 판서를 시킬 것이다."라고 하였다. …… 이 때 김석주가 남몰래 그 기미를 알고 경신년 옥사를 일으켰다.

－「연려실기술」－

① 자의 대비의 복상 문제로 예송이 전개되었다.

② 정여립 모반 사건으로 서인이 정국을 주도하였다.

③ 이괄의 난이 일어나 반란군이 도성을 장악하였다.

④ 북인이 서인과 남인을 배제한 채 정국을 독점하였다.

⑤ 희빈 장씨 소생의 원자 책봉 문제로 환국이 발생하였다.

26

밑줄 그은 '이 제도'에 대한 설명으로 옳은 것은? `2점`

이원익 대감의 건의로 경기도에 이 제도를 시행한다고 하네. 방납의 폐단이 경기도에서 특히 심해서라더군.

이제 각 고을에서는 공물을 현물 대신 쌀로 거두어 선혜청으로 납부한다는군.

① 양반에게도 군포가 부과되었다.

② 양전 사업을 실시하여 지계를 발급하였다.

③ 풍흉에 따라 전세를 9등급으로 차등 부과하였다.

④ 부족한 재정의 보충을 위해 선무군관포를 징수하였다.

⑤ 관청에 물품을 조달하는 공인이 등장하는 배경이 되었다.

27

다음 글을 쓴 인물에 대한 설명으로 옳은 것은? `3점`

중국은 서양에 대해서 경도의 차이가 1백 80도에 이르는데, 중국 사람은 중국을 정계(正界)로 삼고 서양을 도계(倒界)로 삼으며, 서양 사람은 서양을 정계로 삼고 중국을 도계로 삼는다. 그러나 실제에 있어서는 하늘을 이고 땅을 밟는 사람은 지역에 따라 모두 그러하니, 횡(橫)이나 도(倒)할 것 없이 다 정계다.

－「의산문답」－

① 지전설과 무한우주론을 주장하였다.

② 남북국이라는 용어를 처음 사용하였다.

③ 북한산비가 진흥왕 순수비임을 고증하였다.

④ 서얼 출신으로 규장각 검서관에 등용되었다.

⑤ 여전론을 통해 마을 단위 토지 분배와 공동 경작을 주장하였다.

28

(가) 종교에 대한 설명으로 옳은 것은? `1점`

책으로 보는 역사

18세기 말부터 19세기 중엽까지 (가) 을/를 사교로 몰아 탄핵한 여러 기록을 모은 책이다. 이승훈·정약용 등이 교리를 토의하다 적발된 사건, 전라도 진산의 윤지충·권상연이 조상에 대한 제사를 폐지하여 처형당한 사건 등이 수록되어 있다.

벽위편

① 단군 숭배 사상을 전파하였다.

② 하늘에 제사 지내는 초제를 거행하였다.

③ 동경대전과 용담유사를 경전으로 삼았다.

④ 청을 다녀온 사신들에 의하여 서학으로 소개되었다.

⑤ 유·불·선을 바탕으로 민간 신앙의 요소까지 포함하였다.

29

다음 상황이 나타난 시기의 경제 모습으로 옳지 <u>않은</u> 것은? `2점`

호조 판서 이성원이 말하기를, "종전에 허다하게 주조한 돈을 결코 작년과 금년에 다 써버렸을 리가 없고, 경외(京外) 각 아문의 봉부동전(封不動錢)* 역시 새로 조성한 것이 아닙니다. 작년과 금년에 전황(錢荒)이 극심한 것은 아마도 부상(富商)과 대고(大賈)가 이 때를 틈타 갈무리해 두고 이익을 취하려는 것으로 보이는데, 그 폐단을 바로잡을 방책이 없습니다."라고 하였다.

－「비변사등록」－

*봉부동전(封不動錢): 창고에 넣고 쓰지 못하도록 봉해 둔 비상대비용 돈

① 덕대가 광산을 전문적으로 경영하였다.

② 담배와 면화 등이 상품 작물로 재배되었다.

③ 수조권이 세습되는 수신전, 휼양전이 있었다.

④ 송상, 만상이 대청 무역으로 부를 축적하였다.

⑤ 왜관에서 개시 무역과 후시 무역이 이루어졌다.

30

(가) 사건에 대한 설명으로 옳은 것은? `2점`

이곳은 유계춘의 무덤입니다. 그는 경상 우병사 백낙신의 탐학과 향리들의 횡포에 맞서 농민들과 함께 (가) 을/를 일으켰습니다. 이를 계기로 농민 봉기가 삼남 지방으로 확산되었습니다.

① 청의 군대에 의해 진압되었다.

② 최제우가 동학을 창시하는 계기가 되었다.

③ 왕이 도성을 떠나 공산성으로 피란하였다.

④ 남접과 북접이 연합하여 조직적으로 전개되었다.

⑤ 사건의 수습을 위해 박규수가 안핵사로 파견되었다.

31

다음 서술형 평가의 답안에 들어갈 내용으로 옳은 것은? 3점

> **서술형 평가**   ○학년 ○○반 이름: ○○○
>
> ◎ 밑줄 그은 '이 기구'에서 추진한 정책을 서술하시오.
>
> <u>이 기구</u>는 변화하는 국내외 정세에 대응하고 개화 정책을 총괄하기 위해 1880년에 설치되었다. 소속 부서로 외교 업무를 담당하는 사대사와 교린사, 중앙과 지방의 군사를 통솔하는 군무사, 외국과의 통상에 관한 일을 맡는 통상사, 외국어 번역을 맡은 어학사, 재정 사무를 담당한 이용사 등 12사가 있었다.
>
> 답안

① 재판소를 설치하여 사법권을 독립시켰다.
② 미국과 합작하여 한성 전기 회사를 설립하였다.
③ 5군영을 2영으로 축소하고 별기군을 창설하였다.
④ 재정 문제를 해결하기 위해 당백전을 주조하였다.
⑤ 교육 입국 조서를 반포하고 외국어 학교 관제를 마련하였다.

32

(가)~(마)에 들어갈 내용으로 적절한 것은? 2점

> 〈한국사 시민 강좌〉
>
> ### 인물로 보는 우리 역사
>
> 우리 학회에서는 격동의 시대를 살았던 인물들의 삶을 살펴보는 자리를 마련하였습니다. 많은 관심과 참여 바랍니다.
>
> | 강좌 순서 | 인물 | 주제 |
> |---|---|---|
> | 제1강 | 최익현 | (가) |
> | 제2강 | 김옥균 | (나) |
> | 제3강 | 전봉준 | (다) |
> | 제4강 | 김홍집 | (라) |
> | 제5강 | 홍범도 | (마) |
>
> • 일시: 2019년 ○○월 ○○일~○○월 ○○일 14시
> • 장소: □□ 대학교 대강당
> • 주관: △△학회

① (가) – 반침략 기치를 들고 우금치 전투에 참여하다
② (나) – 군국기무처의 총재로 개혁을 주도하다
③ (다) – 입헌 군주제를 꿈꾸며 갑신정변을 일으키다
④ (라) – 을사늑약에 반대하여 항일 의병을 이끌다
⑤ (마) – 평민 의병장에서 대한 독립군 사령관으로 활약하다

33

다음 사건이 일어난 시기를 연표에서 옳게 고른 것은? 2점

> 일본 장교는 군사의 대오를 정렬하여 합문을 에워싸고 지키도록 명령하여, 흉악한 일본 자객들이 왕후 폐하를 수색하는 것을 도왔다. 이에 자객 20~30명이 …… 전각으로 돌입하여 왕후를 찾았다. …… 자객들은 각처를 찾더니 마침내 깊은 방 안에서 왕후 폐하를 찾아내고 칼로 범하였다. …… 녹원 수풀 가운데로 옮겨 석유를 그 위에 바르고 나무를 쌓아 불을 지르니 다만 해골 몇 조각만 남았다.
>
> – 고등재판소 보고서 –

1882		1884		1889		1894		1896		1904
	(가)		(나)		(다)		(라)		(마)	
임오군란		갑신정변		함경도 방곡령 선포		청·일 전쟁		아관파천		러·일 전쟁

① (가)　　② (나)　　③ (다)　　④ (라)　　⑤ (마)

34

(가) 시기에 실시된 정책으로 옳은 것은? 2점

이 어진은 황룡포를 입은 고종의 모습을 그린 것입니다. 본래 조선의 왕은 홍룡포를 입었는데, 고종은 황룡포를 입고 황제 즉위식을 올린 후 새로운 국호인 (가) 을/를 선포하였습니다.

① 이범윤을 간도 관리사로 임명하였다.
② 김윤식을 청에 영선사로 파견하였다.
③ 건양이라는 독자적인 연호를 사용하였다.
④ 행정 기구를 6조에서 8아문으로 개편하였다.
⑤ 공사 노비법을 혁파하고 과거제를 폐지하였다.

35

다음 검색창에 들어갈 신문에 대한 설명으로 옳은 것은?

1점

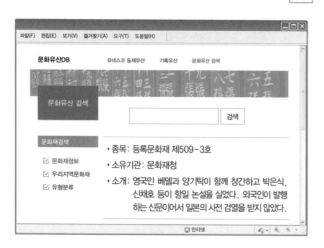

① 천도교의 기관지로 발행되었다.
② 상업 광고가 처음으로 게재되었다.
③ 국채 보상 운동의 확산에 기여하였다.
④ 농촌 계몽을 위해 브나로드 운동을 전개하였다.
⑤ 순 한문 신문으로 열흘마다 발행하는 것이 원칙이었다.

36

(가), (나) 조약 사이의 시기에 있었던 사실로 옳은 것은?

2점

> (가) 제4조 …… 대한 제국 정부는 대일본 제국 정부의 행동이 용이하도록 충분한 편의를 제공한다. 대일본 제국 정부는 …… 군사 전략상 필요한 지점을 수시로 사용할 수 있다.
>
> (나) 제2조 한국 정부의 법령 제정 및 중요한 행정상 처분은 미리 통감의 승인을 거칠 것.
>   ⋮
>   제5조 한국 정부는 통감이 추천하는 일본인을 한국 관리에 임명할 것.

① 안중근이 하얼빈에서 이토 히로부미를 사살하였다.
② 의병 진압을 위한 '남한 대토벌' 작전이 전개되었다.
③ 일본이 경복궁을 점령하고 내정 개혁을 요구하였다.
④ 헤이그에서 열린 만국 평화 회의에 특사가 파견되었다.
⑤ 영국군이 러시아를 견제하기 위해 거문도를 불법 점령하였다.

37

(가)~(마) 단체에 대한 설명으로 옳은 것은?

3점

한국사 과제 안내문

■ 다음 국외 독립 운동 단체 중 하나를 선택하여 보고서를 제출하시오.

· 간민회 ……………………………… (가)
· 부민단 ……………………………… (나)
· 신한 청년당 ………………………… (다)
· 대한인 국민회 ……………………… (라)
· 대한 광복군 정부 …………………… (마)

■ 조사 방법: 문헌 조사, 인터넷 검색 등
■ 제출 기간: 2019년 ○○월 ○○일~○○월 ○○일
■ 분량: A4 용지 3장 이상

① (가) – 샌프란시스코에 중앙 총회를 두었다.
② (나) – 승무 학교를 설립하여 독립군을 양성하였다.
③ (다) – 권업신문을 발행하여 민족 의식을 고취하였다.
④ (라) – 2·8 독립 선언서를 작성하여 발표하였다.
⑤ (마) – 이상설과 이동휘를 정·부통령으로 선임하였다.

38

밑줄 그은 '만세 시위 운동'에 대한 설명으로 옳은 것은?

2점

① 사회주의 세력의 주도 아래 계획되었다.
② 순종의 인산일을 기회로 삼아 추진되었다.
③ 조선 형평사를 중심으로 전국으로 확산되었다.
④ 대한민국 임시 정부가 수립되는 계기가 되었다.
⑤ 박상진이 주도한 대한 광복회 결성에 영향을 주었다.

39

(가) 단체에 대한 설명으로 옳은 것은? [2점]

지난 3일 전남 광주에서 일어난 고보학생 대 중학생의 충돌 사건에 대하여 종로에 있는 [(가)] 본부에서는 제19회 중앙상무집행위원회의 결의로 장성·송정·광주 세 지회에 대하여 긴급 조사 보고를 지령하는 동시에 사태의 진전을 주시하고 있던 바, 지난 8일 밤 중요 간부들이 긴급 상의한 결과, 사건 내용을 철저히 조사하고 구금된 학생들의 석방도 교섭하기 위하여 중앙집행위원장 허헌, 서기장 황상규, 회계 김병로 세 최고 간부를 광주까지 특파하기로 하고 9일 오전 10시 특급 열차로 광주에 향하게 하였다더라.

– 동아일보 –

① 조선 혁명 선언을 활동 지침으로 삼았다.
② 민족 유일당 운동의 일환으로 창립되었다.
③ 조선학 운동을 전개하여 여유당전서를 간행하였다.
④ 조소앙의 삼균주의를 기초로 기본 강령을 발표하였다.
⑤ 대성 학교와 오산 학교를 세워 민족 교육을 전개하였다.

40

다음 대책이 발표된 이후 일제가 시행한 정책으로 옳은 것은? [1점]

1. 친일 단체 조직의 필요
   …… 암암리에 조선인 중 …… 친일 인물을 물색케 하고, 그 인물로 하여금 …… 각기 계급 및 사정에 따라 각종의 친일적 단체를 만들게 한 후, 그에게 상당한 편의와 원조를 제공하여 충분히 활동토록 할 것.
   :
1. 농촌 지도
   …… 조선 내 각 면에 ○재회 등을 조직하고 면장을 그 회장에 추대하고 여기에 간사 및 평의원 등을 두어 유지(有志)가 단체의 주도권을 잡고, 그 단체에는 국유 임야의 일부를 불하거나 입회를 허가하는 등 당국의 양해 하에 각종 편의를 제공할 것.

– 『사이토 마코토 문서』 –

① 한국인에 한해 적용되는 조선 태형령이 공포되었다.
② 사회주의 운동을 탄압하기 위한 치안 유지법이 마련되었다.
③ 기한 내에 토지를 신고하게 하는 토지 조사령이 제정되었다.
④ 헌병대 사령관이 치안을 총괄하는 경무총감부가 신설되었다.
⑤ 회사 설립 시 총독의 허가를 얻도록 하는 회사령이 발표되었다.

41

(가), (나)에 들어갈 내용으로 옳은 것은? [2점]

일제 강점기 종교계의 저항		
불교	천도교	대종교
조선 불교 유신회를 조직하여 사찰령 철폐 운동을 전개하였다.	(가)	(나)

① (가) – 의민단을 조직하여 무장 투쟁을 전개하였다.
② (가) – 잡지 개벽을 발행하여 민족 의식을 고취하였다.
③ (나) – 경향신문을 발간하여 민중 계몽에 힘썼다.
④ (나) – 배제 학당을 세워 신학문 보급에 기여하였다.
⑤ (가), (나) – 을사오적을 처단하기 위해 자신회를 결성하였다.

42

(가) 단체의 활동으로 옳은 것은? [1점]

이달의 독립운동가

이 봉 창

서울 출신으로 1925년에 일본으로 건너가 막일로 생계를 유지하다 민족 차별에 분노하여 독립 운동에 투신할 것을 결심하고 상하이로 갔다. 1931년 김구가 조직한 [(가)]에 가입하고, 1932년 1월 도쿄에서 일왕이 탄 마차를 향해 폭탄을 던졌다. 같은 해 사형을 선고받아 순국하였으며, 광복 후 서울 효창 공원에 안장되었다.

① 중국군과 함께 영릉가 전투에서 큰 전과를 올렸다.
② 영국군의 요청으로 인도 · 미얀마 전선에 투입되었다.
③ 홍커우 공원에서 일어난 윤봉길 의거를 계획하였다.
④ 조선 총독부에 국권 반환 요구서를 제출하려 하였다.
⑤ 조선 혁명 간부 학교를 설립하여 군사 훈련에 힘썼다.

43

다음 글을 쓴 인물의 활동으로 옳은 것은? [2점]

우리 조선의 역사적 발전의 전 과정은 …… 외관상의 이른바 특수성이 다른 문화 민족의 역사적 발전 법칙과 구별될 만큼 독자적인 것은 아니며, 세계사적인 일원론적 역사 법칙에 의해 다른 여러 민족과 거의 같은 궤도의 발전 과정을 거쳐 왔던 것이다. …… 여기에서 조선사 연구의 법칙성이 가능하게 되며, 그리고 세계사적 방법론 아래서만 과거의 민족 생활 발전사를 내면적으로 이해함과 동시에 현실의 위압적인 특수성에 대해 절망을 모르는 적극적인 해결책을 발견할 수 있을 것이다.

① 조선사 편수회에 들어가 조선사 편찬에 참여하였다.
② 실증주의 사학의 연구를 위해 진단 학회를 창립하였다.
③ 한국독립운동지혈사에서 독립 투쟁 과정을 서술하였다.
④ 임시 사료 편찬회에서 한 · 일 관계 사료집을 편찬하였다.
⑤ 식민 사학을 반박하는 조선봉건사회경제사를 저술하였다.

44

밑줄 그은 '이 사건' 이후의 사실로 옳은 것은? [2점]

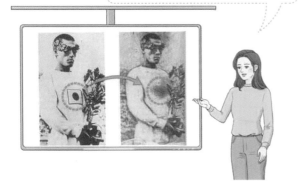

이 사진은 베를린 올림픽에서 우승한 손기정 선수의 시상식 모습입니다. 일부 신문들이 손기정 선수의 가슴에 있던 일장기를 삭제했는데, 이 사건으로 해당 신문들은 무기 정간을 당하거나 자진 휴간했습니다.

① 일제에 의해 경성 제국 대학이 설립되었다.
② 신경향파 작가들이 카프(KAPF)를 결성하였다.
③ 나운규가 제작한 영화 아리랑이 처음 개봉되었다.
④ 여성 계몽과 구습 타파를 주장하는 근우회가 창립되었다.
⑤ 일제가 한글 학자들을 구속한 조선어 학회 사건이 일어났다.

45

밑줄 그은 '국회'에 대한 설명으로 옳은 것은? [2점]

지난 5 · 10 총선을 통해 구성된 국회가 반민족 행위자를 처벌할 수 있는 법안을 통과시켰습니다. 이 법의 적용을 받는 자는 한 · 일 합방에 협력한 자, 한국의 주권을 침해하는 데 도움을 준 자, 일본 치하 독립운동자나 그 가족을 살상 · 박해한 자 등입니다. 아울러 반민족 행위를 예비 조사하기 위해 특별 조사 위원회를 설치하기로 했습니다.

① 민의원, 참의원의 양원으로 운영되었다.
② 한 · 미 자유 무역 협정(FTA)을 비준하였다.
③ 초대 대통령에 한해 중임 제한을 철폐하였다.
④ 유상 매수 · 유상 분배 원칙의 농지 개혁법을 제정하였다.
⑤ 의원 정수 3분의 1이 통일 주체 국민 회의에서 선출되었다.

46

다음 인물에 대한 설명으로 옳은 것은? [3점]

파일(F) 편집(E) 보기(V) 즐겨찾기(A) 도구(T) 도움말(H)

2019년 이달의 독립운동가

5월 ▼   이름 ▼   검색   목록

○○○ [1881~1950]

훈격: 대한민국장   서훈 연도: 1989년

■ 공적 개요
• 1919년 파리 강화 회의 민족 대표
• 1935년 민족 혁명당 설립 참여
• 1944년 대한민국 임시 정부 부주석

인터넷

① 의열단을 조직하여 단장으로 활동하였다.
② 재미 한인을 중심으로 흥사단을 창립하였다.
③ 신흥 강습소를 설립하여 독립군을 양성하였다.
④ 민족 자주 연맹을 이끌고 남북 협상에 참여하였다.
⑤ 일제의 패망과 건국에 대비하여 조선 건국 동맹을 결성하였다.

47

다음 조약에 대한 설명으로 옳은 것을 〈보기〉에서 고른 것은? 2점

> 국제 연합군 총사령관을 한쪽 편으로 하고 조선 인민군 최고 사령관 및 중국 인민 지원군 사령원을 다른 쪽으로 하는 아래의 서명자들은 쌍방에 막대한 고통과 유혈을 초래한 한국에서의 충돌을 정지시키기 위하여, 최후적인 평화적 해결이 달성될 때까지 한국에서의 적대 행위와 일체 무장 행동의 완전한 정지를 보장하는 정전을 확립할 목적으로, 아래의 조항에 기재된 정전 조건과 규정을 접수하며 또 그 제약과 통제를 받는 데 각자 공동 상호 동의한다. 이 조건과 규정들의 의도는 순전히 군사적 성질에 속하는 것이며 이는 오직 한국에서의 교전 쌍방에만 적용한다.

〈보 기〉
- ㄱ. 포로 송환 문제로 인해 체결이 지연되었다.
- ㄴ. 미국과 소련의 군정이 종식되는 계기가 되었다.
- ㄷ. 군사 분계선을 확정하고 비무장 지대를 설정하였다.
- ㄹ. 미국의 극동 방위선을 조정한 애치슨 선언에 영향을 주었다.

① ㄱ, ㄴ ② ㄱ, ㄷ ③ ㄴ, ㄷ ④ ㄴ, ㄹ ⑤ ㄷ, ㄹ

48

(가) 정부 시기의 사실로 옳은 것은? 3점

지난 2007년 1월, 서울중앙지방법원은 '인민혁명당 재건위 사건'에 연루되어 사형당한 8인에게 무죄를 선고하였다. '인민혁명당 재건위 사건'은 (가) 정부 시기 국가 전복을 계획했다는 혐의로 국가보안법 및 긴급 조치 제4호에 따라 서도원·도예종·여정남을 포함한 다수 인사들을 체포하여 사형·무기 징역 등을 선고한 사건이다. 특히 판결 확정 후

사형 집행 소식에 오열하는 유가족

18시간 만인 다음 날 새벽, 형 선고 통지서가 도착하기도 전에 사형수에 대한 형이 집행되었다. 당시 국제법학자협회는 사형이 집행된 4월 9일을 '사법 역사상 암흑의 날'로 선포하였다.

① 한·미 상호 방위 조약을 체결하였다.
② YH 무역 노동자들의 농성을 강경 진압하였다.
③ 대통령 긴급 명령으로 금융 실명제를 시행하였다.
④ 사회 정화를 명분으로 삼청 교육대를 설치하였다.
⑤ 평화 통일론을 주장한 진보당의 조봉암을 제거하였다.

49

밑줄 그은 '민주화 운동'에 대한 설명으로 옳은 것은? 1점

이것은 당시 치안본부 남영동 대공 분실에서 고문을 당하여 죽은 박종철에 대한 국민 추도회 사진이야.

이 고문 치사 사건은 호헌 철폐·독재 타도를 외쳤던 민주화 운동의 도화선이 되었어.

① 장면 내각이 출범하는 배경이 되었다.
② 굴욕적인 한·일 국교 정상화에 반대하였다.
③ 5년 단임의 대통령 직선제 개헌을 이끌어 냈다.
④ 신군부의 계엄령 확대와 무력 진압에 저항하였다.
⑤ 3·15 부정 선거에 항의하는 시위가 전국으로 확산되었다.

50

다음 정부 시기의 통일 노력으로 옳은 것은? 2점

사진으로 보는 ○○○ 정부

서울 올림픽 개최 | 3당 합당 | 남북한 유엔 동시 가입

① 남북 기본 합의서를 교환하였다.
② 7·4 남북 공동 성명을 발표하였다.
③ 개성 공업 지구 조성에 합의하였다.
④ 10·4 남북 공동 선언을 채택하였다.
⑤ 이산 가족 고향 방문을 최초로 성사시켰다.

01

(가) 시대의 생활 모습으로 옳은 것은? 1점

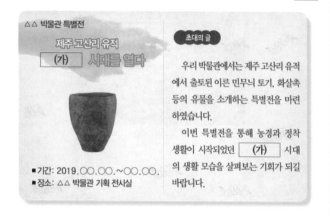

△△ 박물관 특별전
제주 고산리 유적
(가) 시대를 열다

■ 기간: 2019.○○.○○.~○○.○○.
■ 장소: △△ 박물관 기획 전시실

초대의 글
우리 박물관에서는 제주 고산리 유적에서 출토된 이른 민무늬 토기, 화살촉 등의 유물을 소개하는 특별전을 마련하였습니다.
이번 특별전을 통해 농경과 정착 생활이 시작되었던 (가) 시대의 생활 모습을 살펴보는 기회가 되길 바랍니다.

① 주로 동굴이나 막집에 거주하였다.
② 가락바퀴를 이용하여 실을 뽑았다.
③ 명도전을 이용하여 중국과 교역하였다.
④ 철제 농기구를 사용하여 농사를 지었다.
⑤ 의례 도구로 청동 거울과 방울 등을 제작하였다.

02

다음 자료에 해당하는 나라에 대한 설명으로 옳은 것은? 2점

○ 현도의 북쪽 천 리 쯤에 있다. 남쪽은 고구려와 동쪽은 읍루와 서쪽은 선비와 접해 있고, 북쪽에는 약수(弱水)가 있다. 면적은 사방 이천 리이며, 본래 예(濊)의 땅이다.

○ 사람이 죽어 장사 지낼 때는 곽은 사용하나 관은 쓰지 않고, 사람을 죽여서 순장하는데 많을 때는 100명 가량이 된다. 왕의 장례에는 옥갑을 사용하므로 한(漢)의 조정에서는 언제나 옥갑을 미리 현도군에 갖다 두어, 왕이 죽으면 그 옥갑을 취하여 장사 지내게 하였다.

— 「후한서」 —

① 읍군, 삼로 등의 군장이 있었다.
② 혼인 풍속으로 민며느리제가 있었다.
③ 12월에 영고라는 제천 행사를 열었다.
④ 신성 구역인 소도에서 천군이 제사를 주관하였다.
⑤ 읍락 간의 경계를 중시하는 책화라는 풍습이 있었다.

03

(가) 국가의 문화유산으로 옳은 것은? 2점

○○신문

제△△호 　　　　　○○○○년 ○○월 ○○일

고분 벽화 특별전 개최

○○ 박물관에서는 ' (가) 고분 벽화 특별전'을 개최한다. 이번 특별전에서는 북한의 예술가들이 모사한 강서대묘 사신도, 무용총 수렵도 등의 고분 벽화 수십 점이 전시된다. 또한 안악 3호분 등 (가) 의 무덤 양식인 굴식 돌방무덤의 실물 모형도 함께 전시된다.

사신도(현무)

① 　② 　③

④ 　⑤

04

다음 정책을 실시한 왕에 대한 설명으로 옳은 것은? 2점

○ 정월에 율령을 반포하고, 처음으로 관리들의 공복(公服)을 제정하였다. 붉은 빛과 자주 빛으로 등급을 표시하였다.

○ 4월에 이찬 철부를 상대등으로 삼아 나라의 일을 총괄하게 하였다. 상대등의 관직은 이때 처음 생겼는데, 지금의 재상과 같다.

— 「삼국사기」 —

① 이사부를 보내 우산국을 복속시켰다.
② 관료전을 지급하고 녹읍을 폐지하였다.
③ 거칠부로 하여금 국사를 편찬하게 하였다.
④ 이차돈의 순교를 계기로 불교를 공인하였다.
⑤ 자장의 건의로 황룡사 구층 목탑을 건립하였다.

05

(가) 나라에 대한 설명으로 옳은 것은? [1점]

경상북도 고령군 지산동 고분군에서 발굴 조사 중 그림이 새겨진 직경 5cm 가량의 토제 방울 1점을 비롯하여 곱은옥, 화살촉 등 다양한 유물이 출토되었습니다. 이번 발굴로 이진아시왕을 시조로 이 지역에서 발전한 (가) 에 대한 연구가 활발하게 이루어질 전망입니다.

고령 지산동 고분군에서 토제 방울 출토

① 후기 가야 연맹을 주도하였다.
② 중앙군으로 2군 6위를 설치하였다.
③ 9주 5소경의 지방 행정 제도를 두었다.
④ 귀족 합의제인 화백 회의를 운영하였다.
⑤ 왕족인 부여씨와 8성의 귀족이 지배층을 이루었다.

06

(가)에 들어갈 내용으로 옳은 것은? [2점]

인안이라는 연호를 내세워 당과 대등하다는 의식을 표방한 발해의 제2대 왕에 대해 말해 볼까요?

일본에 사신과 국서를 보내 교류를 시작했어요.

(가)

① 낙랑군을 몰아냈어요.
② 국호를 남부여로 바꿨어요.
③ 장문휴를 보내 등주를 공격했어요.
④ 3성 6부의 중앙 관제를 정비했어요.
⑤ 5경 15부 62주의 지방 행정 제도를 확립했어요.

07

다음 상황이 나타난 시기를 연표에서 옳게 고른 것은? [3점]

흑치상지가 좌우의 10여 명과 함께 [적을] 피해 본부로 돌아가 흩어진 자들을 모아 임존산(任存山)을 지켰다. 목책을 쌓고 굳게 지키니 열흘 만에 귀부한 자가 3만여 명이었다. 소정방이 병사를 보내 공격하였는데, 흑치상지가 죽음을 두려워하지 않고 막아 싸우니 그 군대가 패배하였다. 흑치상지가 본국의 2백여 성을 수복하니 소정방이 토벌할 수 없어서 돌아갔다.

	612		618		645		660		676		698
	살수대첩	(가)	당건국	(나)	안시성전투	(다)	황산벌전투	(라)	기벌포전투	(마)	발해건국

① (가)   ② (나)   ③ (다)   ④ (라)   ⑤ (마)

08

(가) 제도에 대한 설명으로 옳은 것은? [2점]

설계두는 신라 귀족 가문의 자손이다. 일찍이 가까운 친구 4명과 함께 모여 술을 마시면서 각자 자신의 뜻을 말하였다. 설계두가 이르기를, "신라에서는 사람을 등용하는 데 (가) 을/를 따져서 진실로 그 족속이 아니면 비록 큰 재주와 뛰어난 공이 있더라도 [그 한도를] 넘을 수가 없다. 나는 원컨대, 중국으로 가서 세상에서 보기 드문 지략을 떨쳐서 특별한 공을 세우고 싶다. 그리고 영광스러운 관직에 올라 고관대작의 옷을 갖추어 입고 천자의 곁에 출입하면 만족하겠다."라고 하였다.

① 진대법이 실시되는 배경이 되었다.
② 원성왕이 인재 등용 제도로 제정하였다.
③ 후주 출신인 쌍기의 건의로 실시되었다.
④ 권문세족에 대한 견제를 목적으로 시행되었다.
⑤ 집과 수레의 크기 등 일상생활까지 규제하였다.

09

다음 글을 작성한 인물이 활동한 시기의 사실로 옳은 것은? [2점]

신은 나이 12세에 중국으로 건너갔는데, 배를 타고 떠날 즈음에 아버지께서 훈계하기를 "앞으로 10년 안에 진사에 급제하지 못하면 나의 아들이라고 말하지 마라. 가서 부지런히 공부에 힘을 기울여라."라고 하였습니다. 신이 부친의 엄한 가르침을 가슴에 새겨 노력을 경주한 끝에 6년 만에 빈공과에 합격하였습니다. …… 이제 귀국하여 그동안 중국에서 지은 글을 모아 계원필경집 1부 20권을 비롯한 시·부·표·장 등의 28권을 소장(疏狀)과 함께 올리게 되었습니다.

① 김흠돌이 반란을 도모하였다.
② 최승로가 시무 28조를 올렸다.
③ 원광이 세속 5계를 제시하였다.
④ 원종과 애노가 사벌주에서 봉기하였다.
⑤ 김춘추가 진골 출신 최초로 왕위에 올랐다.

10

(가)에 들어갈 문화유산으로 옳은 것은? `3점`

사진으로 보는 우리나라의 탑
◆ 신라 편

(가)

이 탑은 신문왕 2년에 세워진 것으로, 국보 제112호로 지정된 쌍탑 중 동탑이다. 이 탑은 삼국 통일 이후 조성된 석탑 양식의 전형을 보여주는 것으로 지붕돌, 몸돌 등 각 부분이 여러 개의 석재로 조립되었다는 점이 특징이다. 이 탑이 있는 절은 삼국을 통일한 문무왕의 유업을 이어받아 아들인 신문왕이 완공하였다.

① 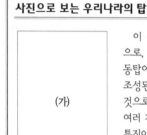 ②  ③

④  ⑤

11

밑줄 그은 '폐하'에 대한 설명으로 옳은 것은? `2점`

폐하께서 실시한 노비안검법에 대해 말씀해 주십시오.

원래는 노비가 아니었는데 전쟁에서 포로가 되었거나 빚 때문에 강제로 권세가의 노비가 된 자들을 양인으로 해방시킨 정책입니다.

① 12목을 설치하고 지방관을 파견하였다.
② 신돈을 등용하고 전민변정도감을 두었다.
③ 민생 안정을 위해 흑창을 처음 설치하였다.
④ 주전도감을 설치하여 해동통보를 발행하였다.
⑤ 광덕, 준풍 등의 독자적인 연호를 사용하였다.

12

(가) 인물에 대한 설명으로 옳은 것은? `2점`

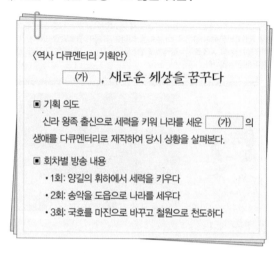

〈역사 다큐멘터리 기획안〉

(가) , 새로운 세상을 꿈꾸다

■ 기획 의도
　신라 왕족 출신으로 세력을 키워 나라를 세운 (가) 의 생애를 다큐멘터리로 제작하여 당시 상황을 살펴본다.

■ 회차별 방송 내용
　• 1회: 양길의 휘하에서 세력을 키우다
　• 2회: 송악을 도읍으로 나라를 세우다
　• 3회: 국호를 마진으로 바꾸고 철원으로 천도하다

① 후당, 오월에 사신을 파견하였다.
② 광평성 등 각종 정치 기구를 마련하였다.
③ 청해진을 설치하여 해상 무역을 전개하였다.
④ 일리천 전투에서 신검의 군대를 격퇴하였다.
⑤ 신라의 금성을 습격하여 경애왕을 죽게 하였다.

13

다음 상황 이후에 전개된 사실로 옳은 것은? `3점`

　여진이 이미 그 소굴을 잃자 보복하고자 맹세하며, 땅을 돌려 달라는 것을 빌미로 여러 추장들이 해마다 와서 다투었다. …… 또 개척한 땅이 크고 넓어서 9성 사이의 거리가 아득히 멀고, 골짜기가 험하고 깊어서 적들이 여러 차례 매복하여 오고가는 사람들을 노략질 하였다. …… 이때에 이르러 왕이 여러 신하들을 모아 의논하여 끝내 9성을 여진에게 돌려주었으며, 전쟁에 쓰이는 도구와 군량을 내지(內地)로 옮기고 그 성에서 철수하였다.

－『고려사』－

① 강감찬이 귀주에서 외적을 격퇴하였다.
② 강조가 정변을 일으켜 왕을 폐위하였다.
③ 이자겸이 금의 사대 요구 수용을 주장하였다.
④ 서희가 외교 담판을 벌여 강동 6주를 획득하였다.
⑤ 부여성에서 비사성에 이르는 천리장성이 축조되었다.

14

밑줄 그은 '정책'의 내용으로 옳은 것은?   2점

최근 최충의 9재 학당을 비롯한 사학 12도로 학생들이 모여들어 관학이 많이 위축되었다는군.

자공거 출신들이 세운 사학이 많아 과거 준비에 유리한 모양일세. 그래서 정부에서는 관학 진흥을 위한 정책을 마련한다고 들었네.

① 독서삼품과를 시행하였다.
② 초계문신제를 실시하였다.
③ 수도에 4부 학당을 두었다.
④ 전문 강좌인 7재를 개설하였다.
⑤ 경당을 설립하여 학문을 가르쳤다.

15

다음 자료에 나타난 시기의 경제 상황으로 옳은 것은?   3점

> 11월에 팔관회가 열렸다. [왕이] 신봉루에 들러 모든 관료에게 큰 잔치를 베풀었다. 그리고 다음 날 대회(大會)에서 또 술과 음식을 하사하고 음악을 관람하였다. …… 송의 상인과 탐라국도 특산물을 바쳤으므로 자리를 내주어 음악을 관람하게 하였는데, 이후에는 상례(常例)가 되었다.

① 집집마다 부경이라는 창고가 있었다.
② 경기서가 수도의 시전을 감독하였다.
③ 감자, 고구마 등의 구황 작물이 재배되었다.
④ 모내기법 등을 소개한 농가집성이 편찬되었다.
⑤ 국경 지대에서 개시 무역과 후시 무역이 이루어졌다.

16

(가)에 들어갈 내용으로 옳은 것은?   1점

'불일보조국사'라는 시호를 받은 인물에 대해 말해 보자.

수선사 결사를 제창하여 불교계를 개혁하려고 했어.

(가)

① 무애가를 지어 불교 대중화에 힘썼어.
② 화엄일승법계도를 지어 화엄 사상을 정리했어.
③ 불교 교단 통합을 위해 해동 천태종을 개창했어.
④ 인도와 중앙아시아를 여행하고 왕오천축국전을 남겼어.
⑤ 돈오점수를 주장하며 수행 방법으로 정혜쌍수를 내세웠어.

17

다음 자료에 나타난 시기의 사회 모습으로 옳은 것은?   2점

> 공주의 겁령구* 등에게 성과 이름을 하사하였는데 홀랄대는 인후로, 삼가는 장순룡으로, 차홀대는 차신으로 하고 관직은 모두 장군으로 하였다. …… 첨의부에서 아뢰기를, "제국 대장 공주의 겁령구와 관료들이 좋은 땅을 많이 차지하여 산천으로 경계를 정하고 사패(賜牌)를 받아 조세를 납입하지 않으니, 청컨대 사패를 도로 거두소서."라고 하였다.
>
> *겁령구: 시종인

① 서얼이 통청 운동을 전개하였다.
② 웅천주 도독 김헌창이 반란을 일으켰다.
③ 만적이 개경에서 신분 해방을 도모하였다.
④ 변발과 호복이 지배층을 중심으로 유행하였다.
⑤ 망이 · 망소이가 가혹한 수탈에 저항하여 봉기하였다.

18

밑줄 그인 '이 책'에 대한 설명으로 옳은 것은?   2점

승려 일연이 편찬한 이 책에 대해 말씀해 주십시오.

이 책은 왕력편, 기이편, 흥법편 등 5권 9편으로 구성되어 있으며, 불교 중심의 역사적 사실과 함께 민간 설화 등이 수록되어 있습니다.

① 기전체 형식으로 서술되었다.
② 남북국이라는 용어를 처음 사용하였다.
③ 사초, 시정기 등을 바탕으로 편찬되었다.
④ 단군왕검의 건국 이야기가 기록되어 있다.
⑤ 현존하는 우리나라 최고(最古)의 역사서이다.

19

다음 자료에 해당하는 정치 기구에 대한 설명으로 옳은 것은? 2점

> 정치를 논하여 바르게 이끌고, 백관을 규찰하고, 풍속을 바로잡고, 원통하고 억울한 것을 풀어주고, 외람되고 거짓된 것을 금하는 등의 일을 관장한다. …… 집의 1명, 장령 2명, 지평 2명, 감찰 24명을 둔다.

① 수도의 치안과 행정을 주관하였다.
② 고려의 삼사와 같은 역할을 하였다.
③ 조광조를 비롯한 사림의 건의로 혁파되었다.
④ 임진왜란을 거치면서 국정 최고 기구로 성장하였다.
⑤ 5품 이하 관리의 임명 과정에서 서경권을 행사하였다.

20

밑줄 그은 '이 왕'의 재위 기간에 있었던 사실로 옳은 것은? 1점

> 이 서사시는 조선의 건국 시조들을 찬양하고 왕조의 창업을 합리화한 것으로, 이 왕이 정인지, 권제 등에게 명하여 훈민정음으로 편찬하도록 하였습니다.

> 제1장
> 해동의 여섯 용이 나시어서
> 그 행동하신 일마다 모두 하늘이 내리신 복이시니
> 그러므로 옛날의 성인의 하신 일들과 부절을 합친
> 것처럼 꼭 맞으시니.
>
> 제2장
> 뿌리가 깊은 나무는 아무리 센 바람에도 움직이지
> 아니하므로, 꽃이 좋고 열매도 많으니
> ……

① 훈련 교범인 무예도보통지가 편찬되었다.
② 전통 한의학을 정리한 동의보감이 간행되었다.
③ 최초로 100리 척을 사용한 동국지도가 제작되었다.
④ 우리 풍토에 맞는 농법을 소개한 농사직설이 간행되었다.
⑤ 각 도의 지리, 풍속 등이 수록된 동국여지승람이 편찬되었다.

21

(가), (나) 사이의 시기에 있었던 사실로 옳은 것은? 3점

> (가) 도평의사사가 글을 올려 과전을 주는 법을 정하자고 요청하니 왕이 따랐다. …… 경기는 사방의 근원이니 마땅히 과전을 설치하여 사대부를 우대하였다. 무릇 경성에 살며 왕실을 보위하는 자는 현직 여부에 상관없이 직위에 따라 과전을 받게 하였다.
>
> (나) 한명회 등이 아뢰기를, "직전(職田)의 세(稅)는 관(官)에서 거두어 관에서 주면 이런 폐단이 없을 것입니다."라고 하였다. [대왕대비가] 전지하기를, "직전의 세는 소재지의 지방관으로 하여금 감독하여 거두어 주도록 하라."라고 하였다.

① 백성에게 정전을 지급하였다.
② 양전 사업을 실시하여 지계를 발급하였다.
③ 관등에 따라 관리에게 전지와 시지를 차등 지급하였다.
④ 개국 공신에게 인품, 공로를 기준으로 역분전을 지급하였다.
⑤ 수신전, 휼양전 등의 명목으로 세습되는 토지를 폐지하였다.

22

(가) 왕이 실시한 정책으로 옳은 것은? 2점

> 이 책은 (가) 때 신숙주, 정척 등이 국가와 왕실의 각종 행사를 유교의 예법에 맞게 정리하여 완성한 국조오례의입니다. 국가의 기본 예식인 오례, 즉 제사 의식인 길례, 관례와 혼례 등의 가례, 사신 접대 의례인 빈례, 군사 의식에 해당하는 군례, 상례 의식인 흉례에 대한 규정을 정리해 놓았습니다.

① 경기도에 한하여 대동법을 실시하였다.
② 학문 연구 기관으로 집현전을 설치하였다.
③ 조선의 기본 법전인 경국대전을 반포하였다.
④ 문하부 낭사를 분리하여 사간원으로 독립시켰다.
⑤ 현량과를 실시하여 신진 사림을 등용하고자 하였다.

23

다음 검색창에 들어갈 인물의 활동으로 옳은 것은? [2점]

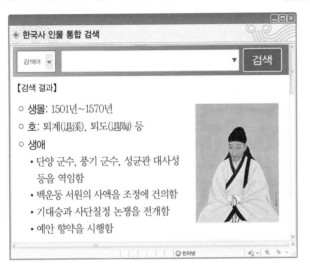

◆ 한국사 인물 통합 검색

검색어 ▾ [▾] 검색

【검색 결과】

○ 생몰: 1501년~1570년
○ 호: 퇴계(退溪), 퇴도(退陶) 등
○ 생애
　• 단양 군수, 풍기 군수, 성균관 대사성
　　등을 역임함
　• 백운동 서원의 사액을 조정에 건의함
　• 기대승과 사단칠정 논쟁을 전개함
　• 예안 향약을 시행함

① 양명학을 연구하여 강화 학파를 형성하였다.
② 명에 대한 의리를 내세워 기축봉사를 올렸다.
③ 군주의 도를 도식으로 설명한 성학십도를 지었다.
④ 다양한 개혁 방안을 제시한 동호문답을 저술하였다.
⑤ 재상 중심의 정치를 강조한 조선경국전을 편찬하였다.

24

밑줄 그은 '이 부대'에 대한 설명으로 옳은 것은? [2점]

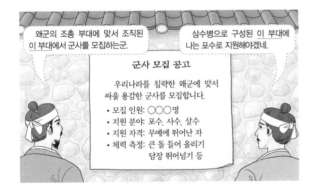

왜군의 조총 부대에 맞서 조직된 이 부대에서 군사를 모집하는군.

삼수병으로 구성된 이 부대에 나는 포수로 지원해야겠네.

군사 모집 공고

우리나라를 침략한 왜군에 맞서
싸울 용감한 군사를 모집합니다.

• 모집 인원: ○○○명
• 지원 분야: 포수, 사수, 살수
• 지원 자격: 무예에 뛰어난 자
• 체력 측정: 큰 돌 들어 올리기
　　　　　　담장 뛰어넘기 등

① 최씨 무신 정권의 군사적 기반이었다.
② 급료를 받는 상비군이 주축을 이루었다.
③ 국경 지역인 북계와 동계에 배치되었다.
④ 이종무의 지휘 아래 대마도 정벌에 참여하였다.
⑤ 국왕의 친위 부대로 수원 화성에 외영을 두었다.

25

다음 자료를 활용한 탐구 활동으로 가장 적절한 것은? [2점]

　　최명길이 아뢰기를, "종묘사직의 존망이 호흡하는 사이에 달려
있어 해볼 만한 일이 없으니, 청컨대 혼자 말을 타고 달려가서 적장을
보고 까닭 없이 군사를 발동하여 몰래 깊이 쳐들어온 뜻을 묻겠습니다.
오랑캐가 만일 다시 신의 말을 듣지 않고 신을 죽인다면 신은 마땅히
말발굽 아래에서 죽을 것이요, 다행히 서로 이야기가 되면 잠시라도
그들의 칼날을 멈추게 할 것이니, 한성 가까운 곳에서 방어할 만한
땅은 남한산성만 한 데가 없으니, 청컨대 전하께서는 [도성의] 수구문
을 통해 나가신 후 서둘러 산성으로 옮기시어 일의 추이를 보소서."
라고 하였다.

－『연려실기술』－

① 삼별초의 이동 경로를 찾아본다.
② 통신사의 활동 내용을 살펴본다.
③ 위화도 회군의 결과를 알아본다.
④ 계해약조의 체결 과정을 조사한다.
⑤ 삼전도비의 건립 배경을 파악한다.

26

(가)에 대한 설명으로 옳은 것은? [2점]

현종 때 일어난 (가) 에 대해 말씀해 주십시오.

(가) 은/는 효종 사후 인조의 계비인 자의 대비의 복상 기간을 두고 벌어진 논쟁입니다.

① 사림과 훈구의 갈등이 원인이 되었다.
② 서인과 남인 사이에 발생한 전례 문제이다.
③ 북인이 정국을 주도하던 시기에 전개되었다.
④ 외척 세력인 대윤과 소윤의 대립으로 일어났다.
⑤ 동인이 남인과 북인으로 분열되는 결과를 가져왔다.

27

밑줄 그은 '이 왕'의 업적으로 옳지 않은 것은? 2점

이 그림은 한성의 홍수 예방을 위하여 이 왕이 시행한 청계천 준설 공사의 모습을 그린 기록화입니다. 이 왕은 신문고를 다시 설치하여 백성의 억울함을 듣고자 하였습니다.

수문상친림관역도

① 속대전을 편찬하여 통치 체제를 정비하였다.
② 기유약조를 체결하여 일본과의 무역을 재개하였다.
③ 동국문헌비고를 간행하여 역대 문물을 정리하였다.
④ 균역법을 실시하여 군역의 부담을 줄이고자 하였다.
⑤ 탕평비를 건립하여 붕당의 폐해를 경계하고자 하였다.

28

다음 글을 쓴 인물에 대한 설명으로 옳은 것은? 1점

중국의 재산이 풍족할 뿐더러 한 곳에 지체되지 않고 골고루 유통함은 모두 수레를 쓴 이익일 것이다. …… 평안도 사람들은 감과 귤을 분간하지 못하며, 바닷가 사람들은 멸치를 거름으로 밭에 내건만 서울에서는 한 움큼에 한 푼씩 하니 이렇게 귀함은 무슨 까닭인가. …… 사방이 겨우 몇천 리 밖에 안 되는 나라에 백성의 살림살이가 이다지 가난함은 한마디로 표현한다면 수레가 국내에 다니지 못한 까닭이라 하겠다.

— 「열하일기」 —

① 양반전에서 양반의 위선과 무능을 풍자하였다.
② 북학의에서 절약보다 적절한 소비를 강조하였다.
③ 곽우록에서 토지 매매를 제한하는 한전론을 제시하였다.
④ 우서에서 사농공상의 직업적 평등과 전문화를 주장하였다.
⑤ 색경에서 담배, 수박 등의 상품 작물 재배법을 소개하였다.

29

밑줄 그은 '이 시기'에 볼 수 있는 모습으로 적절하지 않은 것은? 2점

이곳은 강화도의 용흥궁으로 철종이 왕위에 오르기 전에 살았던 곳이다. 농사를 짓던 그는 헌종이 후사 없이 승하하자 안동 김씨인 순원 왕후의 영향력으로 왕위에 올랐다. 그는 순원 왕후의 수렴청정을 받고, 김문근의 딸을 왕비로 맞이하면서 안동 김씨의 세도에 눌려 제대로 된 정치를 할 수 없었다. 이러한 상황은 소수의 외척 가문이 비변사의 요직을 독점하여 권력을 장악한 이 시기에 왕권이 약화된 모습을 보여준다.

① 이양선의 출몰을 보고하는 수군
② 군정의 문란으로 고통 받는 농민
③ 삼정이정청 설치를 건의하는 관리
④ 조선통보를 주조하는 관청 소속 장인
⑤ 왕조의 교체를 예언한 정감록을 읽고 있는 양반

30

다음 특별전에 전시될 그림으로 가장 적절한 것은? 1점

기획 전시

❀ 단원 특별전 ❀

우리 미술관에서는 풍속화, 산수화, 기록화, 초상화 등 다양한 분야에서 뛰어난 작품을 남긴 단원의 예술 세계를 만날 수 있는 특별전을 마련하였습니다.

옥순봉도   자화상

• 기간: 2019년 ○○월 ○○일 ~ ○○월 ○○일
• 장소: △△미술관

①
②
③
④
⑤

31

(가) 인물이 추진한 정책으로 옳은 것은? [2점]

나라 안의 서원과 사묘(祠廟)를 모두 철폐하고 남긴 것은 48 개소에 불과하였다. …… 만동묘는 철폐한 후 그 황묘위판(皇廟位版)은 북원*의 대보단으로 옮겨 봉안하였다. …… 서원을 창설할 때에는 매우 좋은 뜻으로 시작하였지만 오랜 세월이 흐르는 동안 날로 폐단이 심하였다. …… 그러므로 서원 철폐령을 내린 것을 어찌 막을 수 있겠는가? 그 일이 [(가)] (으)로부터 나온 것이라고 해서 모두 비방할 일은 아니다.

*북원: 창덕궁 금원

— 『매천야록』 —

① 나선 정벌을 위해 조총 부대를 파견하였다.
② 청과의 경계를 정한 백두산정계비를 세웠다.
③ 신유박해로 수많은 천주교인들을 처형하였다.
④ 대전통편을 편찬하여 통치 체제를 정비하였다.
⑤ 환곡의 폐단을 시정하고자 사창제를 실시하였다.

32

(가) 지역에서 있었던 사실로 옳지 않은 것은? [3점]

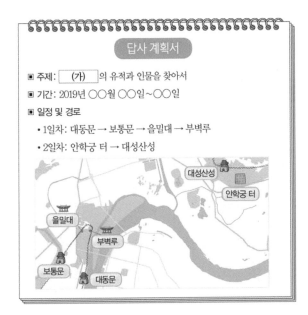

■ 주제: [(가)]의 유적과 인물을 찾아서
■ 기간: 2019년 ○○월 ○○일~○○일
■ 일정 및 경로
 • 1일차: 대동문 → 보통문 → 을밀대 → 부벽루
 • 2일차: 안학궁 터 → 대성산성

① 제1차 미·소 공동 위원회가 개최되었다.
② 안창호가 민족 교육을 위해 대성 학교를 설립하였다.
③ 고무 공장 노동자 강주룡이 노동 쟁의를 전개하였다.
④ 미국 상선 제너럴 셔먼호가 관민들에 의해 불태워졌다.
⑤ 조만식 등을 중심으로 조선 물산 장려회가 결성되었다.

33

밑줄 그은 '조약'에 대한 설명으로 옳은 것은? [2점]

이번에 우리측 대표 신헌과 일본측 대표 구로다가 조약을 체결했다는군.

그렇다네. 작년에 일어났던 운요호 사건을 빌미로 일본이 요구했다더군.

① 방곡령을 선포할 수 있는 조항을 명시하였다.
② 메가타가 재정 고문으로 부임하는 근거가 되었다.
③ 외국에 대한 최혜국 대우를 처음으로 규정하였다.
④ 부산 외 2곳에 개항장이 설치되는 결과를 가져왔다.
⑤ 고종이 헤이그에 특사를 파견하여 부당성을 알리고자 하였다.

34

(가)~(라)를 일어난 순서대로 옳게 나열한 것은? [3점]

(가) 의정부에서 아뢰기를, "아문을 설치하는 일에 대해서 이미 연석에서 상교하셨으니 …… 신들이 충분히 상의한 다음 설치하기에 합당한 것을 절목으로 써서 드립니다."라고 하니 [왕이] 알았다고 답하였다. 【절목】1. 아문의 호칭은 통리기무아문으로 한다.

(나) 대원군에게 군국사무를 처리하라는 명이 내려지자 대원군은 궐내에서 거처하며 …… 5군영의 군사 제도를 복구하라는 명령을 내려 군량을 지급하도록 하였다. 그리고 난병들은 물러가라는 명을 내리고 대사면령을 내렸다.

(다) 민영익이 우영사로서 우정국 낙성연에 참가하였다가 흉도 여러 명이 휘두른 칼에 맞아 당상 위로 돌아와 쓰러졌다. …… 왕이 경우궁으로 거처를 옮기자 각 비빈과 동궁도 황급히 따라갔다.

(라) 김윤식이 영국 총영사 아스톤에게 거문도를 점거한 지 3개월이 경과하였을 뿐 아니라 우리나라 조야의 여론이 비등하고 있으므로 속히 섬을 점거하고 있는 군대를 철수시킬 것을 요청하였다.

① (가) – (나) – (다) – (라)
② (가) – (나) – (라) – (다)
③ (나) – (가) – (다) – (라)
④ (나) – (가) – (라) – (다)
⑤ (다) – (나) – (가) – (라)

35

(가), (나) 사절단에 대한 설명으로 옳은 것은? 2점

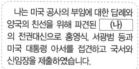

① (가) – 귀국할 때 조선책략을 가지고 들어왔다.
② (가) – 무기 제조 공장인 기기창 설립의 계기를 마련하였다.
③ (나) – 보고 들은 내용을 해동제국기로 남겼다.
④ (나) – 해국도지, 영환지략을 들여와 국내에 소개하였다.
⑤ (가), (나) – 암행어사 형태로 비밀리에 파견되었다.

36

(가) 시기에 있었던 사실로 옳은 것은? 2점

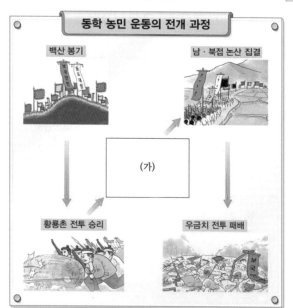

① 정부와 농민군 사이에 전주 화약이 체결되었다.
② 교조 신원을 요구하는 삼례 집회가 개최되었다.
③ 농민군이 황토현 전투에서 관군에게 승리하였다.
④ 사태 수습을 위해 이용태가 안핵사로 파견되었다.
⑤ 전봉준이 농민들을 이끌고 고부 관아를 습격하였다.

37

밑줄 그은 '의병'에 대한 설명으로 옳은 것은? 1점

① 단발령의 시행에 반발하여 봉기하였다.
② 민종식이 이끈 부대가 홍주성을 점령하였다.
③ 국제법상 교전 단체로 승인해 줄 것을 요구하였다.
④ 의병 부대가 연합하여 서울 진공 작전을 전개하였다.
⑤ 조선 총독부에 국권 반환 요구서를 제출하고자 하였다.

38

(가) 단체의 활동으로 옳은 것은? 2점

> 11월 4일 밤, 조병식 등은 건의소청 및 도약소의 잡배들로 하여금 광화문 밖의 내국 조방 및 큰길가에 익명서를 붙이도록 하였다. …… 익명서는 " (가) 이/가 11월 5일 본관에서 대회를 열고, 박정양을 대통령으로, 윤치호를 부통령으로, 이상재를 내부대신으로 …… 임명하여 나라의 체제를 공화정치 체제로 바꾸려 한다."라고 꾸며서 폐하께 모함하고자 한 것이다.
>
> – 『대한계년사』 –

① 일본의 황무지 개간권 요구를 저지하였다.
② 러시아의 절영도 조차 요구에 반대하였다.
③ 고종의 강제 퇴위 반대 운동을 전개하였다.
④ 계몽 서적 출판을 위해 태극 서관을 설립하였다.
⑤ 일본에게 진 빚을 갚자는 국채 보상 운동을 주도하였다.

39

(가)에 대한 설명으로 옳은 것은? 3점

□□신문

제△△호   2019년 ○○월 ○○일

여성 독립운동가 기념 우표 발행

우정사업본부는 3·1 운동 100주년을 맞아 조국의 독립을 위해 헌신한 여성 독립운동가 4명의 기념 우표를 발행하였다. 그들 중 박차정은 근우회에서 활동하다가 보다 적극적인 독립운동을 위해 중국으로 망명하였다.

1938년 조선 민족 전선 연맹 산하의 군사 조직으로 우한에서 창설된 (가) 의 부녀복무단장으로 무장 투쟁을 전개하다가 35세의 젊은 나이로 순국하였다. 1995년 건국 훈장 독립장이 추서되었다.

① 총사령 양세봉의 지휘 아래 활동하였다.
② 미국과 연계하여 국내 진공 작전을 계획하였다.
③ 쌍성보 전투에서 한·중 연합 작전을 전개하였다.
④ 간도 참변 이후 조직을 정비하고 자유시로 이동하였다.
⑤ 중국 관내(關內)에서 조직된 최초의 한인 무장 부대였다.

40

다음 공고가 발표된 이후 대한민국 임시 정부의 활동으로 옳은 것은? 3점

임시 정부 포유문

1. 본 정부는 이번 제32회 임시 의정원 회의에 임시 약헌 개정으로 제출하여 임시 정부의 조직 기구를 변경하였으니 …… 국무위원회 주석과 국무 위원을 모두 의회에서 선출하여 종전에 국무 위원끼리 주석을 호선하던 제도를 폐하였다. 또 국무위원회 주석은 일반 국무를 처리함에는 총리격을 가졌고, 그 외 정부를 대표하며 국군을 총감하는 권리를 설정하였으니 이 방면으로는 국가 원수격을 가지게 되었다.

① 파리 강화 회의에 독립 청원서를 제출하였다.
② 삼균주의에 바탕을 둔 건국 강령을 발표하였다.
③ 무장 투쟁을 위해 육군 주만 참의부를 조직하였다.
④ 국민 대표 회의를 열어 독립운동의 방향을 논의하였다.
⑤ 임시 사료 편찬회를 두어 한·일 관계 사료집을 간행하였다.

41

(가) 인물에 대한 설명으로 옳은 것은? 2점

저는 지금 카자흐스탄 크질오르다에 있습니다. 이곳은 (가) 이/가 근무하였던 옛 고려 극장 건물입니다. 대한 독립군 총사령관이었던 그는 1937년 옛 소련의 강제 이주 정책에 의해 연해주에서 중앙아시아 지역으로 이주하였습니다. 최근 그의 유해 봉환 문제가 제기되면서 국내외 독립운동가의 예우와 선양 사업에 대한 관심이 높아지고 있습니다.

① 양기탁 등과 함께 신민회를 조직하였다.
② 광복에 대비하여 조선 건국 동맹을 결성하였다.
③ 봉오동 전투에서 일본군을 상대로 승리를 거두었다.
④ 독립군을 양성하기 위하여 신흥 강습소를 설립하였다.
⑤ 독립 투쟁 과정을 정리한 한국독립운동지혈사를 서술하였다.

42

밑줄 그은 '이 운동'에 대한 설명으로 옳은 것은? 1점

이것은 순종의 인산일을 기회로 전개되었던 이 운동을 기념하기 위해 세운 기념비입니다. 기념비에는 당시 중앙고보생을 비롯한 많은 학생들이 일제 경찰의 삼엄한 경비를 뚫고 시내 곳곳에서 만세 시위를 벌인 내용이 기록되어 있습니다.

① 미쓰야 협정이 체결되는 배경이 되었다.
② 신간회가 조사단을 파견하여 지원하였다.
③ 대한매일신보의 후원으로 전국적으로 확산되었다.
④ 국내에서 민족 유일당 운동이 전개되는 계기가 되었다.
⑤ 배우자 가르치자 다 함께 브나로드를 구호로 내세웠다.

117

43

(가) 단체에 대한 설명으로 옳은 것은? 2점

김창숙은 동년 음력 3월 중순에 상하이에 도착하여 본래부터 친분이 있는 [(가)]의 간부 김원봉, 유우근, 한봉근 등을 만나 여러 가지로 의논하였다. …… [(가)]의 단원인 나석주를 조선에 잠입시켜 동양 척식 주식회사, 조선 식산 은행 등에 폭탄을 던지고 권총을 난사하여 인명을 살상케 하였다는 것인데, 김창숙은 나석주가 조선에 건너가서 암살할 자로 영남의 부호 장모, 하모, 권모 등을 지적한 일까지 있었다고 한다.

① 태평양 전쟁 발발 이후에 조직되었다.
② 고종의 밀지를 받아 결성된 비밀 단체였다.
③ 만민 공동회를 열어 민권 신장을 추구하였다.
④ 일제가 조작한 105인 사건으로 큰 타격을 입었다.
⑤ 단원 일부가 황푸 군관 학교에 입학해 군사 훈련을 받았다.

44

다음 영화가 처음 개봉되었던 당시에 볼 수 있는 모습으로 가장 적절한 것은? 3점

이 사진은 나운규가 감독·주연을 맡아 제작한 영화의 장면과 제작진의 모습입니다. 단성사에서 개봉된 이 영화는 식민 지배를 받던 한국인의 고통스런 삶을 표현한 작품입니다.

① 카프(KAPF)에서 활동하는 신경향파 작가
② 원각사에서 은세계 공연을 관람하는 학생
③ 육영 공원에서 영어를 가르치는 미국인 교사
④ 전차 개통식에 참여하는 한성 전기 회사 직원
⑤ 손기정 선수의 올림픽 우승 소식을 보도하는 기자

45

밑줄 그은 '이 시기'에 시행된 일제의 정책으로 옳은 것은? 1점

이 국민 노무 수첩은 일제가 중·일 전쟁을 일으키고 침략 전쟁을 확대하던 이 시기에 노동력을 통제하고 관리하기 위하여 발행한 것입니다. 특히, 강제 동원된 한국인의 국민 노무 수첩은 일제에 의해 수많은 한국인들이 광산 등으로 끌려가 열악한 환경에서 혹사당했음을 보여주는 자료입니다.

① 한국인에 한하여 적용하는 조선 태형령을 시행하였다.
② 민족 자본의 성장을 억제하기 위해 회사령을 공포하였다.
③ 조선 사상범 예방 구금령을 통해 독립운동을 탄압하였다.
④ 식민지 교육 방침을 규정한 제1차 조선 교육령을 제정하였다.
⑤ 근대적 토지 소유권 확립을 명분으로 토지 조사 사업을 실시하였다.

46

(가), (나) 사이의 시기에 있었던 사실로 옳은 것은? 2점

(가) 이제 우리는 무기 휴회된 공위가 재개될 기색도 보이지 않으며 통일 정부를 고대하나 여의치 않게 되었으니, 우리는 남방만이라도 임시 정부 혹은 위원회 같은 것을 조직하여 38도선 이북에서 소련이 철퇴하도록 세계 공론에 호소하여야 될 것이다.

(나) 귀국한 이래 3년이 지난 오늘까지 온갖 잡음을 물리치고 남북 통일과 독립을 이루고자 나머지 목숨을 38도선에 내놓은 김구의 얼굴에 이제 아무런 의혹의 티가 없었다. …… 이윽고 김구를 태운 자동차는 38도선을 넘어 멀리 평양을 향하여 성원 속에 사라졌다.

① 좌우 합작 7원칙이 발표되었다.
② 조선 건국 준비 위원회가 결성되었다.
③ 모스크바 3국 외상 회의가 개최되었다.
④ 반민족 행위 특별 조사 위원회가 구성되었다.
⑤ 유상 매수, 유상 분배 원칙의 농지 개혁법이 제정되었다.

47

(가) 정부 시기에 있었던 사실로 옳은 것은? 2점

이 사건은 '평화 통일'을 주장하는 조봉암이 제3대 대통령 선거에서 200여만 표 이상을 얻어 (가) 정권에 위험적인 정치인으로 부상하자 조봉암이 이끄는 진보당의 민의원 총선 진출을 막고 조봉암을 제거하려는 (가) 정권의 의도가 작용하여 서울시경이 조봉암 등 간부들을 국가변란 혐의로 체포하여 조사하였고, 민간인에 대한 수사권이 없는 육군 특무대가 조봉암을 간첩 혐의로 수사에 나서 재판을 통해 처형에 이르게 한 것으로 인정되는 비인도적, 반인권적 인권 유린이자 정치 탄압 사건이다.

– 「진보당 조봉암 사건 결정 요지」 –

① 통일 주체 국민 회의 대의원이 선출되었다.
② 농촌 근대화를 표방한 새마을 운동이 전개되었다.
③ 사회 정화를 명분으로 삼청 교육대가 설치되었다.
④ 한 · 독 정부 간의 협정에 따라 서독으로 광부가 파견되었다.
⑤ 국가보안법 개정안을 통과시킨 이른바 보안법 파동이 일어났다.

48

다음 사실이 있었던 정부 시기의 경제 상황으로 옳은 것은? 2점

포항 종합 제철 공장 제1기 준공식

연간 조강 생산량 1백 3만 톤 규모의 제철 일관공정을 갖춘 포항 종합 제철 공장 제1기 준공식이 대통령이 참석한 가운데 거행되었다. 총 공사비 1,200여억 원 (외자 700여억 원 포함)을 들여 3년 3개월 만에 완공된 이 공장에서 생산된 철강은 조선, 기계, 자동차 등 중화학 공업 분야의 원재료로 쓰이게 된다.

① 경제 협력 개발 기구(OECD)에 가입하였다.
② 제3차 경제 개발 5개년 계획이 추진되었다.
③ 한 · 칠레 자유 무역 협정(FTA)이 체결되었다.
④ 대통령 긴급 명령으로 금융 실명제가 실시되었다.
⑤ 3저 호황으로 물가가 안정되고 수출이 증가하였다.

49

다음 자료에 해당하는 민주화 운동에 대한 설명으로 옳은 것은? 1점

광주 시민들에 따르면, 공수 부대가 학생들의 시위에 잔인하게 대응하면서 상호 간에 폭력적인 결과를 가져왔다고 한다. 계엄령 해제와 수감된 야당 지도자의 석방을 요구하는 학생들이 행진하면서 돌을 던졌다고 하지만, 그렇게 폭력적이지는 않았다고 한다. 광주에 거주하는 25명의 미국인들 - 대부분 선교사, 교사, 평화 봉사단 단원들 - 가운데 한 사람은 "가장 놀랐던 것은 군인들이 저지른 무차별적 폭력이었다."라고 증언하였다.

– 당시 상황을 보도한 외신 기사 –

① 한 · 일 국교 정상화에 반대하여 일어났다.
② 관련 기록물이 유네스코 세계 기록유산으로 등재되었다.
③ 대통령 중심제에서 의원 내각제로 바뀌는 계기가 되었다.
④ 3 · 1 민주 구국 선언을 통해 긴급 조치 철폐 등을 요구하였다.
⑤ 4 · 13 호헌 조치에 반발하여 호헌 철폐 등의 구호를 내세웠다.

50

다음 경축사를 발표한 정부의 통일 노력으로 옳은 것은? 2점

지난 3년 반은 개혁을 통해 외환 위기를 성공적으로 극복하고 21세기 세계 일류 국가로 들어설 수 있는 기틀을 마련하고자 힘써온 시기였습니다. 우리는 국제 통화 기금(IMF)으로부터 지원받았던 195억 달러의 차관을 3년 앞당겨 전액 상환하게 되었습니다.

① 7 · 4 남북 공동 성명을 발표하였다.
② 남북한이 유엔에 동시 가입하였다.
③ 6 · 15 남북 공동 선언을 채택하였다.
④ 한반도 비핵화 공동 선언에 서명하였다.
⑤ 최초의 이산가족 고향 방문을 실현하였다.

01

(가) 시대의 생활 모습으로 옳은 것은? 1점

> 이것은 경기도 고양시 도내동 유적 발굴 현장 모습입니다. 이 유적에서는 약 4~7만 년 전에 제작된 주먹도끼, 찌르개, 돌날 등 (가) 시대의 도구들이 8,000여 점이나 출토되었으며, 대규모의 석기 제작 공간이 있었던 것으로 추정됩니다.

① 소를 이용한 깊이갈이가 일반화되었다.
② 주로 동굴이나 강가의 막집에서 살았다.
③ 반량전, 명도전 등의 화폐를 사용하였다.
④ 지배층의 무덤으로 고인돌을 축조하였다.
⑤ 빗살무늬 토기를 이용하여 식량을 저장하였다.

02

밑줄 그은 '이 나라'에 대한 설명으로 옳은 것은? 2점

> 누선장군 양복이 병사 7천 명을 거느리고 먼저 왕검성에 이르렀다. 이 나라의 우거왕이 성을 지키고 있다가 양복의 군사가 적음을 알고 곧 성을 나와 공격하자, 양복의 군사가 패배하여 흩어져 달아났다. 한편 좌장군 순체는 패수서군을 공격하였지만 이를 깨뜨리고 나아가지 못하였다. 한 무제는 두 장군이 이롭지 못하다 생각하고, 이에 위산으로 하여금 군사의 위엄을 갖추고 가서 우거왕을 회유하도록 하였다.

① 정사암에 모여 재상을 선출하였다.
② 10월에 동맹이라는 제천 행사를 열었다.
③ 읍락 간의 경계를 중시하는 책화가 있었다.
④ 제사장인 천군과 신성 지역인 소도가 있었다.
⑤ 사회 질서를 유지하기 위해 범금 8조를 두었다.

03

밑줄 그은 '왕'에 대한 설명으로 옳은 것은? 2점

> 왕 6년 가을 7월에 이찬 이사부가 아뢰기를, "국사(國史)라는 것은 군주와 신하의 선악을 기록하여 만대에 포폄(褒貶)*을 보여 주는 것이니 편찬하지 않으면 후대에 무엇을 보이겠습니까?"라고 하였다. 이에 왕이 진실로 그렇다고 여겨서 대아찬 거칠부 등에게 명하여 널리 문사들을 모아서 [이를] 편찬하도록 하였다.
> — 『삼국사기』 —
>
> *포폄(褒貶): 칭찬과 비판을 하거나 또는 시비와 선악을 판단하여 결정함

① 백성에게 정전을 지급하였다.
② 국가적인 조직으로 화랑도를 개편하였다.
③ 국학을 설립하여 유학 교육을 실시하였다.
④ 최고 지배자의 칭호를 마립간이라 하였다.
⑤ 지방관 감찰을 위하여 외사정을 파견하였다.

04

교사의 질문에 대한 학생의 답변으로 옳은 것은? 2점

> 이 유물은 지린성 마오얼산 유적에서 출토된 장신구입니다. 이 나라의 사람들은 금과 은으로 만든 장신구로 치장하는 것을 즐겼다고 합니다. 12월에 영고라는 제천 행사를 열었던 이 나라에 대해 발표해 볼까요?

① 민며느리제라는 혼인 풍습이 있었습니다.
② 철이 많이 생산되어 낙랑과 왜에 수출하였습니다.
③ 여러 가(加)들이 별도로 사출도를 주관하였습니다.
④ 단궁, 과하마, 반어피 등이 대표적인 특산물입니다.
⑤ 대가들이 사자, 조의, 선인 등의 관리를 거느렸습니다.

05

(가)~(마) 문화유산에 대한 설명으로 옳은 것은? `3점`

답사 계획서

- 답사 기간: 2019년 ○○월 ○○일~○○일
- 주제: 지안 지역의 고구려 유적
- 경로: 국내성 → 무용총 → 각저총 → 광개토 대왕릉비 → 장군총
- 준비 사항: 답사 장소와 유적에 대한 자료 조사

① (가) – 백제의 공격으로 고국원왕이 전사한 곳이다.
② (나) – 당시 생활상을 담은 수렵도 등의 벽화가 남아 있다.
③ (다) – 돌무지덧널무덤으로 다양한 껴묻거리가 출토되었다.
④ (라) – 김정희의 금석과안록에서 비의 설립시기가 고증되었다.
⑤ (마) – 벽돌무덤으로 중국 양나라와의 문화적 교류를 보여 준다.

06

밑줄 그은 '전투' 이후에 있었던 사실로 옳은 것은? `3점`

"생각건대 신라가 우리의 땅을 빼앗아 군현으로 삼아서, [그곳의] 백성들이 가슴 아파하고 원망스러워하며 부모의 나라를 잊은 적이 없습니다. 원컨대 대왕께서는 저를 어리석고 못나다 생각하지 마시고 저에게 군사를 주신다면, 단번에 우리 땅을 반드시 되찾겠습니다."라고 온달이 왕에게 아뢰었다. …… 마침내 온달이 출전하여 신라군과 아단성 아래에서 <u>전투</u>를 하였는데, 날아오는 화살에 맞아 쓰러져 사망하였다.

① 관구검의 공격으로 환도성이 함락되었다.
② 연개소문이 정권을 장악하고 신라를 압박하였다.
③ 미천왕이 서안평을 공격하여 영토를 확장하였다.
④ 태조왕이 옥저를 정복하고 동해안으로 진출하였다.
⑤ 장수왕이 평양으로 천도하고 남진 정책을 본격화하였다.

07

밑줄 그은 '이 왕'의 재위 시기에 있었던 사실로 옳은 것은? `2점`

소정방이 당의 내주에서 출발하니, 많은 배가 천 리에 이어져 물길을 따라 동쪽으로 내려왔다. …… 무열왕이 태자 법민을 보내 병선 100척을 거느리고 덕물도에서 소정방을 맞이하게 하였다. 소정방이 법민에게 말하기를, "나는 백제의 남쪽에 이르러 대왕의 군대와 만나서 <u>이 왕</u>의 도성을 격파하고자 한다."라고 말하였다.

① 백제가 사비로 천도하였다.
② 백제가 대야성을 점령하였다.
③ 고구려가 낙랑군을 축출하였다.
④ 신라가 매소성에서 당군을 물리쳤다.
⑤ 신라가 안승을 보덕국왕으로 임명하였다.

08

(가) 국가에서 볼 수 있는 모습으로 가장 적절한 것은? `2점`

□□ 박물관 특별전

북녘에서 온 문화유산

초대의 글

우리 박물관에서는 평양의 조선 중앙 역사 박물관으로부터 대여한 문화유산을 전시합니다. 특히 (가) 의 수도였던 상경 용천부에서 출토된 대형 치미는 고구려와의 문화적 연관성을 확인할 수 있는 중요한 유물입니다. 관심 있는 분들의 많은 관람 바랍니다.

- 기간: 20△△.○○.○○.~○○.○○.
- 장소: □□ 박물관 기획 전시실

① 녹읍 폐지를 명하는 국왕
② 백강 전투에 참전하는 왜의 수군
③ 청해진에서 교역 물품을 점검하는 군졸
④ 솔빈부의 특산물인 말을 판매하는 상인
⑤ 지방에 설치된 22담로에 파견되는 왕족

09

밑줄 그은 '나라'에 대한 설명으로 옳은 것은? `1점`

김구해가 아내와 세 아들, 즉 큰 아들 노종, 둘째 아들 무덕, 셋째 아들 무력과 함께 <u>나라</u>의 창고에 있던 보물을 가지고 와서 항복하였다. [법흥]왕이 예로써 그들을 우대하여 높은 관등을 주고 본국을 식읍으로 삼도록 하였다.

– 『삼국사기』 –

① 만장일치제로 운영된 화백 회의가 있었다.
② 빈민을 구제하기 위해 진대법을 실시하였다.
③ 박, 석, 김의 3성이 번갈아 왕위를 차지하였다.
④ 시조 김수로왕의 설화가 삼국유사에 전해진다.
⑤ 오경박사, 의박사, 역박사 등을 일본에 파견하였다.

10

다음 상황 이후에 전개된 사실로 옳은 것은? `2점`

> 혜공왕 말년에 반신(叛臣)들이 제멋대로 날뛰자 선덕[김양상]이 상대등으로 있으면서 임금 측근의 나쁜 무리를 제거하자고 부르짖었다. 김경신이 이에 참여하여 난을 평정한 공이 있었으므로 선덕이 왕으로 즉위하면서 김경신은 곧 상대등이 되었다. …… 이후 여러 사람의 의논이 일치하여 김경신을 세워 왕위를 계승하게 하니 국인이 모두 만세를 불렀다.

① 진골 귀족인 김춘추가 왕위에 올랐다.
② 왕의 장인인 김흠돌이 반란을 도모하였다.
③ 이차돈의 순교를 계기로 불교가 공인되었다.
④ 자장의 건의로 황룡사 구층 목탑이 건립되었다.
⑤ 최치원이 국왕에게 시무 10여 조를 건의하였다.

11

다음 시나리오의 상황 이후에 전개된 사실로 옳은 것은? `3점`

> S# 17. 완산주의 궁궐 안
>
> 왕이 넷째 왕자인 금강을 총애하여 왕위를 물려주려 하자, 첫째 왕자가 신하 신덕과 영순의 권유를 받아들여 왕을 금산사에 유폐한 뒤 앞으로의 대책을 논의한다.
>
> 첫째 왕자: 이제 어찌하면 좋겠소?
>
> 신덕: 금강을 살려두면 반드시 후환이 생길 것입니다.
>
> 영순: 옳습니다. 속히 사람을 보내 처치하십시오.

① 신숭겸이 공산 전투에서 전사하였다.
② 궁예가 정변으로 왕위에서 축출되었다.
③ 견훤이 경주를 습격하여 경애왕을 죽게 하였다.
④ 신검이 일리천 전투에서 고려군에 패배하였다.
⑤ 왕건이 고창 전투에서 후백제군을 상대로 승리하였다.

12

(가), (나) 기구에 대한 설명으로 옳은 것을 〈보기〉에서 고른 것은? `2점`

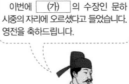

> 이번에 [(가)]의 수장인 문하시중의 자리에 오르셨다고 들었습니다. 영전을 축하드립니다.

> 고맙네. 자네가 [(나)]에서 맡고 있는 어사대부 직책도 중요하니 열심히 하시게.

> ───〈보 기〉───
> ㄱ. (가) - 화폐, 곡식의 출납과 회계를 맡았다.
> ㄴ. (가) - 국정을 총괄하는 최고 중앙 관서였다.
> ㄷ. (나) - 원 간섭기에 도평의사사로 개편되었다.
> ㄹ. (나) - 관리 임명에 대한 서경권을 행사하였다.

① ㄱ, ㄴ ② ㄱ, ㄷ ③ ㄴ, ㄷ ④ ㄴ, ㄹ ⑤ ㄷ, ㄹ

13

(가)~(라)를 일어난 순서대로 옳게 나열한 것은? `2점`

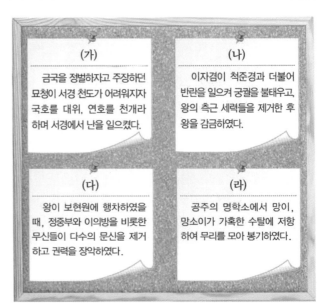

(가) 금국을 정벌하자고 주장하던 묘청이 서경 천도가 어려워지자 국호를 대위, 연호를 천개라 하며 서경에서 난을 일으켰다.

(나) 이자겸이 척준경과 더불어 반란을 일으켜 궁궐을 불태우고, 왕의 측근 세력들을 제거한 후 왕을 감금하였다.

(다) 왕이 보현원에 행차하였을 때, 정중부와 이의방을 비롯한 무신들이 다수의 문신을 제거하고 권력을 장악하였다.

(라) 공주의 명학소에서 망이, 망소이가 가혹한 수탈에 저항하여 무리를 모아 봉기하였다.

① (가) - (나) - (다) - (라)
② (가) - (나) - (라) - (다)
③ (나) - (가) - (다) - (라)
④ (나) - (가) - (라) - (다)
⑤ (다) - (가) - (나) - (라)

14

(가) 왕의 업적으로 옳은 것은? [2점]

① 문하부 낭사를 분리하여 사간원으로 독립시켰다.
② 국호를 조선으로 바꾸고 수도를 한양으로 옮겼다.
③ 한양을 기준으로 한 역법서인 칠정산을 만들었다.
④ 경국대전을 완성하여 국가의 통치 규범을 마련하였다.
⑤ 직전법을 제정하여 현직 관리에게만 수조지를 지급하였다.

15

(가)~(마)에 들어갈 내용으로 적절하지 않은 것은? [3점]

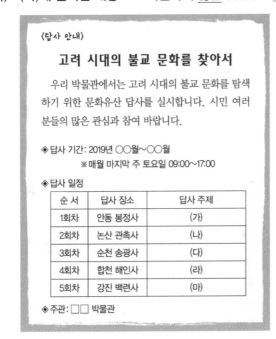

① (가) – 팔상전을 통해 본 오층 목탑의 구조
② (나) – 석조 미륵보살 입상의 조형적 특징
③ (다) – 보조국사 지눌의 생애와 주요 활동
④ (라) – 팔만대장경의 운반 과정과 보관 경위
⑤ (마) – 법화 신앙을 바탕으로 한 요세의 신앙 결사 운동

16

밑줄 그은 '이 왕'의 재위 기간에 있었던 사실로 옳은 것은? [1점]

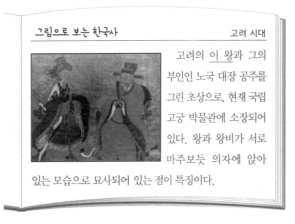

① 유인우, 이자춘 등이 쌍성총관부를 수복하였다.
② 나세, 심덕부 등이 진포에서 왜구를 격퇴하였다.
③ 좌별초, 우별초, 신의군의 삼별초가 조직되었다.
④ 서희가 외교 담판을 벌여 강동 6주를 획득하였다.
⑤ 명의 철령위 설치에 반발하여 요동 정벌이 추진되었다.

17

(가)에 들어갈 내용으로 옳은 것을 〈보기〉에 고른 것은? [2점]

〈보 기〉

ㄱ. 기기도설을 참고하여 거중기를 제작했어요.
ㄴ. 화통도감을 설치하여 화약과 화포를 제작했어요.
ㄷ. 우리의 약재를 소개한 향약구급방을 편찬했어요.
ㄹ. 농업 기술 혁신 방안을 제시한 임원경제지가 저술됐어요.

① ㄱ, ㄴ ② ㄱ, ㄷ ③ ㄴ, ㄷ ④ ㄴ, ㄹ ⑤ ㄷ, ㄹ

18

(가) 시대의 경제 상황으로 옳은 것은? 1점

이것은 대동여지도의 일부로, (가) 시대의 국제 무역항이었던 벽란도가 표시되어 있습니다. (가) 시대에 벽란도에서는 송의 상인은 물론 아라비아 상인과도 교역이 이루어졌습니다.

① 내상과 만상이 국제 무역을 통해 부를 축적하였다.
② 담배와 면화 등이 상품 작물로 활발하게 재배되었다.
③ 모내기법의 확대로 벼와 보리의 이모작이 성행하였다.
④ 건원중보가 발행되어 금속 화폐의 통용이 추진되었다.
⑤ 설점수세제의 시행으로 민간의 광산 개발이 허용되었다.

19

(가) 인물의 활동으로 옳은 것은? 2점

이곳 논산 돈암 서원은 호가 사계(沙溪)인 (가) 의 학덕을 기리기 위해 세워진 것으로, 최근 유네스코 세계유산에 등재된 9개 서원 중 하나입니다. 아들인 김집과 제자인 송시열, 송준길이 함께 배향되어 있으며, 두 차례나 사액을 받은 기호 지방의 대표적인 서원입니다.

① 양명학을 연구하여 강화 학파를 형성하였다.
② 무오사화의 발단이 된 조의제문을 작성하였다.
③ 동호문답을 통해 다양한 개혁 방안을 제시하였다.
④ 성학십도를 지어 군주의 도를 도식으로 설명하였다.
⑤ 가례집람을 저술하여 예학을 조선의 현실에 맞게 정리하였다.

20

(가)에 해당하는 문화유산으로 옳은 것은? 2점

문화유산 발표 대회

이것은 조선 전기의 석탑으로, 국보 제2호입니다. 원나라 탑 양식의 영향을 받았으며, 화려한 조각이 돋보이는 석탑입니다.

(가)

①  ②  ③

④  ⑤

21

밑줄 그은 '왕'에 대한 설명으로 옳은 것은? 2점

왕 1년 3월 14일 광해를 폐하여 군으로 봉하다
이광정, 이귀, 김류 등에게 관직을 제수하다
3월 15일 영창 대군 등의 관봉(官封)을 회복하도록 명하다
인목 대비의 의복을 바꿀 시일을 정하도록 예조에 하교하다
3월 25일 반정에 공이 있는 김자점 등을 6품직에 제수하다

① 이시애의 난을 진압하고 유향소를 폐지하였다.
② 문신의 재교육을 위한 초계문신제를 실시하였다.
③ 총융청과 수어청을 설치하여 도성을 방비하였다.
④ 전제상정소를 설립하고 전분 6등법을 제정하였다.
⑤ 변급, 신류 등을 파견하여 나선 정벌을 단행하였다.

22

(가) 지역에 대한 탐구 활동으로 가장 적절한 것은? 2점

답사 안내

유구한 역사와 전통이 살아 숨쉬는 우리 고장의 문화유산을 찾아가고자 합니다. 시민 여러분의 많은 참여 바랍니다.

● 주제: (가) 의 유적과 역사 인물을 찾아서
● 일시: 2019년 ○○월 ○○일 09:00~17:00
● 경로
촉석루 → 김시민 장군 전공비 → 강민첨 탄생지 → 옥봉 고분군

① 김만덕의 빈민 구제 활동에 대해 알아본다.
② 정묘호란에서 정봉수의 활약상을 살펴본다.
③ 정약전이 자산어보를 저술한 곳을 검색한다.
④ 신립이 배수의 진을 치고 싸운 장소를 찾아본다.
⑤ 유계춘이 백낙신의 수탈에 맞서 봉기한 지역을 조사한다.

23

밑줄 그은 '주상'의 재위 기간에 있었던 사실로 옳은 것은? 2점

주상께서 각 궁방과 중앙 관서의 공노비를 해방시켜 모두 양민으로 삼도록 허락하셨다고 하네.

노비안을 모아 돈화문 밖에서 불태우라고 하셨다더군.

① 신유박해로 다수의 천주교도가 처형되었다.
② 박규수의 건의로 삼정이정청이 설치되었다.
③ 명의 요청으로 강홍립의 부대가 파견되었다.
④ 붕당의 폐해를 경계하기 위한 탕평비가 건립되었다.
⑤ 통치 체제를 정비하기 위해 대전회통이 편찬되었다.

24

(가), (나)에 대한 설명으로 가장 적절한 것은? 2점

조선 후기에 활동한 상인에 대해 말해 볼까요?

개성 상인인 (가) 은/는 사개치부법이라는 회계법을 고안했어요.

(나) 은/는 한강을 무대로 정부의 세곡 운송을 주도했고, 강상(江商)이라 불리기도 했어요.

① (가) – 혜상공국을 통해 정부의 보호를 받았다.
② (가) – 전국 각지에 송방이라는 지점을 설치하였다.
③ (나) – 책문 후시를 통해 청과의 무역을 주도하였다.
④ (나) – 금난전권을 행사해 사상의 활동을 억압하였다.
⑤ (가), (나) – 근대적 상회사인 대동 상회를 설립하였다.

25

(가)~(마)에 대한 설명으로 옳은 것은? 2점

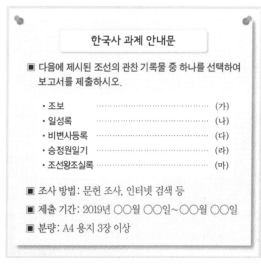

한국사 과제 안내문

■ 다음에 제시된 조선의 관찬 기록물 중 하나를 선택하여 보고서를 제출하시오.

· 조보 ························· (가)
· 일성록 ······················ (나)
· 비변사등록 ·················· (다)
· 승정원일기 ·················· (라)
· 조선왕조실록 ················ (마)

■ 조사 방법: 문헌 조사, 인터넷 검색 등
■ 제출 기간: 2019년 ○○월 ○○일~○○월 ○○일
■ 분량: A4 용지 3장 이상

① (가) – 유네스코 세계 기록 유산으로 등재되었다.
② (나) – 광해군 때부터 기록되기 시작하였다.
③ (다) – 국왕의 비서 기관에서 발행한 관보이다.
④ (라) – 정조가 세손 시절부터 쓴 일기에서 유래하였다.
⑤ (마) – 춘추관 관원들이 편찬 업무에 참여하였다.

26

(가)~(마)에 대한 설명으로 옳은 것은? `3점`

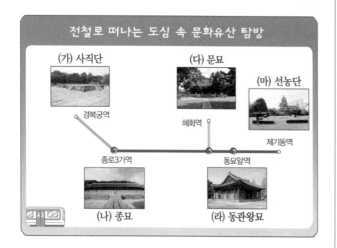

전철로 떠나는 도심 속 문화유산 탐방

(가) 사직단
경복궁역

(다) 문묘
혜화역

(마) 선농단
제기동역

종로3가역
동묘앞역

(나) 종묘
(라) 동관왕묘

① (가) - 역대 국왕과 왕비의 신주를 모신 곳이다.
② (나) - 촉의 장수인 관우를 제사지내는 사당이다.
③ (다) - 흥선 대원군이 집권한 시기에 혁파되었다.
④ (라) - 대성전과 명륜당을 중심으로 구성되어 있다.
⑤ (마) - 국왕이 신농, 후직에게 풍년을 기원하던 곳이다.

27

밑줄 그은 '이 나라'에 대한 조선의 정책으로 옳은 것은? `1점`

이것은 이 나라가 조선의 인삼을 수입하기 위해 1710년에 발행한 은화이다. 당시 조선의 인삼은 불로장생의 명약으로 알려져 인기가 많았다. 주로 부산의 초량 왜관에서 이루어진 인삼 교역을 통해 많은 양의 은이 조선으로 유입되었고, 이렇게 확보한 은으로 조선 상인들은 청에서 비단 등을 사들였다.

① 광군을 조직하여 침입에 대비하였다.
② 학문 교류를 위해 만권당을 설립하였다.
③ 하정사, 성절사, 천추사 등을 파견하였다.
④ 기유약조를 체결하여 무역을 재개하였다.
⑤ 사절 왕래를 위해 한성에 북평관을 개설하였다.

28

(가) 붕당에 대한 설명으로 옳은 것은? `3점`

홍문관에서 아뢰기를, "윤국형은 우성전과 유성룡의 심복이며 또한 이성중과 한 집안 사람입니다. 당초 신묘 연간에 양사에서 정철을 탄핵할 때에 옥당은 여러 날 동안이나 거론하지 않았습니다. …… 유성룡이 다시 재상이 되자 윤국형 등이 선비들을 구별하여 자기들에게 붙는 자를 (가) (이)라 하고, 뜻을 달리하는 자를 북인이라 하여 결국 당쟁의 실마리를 크게 열어 놓았습니다. 이처럼 유성룡이 사당(私黨)을 키우고 사류(士類)를 배척하는 데에 모두 윤국형 등이 도왔던 것입니다."라고 하였다.

① 광해군 시기에 국정을 이끌었다.
② 경신환국으로 정권을 장악하였다.
③ 이언적과 이황의 제자들이 주류를 이루었다.
④ 기해 예송에서 자의 대비의 기년복을 주장하였다.
⑤ 정여립 모반 사건을 내세워 기축옥사를 주도하였다.

29

(가) 종교에 대한 설명으로 옳은 것은? `1점`

○○신문

○○○○년 ○○월 ○○일

최제우, 경주에서 체포

경상도 일대를 중심으로 교세를 확장하고 있던 (가) 의 교주 최제우가 23명의 제자들과 함께 경주에서 체포되었다. 체포 후 대구의 감영으로 이송되어 현재 문초가 진행되고 있으며, 혹세무민의 죄가 적용되어 효수에 처해질 것으로 보인다.

① 배재 학당을 세워 신학문 보급에 기여하였다.
② 마음속에 한울님을 모시는 시천주를 강조하였다.
③ 일제의 통제에 맞서 사찰령 폐지 운동을 펼쳤다.
④ 간척 사업을 추진하고 새생활 운동을 전개하였다.
⑤ 제사와 신주를 모시는 문제로 저우의 탄압을 받았다.

30

(가) 인물에 대한 설명으로 옳은 것은? 2점

> 이곳은 ___(가)___ 이/가 낙향하여 학문 연구에 전념했던 전라북도 부안군의 반계 서당입니다. 그는 이곳에서 제자들을 양성하며 반계수록을 저술하였습니다.

① 정조 때 규장각 검서관으로 활동하였다.
② 동국지리지를 저술하여 삼한의 위치를 고증하였다.
③ 지전설을 주장하여 중국 중심의 세계관을 비판하였다.
④ 연행사를 따라 청에 다녀온 후 열하일기를 집필하였다.
⑤ 자영농 육성을 위해 신분에 따른 토지의 차등 분배를 주장하였다.

31

밑줄 그은 '이 관계'가 발급되던 시기에 있었던 사실로 옳은 것은? 2점

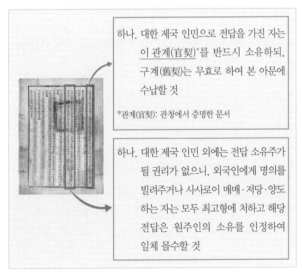

> 하나. 대한 제국 인민으로 전답을 가진 자는 이 관계(官契)*를 반드시 소유하되, 구계(舊契)는 무효로 하여 본 아문에 수납할 것
>
> *관계(官契): 관청에서 증명한 문서

> 하나. 대한 제국 인민 외에는 전답 소유주가 될 권리가 없으니, 외국인에게 명의를 빌려주거나 사사로이 매매·저당·양도하는 자는 모두 최고형에 처하고 해당 전답은 원주인의 소유를 인정하여 일체 물수할 것

① 이만손 등이 영남 만인소를 올렸다.
② 박문국에서 한성순보가 발행되었다.
③ 조선 형평사 창립 대회가 개최되었다.
④ 러시아가 용암포를 점령하고 조차를 요구하였다.
⑤ 제너럴 셔먼호 사건을 구실로 미군이 강화도를 침략하였다.

32

밑줄 그은 '개혁'에 대한 설명으로 옳은 것을 〈보기〉에서 고른 것은? 3점

> 외무성 아시아국장 카프니스트 백작님께
> 요즘 상하이에 거주하는 유럽인들이 조선인 망명자 살해 사건으로 들썩이고 있습니다. 그는 일본인들의 협력을 기반으로 새로운 질서를 마련하기 위해 청프 전쟁이 벌어진 틈을 타서 자기의 뜻을 펼치기 시작하였습니다. 이에 [정변을 일으켜] 기존의 대신들을 대부분 몰아내고, 스스로 참판에 오르는 등 새로운 관료 조직을 구성하였습니다. 그러나 일본에 대한 뿌리 깊은 증오심으로 조선 민중은 일본인들의 협력을 전제로 한 그의 개혁에 적대감을 갖게 되었습니다. ……
>
> 베이징 주재 러시아 공사 보르

〈보 기〉

ㄱ. 집강소를 중심으로 시행되었다.
ㄴ. 토지의 균등 분배를 추진하였다.
ㄷ. 청의 군사 개입으로 실패하였다.
ㄹ. 국가 재정을 호조로 일원화하고자 하였다.

① ㄱ, ㄴ   ② ㄱ, ㄷ   ③ ㄴ, ㄷ   ④ ㄴ, ㄹ   ⑤ ㄷ, ㄹ

33

(가) 인물에 대한 설명으로 옳은 것은? 2점

> 본국은 서양의 여러 나라 중 귀국과 가장 먼저 조약을 체결하였고, 우의가 돈독하여 사절이 왕래한 지 여러 해가 되었습니다. 이에 짐이 믿고 아끼는 종2품 협판 내무부사 ___(가)___ 을/를 초대 주미 공사에 임명하여, 귀국으로 가서 수도에 머물며 교섭 사무를 처리하도록 하려고 합니다. 본 대신은 충성스럽고 근실하며 매사에 꼼꼼하고 자세하므로 그 직책을 능히 감당할 수 있을 것이니, 대통령께서도 성실하게 서로 믿고 우대하는 예에 따라 대해 주시기를 바랍니다.

① 민족 교육을 위해 대성 학교를 설립하였다.
② 서유견문을 집필하여 서양 근대 문물을 소개하였다.
③ 영국인 베델과 제휴하여 대한매일신보를 창간하였다.
④ 헤이그에서 열린 만국 평화 회의에 특사로 파견되었다.
⑤ 독립 협회의 제안을 받아들여 중추원 관제 개편을 추진하였다.

34

다음 조약이 맺어진 배경으로 가장 적절한 것은? [2점]

> 제1조 중국 상무위원은 개항한 조선의 항구에 주재하면서 본국의 상인을 돌본다. …… 중대한 사건을 맞아 조선 관원과 임의로 결정하기가 어려울 경우 북양 대신에게 청하여 조선 국왕에게 공문서를 보내 처리하게 한다.
>
> 제2조 중국 상인이 조선 항구에서 개별적으로 고소를 제기할 일이 있을 경우 중국 상무위원에게 넘겨 심의 판결한다. 이밖에 재산 문제에 관한 범죄 사건에 조선 인민이 원고가 되고 중국 인민이 피고일 때에도 중국 상무위원이 체포하여 심의 판결한다.

① 영국이 거문도를 불법 점령하였다.

② 청일 전쟁에서 일본이 승리하였다.

③ 구식 군인들이 임오군란을 일으켰다.

④ 시전 상인들이 철시 투쟁을 전개하였다.

⑤ 운요호가 강화도에 접근하여 무력 시위를 벌였다.

35

(가)에 들어갈 내용으로 옳지 <u>않은</u> 것은? [1점]

서울의 궁궐 탐방 다섯 번째 이야기

한국 근현대사의 현장, ○○궁을 찾아서

• 주요 건물 - 중화전, 석조전, 중명전, 정관헌, 함녕전, 대한문 외
• 소개 - (가)

① 고종이 아관 파천 이후 환궁한 곳입니다.

② 두 차례의 미소 공동 위원회가 개최되었습니다.

③ 일제의 강압 속에 을사늑약이 체결된 현장입니다.

④ 명성 황후가 일본 낭인들에 의해 시해된 장소입니다.

⑤ 궁궐 안에 남아 있는 가장 오래된 서양식 건물이 있습니다.

36

(가) 기구에 대한 설명으로 옳은 것은? [2점]

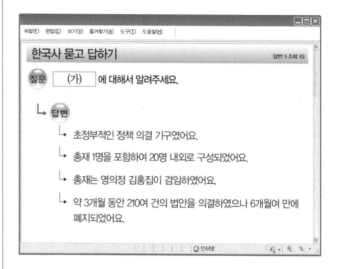

한국사 묻고 답하기 답변: 5 조회: 63

질문 (가) 에 대해서 알려주세요.

┗ 답변
　┗ 초정부적인 정책 의결 기구였어요.
　┗ 총재 1명을 포함하여 20명 내외로 구성되었어요.
　┗ 총재는 영의정 김홍집이 겸임하였어요.
　┗ 약 3개월 동안 210여 건의 법안을 의결하였으나 6개월여 만에 폐지되었어요.

① 공사 노비법의 폐지를 결정하였다.

② 임술 농민 봉기를 계기로 설치되었다.

③ 조광조를 비롯한 사림의 건의로 혁파되었다.

④ 임진왜란을 거치면서 국정 최고 기구로 자리 잡았다.

⑤ 소속 부서로 교린사, 군무사, 통상사 등의 12사를 두었다.

37

(가) 지역의 독립운동에 대한 탐구 활동으로 가장 적절한 것은? [2점]

> 참정 김규홍이 아뢰기를, " (가) 은/는 우리나라와 청의 경계 지대인데 지금까지 수백 년 동안 비어 있었습니다. 수십 년 전부터 북쪽 변경의 백성들로서 그 지역에 이주하여 경작하며 살고 있는 사람이 이제는 수만 호에 십여만 명이나 됩니다. 그런데 청인들의 괴롭힘을 심하게 받고 있습니다. 그래서 지난해 신의 부서에서 시찰관 이범윤을 파견하여 황제의 교화를 선포하고 호구를 조사하게 하였습니다. …… 그들의 생명과 재산을 보호하고자 하는 조정의 뜻을 보여 주는 것이 어떻겠습니까?"하니, 윤허하였다.

① 숭무 학교의 설립 목적을 파악한다.

② 대조선 국민군단의 활동 내용을 분석한다.

③ 동제사를 통한 한중 교류 상황을 살펴본다.

④ 중광단이 북로 군정서로 개편된 과정을 조사한다.

⑤ 유학생들이 2·8 독립 선언서를 발표한 장소를 확인한다.

38

다음 상황 이후에 전개된 사실로 옳은 것은? 3점

개별적인 의거 활동에 한계를 느낀 김원봉을 비롯한 단원들은 황푸 군관 학교에 입교하여 군사 훈련을 받은 후 새로운 활동 방향을 모색하였다. 이러한 움직임은 '통일적 총지휘 기관의 확립'을 촉구하는 '대독립당 촉성회에 대한 선언'을 선포하는 등 민족 협동 전선의 제창으로 나타났다. 이를 위해 먼저 정기 대표 회의에서 한중 합작으로 군관 학교를 설립하여 '통일적 총지휘 기관'의 전위 투사를 양성하기로 결정하고, 조선 혁명 간부 학교를 설립하였다.

① 민족 혁명당이 결성되었다.
② 조선 혁명 선언이 작성되었다.
③ 한국 독립 유일당 북경 촉성회가 창립되었다.
④ 고종의 밀지를 받아 독립 의군부가 조직되었다.
⑤ 한성, 상하이, 연해주 지역의 임시 정부가 통합되었다.

39

(가), (나) 격문이 작성된 사이의 시기에 있었던 사실로 옳은 것은? 2점

(가) 왕조의 마지막 군주였던 창덕궁 주인이 53세의 나이로 지난 4월 25일에 서거하였다. …… 지금 우리 민족의 통곡과 복상은 군주의 죽음 때문이 아니고 경술년 8월 29일 이래 사무친 슬픔 때문이다. …… 슬퍼하는 민중들이여! 하나가 되어 혁명 단체 깃발 밑으로 모이자! 금일의 통곡복상의 충성과 의분을 모아 우리들의 해방 투쟁에 바치자!

(나) 조선 청년 대중이여! 궐기하라. 제국주의적 침략에 대한 반항적 투쟁으로서 광주 학생 사건을 지지하고 성원하라. …… 저들은 소위 사법 경찰을 총동원하여 광주 조선 학생 동지 400여 명을 참혹한 철쇄에 묶어 넣었다. 여러분! 궐기하라! 우리들이 흘리는 선혈의 마지막 한 방울까지 조선 학생의 이익과 약소민족의 승리를 위하여 항쟁적 전투에 공헌하라!

① 김상옥이 종로 경찰서에 폭탄을 투척하였다.
② 동아일보를 중심으로 브나로드 운동이 전개되었다.
③ 고액 소작료에 반발하여 암태도 소작 쟁의가 발생하였다.
④ 사회주의 세력의 활동 방향을 밝힌 정우회 선언이 발표되었다.
⑤ 일제가 데라우치 총독 암살 미수 사건을 계기로 105인 사건을 날조하였다.

40

(가) 군대에 대한 설명으로 옳은 것은? 1점

이것은 대한민국 임시 정부 산하의 (가) 총사령부 건물로, 지난 3월 이곳 충칭의 옛 터에 복원되었습니다. 과거 임시 정부가 중국의 도움으로 (가) 을/를 창설하였듯이, 오늘날 이 총사령부 건물도 양국의 노력으로 세울 수 있었습니다.

① 김좌진의 지휘 아래 활동하였다.
② 자유시 참변으로 큰 타격을 입었다.
③ 미국과 연계하여 국내 진공 작전을 계획하였다.
④ 중국 관내(關內)에서 결성된 최초의 한인 무장 부대였다.
⑤ 중국 호로관과 연합 작전을 통해 항일 전쟁을 전개하였다.

41

밑줄 그은 '이 시기'에 볼 수 있는 일제의 정책으로 옳은 것은? 2점

이 그림은 토지 조사 사업이 진행되던 이 시기에 총독부가 조선에 대한 식민 통치를 미화하고, 그 실적을 선전하기 위해 개최한 조선 물산 공진회의 회의장 전경을 그린 것입니다. 그림에는 경복궁 일부를 헐어내고 물산 공진회장으로 조성한 모습이 그대로 드러나 있는데, 이는 일제가 조선의 정통성과 존엄성을 훼손하려는 의도였습니다.

① 국가 총동원법을 제정하여 인력과 물자를 수탈하였다.
② 도 평의회, 부·면 협의회 등의 자문 기구를 설치하였다.
③ 재정 고문 메가타의 주도 아래 화폐 정리 사업을 실시하였다.
④ 회사 설립 시 총독의 허가를 받도록 하는 회사령을 적용하였다.
⑤ 독립운동을 탄압하기 위해 조선 사상범 보호 관찰령을 공포하였다.

42

(가)에 들어갈 내용으로 가장 적절한 것은? `3점`

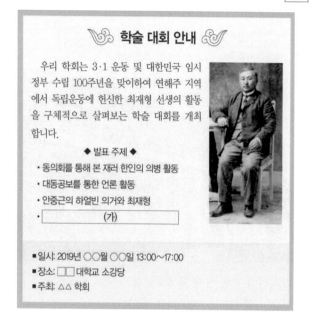

학술 대회 안내

우리 학회는 3·1 운동 및 대한민국 임시 정부 수립 100주년을 맞이하여 연해주 지역에서 독립운동에 헌신한 최재형 선생의 활동을 구체적으로 살펴보는 학술 대회를 개최합니다.

◆ 발표 주제 ◆
• 동의회를 통해 본 재러 한인의 의병 활동
• 대동공보를 통한 언론 활동
• 안중근의 하얼빈 의거와 최재형
• ＿＿＿＿(가)＿＿＿＿

■ 일시: 2019년 ○○월 ○○일 13:00~17:00
■ 장소: □□대학교 소강당
■ 주최: △△ 학회

① 권업회 조직과 권업신문 발간
② 서전서숙 설립과 민족 교육 진흥
③ 신흥 무관 학교 설립과 독립군 양성
④ 한인 애국단 결성과 항일 의거 활동
⑤ 신한 청년당 결성과 파리 강화 회의 참석

43

밑줄 그은 '이 부대'의 활동으로 옳은 것은? `2점`

이 건물은 승은문으로, 총사령 지청천이 이끈 이 부대가 길림 자위군과 연합하여 만주국 군대를 격파한 쌍성보 전투의 현장입니다.

① 동북 항일 연군으로 개편되어 유격전을 전개하였다.
② 대전자령 전투에서 일본군을 상대로 승리를 거두었다.
③ 간도 참변 이후 조직을 정비하고 자유시로 이동하였다.
④ 홍범도 부대와 연합하여 청산리에서 일본군과 교전하였다.
⑤ 조선 혁명당의 군사 조직으로 남만주 지역에서 활약하였다.

44

(가), (나) 사이의 시기에 있었던 사실로 옳은 것은? `2점`

(가) 나의 연령이 이제 70하고도 3인 바 나에게 남은 것은 금일 금일 하는 여생이 있을 뿐이다. 이제 새삼스럽게 재물을 탐내며 영예를 탐낼 것이냐? 더구나 외군 군정 하에 있는 정권을 탐낼 것이냐? …… 나는 통일된 조국을 건설하려다가 38선을 베고 쓰러질지언정 일신에 구차한 안일을 취하여 단독 정부를 세우는 데는 협력하지 아니하겠다.

(나) 이 민국은 기미 3월 1일에 우리 13도 대표들이 서울에 모여서 국민 대회를 열고 대한 독립 민주국임을 세계에 공포하고 임시 정부를 건설하여 민주주의의 기초를 세운 것입니다. …… 이 국회는 전 민족을 대표한 국회이며 이 국회에서 탄생되는 민국 정부는 완전한 한국 전체를 대표할 중앙 정부임을 이에 또한 공포하는 바입니다.

① 우리나라 최초의 보통 선거인 5·10 총선거가 실시되었다.
② 남한만의 단독 정부 수립을 주장한 정읍 발언이 제기되었다.
③ 여운형이 중심이 되어 조선 건국 준비 위원회를 조직하였다.
④ 좌우 합작 위원회가 결성되어 좌우 합작 7원칙에 합의하였다.
⑤ 민족주의 정당을 중심으로 독립 촉성 중앙 협의회가 결성되었다.

45

(가) 단체의 활동으로 옳은 것은? `1점`

예심 종결 결정문

주문(主文)

피고 이극로, 최현배 외 10명은 함흥 지방 법원 공판에 부친다. 피고 장지영 외 1명은 면소(免訴)한다.

이유(理由)

본 건(件) ＿＿(가)＿＿ 은/는 1919년 만세 소요 사건의 실례에 비추어 조선의 독립을 장래에 기약하는 데는 문화 운동에 의하여 민족정신의 환기와 실력 양성을 급무로 삼아서, 피고인 이극로를 중심으로 하여 문화 운동 중 그 기초적 중심이 되는 어문 운동의 방법을 취하여 그 이념으로써 지도 이념을 삼아 겉으로 문화 운동의 가면을 쓰고, 조선 독립을 목적한 실력 배양 단체로서 본 건이 검거되기까지 10여 년이나 오랫동안 조선 민족에 대하여 조선의 어문 운동을 전개해 왔다. ……

① 여유당전서 간행 사업을 계기로 조직되었다.
② 한글 맞춤법 통일안과 표준어를 제정하였다.
③ 국어의 이해 체계 확립을 위해 국문 연구소를 세웠다.
④ 개벽, 신여성 등의 잡지를 간행하여 민족의식을 높였다.
⑤ 인재 육성의 일환으로 민립 대학 설립 운동을 전개하였다.

46

다음 법령이 제정된 이후에 볼 수 있는 사회 모습으로 옳은 것은? 3점

> 제1조 호적법의 적용을 받지 않는 연령 17년 이상 제국 신민인 남자로서 육군 병역에 복무하기를 지원하는 자는 육군 대신이 정한 바에 따라 전형 후 이를 현역 또는 제1 보충 병역에 편입할 수 있다.
>
> ⋮
>
> 제3조 보충 병역 혹은 국민 병역에 있는 자, 또는 병역을 마친 자로서 전시 또는 사변시 육군 부대 편입을 지원하는 자는 육군 대신이 정한 바에 따라 전형 후 이를 적의한 부대에 편입할 수 있다.

① 신간회의 간부로 활동하는 변호사
② 원산 총파업에 동참하는 공장 노동자
③ 부민관에 폭탄을 설치하는 대한 애국 청년당원
④ 잡지 어린이 창간호를 준비하는 천도교 소년회원
⑤ 조선 물산 장려회 발기인 대회에 참여하는 기업인

47

다음 상황 이후에 전개된 사실로 옳은 것은? 2점

> 5월 26일, 부산에서 국회의원 통근 버스가 헌병대로 강제 연행되어 탑승한 야당 의원 50여 명이 구금당하는 사태가 벌어졌다. 내각 책임제를 추진하던 주동 의원들이 체포되었으며, 국제 공산당 사건 혐의로 10여 명의 국회의원이 구속되었다.

① 북한의 전면적인 남침으로 6 · 25 전쟁이 발발하엿다.
② 경찰이 반민족 행위 특별 조사 위원회를 습격하였다.
③ 정 · 부통령 직접 선거를 주 내용으로 하는 개헌이 이루어졌다.
④ 전조선 정당 사회 단체 지도자 협의회가 성명서를 발표하였다.
⑤ 일제가 남긴 재산 처리를 위한 귀속재산처리법이 처음 제정되었다.

48

다음 뉴스가 보도된 정부 시기의 사실로 옳은 것은? 2점

① 프로 야구단이 정식으로 창단되었다.
② 금강산 해로 관광 사업이 시작되었다.
③ 제1차 경제 개발 5개년 계획이 추진되었다.
④ 외환 위기 극복을 위해 금 모으기 운동이 전개되었다.
⑤ 대통령의 긴급 명령으로 금융 실명제가 전격 실시되었다.

49

다음 헌법 조항이 시행된 시기의 민주화 운동으로 옳은 것은? 2점

> 제39조 ① 대통령은 통일 주체 국민 회의에서 토론 없이 무기명 투표로 선거한다.
> 제40조 ① 통일 주체 국민 회의는 국회의원 정수의 3분의 1에 해당하는 수의 국회의원을 선거한다.
> ② 제1항의 국회의원의 후보자는 대통령이 일괄 추천하며, 후보자 전체에 대한 찬반을 투표에 부쳐 재적 대의원 과반수의 출석과 출석 대의원 과반수의 찬성으로 당선을 결정한다.
> 제47조 대통령의 임기는 6년으로 한다.
> 제59조 ① 대통령은 국회를 해산할 수 있다.

① 굴욕적 대일 외교 반대를 주장하는 6 · 3 시위가 일어났다.
② 긴급 조치 철폐를 요구하는 3 · 1 민주 구국 선언이 발표되었다.
③ 부정 선거에 항거하는 4 · 19 혁명이 전국 각지에서 전개되었다.
④ 4 · 13 호헌 조치 철폐를 요구하는 전 국민적인 저항이 벌어졌다.
⑤ 김영삼과 김대중을 공동 의장으로 한 민주화 추진 협의회가 조직되었다.

50

밑줄 그은 '정부'의 통일 노력으로 옳은 것은? 1점

> **□□신 문**
> 제△△호   ○○○○년 ○○월 ○○일
>
> ### 개성 공단 착공식 개최
>
> 정부는 30일 11시 개성 공단 착공식이 북한 개성 현지 1단계 지구에서 남측과 북측 인사 300여 명이 참석한 가운데 열린다고 발표하였다. 남북이 분단 이후 처음으로 공동 조성하는 대규모 수출 공업 단지인 개성 공단은 남측의 기술력 및 대외 무역 능력과 북측의 노동력을 바탕으로 만들어지는 남북 경협의 마중물이 될 것으로 기대된다.

① 남북한이 한반도 비핵화 공동 선언을 채택하였다.
② 최초의 이산가족 고향 방문과 예술 공연단 교환이 이루어졌다.
③ 남북한 간 최초의 공식 합의서인 남북 기본 합의서를 교환하였다.
④ 7 · 4 남북 공동 성명을 실천하기 위한 남북 조절 위원회를 구성하였다.
⑤ 제2차 남북 정상 회담을 개최하고 10 · 4 남북 공동 선언을 발표하였다.

01

(가) 시대의 생활 모습으로 옳은 것은? [1점]

부여 송국리에서는 비파형 동검, 거푸집 등 [(가)] 시대의 대표적인 유물이 출토되었고, 다수의 집터 등 마을 유적과 고인돌이 남아 있습니다. 부여 송국리 유적이 선사 문화 체험 교육장으로 적극 활용될 수 있도록 많은 관심이 요구됩니다.

부여 송국리 유적, 교육 시설로 적극 활용 필요

① 주로 동굴이나 막집에 거주하였다.
② 철제 농기구를 제작하여 사용하였다.
③ 소를 이용한 깊이갈이가 일반화되었다.
④ 계급이 없는 평등한 공동체 생활을 하였다.
⑤ 반달 돌칼을 사용하여 곡물을 수확하였다.

02

다음 자료에 해당하는 나라에 대한 설명으로 옳은 것은? [1점]

대군장이 없고, 한(漢) 이래로 후(侯)·읍군·삼로가 있어서 하호를 통치하였다. …… 그 풍속은 산천을 중요시하여 산과 내마다 각기 구분이 있어 함부로 들어가지 않는다. 동성끼리는 결혼하지 않는다.

– 『삼국지』 동이전 –

① 연맹 왕국으로 발전하였다.
② 낙랑과 왜에 철을 수출하였다.
③ 무천이라는 제천 행사를 열었다.
④ 혼인 풍습으로 민며느리제가 있었다.
⑤ 여러 가(加)들이 별도로 사출도를 관리하였다.

03

밑줄 그은 '이 나라'에 대한 설명으로 옳은 것은? [2점]

사진은 경상북도 고령을 중심으로 발전하였던 이 나라의 지산동 44호분입니다. 배치도를 보면 으뜸 돌방을 중심으로 30여 기의 순장 돌덧널을 확인할 수 있습니다. 이 고분의 발굴을 통해 이 나라에서 행해졌던 순장의 실체가 확인되었습니다.

← 지산동 44호분 발굴 현장

: 으뜸 돌방
: 순장 돌덧널
↑ 지산동 44호분 무덤 배치도

① 진흥왕 때 신라에 복속되었다.
② 나당 연합군에 의해 멸망하였다.
③ 대가들이 사자, 조의, 선인을 거느렸다.
④ 빈민을 구제하기 위해 진대법을 시행하였다.
⑤ 박, 석, 김의 3성이 교대로 왕위를 계승하였다.

04

(가), (나) 사이의 시기에 있었던 사실로 옳은 것은? [3점]

(가) 왕이 태자와 함께 정예군 3만 명을 거느리고 고구려를 침범하여 평양성을 공격하였다. 고구려왕 사유(斯由)가 필사적으로 항전하다가 날아오는 화살에 맞아 죽었다. 왕이 병사를 이끌고 물러났다.

– 『삼국사기』 –

(나) 고구려왕 거련(巨璉)이 병사 3만 명을 거느리고 와서 한성을 포위하였다. …… 왕은 상황이 어렵게 되자 어찌할 바를 모르다가 기병 수십 명을 거느리고 성문을 나가 서쪽으로 달아났는데, 고구려 병사가 추격하여 왕을 살해하였다.

– 『삼국사기』 –

① 신라의 법흥왕이 불교를 공인하였다.
② 백제의 문주왕이 웅진으로 천도하였다.
③ 고구려의 태조왕이 옥저를 복속시켰다.
④ 고구려의 광개토 대왕이 백제를 공격하였다.
⑤ 백제와 고구려가 동맹을 맺고 신라에 대항하였다.

05

다음 기획전에 전시될 문화유산으로 적절한 것을 <보기>에서 고른 것은? [1점]

특별 기획전

문화유산을 통해 보는 백제의 도교 문화

도교는 삼국 시대에 전래되어 우리나라 문화에 많은 영향을 주었습니다. 우리 △△박물관에서는 백제의 도교 문화를 살펴볼 수 있는 특별 기획전을 마련하였습니다. 많은 관람 바랍니다.

■ 기간: 2019년 ○○월 ○○일~○○월 ○○일
■ 장소: △△박물관 기획 전시실

─〈보 기〉─

ㄱ.   ㄴ.

ㄷ.   ㄹ.

① ㄱ, ㄴ ② ㄱ, ㄷ ③ ㄴ, ㄷ ④ ㄴ, ㄹ ⑤ ㄷ, ㄹ

06

밑줄 그은 '왕'의 업적으로 옳은 것은? [2점]

○ 왕의 이름은 명농이니 무령왕의 아들이다. 지혜와 식견이 뛰어나고 일을 처리함에 결단성이 있었다. 무령왕이 죽고 왕위에 올랐다.

– 『삼국사기』 –

○ 왕이 신라군을 습격하고자 몸소 보병과 기병 모두 50명을 거느리고 밤에 구천(狗川)에 이르렀다. 신라의 복병이 나타나 그들과 싸우다가 혼전 중에 왕이 신라군에게 살해되었다.

– 『삼국사기』 –

① 익산에 미륵사를 창건하였다.
② 동진으로부터 불교를 수용하였다.
③ 신라를 공격하여 대야성을 점령하였다.
④ 사비로 천도하고 국호를 남부여로 고쳤다.
⑤ 고흥으로 하여금 서기를 편찬하게 하였다.

07

(가) 국가에 대한 설명으로 옳은 것은? [2점]

답사 보고서

■ 주제: (가) 의 유적을 찾아서
■ 기간: 2019년 ○○월 ○○일~○○월 ○○일
■ 답사지: 러시아 연해주 콕샤로프카성 일대

1. 콕샤로프카 평지성 내부의 온돌 유적

이 유적은 전체 둘레가 1,645m에 이르는 대규모 성곽으로, 내부 건물지에서 고구려 계통의 온돌 시설과 토기 등이 발굴되었다. 이러한 유적과 유물은 해동성국으로 불린 (가) 이/가 고구려의 문화를 계승하였음을 보여준다.

2. 콕샤로프카 성벽

① 지방관 감찰을 위해 외사정을 파견하였다.
② 지방을 통제하기 위해 22담로를 설치하였다.
③ 5경 15부 62주의 지방 행정 제도를 갖추었다.
④ 집사부 외 13부를 두고 행정 업무를 분담하였다.
⑤ 상수리 제도를 시행하여 지방 세력을 견제하였다.

08

밑줄 그은 '이 종파'에 대한 설명으로 옳은 것은? [2점]

이것은 전라남도 화순군 쌍봉사에 있는 국보 제57호 철감 선사 승탑입니다. 승려의 사리를 봉안하는 승탑은 이 종파가 수용된 이후 9세기부터 유행하였습니다. 이 종파는 도의 선사가 가지산문을 개창한 이래 9산 선문을 형성하였습니다.

① 동경대전을 경전으로 삼았다.
② 단군을 숭배의 대상으로 하였다.
③ 대성전을 세워 옛 성현에 제사를 지냈다.
④ 참선과 수행을 통해 깨달음을 얻고자 하였다.
⑤ 마음속에 한울님을 모시는 시천주를 강조하였다.

09

(가)에 해당하는 섬에 대한 설명으로 옳은 것은?   1점

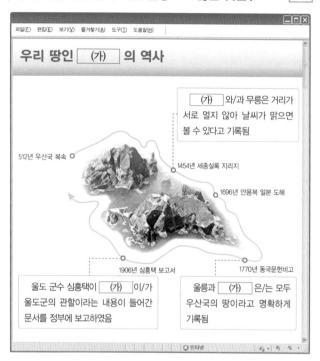

파일(F) 편집(E) 보기(V) 즐겨찾기(A) 도구(T) 도움말(H)

우리 땅인 [(가)]의 역사

(가) 와/과 무릉은 거리가 서로 멀지 않아 날씨가 맑으면 볼 수 있다고 기록됨

512년 우산국 복속
1454년 세종실록 지리지
1696년 안용복 일본 도해
1906년 심흥택 보고서
1770년 동국문헌비고

울도 군수 심흥택이 [(가)]이/가 울도군의 관할이라는 내용이 들어간 문서를 정부에 보고하였음

울릉과 [(가)]은/는 모두 우산국의 땅이라고 명확하게 기록됨

① 몽골에 항전할 때 임시 수도였다.
② 정약전이 자산어보를 저술한 섬이다.
③ 하멜 일행이 표류하다가 도착한 곳이다.
④ 양헌수 부대가 프랑스군을 격퇴한 장소이다.
⑤ 대한 제국 칙령 제41호에서 관할 영토로 명시한 곳이다.

10

밑줄 그은 '선종'의 활동으로 옳은 것은?   3점

진성왕 즉위 5년에 <u>선종(善宗)</u>은 죽주의 적괴 기훤에게 의탁하였다. 기훤이 업신여기고 잘난 체하며 예우하지 않았다. <u>선종</u>은 답답하고 스스로 불안해서서 몰래 기훤 휘하의 원회, 신훤과 결연하여 친구가 되었다. 그는 임자년에 북원의 도적 양길에게 의탁하였다.

– 『삼국사기』 –

① 김흠돌 등 진골 세력을 숙청하였다.
② 고창 전투에서 고려군에게 패하였다.
③ 금성을 습격하여 경애왕을 죽게 하였다.
④ 금산사에 유폐되니 후 왕건에게 귀부하였다.
⑤ 국호를 마진으로 바꾸고 철원으로 천도하였다.

11

다음 상황 이후에 일어난 사실로 옳은 것은?   2점

왕이 원의 제도를 따라 변발과 호복을 하고 전상(殿上)에 앉아 있었다. 이연종이 말하기를, "변발과 호복은 선왕의 제도가 아니옵니다. 원컨대 전하께서는 본받지 마소서."라고 하였다. 왕이 기뻐하며 즉시 변발을 풀고, 이연종에게 옷과 이불을 하사하였다.

① 대표적 친원 세력인 기철이 숙청되었다.
② 김윤후가 처인성에서 몽골군을 물리쳤다.
③ 정중부 등이 정변을 일으켜 권력을 장악하였다.
④ 최충이 9재 학당을 세워 유학 교육을 실시하였다.
⑤ 만적을 비롯한 노비들이 신분 해방을 도모하였다.

12

밑줄 그은 '이 자기'에 해당하는 문화유산으로 옳은 것은?   1점

<u>이 자기</u>는 상감 기법으로 고려 시대에 제작한 문화유산입니다. 상감은 겉 부분을 파낸 후에 그 자리에 백토나 흑토를 메우면서 무늬를 만들어 내는 방식으로, 이를 통해 다양한 무늬를 표현할 수 있었습니다.

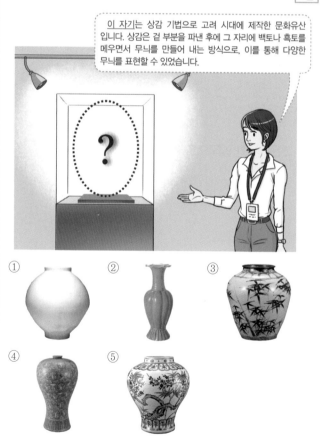

① ② ③ ④ ⑤

13

(가)~(라)를 일어난 순서대로 옳게 나열한 것은? 3점

(가) 최우는 정방(政房)을 자기 집에 설치하였다. 정방에서 백관의 인물을 심사하여 인사 발령 명단을 바치면 왕은 단지 그것을 승인할 뿐이었다.

(나) 후주 출신 쌍기는 왕에게 과거 제도의 도입을 건의하였고, 마침내 지공거(知貢擧)가 되어 시험을 통해 진사를 선발하였다.

(다) 신돈이 전민변정도감을 설치할 것을 청하고 스스로 판사(判事)가 되었다. 빼앗았던 토지와 노비를 그 주인에게 돌려주는 권세가와 부호가 많아, 온 나라 사람들이 기뻐하였다.

(라) 정치도감의 관원이 남의 땅을 빼앗고 불법을 자행한 기삼만을 잡아다가 죽게 한 일이 있었다. 정동행성 이문소에서 그 관원을 가두자, 왕후(王煦)와 김영돈이 첨의부에 글을 올려 관원들을 변호하였다.

① (가) – (나) – (다) – (라)
② (가) – (나) – (라) – (다)
③ (나) – (가) – (다) – (라)
④ (나) – (가) – (라) – (다)
⑤ (다) – (가) – (나) – (라)

14

교사의 질문에 대한 학생의 답변으로 옳은 것은? 2점

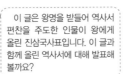

신라, 고구려, 백제가 기틀을 잡고 세 세력이 서로 대립하면서 …… 삼가, 본기 28권, 연표 3권, 지(志) 9권, 열전 10권을 찬술하였습니다. 여기에 표문(表文)을 붙여 성상께 올립니다.

– 「진삼국사표(進三國史表)」 –

이 글은 왕명을 받들어 역사서 편찬을 주도한 인물이 왕에게 올린 진삼국사표입니다. 이 글과 함께 올린 역사서에 대해 발표해 볼까요?

① 기전체 형식으로 서술하였습니다.
② 조선 건국의 정통성을 강조하였습니다.
③ 남북국이라는 용어를 처음 사용하였습니다.
④ 단군 조선에서 고려까지의 역사를 정리하였습니다.
⑤ 불교사를 중심으로 고대의 민간 설화 등을 수록하였습니다.

15

다음 상황이 나타난 시기를 연표에서 옳게 고른 것은? 2점

거란군이 귀주를 지날 때, 강감찬 등이 동쪽 교외에서 맞아 싸웠다. …… 고려군이 용기백배하여 맹렬하게 공격하니, 거란군이 북으로 도망치기 시작하였다. …… 거란군의 시신이 들판에 널렸고, 사로잡은 포로와 획득한 말, 낙타, 갑옷, 무기는 헤아릴 수 없이 많았다. 살아서 돌아간 자가 겨우 수천 명이었으니, 거란의 패배가 이토록 심한 적이 없었다.

– 「고려사」 –

918	993	1104	1170	1232	1270
(가)	(나)	(다)	(라)	(마)	
고려 건국	서희의 외교 담판	별무반 조직	무신 정변	강화 천도	개경 환도

① (가)   ② (나)   ③ (다)   ④ (라)   ⑤ (마)

16

(가) 지역에서 있었던 사실로 옳은 것은? 2점

답사 계획서

◈ 주제: (가) 의 역사와 인물을 찾아서
◈ 일시: 2019년 ○○월 ○○일 09:00~17:00
◈ 경로: 2·28 기념 중앙 공원 → 경상 감영 공원 → 달성 공원 내 최제우 동상 → 민족 저항 시인 이상화 고택

① 인조가 피신하여 청군에 항전하였다.
② 오페르트가 남연군 묘 도굴을 시도하였다.
③ 정약용이 유배 중에 경세유표를 저술하였다.
④ 김광제 등의 발의로 국채 보상 운동이 일어났다.
⑤ 노동자 강주룡이 을밀대 지붕에서 고공 농성을 벌였다.

17

(가)~(마)에 대한 설명으로 옳은 것은? [2점]

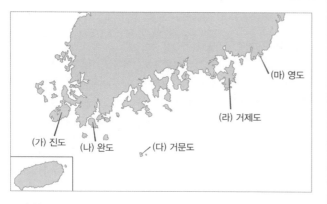

① (가) – 영국이 러시아의 남하를 구실로 불법 점령하였다.
② (나) – 통일 신라 때 장보고가 청해진을 설치하였다.
③ (다) – 6·25 전쟁 때 포로 수용소가 설치되었다.
④ (라) – 러시아가 저탄소 설치를 명분으로 조차를 요구하
였다.
⑤ (마) – 삼별초가 용장성을 쌓고 몽골에 대항하였다.

18

다음 장면에 등장하는 왕의 재위 기간에 있었던 경제 모습
으로 옳은 것은? [2점]

일전에 나의 아우인 의천이 화폐를 사용하면 쌀 운반의
수고를 덜고, 간교한 무리의 속임수를 막을 수 있으며,
녹봉 지급과 국가 재정 관리에 편리하다고 건의하였다.
이제 주전도감에서 화폐를 발행하도록 하라.

① 해동통보가 주조되어 유통되었다.
② 전환국에서 백동화가 발행되었다.
③ 중국 화폐인 명도전, 반량전이 널리 사용되었다.
④ 공인이 상평통보를 사용하여 물품을 조달하였다.
⑤ 궁궐 중건 비용을 마련하기 위해 당백전을 발행하였다.

19

밑줄 그은 '왕'의 재위 기간에 있었던 사실로 옳은 것은? [2점]

백관을 소집하여 금을 섬기는 문제에 대한 가부를 의논하게 하니
모두 불가하다고 하였다. 유독 이자겸, 척준경만이 "금이 …… 정치를
잘하고 병력도 강성하여 날로 강대해지고 있습니다. 또 우리와 서로
국경이 맞닿아 있어 섬기지 않을 수 없는 상황입니다. 게다가 작은
나라로서 큰 나라를 섬기는 것은 선왕의 도리이니, 사신을 보내
먼저 예를 갖추어 찾아가는 것이 옳습니다."라고 하니 왕이 이 말을
따랐다.

– 「고려사」 –

① 최충헌이 봉사 10조를 올렸다.
② 명학소의 망이·망소이가 봉기하였다.
③ 최무선의 건의로 화통도감이 설치되었다.
④ 강조가 정변을 일으켜 김치양을 제거하였다.
⑤ 묘청이 수도를 서경으로 옮길 것을 주장하였다.

20

(가), (나) 사이의 시기에 있었던 사실로 옳은 것은? [3점]

(가) 대군이 압록강을 건너서 위화도에 머물렀다. …… 태조가 여러
장수들에게 말하기를 "내가 글을 올려 …… 군사를 돌이킬 것을
청했으나, 왕도 살피지 아니하고, 최영도 늙고 정신이 혼몽하여
듣지 않았다." …… 태조가 회군한다는 소식을 듣고는 사람들이
다투어 밤낮으로 달려서 모여든 사람이 천여 명이나 되었다.

– 『태조실록』 –

(나) [대소 신료들이] 왕위에 오를 것을 간절히 권하여, 태조가 마지
못해 수창궁으로 행차하였다. 백관들이 서쪽 궐문에서 줄을
지어 맞이하니, 태조는 말에서 내려 걸어서 대전에 들어가 왕위에
올랐는데, 어좌(御座)를 피하고 기둥 안에 서서 여러 신하들의
하례를 받았다.

– 『태조실록』 –

① 녹읍을 폐지하고 관료전을 지급하였다.
② 조준 등의 건의로 과전법을 제정하였다.
③ 양지아문을 설치하여 양전 사업을 실시하였다.
④ 공로와 인품에 따라 역분전을 차등 지급하였다.
⑤ 직전법을 실시하여 현직 관리에게만 수조권을 지급하였다.

21

다음 검색창에 들어갈 인물에 대한 설명으로 옳은 것은? 2점

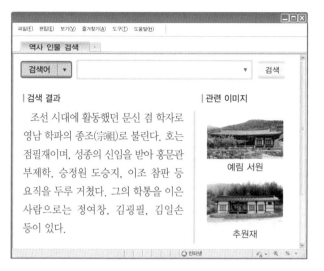

① 갑술환국으로 정계에서 축출되었다.
② 반정 공신의 위훈 삭제를 주장하였다.
③ 무오사화의 발단이 된 조의제문을 작성하였다.
④ 색경을 저술하여 농업 기술 발전에 이바지하였다.
⑤ 양명학을 연구하여 강화 학파 형성의 기초를 마련하였다.

22

(가) 신분에 대한 설명으로 옳은 것은? 1점

① 소속 관청에 신공(身貢)을 바쳤다.
② 매매, 상속, 증여의 대상이 되었다.
③ 원칙적으로 과거에 응시할 수 없었다.
④ 장례원(掌隸院)을 통해 국가의 관리를 받았다.
⑤ 조선 후기 시사(詩社)를 조직해 위항 문학 활동을 하였다.

23

다음 상황이 나타난 시기를 연표에서 옳게 고른 것은? 1점

정도전, 남은, 심효생 등이 여러 왕자를 해치려 꾀하다가 성공하지 못하고 참형을 당하였다. …… 이에 정안군이 도당(都堂)으로 하여금 백관을 거느리고 소를 올리게 하였다. "후계자를 세울 때에 장자로 하는 것은 만세의 상도(常道)인데, 전하께서 장자를 버리고 어린 아들을 세웠으며, 정도전 등이 세자를 감싸고서 여러 왕자를 해치고자 하니 화를 예측할 수 없었습니다. 다행히 천지와 종사의 신령에 힘입게 되어 난신(亂臣)이 참형을 당하였으니, 원컨대 전하께서는 적장자인 영안군을 세워 세자로 삼으십시오."라고 하였다.

1374		1392		1418		1453		1485		1519
	(가)		(나)		(다)		(라)		(마)	
우왕 즉위		조선 건국		세종 즉위		계유 정난		경국대전 반포		기묘 사화

① (가)　② (나)　③ (다)　④ (라)　⑤ (마)

24

다음 일기의 훼손된 부분에 해당하는 시기의 사실로 옳은 것은? 2점

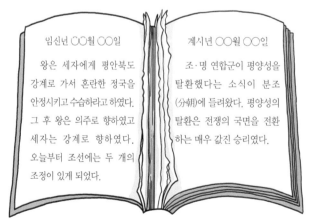

① 이순신이 한산도 대첩에서 승리하였다.
② 정발이 부산진성 전투에서 전사하였다.
③ 휴전 회담의 결렬로 정유재란이 시작되었다.
④ 명의 요청으로 강홍립의 부대가 파견되었다.
⑤ 정봉수와 이립이 의병을 이끌고 활약하였다.

25

(가)에 들어갈 문화유산으로 옳은 것은? 2점

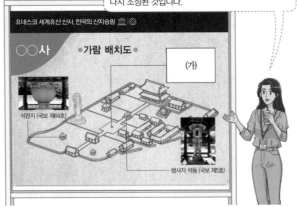

국보 제55호인 (가) 은 현존하는 유일의 조선 시대 목탑으로 임진왜란 때 불타 없어졌는데, 인조 때 다시 조성된 것입니다.

유네스코 세계유산 산사, 한국의 산지승원

○○사 ●가람 배치도●

(가)

석련지 (국보 제64호)

쌍사자 석등 (국보 제5호)

① 마곡사 대웅보전

② 금산사 미륵전

③ 화엄사 각황전

④ 무량사 극락전

⑤ 법주사 팔상전

26

다음 상황 이후에 전개된 사실로 옳은 것은? 3점

임금이 말하기를, "송시열은 산림(山林)의 영수로서 나라의 형세가 험난한 때에 감히 원자의 명호를 정한 것이 너무 이르다고 하였으니, 삭탈 관작하고 성문 밖으로 내쳐라. 반드시 송시열을 구하려는 자가 있겠지만, 그런 자는 비록 대신이라 하더라도 용서하지 않을 것이다."라고 하였다.

① 공신 책봉 문제로 이괄의 난이 일어났다.
② 정여립 모반 사건으로 옥사가 발생하였다.
③ 허적과 윤휴 등 남인 들이 대거 축출되었다.
④ 북인이 서인과 남인을 배제하고 권력을 장악하였다.
⑤ 인현 왕후가 폐위되고 희빈 장씨가 왕비로 책봉되었다.

27

(가) 서적이 편찬된 시기의 경제 상황으로 옳지 않은 것은? 2점

반갑습니다, 유수원씨. 최근 (가) 을/를 편찬하셨는데, 이 책을 통해 말하고 싶은 내용은 무엇입니까?

상공업의 진흥에 힘써야 합니다. 또한 양반들도 농업과 상공업에 종사할 수 있도록 사회 분위기를 만들어 나가야 합니다.

① 개시 무역과 후시 무역이 이루어졌다.
② 담배, 면화와 같은 상품 작물이 재배되었다.
③ 시장을 관리하기 위한 동시전이 설치되었다.
④ 송상, 만상이 대청 무역으로 부를 축적하였다.
⑤ 모내기법의 확대로 벼와 보리의 이모작이 확산되었다.

28

밑줄 그은 '이 왕'의 업적으로 옳은 것은? 2점

이곳 만석거(萬石渠)는 이 왕이 수원 화성을 건립하면서 축조한 수리 시설 중 하나입니다. 수갑(水閘) 및 수도(水道)를 만든 기술의 혁신성, 백성들의 식량 생산에 이바지 한 점, 풍경의 아름다움 등 역사 문화적 가치를 인정받아 2017년 세계 관개 시설물 유산으로 등재되었습니다.

① 집현전을 계승한 홍문관을 설치하였다.
② 군역의 부담을 줄이고자 균역법을 제정하였다.
③ 초계문신제를 실시하여 문신들을 재교육하였다.
④ 붕당의 폐해를 경계하기 위해 탕평비를 건립하였다.
⑤ 삼정의 문란을 해결하기 위해 삼정이정청을 설치하였다.

한국사능력검정시험 고급

35회

36회

37회

38회

39회

40회

41회

42회

43회

44회

45회

46회

29

밑줄 그은 '임금'이 재위했던 시기의 사실로 옳은 것은? 3점

자네, 양재역에 벽서가 붙었다는 소문 들었나? 대비께서 권력을 잡고 간신이 설치니 나라가 망한다는 내용이라고 하네.

임금의 상심이 크시겠군. 대비마마와 이기, 윤원형 등이 가만있지 않을테니. 이로 인해 곧 조정에 큰 변고가 생길까 두렵네.

① 신유박해로 천주교인들이 처형되었다.
② 사림이 동인과 서인으로 나뉘게 되었다.
③ 홍경래 등이 봉기하여 정주성을 점령하였다.
④ 외척 간의 대립으로 을사사화가 발생하였다.
⑤ 자의 대비의 복상 문제로 예송이 전개되었다.

30

(가)에 들어갈 세시 풍속으로 옳은 것은? 2점

세시풍속

액운 쫓고 더위 쫓는, (가)

(가) 은/는 음력 6월 보름날로 이날 동쪽으로 흐르는 물에 머리를 감으면 나쁜 기운이 날아가고, 더위를 타지 않는다고 합니다. 이날을 앞두고 다채로운 행사를 마련하였으니 시민 여러분의 많은 참여 바랍니다.

🔸 일시 2019년 ○○월 ○○일 10:00~17:00
🔸 장소 △△문화원 야외 체험장
🔸 체험 프로그램
 ❀ 탁족 놀이 – 시원한 물에 발 담가 더위 쫓기
 ❀ 햇밀로 구슬 모양의 오색면 만들기 – 오색면을 색실에 꿰어서 허리에 매달아 액운 막기
 ❀ 수단 만들기 – 찹쌀가루, 밀가루로 경단을 만들어 얼음 꿀물에 넣어 먹기

① 동지　② 한식　③ 칠석　④ 유두　⑤ 삼진날

31

(가), (나) 조약에 대한 설명으로 옳은 것은? 2점

> (가) 제7관 일본국 인민은 본국의 현행 여러 화폐로 조선국 인민이 소유한 물품과 교환할 수 있으며, 조선국 인민은 그 교환한 일본국의 여러 화폐로 일본국에서 생산한 여러 가지 상품을 살 수 있다.
>
> (나) 제6칙 조선국 항구에 거주하는 일본 인민은 양미와 잡곡을 수출, 수입할 수 있다.

① (가) – 임오군란을 계기로 체결되었다.
② (가) – 최혜국 대우를 처음으로 규정하였다.
③ (나) – 조선책략의 영향으로 체결되었다.
④ (나) – 거중 조정에 대한 내용을 포함하였다.
⑤ (가), (나) – 조·일 수호 조규의 후속 조치로 체결되었다.

32

다음 자료에 나타난 사건 이후의 사실로 옳은 것은? 2점

> 해산 결의 이틀 전 오전에 군부 대신과 하세가와 대장이 통감부에 모여 현재 한국 군대를 해산하기로 결정한 결과로, 같은 날 오후 9시 40분에 총리와 법부 대신이 황제에게 아뢴 후에 조칙을 반포하였더라.
>
> – 대한매일신보 –

① 민영환, 조병세 등이 자결로써 항거하였다.
② 13도 창의군이 서울 진공 작전을 전개하였다.
③ 메가타가 주도한 화폐 정리 사업이 시작되었다.
④ 고종이 헤이그 만국 평화 회의에 특사를 파견하였다.
⑤ 구식 군대가 난을 일으켜 일본 공사관을 습격하였다.

33

(가) 단체에 대한 설명으로 옳은 것은? 1점

> (가) 은/는 안창호, 양기탁, 이승훈이 중심이 되어 조직한 비밀 결사 단체로, 국권을 회복한 뒤 공화 정체의 국가를 수립하고자 하였다. 이를 위해서는 실력 양성에 온 힘을 쏟아야 한다고 규정하고 무엇보다 국민을 새롭게 할 것을 주장하였다.

① 연통제를 통해 독립운동 자금을 모았다.
② 일제의 황무지 개간권 요구를 저지하였다.
③ 중추원 개편을 통해 의회 설립을 추진하였다.
④ 복벽주의를 내세우며 의병 전쟁을 준비하였다.
⑤ 남만주 삼원보에 독립운동 기지를 건설하였다.

34

(가) 사건에 대한 설명으로 옳은 것은? [2점]

역사 동영상 제작 계획안

개화당, 새로운 세상을 꿈꾸다

■ 기획 의도

　근대적 개혁을 추구하였던 ＿(가)＿ 을/를 다큐멘터리
형식의 동영상으로 제작하여 그 역사적 의미를 살펴본다.

■ 장면별 구성 내용

　■ 박규수의 사랑방에 젊은이들이 모인 장면
　■ 우정총국 개국 축하연 때 거사 장면
　■ 거사 실패 후 주요 인물이 일본으로 망명하는 장면

① 김옥균, 박영효 등이 주도하였다.
② 김기수를 수신사로 일본에 파견하였다.
③ 구본신참에 입각한 개혁을 추진하였다.
④ 개화 정책을 총괄하는 통리기무아문을 설치하였다.
⑤ 개혁의 기본 방향을 제시한 홍범 14조를 반포하였다.

35

(가) 운동에 대한 설명으로 옳은 것은? [1점]

기록화로 보는 ＿(가)＿

고부 관아 점령　→　황룡촌 전투

우금치 전투　←　삼례 집결

① 을사늑약에 반발하여 봉기하였다.
② 백낙신의 탐학이 발단이 되어 일어났다.
③ 집강소를 중심으로 폐정 개혁안을 실천하였다.
④ 유계춘을 중심으로 봉기하여 진주성을 점령하였다.
⑤ 홍의장군으로 불린 곽재우가 의병장으로 활약하였다.

36

다음 기사에 보도된 사건에 대한 설명으로 옳은 것은? [2점]

□□일보

제△△호　　　　　　　　　○○○○년 ○○월 ○○일

광주고보, 중학생 충돌 사건
쌍방 기세 의연 험악

　지난 3일 광주역 부근 일대에서는 광주 공립 고등 보통학교 학생과
광주 일본인 중학교 학생 각 300여 명이 다투어 쌍방에 수십 명의
부상자를 내었다. 이후 고등 보통학교 학생들은 막대를 총과 같이
어깨에 메고 시내에서 시위를 벌였다. 두 학교에서는 극도로 감정이
격앙된 학생들을 진정시키기 위해 6일까지 사흘 동안 임시 휴교를
하였다는데 쌍방 학생의 기세는 아직도 험악하다고 하더라.

① 순종의 인산일을 계기로 일어났다.
② 일제의 무단 통치를 완화시키는 배경이 되었다.
③ 대한민국 임시 정부가 수립되는 계기가 되었다.
④ 대한매일신보의 후원 속에 전국적으로 확산되었다.
⑤ 전국 각지에서 일어난 동맹 휴학의 도화선이 되었다.

37

(가), (나) 사이의 시기에 볼 수 있는 모습으로 가장 적절한
것은? [3점]

(가) 천지에 고하는 제사를 지냈다. 왕태자가 배참하였다. 예를
　　마친 뒤 의정부 의정 심순택이 백관을 거느린 채 무릎을
　　꿇고 아뢰기를, "제례를 마쳤으므로 황제의 자리에 오르소서."
　　라고 하였다. …… 임금이 두 번 세 번 사양하다가 옥새를
　　받고 황제의 자리에 올랐다.

　　　　　　　　　　　　　　　　　　　－『고종실록』－

(나) 이제 본소(本所)에서 대한국 국제(國制)를 잘 상의하고
　　확정하여 보고하라는 조칙을 받들어서, 감히 여러 사람들의
　　의견을 수집하고 공법(公法)을 참조하여 국제 1편을
　　정함으로써, 본국의 정치는 어떤 정치이고 본국의 군권은
　　어떤 군권인가를 밝히려 합니다.

　　　　　　　　　　　　　　　　　　　－『고종실록』－

① 영화 아리랑을 관람하는 교사
② 관민 공동회에서 연설하는 백정
③ 육영 공원에서 영어를 배우는 학생
④ 경부선 기차를 타고 부산으로 가는 기자
⑤ 근우회가 주최한 강연회에 참석하는 노동자

38

(가) 종교의 활동으로 옳은 것은? `2점`

이달의 독립운동가

항일 무장 독립운동가

오석寤石 **김 혁**

1875 ~ 1939

대한 제국 육군 무관 학교 출신의 김혁은 나철이 창시한 (가) 에 귀의하였다. 자유시 참변 이후 그는 북만주 일대의 독립운동 단체를 통합하여 신민부를 조직하고 최고 책임자로 활동하였다. 성동 사관학교를 설립하여 교장으로 활동하며, 부교장 김좌진과 함께 500여 명의 독립군을 양성하였다. 정부는 선생의 업적을 기려 1962년 건국 훈장 독립장을 추서하였다.

① 개벽, 신여성 등의 잡지를 발행하였다.
② 만세보를 발행하여 민중 계몽에 힘썼다.
③ 여성 교육을 위해 이화 학당을 설립하였다.
④ 중광단을 조직하여 무장 투쟁을 전개하였다.
⑤ 박중빈을 중심으로 새생활 운동을 추진하였다.

39

밑줄 그은 '사람'이 소속된 단체에 대한 설명으로 옳은 것은? `2점`

어제 12일 상오 10시 20분에 조선 총독부에 폭탄 두 개가 투척되었다. 비서과 분실 인사계실에 던진 한 개는 책상 위에 떨어져서 폭발되지 아니했으며, 다시 회계 과장실에 던진 한 개는 유리창에 맞아 즉시 폭발되어 유리창은 산산이 부서지고 마루에 떨어져서 주먹 하나가 들어갈 만한 구멍을 뚫었다. 폭탄을 던진 사람은 즉시 종적을 감추었으므로 지금 엄중 탐색 중이요, 폭발 소리가 돌연히 일어나자 총독부 안은 물 끓듯 하여 한바탕 아수라장을 이루었다더라.

① 조선 혁명 선언을 활동 지침으로 삼았다.
② 윤봉길, 이봉창 등이 단원으로 활동하였다.
③ 파리 강화 회의에 독립 청원서를 제출하였다.
④ 신흥 무관 학교를 세워 독립군을 양성하였다.
⑤ 독립군 비행사 육성을 위해 한인 비행 학교를 세웠다.

40

다음 자료에 나타난 상황 이후의 사실로 옳은 것은? `2점`

중·일 전쟁이 시작된 이후 지금 막 두 번째 겨울을 났다. 우리는 벌써 난방용 석탄이나 심지어 연탄을 구하는 데 큰 어려움을 겪고 있다. 터무니없이 비싼 값을 치르고 산 연탄이라는 것도 고작 석탄 가루를 묻힌 진흙덩이에 불과하다. 전쟁이 1년만 더 지속된다면, 석탄은 고사하고 지금은 그나마 구할 수 있는 연탄조차 그림의 떡이 될 것이다. 총독부는 주민들에게 갖고 있는 금붙이를 팔라고 요구한다. 아녀자들은 가보로 내려오던 패물을 내놓고 있다.

– 『윤치호 일기』 –

① 조선 농민 총동맹이 결성되었다.
② 사회주의 세력이 정우회 선언을 발표하였다.
③ 대한민국 임시 정부가 건국 강령을 발표하였다.
④ 독립군 연합 부대가 청산리에서 큰 승리를 거두었다.
⑤ 노동 조건 개선을 요구하는 원산 노동자 총파업이 전개되었다.

41

(가) 단체에 대한 설명으로 옳은 것은? `3점`

이것은 총사령 박상진이 이끌었던 (가) 소속의 김한종 의사 순국 기념비입니다. 김한종 의사는 이 단체의 충청도 지부장으로, 군자금 모금을 방해한 아산의 도고 면장인 박용하 처단을 주도하였습니다. 일제 경찰에 체포되어 박상진과 함께 대구 형무소에서 순국하였습니다. 1963년 건국 훈장 독립장이 추서되었습니다.

① 공화 정체의 국가 건설을 지향하였다.
② 대한민국 임시 정부의 주도로 결성되었다.
③ 봉오동에서 일본군을 상대로 승리를 거두었다.
④ 구미 위원부를 설치하여 외교 활동을 전개하였다.
⑤ 중국군과 함께 영릉가 전투에서 큰 전과를 올렸다.

42

다음 선언서가 발표된 시기를 연표에서 옳게 고른 것은? 2점

> 본 국민 대표 회의는 이천만 민중의 공정한 뜻에 바탕을 둔 국민적 대회합으로 최고의 권위를 지녀 …… 독립을 완성하기를 기도하고 이에 선언하노라. …… 본 대표 등은 국민이 위탁한 사명을 받들어 국민적 대단결에 힘쓰며 독립운동이 나아갈 방향을 확립하여 통일적 기관 아래서 대업을 완성하고자 하노라.

1919	1925	1931	1935	1940	1945
(가)	(나)	(다)	(라)	(마)	
대한민국 임시 정부 수립	박은식 대통령 취임	한인 애국단 조직	한국 국민당 창당	김구 주석 취임	8·15 광복

① (가) ② (나) ③ (다) ④ (라) ⑤ (마)

43

다음 문서가 작성된 당시에 실시된 일제의 정책으로 옳은 것은? 2점

> 안으로는 세계적 불안의 여파를 받아서 우리 조선 내부의 민심도 안정되지 못하였다. …… 다른 한편으로는 지방 자치를 실시하여 민의 창달의 길을 강구하고, 교육 제도를 개정하여 교화 보급의 신기원을 이루었고, 게다가 위생적 시설의 개선을 촉진하였다. …… 일본인과 조선인 사이의 차별 대우를 철폐하고 동시에 조선인 소장층 중 유력자를 발탁하는 방법을 강구하여, 군수·학교장 등에 발탁된 자가 적지 않다.
>
> – 사이토 마코토, 「조선 통치에 대하여」 –

① 노동력 동원을 위해 국민 징용령을 시행하였다.
② 한국인에 한해 적용되는 조선 태형령을 공포하였다.
③ 쌀 수탈을 목적으로 하는 산미 증식 계획을 실시하였다.
④ 독립운동 탄압을 위한 조선 사상범 보호 관찰령을 공포하였다.
⑤ 회사 설립 시 총독의 허가를 받도록 하는 회사령을 제정하였다.

44

(가) 단체에 대한 설명으로 옳은 것은? 1점

> (가) 은/는 '우리는 정치적, 경제적, 사회적 각성을 촉진함', '우리는 단결을 공고히 함', '우리는 일체 기회주의를 부인함'이라는 3대 강령 하에서 탄생되어 금일까지 140개 지회의 39,000여 명의 회원을 포함한 단체가 되었다.
>
> – 『동광』 –

① 민족 유일당 운동의 일환으로 결성되었다.
② 이상설, 이동휘를 정·부통령에 선임하였다.
③ 일제가 조작한 105인 사건으로 조직이 해체되었다.
④ 조선 총독부에 국권 반환 요구서를 발송하려 하였다.
⑤ 오산 학교와 대성 학교를 세워 민족 교육을 실시하였다.

45

다음 인물에 대한 설명으로 옳은 것은? 3점

○○○ 연보

- 1919년 의열단 조직
- 1932년 조선 혁명 간부 학교 설립
- 1935년 민족 혁명당 조직
- 1937년 조선 민족 전선 연맹 결성
- 1938년 조선 의용대 창설
- 1944년 대한민국 임시 정부 군무부장

① 대조선 국민 군단을 조직하였다.
② 한국광복군 부사령관으로 활약하였다.
③ 하얼빈 역에서 이토 히로부미를 사살하였다.
④ 한국 독립군을 이끌고 쌍성보 전투에서 승리하였다.
⑤ 일제의 패망과 광복에 대비하여 조선 건국 동맹을 결성하였다.

46

밑줄 그은 '개헌안'의 시행 결과로 옳은 것은? 2점

> **정부, 개헌안 통과로 인정**
> – 28일 국무 회의 후, 갈 처장 발표 –
>
> 27일 국회에서 개헌안에 대하여 135표의 찬성표가 던져졌다. 그런데 민의원 재적수 203석 중 찬성표 135, 반대표 60, 기권 7, 결석 10이었다. 60표의 반대표는 총수의 3분의 1이 훨씬 되지 못하다는 사실을 잘 주의해서 보아야 한다. 민의원의 3분의 2는 정확하게 계산할 때 $135\frac{1}{3}$ 인 것이다. 한국은 표결에 있어서 단수(端數)*를 계산하는 데에 전례가 없으나 단수는 계산에 넣지 않아야 할 것이며 따라서 개헌안은 통과되었다는 것이 정부의 견해이다.
>
> *단수(端數): '일정한 수에 차고 남는 수'로, 여기에서는 소수점 이하의 수를 의미함

① 대통령 중심제가 의원 내각제로 바뀌었다.
② 통일 주체 국민 회의에서 대통령이 선출되었다.
③ 개헌 당시의 대통령에 한하여 중임 제한이 철폐되었다.
④ 선거인단이 선출하는 7년 단임의 대통령제가 실시되었다.
⑤ 우리나라 최초의 보통 선거인 5·10 총선거가 실시되었다.

47

(가), (나) 문서가 작성된 사이의 시기에 있었던 사실로 옳은 것은? 3점

(가)

1. 무상 원조에 대해 한국 측은 3억 5천만 달러, 일본 측은 2억 5천만 달러를 주장한 바 3억 달러를 10년에 걸쳐 공여하는 조건으로 양측 수뇌에게 건의함

⋮

3. 수출입 은행 차관에 대해 …… 양측 합의에 따라 국교 정상화 이전이라도 협력하도록 추진할 것을 양측 수뇌에게 건의함

(나)

제1조 양 체약 당사국 간에 외교 및 영사 관계를 수립한다.
제2조 1910년 8월 22일 및 그 이전에 대한 제국과 일본 제국 간에 체결된 모든 조약 및 협정이 이미 무효임을 확인한다.

⋮

① 한 · 미 상호 방위 조약이 체결되었다.
② 6 · 3 시위가 전개되고 비상 계엄령이 선포되었다.
③ 경찰이 반민족 행위 특별 조사 위원회를 습격하였다.
④ 평화 통일론을 주장한 진보당의 조봉암이 구속되었다.
⑤ 유상 매수, 유상 분배 원칙의 농지 개혁법이 제정되었다.

48

다음 기사 내용이 보도된 정부 시기에 볼 수 있는 모습으로 옳은 것은? 2점

□□신문

제△△호 　　　　　　　　 ○○○○년 ○○월 ○○일

국내 대중 가요 222곡, 금지곡으로 선정

긴급 조치 제9호의 후속 조치로 수립된 「공연물 및 가요 정화 대책」에 따라 한국 예술 문화 윤리 위원회는 국내 대중 가요 222곡을 금지곡으로 선정하여 발표하였다. 한국 예술 문화 윤리 위원회는 국가 안보 위협, 왜색 풍, 창법 저속, 불신 풍조 조장, 퇴폐성 등이 금지곡 선정 이유라고 밝혔다. 대표적인 금지곡으로는 이미자의 '기러기 아빠', 김추자의 '거짓말이야', 이장희의 '그건 너', 신중현의 '미인' 등이 있다.

① 경기장에서 프로 축구를 관람하는 회사원
② 개성 공단 착공식에 참석하고 있는 공무원
③ 금융 실명제에 따라 신분증을 요구하는 은행 직원
④ 거리에서 자를 들고 미니 스커트를 단속하는 경찰
⑤ 외환 위기 극복을 위한 금 모으기 운동에 참여하는 학생

49

다음 선언문을 발표한 민주화 운동에 대한 설명으로 옳은 것은? 2점

국민 합의 배신한 4·13 호헌 조치는 무효임을 전 국민의 이름으로 선언한다.

오늘 우리는 전 세계 이복이 우리를 수시하는 가운데 40년 녹재 정치를 청산하고 희망찬 민주 국가를 건설하기 위한 거보를 전 국민과 함께 내딛는다. 국가의 미래요 소망인 꽃다운 젊은이를 야만적인 고문으로 죽여 놓고 그것도 모자라 뻔뻔스럽게 국민을 속이려 했던 현 정권에게 국민의 분노가 무엇인지를 분명히 보여 주고, 국민적 여망인 개헌을 일방적으로 파기한 4·13 폭거를 철회시키기 위한 민주 장정을 시작한다.

① 장면 내각이 출범하는 배경이 되었다.
② 5년 단임의 대통령 직선제 개헌을 이끌어 냈다.
③ 3 · 15 부정 선거에 항의하는 시위에서 시작되었다.
④ 신군부의 비상 계엄 확대가 원인이 되어 일어났다.
⑤ 3 · 1 민주 구국 선언을 통해 긴급 조치 철폐 등을 요구하였다.

50

다음 경축사를 발표한 정부 시기의 통일 노력으로 옳은 것은? 2점

우리는 지난 2년 동안 지난날 냉전 체제의 다른 한쪽 종주국이었던 소련과 국교를 열고 우호 협력하는 관계를 이루었습니다. 우리는 동중부 유럽 국가들과도 외교 관계를 수립하였으며 이웃 중국과도 무역 대표부를 교환 설치하였습니다. …… 이러한 변화 속에서 이루어지는 남북한의 유엔 가입은 한국 전쟁 이후 남북 관계의 가장 큰 전환일 것입니다.

① 남북 기본 합의서를 교환하였다.
② 7 · 4 남북 공동 성명을 발표하였다.
③ 10 · 4 남북 공동 선언을 채택하였다.
④ 금강산 해로 관광 사업을 시작하였다.
⑤ 최초의 이산가족 고향 방문을 실현하였다.

01

(가) 시대의 생활 모습으로 옳은 것은? 1점

> 〈체험 프로그램 기획안〉
>
> (가) **시대 생활 체험 교실**
>
> ■ 기획 의도
> 농경과 정착 생활이 시작된 (가) 시대를 대표하는 서울 암사동 유적에서 당시 사람들의 생활 모습을 재미있게 체험할 수 있는 기회를 마련함.
>
> ■ 주요 체험 프로그램
> ○ 빗살무늬 토기 만들어 보기
> ○ 갈대를 이용하여 움집 짓기
> ○ 갈돌과 갈판으로 곡식 갈아보기

① 돌방무덤에 시신을 매장하였다.
② 가락바퀴를 이용하여 실을 뽑았다.
③ 명도전, 반량전 등의 화폐를 사용하였다.
④ 쟁기, 쇠스랑 등의 철제 농기구를 사용하였다.
⑤ 거푸집을 이용하여 비파형 동검을 제작하였다.

02

(가), (나) 나라에 대한 설명으로 옳은 것은? 2점

철기 시대에 등장한 나라들의 혼인 풍속에 대해 말해 볼까요?

(가) 에는 혼인을 약속한 여자 아이를 데려다 키워서 며느리로 삼는 민며느리제가 있었어요.

(나) 에는 혼인 후 신랑이 신부의 집 뒤편에 지어진 서옥에 살다가, 자식이 장성하면 신랑 집으로 함께 돌아가는 풍속이 있었어요.

① (가) – 여러 가(加)들이 별도로 사출도를 주관하였다.
② (가) – 가족의 유골을 한 목곽에 안치하는 풍습이 있었다.
③ (나) – 읍락 간의 경계를 중시하는 책화가 있었다.
④ (나) – 철이 많이 생산되어 낙랑과 왜에 수출하였다.
⑤ (가), (나) – 제사장인 천군과 신성 지역인 소도가 있었다.

03

다음 자료를 활용한 탐구 활동으로 가장 적절한 것은? 2점

> 경자년에 왕이 보병과 기병 5만 명을 보내어 신라를 구원하게 하였다. [고구려군이] 남거성을 거쳐 신라성에 이르니, 그곳에 왜적이 가득하였다. 고구려군이 막 도착하니 왜적이 퇴각하였다. 그 뒤를 급히 추격하여 임나가라의 종발성에 이르니 성이 곧 항복하였다. …… 예전에는 신라 매금이 몸소 [고구려에 와서] 보고를 하며 명을 받든 적이 없었는데, …… 신라 매금이 …… 조공하였다.

① 백강 전투의 전개 과정을 살펴본다.
② 안동도호부가 설치된 경위를 찾아본다.
③ 백제가 사비로 천도한 원인을 알아본다.
④ 나당 연합군이 결성된 계기를 파악한다.
⑤ 가야 연맹의 중심지가 이동한 배경을 조사한다.

04

(가) 왕에 대한 설명으로 옳은 것은? 2점

사진은 백제의 왕릉에서 발견된 묘지석입니다. 삼국사기를 통해 묘지석에 보이는 사마왕이 (가) 이라는 사실이 확인되었습니다. 이를 통해 이 왕릉은 백제 왕릉 중 피장자가 밝혀진 최초의 사례가 되었습니다.

영동대장군 백제 사마왕은 나이가 62세가 되는 계묘년 5월 임진일인 7일에 돌아가셨다. ……

① 금마저에 미륵사를 창건하였다.
② 윤충을 보내 대야성을 함락하였다.
③ 지방에 22담로를 두어 왕족을 파견하였다.
④ 고흥으로 하여금 서기를 편찬하게 하였다.
⑤ 동진에서 온 마라난타를 통해 불교를 수용하였다.

05

다음 자료에 나타난 시기에 볼 수 있는 모습으로 적절한 것은? 2점

> 오시(午時)에 북서풍이 불었으므로 돛을 올리고 나아갔다. 미시(未時)와 신시(申時) 사이에 적산의 동쪽 언저리에 도착하여 배를 정박하였다. 북서풍이 더욱 세차게 불었다. 이곳 적산은 바위로만 이루어진 우뚝 솟은 산으로, 문등현 청녕향 적산촌이 위치하고 있다. 산에는 적산 법화원이라는 절이 있는데, 본래 장보고가 처음으로 세운 것이다.
>
> － 『입당구법순례행기』 －

① 농상집요를 소개하는 관리
② 만권당에서 대담을 나누는 학자
③ 매소성 전투에서 당군과 싸우는 군인
④ 빈공과를 준비하는 6두품 출신 유학생
⑤ 주류성에서 백제 부흥 운동을 벌이는 귀족

06

다음 사실이 있었던 시기를 연표에서 옳게 고른 것은? 2점

> 전진 왕 부견이 사신과 승려 순도를 파견하여 불상과 경문을 보내 왔다. 왕이 사신을 보내 답례로 방물(方物)을 바쳤다. 태학을 세우고 자제를 교육시켰다.
>
> － 『삼국사기』 －

246	313	371	427	475	554
(가)	(나)	(다)	(라)	(마)	
관구검의 환도성 함락	낙랑군 축출	고국원왕 전사	평양 천도	개로왕 전사	관산성 전투

① (가)　　② (나)　　③ (다)　　④ (라)　　⑤ (마)

07

다음 정책을 추진한 왕의 재위 기간에 있었던 사실로 옳은 것은? 2점

> ○ 영을 내려서 순장을 금지하였다. 이전에는 국왕이 죽으면 남녀 각각 다섯 명씩을 순장하였는데, 이때에 이르러 금지하였다.
> ○ 주주(州主)와 군주(郡主)에게 각각 명하여 농사를 권장케 하였고, 처음으로 소를 부려서 농사를 지었다.
>
> － 『삼국사기』 －

① 병부와 상대등이 설치되었다.
② 이사부가 우산국을 복속시켰다.
③ 불국사 삼층 석탑이 건립되었다.
④ 화랑도가 국가적인 조직으로 개편되었다.
⑤ 지방관 감찰을 목적으로 외사정이 파견되었다.

08

(가)에 들어갈 내용으로 옳은 것은? 2점

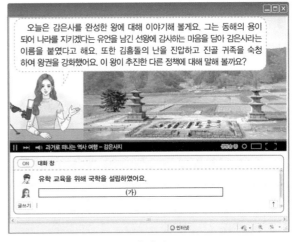

① 백성에게 정전을 지급하였어요.
② 건원이라는 독자적인 연호를 사용하였어요.
③ 독서삼품과를 실시하여 관리를 채용하였어요.
④ 지방 행정 제도를 9주 5소경으로 정비하였어요.
⑤ 시장을 감독하는 관청인 동시전을 설치하였어요.

09

(가) 국가에 대한 설명으로 옳지 않은 것은? 1점

① 중앙군으로 9서당을 편성하였다.
② 중정대를 두어 관리를 감찰하였다.
③ 전성기에 해동성국이라고도 불렸다.
④ 인안, 대흥 등의 연호를 사용하였다.
⑤ 5경 15부 62주의 지방 행정 제도를 마련하였다.

10

(가)에 들어갈 문화유산으로 옳은 것은? `3점`

삼국 시대의 탑

국보 제30호로 현재 남아 있는 신라 석탑 중에 가장 오래된 것이다. 돌을 벽돌 모양으로 다듬어 쌓았다는 점이 특징이며, 선덕여왕 3년에 건립된 것으로 추정된다.

(가)

①  ②  ③

④  ⑤

11

(가)~(라)를 일어난 순서대로 옳게 나열한 것은? `3점`

(가) 견훤이 크게 군사를 일으켜 고창군(古昌郡)의 병산 아래에 가서 태조와 싸웠으나 이기지 못하였다. 전사자가 8천여 명이었다.

(나) 태조는 정예 기병 5천을 거느리고 공산(公山) 아래에서 견훤을 맞아서 크게 싸웠다. 태조의 장수 김락과 신숭겸은 죽고 모든 군사가 패하였으며, 태조는 겨우 죽음을 면하였다.

(다) [태조가] 뜰에서 신라왕이 알현하는 예를 받으니 여러 신하가 하례하는 함성으로 궁궐이 진동하였다. …… 신라국을 폐하여 경주라 하고, 그 지역을 [김부에게] 식읍으로 하사하였다.

(라) 태조가 …… 일선군으로 진격하니 신검이 군사를 거느리고 막았다. 일리천을 사이에 두고 대치하였다. …… 후백제의 장군들이 고려 군사의 형세가 매우 큰 것을 보고, 갑옷과 무기를 버리고 항복하였다.

① (가) – (나) – (다) – (라) ② (가) – (나) – (라) – (다)
③ (나) – (가) – (다) – (라) ④ (나) – (가) – (라) – (다)
⑤ (다) – (가) – (나) – (라)

12

다음 장면에 등장하는 왕이 추진한 정책으로 옳지 않은 것은? `2점`

몇 해 전에 설치한 12목에 경학박사와 의학박사를 각 1명씩 파견하여 지방의 인재를 가르치고 깨우칠 수 있도록 하라. 아울러 지방관들은 지역의 인재를 중앙으로 천거하도록 하여 이것을 항구적인 법식으로 삼도록 하라.

① 지방 세력 통제를 위해 향리제를 정비하였다.
② 주전도감을 설치하여 해동통보를 발행하였다.
③ 쌍기의 건의를 받아들여 과거제를 실시하였다.
④ 정계와 계백료서를 지어 관리의 규범을 제시하였다.
⑤ 국자감을 성균관으로 개칭하고 유학 교육을 강화하였다.

13

(가) 국가에 대한 고려의 대응으로 옳은 것은? `2점`

소손녕이 서희에게 말하기를, "너희 나라는 신라 땅에서 일어났고, 고구려 땅은 우리 소유인데, 너희들이 침범해 왔다. 그리고 우리와 국경을 접하고 있는데도 바다를 넘어 송을 섬기기 때문에, 오늘의 출병이 있게 된 것이다. ……"라고 하였다. 서희가 말하기를, "그렇지 않다. 우리나라가 바로 고구려의 옛 땅이기 때문에, 국호를 고려라 하고 평양에 도읍하였다. 만일 국경 문제를 논한다면, (가) 의 동경(東京)도 모조리 우리 땅에 있는데, 어찌 [우리가] 침범해 왔다고 말하는가?"라고 하였다.

– 「고려사」 –

① 별무반을 보내 동북 9성을 축조하였다.
② 개경에 나성을 쌓아 침입에 대비하였다.
③ 최영을 중심으로 요동 정벌을 추진하였다.
④ 화통도감을 설치하여 화약과 화포를 제작하였다.
⑤ 쌍성총관부를 공격하여 철령 이북의 땅을 수복하였다.

14

(가)에 들어갈 내용으로 적절한 것은?　2점

여기는 순천시 조계산에 자리한 송광사입니다. 해인사, 통도사와 함께 우리 나라 삼보사찰(三寶寺刹) 중 하나로, 16명의 국사를 배출하여 승보사찰(僧寶寺刹)로 불립니다. 이곳에서 ⟨ (가) ⟩

① 일연이 삼국유사를 집필하였습니다.
② 원효가 금강삼매경론을 저술하였습니다.
③ 의천이 신편제종교장총록을 편찬하였습니다.
④ 지눌이 정혜쌍수와 돈오점수를 내세웠습니다.
⑤ 요세가 법화 신앙을 바탕으로 백련 결사를 이끌었습니다.

15

(가), (나) 사이의 시기에 있었던 사실로 옳은 것은?　2점

(가) 최우가 왕에게 아뢰어 속히 대전(大殿)에서 내려와 서쪽 강화도로 행차할 것을 청하였으나, 왕이 망설이고 결정하지 못하였다. 최우가 녹전거(祿轉車) 100여 대를 빼앗아 집안의 재물을 강화도로 옮기니, 수도가 흉흉하였다.

ㅡ 「고려사절요」 ㅡ

(나) 재추(宰樞)가 옛 수도로 다시 천도할 것을 회의하고 날짜를 정해 게시하였으나, 삼별초가 다른 마음을 품고 따르지 않으면서 함부로 부고(府庫)를 개방하였다.

ㅡ 「고려사」 ㅡ

① 인사 행정을 담당하던 정방이 폐지되었다.
② 만적이 개경에서 신분 해방을 도모하였다.
③ 묘청이 중심이 되어 서경 천도를 주장하였다.
④ 정중부 등이 정변을 일으켜 권력을 장악하였다.
⑤ 외적의 침입을 받아 황룡사 구층 목탑이 소실되었다.

16

다음 자료에 나타난 시기의 사실로 옳은 것은?　1점

흔도·홍다구·김방경이 일본의 세계촌 대명포에 이르러 통사 김저로 하여금 격문으로 이들을 회유하게 하였다. 김주정이 먼저 왜와 교전하자 여러 군사들이 모두 내려와 전투에 참여하였는데, 낭장 강언과 강사자 등이 전사하였다. 여러 군사가 일기도(一岐島)로 향할 때 수군 130명과 뱃사공 36명이 풍랑을 만나 행방을 잃었다.

① 왕조 교체를 예언하는 정감록이 유포되었다.
② 지배층을 중심으로 변발과 호복이 확산되었다.
③ 교정도감이 국정을 총괄하는 기구로 부상하였다.
④ 이자겸이 왕실의 외척이 되어 권력을 독점하였다.
⑤ 김사미와 효심이 가혹한 수탈에 저항하여 봉기하였다.

17

다음 지역에서 있던 사실로 옳은 것은?　3점

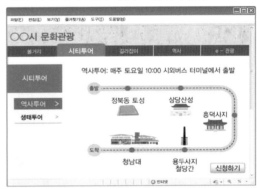

① 유형원이 반계수록을 저술하였다.
② 안승을 왕으로 하는 보덕국이 세워졌다.
③ 금속 활자로 직지심체요절이 간행되었다.
④ 백제와 신라 사이에 황산벌 전투가 벌어졌다.
⑤ 전태일이 근로 기준법 준수를 외치며 분신하였다.

18

다음 자료에 나타난 시기의 사회 모습으로 옳은 것은?　2점

왕이 명하기를, "개경 내의 백성들이 역질에 걸렸으니 마땅히 구제도감을 설치하여 이들을 치료하고, 또한 시신과 유골은 거두어 묻어서 비바람에 드러나지 않게 할 것이며, 관리들을 나누어 보내 동북도와 서남도의 굶주린 백성을 진휼하라."라고 하였다.

① 을파소의 건의로 진대법이 실시되었다.
② 기근에 대비하기 위해 구황촬요가 발간되었다.
③ 우리 풍토에 맞는 농법을 소개한 농사직설이 편찬되었다.
④ 국산 약재와 치료 방법을 정리한 향약집성방이 간행되었다.
⑤ 기금을 모아 그 이자로 빈민을 도와주는 제위보가 운영되었다.

19

밑줄 그은 '이 왕'의 재위 기간에 있었던 사실로 옳은 것은? 2점

이만주 정벌도

그림은 이 왕의 명을 받은 최윤덕 장군 부대가 올라산성에서 여진족을 정벌하는 장면입니다. 그 결과 조선은 압록강 유역을 개척하고 여연·자성·무창·우예 등 4군을 설치하였습니다.

① 어영청을 중심으로 북벌이 추진되었다.
② 국왕의 친위 부대인 장용영이 설치되었다.
③ 강홍립 부대가 사르후 전투에 참전하였다.
④ 에도 막부의 요청에 따라 통신사가 파견되었다.
⑤ 제한된 범위의 무역을 허용한 계해약조가 체결되었다.

21

밑줄 그은 '왕'에 대한 설명으로 옳은 것은? 3점

성삼문이 아버지 성승 및 박팽년 등과 함께 상왕의 복위를 모의하여 중국 사신에게 잔치를 베푸는 날에 거사하기로 기약하였다. …… 일이 발각되어 체포되자, 왕이 친히 국문하면서 꾸짖기를 "그대들은 어찌하여 나를 배반하였는가?"하니 성삼문이 소리치며 말하기를 "상왕을 복위시키려 했을 뿐이오. …… 하늘에 두 개의 해가 없듯이 백성에게도 두 임금이 있을 수 없기 때문이오."라고 하였다.

① 유자광의 고변을 계기로 남이를 처형하였다.
② 변급, 신류 등을 파견하여 나선 정벌을 단행하였다.
③ 함길도 토착 세력이 일으킨 이시애의 난을 진압하였다.
④ 인목 대비 유폐와 영창 대군 사사를 명분으로 폐위되었다.
⑤ 유능한 인재를 양성하기 위해 초계문신제를 시행하였다.

20

(가) 기구에 대한 설명으로 옳은 것은? 1점

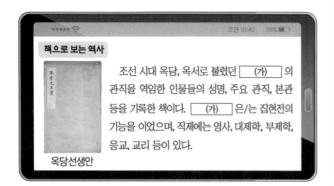

핵으로 보는 역사

조선 시대 옥당, 옥서로 불렸던 [(가)]의 관직을 역임한 인물들의 성명, 주요 관직, 본관 등을 기록한 책이다. [(가)]은/는 집현전의 기능을 이었으며, 직제에는 영사, 대제학, 부제학, 응교, 교리 등이 있다.

옥당선생안

① 수도의 행정과 치안을 담당하였다.
② 사헌부, 사간원과 함께 3사로 불렸다.
③ 검서관에 서얼 출신 학자들이 기용되었다.
④ 임진왜란을 거치면서 국정 전반을 총괄하였다.
⑤ 국왕 직속 사법 기구로 반역죄, 강상죄 등을 처결하였다.

22

(가) 종교에 대한 설명으로 옳은 것은? 2점

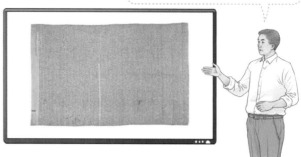

이것은 황사영이 쓴 백서입니다. 백서에는 [(가)]에 대한 정부의 탄압 상황과 신앙의 자유를 얻기 위해 외국 군대의 출병을 요청하는 내용 등이 쓰여 있습니다.

① 개벽, 신여성 등의 잡지를 발행하였다.
② 하늘에 제사 지내는 초제를 거행하였다.
③ 동경대전과 용담유사를 경전으로 삼았다.
④ 박중빈을 중심으로 새생활 운동을 추진하였다.
⑤ 만주에서 의민단을 조직하여 독립 전쟁을 전개하였다.

23

다음 사건을 계기로 일어난 사실로 옳은 것은? 2점

> 정국공신을 개정하는 일로 전지하기를, "충신이 힘을 합쳐 나를 후사(後嗣)로 추대하여 선왕의 유업을 잇게 하니, 그 공이 적다 할 수 없으므로 훈적(勳籍)에 기록하여 영구히 남기도록 명하였다. 그러나 초기에 일이 황급하여 바르게 결단하지 못하고 녹공(錄功)을 분수에 넘치게 하여 뚜렷한 공신까지 흐리게 하였으니 …… 이 때문에 여론이 거세게 일어나 갈수록 울분이 더해 가니 …… 내 어찌 공훈 없이 헛되이 기록된 것을 국시(國是)로 결단하지 않을 수 있겠는가? …… 추가로 바로 잡아서 공권(功券)*을 밝게 하라."라고 하였다.
>
> *공권(功券): 공신에게 지급하던 포상 문서

① 정여립 모반 사건으로 기축옥사가 일어났다.
② 남곤 등의 고변으로 조광조 일파가 축출되었다.
③ 양재역 벽서 사건으로 이언적 등이 화를 입었다.
④ 조의제문이 발단이 되어 김일손 등이 처형되었다.
⑤ 공신 책봉에 불만을 품고 이괄이 반란을 일으켰다.

24

밑줄 그은 '시기'에 볼 수 있는 모습으로 적절한 것은? 2점

한글로 쓰인 을병연행록에 대해 말씀해 주세요.

연행사 일행으로 홍대용이 연경에 갔던 시기에 보고 들은 내용을 기록한 것입니다.

① 제중원에서 치료받는 환자
② 도병마사에서 회의하는 관리
③ 곤여만국전도를 열람하는 학자
④ 당백전을 주조하는 관청 소속 장인
⑤ 벽란도에서 교역하는 아라비아 상인

25

(가) 제도에 대한 설명으로 옳은 것은? 1점

> 이 비는 김육의 건의로 [(가)]이/가 호서 지방에 시행된 것을 기념하고 널리 알리기 위해 삼남 지방으로 통하는 길목에 세워졌다. 김육은 경기도에서 처음 시행된 [(가)]을/를 호서 지방에도 실시하여 방납의 폐단으로 고통받는 백성의 부담을 줄이고자 하였다.

① 양반에게도 군포를 부과하였다.
② 토지 소유자에게 결작을 거두었다.
③ 풍흉에 따라 전세를 9등급으로 차등 과세하였다.
④ 관청에 물품을 조달하는 공인이 등장하는 배경이 되었다.
⑤ 부족한 재정을 보충하기 위해 선무군관포를 징수하였다.

26

(가) 왕의 재위 기간에 있었던 사실로 옳은 것은? 3점

통정공 무신일기

> 이 책은 이승원이 무신난(戊申亂)의 전개 과정을 기록한 일기로, 경상도 거창에서 반란군을 이끌던 정희량 세력의 활동 내용 등이 기록되어 있다. 무신난은 이인좌, 정희량 등이 세제(世弟)였던 [(가)]의 즉위 과정에 의혹을 제기하며 일으킨 반란이다.

① 허적과 윤휴 등 남인들이 대거 축출되었다.
② 박규수의 건의로 삼정이정청이 설치되었다.
③ 자의 대비의 복상 문제로 예송이 전개되었다.
④ 붕당의 폐해를 경계하기 위한 탕평비가 건립되었다.
⑤ 왕조의 통치 규범을 재정비한 대전통편이 편찬되었다.

27

다음 대화가 이루어진 시기의 경제 상황으로 옳지 <u>않은</u> 것은? `2점`

① 담배, 면화 등이 상품 작물로 재배되었다.
② 경기 지역에 한하여 과전법이 실시되었다.
③ 국경 지대에서 개시 무역과 후시 무역이 이루어졌다.
④ 모내기법의 확산으로 벼와 보리의 이모작이 성행하였다.
⑤ 설점수세제의 시행으로 민간의 광산 개발이 활기를 띠었다.

28

다음 교서가 발표된 전쟁 기간에 있었던 사실로 옳은 것은? `3점`

과인이 덕이 부족하여 이같은 불운을 만나 오랑캐의 침략을 받았다. 지난 정묘년에는 변란이 생겼을 때에 임시방편으로 강화를 허락하여 치욕을 감수하였다. 지금 오랑캐가 황제를 참칭(僭稱)하고 우리나라를 업신여기므로 천하의 대의를 위해 그 사신을 배척하였다가 이 같은 환란을 만났다. 이제 화의는 이미 끊어졌고 오로지 결전이 있을 뿐이다. …… 저 오랑캐가 외로운 형세로 깊숙이 들어왔으니, 사방의 원병이 이어 달려오고 하늘이 돕는다면 우리는 이길 것이다.

① 김상용이 강화도에서 순절하였다.
② 정문부가 길주에서 의병을 이끌었다.
③ 조명 연합군이 평양성을 탈환하였다.
④ 정봉수와 이립이 용골산성에서 항전하였다.
⑤ 포수, 사수, 살수로 구성된 훈련도감이 설치되었다.

29

다음 뉴스에서 보도하는 사건에 대한 설명으로 옳은 것은? `2점`

① 척왜양창의를 기치로 내걸었다.
② 몰락 양반 유계춘이 주도하였다.
③ 청군이 파병되는 결과를 가져왔다.
④ 남접과 북접이 연합하여 전개되었다.
⑤ 서북인에 대한 차별에 반발하여 일어났다.

30

다음 검색창에 들어갈 교육 기관에 대한 설명으로 옳은 것은? `1점`

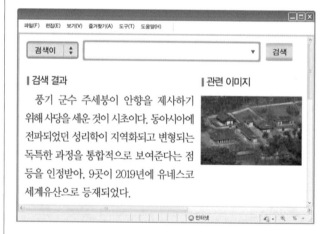

① 전국의 부 · 목 · 군 · 현에 하나씩 설립되었다.
② 입학 자격은 생원, 진사를 원칙으로 하였다.
③ 중앙에서 교관인 교수나 훈도가 파견되었다.
④ 유학을 비롯하여 율학, 서학, 산학을 교육하였다.
⑤ 국왕으로부터 편액과 함께 서적 등을 받기도 하였다.

31

다음 서신이 교환된 이후에 전개된 사실로 옳은 것은? 2점

대원군 귀하

남의 무덤을 파는 것은 예의가 없는 행동이지만 무력을 동원하여 백성을 도탄에 빠뜨리는 것보다 낫기 때문에 하는 수 없이 그렇게 하였소. …… 귀국의 안위가 귀하의 처리에 달려 있으니 좋은 대책을 강구하는 것이 어떻겠소.

영종 첨사 회답

너희들이 이번 덕산 묘소에서 저지른 변고야말로 어찌 인간의 도리상 차마 할 수 있는 일이겠는가? …… 따라서 우리나라 신하와 백성은 있는 힘을 다하여 너희와는 같은 하늘을 이고 살 수 없다는 것을 맹세한다.

① 어재연 부대가 광성보에서 항전하였다.
② 외규장각의 의궤가 국외로 약탈되었다.
③ 평양 관민이 제너럴 셔먼호를 불태웠다.
④ 로즈 제독의 함대가 양화진을 침입하였다.
⑤ 양헌수 부대가 정족산성에서 프랑스군을 격퇴하였다.

32

다음 자료에 나타난 사건에 대한 설명으로 옳은 것은? 3점

난군(亂軍)이 궐을 침범하였다는 소식을 들었다. 이때에 나라 재정이 고갈되어 각 영이 군인에게 지급할 봉급을 몇 개월 동안 지급하지 못하였다. 영에 소속된 군인이 어느 날 밤에 부대를 조직하고 갑자기 궐내로 진입하여 멋대로 난리를 일으켰다. 중전의 국상(國喪)이 공포되자 선생은 가평 관아로 달려가 망곡례를 행하였다. 얼마 후 국상이 와전되어 사실이 아님을 알고, 군중과는 달리 상복을 입지 않고 집 밖으로 나가지 않았다.

－『성재집』－

① 통감부의 방해와 탄압으로 실패하였다.
② 통리기무아문이 설치되는 배경이 되었다.
③ 홍범 14조를 개혁의 기본 방향으로 제시하였다.
④ 일본 공사관에 경비병이 주둔하는 계기가 되었다.
⑤ 김기수가 수신사로 일본에 파견되는 결과를 가져왔다.

33

(가) 단체에 대한 설명으로 옳은 것은? 3점

발신: V. 콜랭 드 플랑시(서울 주재 프랑스 공사)
수신: 아노토(프랑스 외무부 장관)

서울에서 러시아 교관들과 재정 고문의 체류를 반대하려는 움직임이 점점 거세졌습니다. 이를 주도하는 ☐(가)☐ 을/를 따라서 전 국민이 같은 입장을 취하였고 길거리에서 모임을 갖고 있습니다. 10일에 유명한 상인의 주재하에 약 8,000명이 대로에 모여 러시아 장교들과 알렉세예프에 대한 송환을 외부 대신에게 어떻게 요구할 것인가에 대한 토론이 이루어졌습니다. 박수가 터지는 가운데 의견이 만장일치로 결정되었습니다.

① 만세보를 발행하여 민중 계몽에 힘썼다.
② 일본의 황무지 개간권 요구를 저지하였다.
③ 중추원 개편을 통한 의회 설립을 추진하였다.
④ 독립운동 자금 마련을 위해 독립 공채를 발행하였다.
⑤ 대성 학교와 오산 학교를 설립하여 인재를 양성하였다.

34

밑줄 그은 '내각'에서 추진한 정책으로 옳은 것은? 2점

이번에 새로 구성된 내각에서 태양력을 채택했다고 하더군.

나도 들었네. 올해 11월 17일을 새해 1월 1일로 삼는다는군. 이번 조치로 한동안 혼란이 있을 것 같네.

① 건양이라는 연호를 제정하였다.
② 전국 8도를 23부로 개편하였다.
③ 황제 직속의 원수부를 설치하였다.
④ 박문국을 설치하여 한성순보를 발행하였다.
⑤ 공사 노비법을 혁파하고 과거제를 폐지하였다.

35

(가) 지역에서 전개된 민족 운동에 대한 설명으로 옳은 것은? 2점

국외 민족 운동 유적지 답사 안내

우리 학회에서는 ⟨ (가) ⟩ 지역의 민족 운동을 조명하는 답사를 진행하고자 합니다. 관심 있는 분들의 많은 참여 바랍니다.

- ■기간: 2020년 ○○월 ○○일~○○일
- ■답사 코스
  다뉴바 애국선열 기념비 → 리들리 한인 이민 역사 기념각 → 장인환, 전명운 의거지 → 공립 협회 회관 터
- ■주관: □□학회

① 신흥 강습소를 세워 독립군을 양성하였다.
② 해조신문을 발간하여 국권 회복에 힘썼다.
③ 서전서숙을 설립하여 민족 교육을 실시하였다.
④ 대한인 국민회를 중심을 외교 활동을 펼쳤다.
⑤ 조선 독립 동맹을 결성하여 대일 항전을 준비하였다.

36

다음 사건이 일어난 이후의 사실로 옳은 것을 〈보기〉에서 고른 것은? 2점

천수평에서 북로 군정서의 기습 공격을 받아 참패한 일본군은 그들을 추격하여 어랑촌으로 들어갔다. 어랑촌 전투는 해가 질 때까지 계속되었는데, 북로 군정서는 지형적 이점을 활용하여 일본군의 공격을 효과적으로 방어하였다. 교전 중 독립군 연합 부대가 합류하였고, 치열한 접전 끝에 일본군에 큰 승리를 거두었다.

〈 보 기 〉
ㄱ. 13도 창의군이 서울 진공 작전을 추진하였다.
ㄴ. 일제가 중국 군벌과 미쓰야 협정을 체결하였다.
ㄷ. 일제가 이른바 남한 대토벌 작전을 전개하였다.
ㄹ. 독립군이 전열을 정비하기 위해 자유시로 이동하였다.

① ㄱ, ㄴ   ② ㄱ, ㄷ   ③ ㄴ, ㄷ   ④ ㄴ, ㄹ   ⑤ ㄷ, ㄹ

37

(가) 단체에 대한 설명으로 옳은 것은? 2점

이것은 임병찬의 순지비(殉趾碑)입니다. 임병찬은 스승인 최익현과 함께 의병을 일으켰다가 체포되어 쓰시마 섬으로 끌려갔습니다. 유배에서 돌아와 의병 봉기를 도모하던 중 고종의 밀지를 받아 ⟨ (가) ⟩을/를 조직하였습니다.

① 정우회 선언의 영향으로 결성되었다.
② 일제가 꾸며낸 105인 사건으로 해체되었다.
③ 일제가 치안 유지법을 적용하여 탄압하였다.
④ 백산 상회를 통해 독립운동 자금을 마련하였다.
⑤ 국권 반환 요구서를 조선 총독에게 제출할 것을 계획하였다.

38

다음 학생들이 발표하고 있는 인물에 대한 설명으로 옳은 것은? 1점

대한의군 참모중장 ○○○

이것은 그가 뤼순에서 재판받는 상면을 묘사한 취재 삽화입니다. 재판장, 검사, 변호사들이 모두 일본인으로 구성된 불공정한 재판 상황을 보여주고 있습니다.

사형 판결을 받은 그는 동양 평화론을 저술하던 중 순국하였습니다. 이 글에서 그는 일제의 침략상을 비판하며 한·중·일이 대등한 위치에서 상호 협력해야 한다고 주장하였습니다.

① 동양 척식 주식회사에 폭탄을 투척하였다.
② 하얼빈 역에서 이토 히로부미를 사살하였다.
③ 한인 애국단을 결성하여 의거 활동을 전개하였다.
④ 조선 혁명 간부 학교를 세워 독립군을 양성하였다.
⑤ 명동 성당 앞에서 이완용을 습격하여 중상을 입혔다.

39

(가) 운동에 대한 설명으로 옳은 것은? [1점]

이달의 독립운동가

여성 독립운동을 이끈
김마리아
(1892~1944)

정신 여학교 교사로 재직하던 중 일본에 유학하였다. 2·8 독립 선언에 참여한 후 이를 알리기 위해 독립 선언서를 숨긴 채 귀국하였다. 고종의 인산일을 계기로 (가) 이/가 일어나자 여성들의 시위 참여를 촉구하던 중, 여학생들이 전개한 독립운동의 배후자로 지목되어 체포되었다. 이후 대한민국 애국 부인회 회장이 되어 군자금 모금 활동 등을 벌였다. 정부는 선생의 업적을 기려 1962년 건국 훈장 독립장을 추서하였다.

① 조선 혁명 선언을 활동 지침으로 삼았다.
② 신간회에서 진상 조사단을 파견하여 지원하였다.
③ 박상진이 주도한 대한 광복회 결성에 영향을 주었다.
④ 전개 과정에서 일제가 제암리 학살 등을 자행하였다.
⑤ 대한매일신보의 후원을 받아 전국적으로 확산되었다.

40

(가)~(마)에 들어갈 내용으로 옳은 것은? [2점]

〈수행 평가 보고서〉

1. 주제: 민족 문화 수호를 위한 노력

2. 내용: 일제의 역사 왜곡과 동화(同化) 정책에 맞서 우리의 말과 역사를 지키고자 헌신한 인물들의 활동에 대하여 조사하였다.

인물	활동
신채호	(가)
백남운	(나)
정인보	(다)
이윤재	(라)
최현배	(마)

① (가) - 잡지 한글의 간행을 주도하였다.
② (나) - 한글 맞춤법 통일안 제정에 참여하였다.
③ (다) - 민족의 얼을 강조하고 조선학 운동을 추진하였다.
④ (라) - 애국심 고취를 위해 을지문덕전을 집필하였다.
⑤ (마) - 조선사회경제사에서 식민 사학의 정체성론을 반박하였다.

41

다음 공보가 발표된 이후 대한민국 임시 정부의 활동으로 옳은 것은? [2점]

대한민국 임시 정부 공보 제42호

● 3월 18일 임시 의정원에서 임시 정부 대통령 이승만 각하를 임시 헌법 제21조 제14항에 의하여 탄핵하고 심판에 회부하다.
● 3월 23일 임시 의정원에서 임시 정부 대통령 이승만 각하를 심판, 면직하다.
● 3월 23일 임시 의정원에서 박은식 각하를 임시 헌법 제12조에 의하여 임시 정부 대통령으로 선거하다.

① 삼균주의에 바탕을 둔 건국 강령을 발표하였다.
② 무장 투쟁을 위해 육군 주만 참의부를 조직하였다.
③ 독립군 비행사 양성을 위해 한인 비행 학교를 설립하였다.
④ 국민 대표 회의를 개최하여 독립 운동의 방향을 논의하였다.
⑤ 파리 강화 회의에 대표단을 파견하여 외교 활동을 전개하였다.

42

다음 자료에 나타난 민족 운동에 대한 설명으로 옳은 것을 〈보기〉에서 고른 것은? [1점]

◇ 살자는 부르짖음 ◇

우리의 소유는 점점 줄어가고 살림살이는 나날이 가난해 간다. …… 형제들이여 자매들이여, 이제 뜨겁고 간절한 마음으로 그 살길을 말하노니 아무쪼록 조선 물산을 몸에 걸고 조선 물산을 입에 넣고 조선 물산을 팔며 사고 조선 물산을 무엇에나 쓰라. 비싸도 그리하고 불편하여도 그리하며 곱지 못하여도 달지 아니하여도 아무렇든지 그리고 많이 만들기를 힘쓰라. 깨달은 동시에 실행하자.

〈보 기〉
ㄱ. 조만식 등의 주도로 평양에서 시작되었다.
ㄴ. 자작회, 토산 애용 부인회 등이 활동하였다.
ㄷ. 국채 보상 기성회를 중심으로 전개되었다.
ㄹ. 일본, 프랑스 등의 노동 단체로부터 격려 전문을 받았다.

① ㄱ, ㄴ ② ㄱ, ㄷ ③ ㄴ, ㄷ ④ ㄴ, ㄹ ⑤ ㄷ, ㄹ

43

(가) 법령이 적용된 시기 일제의 정책으로 옳은 것은? 2점

> 한일병합 이후 일반 기업들이 발흥하여 회사 조직으로써 각종 사업을 경영하려 하는 자가 점차 증가함으로, 일본 정부는 한인의 사업 경영에 제한을 주기 위하여 총독부제령(總督府制令)으로서 (가) 을/를 공포해서 허가주의를 채택하여(일본인에게는 관대하고 한인에게는 가혹함은 물론) 사소한 일까지 간섭을 다하되, 이를 어기는 자에게는 신체형 및 벌금형을 부과하였다.
>
> — 『한일관계사료집』 —

① 제2차 조선 교육령을 시행하였다.
② 범죄 즉결례에 의해 한국인을 처벌하였다.
③ 조선 사상범 예방 구금령을 통해 독립운동을 탄압하였다.
④ 농민의 자력갱생을 내세운 농촌 진흥 운동을 실시하였다.
⑤ 국가 총동원법을 제정하여 인력과 물자를 강제 동원하였다.

44

밑줄 그은 '이 운동'에 대한 설명으로 옳은 것은? 1점

이 탑은 진주에서 시작된 이 운동을 기념하기 위해 시민들이 성금을 모아 설립한 것입니다. 탑에는 이 운동을 주도한 단체가 표방한 '공평(公平)은 사회의 근본이요, 애정(愛情)은 인류의 본량(本良)이다.'라는 내용이 새겨져 있습니다.

① 잡지 동광을 발행하였다.
② 김광제 등의 발의로 시작되었다.
③ 한일 학생 간의 충돌에서 비롯되었다.
④ 백정에 대한 차별 철폐를 목표로 하였다.
⑤ 배우자 가르치자 다함께 브나로드를 구호로 내세웠다.

45

(가) 군사 조직에 대한 설명으로 옳은 것은? 2점

> 오늘날 동양의 강도 일본 군벌은 아시아를 침략하고, 나아가서는 다년 간의 헛된 꿈인 세계 정복으로 옮기려 하는 광기가 되어, 중화민국 침략 전쟁을 개시하였다. …… 중국에서 활동하고 있는 우리 조선 혁명가들은 모름지기 이 정의로운 전쟁에 직접 참가하고, 나아가 중국 항전 중에 조국의 독립을 쟁취해야 할 것이다. 이를 위해 우리는 우선 '조선 민족 전선 연맹'의 기치 아래 일치 단결하고, 동시에 동양에 있어서의 항일의 위대한 최고 지도자인 정[제스] 위원장 아래 함께 모여, (가) 을/를 조직한 것이다.

① 영릉가 전투에서 일본군에게 승리하였다.
② 미군과 연계하여 국내 진공 작전을 계획하였다.
③ 동북 항일 연군으로 개편되어 유격전을 펼쳤다.
④ 쌍성보에서 중국 호로군과 연합 작전을 전개하였다.
⑤ 중국 관내(關內)에서 결성된 최초의 한인 무장 부대였다.

46

밑줄 그은 '헌법'이 적용된 시기에 있었던 사실로 옳은 것은? 3점

민주당의 윤보선 의원이 국회에서 208표를 얻어 대통령에 당선되었습니다. 내각 책임제를 골자로 개정된 헌법에 따라 선출된 윤보선 대통령은 국가의 원수로서 나라를 대표하고, 국무총리 지명권과 긴급 재성 처분권, 그리고 국군 통수권 등의 권한을 가지며 임기는 5년입니다.

① 반민족 행위 처벌법이 제정되었다.
② 통일 주체 국민 회의가 조직되었다.
③ 2년 임기의 국회의원이 선출되었다.
④ 조봉암을 중심으로 진보당이 창당되었다.
⑤ 국회가 민의원, 참의원의 양원으로 운영되었다.

47

다음 결의문이 채택된 시기를 연표에서 옳게 고른 것은?

`2점`

> 총회가 당면하고 있는 한국 문제는 근본적으로 한국민 자체의 문제이며 그 자유와 독립에 관련된 문제이므로 …… 총회는 한국 대표가 한국 주재 군정 당국에 의하여 지명된 자가 아니라 한국민에 의하여 실제로 정당하게 선출된 자라는 것을 감시하기 위하여, 조속히 유엔 한국 임시 위원단을 설치하여 한국에 주재케 하고, 이 위원단에게 한국 전체를 여행·감시·협의할 수 있는 권한을 부여할 것을 결의한다.

1945.8.	1945.12.	1946.3.	1946.10.	1947.5.	1948.8.
(가)	(나)	(다)	(라)	(마)	
8·15 광복	모스크바 3국 외상 회의 개최	제1차 미소 공동 위원회 개최	좌우 합작 7원칙 발표	제2차 미소 공동 위원회 개최	대한민국 정부 수립

① (가)　　② (나)　　③ (다)　　④ (라)　　⑤ (마)

48

(가) 민주화 운동에 대한 설명으로 옳은 것은?

`2점`

> 이것은 부산과 마산 지역의 시민과 학생들이 일으킨 (가) 을/를 기념하는 탑입니다. 야당 총재의 국회의원직 제명으로 촉발된 (가) 은/는 민주화에 기여한 점을 인정받아 2019년에 국가 기념일로 지정되었습니다.

① 유신 체제가 붕괴되는 배경이 되었다.
② 시민군을 조직하여 계엄군에 대항하였다.
③ 허정 과도 정부가 구성되는 결과를 가져왔다.
④ 관련 기록물이 유네스코 세계 기록 유산으로 등재되었다.
⑤ 대통령 하야를 요구하는 대학 교수단의 시위 행진이 있었다.

49

밑줄 그은 '선거'가 실시된 배경으로 가장 적절한 것은?

`2점`

> 이번 대통령 선거에 나오는 후보들이군.

> 마침내 국민의 손으로 대통령을 직접 뽑을 수 있게 되었으니 신중하게 투표하세.

① 3당 합당으로 민주 자유당이 창당되었다.
② 국제 통화 기금(IMF)의 구제 금융을 받게 되었다.
③ 비상 계엄이 선포된 가운데 발췌 개헌안이 통과되었다.
④ 여당 부통령 후보 당선을 위한 3·15 부정 선거가 자행되었다.
⑤ 호헌 철폐 등을 내세운 시위로 6·29 민주화 선언이 발표되었다.

50

다음 행사를 마련한 정부의 통일 노력으로 옳은 것은?

`3점`

> **방송 3사 공동 특별 생방송 ○○○ 대통령, 국민과의 대화**
>
> **사회 복지사:** 국민 기초 생활 보장법에 대해서 말씀드리겠습니다. 기초 생활 보장법 수급 대상자로 선정되어야 함에도 그렇지 못한 경우가 많습니다. …… 보완책에 대해 말씀해 주시기 바랍니다.
>
> **○○○ 대통령:** 국민 기초 생활 보장법을 지난해 10월부터 [처음] 실시했는데 아무래도 문제점이 없지 않을 겁니다. …… 어떤 경우에라도 굶주리거나 자식 교육을 못 시키거나 의료 혜택을 받지 못하는 일이 없도록 하자는 것이 국민 기초 생활 보장 제도의 취지입니다.

① 10·4 남북 공동 선언을 채택하였다.
② 남북한이 한반도 비핵화 공동 선언에 서명하였다.
③ 남북 조절 위원회를 설치하여 통일 방안을 논의하였다.
④ 남북한의 교류 협력을 위한 개성 공업 지구 건설에 합의하였다.
⑤ 최초의 이산가족 고향 방문과 예술 공연단 교환을 실현하였다.

신과함께

한국사
능력검정시험

고급·심화 기출문제집

신과함께

한능검 기출문제집

정답 및 해설

제35회 한국사능력검정시험 고급 정답표

문항	정답	배점	문항	정답	배점	문항	정답	배점	문항	정답	배점	문항	정답	배점
01	②	2	11	①	2	21	⑤	2	31	③	1	41	⑤	2
02	①	2	12	③	2	22	①	3	32	①	2	42	④	2
03	①	2	13	②	2	23	①	1	33	④	2	43	③	1
04	②	3	14	⑤	2	24	②	2	34	①	3	44	③	2
05	④	2	15	②	1	25	③	2	35	①	2	45	②	2
06	③	2	16	①	3	26	④	1	36	②	2	46	④	3
07	④	3	17	③	2	27	⑤	2	37	⑤	2	47	④	1
08	④	1	18	③	2	28	②	2	38	④	2	48	③	2
09	②	1	19	④	3	29	④	3	39	③	1	49	⑤	3
10	②	2	20	④	1	30	④	2	40	⑤	3	50	②	2

제36회 한국사능력검정시험 고급 정답표

문항	정답	배점	문항	정답	배점	문항	정답	배점	문항	정답	배점	문항	정답	배점
01	①	1	11	⑤	2	21	②	3	31	③	1	41	④	2
02	④	2	12	③	1	22	⑤	2	32	④	2	42	③	1
03	④	2	13	②	2	23	④	2	33	⑤	3	43	②	2
04	③	3	14	②	2	24	④	2	34	①	2	44	③	3
05	⑤	3	15	④	2	25	③	3	35	②	2	45	③	2
06	④	2	16	①	3	26	⑤	2	36	④	1	46	③	2
07	④	2	17	④	2	27	②	1	37	⑤	2	47	⑤	1
08	①	2	18	①	2	28	①	2	38	⑤	1	48	①	3
09	①	1	19	④	1	29	③	2	39	①	3	49	①	2
10	②	3	20	②	2	30	⑤	2	40	②	2	50	②	2

제37회 한국사능력검정시험 고급 정답표

문항	정답	배점	문항	정답	배점	문항	정답	배점	문항	정답	배점	문항	정답	배점
01	②	1	11	⑤	2	21	④	2	31	⑤	1	41	④	3
02	⑤	2	12	⑤	2	22	⑤	2	32	①	2	42	②	1
03	④	2	13	③	3	23	②	1	33	④	2	43	⑤	2
04	①	3	14	④	1	24	⑤	2	34	④	3	44	②	2
05	②	3	15	③	2	25	③	3	35	④	2	45	③	2
06	②	2	16	①	2	26	⑤	2	36	②	1	46	⑤	3
07	②	2	17	②	2	27	②	2	37	③	3	47	⑤	1
08	⑤	2	18	④	2	28	⑤	2	38	③	2	48	④	3
09	①	1	19	①	3	29	④	2	39	④	2	49	④	2
10	②	2	20	⑤	1	30	①	1	40	③	2	50	①	2

제38회 한국사능력검정시험 고급 정답표

문항	정답	배점	문항	정답	배점	문항	정답	배점	문항	정답	배점	문항	정답	배점
01	⑤	1	11	③	2	21	⑤	2	31	②	2	41	①	2
02	③	2	12	⑤	2	22	④	2	32	④	3	42	④	2
03	①	3	13	⑤	3	23	②	2	33	①	2	43	②	2
04	①	2	14	③	2	24	④	3	34	④	2	44	④	2
05	④	2	15	④	1	25	③	2	35	②	1	45	①	3
06	⑤	2	16	③	2	26	④	2	36	①	2	46	④	2
07	④	3	17	①	1	27	①	1	37	②	1	47	①	1
08	①	2	18	⑤	2	28	④	2	38	③	2	48	②	3
09	③	1	19	②	1	29	④	3	39	③	3	49	③	2
10	④	2	20	③	3	30	⑤	2	40	①	1	50	⑤	2

제39회 한국사능력검정시험 고급 정답표

문항	정답	배점	문항	정답	배점	문항	정답	배점	문항	정답	배점	문항	정답	배점
01	④	1	11	①	2	21	②	3	31	③	2	41	④	2
02	③	2	12	①	1	22	③	1	32	②	2	42	②	1
03	④	2	13	②	3	23	②	2	33	①	3	43	①	2
04	①	1	14	③	2	24	①	3	34	③	1	44	⑤	2
05	③	2	15	④	3	25	②	2	35	⑤	2	45	①	2
06	①	3	16	③	2	26	③	2	36	⑤	2	46	⑤	3
07	④	2	17	②	1	27	④	2	37	③	1	47	②	2
08	④	2	18	①	2	28	②	2	38	⑤	2	48	④	2
09	②	2	19	④	2	29	⑤	1	39	⑤	2	49	②	3
10	①	3	20	⑤	2	30	①	2	40	④	3	50	②	1

제40회 한국사능력검정시험 고급 정답표

문항	정답	배점	문항	정답	배점	문항	정답	배점	문항	정답	배점	문항	정답	배점
01	③	1	11	②	2	21	⑤	2	31	⑤	2	41	⑤	2
02	①	2	12	③	1	22	①	1	32	④	2	42	②	3
03	④	2	13	②	2	23	④	2	33	⑤	3	43	①	2
04	⑤	3	14	③	2	24	①	3	34	⑤	2	44	②	2
05	②	2	15	①	1	25	①	2	35	③	1	45	②	2
06	③	1	16	②	2	26	④	2	36	④	1	46	②	1
07	③	3	17	②	2	27	⑤	1	37	⑤	3	47	①	3
08	③	2	18	③	2	28	①	3	38	④	2	48	①	1
09	②	2	19	①	2	29	③	2	39	③	2	49	④	2
10	②	3	20	⑤	3	30	④	2	40	④	2	50	③	2

제41회 한국사능력검정시험 고급 정답표

문항	정답	배점	문항	정답	배점	문항	정답	배점	문항	정답	배점	문항	정답	배점
01	④	1	11	③	3	21	①	1	31	①	2	41	③	3
02	②	3	12	④	1	22	③	2	32	③	3	42	④	2
03	①	1	13	④	2	23	①	2	33	⑤	2	43	②	1
04	①	2	14	①	2	24	④	3	34	⑤	1	44	②	2
05	④	3	15	①	2	25	③	2	35	①	2	45	③	2
06	③	2	16	④	2	26	⑤	2	36	②	3	46	②	2
07	④	1	17	③	2	27	⑤	2	37	④	1	47	①	2
08	①	2	18	②	2	28	②	3	38	②	2	48	③	3
09	⑤	2	19	②	2	29	⑤	1	39	②	2	49	⑤	2
10	④	2	20	②	3	30	⑤	2	40	③	2	50	③	1

제42회 한국사능력검정시험 고급 정답표

문항	정답	배점	문항	정답	배점	문항	정답	배점	문항	정답	배점	문항	정답	배점
01	②	1	11	②	2	21	②	2	31	③	3	41	②	2
02	③	2	12	③	1	22	②	2	32	⑤	2	42	③	1
03	①	3	13	④	2	23	④	1	33	④	2	43	⑤	2
04	①	2	14	③	3	24	①	2	34	①	2	44	⑤	2
05	⑤	2	15	②	1	25	⑤	3	35	③	1	45	④	2
06	②	3	16	③	3	26	⑤	2	36	④	2	46	④	3
07	⑤	1	17	④	2	27	①	3	37	⑤	3	47	②	2
08	⑤	2	18	②	2	28	④	1	38	④	2	48	②	3
09	①	2	19	④	2	29	③	2	39	②	2	49	③	1
10	③	2	20	④	2	30	⑤	2	40	②	1	50	①	2

제43회 한국사능력검정시험 고급 정답표

문항	정답	배점	문항	정답	배점	문항	정답	배점	문항	정답	배점	문항	정답	배점
01	②	1	11	⑤	2	21	⑤	3	31	⑤	2	41	③	2
02	③	2	12	②	2	22	③	2	32	①	3	42	④	1
03	③	2	13	③	3	23	③	2	33	④	2	43	⑤	2
04	④	2	14	④	2	24	②	2	34	①	3	44	①	3
05	①	1	15	②	3	25	⑤	2	35	②	2	45	③	1
06	③	2	16	⑤	1	26	②	2	36	①	2	46	①	2
07	④	3	17	④	2	27	②	2	37	①	1	47	⑤	2
08	⑤	2	18	④	2	28	①	1	38	②	2	48	②	2
09	④	2	19	⑤	2	29	④	2	39	⑤	3	49	②	1
10	①	3	20	④	1	30	③	1	40	②	3	50	③	2

제44회 한국사능력검정시험 고급 정답표

문항	정답	배점	문항	정답	배점	문항	정답	배점	문항	정답	배점	문항	정답	배점
01	②	1	11	④	3	21	③	2	31	④	2	41	④	2
02	⑤	2	12	④	2	22	⑤	2	32	⑤	3	42	①	3
03	②	2	13	③	2	23	①	2	33	⑤	2	43	②	2
04	③	2	14	④	2	24	②	2	34	③	2	44	①	2
05	②	3	15	①	3	25	⑤	2	35	④	1	45	②	1
06	②	3	16	①	1	26	⑤	3	36	①	2	46	③	3
07	②	2	17	③	2	27	④	1	37	④	2	47	③	2
08	④	2	18	④	1	28	③	3	38	①	3	48	①	2
09	④	1	19	⑤	2	29	②	1	39	④	2	49	②	2
10	⑤	2	20	①	2	30	⑤	2	40	③	1	50	⑤	1

제45회 한국사능력검정시험 고급 정답표

문항	정답	배점	문항	정답	배점	문항	정답	배점	문항	정답	배점	문항	정답	배점
01	⑤	1	11	①	2	21	③	2	31	⑤	2	41	①	3
02	③	1	12	④	1	22	⑤	1	32	②	2	42	①	2
03	①	2	13	④	3	23	②	1	33	⑤	1	43	③	2
04	④	3	14	①	2	24	①	2	34	①	2	44	①	1
05	④	1	15	②	2	25	⑤	2	35	③	1	45	②	3
06	④	2	16	④	2	26	⑤	3	36	⑤	2	46	③	2
07	③	2	17	②	2	27	③	2	37	②	3	47	②	3
08	④	2	18	①	2	28	③	2	38	④	2	48	④	2
09	⑤	1	19	⑤	2	29	④	3	39	①	2	49	②	2
10	⑤	3	20	②	3	30	④	2	40	③	2	50	①	2

제46회 한국사능력검정시험 고급 정답표

문항	정답	배점	문항	정답	배점	문항	정답	배점	문항	정답	배점	문항	정답	배점
01	②	1	11	③	3	21	③	3	31	①	2	41	①	2
02	②	2	12	①	2	22	⑤	2	32	④	3	42	①	1
03	⑤	2	13	②	2	23	②	2	33	③	3	43	②	2
04	③	2	14	④	2	24	③	2	34	①	2	44	④	1
05	④	2	15	⑤	2	25	④	1	35	④	2	45	⑤	2
06	③	2	16	②	1	26	④	3	36	④	2	46	⑤	3
07	②	2	17	③	3	27	②	2	37	⑤	2	47	⑤	2
08	④	2	18	⑤	2	28	①	3	38	②	1	48	①	2
09	①	1	19	⑤	2	29	⑤	2	39	④	1	49	⑤	2
10	④	3	20	②	1	30	⑤	1	40	③	2	50	④	3

01 ②

포인트

슴베찌르개, 단양 수양개 유적, 뗀석기

해설 자료에서 슴베찌르개와 뗀석기의 부분을 보았을 때 (가)의 시대가 구석기 시대임을 알 수 있다. 구석기 시대는 신분이 없는 평등한 사회로 뗀석기를 주로 사용한 시대였다. 또한 사냥과 채집이 주된 경제생활이었기 때문에 정착생활이 아닌 이동생활을 하였다. 이동 생활을 하다 보니 동굴이나 바위, 그늘에서 살거나 강가에 막집을 짓고 사는 모습을 보인다.

오답 정리

① 빗살무늬 토기를 제작하였던 때는 신석기 시대이다.
③ 고인돌이 축조되었던 때는 청동기 시대이다.
④ 반달 돌칼을 사용하였던 때는 청동기 시대이다
⑤ 가락바퀴와 뼈바늘을 사용한 때는 신석기 시대이다.

02 ①

포인트

구지봉, 수로, 건국 신화

해설 자료에서 구지봉에 관한 설화라는 부분과 수로가 나오는 장면이라는 것에서 금관가야임을 알 수 있다. 가야는 삼국이 중앙집권국가로 성장하였던 것과는 달리 연맹왕국을 이루고 있었다. 초기에는 김해의 금관가야가 가야연맹의 맹주 역할을 하였지만, 4세기 말 광개토대왕이 신라를 도와주는 과정에서 고구려의 공격을 받아 쇠약해진 뒤, 대가야가 후기 가야연맹의 맹주 역할을 하였다. 금관가야는 벼농사가 발달하였으며, 덩이쇠라는 철이 많이 생산되어 왜, 낙랑에 수출을 하고 화폐처럼 사용하였다.

오답 정리

② 영고는 부여의 제천행사이다.
③ 제가회의는 고구려의 귀족회의이다.
④ 박, 석, 김의 3성이 교대로 왕위를 계승하였던 나라는 신라이다.
⑤ 마한의 목지국을 압도하고 지역의 맹주로 발돋움한 나라는 백제이다.

03 ①

포인트

불교, 이차돈

해설 자료에서 불교와 이차돈이라는 것을 보았을 때 법흥왕 때 이차돈의 순교라는 것을 알 수 있다. 신라는 눌지왕 때에 고구려를 통해 불교가 들어왔으나 부족적 전통과 이에 기반을 둔 신앙을 가진 귀족들의 반발이 심하여 불교 공인이 백제와 고구려에 비해 어려운 점이 많았다. 이러한 상황에서 법흥왕 때 이차돈이 자진 순교하여 불교를 공인하게 되었다고 삼국유사에 기록되어 있다. 불교를 공인한 법흥왕은 율령 반포, 병부와 상대등 설치, 건원이라는 연호 사용, 금관가야 정복 등의 업적이 있다.

오답 정리

② 중앙 관청을 22부로 확대한 인물은 백제의 성왕이다.
③ 거칠부에게 국사를 편찬하게 한 인물은 신라 진흥왕이다.
④ 이사부를 보내 우산국을 복속시킨 인물은 신라 지증왕이다.
⑤ 지방에 담로를 두고 왕족을 파견한 인물은 백제 무령왕이다.

04 ②

포인트

(가) – 을지문덕, 살수, (나) – 안시성

해설 (가)에서 을지문덕과 살수라는 대목에서 살수대첩이라는 것을 알 수 있고, (나)는 안시성이라는 것에서 안시성 전투라는 것을 알 수 있다. 수는 고구려와의 무리한 전쟁(살수대첩)으로 인한 국력 소모와 내란으로 결국 멸망하였다. 수 멸망 후 당이 건국되자 고구려는 당과의 전쟁을 피하고자 유화책을 펼치면서 천리장성을 쌓아 전쟁에 대비하였다. 이 과정에서 영류왕의 유화책에 불만을 품은 연개소문이 정변을 일으켜 권력을 장악하였다. 연개소문이 정변을 통해 정권을 장악하자, 당 태종은 이를 구실로 삼아 고구려를 침공하여 한때 고구려를 궁지에 몰아넣었지만, 안시성 전투에서 패하여 퇴각하였다.

오답 정리

① 진흥왕이 대가야를 공격하여 멸망시킨 시기는 살수대첩보다 이전이다(6세기).
③ 장수왕이 백제를 공격하여 한성을 함락시킨 시기는 살수대첩보다 이전이다(5세기).
④ 계백이 이끄는 군대가 황산벌에서 결사 항전을 하였던 시기는 안시성 전투보다 이후이다(660년).
⑤ 근초고왕이 평양성을 공격한 시기는 살수대첩보다 이전이다

(4세기).

05 ④

포인트

송산리 6호분, 고분 사진(벽돌무덤)

해설 충남 공주시 송산리 고분군에서 발견되었다는 것과 도굴의 피해가 없었다는 대목에서 무령왕릉임을 알 수 있다. 무령왕릉을 제외한 대부분의 고대 무덤은 주인을 알 수 없기 때문에 ~분, ~총으로 불리나 무령왕릉은 지석묘(묘비석)가 나와 무덤의 주인과 연도를 정확하게 알 수 있다. 또한 무령왕릉은 중국 남조양의 영향을 받아서 벽돌무덤 양식을 가지고 있다.

오답 정리

ㄱ. 모줄임 천장 구조는 고구려와 발해 고분의 특징이다.

ㄷ. 돌무지무덤으로 유명한 고분은 고구려의 장군총과 한성 백제의 석촌동 돌무지무덤이다.

06 ③

포인트

관등인 '나마', 안압지

해설 자료의 관등으로 나마라는 것과 안압지라는 대목에서 (가) 국가가 통일신라임을 알 수 있다. 통일신라 하대 때 장보고는 당시 신라의 왕인 흥덕왕의 승인을 받아 오늘날 완도에 청해진을 설치하여 해상의 해적 세력을 소탕하고 동아시아 국제 무역의 주역으로 활약하였다. 장보고는 훗날 흥덕왕 사후 발생한 신라 왕실의 왕위쟁탈전에 관여하였다가 암살당한다.

오답 정리

① 솔빈부의 말이 특산물로 유명하였던 국가는 발해이다.

② 벽란도는 고려의 국제무역항이다.

④ 진대법이 실시된 나라는 고구려이다.

⑤ 토지의 비옥도를 6등급으로 나누어 전세를 부과하였던 것은 조선 세종시기의 공법이다.

07 ④

포인트

반가의 자세로 깊은 생각에 잠긴 모습, 6세기 중후반, 삼국 시대 금동 불상 중 대표적인 작품

해설 보기의 자료에서 반가의 자세(가부좌의 반, 즉 한쪽 다리를 꼬았다는 의미)로 깊은 생각에 잠긴 모습(사유)이라는 것에서

보기의 불상이 국보 78호인 금동미륵보살 반가 사유상이라는 것을 알 수 있다. 삼국시대에는 미륵보살 반가상이 많이 만들어졌는데, 이 중에서도 탑 모양의 관을 쓰고 있는 금동 미륵보살 반가 사유상(국보 78호)과 삼산관을 쓰고 있는 금동 미륵보살 반가 사유상(국보 83호)이 널리 알려져 있다.

오답 정리

① 발해의 이불병좌상이다.

② 고려 말 조선 초 시기의 금동관음보살좌상이다.

③ 고려 초의 대표적인 철불인 광주 춘궁리 철불이다.

⑤ 고구려의 연가 7년명 금동여래입상이다.

08 ④

포인트

백제 장군, 이름 상지, 씨(氏) 흑치

해설 자료에서 백제 장군이라는 것과 성과 이름이 각각 흑치와 상지라는 것을 통해서 백제 부흥 운동을 이끌었던 흑치상지라는 것을 유추해 볼 수 있다. 흑치상지는 왕족인 복신과 승려 도침, 그리고 왕자 풍과 함께 백제 부흥운동을 전개하였다. 이들은 한 때 200여 성을 회복하고 사비성과 웅진성의 소정방이 이끄는 당군을 공격하면서 3년간 저항하였으나, 부흥군 내부의 내분과 나·당 연합군의 공격으로 결국 실패하였다.

오답 정리

① 김흠돌의 반란을 진압한 인물은 신라 신문왕이다.

② 완산주에 도읍하고 나라를 세운 인물은 후백제의 견훤이다.

③ 국호를 마진으로 바꾸고 철원으로 천도한 인물은 후고구려의 궁예이다.

⑤ 안승을 왕으로 받들어 나라를 다시 세우고자 한 인물은 고구려 부흥운동을 이끈 검모잠이다.

09 ②

포인트

진흥왕 때의 영토 확장, 김정희에 의해 고증(금석과안록)

해설 진흥왕 때의 영토 확장을 보여준다는 것과 국보 3호라는 점, 그리고 김정희에 의해 고증되었다는 것에서 진흥왕의 북한산순수비임을 알 수 있다. 북한산순수비는 신라의 진흥왕이 한강 유역을 영토로 편입한 뒤 이 지역을 방문한 것을 기념하여 세운 순수비이나. 조선시대에는 줄곧 무학대사비로 알려졌으나, '금석과안록'을 저술한 김정희에 의해 진흥왕 순수비임이 밝혀졌다. 본래는 서울

북한산 비봉에 위치하고 있었으나 현재는 보존을 위해 국립중앙박물관에서 보관 전시하고 있다.

오답 정리

① (가)는 고구려의 광개토대왕릉비이다.

③ (다)는 백제의 사택지적비이다.

④ (라)는 고구려의 중원고구려비이다.

⑤ (마)는 신라의 단양적성비이다.

10 ②

포인트

대조영

해설 자료에서 옛 고구려의 장수 대조영이 나라를 열었다는 것에서 (가)의 국가가 발해라는 것을 알 수 있다. 발해는 중앙관제로 당의 3성 6부제를 받아들였지만, 중앙 6부의 명칭을 유교식으로 정하였고, 3성 6부의 운영 또한 당과는 판이하게 다른 모습을 보였다. 또한, 발해는 당과 대등하다는 생각을 하여 인안, 대흥 등의 독자적 연호를 사용하였으며, 지방 행정 조직은 5경 15부 62주로 구성되었다. 또한, 중앙에는 국립교육기관으로 주자감을 두었다. 참고로 고려의 국립교육기관은 국자감이다.

오답 정리

① 골품제도는 신라의 신분제도였다.

③ 독서삼품과는 신라 하대에 원성왕 때 실시된 인재 등용방식이다.

④ 오경박사, 의박사, 역박사 등을 일본에 파견하였던 국가는 백제이다.

⑤ 범금 8조는 고조선의 법률이다.

11 ①

포인트

최승로

중요 사료

최승로

왕이 명령하기를, "··· 경관(京官) 5품 이상은 각기 봉사를 올려 시정(時政)의 잘잘못을 논하라."라고 하였다. ··· 최승로가 올린 글의 대략은 다음과 같다. "··· 이제 앞선 5대 조정(朝廷)의 정치와 교화에 대해서 본받을 만한 좋은 행정과 경계할 만한 나쁜 행적을 삼가 기록하여 조목별로 아뢰겠습니다. ···"

–고려사절요–

밑줄 : 최승로는 성종에게 시무책을 상소하여 태조부터 경종까지 5대 왕의 치적에 대해 평가함으로써 교훈으로 삼게 했다.

해설 자료에서 최승로라는 대목에서 밑줄의 왕이 고려 성종임을 알 수 있다. 성종은 즉위 후 국가의 오랜 폐단을 없애고 국정을 쇄신하기 위하여 중앙의 5품 이상의 관리들에게 그동안의 정치에 대한 비판과 정책을 건의하는 글을 올리게 하였다. 이에 최승로는 시무 28조를 올려 성종에게 유교적 정치를 시행할 것을 건의하였고, 성종은 최승로의 건의를 수용하여 유교 중심의 통치 체제를 정비하였다. 그리하여 성종은 12목에 지방관을 파견하였고, 향리 제도를 마련하여 지방 세력을 견제하였다.

오답 정리

② 양현고를 설치한 왕은 고려 중기 예종이다.

③ 노비안검법은 고려 초 광종 때 실시되었다.

④ 전민변정도감이 설치된 시기는 고려 말 공민왕 때이다.

⑤ 흑창은 고려 태조 왕건 시기에 설치되었다.

12 ③

포인트

귀주, 강감찬

해설 자료에서 귀주, 강감찬의 언급을 통해 (가)가 거란족임을 알 수 있다. 거란은 고려의 북진 정책과 친송 정책에 반발하여 여러 차례 고려를 침략하였다. 1차 침입 때에는 고려에 옛 고구려 땅을 내놓고 송과 교류를 끊을 것을 요구하였으나 서희의 담판으로 고려가 고구려의 후계자임을 인정받고 강동 6주를 확보하였다. 거란은 이후에도 고려와 송의 관계를 구실로 두 차례 더 침입하였으나, 고려는 이를 잘 막았다. 특히 거란의 3차 침입 때에는 강감찬이 이끄는 고려군에 의해 거란군이 대패할 정도였다. 거란의 3차 침입 이후 양국은 정식으로 국교를 수립하였다. 이후 고려는 거란과 여진의 침입을 막기 위해 나성과 천리장성을 쌓았다.

오답 정리

① 화포를 사용하여 진포에서 격퇴한 세력은 고려 말 왜구이다.

② 별무반과 동북 9성은 고려 중기 여진족의 침입과 관련된 내용이다.

④ 이종무의 정벌은 조선 세종 시기의 쓰시마 섬 정벌이다.

⑤ 강화로 천도하여 장기 항쟁을 하였던 세력은 고려 후기의 몽골이다.

13 ②

포인트

2군 6위

해설 자료에서 2군 6위라는 것을 보았을 때 고려의 중앙군임을 알 수 있다. 고려는 지방을 5도 양계의 체제로 편성하였다. 5도는 장관으로 안찰사가 파견되었고 주·군·현이 설치되어 지방관이 파견되었다. 북방 국경지에는 양계를 설치하여 병마사를 파견하고, 국방상 요충지에는 진을 설치하였다. 고려시대에는 지방관이 파견되는 주현보다 지방관이 파견되지 않는 속현의 수가 더 많았고, 특수행정구역인 향·부곡·소를 두고 있었다. 이 속현과 특수 행정 구역은 주현을 통하여 간접적으로 중앙 정부의 통제를 받았다.

오답 정리

① 전국을 5경 15부 62주로 나누었던 국가는 발해이다.

③ 지방 장관으로 욕살, 처려근지를 두었던 국가는 고구려이다.

④ 상수리 제도로 지방 세력을 통제하였던 국가는 신라이다.

⑤ 5소경이 설치되었던 국가는 신라이다(통일신라).

14 ⑤

포인트

묘청, 금나라

중요 사료

묘청의 서경 천도 운동

묘청 등이 왕에게 말하기를, "신들이 보건대 서경의 임원역은 음양가들이 말하는 대화세(大華勢)이니 만약 이곳에 궁궐을 세우고 옮기시면 천하를 병합할 수 있을 것이요, 금나라가 공물을 바치고 스스로 항복할 것이며, 36개 나라들이 모두 신하가 될 것입니다."라고 하였다.

－고려사－

해설 자료에서 묘청이 나오는 것을 통해서 (가)의 지역이 서경(평양)임을 알 수 있다. 평양은 고구려의 수도로 장수왕 때 남하 정책의 일환으로 천도한 곳이다. 고려 시대에는 태조 때부터 북진정책의 일환으로 중시되어 평양을 서경으로 삼았다. 이후 묘청의 서경 천도 운동, 무신정권에 저항하였던 조위총의 난이 일어났던 지역이다. 조선시대에는 홍경래의 난, 제너럴 셔먼호 사건이 발생한 지역이기도 하였다. 일제 강점기에는 조만식 등이 주도한 물산장려운동이 일어난 곳이기도 하다.

오답 정리

① 망이·망소이의 난이 일어난 지역은 공주이다(공주 명학소의 난).

② 정몽주가 피살된 곳은 개성이다.

③ 우리나라 최초의 근대 교육 기관이 설립된 곳은 원산이다(원산 학사).

④ 황룡사 구층 목탑이 있었던 곳은 경주이다.

15 ②

포인트

문익점, 목화씨

해설 문익점과 목화 재배라는 것에서 고려 말이라는 것을 알 수 있다. 고려 말에는 이암이 중국 원에서 발달된 중국의 농업 기술을 저술한 농서인 농상집요를 고려에 소개하였다. 그러나 농상집요는 밭농사 위주의 화북 농법을 위주로 작성된 농서이기 때문에 논농사 위주의 우리 실정과는 다소 맞지 않는 면이 있었다.

오답 정리

① 녹읍 폐지는 신라 중대의 신문왕 때 일이다.

③ 당백전은 조선 말 흥선대원군이 주조한 화폐이다.

④ 공가는 조선 중기 이후 실시된 대동법과 연관이 있다.

⑤ 고추, 담배와 같은 상품 작물은 조선 후기에 재배되었다.

16 ①

포인트

(가) – 다루가치, (나) – 기철

해설 (가)에서 왕실용어가 격화되고 있는 것을 보았을 때 원 간섭기임을 알 수 있고, (나)에서 기철이 처단되었다는 것에서 공민왕 시기라는 것을 알 수 있다. (가)와 (나) 사이의 시기는 원 간섭기로 이때는 고려의 왕이 원의 공주와 결혼하여 원 황제의 부마가 되었기 때문에 왕실의 호칭과 격이 격하되었고, 아울러 관제도 격하되어 중서문하성과 상서성은 첨의부로 합쳐지고, 중추원은 밀직사, 6부는 4사로 개편되었다. 또한, 원은 일본원정을 위해서 설치한 정동행성을 일본원정이 실패한 이후에도 계속 유지하여 고려의 내정을 간섭하였다. 내정 간섭 기구로 다루가치, 순마소, 만호부 등이 있었다.

오답 정리

② 과전법이 실시된 시기는 (나) 이후의 시기인 공양왕 때이다.

③ 김윤후가 살리타를 사살한 시기는 (가) 이전 시기인 고종 때

이다.

④ 정중부 등이 일으킨 무신정변은 (가) 이전 시기인 의종 때이다.

⑤ 우왕이 실시한 요동 정벌은 (나) 이후 때 일이다.

17 ③

포인트

이규보, 최씨 무신 정권, 조판 동기, 부처의 힘으로 외세를 물리치고자 하는 염원

해설 자료에서 이규보와 최씨 정권, 그리고 부처의 힘으로 외세를 물리치고자 하는 염원이 담겨 있다는 부분에서 팔만대장경임을 알 수 있다. 팔만대장경은 고려 중기 최씨 정권이 민심을 모으고 부처의 힘으로 몽골의 침입을 물리치기 위해 만든 것으로 부처의 가르침을 8만여 장의 나무판에 새겨 넣어서 팔만대장경이라 한다. 팔만대장경은 2007년에 유네스코 세계 기록 유산에 등재되었다.

오답 정리

① 자장의 건의로 만들어진 것은 황룡사 9층 목탑이다.

② 현존하는 최고(最古) 금속 활자본은 직지심체요절이다.

④ 현재 프랑스 국립 도서관에 보관되어 있는 것은 직지심체요절이다.

⑤ 불국사 삼층 석탑에서 발견된 것은 무구정광대다라니경이다.

18 ③

포인트

충선왕, 역옹패설, 사략

해설 충선왕을 수행하였다는 대목과 역옹패설과 사략을 저술하였다는 언급을 통해 이제현임을 알 수 있다. 이제현은 고려 말 충선왕이 북경에 세운 만권당에서 원나라 학자들과 교류하면서 성리학을 심화시킨 인물이었다. 이제현은 귀국한 후에 이색 등에게 영향을 주어 성리학 전파에 이바지하였다. 또한, 그는 패관문학의 대표적 작품인 '역옹패설'과 전통의식과 대의명분을 강조하는 성리학적 유교사관을 대표하는 '사략'을 저술하였다.

오답 정리

① 고려에 성리학을 최초로 소개한 인물은 안향이다.

② 9재 학당을 세운 인물은 고려 중기의 최충이다.

④ 양명학을 연구하여 강화 학파를 형성한 인물은 정제두이다.

⑤ 성학십도를 저술한 인물은 퇴계 이황이다.

19 ④

포인트

운문, 김사미, 초전, 효심

해설 보기 자료에서 김사미와 효심의 난을 통해서 무신정변 이후 발생하였던 농민 봉기임을 알 수 있다. 고려 후기 농민봉기는 대부분 무신정변(1170) 이후에 활발하게 일어났는데, 이는 무신 정권이 수립된 이후 무신들 간의 대립과 지배체제의 붕괴로 백성에 대한 통제력이 약화되고, 무신들의 농장 확대로 백성들에 대한 수탈이 강화되자, 이를 견디지 못한 백성들이 종래의 소극적 저항에서 대규모의 봉기를 일으키기 시작한 것이다. 이러한 농민들의 봉기는 최충헌이 집권한 이후 최충헌의 회유와 단호한 진압으로 수그러들었다.

20 ④

포인트

동지로부터 105일이 지나면, 세찬 바람과 심한 비, 밤낮으로 불과 연기를 일절 금지, 손 없는 날, 귀신이 꼼짝 않는 날

해설 보기의 자료에서 불을 일절 금했다는 것과 동지에서 105일이 지났다는 것에서 한식날이라는 것을 알 수 있다. 한식은 양력으로 4월 5, 6일경으로 춘추시대 진문공과 불에 타 죽은 개자추의 고사와 관련이 있어 불을 사용하지 않고 찬 음식을 먹었다. 보통 이날엔 성묘를 하기도 한다.

오답 정리

① 화전은 삼짇날 먹는 음식이다.

② 팥죽은 동짓날 먹는 음식이다.

③ 창포는 단옷날의 풍습이다.

⑤ 부럼 깨기는 정월 대보름의 풍습이다.

21 ⑤

포인트

주자소, 민무질

해설 자료에서 주자소를 설치하였다는 것과 민무질 등을 제조로 삼았다는 부분에서 대화의 왕이 조선 태종 이방원임을 알 수 있다. 태종 이방원은 정치적으로는 왕권을 강화하기 위해 조선을 건국한 일부 공신과 외척(민무질, 민무구)들을 제거하고, 정치 업무를 6조에서 의정부를 거치지 않고 국왕에게 곧바로 보고하는 6조 직계제를 실시한 왕이었다. 태종 시기의 문화사 업적으

로는 주자소를 설치하고, 계미자를 만들었으며, 혼일강리역대국도지도가 이때 제작되었다.

오답 정리

① 홍문관은 조선 성종 시기에 설치되었다.

② 동의보감은 광해군 시기 때 간행되었다.

③ 측우기는 세종 시기에 제작되었다.

④ 동국문헌비고는 영조 시기에 편찬되었다.

22 ①

포인트

조선경국전, 재상 중심의 정치

해설 조선경국전 편찬과 재상 중심의 정치를 주장하였다는 것에서 (가)의 인물이 정도전인 것을 알 수 있다. 정도전은 조선 건국의 1등 공신으로 유교적 통치 규범을 성문화하기 위한 법전의 편찬에 힘써 조선경국전과 경제문감을 편찬하여 조선 초기 문물제도 정비에 큰 기여를 하였던 인물이었다. 이와 더불어 불씨잡변이라는 책을 저술하여 불교를 비판하고 성리학을 조선의 통치 이념으로 확고히 자리 잡도록 하였다. 이후 정도전은 세작 책봉 문제로 이방원과 대립을 하다가 1차 왕자의 난 때 살해당한다.

오답 정리

② 계유정난을 계기로 정계에서 축출된 인물들은 황보인, 김종서이다.

③ 해동제국기를 편찬한 인물은 신숙주이다.

④ 현량과 실시를 건의한 인물은 조광조이다.

⑤ 수미법을 주장한 인물은 이이이다.

23 ①

포인트

학문을 하고 심신을 수양하는 선비들을 대우하기 위한 것, 향사

해설 자료에서 학문을 하고 심산을 수양한다는 것에서 서원임을 짐작할 수 있다. 서원은 조선의 사립학교로서 주세붕에 의해 백운동 서원이 최초로 세워졌으며 정부로부터 토지와 노비를 하사받았다. 서원은 이름난 선비나 공신을 숭배하고 그 덕행을 추모하였으며, 유생이 한 자리에 모여 학문을 닦고 연구함으로써 지방 사림들의 후진 양성의 기능을 하였던 기관이었다.

오답 정리

② 좌수와 별감을 중심으로 운영된 기구는 유향소이다.

③ 중앙에서 교수와 훈도가 파견되었던 교육기관은 향교이다.

④ 조광조와 서원 혁파는 전혀 관계가 없다.

⑤ 매향 활동을 하면서 각종 불교 행사를 주관한 곳은 고려 시대의 향도이다.

24 ②

포인트

임꺽정, 을묘년의 왜변

해설 보기에서 임꺽정의 난과 을묘년의 왜변이라는 것을 토대로 보았을 때 조선 명종 때의 일임을 알 수 있다. 명종 시기는 외척인 윤원형의 권세와 탐욕으로 수취제도가 극도로 문란해지며 농민 생활이 악화되어 각 지방에서 유민이 증가하였는데, 유민 중 일부는 도적이 되기도 하였다. 이중 가장 유명한 도적이 황해도 등지에서 활동한 임꺽정이다. 또한, 외척들의 대립으로 을사사화가 일어나기도 하였던 시대였다.

오답 정리

① 예송논쟁은 현종 때의 일이다.

③ 김종직 등 사림이 중앙 정계에 진출하기 시작하였던 시대는 성종 때이다.

④ 사림이 이조 전랑 임명을 둘러싸고 동·서로 분당이 되었던 시대는 선조 때이다.

⑤ 폐비 윤씨 사사 사건을 계기로 발생하였던 갑자사화는 연산군 때의 일이다.

25 ③

포인트

벨테브레이, 하멜, 임진왜란 중에 설치, 총포의 제조 및 조작법을 병사들에게 가르침

해설 보기 자료의 서양인은 벨테브레이로 인조 때 조선에 도착한 뒤 귀화하여 박연이라는 이름을 가졌던 인물이다. 박연은 훈련도감에 소속되어 서양의 발달된 대포기술을 전해주었다. 훈련도감은 임진왜란 때 설치되었던 군사기구로 조선 후기 5군영의 핵심적인 역할을 하였다. 훈련도감의 군병은 포수, 사수, 살수로 편성되었는데, 이들은 장기간 근무를 하고 일정한 급료를 받는 상비군으로서 의무병이 아닌 직업군인의 성격을 가진 군인이었다.

오답 정리

① 양계에 배치된 부대는 고려의 지방군인 주진군이다.

② 군인전은 고려 시대 군인들이 군역의 대가로 국가로부터 지급받은 토지로 직역이 세습되면 군인전도 같이 세습되었다.

④ 유사시 향토 방위를 담당하였던 예비군의 성격을 가진 부대는 조선 초의 잡색군이다.

⑤ 국왕의 친위 부대로 수원 화성에 외영을 두었던 부대는 장용영이다.

26 ④

포인트

강홍립, 중국 군대와 함께 적지에 깊숙이 들어가서 힘껏 싸우다 죽지 않고 도리어 투항을 청하여 적의 뜰에 무릎을 꿇었으니, 신하의 대의가 땅에 쓸듯이 완전히 없어졌습니다.

해설 자료에서 강홍립의 언급과 '적진에 들어가 힘껏 싸우다 죽지 않았다', '신하의 대의가 땅을 쓸 듯이 완전히 없어졌다'는 언급을 통해서 광해군 때의 중립외교를 비판하고 있다는 것을 알 수 있다. 광해군은 즉위 후 임진왜란을 수습하고자 토지 대장과 호적을 새로 만들어 국가 재정 수입을 늘렸고, 백성들에게 많은 부담을 주던 공물을 현물 대신 토지 결수에 따라 쌀, 삼베, 무명, 동전 등으로 납부하는 대동법을 경기도에서 시범적으로 실시하였다. 대외적으로는 명과 후금 사이에서 신중한 중립 외교정책을 실시하였다. 그러나 이러한 광해군의 중립외교는 대의명분을 중시하였던 서인에게 빌미를 제공하여 인조반정이 일어나 광해군은 폐위되었다.

오답 정리

① 김종서가 6진을 개척한 것은 세종 시기의 4군 6진 개척과 관련된 내용이다.

② 조·명 연합군이 평양성 전투에서 승리한 것은 선조 때의 임진왜란과 관련된 내용이다.

③ 정여립의 모반 사건을 계기로 일이닌 기축옥사는 선조 때의 일이다.

⑤ 계해약조는 왜와 체결한 약조로 세종 때 일이다.

27 ⑤

포인트

노론 벽파, 부친인 사도 세자의 추숭

해설 자료에서 벽파와 부친 사도세자라는 부분에서 (가)의 왕이 정조임을 알 수 있다. 정조는 선왕인 영조의 탕평책을 계승하여 실시하였고, 붕당의 비대화를 막고 자신의 권력과 정책을 뒷받침하기 위하여, 규장각을 설치하여 강력한 정치기구로 육성하였다. 여기에 신진 인물이나 중하급 관리 중에서 유능한 인사를 규장각에 재교육하는 초계문신제를 실시하였다.

오답 정리

① 지계가 발급되었던 시기는 대한제국의 광무개혁 때이다.

② 속대전을 편찬하였던 시기는 영조 때이다.

③ 백두산정계비는 숙종 때 세워졌다.

④ 삼군부를 부활시킨 인물은 고종 때의 흥선대원군이다.

28 ②

포인트

설점, 잠채

중요 사료

잠채

평안도에서는 … 설점(設店)한 이후에 간사한 백성들이 때를 틈타 이익을 다투어 사사로이 잠채(潛採)하고 있다. 설점한 고을이 아니더라도 잠채하지 않는 곳이 없다. 모지나 논밭을 가리지 않고 굴을 뚫고 땅을 파헤쳐서, 마을이 소란스러워짐이 말로 다할 수 없다. 쌀값이 크게 오르고 도둑질이 끊이지 않으며, 농사를 짓던 농민들도 생업을 팽개치고 이익을 좇는다.

해설 자료에서 설점과 잠채를 통해서 조선 후기의 광업을 설명한 것임을 알 수 있다. 따라서 해당 문제는 조선 후기의 경제 상황과 관련된 문제이다. 조선 후기는 이앙법이 널리 확산됨에 따라 광작이 가능하여 노동력이 절감되었고, 농업생산력의 증가로 상품시장이 발달하여 상평통보와 같은 화폐가 사용되었다. 상업의 발달은 유통망의 발달로 이어져 장시가 발달함에 따라 보부상들의 활동도 활발하였다. 또한 거상들이 등장하여 만상은 의주를 기반으로 중강 후시, 책문 후시 등에서 청과의 사무역을 통해 성장하였고, 내상은 동래를 기반으로 일본과의 무역을 통해 성장하였다. 송상은 인삼을 직접 재배하고 홍삼으로 가공하여 청에 수출함으로써 막대한 이익을 얻었다. 또한 의주와 동래의 상인을 매개로 청과 일본 간의 중개 무역을 하였다.

정답 분석

② 금양잡록은 성종 때 강희맹이 경기도 시흥의 농법을 정리한 농서이다.

29 ④

포인트

혼천의, 홍대용

해설 자료에서 홍대용이라는 것을 통해서 조선 후기라는 것을 알 수 있다. 조선 후기는 농업생산력의 증가와 그에 따른 상품시장의 발달과 서당의 보급, 서민의 경제력 향상에 따라서 서민들의 의식 수준이 높아졌다. 그에 따라 양반의 위선적인 모습을 비판하고 사회의 부정과 비리를 풍자하며 고발하는 경향을 보이는 한글 소설과 격식에 구애됨이 없이 감정을 구체적으로 표현할 수 있는 사설시조도 유행하였다. 사설시조에서는 남녀 간의 사랑이나 현실에 대한 비판을 거리낌 없이 표현하였다.

30 ④

포인트

서북민에 대한 차별

해설 자료에서 서북민에 대한 차별의 언급을 통해 보기의 사건이 홍경래의 난임을 알 수 있다. 홍경래의 난은 조선 후기 세도정치기에 발생한 사건으로 세도정치에 시달리던 농민들과 부당한 차별 대우에 불만을 품어 오던 평안도 지방 사람들을 중심으로 하여, 몰락한 양반인 홍경래 등이 평안도에서 일으킨 농민봉기였다. 이들은 처음 가산에서 난을 일으켜 선천, 정주 등을 별다른 저항 없이 점거하였고, 한때는 청천강 이북 지역을 거의 장악하였으나 정주성 싸움에서 패하여 진압되었다.

오답 정리

① 백낙신의 탐학이 발단이 되었던 것은 임술농민봉기이다.
② 집강소가 설치된 것은 1차 동학농민운동의 결과이다.
③ 보국안민, 제폭구민을 기치로 내걸었던 것은 동학농민운동이다.
⑤ 박규수가 안핵사로 파견되었던 것은 임술농민봉기이다.

31 ③

포인트

이원익, 양첩, 천첩, 청직

해설 자료에서 관직에 진출을 허용하도록 정했다는 것과 양첩, 천첩의 언급을 통해 서얼임을 알 수 있다. 서얼은 양반의 자손 가운데 첩의 소생을 이르는 말로 이들은 중인과 같은 신분적 처우를 받았고, 문과에 응시하는 것이 금지되었다. 간혹 무관직에 등용되기도 하였으나 제사나 재산 상속 등에서도 차별을 받았다. 서얼들은 조선 후기 신분상승을 위해 수차례 통청 운동을 전개하였고, 후에 서얼 출신인 이덕무, 박제가, 유득공이 정조 때 규장각 검서관으로 진출하기도 하였다.

오답 정리

ㄱ. 화척, 양수척으로 불리었던 계층은 백정이다.
ㄹ. 조선 형평사는 1923년 일제강점기에 백정들이 사회적 차별을 없애고자 만든 단체이다.

32 ①

포인트

군정의 문란, 애절양, 흥선대원군

중요 사료

애절양(군정의 문란)

시아버지 죽어 이미 상복 입었고
갓난아이 배냇물도 다 안 말랐는데
삼대의 이름이 군적에 모두 다 실렸으니
가서 억울함 호소해도 문지기는 호랑이요
이정(里正)은 호통치며 외양간 소 끌고 갔네.

해설 자료에서 군정, 삼대의 이름이 군적에 모두 다 실렸다는 것에서 삼정의 문란 가운데 군정의 문란임을 알 수 있다. 당시 군정의 문란은 양반들이 군포를 내지 않아 줄어든 양을 상민들에게 부과하였던 것이 근본적인 원인이었다. 영조 때에 균역법을 실시하여 군역의 폐단을 시정하고자 하였으나 큰 성과를 얻지 못하였고, 세도정치 시기에는 군역의 폐단이 더욱 심해졌다. 이후 흥선대원군은 이를 해결하기 위해 양반에게도 군포를 징수하는 호포제를 실시하였다.

오답 정리

② 영정법은 조선 후기인 인조 시기에 실시되었다.
③ 직전법은 조선 전기인 세조 시기에 실시되었다.
④ 의창은 고려 성종 때의 빈민구제 기구이다.
⑤ 제위보는 고려 광종 때의 빈민구제 기구이다.

33 ④

포인트

로저스 제독, 미국 함대, 강화도, 수자기

해설 미국이 강화도를 침입했다는 부분과 '수'자 기를 빼앗겠다는 부분에서 신미양요임을 알 수 있다. 신미양요는 1866년 미국의 상선 제너럴 셔먼호가 대동강을 거슬러 올라와 통상을 요구하며 배에서 내려 민가를 약탈하고 관리를 잡아 가두는 행패를 부리자 이에 분노한 평양의 관민들이 제너럴 셔먼호를 불태워버린 제너럴 셔먼호 사건을 계기로 발생한 사건이다. 신미양요 때 어재연, 어재순 형제가 광성보에서 항전을 벌이던 중 전사하였다.

오답 정리

① 운요호 사건이 원인이 되어 체결한 것은 강화도 조약이다.

② 병인박해는 병인양요의 원인이다.

③ 톈진 조약은 갑신정변의 결과 맺어진 조약이다.

⑤ 외규장각 도서가 약탈당한 시기는 병인양요 때이다.

34 ①

포인트

흉년, '한 달이 지난 이후부터는 쌀 수출이 금지되니 이러한 점을 귀국의 상민(商民)들에게 통지하여 주시기 바랍니다.'

해설 자료에서 곡물 수출을 당분간 중지한다는 것에서 방곡령임을 알 수 있다. 강화도 조약 이후 1883년 조일 수호 통상 장정이 맺어지는데, 여기서 중요한 내용은 곡물의 무제한 수출과 무관세 규정이었다. 이로 인해 일본의 곡물 수탈이 심해졌고, 이를 막기 위해서 조선은 조·일 통상 장정에 따라 1개월 전에 외교 담당 관청에 통고하고 방곡령을 실시하였다. 그러나 일본은 통보를 늦게 받았다는 억지 구실을 내세워 조선 정부에 압력을 가해 방곡령을 철회시켰고 오히려 막대한 배상금까지 받아냈다.

1876년	조일 수호 조규
	조일 무역 규칙(조일 통상 장정)
	조일 수호 조규 부록
1882년	조일 수호 조규 속약
1883년	조일 통상 장정(개정)

오답 정리

② 러시아의 절영도 조차를 시도하였으나 독립협회의 활동으로 저지되었다.

③ 일본이 황무지 개간권을 요구하였으나 보안회의 활동으로 저지되었다.

④ 황국 중앙 총상회는 1898년 외세의 상업 침투에 대항하기 위해 서울의 시전상인들이 조직한 단체이다.

⑤ 메가타 주도의 화폐 정리 사업은 1차 한일협약과 관련이 있다.

35 ①

포인트

일본 공사관, 경비, 일본국에 사과

제물포 조약

제3관 조선국이 지불한 5만 원은 해를 당한 일본 관원의 유족 및 부상자에게 지급하여 특별히 돌보아 준다.

제5관 일본 공사관에 일본군 약간 명을 두어 경비를 서게 한다.

제6관 조선국은 대관(大官)을 특별히 파견하고 국서를 지어 일본국에 사과한다.

해설 자료에서 배상금 지불과 함께 일본 공사관에 경비병을 둔다는 것에서 제물포 조약임을 알 수 있다. 제물포 조약의 체결의 계기가 되었던 사건은 임오군란이다. 임오군란은 개화 이후 신식 군대인 별기군이 신설되면서 구식 군인이 심각한 차별대우를 받아 발생한 사건이다. 구식 군인들은 임오군란을 일으킨 다음 흥선대원군을 찾아가 지지를 요청했으며, 정부 고관들의 집을 부수고 일본 공사관을 습격하였다. 임오군란은 민씨 일파의 요청을 받은 청군의 개입으로 진압되었다. 임오군란의 결과 청의 내정간섭이 심해졌고, 일본은 당시 별기군 교관이 살해당하고 공사관이 습격당한 데 대한 피해를 배상하라는 요구로 제물포 조약을 체결한다.

오답 정리

② 거문도 점령 사건은 갑신정변 이후인 1885년에 발생하였다.

③ 고종이 러시아 공사관으로 거처를 옮긴 사건은 1896년의 아관파천이다.

④ 전봉준이 이끄는 농민군이 전주성을 점령한 것은 동학농민운동의 활동 중 하나이며, 1894년의 일이다.

⑤ 김옥균 등이 우정국 축하연을 기회로 정변을 일으킨 사건은 1884년의 갑신정변이다.

36 ②

포인트

영세중립국, 부들러

해설 자료에서 '조선을 영세중립국으로 보장한다.'라는 내용을 보았을 때 독일 부영사 부들러가 제시한 한반도 중립화론이다. 당시 조선은 갑신정변 직후 청의 내정 간섭이 날이 갈수록 심해지자 조·러밀약을 맺고자 하였고, 이에 긴장한 영국은 1885년 3월 러시아의 남하를 막는다는 구실로 거문도를 불법 점령하였다. 거문도 사건으로 열강들이 대립함에 따라 한반도가 국제 분쟁에 휩싸일 조짐을 보이자 조선 주재 독일 부영사 부들러는 한반도 중립화론을 조선에 건의하였지만 주변국들의 비협조로 이루어지지는 않았다.

37 ⑤

포인트

짐, 정부, 학교, 인재 양성

중요 사료

교육입국조서

짐이 정부에 명하여 학교를 널리 세우고 인재를 양성하는 것은 너희들 신하와 백성의 학식으로 나라를 중흥시키는 큰 공고를 이룩하기 위해서이다. 너희는 임금에게 충성하고 나라를 사랑하는 마음으로 덕성, 체력, 지혜를 기르라. 왕실의 안전도 신하와 백성의 교육에 달려 있고, 나라의 부강도 신하와 백성의 교육에 달려 있다.

해설 자료는 교육을 강조하는 조서로서 2차 갑오개혁 때 고종이 발표한 교육입국조서이다. 고종은 교육입국조서를 반포하여 학교를 세워 인재를 길러내는 것이 국가 중흥과 국가 보존에 직결된다는 것을 강조하였다. 교육입국조서를 계기로 근대적 학교 설립을 뒷받침해 줄 각종 관제와 규칙이 제정되었고, 이를 계기로 하여 한성사범학교 등이 설립되었다.

오답 정리

① 박문국은 신문발행 기관으로 설치된 시기는 1883년이다.
② 육영공원은 1886년 현직 관료와 양반 자제를 대상으로 근대적 교육을 실시한 기관이다.
③ 조사시찰단은 1881년 일본을 시찰하기 위해 파견된 사절단이다.
④ 통리기무아문은 1880년에 설치된 근대적 개혁 총괄 기구이다.

38 ④

포인트

대동단결선언, 한국독립당

해설 자료에서 한국 독립당의 결성과 임시 정부의 외무부장을 역임하였다는 사실을 통하여서 조소앙임을 알 수 있다. 조소앙은 1941년 11월 대한민국 임시정부 국무위원을 통해 건국 강령을 제정, 발표하였다. 건국강령은 정치, 경제, 교육의 평등을 보장하는 조소앙의 삼균주의에 입각한 건국 정신을 표방하였으며 광복을 앞두고 좌·우로 분열된 민족 운동을 하나로 통일하려는 의지도 담고 있었다. 주어진 조건으로 어떤 인물인지 정확히는 모르더라도 선지를 통해 충분히 답을 추정할 수 있다.

오답 정리

① 일왕 행렬에 폭탄을 투척한 인물은 이봉창이다.
② 흥사단을 조직한 인물은 안창호이다.
③ 한국통사를 저술한 인물은 박은식이다.
⑤ 조선 건국 동맹을 결성한 인물은 여운형이다.

39 ⑤

포인트

한국 최초 서양식 극장, 판소리 공연

해설 개항 이후 1908년 최초로 만들어진 서양식 극장은 원각사이다. 이곳은 개장 초기에는 판소리를 공연하였고, 이후 이인직의 은세계와 치악산 등의 신소설을 각색한 신극을 공연하기도 하였다.

오답 정리

① 알렌의 건의로 만들어진 곳은 광혜원이다(1885년).
② 나운규의 아리랑이 개봉된 곳은 단성사이다(1926년).
③ 신간회 창립 대회가 개최된 곳은 경성 기독교청년회관(YMCA)이다(1927년).
④ 고종의 황제 즉위식이 열린 곳은 환구단(원구단)이다(1897).

40 ⑤

포인트

통감

중요 사료

한일 신협약

제1조 한국 정부는 시정 개선에 관해 통감의 지도를 받을 것.
제2조 한국 정부의 법령 제정 및 중요한 행정상 처분은 미리 통감의 승인을 거칠 것.
제5조 한국 정부는 통감이 추천하는 일본인을 한국 관리에 임명할 것.

설명 : 을사조약 당시 통감부가 설치되었으며, 이후 한일 신협약을 통해 통감의 권한이 확대되고 있다.

해설 사료에서 각 조항마다 통감의 지시를 받으라는 내용을 통해 1907년 한일 신협약(정미 7조약)임을 알 수 있다. 일제는 고종의 헤이그 특사 파견을 빌미로 고종을 강제 퇴위시키고 순종을 즉위시켰다. 이어 한·일 신협약을 체결하여 통감이 추천한 일본인을 한국 정부의 각 부에 일본인 차관으로 임명하여 내정을 장악하였고, 군대마저 해산하였다. 이에 해산된 군인들이 의병

36회
37회
38회
39회
40회
41회
42회
43회
44회
45회
46회

에 합류하여 의병의 조직력과 화력이 강화되었고, 이에 따라 13도의 의병이 총 합류하여 13도 창의군을 결성하였다. 이들은 서울 진공 작전을 추진하였으나 실패하였다.

오답 정리

① 이만손이 영남 만인소를 올린 것은 1880년대이다.
② 최익현이 태인에서 의병을 일으킨 것은 1905년 을사조약 이후의 일이다.
③ 독립협회의 만민공동회 개최는 1898년의 일이다.
④ 민영환이 조약 체결에 항거하여 순국한 시기는 을사조약 직후인 1905년이다.

41 ⑤

포인트

민족 대표, 33인, 태화관, 독립 선언서, 한용운, 대한 독립 만세, 탑골 공원

중요 사료

3·1 운동

정오가 가까워 오자 민족 대표들이 모여들기 시작하였다. 29인이 이 엄숙한 자리에 모였다. 33인 중 4인은 참석하지 못하였다. 정오가 되자 태화관의 정자 동쪽 처마에 태극기가 걸렸다. 일동은 근엄한 자세로 태극기를 향하여 경례하였다. '독립 선언서' 낭독을 생략하고 이종일이 선언서 백 장을 탁자 위에 놓고, 한용운이 일장의 식사(式辭)를 한 뒤에 그의 선창으로 '대한 독립 만세'를 외쳤다. 한편, 탑골 공원에 모인 학생들의 대한 독립 만세 소리는 천지를 진동하였다. 공원에 모였던 수천 명의 학생들은 길거리로 쏟아져 나갔다.

해설 자료에서 민족 대표 33인과 태화관, 탑골공원 등의 언급을 통해 3·1 운동인 것을 알 수 있다. 3·1 운동은 미국 대통령 윌슨의 민족자결주의와 같은 해 동경에서 있었던 2·8 독립선언서 등의 영향을 받아 일어난 운동이다. 이에 고무된 민족대표 33인은 1919년 3월 1일에 독립선언서를 발표하고, 국내외에 독립을 선언하였다. 서울에서 시작된 만세시위 운동은 고종의 국장을 맞아 전국 각지에서 군중들이 참가하면서 전국적인 시위로 발전하게 되었다.

오답 정리

ㄱ. 순종 사망을 계기로 일어난 사건은 6·10 만세 운동이다.
ㄴ. 1926년 사회주의 계열은 정우회 선언을 발표하여 민족주의 세력과 제휴를 주장하였으며 국내외의 유일당 운동의 영향을 받아 1927년 사회주의자와 비타협적 민족주의자는 신간회를 창립하였다.

42 ④

포인트

파리 위원부, 신한 청년단, 김규식

해설 자료에서 파리 위원부를 설치하고 외교활동에 주력했다는 것에서 임시정부인 것을 알 수 있다. 임시정부는 국내외를 연결하는 연락기관인 교통국과 비밀지방행정제도인 연통제를 통해 독립운동 자금 모금과 정보수집에 기여하였다. 또한 기관지로 독립신문을 간행하여 독립의식을 고취시켰다. 임시정부는 독립 자금을 마련하기 위해 독립 공채를 발행하였으며, 임시 사료 편찬 위원회를 두고 한일 관계 사료집을 발간하였다.

오답 정리

④ 대성 학교와 오산 학교를 세운 단체는 임시정부가 아니라 신민회이다.

43 ③

포인트

고려인, 신한촌

해설 자료에서 신한촌이라는 것과 고려인을 통해서 해당 지역이 연해주라는 것을 알 수 있다. 당시 연해주는 러시아가 변방 개척을 목적으로 한인 이주를 허용하여 일찍부터 신한촌이 건립되어 있었고, 이후 권업회 등의 주민 단체와 대한 광복군 정부와 같은 독립군 단체가 조직되었다. 권업회는 1911년 설립된 이후 독립운동의 경제 기반을 마련하고 학교와 도서관을 설치하였으며, 기관지로 권업신문을 발간하였다.

오답 정리

① 신흥 강습소는 서간도 지역에 설치되었다.
② 대조선 국민 군단은 하와이에서 박용만에 의해 조직되었다.
④ 대한인 국민회는 미국에서 안창호에 의해 조직된 단체이다.
⑤ 서전서숙과 명동 학교는 북간도에 설립된 학교이다.

44 ③

포인트

삼별초의 마지막 근거지

해설 자료에서 삼별초의 마지막 근거지라는 언급을 통해 제주도임을 알 수 있다. 제주도는 원 간섭기 때 말 사육에 유리하다는 이유로 탐라총관부가 설치되었다가 고려에 반환되었다. 일제 시대에는 태평양 전쟁의 최후의 거점으로 송악산 해안 동굴 진지를 조성하였으며, 해방 이후에는 제주도에서 4·3 사건이 일어

나 많은 양민들이 희생당하기도 하였다.

정답 분석

③ 정약전이 자산어보를 저술한 지역은 흑산도이다.

45 ②

포인트

중 · 일 전쟁, 위안부

해설 자료에서 중 · 일 전쟁과 위안부라는 언급을 통해 일제 강점기 말의 민족말살통치 시기임을 알 수 있다. 일제는 중 · 일 전쟁 이후 전쟁이 확대되자 한반도의 인적 자원과 물적 자원을 수탈하기 위해서 민족말살정책을 실시하여 조선어의 사용을 금지하고 창씨개명 및 황국신민의 서사 암기와 신사참배를 강요하였다. 또한 군량미와 전쟁 물자를 조달하기 위해서 미곡 공출제를 실시하였고, 강제 징용 및 강제 징병을 실시하였다.

오답 정리

① 회사령은 1910년대 무단 통치 시기에 실시되었다.

③ 조선 태형령은 1910년대 무단 통치 시기에 실시되었다.

④ 미쓰야 협정은 1920년대 문화 통치 시기에 체결되었다.

⑤ 토지 조사 사업은 1910년대 무단 통치 시기에 실시되었다.

46 ④

포인트

(가) – 광복군 총영, 국민부 산하 총사령, 중국 의용군과 연합, (나) – 의열단, 조선 민족 전선 연맹

해설 (가)에서 만주의 중국 의용군과 연합했다는 부분에서 1930년대 국민부 산하의 독립군 부대인 조선 혁명군을 이끌었던 양세봉임을 알 수 있고, (나)는 의열단을 조직하였다는 부분에서 김원봉임을 알 수 있다. 1937년 중 · 일 전쟁이 시작되자 의열단과 조선민족혁명당을 이끌던 김원봉은 공산주의 정당과 연합하여 조선 민족 전선 연맹을 결성하고 중국 국민당의 지원을 받아 우한에서 1938년 조선 의용대를 창설하였다. 이는 중국 관내에서 결성된 최초의 한인 무장 부대였다.

오답 정리

① 자유시 참변으로 타격을 입은 부대는 1920년대의 대한독립군단이다.

② 연합군의 일원으로 인도, 미얀마 전선에 파견되었던 부대는 1940년대의 한국광복군이다.

③ 대전자령 전투에서 일본군을 격퇴한 부대는 지청천이 이끈 한국 독립군이다.

⑤ 미군과 연계하여 국내 진공 작전을 계획하였던 부대는 한국 광복군이다.

47 ④

포인트

외래의 탁치 세력을 배격, 신탁 제도 역시 그 내용이 조선 독립을 달성하는 순서상 과도적 방도

중요 사료

모스크바 3국 외상 회의 결과에 따른 좌우 대립

반탁 세력

우리는 피로써 건립한 독립국과 정부가 이미 존재하였음을 다시 선언한다. 5천 년의 주권과 3년 만의 자유를 전취하기 위하여 자기의 정치 활동을 옹호하고 외래의 탁치 세력을 배격함에 있다.

찬탁 세력

신탁 제도 역시 그 내용이 조선 독립을 달성하는 순서상 과도적 방도인 한 충분히 진보적 역할을 하는 것이며, 8월 15일 해방으로부터의 위대한 일보 전진이다. 그것은 을사조약이나 위임 통치와는 전연 다른 것일 뿐 아니라 우리가 통상 이해하는 신탁과도 아주 판이할 것이다.

해설 자료의 첫 번째 지문은 신탁통치를 반대하는 내용이고, 두 번째 지문은 신탁통치에 찬성하는 내용이다. 국내 여론이 자료의 지문과 같이 찬탁과 반탁으로 나뉘게 된 계기는 1945년 12월에 열린 모스크바 3국 외상 회의 결과 신탁 통치 안이 보도되었기 때문이다. 신탁 통치 문제가 국내에 전해지게 되자 신탁 통치에 반대하는 우익과 소련의 지시를 받아 신탁통치를 찬성하는 방향으로 선회한 좌익이 격렬하게 대립하였다.

오답 정리

① 이승만 정부가 반공 포로를 석방한 것은 한국전쟁의 휴전 회담 중에 일어난 일이다.

② 김구, 김규식 등의 남북 협상은 1948년 5 · 10 단독 선거 직전의 일이다.

③ 제헌 국회에서 반민족 행위 처벌법이 제정된 시기는 정부 수립 직후이다.

⑤ 유엔이 한반도에서 인구 비례 총선거 실시를 결의한 시기는 미 · 소 공동 위원회가 결렬된 이후이다(1947년).

48 ③

경범죄처벌법, 장발, 미니스커트

해설 자료에서 장발 단속과 미니스커트 착용 단속을 통해서 박정희 정부의 유신시기임을 알 수 있다. 1972년 10월 유신헌법이 통과된 이후 인권은 심각하게 훼손되었는데, 대표적인 예로 금지곡, 긴급조치권, 장발 단속, 야간 통행금지 등이 있다. 경제적으로는 1960년대 저곡가 정책과 급속한 이촌향도 현상으로 농촌이 피폐해지자, 이를 되살리기 위한 운동으로 1970년대에 새마을 운동을 대대적으로 실시하였다.

오답 정리

① 프로 야구단이 정식으로 창단된 시기는 1980년대의 전두환 정부 때이다.

② 호주제가 폐지된 시기는 2005년 노무현 정부 때이다.

④ 과외 전면 금지와 대학 졸업 정원제가 실시된 시기는 1980년대의 전두환 정부 때이다.

⑤ 외환 위기 극복을 위해 전개된 금 모으기 운동은 1998년 김대중 정부 때의 일이다.

49 ⑤

포인트

박종철 고문으로 인한 사망 사건

해설 자료에서 박종철 고문이라는 부분에서 1987년에 있었던 6월 민주항쟁임을 알 수 있다. 전두환 정부 때 박종철 고문 치사 사건의 축소·은폐, 4·13호헌 조치, 연세대생 이한열의 사망 사건이 연달아 터지자 '호헌 철폐'와 '독재 타도'를 외치며 직선제 개헌과 민주 헌법 제정을 요구하는 시위가 일어났고 이는 전국적으로 확대되었다. 결국 전두환 정부는 이에 굴복하여 6·29 선언을 발표하였고 이를 통해서 5년 단임제 개헌을 얻어내었다.

오답 정리

ㄱ. 계엄군의 무력 진압으로 시민들이 희생된 사건은 4·19 혁명과 5·18 민주화 운동이다.

ㄴ. 국민의 요구에 굴복하여 대통령이 하야한 사건은 4·19 혁명이다.

50 ②

포인트

서울 올림픽 대회

해설 자료는 1988년에 열렸던 서울 올림픽 대회로 노태우 정부 시기이다. 노태우 정부는 88 서울 올림픽을 성공적으로 개최하였고, 북방 정책을 추진하여 동유럽 각국, 구 소련, 중국과 수교를 맺었으며, 1991년 남북한이 유엔에 동시 가입하였다. 이후 1991년 12월에 남북한이 상호 상대방 정권의 실체를 인정하는 바탕 위에서 남북 기본 합의서를 채택하는 통일 정책을 실시하였다.

오답 정리

① 남북 조절 위원회가 구성된 시기는 박정희 정부 때로 7·4 남북 공동 성명을 발표한 직후이다.

③ 개성 공단 건설 사업이 실현된 시기는 김대중 정부 때로 6·15 공동 선언 직후이다.

④ 7·4 남북 공동 성명을 발표한 시기는 박정희 정부 시기이다.

⑤ 분단 이후 최초로 남북 정상 회담이 성사된 시기는 김대중 정부 때이다.

정답 및 해설

신과함께 기출문제집

01 ①

포인트

암사동, 농경 시작, 정착 생활, 움집

해설 자료에서 암사동의 부분과 농경이 시작되었다는 언급을 통해, 신석기 시대라는 것을 알 수 있다. 신석기 시대에는 농경의 시작으로 인해 이를 보관하기 위한 도구가 필요하였고, 이러한 필요성에 의해 빗살무늬 토기가 만들어져 식량을 저장하는 데 사용되었다.

오답 정리

② 소를 이용한 깊이갈이(우경)는 삼국 시대에 시작되어 고려 시대에 일반화되었다.

③ 명도전, 반량전 등의 화폐를 사용한 시대는 신석기 시대가 아니라 철기 시대이다.

④ 고인돌을 만들었던 시대는 계급사회가 시작되었던 청동기 시대이다.

⑤ 거푸집을 이용하여 세형동검을 제작한 시대는 철기시대로 세형동검은 한반도 철기시대의 대표적인 유물이다.

02 ④

포인트

(가) – 사람이 죽으면 가매장, (나) – 단궁, 반어피, 과하마

중요 사료

옥저의 풍습

옥저는 고구려 개마대산의 동쪽에 있다. 동쪽은 넓은 바다에 맞닿아 있다. … 북쪽은 읍루 · 부여와, 남쪽은 예맥과 접하여 있다. … 사람이 죽으면 가매장을 하는데, 시신만 겨우 묻었다가 피부와 살이 썩어 없어지면 유골을 거두어 곽 안에 안치한다.

ㅡ「삼국지」 동이전ㅡ

동예의 풍습

동예는 남쪽으로는 진한에 접하였고, … 동쪽으로는 큰 바다에 닿았으니 오늘날 조선의 동쪽이 모두 그 지역이다. … 단궁이 그 땅에서 생산되며, 그 바다에서는 반어피가 나고 … 또한 과하마가 난다.

ㅡ「삼국지」 동이전ㅡ

해설 (가)는 고구려 동쪽에 있다는 것과 사람이 죽으면 가매장을 하

여 유골을 거두어 곽 안에 안치한다는 것에서 가족 공동묘의 풍습이 있는 옥저임을 알 수 있다. (나)는 남쪽으로 진한과 접하였다는 것과 단궁, 반어피, 과하마의 언급을 통해 동예라는 것을 알 수 있다. 동예는 읍락 간의 경계를 중시하여 다른 부족의 생활권을 침범하면 노비와 소, 말로 변상하게 하는 책화의 풍습이 있었다.

오답 정리

① 10월에 무천이라는 제천 행사를 열었던 국가는 동예이다.

② 사출도는 부여의 제도이다.

③ 신지, 읍차는 삼한 군장의 명칭이다.

⑤ 천군과 소도가 있던 지역은 삼한이다.

03 ④

포인트

광개토 대왕의 뒤를 이어 즉위, 도읍을 국내성에서 평양으로 옮김

해설 자료에서 재위기간, 광개토 대왕의 뒤를 이어 즉위, 도읍을 국내성에서 평양으로 옮겼다는 언급을 통해 장수왕임을 알 수 있다. 장수왕은 남진 정책을 추진하기 위해서 수도를 국내성에서 평양성으로 천도하였고, 백제 개로왕의 북위 국서를 빌미로 백제를 공격하여 개로왕을 죽이고 한강 유역을 차지함으로써 삼국 간의 항쟁에서 주도권을 잡게 되었다. 이때 고구려 영토는 아산만에서 소백산맥을 넘어 영일만을 연결하는 지역에까지 미쳤는데, 이러한 사실은 충북 충주에 위치한 충주(중원) 고구려비를 통해 알 수 있다.

오답 정리

① 수의 군대를 살수에서 크게 물리친 시기는 영양왕(을지문덕이 지휘) 때이다.

② 서안평을 공격하여 영토를 확장한 왕은 미천왕이다.

③ 전진의 순도를 통해 불교를 수용한 왕은 소수림왕이다.

⑤ 당의 침략에 대비하여 천리장성을 축조한 시기는 영류왕(연개소문이 감독) 때이다.

04 ③

포인트

경주, 신라, 김유신묘, 천마총, 첨성대, 황룡사터, 분황사

해설 이 문제는 경주의 유적과 유물에 관련된 문제이다. (가) 김유신 묘는 굴식돌방무덤의 양식을 기반으로 하여 무덤 주변에 둘레돌을 두르고 둘레돌에 12지신상을 새긴 독특한 양

식의 무덤이다. (나)의 천마총은 신라 초기의 대표적인 돌무지덧널무덤이다. (라)의 황룡사의 경우 현재는 터만 남아 있지만 9층 목탑이 존재하였던 곳이고, (마)의 분황사는 전형적인 모전 석탑인 분황사 모전 석탑(현재는 3층만 남아 있음)이 있다.

정답 분석
③ 무구정광대다라니경은 첨성대에서 발견된 것이 아니라 불국사 3층 석탑(석가탑)을 해체하는 과정에서 나온 것이다.

05 ⑤

포인트
(가) – 사비로 도읍, 국호 남부여, (나) – 신라를 습격하기 위해 왕이 직접, 신라 복병과 만나 싸우다가 신라군에게 살해

중요 사료
성왕

왕 16년 봄, 사비(일명 소부리라고 한다)로 도읍을 옮기고 국호를 <u>남부여</u>라고 하였다.

왕 32년 가을. 신라를 습격하기 위해 왕이 직접 보병과 기병 50명을 거느리고 밤에 구천(狗川)에 이르렀는데, <u>신라 복병과 만나 싸우다가 신라군에게 살해되었다.</u>

해설 (가)에서 도읍을 사비로 옮기고 국호를 남부여라 하였다는 언급과 (나)에서 왕이 신라군에게 살해되었다는 언급을 통해서 백제 성왕 시기라는 것을 알 수 있다. (가)와 (나) 사이의 시기에는 성왕이 신라와 연합 고구려를 공격해 옛 수도가 위치한 한강 하류를 회복하였으나, 신라의 배신으로 한강 하류를 빼앗겼다. 이에 분노한 성왕이 신라를 공격하였으나 관산성에서 전사하였다.

오답 정리
① 지증왕이 우산국을 복속한 시기는 (가)보다 이전 시기이다.
② 근초고왕이 마한을 정벌한 시기는 (가)의 6세기보다 한참 이전인 4세기이다.
③ 고국원왕이 평양성에서 전사한 시기는 4세기의 일이다.
④ 무령왕은 성왕의 아버지로 바로 이전 시기이다.

06 ④

포인트
철의 왕국, 김수로
해설 자료에서 철의 왕국과 김수로왕이 건국했다는 언급을 통해서

금관가야라는 것을 알 수 있다. 금관가야는 김해 지역에서 생산되는 풍부한 철을 중국의 군현과 왜에 수출하는 교역의 중심지 역할을 하였다. 이로 인해 해상왕국으로 번영을 누려 낙동강 하류의 여러 가야를 대표하는 전기 가야 연맹의 맹주국 역할을 하였다. ④번은 대성동 고분군에서 발견된 금관가야의 판갑옷이다. 지산동 고분의 판갑옷은 대가야의 유물이다.

오답 정리
① 백제의 칠지도
② 고려 초의 광주 춘궁리 철불
③ 통일신라 시대의 범종인 성덕대왕 신종
⑤ 신라에서 출토된 고구려 유물인 호우명 그릇

07 ④

포인트
집사부 · 병부 · 위화부, 집사부 장관인 시중, 사정부, 국학
해설 자료에서 집사부와 위화부의 명칭과 중앙 교육 기관으로 국학을 설치하였다는 언급을 통해 통일신라임을 알 수 있다. 통일신라는 중앙에 집사부를 비롯한 14개의 중앙 부서를 운영하였고, 지방 관리 감찰 기구인 외사정을 두었다. 또한, 유교 정치 이념의 확립을 위해 유학 사상을 강조하고, 유학 교육을 위하여 신문왕 때에 국학을 설립하였다. 통일신라는 지방의 통제를 강화하기 위해 지방 귀족의 자제를 수도 경주에 상주시키는 상수리 제도를 실시하였다.

오답 정리
① 12목은 고려 성종 때의 지방제도이다.
② 경재소, 유향소는 조선시대의 지방제도이다.
③ 양계에 병마사를 파견한 것은 고려 현종 때의 지방제도이다.
⑤ 각 도에 관찰사를 파견하였던 제도는 조선의 지방제도이다.

08 ①

포인트
솔빈의 말, 풍속은 고구려 · 거란과 대개 같다.
해설 자료에서 동쪽은 바다와 서쪽은 거란이 있었다는 것과 풍속이 고구려, 거란과 대개 같다는 언급을 통해 '이 나라'가 발해라는 것을 알 수 있다. 발해는 당, 신라, 거란, 일본 등과 무역을 하였는데, 특히 당과는 해로와 육로를 이용하여 무역을 하였다. 당은 산동반도 덩저우에 발해관을 설치하고 발해 사람들이 이용하게 하였다. 일본과의 무역도 규모가 한 번에 수백 명이 오갈 정

도로 활발하였다. 신라와는 상경→동경→남경→신라 금성(경주)로 이어지는 신라도를 통해 신라와 교류하였다.

오답 정리

② 감자, 고구마 등의 구황 작물이 재배된 시기는 조선 후기이다.

③ 해동통보는 고려 중기 숙종 때 주조된 화폐이다.

④ 농사직설은 조선 전기 세종 시기에 편찬되었다.

⑤ 삼포를 열어 일본과의 무역을 허용하고 계해약조를 체결한 시기는 조선 전기 세종 때이다.

09 ①

포인트

팔각 원당형의 승탑, 신라 하대 선종

해설 자료에서 승탑의 언급을 통해 신라 하대에 제작된 승탑을 고르면 되는 문제이다. 승탑은 신라 하대에는 선종이 널리 퍼지면서 승려의 사리를 봉안하는 승탑(부도)과 탑비가 유행하였다. 팔각원당형을 기본형으로 삼고 있는 승탑의 대표로 '쌍봉사 철감선사 승탑'이 유명하다.

오답 정리

② 불국사 3층 석탑(다보탑)

③ 발해 석등

④ 화엄사 각황전 석등

⑤ 월정사 8각 9층 석탑

10 ②

포인트

(가) – 본래 신라의 왕자, 신하로부터 버림 당함, (나) – 신라의 도읍을 침범하여 임금과 신하를 살해, 아들에게서 화가 생김

해설 (가)는 신라의 왕자와 선조의 화상을 칼로 베었다는 부분에서 궁예라는 것을 알 수 있다. (나)는 신라의 도읍을 침범하여 임금과 신하를 살해하였다는 것에서 견훤이라는 것을 알 수 있다. 궁예는 신라의 왕족으로 신라 말 한반도 중·북부에서 세력을 확대하여 송악에 도읍을 정하여 후고구려를 세웠다. 그 후 궁예는 영토를 확장하고 국가 기반을 다져 국호를 마진으로 바꾸고 수도를 철원으로 천도하였다. 그러나 궁예는 미륵 신앙을 이용하여 전제 정치를 도모하였고, 이에 따라 백성과 신하들의 신망을 잃어 왕건을 중심으로 결집한 신하들에 의해 축출되었다.

오답 정리

① 완산주를 도읍으로 후백제를 세운 인물은 (나)의 견훤이다.

③ 송악을 도읍으로 정하고 후고구려를 건국한 인물은 (가)의 궁예이다.

④ 서경을 중시하여 북진 정책의 전진 기지로 삼은 인물은 궁예를 몰아낸 고려 태조 왕건이다.

⑤ 황산전투에서 왕건의 고려군에게 패배한 인물은 견훤의 아들인 신검이다.

11 ⑤

포인트

김부식, 정지상, 서경, 왕께서 서경으로 행차하실 때 글을 올려 연호를 세우고 황제로 칭하기를 청, 금나라, 반역 도모

해설 자료에서 김부식, 서경으로 행차한다는 것과 황제로 칭하기를 청하였다는 것에서 자료의 왕이 고려 인종이고, 자료의 사건은 인종 시기에 있었던 묘청의 서경천도운동이라는 것을 알 수 있다. 인종 시기에는 묘청의 서경천도운동 이전에 왕실의 외척인 이자겸이 권력을 독점하다가 왕이 되기 위해 일으킨 이자겸의 난이 있기도 한 시기였다.

오답 정리

① 원종과 애노의 난은 신라 하대 진성여왕 시기의 일이다.

② 경순왕 김부가 경주의 사심관이 되었던 시기는 고려 태조 왕건 때이다.

③ 웅천주 도독 김헌창이 반란을 일으킨 시기는 신라 하대 헌덕왕 때이다.

④ 강조가 정변을 일으킨 시기는 고려 전기의 목종 때의 일이다.

12 ③

포인트

준풍, 관리의 공복 제정, 국왕 중심의 위계질서

해설 자료에서 준풍, 관리의 공복을 제정, 국왕 중심의 위계질서의 언급을 통해 자료의 왕이 고려 광종임을 알 수 있다. 광종이 실시한 개혁은 왕권강화가 목적이었다. 광종은 이를 위해 호족들의 경제적·군사적 기반을 약화시킬 목적으로 노비안검법을 실시하였다. 또한, 지배층의 위계질서를 확립하기 위하여 백관의 공복을 제정하였으며, 국왕의 권위를 높이기 위해 황제라 칭하고 광덕, 준풍이라는 연호를 사용하였다.

오답 정리

① 흑창은 태조 왕건 시기의 빈민구제 기구이다.

② 국자감은 고려 성종 때 설치되었다.

④ 정계와 계백료서는 태조 왕건 때 지어졌다.

⑤ 전시과 제도는 광종 이후의 왕인 경종 때 처음 실시되었다.

13 ②

포인트

동계, 예종, 신기군

해설 자료에서 동계와 신기군의 언급을 통해 (가)의 부대가 별무반이라는 것을 알 수 있다. 별무반은 기병이 중심인 여진족에 대응하기 위해 고려 숙종 때 취약한 기병을 보완하자는 윤관의 건의를 받아들여 만들어진 부대이다. 별무반은 신기군(기병), 신보군(보병), 항마군(승병)으로 구성되었다. 윤관은 별무반을 이끌고 여진족을 정벌한 다음 동북 9성 일대를 확보하였다.

오답 정리

① 경대승의 숙위 기관은 경대승의 사병 조직인 도방이다.

③ 진도에서 제주도로 옮겨 활동한 부대는 삼별초이다.

④ 최씨 정권의 권력기반 강화를 위해 조직된 것은 교정도감, 정방, 서방 등의 기구들이다.

⑤ 10정은 통일신라의 지방군이다.

14 ②

포인트

역적 이의민이 선왕인 의종을 시해, 봉사 10조

해설 자료에서 역적 이의민을 제거했다는 것과 봉사 10조를 올렸다는 것에서 최충헌임을 알 수 있다. 최충헌은 이의민을 제거한 다음 당시의 왕인 명종에게 사회 개혁책인 봉사 10조를 올렸지만 스스로 지키지 않았고, 오히려 많은 토지와 노비를 차지하고 사병을 양성하여 권력 유지에 급급한 모습을 보였다. 최충헌은 최고 집정부 구실을 하는 교정도감을 설치한 뒤 스스로 교정별감이 되어 국정을 장악하였다.

오답 정리

① 정방을 설치하여 인사권을 행사한 인물은 최충헌의 아들인 최우이다.

③ 처인성에서 몽골 장수 살리타를 사살한 인물은 김윤후이다.

④ 전민변정도감의 책임자로 개혁을 이끌었던 인물은 신돈이다.

⑤ 거란의 침입에 대비해서 개경에 나성을 축조한 시기는 최충헌 집권보다 이전 시기인 현종시기이다.

15 ④

포인트

만호, 정동행성, 원의 조정

해설 자료에서 정동행성, 만호, 원의 조정이라는 대목에서 원 간섭기임을 알 수 있다. 원 간섭기 때에는 고려왕이 원의 공주와 결혼하여 원 황제의 부마국이 되었고, 왕실의 호칭과 격도 부마국에 맞게 격하되었으며, 관제 또한 격이 낮춰진 형태로 개편되었다. 또한, 원이 일본원정을 위해 설치하였던 정동행성은 일본원정 이후에도 그대로 남아 고려의 내정을 간섭하였다. 원 간섭기 고려의 사회는 지배층을 중심으로 몽골풍 풍습인 변발과 호복이 유행하였던 시기였다.

오답 정리

① 만적이 개경에서 반란을 일으킨 시기는 원 간섭기 이전인 최충헌 집권기이다.

② 독서삼품과는 통일신라 하대 원성왕 시기에 실시되었다.

③ 대각국사 의천이 천태종을 개창한 시기는 고려 중기 숙종 때이다.

⑤ 최충이 9재 학당을 설립한 시기는 고려 중기 문종 때이다.

16 ①

포인트

(가) – 최영, 철령 이북의 땅을 떼어 줄지 여부를 논의, 우왕, 요동 공격 의논, (나) – 배극렴, 태조, 신하들이 왕위에 오르기를 거듭 권하니 마침에 태조가 즉위하였다.

해설 (가)의 지문에서 최영, 철령위, 요동 정벌이라는 것에서 최영이 우왕 때 주도한 요동 정벌임을 알 수 있다. (나)의 지문에서는 태조가 즉위하였다는 것에서 조선의 건국임을 알 수 있다. 이성계는 최영이 우왕 때 주도한 요동 정벌에 출병했으나 위화도 회군으로 최영을 제거하면서 정치, 군사의 실권을 장악하였고, 경제적 실권을 장악하기 위해 조준 등의 건의로 전제 개혁을 단행하여 과전법을 마련하였다.

오답 정리

② 기철을 숙청한 것은 (가) 이전 시기인 고려 공민왕 때의 일이다.

③ 망이 · 망소이의 난은 고려 무신정권 초기에 일어난 난이다.

④ 쌍성총관부를 탈환한 시기는 고려 공민왕 시기이다.

⑤ 신문고를 설치한 시기는 조선 태종 이방원 시기이다.

17 ④

포인트

도산서원, 주자서절요

해설 자료의 도산서원에 배향된 인물은 퇴계 이황이다. 이황은 기보다 상대적으로 이를 강조하였고(주리론), 주요 제자로는 유성룡 등 남인 계열의 학자들이 있다. 이황은 실천적으로는 서원과 향약의 보급에 힘써, 풍기군수 재직 시 주세붕이 창설한 최초의 서원인 백운동 서원에 대한 사액을 청원하여 최초의 사액서원인 소수서원이 탄생하게 하였다. 이외에 이황은 군주의 도를 도식으로 설명한 성학십도를 저술하기도 하였다.

오답 정리

① 백운동 서원을 건립한 인물은 주세붕이다.

② 성호사설은 조선 후기의 실학자 성호 이익이 저술하였다.

③ 동호문답은 조선 중기의 학자 율곡 이이가 저술하였다.

⑤ 가례집람은 조선 중기의 학자 김장생이 저술하였다.

18 ①

포인트

여러 왕자들이 다투어 빈객들을 맞아들임, 안평 대군, 한명회, 단종조

해설 사료에서 단종조라는 것과 한명회가 언급되는 것을 통해서 (가)의 인물이 세조라는 것을 알 수 있다. 세조는 세종의 둘째 아들로 왕자 시절에는 수양대군이라 불리었는데, 계유정난을 통해 김종서와 황보인을 비롯한 대신들과 친동생인 안평대군을 제거하여 정권을 장악한 뒤 단종을 협박하여 양위를 받아 후일 세조로 왕위에 올랐다.

오답 정리

② 불씨잡변을 저술한 인물은 조선 건국 초의 재상인 정도전이다.

③ 5군영 체제를 완성한 인물은 숙종이다.

④ 두 차례의 왕자의 난으로 반대파를 제거한 인물은 태종 이방원이다.

⑤ 삼군부를 부활시킨 인물은 흥선대원군이다.

19 ④

포인트

강남 갔던 제비가 돌아와 새봄을 알린다, 답청절(踏靑節), 노랑나비 날리기, 진달래꽃

해설 보기의 자료에서 진달래꽃으로 화전 부치기를 한다는 부분에서 음력 3월 3일의 세시풍속인 삼짇날임을 유추할 수 있다. 삼짇날은 봄의 절기로서 강남에 간 제비가 돌아와 추녀 밑에 집을 짓는다는 때로, 이 무렵이면 날씨도 온화하고 산과 들에 꽃이 피기 시작한다. 이때에는 진달래꽃을 뜯어다가 쌀가루에 반죽하여 참기름을 발라 지지는 화전을 먹거나, 녹두가루를 반죽하여 익힌 다음 가늘게 썰어 꿀을 타고 잣을 넣어서 먹는 화면을 즐겨 먹는다.

오답 정리

① 단오는 음력 5월 5일의 절기로 수리취떡을 먹는 절기이다.

② 칠석은 음력 7월 7일로 오작교와 관련이 있는 절기이다.

③ 대보름은 음력 1워 15일로 부럼을 깨는 절기이다.

⑤ 한가위는 음력 8월 15일로 송편과 강강술래와 관련 있는 절기이다.

20 ②

포인트

울릉도, 일본 속지(屬地)라 자칭

해설 자료에서 울릉도, 일본 속지(屬地)라 자칭의 언급을 통해 보기의 섬이 독도라는 것을 알 수 있다. 독도는 신라 지증왕 때 이사부가 우산국을 점령하면서 우리 영토가 되었던 섬으로, 세종실록지리지, 동국여지승람, 동국문헌비고 등에도 우리 영토임을 언급하고 있다. 특히, 조선 숙종 때에는 동래에 살던 안용복이 직접 일본에 가서 우리 영토임을 확인받았다. 대한제국 시기에는 칙령을 통하여 독도가 우리 영토임을 분명히 하였으나, 일본이 러일전쟁을 하는 와중에 불법적으로 시마네 현으로 편입시켰다.

오답 정리

① 양헌수가 프랑스군을 격퇴한 섬은 강화도이다.

③ 러시아가 저탄소 설치를 위해 조차를 요구한 섬은 절영도이다.

④ 하멜이 표류하여 도착한 섬은 제주도이다.

⑤ 정약전이 자산어보를 저술한 섬은 흑산도이다.

21 ②

포인트

송시열, 정예병 10만을 양성하여 기회를 보아 곧장 청으로 쳐들어가고자 하오.

해설 자료에서 정예병 10만을 양성하여 청으로 쳐들어간다는 내용과 송시열을 보았을 때 효종 때의 북벌 운동임을 알 수 있다. 효종은 선왕인 인조 때의 치욕을 생각하여 북벌을 나라의 가

장 중요한 정책의 목표로 삼았다. 그러나 효종이 청으로 쳐들어가기 위해 양성한 부대는 오히려 당시 러시아가 청의 국경을 넘어 오자 청의 요청으로 러시아 정벌을 떠나 러시아 군대를 격파하고 돌아온다(나선정벌).

오답 정리

① 신기전은 세종 때 개발된 무기이다.

③ 장용영이 조직된 시기는 정조 때이다.

④ 최무선의 건의로 화통도감이 설치된 시기는 고려 말 우왕 때이다.

⑤ 명의 요청으로 강홍립의 부대가 파병된 시기는 광해군 때이다.

22 ⑤

포인트

서인이 주도한 반정, 이괄 반란, 후금

해설 자료에서 서인이 주도한 반정과 이괄의 반란, 그리고 후금의 대목에서 다음 가상 대화 이후 전개된 사실이 정묘호란임을 알 수 있다. 후금은 이괄의 난을 계기로 친명 배금 정책을 취하고 있던 조선에 광해군의 복수를 한다는 명분을 내걸고 쳐들어왔는데 이를 정묘호란이라 한다. 후금의 군대는 황해도까지 진격하였으나 조선의 조정이 강화도로 피난하자 강화를 제의하여 형제 관계를 맺고 철군하였다. 이때 정봉수와 이립 등은 의병을 일으켜 후퇴하는 청의 군대와 싸워 큰 타격을 입혔다. 특히 정봉수는 용골산성에서 큰 전과를 거두었다.

오답 정리

① 권율이 행주산성에서 왜군을 격파한 전쟁은 임진왜란이다.

② 김종서가 6진을 개척한 시기는 조선 전기인 세종 때이다.

③ 위훈 삭제문제와 조광조 일파의 축출은 중종 때의 일이다.

④ 기유약조는 정묘호란 때의 왕 인조 이전 왕인 광해군 때의 일로, 임진왜란 직후 왜와 체결한 약조이다.

23 ④

포인트

김육, 특산물 징수, 방납의 폐단

해설 자료에서 지방의 특산물을 징수, 방납의 폐단의 대목에서 (가)의 제도가 대동법이라는 것을 알 수 있다. 대동법의 실시로 현물로 수취하던 물품을 미·포·전으로 받다 보니 나라의 필요한 물건을 다시 사와야 될 필요성이 제기되었고, 이러한 필요성으로 등장한 것이 공인이다. 공인은 관청에서 공가를 미리 받아 필요한 물품을 사서 납부하였다.

오답 정리

① 양반도 군포를 부과하였던 제도는 호포제이다.

② 풍흉 관계없이 1결당 4두를 수취한 제도는 영정법이다.

③ 어세, 염세, 선세를 균역청에서 관할한 제도는 균역법이다.

⑤ 재정 부족 문제를 해결하기 위해 지주에게 결작을 부과한 제도는 균역법이다.

24 ④

포인트

담헌, 혼천의, 무한 우주론, 지전설, 조선 후기의 대표적 과학자이자 실학자

해설 자료에서 담헌, 혼천의, 무한 우주론과 지전설이라는 것에서 중상학파 실학자인 홍대용인 것을 알 수 있다. 홍대용은 대표적인 중상학파 실학자로 손수 혼천의를 만들어 천체를 관측하여 그의 문집 담헌서에 포함된 의산문답에서 지구가 하루에 한 번씩 돈다는 지전설을 주장하며 종래 중국 중심의 세계관을 비판하였다.

오답 정리

① 거중기를 설계한 인물은 정약용이다.

② 북학의를 저술한 인물은 박제가이다.

③ 양반전을 저술한 인물은 박지원이다.

⑤ 우서를 저술한 인물은 유수원이다.

25 ③

포인트

평양, 인천, 충주, 목포, 울산

해설 임진왜란 시기 부산이 무너진 이후 왜군이 서울로 북상할 때 가장 중요한 전략적 요충지는 충주였다. 때문에 조선 조정은 신립을 충주로 보내 왜군의 북상을 저지하고자 하였다. 신립은 충주 탄금대에 배수진을 치고 왜군의 북상을 방어하였으나, 왜군에게 패하고 자결하였다. 신립이 충주에서 왜군에게 패함으로써 왜군은 서울까지 파죽지세로 진격을 하였고 이에 선조는 한양을 버리고 의주로 피난을 떠나게 되었다.

오답 정리

① 반구대 암각화는 울주에 위치해 있다.

② 암태도 소작 쟁의는 전남 무안군에서 있었던 일이다.

④ 제너럴 셔먼호 사건은 평양에서 발생한 사건이다.

35회

36회

37회

38회

39회

40회

41회

42회

43회

44회

45회

46회

⑤ 벽란도는 개성 근처의 예성강 하구에 위치한 국제 무역항이었다.

26 ⑤

포인트

의정부와 별도로 설치, 변방의 일에 대응, 의정부의 찬성, 참찬은 신병 치료나 하는 자리가 되고 말았다.

중요 사료

비변사

의정부와 별도로 비변사를 설치하여 재신들 중 군무(軍務)를 아는 자로 당상을 삼아 … 변방의 일에 대응하도록 하였다. … 조정의 명령이 부득불 모두 비변사로 돌아가지 않을 수 없게 되어, (의정부)의 찬성, 참찬은 신병 치료나 하는 자리가 되고 말았다.

－「연려실기술」－

해설 '의정부와 별도로 … 재신들 중 군무를 아는 자로 … 변방의 일에 대응한다.'의 언급을 통해 비변사임을 알 수 있다. 비변사는 본래 삼포왜란 때 설치된 임시 기구였으나 을묘왜변을 계기로 상설 기구화되었고, 임진왜란을 거치면서 이후 그 기능도 군사문제뿐 아니라 외교, 재정, 사회, 인사 문제 등 거의 모든 정무를 총괄하게 되었다. 이렇게 비변사의 기능이 강화되자 의정부와 6조 중심의 행정 체계는 유명무실해졌다. 세도정치 시기에는 외척세력의 세력 기반 역할을 하다가 흥선대원군에 의해 폐지되었다.

정답 분석

⑤ 어사대의 관원과 중서문하성의 낭사로 구성된 기구는 고려시대의 대간이다.

27 ②

포인트

숙종 때의 정치적 변화 양상

해설 자료에서의 숙종 때의 정치적 변화 양상은 환국이다. 기존까지 유지되었던 붕당 간의 상호 견제를 바탕으로 하는 붕당정치의 기본원리가 숙종 때 잦은 환국으로 인해서 붕괴되고, 상대 당의 인물들을 무조건 제거하는 형태로 변질되었다. 환국을 왕이 직접 나서서 주도함에 따라, 외척이나 종실 등 왕과 직결된 집단의 정치적 비중이 커졌다. 특히 세도기 때에는 정치권력이 점차 고위 관료에게 집중되고, 언론 기관이나 재야 사족의 정치 참여가 어려워졌다.

오답 정리

① 이조 전랑 임명 문제에 따른 사림의 동·서 분당은 선조 때의 일이다.

③ 예송 논쟁은 현종 때의 일이다.

④ 세자 추숭을 둘러싼 시파와 벽파의 갈등은 영조 때의 일이다.

⑤ 외척인 대윤과 소윤의 대립으로 발생한 을사사화는 명종 때의 일이다.

28 ①

포인트

균역법

해설 균역법의 실시를 통해 밑줄의 '이 왕'이 영조라는 것을 알 수 있다. 영조는 숙종 때부터 변질된 붕당정치로 붕당 간의 대립이 심해져 폐해가 따르자, 이를 경계하기 위해 탕평비를 세웠다. 경제 측면에서는 군역의 폐단을 고치기 위해 양인의 군포 부담을 장정 1인당 2필에서 1필로 감축하는 균역법을 실시하였다. 또한 국가의 통치 질서를 재건하기 위해 속대전과 속오례의 등을 편찬하였다.

오답 정리

ㄷ. 경복궁을 중건한 인물은 흥선대원군이다.

ㄹ. 신해통공을 실시한 인물은 정조이다.

29 ③

포인트

김홍도, 중인들의 시사(詩社)

해설 자료에서 김홍도와 중인들의 시사 조직에서 조선 후기임을 알 수 있다. 조선 후기 상품 경제의 발달과 농업생산력의 증가로 서민 경제력이 크게 향상되었고, 서당의 보급으로 서민문화가 발달하게 되었다. 이 시기에는 중인층과 서민층의 문학 창작 활동이 활발해지면서 동호인들이 모여 '시사'를 조직하였다. 또한 춤과 노래 및 사설로 서민의 감정을 그대로 드러내어 표현한 판소리와 탈춤은 서민 문화를 확대하는 데 크게 기여를 하였다.

오답 정리

① 악학궤범은 성종 시기에 편찬되었다.

② 정철은 선조 시기의 인물이다.

④ 서거정이 동문선을 편찬한 시기는 성종 시기이다.

⑤ 직지심체요절은 고려 말에 간행되었다.

30 ⑤

포인트
이현, 종루, 칠패

중요 사료

조선 후기의 사상

이현과 종루 그리고 칠패,

이는 도성(한양)의 3대 시장이라네.

온갖 수공업자가 다 모여 있고 사람들은 분주한데,

수많은 화물이 값을 다투며 수레가 줄을 이었네.

봉성의 털모자, 연경의 비단실,

함경도의 마포, 한산의 모시,

쌀, 콩, 기장, 조, 피, 보리 …

어떤 사람은 소에 실은 나무를 사려고 고삐를 끌기도 하고,

어떤 사람은 말 이빨을 보고 나이를 알려고 허리에 채찍을 꽂고 있으며,

어떤 사람은 눈을 껌뻑이며 말 중개인을 부르기도 하네

– 성시전도시 –

해설 이현, 종루, 칠패의 언급과 상업과 수공업이 활발하게 발달된 모습이 묘사된 것을 보았을 때 조선 후기임을 알 수 있다. 조선 후기에는 고려 말 들어온 이앙법이 전국으로 확산되어 농업 생산력이 증가하였고, 농업생산력의 증가에 따라 상업이 발달하여 상평통보와 같은 화폐가 활발하게 사용되었다. 신분 질서도 붕괴되어 공명첩의 매매가 성행하였고, 상업의 발달에 발맞춰서 경강상인과 같은 거상이 활동하였던 시대였다. 또한 이현, 종루, 칠패는 18세기 이후 사상들이 활동하는 난전의 중심지였다.

정답 분석

⑤ 직전법은 조선 전기인 세조 때 실시되어 중기인 명종 때 폐지된 제도로, 조선 후기와는 전혀 관계가 없는 제도이다. 직전법이 폐지된 이후 녹봉만 지급되었다(녹봉제).

31 ③

포인트
문수산성, 정족산성, 한성근

해설 자료에서 문수산성과 정족산성에서 병인양요임을 알 수 있다. 흥선대원군이 처음 집권을 하였을 때는 러시아의 남하를 막기 위해 선교사를 통해 프랑스에 접근할 필요가 있었기 때문에 천주교에 대해서 비교적 관대한 모습을 보여주었다. 그러나 별다른 성과가 없자 1866년에 천주교에 대한 대대적인 탄압을 가하였는데, 이 사건이 바로 병인박해이다. 프랑스는 바로 이 병인

박해 때 자국민 선교사 처형을 구실로 삼아 조선을 무력으로 침략하였다(병인양요).

오답 정리

① 운요호 사건은 강화도 조약과 관련이 있다.

② 오페르트의 남연군 묘 도굴 사건은 병인양요 이후(1868)에 발생한 사건으로 신미양요와 관련이 있다.

④ 방곡령은 일본과의 조·일통상장정과 관련이 있다.

⑤ 거문도 사건은 영국이 1885년 러시아의 남하를 막기 위해 거문도를 강제로 점령한 사건이다.

32 ④

포인트
위정 척사 운동, 흥선 대원군 하야와 고종의 친정(親政)을 요구하는 상소, 왜양일체론

해설 자료에서 흥선대원군의 하야, 고종의 친정과 함께 왜양일체론을 주장하였다는 언급을 통해 (가)의 인물이 최익현이라는 것을 알 수 있다. 최익현은 경복궁 중건과 서원 철폐에 반대하는 상소를 올려 흥선대원군 하야에 결정적인 역할을 했으며, 강화도 조약 때에는 왜양일체론에 입각하여 개화를 반대하였다. 1905년 을사늑약이 체결되자 70세가 넘는 나이에도 태인에서 의병을 일으켜 지휘하다가 체포당하였고, 결국 쓰시마 섬으로 유배되어 단식 끝에 순국하였다.

오답 정리

① 한국독립운동지혈사를 저술한 인물은 박은식이다.

② 봉오동 전투를 이끌었던 인물은 홍범도이다.

③ 독립 의군부를 조직한 인물은 임병찬이나.

⑤ 13도 창의군을 결성하여 서울 진공 작전을 전개한 인물은 이인영이다.

33 ⑤

포인트
1880년에 만들어짐, 고종, 개화 정책 총괄 기구, 12사

해설 자료에서 해당 기구가 1880년에 만들어졌다는 것과 개화 정책 총괄 기구라는 언급을 통해 통리기무아문이라는 것을 알 수 있다. 강화도 조약으로 개항한 이후 조선 정부는 개화 정책을 추진하기 위해 여러 나라에 사절단을 파견하였다. 일본에 수신사와 조사시찰단, 청에 영선사, 미국에 보빙사를 파견하여 각 나라의 근대 문물을 받아들이고자 하였다.

오답 정리

① 한성 사범 학교는 1894년 교육입국조서를 발표한 이후 설립되었다.

② 구미 위원부를 설치한 것은 개화기가 아니라 일제 강점기의 임시정부이다.

③ 홍범 14조는 제2차 갑오개혁 때 반포되었다.

④ 화폐정리사업은 1905년 메가타에 의해 실시되었다.

34 ①

포인트

중국을 가까이 하며[親中國], 일본과 관계를 공고히 하고[結日本], 미국과 연계하여[聯美國] 자강을 도모

중요 사료

조선책략

조선의 땅은 실로 아시아의 요충에 자리 잡고 있어 전략적으로 중요하므로 반드시 분쟁이 발생할 수밖에 없다. 조선이 위태로우면 동아시아의 정세가 날로 악화될 것이다. 러시아가 영토를 공략하고자 하면 반드시 조선으로부터 시작할 것이다. … 그러므로 오늘날 조선의 제일 급선무는 러시아를 막는 것이다. 중국을 가까이 하며[親中國], 일본과 관계를 공고히 하고[結日本], 미국과 연계하여[聯美國] 자강을 도모할 따름이다.

해설 사료에서 친중국, 결일본, 연미국의 언급을 통해 조선책략이라는 것을 알 수 있다. 조선책략은 2차 수신사로 다녀온 김홍집의 소개로 국내에 유포되었고, 당시의 개화 정책을 추진하였던 세력에게는 논리적인 근거가 되었다. 그러나 이만손을 중심으로 한 영남 유생들은 만인소를 올려 조선책략의 내용을 조목조목 비판하면서 김홍집의 처벌을 요구하였다.

오답 정리

② 김기수를 일본에 수신사(1차)로 파견한 것은 1876년으로 1881년에 발생한 영남 만인소 사건 보다 이전이다.

③ 어재연 장군이 광성보에서 항전한 사건은 신미양요이다.

④ 박규수의 건의로 삼정이정청이 설치된 시기는 고종 이전 시기인 철종 때이다.

⑤ 홍경래의 난이 일어난 시기는 순조 때이다.

35 ②

포인트

동학 농민 운동, 만석보, 전주성 점령, 전주 화약

해설 동학 농민 운동은 고부군수 조병갑의 학정으로 발생한 고부민란에서 시작되었다. 고부 민란을 조사하러 온 안핵사 이용태가 봉기 관련자를 역적으로 몰아 탄압하는 부당한 처사로 1차 봉기가 일어났고, 이 과정에서 농민군은 황토현과 황룡촌 전투에서 관군을 격퇴하였고, 이후 농민군은 전주성을 점령하고 정부와 전주화약을 맺는다.

오답 정리

① 순창에서 전봉준이 체포되는 것은 동학농민운동의 최후 전투인 우금치 전투 이후이다.

③ 우금치 전투는 전주화약 이후 2차 동학농민운동 때의 전투이다.

④ 논산에서 남접과 북접이 연합하였던 시기는 전주화약 이후 2차 동학농민운동 때이다.

⑤ 일본군이 경복궁을 점령한 시기는 전주화약 이후이다.

36 ④

포인트

서재필, 만민 공동회, 관민 공동회, 헌의 6조

해설 자료에서 서재필 주도의 창립, 만민 공동회, 관민 공동회, 헌의 6조에서 자료의 단체가 독립협회라는 것을 알 수 있다. 독립협회는 갑신정변의 수역 중 하나인 서재필이 귀국하여 중추원 고문으로 위촉된 후 설립한 단체였다. 독립협회는 러시아의 간섭과 이권 침탈이 심해지자 자주 국권 확립을 촉구하는 구국 선언 상소문을 올리고 종로에서 만민 공동회를 열어 자주 국권 운동을 전개하였다. 이후 독립협회는 관민 공동회를 개최하여 헌의 6조를 발표하였고, 중추원을 개편하여 근대적 의회(양원제 의회) 설립을 추진하였으나 황국협회와의 충돌로 해산되었다.

오답 정리

① 일본의 황무지 개간권 요구를 저지시킨 단체는 보안회이다.

② 고종의 강제 퇴위 반대 운동을 전개한 단체는 대한 자강회이다.

③ 민립 대학 설립 운동을 주도한 단체는 1920년대의 민립 대학 설립 기성회이다.

⑤ 각국 영사관에 통문을 보내 국제법상 교전 단체로 승인해 줄 것을 요청한 단체는 정미의병이다.

37 ⑤

포인트

대궐을 침범한 일본인, 왕후 폐하가 시해됨

해설 자료에서 왕후 폐하가 시해되었다는 언급을 통해 밑줄의 '사변'이 1895년에 있었던 을미사변임을 알 수 있다. 을미사변 이후 일제의 강요에 의해 을미개혁이 곧바로 추진되었는데, 을미개혁의 주요 내용으로는 단발령 실시, 우편 사무의 재개, 종두법 실시, 건양 연호 사용, 친위대와 진위대 설치, 태양력 사용이 있다.

오답 정리

① 보빙사가 파견된 시기는 1883년으로 을미사변보다 이전 시기이다.

② 별기군 창설은 1881년이다.

③ 박문국 설치는 1883년이다.

④ 조·청 상민 수륙 무역 장정은 1882년 임오군란 이후 체결되었다.

38 ⑤

포인트

일제의 경제 침탈에 맞서 거국적으로 전개, 110주년(일시 2017년 기준), 김광제, 가족의 패물을 헌납, 통감부의 탄압

해설 자료에서 110주년을 맞이했다는 것에서 1907년의 민족운동임을 알 수 있고, '가족의 패물을 헌납', 통감부의 탄압의 언급을 통해 국채보상운동인 것을 유추해 볼 수 있다. 국채보상운동은 대구 광문사의 서상돈, 김광제 등의 주도하에 시작되었다. 그 후 각종 계몽 단체와 대한매일신보, 황성신문, 제국신문, 만세보 등의 언론기관이 적극적으로 참여하여 각계각층의 호응을 받으며 전국 및 해외로까지 확산되었다.

오답 정리

① 평양에서 시작되어 전국으로 확산된 민족운동은 물산장려운동이다.

② '조선 사람 조선 것'의 구호를 내세운 민족운동은 물산장려운동이다.

③ 자작회, 토산 애용 부인회 등의 단체가 활동한 민족운동은 물산장려운동이다.

④ 민족주의 진영과 사회주의 진영이 함께 활동한 민족운동은 6·10 만세운동과 신간회와 같은 활동이 해당된다.

39 ①

포인트

국체 변혁, 사유 재산 제도 부인

중요 사료

치안유지법

제1조 국체를 변혁하거나 사유 재산 제도를 부인하는 것을 목적으로 결사를 조직하거나 또는 사정을 알고 이에 가입한 자는 10년 이하의 징역 또는 금고에 처한다. 전항의 미수죄도 처벌한다.

제2조 전조 제1항의 목적으로 그 목적이 되는 사항의 실행에 관하여 협의를 한 자는 7년 이하의 징역 또는 금고에 처한다.

해설 자료에서 국체 변혁, 사유 재산 부인이라는 언급을 통해서 사회주의자 탄압을 목적으로 제정한 치안유지법임을 알 수 있다. 치안유지법은 1925년 제정된 법으로 일본제국과 식민지 전체에 적용되는 천황 통치 체제 및 사유재산제를 부정하는 운동을 단속하는 법률로서 독립운동과 사회주의를 탄압하기 위한 법령이다.

정답 분석

① 대한 광복회는 1910년대 독립의군부와 더불어 활약한 비밀 단체였다.

오답 정리

② 조선 농민 총동맹의 결성은 1927년이다.

③ 신간회가 창립된 시기는 1927년이다.

④ 정우회 선언은 신간회 창립 직전이다.

⑤ 원산 총파업은 1929년에 발생하였다.

40 ②

포인트

이승훈, 윤치호, 양기탁, 안창호, 서간도에 무관학교

해설 자료에서 이승훈, 윤치호, 양기탁, 안창호, 서간도의 무관학교의 언급을 통해 신민회라는 것을 알 수 있다. 신민회는 안창호, 양기탁, 이승훈 등의 사회 각계각층의 인사를 망라하여 조직된 비밀결사였다. 신민회는 국권회복과 공화 정체의 국민 국가 건설을 목표로 삼고, 국내에서는 문화적·경제적 실력 양성 운동을 전개하면서 국외에서는 독립군 기지의 건설에 의한 군사적 실력 양성을 꾀하다가 105인 사건으로 해산되었다.

오답 정리

① 브나로드 운동은 문자보급 운동으로 일제 강점기에 동아일보가 주도한 운동이다.

③ 일왕의 행렬에 폭탄을 투척한 이봉창이 단원으로 있던 단체는 한인 애국단이다.

④ 독립 공채를 발행한 단체는 임시정부이다.

⑤ 조선 총독부에 국권 반환 요구서를 발송하려 하였던 단체는 독립 의군부이다.

35회

36회

37회

38회

39회

40회

41회

42회

43회

44회

45회

46회

41 ④

포인트

조선어 학회

해설 조선어 학회는 우리말 큰 사전을 만들기 위한 선행 작업으로 한글 맞춤법 통일안 제정, 표준어법 제정, 외래어 표기법을 제정하였다. 이를 바탕으로 조선어 학회는 우리말 큰 사전을 편찬하려 하였지만, 1942년 일제의 탄압으로 해산이 되었다(조선어 학회 사건). 우리말 큰 사전은 해방 이후인 1957년에 간행되었다.

오답 정리

① 태극 서관은 운영한 단체는 신민회이다.

② 국문 연구소는 1907년 대한제국 학부에 설치되었던 한글 연구 기관이다.

③ 최초의 한글 신문은 독립협회가 발행한 독립신문이다.

⑤ 개벽, 신여성 등의 잡지는 1920년대 출판되었다.

42 ③

포인트

형평사, 모욕적 칭호 폐지

해설 자료에서 형평사, 모욕적 칭호 폐지의 언급을 통해 백정들이 사회적 평등을 외친 형평 운동인 것을 알 수 있다. 백정의 신분은 1894년 갑오개혁으로 형식적으로 폐지되었지만 여전히 사회적 차별이 존재하였다. 일제 강점기에는 총독부에서 봉건적 신분제도를 유지하는 정책을 펴 사회적 차별을 받고 있었기 때문에 백정들은 이에 항의하고자 1923년 진주에서 조선 형평사를 조직하여 평등한 대우를 요구하는 형평 운동을 전개하였다.

오답 정리

① 만세보는 천도교에서 창간한 신문이다.

② 조만식, 이상재 등의 주도로 시작된 운동은 1923년 민립 대학 설립 운동이다.

④ 일제가 문화 통치를 실시하게 된 계기가 되었던 사건은 3 · 1 운동이다.

⑤ 고종의 인산을 기회로 대규모 시위를 전개한 사건은 3 · 1 운동이다.

43 ②

포인트

토지의 조사 및 측량

중요 사료

토지조사사업

제1조 토지의 조사 및 측량은 이 영(令)에 의한다.

⋮

제4조 토지의 소유자는 조선 총독이 정하는 기간 내에 그 주소, 성명 또는 명칭 및 소유지의 소재, 지목, 자번호, 사표, 등급, 지적, 결수를 임시 토지 조사 국장에게 신고하여야 한다. 다만, 국유지는 보관 관청에서 임시 토지 조사 국장에게 통지하여야 한다.

제5조 토지의 소유자 또는 임차인, 기타 관리인은 조선 총독이 정하는 기간 내에 그 토지의 사방 경계에 표찰판을 세우되, 민유지에는 지목 및 자번호와 소유자의 성명 또는 명칭을, 국유지에는 지목 및 자번호와 보관 관청명을 기재하여야 한다.

해설 사료는 1910년대 일제가 한반도의 토지를 약탈하기 위해 제정한 토지조사령의 내용이다. 토지조사사업의 결과 미신고 토지들이 약탈되고, 약탈된 토지는 동양척식주식회사가 일본인에게 헐값에 팔고, 소작을 주어 총독부 운영비용으로 충당하였다. 총독부는 토지조사사업을 실시한 결과 재정 수입이 크게 증가하였다. 또한 토지를 일본인들에게 헐값으로 팔았기 때문에 일본인 농업 이민과 지주가 증가하였고, 수많은 농민들이 소작농으로 전락하고 만주와 연해주로 이동하였다.

정답 분석

② 지계 발급은 대한제국 시기의 광무개혁에서 실시한 정책이다.

44 ③

포인트

폭력은 우리 혁명의 유일한 무기

중요 사료

조선 혁명 선언

강도(强盜) 일본을 쫓아낼 방법이 없는 바이다. … 민중은 우리 혁명의 대본영(大本營)이다. 폭력은 우리 혁명의 유일한 무기이다. 우리는 민중 속에 가서 민중과 손을 잡아 끊임없는 폭력, 암살, 파괴, 폭동으로써 강도 일본의 통치를 타도하고 우리 생활에 불합리한 일체 제도를 개조하여 인류로써 인류를 압박하지 못하며 사회로써 사회를 약탈하지 못하는 이상적 조선을 건설할지니라.

해설 보기의 자료는 의열단의 행동 강령인 신채호의 조선 혁명 선언이다. 조선 혁명 선언은 의열단을 이끌던 김원봉이 신채호에게 부탁하여 만든 행동강령으로, 조선 혁명 선언의 주된 내용은 우익진영의 독립운동 방안인 자치론, 준비론, 문화론, 외교론과 같은 온건한 방안을 비판하고 민족 독립 운동의 방향이 폭력 투쟁임을 강조한 것이다.

오답 정리

① 민족 대표 33인이 선언에 참여한 것은 3 · 1운동의 독립선언서이다.

② 대한민국 임시 정부의 건국 강령은 조소앙의 삼균주의이다.

④ 일본 유학생을 중심으로 도쿄에서 발표한 것은 2 · 8 독립선언서이다.

⑤ 독립 청원을 위해 파리 강화 회의에 제출한 것은 신한청년단의 독립청원서이다.

45 ③

포인트

이상설, 러시아(연해주)

해설 자료는 이상설의 항일 투쟁에 관련된 내용이다. 이상설은 이준, 이위종과 함께 을사조약의 부당함을 알리기 위해 헤이그에 특사로 파견되었던 인물이다. 국권 상실 이후에는 만주, 연해주 접경지역인 밀산부 한흥동에 독립기지를 건설하였고, 1910년대에는 연해주에서 권업회 조직과 대한 광복군 정부 수립에 큰 역할을 하였다.

오답 정리

① 숭무 학교는 멕시코에서 설립되었다.

② 한인 애국단은 상하이에서 조직되었다.

④ 한국 광복군 창설과 국내 정진군의 훈련은 충칭에서 이루어졌다.

⑤ 국민 대표 회의와 대한민국 임시 정부의 활동은 상하이에서 실시되었다.

46 ③

포인트

미합중국 정부에 재정적 · 물질적 · 기술적 원조 요청, 한 · 미 원조 협정

해설 한 · 미 원조 협정은 이승만 정부 시기인 1950년대 경제의 특징이다. 1950년에 일어난 6 · 25 전쟁은 한국 경제에 심각한 타격을 주었다. 주요 교통 시설들이 파괴되었고, 생산 시설도 절반이 파괴될 정도였다. 전쟁 중은 물론, 전후 복구 기간에도 미국은 많은 경제 원조를 제공했는데, 원조는 주로 식료품,

농업 용품, 피복, 의료품 등과 면방직, 제당, 제분 공업의 원료에 집중되었다. 그 결과 원조 물자를 가공하는 제분, 제당, 방직 공업 등 소위 삼백 산업을 중심으로 한 소비재 산업이 발달하였다.

오답 정리

① 경부 고속 국도가 개통된 시기는 1970년 박정희 정부 때이다.

② 경제 협력 개발 기구(OECD)에 가입한 시기는 1996년 김영삼 정부 시기이다.

④ 3저 호황으로 물가가 안정되고 수출이 증가하였던 시기는 전두환 정부 시기이다.

⑤ 금융 실명제가 실시되었던 시기는 1993년 김영삼 정부 때이다.

47 ⑤

해설 1950년 6월 25일 북한의 기습 남침으로 국군은 낙동강 전선까지 밀렸다가(다), 유엔군의 인천 상륙 작전을 통해 반격에 나서서 압록강 일대까지 북진하였다(가). 그러나 중공군의 참전으로 서울을 다시 빼앗겼으나(나), 이후 반격을 하여 다시 수복하고 3.8도선 부근에서 치열하게 전투를 하다가 결국 휴전협정을 맺었다. 따라서 (다) − (가) − (나)의 순이다.

48 ①

포인트

중국군과 합작, 지청천

해설 자료에서 중국군과 합작을 하였다는 것과 사령관이 지청천이라는 것에서 자료의 부대가 혁신의회의 한국독립군이라는 것을 알 수 있다. 1930년대 한국의 독립군과 중국군은 1931년 있었던 만주사변을 계기로 일제가 만주까지 침략하자 연합작전을 펼쳤는데, 한국독립군은 중국의 호로군과 연합하여 쌍성보, 대전자령, 사도하자 전투에서 일본군을 격파하였다.

오답 정리

② 간도 참변 이후 자유시로 이동한 독립군은 대한독립군단이다.

③ 중국 관내에서 조직된 최초의 한인 무장 부대는 조선의용대(1938)이다.

④ 남만주 지역에서 결성된 조선 혁명당의 군사 조직은 조선혁명군이다.

⑤ 홍범도 부대와 연합하여 청산리에서 일본군과 교전한 부대는 북로군정서이다.

긴장 완화와 화해 협력이 진전되었다.

오답 정리

① 남북 조절 위원회는 7·4 남북 공동 성명이 발표된 박정희 정부 시기의 일이다.

③ 남북한 기본 합의서는 노태우 정부 때 채택되었다.

④ 제2차 남북 정상 회담은 노무현 정부 때 개최되었다.

⑤ 이산가족 고향 방문을 최초로 성사시킨 정부는 전두환 정부이다.

49 ①

포인트

이승만, 김주열, 3·15 부정 선거를 규탄하는 시위, 마산 앞바다, 시위 전국적 확산

해설 자료에서 이승만 독재에 저항, 김주열 열사, 3·15 부정 선거를 규탄하는 시위의 언급을 통해 4·19 혁명임을 알 수 있다. 4·19 혁명은 자유당이 정권의 연장을 위해 저질렀던 3·15 부정 선거에 대한 반발로 일어난 민주화 운동이다. 4·19 혁명으로 이승만이 하야하고, 이승만과 같은 장기 독재 체제를 막기 위해 3차 개헌이 이루어졌다. 3차 개헌의 특징으로는 대통령 중심제가 아닌 내각 책임제와 양원제 국회가 있다. 3차 개헌 이후 이어진 총선에서 민주당이 국회의 다수를 차지하고, 장면이 총리로 선출되어 장면 내각이 출범하게 된다.

오답 정리

② 4·13 호헌 조치와 관련된 민주화 운동은 6월 민주항쟁이다.

③ 한·일 국교 정상화에 반대는 1964년 6·3 항쟁이다.

④ 신군부의 계엄령 확대와 무력 진압에 항거한 민주화 운동은 5·18 광주 민주화 운동이다.

⑤ 3·1 민주 구국 선언을 통하여 유신체제에 저항한 민주화 운동은 1976년 재야와 종교계 인사들이 주도하였다.

50 ②

포인트

자주적 해결, 남측의 연합제 안, 북측의 낮은 단계의 연방제 안

중요 사료

6·15 남북 공동 선언

1. 남과 북은 나라의 통일 문제를 그 주인인 우리 민족끼리 서로 힘을 합쳐 자주적으로 해결해 나가기로 하였다.

2. 남과 북은 나라의 통일을 위한 남측의 연합제 안과 북측의 낮은 단계의 연방제 안이 서로 공통성이 있다고 인정하고 앞으로 이 방향에서 통일을 지향시켜 나가기로 하였다.

해설 자료에서 남측의 연합제 안과 북측의 낮은 단계의 연방제 안이 언급된 것을 통해 김대중 정부 시기의 6·15 남북 공동 선언임을 알 수 있다. 6·15 남북 공동 선언은 김대중 정부의 햇볕 정책(식량 지원, 금강산 해로 관광 실시 등)을 바탕으로 2000년 남북 정상이 최초로 상봉하여 선언한 것이다. 이후 경의선 연결과 남북 이산가족 상봉, 개성 공단 설치 등이 실현되어 남북 간의

01 ②

포인트

부여 송국리 유적, 목책(木柵), 송국리식 토기, 민무늬 토기, 비파형 동검, 거푸집

해설 보기에서 민무늬 토기와 비파형 동검, 거푸집 등의 유물들이 출토되었다는 부분에서 해당 시대가 청동기 시대라는 것을 알 수 있다. 청동기 시대는 사유재산이 발생하고 계급이 형성되었던 시대였기 때문에 당시의 귀했던 청동기를 지배계층들이 사용하였고, 다수를 차지하는 피지배 계층들은 여전히 석기를 사용하였던 시대였다. 때문에 곡물을 수확할 때에도 반달돌칼과 같은 석기를 이용하였던 시대였다.

오답 정리

① 소를 이용한 깊이갈이(우경)는 삼국 시대에 시작되어 고려 시대에 일반화되었다.

③ 계급이 없는 평등한 공동체 생활을 하였던 시대는 구석기, 신석기 시대이다.

④ 슴베찌르개가 제작된 시대는 구석기 시대이다.

⑤ 정착 생활이 시작되고 움집이 등장한 시대는 신석기 시대이다.

02 ⑤

포인트

삼국유사, 위만, 준왕, 중계무역

해설 대화에서 건국 이야기가 삼국유사에 실려 있다는 것과 위만이 준왕을 몰아내고 왕이 되었다는 언급을 통해 밑줄의 '이 나라'가 고조선임을 알 수 있다. 고조선은 중국의 연나라와 맞설 정도로 크게 성장을 하였고, 위만이 준왕을 쫓아내고 위만조선을 건국하면서 본격적으로 철기 문화를 수용하였다. 위만의 손자 우거왕 때에는 남방의 진이 직접 중국의 한과 교역하는 것을 막고, 중계 무역의 이득을 독점하려 하였다. 이러한 경제적, 군사적 발전을 기반으로 고조선은 중국의 한과 대립하다가 한의 대대적인 침략을 맞아 멸망하였다. 고조선은 사회 질서 유지를 위해서 범금 8조를 실시하기도 하였다.

오답 정리

① 신지, 읍차 등의 지배자가 있던 국가는 삼한이다.

② 여러 가(加)들이 별도로 사출도를 다스린 국가는 부여이다.

③ 천군과 소도가 존재하였던 국가는 삼한이다.

④ 책화의 풍습이 있던 국가는 동예이다.

03 ④

포인트

김해 고분

해설 김해 고분군의 부분에서 (가)의 나라가 금관가야라는 것을 추측할 수 있다. 금관가야는 우수한 철기문화를 바탕으로 전기 가야 연맹의 맹주 역할을 하였다. 그러나 4세기 말 신라를 후원하는 고구려군의 공격을 받고 난 뒤 금관가야는 결정적으로 쇠퇴하게 되었고, 전기 가야 연맹은 붕괴되었다. 금관가야에는 철이 많이 생산되었기 때문에 낙랑과 왜 등에 수출하기도 하였다.

오답 정리

① 22담로에 왕족을 파견한 국가는 백제이다.

② 영고라는 제천행사가 있었던 나라는 부여이다.

③ 박, 석, 김의 3성이 교대로 왕위를 계승한 국가는 신라이다.

⑤ 집사부를 비롯한 14부의 중앙 관제를 가졌던 나라는 신라이다.

04 ①

포인트

(가) – 평양성, 왕이 출병하여 막다가 날아오는 화살에 맞아 서거하였다.
(나) – 신라를 구원, 고구려군이 도착하자 왜적이 퇴각하였다.

중요 사료

백제왕이 병력 3만 명을 거느리고 평양성을 공격해 왔다. 왕이 출병하여 막다가 날아오는 화살에 맞아 서거하였다.

– 「삼국사기」 –

왕이 보병과 기병 5만 명을 보내 신라를 구원하게 하였다. (고구려군이) 남거성을 통해 신라성에 이르렀는데, 그곳에 왜적이 가득하였다. 고구려군이 도착하자 왜적이 퇴각하였다.

– 광개토대왕 비문 –

해설 (가)는 4세기 후반 백제 근초고왕의 공격으로 고구려의 고국원왕이 전사한 상황이다. (나)의 경우 고구려의 광개토대왕이 신라 내물 마립간의 요청을 받아서 왜군을 격퇴한 기록이다. 따라서 (가)와 (나) 사이의 시기는 고국원왕과 광개토대왕 사이의 왕인 소수림왕 시기이다. 소수림왕은 고국원왕 시기의 위기를 극복

35회

36회

37회

38회

39회

40회

41회

42회

43회

44회

45회

46회

하고자 불교를 수용하였고, 태학을 설립하여 인재를 양성하였으며, 율령을 반포하여 국가 조직을 정비하였다. 이러한 소수림왕의 내정 개혁으로 고구려는 중앙 집권 체제를 더욱 강화하여 이후 광개토대왕, 장수왕 때 전성기의 토대를 마련하였다.

오답 정리

② 연개소문이 정변을 일으킨 시기는 영류왕 시기로 (나)의 시기 이후의 일이다.

③ 이문진의 신집이 편찬된 시기는 영양왕(6세기말~7세기 초) 시기이다.

④ 위나라 관구검의 군대가 고구려를 공격한 시기는 동천왕(3세기) 때로 (가)보다 이전이다.

⑤ 장수왕이 평양으로 천도하고 남진정책을 실시한 시기는 (나) 시기 이후이다.

05 ②

포인트

영토를 순수(巡狩), 적성(赤成), 야이차

해설 자료의 비석에서 순수(巡狩)와 적성(赤成)의 부분에서 비석을 세운 왕이 진흥왕임을 유추해 볼 수 있다. 진흥왕은 신라의 영토를 대대적으로 확장한 인물로 국가 발전을 위한 인재를 양성하기 위하여 화랑도를 국가적인 조직으로 개편하고 불교 교단을 정비하여 사상적 통합을 도모하였다. 이를 토대로 진흥왕은 대대적인 정복전쟁을 시작하여 한강유역을 확보하였고, 대가야를 점령하여 가야 지방을 완전히 장악하였다.

오답 정리

① 국학을 설치한 왕은 신문왕이다.

③ 병부를 설치한 왕은 법흥왕이다.

④ 외사정을 설치한 왕은 문무왕이다.

⑤ 국호를 신라로 확정하고 왕이라는 칭호를 사용한 왕은 지증왕이다.

06 ②

포인트

(가) – 의자왕, 계백, 황산, (나) – 김법민, 백강, 주류성, 왜, (다) – 매소성, (라) – 검모잠, 안승

해설 삼국 통일의 과정을 다룬 문제이다. 제일 앞선 시기에 해당되는 (가)는 백제 멸망 직전에 있었던 황산벌 전투로 660년의 일이다. (나)는 백제 멸망 이후 백제 부흥군을 지원하기 위해 온 왜

군이 나·당 연합군에 의해 패한 백강 전투로 663년의 일이다. (라)는 고구려 멸망 후 검모잠 등이 왕족인 안승을 받들어 전개한 고구려 부흥 운동으로 670년의 일이다. (다)는 고구려 멸망 이후 신라와 당의 매소성 전투로 675년의 일이다.

따라서 (가) – (나) – (라) – (다)의 순이다.

07 ②

포인트

신분적인 한계, 관등 아찬

해설 자료에서 신분적인 한계로 관등이 아찬까지밖에 오르지 못한다는 언급을 통해 신라의 골품제도라는 것을 알 수 있다. 신라는 엄격한 신분제도인 골품제도를 유지하는 것 외에도 중앙에서 지방 세력을 견제하고자 지방 감찰관인 외사정을 지방에 파견하였고, 지방 귀족의 자제를 수도로 불러오는 일종의 인질제도인 상수리 제도를 실시하기도 하였다.

오답 정리

① 제가회의는 고구려의 귀족회의이다.

③ 중국 남조의 영향을 받아 벽돌무덤을 축조한 국가는 백제이다.

④ 왕족인 부여씨와 8성 귀족이 지배층을 이루었던 국가는 백제이다.

⑤ 경당이 설치되었던 국가는 고구려이다. 고구려가 평양으로 천도한 이후에 설치되었다.

08 ⑤

포인트

산둥반도, 장문휴

해설 자료에서 등주성에 장문휴를 보내서 공격했다는 언급을 통해 (가)의 왕이 발해 무왕임을 알 수 있다. 무왕은 인안이라는 독자적인 연호를 사용하였으며, 돌궐, 일본과 우호 관계를 맺어서 당과 신라를 견제하였다. 이 과정에서 적극적인 영토 확장 활동으로 북만주 일대를 장악하여 발해의 영토를 상당히 확대하였다. 또한 흑수 말갈 문제로 당과 대립하는 과정에서 장문휴를 보내 산둥의 등주성을 공격하기도 하였다.

오답 정리

ㄱ. 중경 현덕부에서 상경 용천부로 천도한 왕은 문왕이다.

ㄴ. 고구려 유민을 이끌고 동모산에서 발해를 건국한 인물은 대조영(고왕)이다.

09 ①

포인트

무왕, 미륵사

해설 자료에서 무왕과 절의 이름이 미륵사라는 언급을 통해 미륵사지 석탑을 유추할 수 있다. 미륵사는 익산 금마면 용화산 남쪽 기슭에 자리 잡은 것으로 추정되는 한국 최대의 사찰지이다. 미륵사지 석탑은 목탑의 모습을 많이 지니고 있으며, 현재 서탑의 일부가 남아 있다. 이후 미륵사지 석탑을 계승하여 정림사지 5층 석탑이 세워졌다.

오답 정리

② 경주 불국사 다보탑
③ 발해 영광탑
④ 정림사지 5층 석탑
⑤ 경주 분황사 석탑

10 ②

포인트

정계, 계백료서, 훈요 10조

해설 자료에서 훈요 10조의 언급을 통해 (가)의 왕이 고려 태조 왕건이라는 것을 알 수 있다. 태조 왕건은 후삼국을 통일하였고, 호족들을 통제하기 위해서 사심관 제도와 기인제도를 실시하였다. 또한 고구려 계승 의식을 분명히 하여 고구려를 계승한 발해를 멸망시킨 거란을 적대하였고, 옛 고구려의 영토를 회복하기 위해 고구려의 수도였던 서경(평양)을 북진정책의 전진기지로 삼았다. 이러한 태조 왕건의 북진정책의 결과 고려의 영토는 대동강에서 청천강까지 확대되었다.

오답 정리

① 12목에 지방관을 파견한 왕은 고려 성종이다.
③ 국자감에 7재라는 전문 강좌를 개설한 왕은 고려 예종이다.
④ 과거제를 실시한 왕은 광종이다.
⑤ 노비안검법을 실시한 왕은 광종이다.

11 ⑤

포인트

원성왕릉, 흥덕왕릉, 아라비아 등 서역과 활발하게 교류

해설 자료에서 원성왕릉과 흥덕왕릉이라는 대목에서 (가)의 국가가 신라라는 것을 알 수 있다. 신라는 통일 이후 국제 무역이 번성하였는데 울산항에는 아라비아 상인이 왕래할 정도였다. 원

성왕릉의 서역인 무인상은 신라가 당시 국제적 교류가 많았음을 보여주는 대표적인 유물이라 할 수 있다. 8세기 이후 동아시아의 무역 활동이 활발해지자 장보고는 완도에 청해진을 설치하고 해적을 소탕하여 남해와 황해의 해상 무역권을 장악하였다.

오답 정리

① 의창을 두어 빈민을 구제하였던 국가는 고려이다.
② 솔빈부의 말이 특산물로 유명하였던 국가는 발해이다.
③ 왜관을 설치하여 일본과 교역하였던 국가는 조선이다.
④ 경시서를 통해 수도의 시전을 감독한 국가는 고려와 조선이다.

12 ⑤

포인트

원(元) 연호의 사용 중지, 기철

해설 자료에서 원(元) 연호 사용 중지의 교서를 내렸다는 것에서 고려 공민왕 시기라는 것을 알 수 있다. 공민왕은 원·명 교체기의 상황을 이용하여 반원정책을 실시하였는데, 제일 먼저 변발, 호복의 몽골 풍습을 금지하였다. 이어 부원배 세력인 기철 등을 처형시켰고, 고려의 내정을 간섭하던 정동행성 이문소를 폐지하고, 격하된 관제를 다시 복구하였으며 쌍성총관부를 탈환하였다. 공민왕 집권 이후 우왕 때 위화도 회군(이성계) 사건이 발생하였다.

13 ③

포인트

정중부, 왕을 모시던 신하 20여 명 살해, 왕을 협박

해설 사료에서 정중부, 신하 20여 명을 살해하였다는 언급을 통해 무신정변임을 알 수 있다. 무신정변은 문신들에 비해 차별을 받던 무신들이 난을 일으킨 사건으로 정변 이후 무신정권이 수립되었다. 무신정권이 수립된 이후 집권자가 계속해서 바뀌고 무인들의 탐욕으로 인한 수탈이 심해지자 각지에서 농민 반란이 발생하였는데, 공주 명학소에서 발생한 망이·망소이의 난이 대표적이다.

오답 정리

① 이자겸의 난은 무신정권 이전 시기인 인종 때의 일이다.
② 윤관의 여진 정벌은 무신정권 이전 시기인 예종 때의 일이다.
④ 김부식이 삼국사기를 편찬한 시기는 무신정권 이전 시기인 인종 때이다.
⑤ 최충이 9재 학당을 세운 시기는 무신정권 이전 시기인 문종 때이다.

14 ④

포인트

고려 현종, 강감찬

해설 자료에서 강감찬이 이끄는 고려군이 소배압의 10만 대군을 물리쳤다는 언급을 통해 거란의 3차 침입 때 발생한 귀주대첩임을 알 수 있다. 거란은 총 3차에 걸쳐서 고려를 침략하였다. 1차 때(성종)는 서희의 담판으로 강동 6주를 획득하였다. 2차 때(현종)는 강조의 정변을 구실로 침입하여 현종은 나주까지 피난하기도 하였지만, 양규의 활약으로 보급로가 차단될 우려가 있자 현종이 입조한다는 조건을 내걸어 강화를 맺고 퇴각하였다. 3차 때(현종)는 귀주에서 강감찬이 물리쳤다. 이후 나성과 천리장성을 쌓아 거란과 여진의 침입에 대비하였다.

오답 정리

① 홍건적의 침입은 고려 말인 공민왕 때의 일이다.

② 몽골군의 침략을 처인성에서 물리친 것은 고종 때의 일이다.

③ 쌍성총관부를 탈환한 시기는 공민왕 때이다.

⑤ 왜구를 황산에서 무찌른 전투는 황산대첩으로 고려 말 우왕 때의 일이다.

15 ③

포인트

부근리 고인돌, 고려궁지, 홍릉, 죽산 조봉암 선생 추모비

해설 지도에서 고려궁지, 부근리 고인돌의 언급을 통해 (가)의 지역이 강화도인 것을 알 수 있다. 강화도는 고려시대 몽골의 침입 당시 임시 수도의 역할을 하였다. 조선시대에는 왕실의 피난지로 이용되었고, 조선왕조실록을 보관하던 사고도 설치되어 있었다. 근대에는 서울로 가는 길목에 있어서 프랑스·미국과 같은 서양 외세의 침입을 받았던 격전지였고, 1876년 1월에는 강화도 조약을 체결하며 근대적 문호 개방을 하는 장소가 되기도 하였다. 정몽주가 이방원 세력에게 피살된 장소는 강화도가 아니라 고려의 수도였던 개성이다. 이 문제의 경우 주어진 자료를 보고 어느 지역인지 파악이 안 된다면 선지에서 다른 하나를 고르는 방법(소거법)을 택해야 한다.

16 ①

포인트

맞배지붕, 주심포계 건물, 배흘림기둥, 우리나라에 남아 있는 목조 건축물 중 가장 오래된 것

해설 자료에서 맞배지붕, 주심포, 배흘림기둥의 양식을 지녔고 우리나라에 남아 있는 목조 건축물 중 가장 오래된 것, 안동에 위치해 있다는 언급을 통해 봉정사 극락전임을 알 수 있다. 안동 봉정사 극락전은 1363년 중수된 기록이 있어 13세기 초 건립되었을 것으로 추정되는 우리나라에서 가장 오래된 목조 건물로 알려져 있다.

오답 정리

② 예산 수덕사 대웅전의 특징으로 맞배지붕, 배흘림기둥, 주심포 양식이 있다.

④ 구례 화엄사 각황전은 조선 17세기를 대표하는 건축물로, 규모가 크고 다층으로 이루어져 있으며 불교의 사회적 지위 향상과 양반 지주층의 경제적 성장을 반영하고 있다.

17 ②

포인트

해동통보

해설 자료의 해동통보는 고려 숙종 때 발행된 동전이다. 고려 정부는 해동통보를 보급하기 위해 많은 노력을 하였으나, 일반적인 거래는 여전히 곡식이나 삼베를 사용하여 전국적으로 유통을 시키는 데는 실패하였다. 이외의 고려의 경제 상황으로는 송, 요 등 외국과 무역도 활발하였는데, 특히 수도 개경 근처의 벽란도는 대외 무역의 발전과 함께 국제 무역항으로 번성하였다.

오답 정리

① 모내기법(이앙법)이 전국적으로 확산된 시기는 조선 후기이다.

③ 계해약조가 맺어진 시기는 조선 전기 세종 때이다.

④ 동시전이 설치된 시기는 신라 지증왕 때이다.

⑤ 감자, 고구마 등의 구황작물이 재배되었던 시기는 조선 후기이다.

18 ④

포인트

고려 숙종의 동생, 국청사, 해동 천태종, 교종을 중심으로 선종을 통합

해설 자료에서 고려 숙종의 동생이라는 것과 해동 천태종 개창, 교종을 중심으로 선종을 통합하려 했다는 언급을 통해 밑줄의 '그'는 의천이라는 것을 알 수 있다. 의천은 화엄종을 중심으로 교종을 통합하려 하였으며, 선종을 통합하기 위해 국청사를 창건하여 해동 천태종을 창시하였다. 이를 뒷받침할 사상적 바탕으로 의천은 이론의 연마와 실천을 아울러 강조하는 교관겸수와

내외겸전을 제창하였다.

① 수심결을 지어 돈오점수를 강조한 인물은 지눌이다.

② 심성 도야를 강조한 유불 일치설을 주장한 인물은 혜심이다.

③ 법화 신앙에 중점을 둔 백련 결사를 주도한 인물은 요세이다.

⑤ 인도와 중앙아시아의 풍물을 기록한 왕오천축국전을 저술한 인물은 혜초이다.

19 ①

포인트

(가) – 부산진, 동래부 함락, (나) – 한산 앞바다, 학익진, (다) – 권율, 행주, (라) – 노량

해설 임진왜란이 발발한 이후 부산진과 동래부가 함락되고(가) 충주 탄금대에서 신립이 패하는 등 왜군은 빠른 속도로 북상하였다. 그러나 육지와 달리 해전에서는 이순신이 이끄는 수군이 한산도에서 왜군을 격파하는 등 연승을 거두어 남해의 제해권을 장악함에 따라 전세가 역전되기 시작하였다(나). 여기에 명이 개입하고 권율이 행주에서 왜군을 대파하자(다), 왜와 명의 협상이 시작되었다가 결렬되어 왜군이 재침(정유재란)을 하였는데, 도요토미 히데요시가 사망하면서 철수하는 왜군을 이순신이 노량에서 대파하였다(라). 따라서 (가) – (나) – (다) – (라) 순이다.

20 ⑤

포인트

향약집성방

해설 자료에서 향약집성방의 언급을 통해 (가)의 왕이 세종임을 알 수 있다. 세종은 훈민정음 창제를 비롯한 수많은 업적을 남긴 왕이었다. 천문학의 발달과 함께 새롭게 마련된 칠정산은 중국의 수시력과 아라비아의 회회력을 참고로 하여 만든 역법서로, 우리나라 역사상 최초로 서울을 기준으로 하여 천체 운동을 정확하게 계산한 것이다.

오답 정리

① 세계 지도인 곤여만국전도가 전해진 시기는 선조 때이다.

② 우리말 음운 연구서인 언문지가 저술된 시기는 순조 때이다.

③ 홍길동전, 춘향전 등의 한글 소설이 등장하였던 시기는 광해군 때이다.

④ 최초로 100리 척을 사용한 동국지도가 제작된 시기는 영조 때이다.

21 ④

포인트

도약정(都約正), 덕업(德業), 과실(過失)

해설 자료에서 나이가 많고 덕망과 학술을 지닌 사람을 도약정으로 추대한다는 것과 덕업, 과실의 언급을 통해 조선시대 향촌 사회의 자치규약인 향약인 것을 알 수 있다. 향약은 향촌의 양반에서 노비까지 포함하여 규율하고, 향약 운영의 간부는 향안에 오른 사람 중에서 임명하였다. 향약은 조선 사회의 풍속 교화에 많은 역할을 하였고, 향촌 사회의 질서 유지와 함께 치안까지 담당하는 등 향촌의 자치 기능을 맡았다.

오답 정리

ㄱ, ㄷ은 향약이 아니라 서원의 특징이다.

22 ⑤

포인트

대사헌, 관리의 비리 감찰

해설 자료에서 대사헌이라는 부분과 관리의 비리 감찰을 담당한다는 언급을 통해 (가)의 기구가 사헌부라는 것을 알 수 있다. 사헌부는 관리의 비리 감찰을 담당하였을 뿐만 아니라 기강 및 풍속의 정립을 담당하였다. 이 밖에도 사헌부는 사간원과 5품 이하 관리 임명 과정에서 서경권을 행사하여 왕권의 전제화를 견제하는 역할도 하였다. 사헌부는 사간원, 홍문관과 함께 3사로 불리며 언론 기능을 담당하였고 3사의 언론은 왕조차도 함부로 막기 어려웠다. 이에 대한 규정으로 풍문거핵(소문에 근거를 두고 탄핵), 불문언근(말의 근원을 밝히지 않아도 됨) 등이 있었다.

오답 정리

① 고려의 삼사와 같은 기능을 담당한 기구는 호조이다.

② 왕의 비서 기관 역할을 하였던 기구는 승정원이다.

③ 실록을 보관, 관리하는 업무를 담당하였던 기구는 춘추관이다.

④ 재신, 추밀 등으로 구성되어 법제를 논의한 기구는 고려의 식목도감이다.

23 ②

포인트

열아홉 번째 절기, 겨울 시작, 김장, 치계미(雉鷄米)

해설 자료에서 24절기 중 열아홉 번째 절기라는 부분과 이날부터 겨울이 시작된다는 것에서 자료의 세시 풍속이 입동임을 알

수 있다. 입동은 양력 11월 8일에 해당된다. 입동을 특별히 절일로 여기지는 않지만 우리의 겨울 생활과 밀접한 관련이 있어 입동 전 혹은 입동 직후에 김장을 준비한다. 김장은 입동이 지난 지가 오래면 얼어붙고, 싱싱한 재료가 없으며, 일하기가 어려워지기 때문이다.

오답 정리

① 단오는 봄의 절기이다.
③ 칠석은 여름의 절기이다.
④ 대보름은 음력 1월 15일로 겨울 절기이지만 연초에 해당된다.
⑤ 한가위는 가을 절기이다.

24 ⑤

포인트

왕자의 난, 정도전, 왕위에 오름, 사원의 토지와 노비 몰수, 신문고, 호패법

해설 자료에서 왕자의 난의 언급과 개국 공신 정도전을 제거하고 왕위에 올랐다는 것에서 자료의 왕이 조선 태종 이방원임을 알 수 있다. 이방원은 왕권 강화 정책을 실시하여 공신들과 외척들을 제거하였고, 의정부의 권한을 약화시키고 6조가 직접 왕에게 실무를 보고하는 6조 직계제를 실시하였다. 또한 양인 남성들을 파악하기 위해 16세 이상의 남자는 신분에 관계없이 모두 가지고 다녔던 신분 증명패인 호패를 착용케 하는 호패법을 실시하였다.

오답 정리

① 어영청을 중심으로 북벌을 추진하였던 왕은 효종이다.
② 경국대전을 완성하여 법령을 정비하였던 왕은 성종이다.
③ 백두산정계비를 세웠던 왕은 숙종이다.
④ 초계문신제를 실시한 왕은 정조이다.

25 ③

포인트

연잉군, 노론의 지지를 업고 왕세제로 책봉, 소론은 노론의 대신들이 왕을 위협하고 능멸하는 역적 행위를 하였다고 주장

해설 자료에서 연잉군이 왕세제로 책봉되었다는 것과 소론의 주장으로 노론의 사대신(四大臣)이 처벌받았다는 언급을 통해 경종 때 일어났던 신임사화라는 것을 알 수 있다. 신임사화 이후 경종이 요절하고 왕세제 연잉군이 즉위하는데, 연잉군이 바로 영조이다. 영조는 즉위한 이후 붕당 정치의 폐해를 경계하기

위해 탕평책을 실시하였고, 이러한 탕평책을 널리 알리기 위하여 붕당 간의 다툼을 금하는 탕평 교서를 발표하고 성균관에 탕평비를 세웠다.

오답 정리

① 폐비 윤씨 사사 사건의 관련자들이 화를 입었던 사건은 갑자사화로 연산군 때의 일이다.
② 자의 대비 복상 문제로 전개된 사건은 예송 논쟁으로 현종 때의 일이다.
④ 외척 세력 간의 대립으로 발생한 사화는 을사사화로 명종 때의 일이다.
⑤ 희빈 장씨 소생의 원자 책봉 문제로 발생한 환국은 기사환국으로 숙종 때의 일이다.

26 ⑤

포인트

거중기, 화성 건설, 조선 후기 실학자, 경세유표, 목민심서

해설 자료에서 거중기와 화성 건설, 목민심서의 언급을 통해 (가)의 인물이 정약용이라는 것을 알 수 있다. 정약용은 정조 시대 서양 선교사가 중국에서 펴낸 기기도설을 참고하여 거중기를 만들어 수원 화성 건설에 이바지하였고, 실학자로서 토지 제도의 개혁론으로 여전론을 내세웠다가 이후 정전제를 현실에 맞게 실시할 것을 주장하였다.

오답 정리

① 양반전의 저자는 박지원이다.
② 북학의를 저술한 인물은 박제가이다.
③ 사상 의학을 확립한 인물은 이제마이다.
④ 영남 만인소를 주도한 인물은 이만손이다.

27 ②

포인트

양역의 변통 대책, 호포나 결포가 모두 문제점이 있음, 1필로 줄이는 것, 세입 감소분을 대신

해설 자료에서 양역의 변통 대책, 1필로 줄인다는 언급을 통해 영조 때 실시된 균역법이라는 것을 알 수 있다. 영조는 군역의 폐단이 심각한 수준에 달하여 농민이 도망가거나 노비나 양반으로 신분을 바꾸어 군역을 피하는 경향이 심해지자 이를 개선하기 위해 1년에 2필을 내던 군포를 1필로 줄여 부담을 경감시켜주는 균역법을 실시하였다. 영조는 균역법을 인해 군포가 1필로

줄어들어 생기는 세입 감소분을 결작과 선무군관포, 어염세, 선세 등으로 보충하였다.

오답 정리

ㄴ. 양전 사업을 실시하여 지계를 발급하였던 것은 대한제국 시기의 광무개혁이다.

ㄹ. 관리들에게 경기 지방에 한하여 과전을 지급하였던 것은 고려 말 공양왕 때 시행된 토지제도인 과전법이다.

28 ⑤

포인트

관청 소속의 노비 혁파, 장용영

해설 중앙 각 관청의 노비를 혁파하였다는 것과 장용영의 언급을 통해 조선 후기라는 것을 알 수 있다. 조선 후기에는 농업 생산량의 증가에 따른 상품 경제의 발달로 상평통보와 같은 화폐가 널리 유통되고, 담배와 면화와 같은 상품 작물이 재배되었다. 또한, 송상, 만상과 같은 거상들이 등장하였으며, 유통의 발달에 따라 장시가 활발해져 18세기 중엽에 이르러서는 전국에 설치된 곳이 1,000여 군데나 되었다. 직전법이 실시되었던 시기는 조선 초 세조 시기이다.

29 ④

포인트

주자의 견해를 비판, 양지, 지(知)와 행(行)은 하나, 존언

해설 자료에서 지(知), 행(行), 양지의 언급을 통해 양명학이라는 것을 알 수 있고, 존언의 언급을 통해 (가)의 인물이 양명학을 연구하였던 정제두라는 것을 알 수 있다. 양명학은 성리학의 성즉리와 달리 심즉리를 강조하고 타고난 참된 앎인 양지에 치중하라는 치양지설을 주장하였다. 양명학은 조선 중기 이후 성리학의 절대화 경향이 나타나자 일부 소론 학자에 의해 연구되었고, 18세기 초 정제두에 의해 체계화되어 강화학파 형성의 기초를 마련하였다.

오답 정리

① 계유정난으로 정계에서 축출된 인물은 김종서, 황보인 등의 대신들이다.

② 해동제국기를 편찬한 인물은 신숙주이다.

③ 서얼 출신으로 규장각 검서관에 임용되었던 인물은 박제가이다.

⑤ 성학집요를 저술한 인물은 이이이다.

30 ①

포인트

호(號) 단원, 도화서 화원

해설 사료에서 호가 단원이라는 언급을 통해 조선 후기 풍속화로 잘 알려진 김홍도라는 것을 알 수 있다. 조선 후기에 김홍도나 신윤복, 김득신과 같은 풍속화 화가들이 등장하여 민중들의 삶을 그리는 풍속화가 유행하였으며, 민중들의 민화도 유행하였다. 또한 정선이 개척한 진경산수화도 유행하였다. 김홍도는 조선 후기 풍속화의 대가로 서민들의 일상적인 생활 모습을 소탈하고 익살스러운 필치로 묘사하였다. 또한 조선 시대 진경 산수화의 계보를 이어받아 진경 산수화의 최종적인 완성자라는 평가를 받기도 한다.

오답 정리

② 강희안의 고사관수도이다(15세기).

③ 신사임당의 화훼초충도이다(16세기).

④ 정선의 인왕제색도이다(18세기).

⑤ 신윤복의 상춘야흥이다(18세기).

31 ⑤

포인트

운요호 사건

해설 자료에서 운요호 사건의 부분에서 (가)의 조약이 강화도 조약인 것을 알 수 있다. 강화도 조약은 한반도의 침략을 노리던 일본이 일으킨 운요호 사건을 계기로 맺어진 조약으로 한국 최초의 근대적 조약이자 불평등 조약이었다. 주요 내용으로는 치외법권을 비롯하여 청의 종주권 부인, 그리고 부산을 비롯한 2곳의 항구를 개항하는 것이었다.

오답 정리

① 거중조정은 미국과의 조·미수호통상조약에 있는 조항이다.

② 갑신정변이 원인이 되어 체결되었던 조약은 한성조약과 톈진조약이다.

③ 조약 체결에 항거하여 민영환이 자결하였던 조약은 을사늑약이다.

④ 천주교 포교의 자유를 인정하는 조항이 있던 조약은 조·프수호통상조약이다.

32 ①

포인트

한성순보(1883~1884), 독립신문(1896~1899), 황성신문(1898~1910),

35회

36회

37회

38회

39회

40회

41회

42회

43회

44회

45회

46회

제국신문(1898~1910), 대한매일신보(1904~1910)

해설 자료의 신문들은 개화기의 주요 신문들이다. 개화 이후 신문들은 개화사상의 전파와 애국계몽운동의 선구로서의 역할을 수행하였고, 국권 수호 운동에서도 상당한 역할을 하였다. 최초의 신문인 한성순보는 정부의 박문국에서 발행하였던 순 한문 신문이었다. 한성순보는 10일마다 발행되었으며 관보의 성격을 가지고 있던 신문이었다.

오답 정리

② 국채 보상 운동을 후원하였던 신문사는 대한매일신보이다.

③ 외국인이 읽을 수 있도록 영문으로도 발행되었던 신문은 독립신문이다.

④ 국권 피탈 후 총독부의 기관지로 전락하였던 신문은 대한매일신보(매일신보)이다.

⑤ 최초로 상업 광고가 게재되었던 신문은 한성주보이다.

33 ④

포인트

정부 차원의 신식 학교, '영재를 기른다.'라는 의미의 교명

해설 자료에서 정부 차원의 신식학교라는 언급과 '영재를 기른다.'라는 의미의 교명을 통해 (가)의 교육기관이 육영공원임을 알 수 있다. 정부에서는 육영공원을 세우고 미국인 교사 세 사람인 헐버트, 길모어 등을 초빙하고 젊은 현직 관료와 상류층 자제를 선발하여 영어 및 근대학문을 교육하였다. 이에 따라 동문학은 폐지된다.

오답 정리

① 교육 입국 조서에 근거하여 세워진 학교는 한성 사범학교를 비롯한 소학교, 외국어학교 등이다.

② 교원 양성을 목적으로 한 사범학교는 한성 사범학교이다.

③ 전국의 부·목·군·현에 설치된 교육기관은 조선시대의 향교이다.

⑤ 양현고가 장학기금의 역할을 하였던 교육 기관은 고려시대의 국자감이다.

34 ④

포인트

한·일의정서, 우리나라의 국외 중립 선언 무시

해설 대화에서 일본이 전쟁을 일으킨 다음 한성을 장악하고 한·일의정서 체결을 강요하였다는 점과 우리나라의 국외 중립

선언을 무시했다는 언급을 통해 러일전쟁(1904~1905)임을 알 수 있다. 러일전쟁이 일어나자 대한제국은 국외 중립을 선언하였으나, 일제는 이를 무시하고 한·일 의정서를 강제적으로 체결하여 정치적 간섭과 군사적 점령을 꾀하였다. 그리고 이에 의거하여 제1차 한·일 협약을 체결하고 외교와 재정 등 각 분야에 일본이 추천하는 고문을 두어 한국의 내정을 간섭하였다.

오답 정리

ㄱ. 1898년에 발생한 러시아의 절영도 조차 요구는 러일전쟁 이전의 일이다.

ㄷ. 1896년에 발생한 아관파천은 러일전쟁 이전의 일이다.

35 ④

포인트

군국기무처가 추진, 제1차 김홍집 내각, 조혼 금지, 과부 재가 허용, 과거제 폐지, 관리 임용 제도 변화

해설 자료에서 군국기무처가 추진하였다는 개혁이라는 점과 조혼금지, 과부 재가 허용 등의 내용을 통해서 (가)가 갑오개혁임을 알 수 있다. 1차 갑오개혁 때 설치된 군국기무처는 김홍집, 박정양, 김윤식, 김가진 등의 반청·반민씨척족 성향의 온건 개화파로 구성된 주요 임시 기관으로서 정치, 경제, 사회 등 국가의 주요 정책에 대한 개혁안을 심의하였다. 1차 갑오개혁의 내용 중에는 기존까지 사용하였던 청의 연호를 폐지하고 개국 기원을 사용하는 개혁의 내용도 있었다.

오답 정리

① 대한국 국제가 제정된 것은 광무개혁 때이다.

② 신식군대인 별기군은 1881년 개화 초 통리기무아문 개화정책의 일환으로 창설되었다.

③ 황제 직속의 원수부가 설치된 것은 광무개혁 때이다.

⑤ 의정부의 기능을 회복시키고 비변사를 혁파하였던 개혁은 흥선대원군 때이다.

36 ②

포인트

산업 장려, 토산품 애용

해설 자료에서 산업 장려, 토산물 애용의 언급을 통해서 1920년대에 전개되었던 물산 장려 운동임을 알 수 있다. 물산 장려 운동은 1920년대 회사령이 폐지되어 한국인이 설립한 기업이 증가하였지만 자본과 기술 면에서 일본 기업에 밀릴 뿐만 아니라 일본

과 조선 간의 관세를 철폐한다는 소문이 퍼지면서 실시된 운동이다. '조선 사람 조선 것'이라는 구호를 내세웠고, 조만식 등을 중심으로 평양에서 시작되어 전국으로 확산이 되었다.

오답 정리
① 조선 형평사가 주도하였던 운동은 1923년 백정의 형평운동이다.
③ 순종의 인산일을 기회로 삼아 추진되었던 운동은 6·10 만세 운동이다.
④ 회사령은 1910년대의 법으로 물산 장려 운동은 회사령 폐지의 영향을 받아 전개된 운동이다.
⑤ 김광제, 서상돈 등의 발의로 본격화된 운동은 국채보상운동이다.

37 ③

포인트
김익상, 조선 총독부

해설 김익상이 조선총독부에 폭탄을 던졌다는 언급을 통해 해당 단체가 의열단이라는 것을 알 수 있다. 의열단은 김원봉을 단장으로 하는 단체로 무장투쟁을 기본적인 행동 지침으로 삼아 일제 주요 요인 암살, 식민 통치 기관 파괴 활동 등 의거 활동들을 전개하였고, 신채호의 조선 혁명 선언을 행동 강령으로 삼아 활동하였다.

오답 정리
① 105인 사건으로 해체되었던 단체는 신민회이다.
② 의열단은 1919년에 결성되었던 단체로 중·일 전쟁 발발 직후에 조직된 단체는 조선민족전선연맹의 산하 부대인 조선의용대(1938)이다.
④ 파리 강화 회의에 김규식을 대표로 파견하였던 단체는 신한청년당이다.
⑤ 고종의 밀지를 받아 결성된 비밀 무장 단체는 독립 의군부이다.

38 ③

포인트
서재필, 독립 협회, 만민 공동회, 민립 대학 설립 운동

해설 자료에서 서재필 등과 함께 독립 협회를 조직하여 만민 공동회를 주도하였다는 것과 민립 대학 설립 운동도 이끌었다는 언급을 통해 (가)의 인물이 이상재임을 알 수 있다. 이상재는 일찍이 조사시찰단, 주미공사관 서기관 등으로 활동하며 근대문물을

접하였고, 독립협회의 주요 인물로 활약하였다. 한일병합 이후에도 민족의 교육과 사회 운동을 추진하여 1920년대에 민립대학 설립운동을 이끌었고, 1927년에는 기회주의를 부정하고 사상·이념을 초월해 민족적 단결을 목표로 하는 민족단일전선 신간회가 결성되자 회장으로 추대되었다. 이상재에 대해 몰랐다고 하더라도 소거법을 통해 풀 수 있다.

오답 정리
① 임시정부 대통령으로 활동한 인물은 이승만이다.
② 한국 통사를 저술한 인물은 박은식이다.
④ 삼균주의를 주창한 인물은 조소앙이다.
⑤ 조선 건국 동맹을 결성한 인물은 여운형이다.

39 ④

포인트
(가) - 1923년, 소작인들이 전개, (나) - 1929년, 총파업에 돌입한 해당 지역 노동자들

해설 (가)의 자료에서 1923년, 소작인들이 지주들에 대항하였다는 언급을 통해 암태도 소작쟁의임을 알 수 있고, (나)의 자료에서는 1929년, 조선인 노동자들이 총파업에 돌입하였다는 언급을 통해 원산 총파업임을 알 수 있다. 이러한 농민 운동과 노동 운동은 일제의 착취에 저항하였고 1930년대에는 사회주의 세력과 연계하여 적색 농민 조합, 적색 노동 조합의 활동으로 이어졌다. 원산 총파업의 결과 일본, 프랑스 등지의 노동 단체로부터 격려 전문을 받기도 하였다. 그러나 두 운동 모두 1938년 총동원령 체제 이후에는 소멸되었다.

오답 정리
① 중국 5·4 운동에 영향을 주었던 것은 3·1 운동이다.
② 혁명적 농민 조합을 중심으로 펼쳐진 것을 1930년대의 이후의 상황이다.
③ 임시 정부 수립의 계기가 되었던 사건은 3·1 운동이다.
⑤ 일제가 문화 통치를 실시하였던 배경이 되었던 사건은 3·1 운동이다.

40 ③

포인트
1920년, 백운평, 어랑촌

해설 자료에서 1920년 독립군의 활동이라는 점과 백운평, 완루구, 어랑촌 등지에서 일본군과 맞서 싸웠다는 언급을 통해 (가)

의 무장 투쟁이 청산리 전투라는 것을 알 수 있다. 청산리 전투는 김좌진의 북로군정서군과 홍범도의 대한 독립군 등 여러 독립군들이 연합하여 일본군과 교전한 전투로 주요 전투 부대로 김좌진의 북로 군정서와 홍범도의 대한 독립군이 참여하였던 전투였다.

오답 정리

① 조선 의용대는 중국 관내에서 생긴 최초의 한인 군사단체로 1938년에 조직되었다.

② 일본군에서 탈출한 학도병들이 광복군에 합류한 시기는 1940년대이다.

④ 국민부 소속인 혁명군의 활동 시기는 1930년대이다.

⑤ 혁신의회 소속인 한국 독립군의 활동 시기는 1930년대이다.

41 ④

포인트

조선상고사, 아(我)와 비아(非我)의 투쟁, 이순신전과 을지문덕전 등을 집필

해설 자료에서 조선상고사라는 부분과 역사를 아(我)와 비아(非我)의 투쟁으로 정의했다는 것과 이순신전, 을지문덕전 등을 집필하였다는 언급을 통해 (가)의 인물이 민족주의 사학자이자 독립운동가인 신채호임을 알 수 있다. 신채호는 1908년에 대한매일신보에 '독사신론'을 연재하여 왕조 사관과 사대주의를 비판하면서 민족 중심의 자주적 역사관 수립의 필요성을 역설하였다. 또한 을지문덕전, 최도통전, 이순신전 등을 저술하여 민족의 독립의지와 역사의식을 높이고자 하였다.

오답 정리

① 여유당전서를 간행하고 조선학 운동을 전개한 인물은 정인보이다.

② 서유견문을 집필하여 서양 근대 문명을 소개한 인물은 유길준이다.

③ 한국독립운동지혈사를 서술한 인물은 박은식이다.

⑤ 조선사회경제사에서 식민 사학의 정체성 이론을 반박한 인물은 백남운이다.

42 ②

포인트

일본어 보급 운동, 황국 신민

해설 자료에서 황국 신민과 일본어를 해득케 하고 일상생활에서 상용케 한다는 언급을 통해 1930년대 말에 실시되었던 민족

말살 정책이라는 것을 알 수 있다. 일제는 민족 말살 정책을 실시하여 우리말과 우리 역사 교육을 금지시켰고, 황국 신민의 서사를 암기하게 하였다. 교육 현장에서도 조선어 교육과 조선사 교육을 엄격하게 금지하였다. 또한 인적 자원의 수탈을 위해 국가 총동원령을 내려 국민 징용령, 학도 지원병제, 징병제, 여자 정신대 근로령을 실시하였다.

오답 정리

① 조선태형령은 1910년대 무단통치기에 실시되었다.

③ 경성 제국 대학은 문화통치기인 1920년대에 설립되었다.

④ 안창남의 고국 방문 비행은 1922년 12월 5일의 일이다.

⑤ 나운규의 아리랑은 1926년 단성사에서 첫 상영되었다.

43 ⑤

포인트

손병희, 동학을 바탕으로 발전

해설 자료에서 손병희가 동학을 바탕으로 발달시킨 종교라는 언급을 통해 천도교라는 것을 알 수 있다. 천도교는 1905년 3대 교주인 손병희에 의해 교명을 동학에서 천도교로 개칭하여 조직과 교단을 새롭게 정비하였다. 일제 강점기에는 소년 운동을 적극 전개하였는데, 방정환이 활약한 천도교 소년회에서는 1923년 5월 1일을 어린이날로 제정하고 '어린이'라는 잡지를 간행하였다.

오답 정리

① 중광단을 결성하였던 종교는 대종교이다.

② 경향신문을 발간하였던 종교는 천주교이다.

③ 배제학당을 세운 사람은 감리교 선교사 아펜젤러이다.

④ 의민단을 조직한 종교는 천주교이다.

44 ②

포인트

1940년, 충칭, 대한민국 임시정부 산하 기관

해설 1940년 충칭에서 임시 정부 산하의 부대라는 언급을 통해 (가)의 부대가 한국광복군이라는 것을 알 수 있다. 한국광복군은 중국 국민당의 지원을 바탕으로 창설된 부대로서 이후 일본, 독일에 선전포고를 하고 연합군의 일원으로 제2차 세계대전에 참전하였는데, 주요 활동으로는 중국, 영국군과 합동 작전 수행이 있다. 이와 동시에 미전략정보국(OSS)와 협조하여 국내진공작전을 준비하였으나, 일제의 다소 이른 패망으로 실현하지는 못했다.

① 자유시 참변으로 타격을 입은 부대는 1920년대의 대한독립 군단이다.

③ 신흥 무관 학교를 설립하여 독립군을 양성한 단체는 신민회 이다.

④ 중국 관내에서 결성된 최초의 무장 부대는 1938년 조직된 조선 의용대이다.

⑤ 중국 호로군과 연합 작전을 펼친 부대는 1930년대 혁신의회 소속인 지청천의 한국 독립군이다.

45 ③

합작 원칙, 좌우 합작, 토지 개혁, 유조건 몰수, 무상 분여

중요 사료

좌우 합작 7원칙

본 위원회는 합작 원칙에 합의하여 다음 사항을 알립니다.

첫째, 모스크바 3국 외상 회의 결정에 의하여 좌우 합작으로 민주주의 임시 정부를 수립할 것

⋮

셋째, 토지 개혁에 있어 몰수, 유조건 몰수, 체감 매상 등으로 토지를 농민에게 무상으로 분여할 것

⋮

해설 사료에서 합작 원칙의 언급과 모스크바 3국 외상 회의 결정에 의하여 좌우 합작으로 민주주의 임시정부를 수립한다는 언급을 통해 1946년 7월 중도 좌파 여운형과 중도 우파 김규식이 설성한 좌우 합작 위원회라는 것을 알 수 있다. 좌우 합작 위원회는 이승만의 정읍발언으로 남한 단독 정부론이 대두하자 분열된 정국을 통합하기 위해 출범한 단체였다. 좌우 합작 위원회는 출범한 이후 미·소 공동위원회에 참가한 후 좌우 중도적 입장의 좌우 합작 7원칙을 발표하였다.

① 통일 정부 구성을 위한 남북 협상을 추진하였던 인물은 김구와 김규식이다.

② 소련에 의해 UN 한국임시위원단의 입북이 거부됨에 따라 남북한 총선거가 무산되었고, 유엔 감시하에 남한 단독 총선거가 치러졌다.

④ 반민족 행위 처벌을 위한 특별 조사 위원회의 활동을 방해한 인물은 이승만이다.

⑤ 귀속 재산 처리법을 제정한 단체는 제헌국회이다.

46 ⑤

토벌대, 비무장 민간인들 살상, 제주도

해설 자료에서 1948년, 제주도, 민간인들을 살상하였다는 언급을 통해 (가)의 사건이 제주 4·3 사건이라는 것을 알 수 있다. 제주 4·3 사건은 해방 이후 1948년 5·10 총선을 앞두고 남로당의 총선 방해 운동이 극심해지자 이를 진압하는 경찰과 서북청년단의 과잉 진압에 분노한 제주도민들이 일제이 봉기하여 확대된 사건이다. 이로 인해 대대적인 민간인 학살이 일어났던 사건으로 2000년 희생자들의 명예 회복을 위해 특별법이 제정되어 진상조사를 통해 어느 정도 명예회복이 이루어졌다.

① 4·13 호헌 조치에 저항하여 일어났던 사건은 6월 민주 항쟁이다.

② 장면의 민주당 정권이 들어서는 계기가 되었던 사건은 4·19 혁명이다.

③ 1976년 유신 체제에 반대하여 일어난 재야와 종교계 인사들이 긴급 조치의 철회와 박정희 대통령의 퇴진을 요구하는 과정에서 3·1 민주 구국 선언을 발표하였다.

④ 3·15 부정 선거에 항의하는 시위에서 비롯된 사건은 4·19 혁명이다.

47 ⑤

한·일 회담에 반대하는 시위

해설 자료에서 한·일 회담에 반대하는 시위가 일어났다는 언급을 통해 1964년 박정희 정부 때의 한일 협정 반대 시위인 6·3 시위라는 것을 알 수 있다. 박정희 정부 시기의 경제 정책으로 자립 경제 구축을 내세운 제1,2차 경제 개발 5개년 계획이 실시되었다. 이를 통해 정부는 경공업과 수입대체 산업, 국가 기간산업 중심의 발전을 추구하였다.

① 경제 협력 개발 기구(OECD)에 가입하였던 시기는 김영삼 정부 때인 1996년이다.

② 칠레와 자유 무역 협정(FTA)이 체결되었던 시기는 노무현 정부 때이다.

③ 금융 실명제가 실시되었던 시기는 김영삼 정부 때인 1993년 이다.

④ 세계 무역 기구(WTO)는 김영삼 정부 때인 1995년에 출범하였다.

48 ④

포인트

긴급 조치, 장준하

해설 사료에서 긴급 조치로 구속된 민주 인사와 학생 전원을 무조건 급속히 석방하라는 언급과 서명자가 장준하라는 점에서 1972년 10월 유신 헌법이 제정된 이후의 시기인 박정희 정부의 유신 체제 시대라는 것을 알 수 있다. 박정희 정부는 1972년에 비상계엄을 선포하여 국회를 해산하고 10월 유신을 단행하였다. 10월 유신은 한국적 민주주의라는 명분을 내세웠으나, 민주적 헌정 체제를 부정하고 국민의 기본권을 억압하면서 장기적인 독재 체제를 구축하였다. 유신 체제는 1972년 이후부터 1979년까지 이어졌다.

49 ④

포인트

민주화 요구 묵살, 비상 계엄령 확대, 신군부, 시민들에게 무차별적인 폭력

해설 자료에서 민주화 요구 묵살, 비상 계엄령 확대, 신군부, 시민들에게 무차별적인 폭력의 언급을 통해 5·18 광주 민주화 운동이라는 것을 알 수 있다. 광주 민주화 운동은 신군부 세력의 비상계엄령에 반대하여 일어난 민주화 운동으로 신군부는 이에 대해 공수 부대 등을 동원하여 무력으로 진압을 하였다. 이러한 신군부의 처사에 분노한 학생과 시민들은 시민군을 결성하여 시가전을 벌였으나 큰 희생을 치러야 했다. 광주 민주화 운동의 관련 기록물은 세계 민주화 발전에 기여했다는 점과 인권의 소중함을 다시 한 번 일깨워주었다는 점에서 세계 기록 유산으로 등재되었다.

오답 정리

① 허정 과도 정부 구성의 계기는 4·19 혁명이다.

② 호헌 철폐, 독재 타도의 구호를 내세운 민주화 운동은 6월 민주 항쟁이다.

③ 5년 단임의 직선제 개헌의 계기가 되었던 사건은 6월 민주 항쟁이다.

⑤ 대통령 하야를 요구하는 대학 교수단의 시위 행진이 있었던

민주화 운동은 4·19 혁명이다.

50 ①

포인트

한반도의 비핵화에 관한 공동 선언

해설 대화에서 한반도 비핵화 공동선언의 언급을 통해 노태우 정부 때 있었던 한반도 비핵화 선언이라는 것을 알 수 있다. 노태우 정부는 북방 정책을 추진하여 동유럽 각국과 구 소련, 중국과 수교를 맺었다. 1990년에는 남북한 총리 회담과 함께 다섯 차례의 남북 고위급 회담이 개최되어 그 결과 1991년에 UN에 동시 가입하였고, 남북 기본 합의서(남북 사이의 화해와 불가침 및 교류·협력에 관한 합의)를 채택하였다. 남북 기본 합의서는 남북한 정부 간에 이루어진 최초의 공식 합의서로 쌍방의 체제 인정, 내부 문제 불간섭과 비방 금지, 남북 화해, 남북 무력 불사용 및 불가침, 민족 내부 교류로서의 남북 교류, 남북 협력 등의 내용이 있다. 1992년에는 한반도 비핵화 공동 선언에 합의하였다.

오답 정리

② 금강산 관광 사업은 김대중 정부 때 시작되었다.

③ 경의선 복원 공사는 김대중 정부 때 시작되었다.

④ 남북 조절 위원회는 박정희 정부 때 설치되었다.

⑤ 제2차 남북 정상 회담은 노무현 정부 때 개최되었다.

35회
36회
37회
38회
39회
40회
41회
42회
43회
44회
45회
46회

01 ⑤

포인트

연천 전곡리 유적, 아슐리안형 주먹도끼, 모비우스 학설

해설 (가)는 구석기 시대로 1978년 연천 전곡리에서 양면으로 가공된 아슐리안형 주먹도끼가 발견되었다. 이 발견은 우리나라에서는 이런 도구가 사용되지 않았다는 모비우스 교수의 주장을 반박하는 것으로 세계적인 주목을 받았다. 구석기 시대는 주로 동굴이나 강가의 막집에서 거주하였다.

오답 정리

① 거푸집을 이용하여 도구를 제작한 때는 청동기 · 철기 시대이다.
② 지배자의 무덤으로 고인돌을 축조한 때는 청동기 시대이다.
③ 반달 돌칼을 이용하여 곡식을 수확한 때는 청동기 시대이다.
④ 가락바퀴와 뼈바늘을 이용하여 옷을 지은 때는 신석기 시대이다.

02 ③

포인트

연개소문, 왕제의 아들인 장을 세워 왕으로 삼고 스스로 막리지가 됨

해설 연개소문은 642~664년까지 고구려 왕조의 실권을 맡은 인물이다. 642년 영류왕을 시해하고 보장왕을 옹립함으로써 권력을 장악할 수 있었다. 당 태종은 연개소문의 정변을 침략의 구실로 침입하였으나(644) 당의 이세적은 안시성에서 패하여 후퇴하였다.

03 ①

포인트

(가)-12월 제천 행사, (나)-신부의 집에 가서 살다가 자식을 낳아 장성한 뒤에 남자의 집으로 돌아옴

해설 (가)는 부여에서 행해진 영고라는 제천 행사이다. (나)는 데릴사위제(서옥제)를 설명한 것으로 고구려의 혼인 풍속이다. 부여는 왕 아래 4개의 가(加), 즉 마가, 우가, 저가, 구가가 다스리던 독립된 행정 구획으로 사출도가 있었다. 이들은 왕과 함께 5부족 연맹체를 형성하였다.

오답 정리

② 박, 석, 김의 3성이 교대로 왕위를 계승한 나라는 신라이다.
③ 10월에 무천이라는 제천 행사를 열었던 나라는 동예이다.
④ 읍락 간의 경계를 중시하는 책화가 있었던 나라는 동예이다.
⑤ 제사장인 천군과 신성 지역인 소도가 있었던 나라는 삼한이다.

04 ①

포인트

무애가, 불교 대중화, 일심 사상

해설 (가) 인물은 원효로 대승불교의 개론서인 대승기신론을 주석한 책으로 『대승기신론소』 저술하였다. 또한 『십문화쟁론』 저술하여 불교의 여러 가지 이론(異論)을 10문으로 분류, 정리하고 화쟁 사상을 강조하였다.

오답 정리

② 화랑도의 규범으로 세속 5계를 제시한 인물은 원광이다.
③ 『화엄일승법계도』를 지어 화엄종을 정리한 인물은 의상이다.
④ 인도와 중앙아시아를 여행하고 『왕오천축국전』을 지은 인물은 혜초이다.
⑤ 당에서 귀국하여 황룡사 구층 목탑의 건립을 건의한 인물은 자장이다.

05 ④

포인트

삼국 시대의 무덤, (가)-나무덧닐, 나무널, 돌무지, (나)-널길, 널방

해설 (가)는 돌무지 덧널무덤으로 도굴이 어려워 많은 껴묻거리가 출토된다. (나)는 굴식 돌방무덤으로 구조상 도굴이 쉬워 껴묻거리가 거의 없으나 벽화가 보존되어 있다는 점이 특징이다.

오답 정리

① 모줄임 천장 구조는 굴식돌방 무덤에서 나타난다.
② 무덤의 둘레돌에 12지 신상을 새긴 것은 굴식 돌방으로 통일 신라 시대의 김유신 묘가 대표적이다.
③ 신라의 황남대총은 대표적인 돌무지 덧널무덤이다.
⑤ 중국 남조의 영향을 받아 만들어진 무덤 양식은 백제의 벽돌무덤이다.

35회

36회

37회

38회

39회

40회

41회

42회

43회

44회

45회

46회

06 ⑤

포인트

김해구 항복, 법흥왕

해설 제시문은 532년 법흥왕이 낙동강 유역의 금관가야를 병합한 사실을 보여준다. 김해 대성동 고분군에서는 지배계층의 무덤으로 보이는 대형 덧널무덤에서 덩이쇠, 판갑옷, 큰 칼 등 많은 철기 유물이 출토되었다.

오답 정리

① 고구려의 연가7년명 금동여래입상이다.
② 백제의 금동대향로이다.
③ 신라에서 출토된 고구려의 호우명 그릇이다.
④ 칠지도로 백제 근초고왕과 왜의 교류를 나타낸다.

07 ④

포인트

(가)-장수왕, 평양 도읍, (나)-고구려왕 거련, 백제 함락

해설 (가)의 장수왕이 도읍을 평양으로 옮긴 시기는 427년이다. (나) 거련이 장수왕으로 백제의 수도 한성을 점령하여 백제 개로왕을 전사시킨 시기는 475년이다. 이 두 시기 사이에는 472년 개로왕이 고구려를 견제하고자 북위에 국서를 보낸 사실이 있다.

오답 정리

① 광개토 대왕이 신라에 침입한 왜를 격퇴한 시기는 400년이다.
② 진흥왕이 화랑도를 국가 조직으로 개편한 시기는 6세기 말이다(576).
③ 소수림왕이 태학을 설립하고 율령을 반포한 시기는 4세기 말이다(372~373).
⑤ 근초고왕이 평양성을 공격하여 고국원왕을 전사시킨 시기는 4세기 말이다(371).

08 ①

포인트

(가)-관료전 지급, (나)-녹읍 폐지, (다)-정전을 나누어 줌, (라)-녹봉을 없애고 다시 녹읍을 줌

해설 (가)의 관료전 지급은 통일신라 신문왕 때(687)이고 (나)의 녹읍 폐지 역시 신문왕 때(689)이다. (다)의 정전 지급은 통일신라 성덕왕 때(722)이고 (라)의 녹읍이 부활한 것은 경덕왕 때(757)이다.

따라서 (가) – (나) – (다) – (라) 순서이다.

09 ③

포인트

대흠무, 대흥보력효감금륜성법대왕, 정혜 공주, 정효 공주

해설 대흠무는 발해 문왕으로 대흥이라는 독자적 연호를 사용하였다. 3성 6부의 중앙 관제를 정비하고 당나라 및 신라와 교류하며 친선을 도모하였다. 중경현덕부(中京顯德府)를 건설하고(744) 수도로 삼았으며, 상경용천부(上京龍泉府)로 이동한(755) 이후 동경용원부(東京龍原府)로 이동하였다(785).

오답 정리

① 인안이라는 독자적 연호를 사용한 왕은 무왕이다.
② 장문휴를 보내 당의 등주를 공격한 시기는 무왕 때이다.
④ 대문예로 하여금 흑수 말갈을 정벌하게 한 시기는 무왕 때이다.
⑤ 고구려 유민을 이끌고 동모산에서 나라를 세운 왕은 고왕(대조영)이다.

10 ④

포인트

행정 구역, 국가의 지방 통치

해설 제시된 행정 구역은 통일신라로 경덕왕은 9주의 명칭을 중국식으로 변경하였다(757). 9주 5소경의 지방 행정 구역을 마련하였으며 지방관을 감찰하기 위해 외사정을 두었다.

오답 정리

① 경재소를 두어 유향소를 통제한 때는 조선 시대이다.
② 지방의 22담로에 왕족을 파견한 시기는 백제 무령왕 때이다.
③ 전국의 주요 지역에 12목을 설치한 시기는 고려 성종 때이다.
⑤ 관찰사를 보내어 관할 고을의 수령을 감독한 때는 조선 시대이다.

11 ③

포인트

넷째 아들 금강, 총애, 왕위, 역적인 아들

해설 (가) 인물은 견훤으로 『삼국유사』에 따르면 867년 상주의 농부 아자개의 아들로 태어났다. 군인으로 명성을 쌓고 세력을

규합하여 892년 신라의 무진주를 공략하였다. 900년 완산주에 이르자 백성들이 몰려와 크게 환영하여 이곳을 도읍으로 삼아 후백제를 건국하였다. 견훤은 5월 중국의 후당에 사신을 파견하고 교류하였다.

오답 정리
① 김흠돌의 반란을 진압한 시기는 통일신라 신문왕 때이다.
② 경주의 사심관으로 임명된 인물은 신라의 경순왕이다.
④ 국호를 마진으로 바꾸고 철원으로 천도한 인물은 궁예이다.
⑤ 『정계』와 『계백료서』를 지어 관리의 규범을 제시한 인물은 고려 태조 왕건이다.

12 ⑤

포인트
(가)-쌍기, 과거 제도 실시 건의, (나)-최승로, 외관
해설 (가)는 고려 광종 때 시행한 과거제도로 958년 쌍기의 건의를 받아들여 시행되었다. (나)는 고려 성종 때 최승로가 올린 시무 28조로 982년의 일이다. (가)와 (나) 사이에는 976년 경종 때 직관 · 산관 각 품의 전시과가 제정되는 일이 있었다.

오답 정리
① 해동통보가 발행된 것은 고려 숙종 때로 의천의 건의에 따라 주전도감을 설치하여(1101) 주조하였다.
② 정방이 폐지된 시기는 공민왕 때이다(1369).
③ 관학 진흥을 위해 전문 강좌인 7재가 개설된 시기는 고려 예종 때이다(1109).
④ 호패법이 실시된 시기는 조선 태종 때이다.

13 ⑤

포인트
개경 환도, 왕온을 왕으로 추대, 일본 측에서 그 이전의 고려 국서와 비교하여 정리한 것
해설 (가)의 군사 조직은 삼별초이다. 삼별초는 최우가 치안을 위해 설치한 야별초를 좌별초, 우별초로 나누고, 몽골에 포로로 잡혀갔다가 돌아온 신의군을 합하여 구성되었다. 최씨 무신 정권의 군사적 기반으로 진도, 제주도로 옮기며 대몽항쟁을 전개하였다.

오답 정리
① 승려 출신으로 구성된 항마군은 ② 신기군, 신보군과 함께 여

진 정벌을 위해 편성한 별무반이다. 윤관은 여진을 정벌하고 동북 지방에 9성을 축조하였다.
③ 거란의 침입에 대비하는 과정에서 광군을 설치하였다.
④ 경대승이 신변 보호를 위해 만든 사병 조직은 도방이다.

14 ③

포인트
(가)-1145년, 김부식, (나)-1287년 이승휴, 상권 중국사, 하권 우리나라 역사
해설 (가)는 고려 인종 때 김부식 등이 편찬한 『삼국사기』로 유교적 합리주의 사관으로 쓰여진 현존하는 최고의 역사서이다. (나)는 『제왕운기』로 단군에서부터 고려 충렬왕까지의 역사를 서사시로 정리한 것으로 단군의 건국이야기가 수록되어 있다.

오답 정리
① 사초, 시정기 등을 바탕으로 실록청에서 편찬한 것은 『조선왕조실록』이다.
② 불교사를 중심으로 고대의 민간 설화 등을 수록한 것은 『삼국유사』이다.
④ 한국의 세계기록유산으로는 훈민정음(1997), 조선왕조실록(1997), 직지심체요절(2001), 승정원일기(2001), 조선왕조의궤(2007), 고려대장경과 제경판(2007), 동의보감(2009), 일성록(2011), 5 · 18 기록물(2011), 난중일기(2013), 새마을운동 기록물(2013) 등이 있다.
⑤ 고구려 건국 시조의 일대기를 서사시 형태로 서술한 것은 『동명왕편』이다.

15 ④

포인트
토지와 노비 문제를 해결하기 위해 설치된 임시 기구, 1269년에 처음 실시, 신돈
해설 (가) 기구는 전민변정도감으로 공민왕 때(1366) 신돈의 건의로 운영하였다. 권문세족들이 불법으로 겸병한 토지를 원소유자에게 환원하였고 억울하게 노비가 된 사람들을 해방하였다.

오답 정리
① 원 간섭기에 중서문하성과 상서성을 합하여 첨의부라 하였다.
② 고려 말에 도평의사사로 명칭이 바뀐 기구는 도병마사이다.
③ 낭사와 함께 대간으로 불린 것은 어사대이다.

⑤ 최씨 무신 정권의 최고 권력 기구는 교정도감이다.

16 ③

포인트

신 서거정, 동국통감

해설 서거정 등이 『동국통감』을 완성한 것은 1485년으로 조선 성종 때이다. 성종 때는 이외에도 『악학궤범』, 『동국여지승람』, 『동문선』 등을 편찬하였다.

오답 정리

① 주자소가 설치되어 계미자가 주조된 시기는 조선 태종 때이다.

② 전통 한의학을 정리한 『동의보감』이 완성된 시기는 광해군 때이다.

④ 세계 지도인 혼일강리역대국도지도가 제작된 시기는 조선 태종 때이다.

⑤ 한양을 기준으로 한 역법서인 『칠정산 내편』이 편찬된 시기는 조선 세종 때이다.

17 ①

포인트

태조 이성계에게 지어 바친 법전, 경제육전과 경국대전의 모체, 국가의 기틀을 다지는 데 주도적인 역할

해설 (가) 인물은 정도전으로 고려 말에서 조선 초까지의 문신이자 학자로 호는 삼봉이다. 이성계를 도와 조선 건국을 주도하였으며, 도성 축조 계획을 세우는 등 국가의 기틀을 다지는 데 핵심적인 역할을 하였다. 왕자의 난 때 이방원에게 피살되었다. 『조선경국전』, 『경제문감』, 『불씨잡변』을 저술하였다.

오답 정리

② 계유정난을 통해 정권을 장악한 인물은 수양대군으로 조선의 세조이다.

③ 일본에 다녀와서 『해동제국기』를 편찬한 인물은 성종 때의 신숙주이다.

④ 「기축봉사(己丑封事)」를 올려 명에 대한 의리를 내세운 인물은 송시열이다.

⑤ 『성학십도』에서 군주의 도를 도식으로 설명한 인물은 이황이다.

18 ⑤

포인트

(가)-김일손, 김종직의 조의제문, (나)-조광조

해설 (가)는 무오사화(연산군, 1498)로 김종직이 쓴 조의제문을 김종직 사후에 김일손이 성종실록 사초에 올린 것이 발단이 되었다. (나)는 기묘사화(1519)로 조광조는 위훈 삭제를 주장하였고 이에 반발한 남곤, 심정 등 훈구 세력은 조광조를 제거하였다. 폐비 윤씨 사사 사건의 전말이 알려져 김굉필 등이 처형된 것은 갑자사화(연산군, 1504)로 (가)와 (나) 사이에 벌어진 일이다.

오답 정리

① 외척 간의 권력 다툼으로 윤임이 제거된 시기는 을사사화 때이다(명종, 1545).

② 인현 왕후가 폐위되고 남인이 권력을 장악한 것은 기사환국이다(1689).

③ 공신 책봉에 불만을 품고 이괄이 반란을 일으킨 시기는 인조 때이다(1624).

④ 이조 전랑(吏曹銓郎) 임명을 둘러싸고 사림이 동인과 서인으로 나뉜 시기는 을사사화 이후인 선종 때이다.

19 ②

포인트

조선 시대, 상점 터, 종로 피맛골, 육의전 상인

해설 (가)는 시전 상인으로 한양의 종로에 설치된 상설 시장에서 활동하였다. 이들은 왕실이나 관청에 물품을 공급(국역)하는 대가로 특정 물건에 대한 독점 판매권을 부여(금난전권) 받았다.

오답 정리

① 혜상공국을 통해 보호받은 상인은 보부상이다.

③ 전국에 송방이라는 지점을 설치한 상인은 송상이다.

④ 책문 후시를 통해 대청 무역을 주도한 상인은 만상이다.

⑤ 포구에서 중개·금융·숙박업 등에 주력한 상인은 객주, 여각이다.

20 ③

포인트

김준룡 장군 전승지 및 비, 남한산성으로 피란한 국왕

해설 제시된 전쟁은 병자호란 때(1636)로 후금은 나라 이름을

청으로 바꾸고 조선에 군신 관계를 요구하였다. 청 태종의 침입에 인조는 남한산성으로 피신하여 항전하였으나 청에 항복하였다. 그 결과, 청과 군신 관계를 체결하고 소현 세자와 봉림 대군은 청에 볼모로 잡혀가게 되었다. 이어 효종이 즉위하면서(1649) 청을 정벌해 청에 당한 수치를 씻고, 명에 대한 의리를 지키자는 북벌론이 전개되었다.

오답 정리

① 북방에 4군 6진이 개척된 시기는 세종 때이다.

② 이종무에 의해 대마도가 정벌된 시기는 세종 때이다.

④ 계해약조(癸亥約條)가 체결되어 세견선의 입항이 허가된 시기는 세종 때이다.

⑤ 비변사가 처음으로 설치된 시기는 을묘왜변이 일어난 중종 때이다.

21 ⑤

포인트

이원익, 선혜청, 김육, 이언경

해설 대동법에 대한 설명이며 지방의 특산물로 바치던 공물을 쌀로 통일하여 바치게 한 세금 제도로 토지 결수에 따라 1결당 12두를 통일하여 부과하였다. 이는 국가에 필요한 물품을 납부하는 공인이 등장하는 배경이 되었다.

오답 정리

① 흥선대원군은 호포제를 실시하여 양반에게도 군포를 부과하였다.

② 풍흉에 따라 9등급으로 나누어 전세를 부과한 것은 연분 9등법이나.

③ 어장세, 염전세, 선박세를 거두어 군사비로 충당한 것과 ④ 지주에게 결작을 징수한 것은 균역법과 관련된다.

22 ④

포인트

김득신, 풍속화, 파적도

해설 김득신이 그린 풍속화로 조선 후기를 나타낸다. ① 이 시기에는 상업의 활성화로 상평통보가 전국적으로 유통되고 ⑤ 고추, 안심 등의 상품 작물이 재배되었다. ③ 시사에서 자작시를 낭송하는 중인, ② 공연을 벌이는 광대는 모두 조선 후기 문화의 경향이다.

오답 정리

④ 직전법에 의해 수조권을 지급받는 관리는 조선 전기에 볼 수 있는 모습이다.

23 ②

포인트

덕산의 묘지에 서양놈들이 침입하여 무덤 훼손

해설 독일 상인 오페르트의 통상 요구에 조선 정부가 거절함에 따라 오페르트는 남연군(흥선대원군의 아버지) 묘 도굴을 시도하였다. 이는 병인양요가 발생한 지 2년 후인 1868년의 일이다.

24 ④

포인트

어제문업, 탕평, 청계천 준설

해설 제시된 왕은 영조로 왕권 강화를 위하여 탕평책을 실시하였다. 산림의 존재 부정, 붕당의 근거지인 서원 정리, 이조 전랑의 후임자 천거권을 폐지하기도 하였다. 영조는 균역법을 시행하고 『속대전』, 『동국문헌비고』를 편찬하였다.

오답 정리

① 홍문관을 설치한 왕은 성종이다.

② 백두산정계비를 건립한 왕은 숙종이다.

③ 경복궁을 중건한 시기는 흥선대원군(고종) 때이다.

⑤ 삼정이정청을 설치한 시기는 철종 때이다.

25 ③

포인트

연암, 청에서 보고들은 것을 여행기로 남김

해설 제시된 자료에서는 박지원을 말하며 『열하일기』를 저술하여 수레와 선박, 화폐의 필요성을 강조하고 서양 문물 도입을 주장하였다. 또한 『양반전』, 『허생전』 등의 한문 소설을 저술하여 양반의 위선과 허례를 풍자하였다.

오답 정리

① 양명학을 연구하여 강화 학파를 형성한 인물은 정제두이다.

② 이덕무, 유득공, 박제가 등은 서얼 출신으로 규장각 검서관에 임명되었다.

④ 『의산문답』은 홍대용이 저술하였나.

⑤ 『우서』로 사농공상의 직업적 평등과 전문화를 내세운 인물은 유수원이다.

26 ④

포인트

명의 군대, 장정, 활, 조총, 무예 훈련

해설 제시문에서 적의 난리를 겪는 동안 명의 군대만을 바라본다는 것은 임진왜란을 나타내며 활을 익히고 조총을 쏘기도 한다는 내용을 통해 훈련도감임을 알 수 있다. 훈련도감은 포수(총포), 사수(활), 살수(창칼)의 삼수병으로 편제되어 임진왜란 중에 설치되었다. 급료를 받는 상비군이 그 주축을 이루었다.

오답 정리

① 수원 화성에 외영을 둔 군사 조직은 장용영이다.

② 국경 지대인 양계에 설치된 군사 조직은 주진군이다.

③ 후금과의 항쟁 과정에서 북벌 준비를 위해 어영청을 설치하였다.

⑤ 응양군과 용호군은 고려의 중앙군인 2군이다.

27 ①

포인트

공사의 부임에 대한 답례차 파견, 민영익

해설 제시된 내용은 조ㆍ미 수호통상조약(1882)이며 청의 알선으로 체결한 조약이다. 서양과 맺은 최초의 근대적 조약이며 외국에 대한 최혜국 대우를 처음으로 규정하였다. 조약 체결 직후 미국 공사의 내한에 대한 답방으로 보빙사를 파견하였다.

오답 정리

② 천주교의 포교를 허용하는 조항이 들어 있는 것은 조ㆍ프 수호 통상 조약이다(1886).

③ 일본 상품에 대한 무관세, 양곡의 무제한 유출을 허용한 것은 조ㆍ일 수호 조규 부록이다(1876).

④ 미국인 스티븐스(외교)가 고문으로 부임한 것은 제1차 한ㆍ일 협약(1904.8)의 결과이다.

⑤ 부산, 원산, 인천에 개항장이 설치된 것은 강화도 조약(1876)의 결과이다.

28 ④

포인트

사학징의, 1801년, 형조와 포도청 등 정부 측 기록을 수집하여 정리한 책, 사학 죄인들을 문초한 내용

해설 (가)는 천주교에 대한 탄압 사건이다. 천주교는 17세기 청나라를 다녀온 사신들에 의하여 서학으로 소개된 이후 18세기 남인 계열의 일부 학자가 신앙으로 수용하였고 이승훈은 조선인 최초로 세례를 받았다. 조상에 대한 제사 거부와 평등사상을 내세움에 따라 정부의 탄압을 받았고 신유박해 때(1801) 이승훈이 순교하였으며 정약용도 연루되어 처벌을 받았다.

29 ④

포인트

동비토록, 무장 포고문에 나타난 보국안민 사상, 초토사 홍계훈이 올린 장계를 통해 본 조정의 입장, 청과 일본 군대의 조선 상륙과 청ㆍ일 전쟁의 전개 과정

해설 제시된 운동은 동학 농민 운동이다. 고부 농민 봉기 수습을 위해 파견된 안핵사(이용태)의 농민군 탄압에 전봉준, 손화중, 김개남 등은 백산에 집결하여 4대 강령을 발표하며(1894.3) 봉기하였다. 이후 황토현 전투에서 관군을 격파하였고 장성황룡촌 전투에서 홍계훈이 이끄는 정부군을 상대로 승리하였다.

오답 정리

① 외규장각 도서의 약탈은 병인양요와 관련된다.

② 영국이 거문도를 불법 점령한 것은 러시아를 견제하기 위함이며 1885년의 일이다.

③ 아관파천은 1896년 2월 11일~1897년 2월 20일까지 1년간 조선 고종과 세자가 경복궁을 떠나, 어가를 러시아 제국 공사관으로 옮겨 거처한 사건이다.

⑤ 헤이그 만국 평화 회의에 특사를 파견한 것은 을사늑약(1905)을 강제로 체결한 것에 대한 대응이다.

30 ⑤

포인트

통리기무아문과 무위영ㆍ장어영을 폐지, 5영의 군제 복구, 군료 지급

해설 임오군란의 경과를 설명한 내용으로 구식 군인에 대한 차별(13개월 치 녹봉미 미지급, 군제 개혁에 따른 실직) 및 개화 정책에 대한 반발로 야기되었다. 흥선대원군이 재집권함에 따라 개화 정책을 중단하고 5군영을 부활하였으며 통기리무아문과 별기군을

폐지하였다. 일본은 임오군란의 피해보상 명분으로 제물포 조약을 체결하고 일본 공사관에 일본 경비병을 주둔시켰다.

오답 정리

① 전국 각지에 척화비가 건립된 시기는 두 차례의 양요를 겪은 이후이다(1871).

② 김기수가 수신사로 일본에 파견된 시기는 1876년이다.

③ 『대전통편』은 정조 때(1785) 편찬한 법전이다.

④ 이만손 등이 영남 만인소를 올린 것은 1880년대 위정척사 운동과 관련된다.

31 ②

포인트

평양, 서울, 목포, 진주, 대구

해설 서울의 시전 상인들은 상권 수호를 위해 황국 중앙 총상회를 조직하였다.

오답 정리

① 문재철의 횡포에 맞선 소작 쟁의는 전남 신안에서 발생한 암태도 소작 쟁의이다.

③ 국채 보상 운동은 서상돈, 김광제 등의 발의로 대구에서 시작되었다.

④ 조선 물산 장려회는 평양에서 조만식 등이 설립하였다.

⑤ 백정에 대한 차별 철폐를 위해 조선 형평사가 창립된 곳은 진주이다.

32 ④

포인트

덕원부, 해안의 요충지, 개항지, 인재 선발, 원산사에 글방 설치

해설 제시문은 우리나라 최초의 근대 교육 기관인 원산학사에 대한 설명으로 1883년의 일이다. ① 황성신문이 발간된 시기는 1898~1910년까지이다. ⑤ 한성 사범학교는 교육입국 조서 반포를 계기로 ② 교원 양성을 위해 1895년에 설립되었다. ③ 육영 공원은 최초의 근대식 공립학교로 1886년 설립되었다.

오답 정리

④ 청나라에 영선사 일행이 파견된 시기는 1881년이다.

33 ①

포인트

고종, 국호를 고침, 새로운 연호를 선포한 이후, 각종 개혁 실시

해설 (가)는 대한제국(1897) 시기로 광무개혁을 나타낸다. 이때는 국방을 강화하기 위해 원수부를 설치하고, 간도 관리사를 파견하였다. 독도를 관할 영토로 명시하고, 양전 사업을 실시하여 지계아문에서 지계를 발급하였다.

오답 정리

② 박문국을 설치하고 한성순보를 발행한 시기는 1883~1884년이다.

③ 공사 노비법을 혁파하고 과거제를 폐지한 시기는 1894년의 1차 갑오개혁 때이다.

⑤ 홍범 14조를 반포하고 ④ 지방 행정 구역을 8도에서 23부로 개편한 시기는 2차 갑오개혁 때이다.

34 ④

포인트

독립신문 교보원 활동, 국문동식회 조직, 국어문법 · 말의 소리 저술

해설 ① 잡지 「한글」을 간행한 단체는 주시경의 국문 연구소를 계승한 조선어 연구회와 조선어 학회이다. ③ 조선어 연구회는 한글날의 기원인 '가갸날'을 제정하였다.

② 조선어 학회는 한글 맞춤법 통일안과 표준어를 제정하였다.

⑤ 일제는 조선어 학회를 독립운동 단체로 지목하고 치안 유지법을 적용해 이윤재, 최현배, 한징 등을 투옥하였다.

35 ②

포인트

안창호, 양기탁 등과 함께 조직한 비밀 결사, 대성 학교 · 오산 학교를 세워 인재 양성, 다양한 활동 전개

해설 제시된 단체는 신민회로 안창호, 양기탁 등이 국권 회복과 공화정체의 근대 국민 국가 건설을 목표로 조직한 비밀 결사이다. 실력 양성과 무장 투쟁을 함께 추진하고 태극 서관과 자기 회사를 운영하였다.

오답 정리

① 교통국은 대한민국 임시 정부에서 설치하였다.

③ 일본의 황무지 개간권 요구를 저지하고 ① 중추원 개편을 통

해 의회 설립을 추진하였으며 ⑤ 만민 공동회를 열어 민권 신장을 추구한 단체는 독립 협회이다.

36 ①

포인트

이은숙의 회고록, 국외 민족 운동, 한국 독립운동사, 일제 강점기에 겪은 일을 중심으로 기록한 수기, 옥립운동에 헌신한 이회영 일가의 삶, 삼원보에 터를 잡고 신흥 강습소를 설립하는 과정

해설 (가)는 만주 지역(남만주)으로 이회영, 이동녕 등이 삼원보에 정착하여 자치 기관인 경학사를 설치하였다. 또한 신흥 강습소(신흥 무관학교가 됨, 1919)를 설립하여 독립군을 양성하고, 대한 독립단과 서로 군정서가 조직된 지역이다.

오답 정리

② 대조선 국민 군단과 ③ 대한인 국민회는 미주 지역에서 조직되었다.

④ 2 · 8 독립 선언서가 발표된 곳은 도쿄이다.

⑤ 대한 광복군 정부는 연해주에서 세워졌다.

37 ②

포인트

연길 일대에서 일어난 조선인 학살 사건, 장덕준이라는 신문 기자 희생, 청산리 전투 패배로 인한 일본군의 만행

해설 제시된 사건은 간도참변으로 청산리 전투(1920) 등에서 독립군에게 참패한 것에 대한 보복으로 발생하였다. 독립신문에 따르면 간도참변으로 한국인 3,700여 명이 피살되었다고 전해지며, 이 참변으로 간도를 포함한 만주 지역에서 활발히 활동을 벌이던 한국인 사회 및 항일단체들은 큰 피해를 입었다.

38 ③

포인트

단군, 나철, 독립운동에 공헌, 1977년 건국 훈장 독립장을 추서

해설 제시문에서는 단군과 나철에 대한 언급과 함께 독립운동에 공헌했음을 설명하고 있다. 나철 등이 단군 신앙을 바탕으로 1909년 창시한 대종교는 민족 교유의 신앙으로 발전하였다. 만주에서는 중광단을 조직하여 무장 항일 투쟁을 전개하였다.

오답 정리

① 사찰령 폐지 운동을 전개한 종교는 불교이다.

② 「개벽」, 「신여성」 등의 잡지를 발행한 종교는 천도교이다.

④ 미국 선교사 아펜젤러(H. G. Appenzeller)는 배재 학당을 세워 신학문 보급에 기여하였다.

⑤ 경향신문을 발행한 종교는 천주교이다.

39 ③

포인트

민중의 보편적 지식, 고등 교육, 최고 학부의 존재가 가장 필요, 민립 대학의 설립을 제창

해설 제시된 민족운동은 민립 대학 설립 운동으로 일제의 제2차 교육령 공포(1922)로 고등 교육의 필요성이 대두된 것이 배경이다. 이상재 등이 민립 대학 기성회를 조직하였고(1923) '한민족 1천만이 한 사람이 1원씩' 구호로 모금 운동을 추진하였다.

오답 정리

① 근우회는 신간회와 연계하여 민족 운동을 전개한 여성 단체이다.

② 중국의 5 · 4 운동에 영향을 준 것은 3 · 1운동이다.

④ 어린이날을 제정하고 잡지 「어린이」를 발간한 것은 천도교 세력이 주축이 된 소년 운동이다.

⑤ 브나로드 운동은 동아일보가 주도하여 학생 중심으로 전개된 농촌 계몽 운동이다.

40 ①

포인트

1929년 한 · 일 학생 간의 충돌이 계기, 광주에서 일어나 전국으로 확산, 학생의 날, 학생 독립운동 기념일

해설 제시된 설명은 광주 학생 항일 운동이다. 일제의 식민지 차별 교육, 일본 남학생이 한국 여학생을 희롱하는 등 한국인 학생과 일본인 학생 간의 충돌로 일어났다. 신간회는 진상 조사단을 파견하고 민중 대회를 준비하였다.

오답 정리

② 순종의 인산일에 학생들의 주도로 전개된 것은 6 · 10 만세 운동이다(1926).

③ 대한민국 임시 정부가 수립되는 계기가 되고 ⑤ 일제가 문화 통치를 실시하는 배경이 된 것은 3 · 1 운동(1919)이다.

④ 대한매일신보의 후원으로 전국적으로 확산된 것은 국채 보상 운동이다.

41 ①

(가)–역사는 정신, 조선의 역사, (나)–다른 민족들과 거의 같은 궤도로
발전 과정을 거쳐옴

해설 (가) 인물은 박은식으로 민족사에서 '혼'을 강조하며 『한국
통사』, 『독립운동지혈사』를 저술하였다. (나) 인물은 백남운으로
식민 사관의 정체성론을 비판하며 우리의 역사 발전이 세계사의
보편적 발전 과정과 궤를 같이 하고 있음을 주장하였다.

오답 정리

② 사회 경제 사학은 식민 사관의 정체성론을 비판하며 우리 역
   사 발전이 세계사의 보편적 발전 과정과 궤를 같이 하고 있
   음을 주장하였다. 대표적으로 백남운은 『조선사회경제사』,
   『조선봉건사회경제사』를 저술하여 한국의 고대 경제사를 체
   계적으로 서술하였다.

③ 진단 학회를 창립하여 실증주의 사학을 발전시킨 인물은 이
   병도, 손진태이다.

④ 「독사신론」에서 민족주의 사학의 기반을 마련한 인물은 신채
   호이다.

⑤ 정약용의 『여유당전서』를 간행한 인물은 김성진, 정인보, 안
   재홍이다.

42 ④

한국 독립군과 한국 광복군의 총사령관, 항일 독립 전쟁, 일기, 광복 후 그
의 활동과 과거 독립운동을 함께 했던 인물들에 대한 회상

해설 제시된 자료의 인물은 지청천으로 한국 독립군
(1929~1934)을 지휘하여 일본군을 격파하였다. 중국 호로군과
연합항일 전쟁을 전개하였고(1931), 쌍성보 전투(1932) 및 대자
령 전투(1933)를 승리로 이끌었다.

오답 정리

① 의열단을 조직하여 단장으로 활동한 인물은 김원봉이다.

② 동양 척식 주식회사에 폭탄을 투척한 인물은 나석주이다.

③ 고종의 밀지를 받아 독립 의군부를 조직한 인물은 임병찬이다.

⑤ 명동 성당 앞에서 이완용을 습격한 인물은 이재명이다.

43 ②

일왕의 행렬, 행렬을 향해 수류탄 투척, 일왕의 생일인 천장절 기념식장
에 폭탄 투척, 한인(韓人) 윤(尹) 지사

해설 제시된 자료는 이봉창과 윤봉길의 의거로 한인 애국단의
활동이다. 김구는 침체된 대한민국 임시 정부에 활력을 불어 넣
기 위해 상하이에서 한인 애국단을 결성하였다(1931). 대한민국
임시 정부의 위상을 강화하고 한국인의 중국 내 무장 투쟁을 허
용하는 계기가 되었다.

오답 정리

① 중 · 일 전쟁은 1937년 발발하였다.

③ 조선 혁명 선언을 활동 지침으로 한 단체는 의열단이다.

④ 김익상, 김상옥 등이 단원으로 활동한 단체는 의열단이다.

⑤ 일제가 꾸며낸 105인 사건으로 해체된 단체는 신민회이다.

44 ④

태평양 전쟁이 전개되던 시기

해설 제시된 자료의 시기는 1930년대 이후의 민족말살통치로
전시 수탈 체제를 강화하였다. 국가 총동원법 제정(1938), 학도
지원병제(1943), 징병제(1944), 국민 징용령(1939), 여자 정신
근로령(1944)을 제정하였고, 군량미 확보를 위해 산미 증식 계
획을 재개하였다.

오답 정리

① 회사령이 철폐된 것은 1920년이다.

② 조선 태형령이 시행된 것은 1912년이다.

③ 토지 조사 사업이 실시된 것은 1910년대이다.

⑤ 제1차 조선 교육령이 발표된 것은 1911년이다.

45 ①

조선 건국 동맹 결성, 광복 이후 활동, 조선 건국 준비 위원회의 위원장,
완전한 독립 국가 건설

해설 대화에서 인터뷰 인물은 여운형으로 안재홍과 함께 조선
건국 준비 위원회를 결성하였다. 해방 후 신탁 통치 문제를 둘러
싸고 좌익과 우익이 대립하여 김규식과 함께 좌우 합작 위원회를

결성하여 좌우 합작 7원칙을 발표하였다.

오답 정리

② 김규식과 함께 남북 협상에 참여한 인물은 김구이다.

③ 재미 한인을 중심으로 흥사단을 설립한 인물은 안창호이다.

④ 정읍에서 남한만의 단독 정부 수립을 주장한 인물은 이승만이다.

⑤ 중국 국민당과 협력하여 조선 의용대를 창설한 인물은 김원봉이다.

46 ④

포인트

(가)-반민족 행위 특별 조사 위원회, 친일 청산, (나)-대통령에 한하여 중임 제한을 적용하지 않는다는 내용을 골자로 하는 개헌, 사사오입의 논리

해설 (가)는 1949년 6월에 일부 국회의원이 남로당 공작원과 접촉 및 정국을 혼란시키려 하였다는 혐의로 김약수 등 13명을 검거한 국회 프락치 사건이다. (나)는 1954년 11월 초대 대통령에 한해 중임 제한을 철폐한다는 개헌이며 사사오입 개헌으로 불린다.

1952년 7월 임시 수도 부산에서 대통령 직선제 개헌안이 통과되었다.

오답 정리

① 정부 형태가 내각 책임제로 바뀐 것은 1960년이다.

② 유신 헌법이 공포된 것은 1972년이다.

③ 이승만 정권 당시 대통령 유력 후보였던 진보당의 조봉암은 1958년 구속되어 1959년에 사형이 집행되었다.

⑤ 3 · 15 부정 선거는 1960년 3월 15일 자유당정권에 의하여 자행된 선거 부정행위이다.

47 ①

포인트

유엔 한국 임시 위원단, 투표 방법 안내 포스터

해설 제시된 내용은 5 · 10 총선거로 1948년 5월 10일에 제헌 국회를 구성할 국회의원을 선출하기 위해 실시된 대한민국 최초의 보통 선거였다. 선거권은 만 21세 이상, 피선거권은 만 25세 이상이며, 소선거구제를 채택하였고, 38도선 이남 지역에서만 실시되었다.

오답 정리

① 비례 대표제가 아닌 국민의 직접선거에 의해 선거구별로 유효투표의 다수표를 얻은 자를 당선인으로 선출하는 다수 대표제를 채택하였다.

48 ②

포인트

전태일, 근로 기준법의 준수

해설 제시된 내용은 1970년도에 일어난 전태일 분신 사건으로 노동 문제에 대한 대학생과 지식인의 관심이 증가되는 계기를 마련하였다.

ㄱ. 최저 임금법은 1986년 제정되었다.

ㄷ. 연간 수출액 100억 달러가 달성된 때는 1977년이다.

오답 정리

ㄴ. 한 · 미 원조협정은 1948년에 체결되었다.

ㄹ. 제1차 경제 개발 5개년 계획이 추진된 시기는 1962년 박정희 정부 때이다.

49 ③

포인트

(가)-대한민국 제14대 대통령, (나)-대한민국 제15대 대통령

해설 (가)는 김영삼 대통령으로 지방 자치제 전면 실시, 금융 실명제 실시, 경제 협력 개발 기구(OECD) 가입, 외환위기로 국제 통화 기금(IMF)에 구제 금융 지원 요청 등이 이루어졌다. (나)는 김대중 대통령으로 평화적인 여 · 야 정권 교체를 이루고, 외환위기 극복을 위한 금모으기 운동 전개, 경제 위기 극복을 위한 노사정 위원회 구성, 남북 사이의 평화 정책을 위한 금강산 관광 사업 실시, 제1차 남북 정상 회담 개최, 6 · 15 공동 선언 등이 이루어졌다.

ㄴ. 금융 실명제가 시행된 시기는 김영삼 정부 때이다.

ㄷ. 6 · 15 공동 선언이 발표된 시기는 김대중 정부 때이다.

오답 정리

ㄱ. 남북 기본 합의서가 채택된 시기는 노태우 정부 때이다.

ㄹ. 한 · 미 자유 무역 협정(FTA)이 체결된 시기는 이명박 정부 때이다.

50 ⑤

민주화를 유보하자는 역대 독재 정권의 거짓 논리

해설 제시된 내용은 1987년 6월 민주 항쟁 당시 발표한 6·10 대회 선언문으로 5년 단임의 대통령 직선제 개헌이 이루어지는 계기가 되었다.

오답 정리

① 내각 책임제와 양원제 국회를 골자로 하는 개헌을 단행하는 결과를 가져온 것은 4·19 혁명이다(1960).

② 한·일 국교 정상화에 반대하여 일어난 것은 박정희 정부의 6·3 항쟁이다(1964).

③ 신군부의 집권과 5·17 비상계엄 확대 조치에 반발하여 일어난 민주화 운동은 5.18 광주 민주화 운동이다(1980).

④ 5·18 광주 민주화 운동의 관련 기록물은 2011년 유네스코 세계 기록 유산으로 등재되었다.

정답 및 해설
신과함께 기출문제집

제**39**회

01 ④

포인트

사유 재산과 계급이 발생한 시대

해설 제시된 자료는 청동기 시대의 고인돌로 계급 출현을 보여주는 유물이다. 청동기 시대에는 거푸집을 이용해 비파형 동검을 제작하였고, 반달 돌칼을 사용하였다.

오답 정리

① 농경과 목축을 시작하여 식량을 생산한 때는 신석기 시대이다.

② 가락바퀴를 이용하여 실을 뽑기 시작한 때는 신석기 시대이다.

③ 쟁기, 쇠스랑 등의 철제 농기구를 사용한 때는 철기 시대이다.

⑤ 정착 생활을 하게 되면서 움집이 처음 만들어진 때는 신석기 시대이다.

02 ③

포인트

(가)-제천 행사, 동맹, 서옥, (나)-제사, 노래와 춤

해설 제시된 자료는 철기시대 초기 연맹국가들의 제천 행사를 언급하고 있다. 대표적인 제천 행사로는 고구려의 동맹, 부여의 영고, 동예의 무천, 삼한의 계절제 등이 있다. (가)는 고구려의 동맹과 서옥제를 다루고 있다. (나)는 삼한의 5월 수릿날과 10월 계절제에 대한 기술이며, 이외에 신성 지역인 소도가 존재하였다.

오답 정리

① 남녀가 몸에 문신을 새기는 것은 삼한의 풍습이다.

② 철이 많이 생산되어 낙랑과 왜에 철을 수출한 국가는 삼한이다.

④ 읍락 간의 경계를 중시하는 책화는 동예의 제도이다.

⑤ 1책 12법(물건을 훔친 자에게 12배를 배상하도록 하는 것)은 부여의 형법이다.

03 ④

포인트

범금 8조

해설 제시된 자료는 고조선의 8조법을 언급하고 있다. 내용으로도 알 수 있듯 개인의 사유재산을 소중하게 여겼으며, 이를 침해하는 경우 엄한 형벌로 다스렸다. 고조선 때는 왕 아래 상, 대부, 장군 등의 관직을 두었다.

오답 정리

① 신지, 읍차는 삼한의 지배자 칭호이다.

② 골품제는 삼국시대의 신라에서 등장한 신분제도이다.

③ 제가 회의에서 국가 중대사를 결정한 국가는 고구려이다.

⑤ 부여는 5부족 연맹체로 중앙의 왕과 마가, 우가, 저가, 구가가 다스리는 사출도라는 행정구역이 존재하였다.

04 ①

포인트

고구려, 사회 보장 제도, 구휼정책

해설 제시된 대책은 고구려의 구휼정책으로, 고국천왕 16년에 재상 을파소의 건의를 받아들여 진대법을 실시해 빈민을 구제하였다.

오답 정리

② 상평창은 고려 시대와 조선 시대에 물가를 조절하기 위해 설립된 기관이다.

③ 『구황촬요(救荒撮要)』는 기근에 대비해 조선시대 명종 때 간행되어 보급된 서적이다.

④ 구제도감은 고려 예종 때에 백성을 구호하고 질병을 치료하기 위해 설치된 임시관청이다.

⑤ 혜민국은 고려 시대에 백성의 질병을 치료하기 위해 설립된 기관이다.

05 ③

포인트

신라 구원, 고구려군

해설 제시문은 금관가야가 가야 연맹왕국을 지배하던 시기에 가야와 일본의 연합군이 신라를 공격하자 광개토대왕이 군사를 보내 신라를 구원한 내용이다. 이후 가야 연맹왕국을 지배하는 구조가 금관가야에서 대가야 중심으로 변하게 되었다.

오답 정리

① 고구려 태조왕 시기에 옥저를 복속시켰다.

② 4세기 근초고왕 시기에 백제가 고구려의 평양성을 공격하여 고국원왕을 사살하였다.

④ 신라의 지배자 칭호는 거서간–차차웅–이사금–마립간–왕으로 변모하였다. 제시문의 시기는 내물왕이 내물마립간이었던 시기이므로 잘못된 설명이다.

⑤ 고구려가 대방군을 축출하고 영토를 확장한 것은 고구려 미천왕 시기이다.

06 ①

포인트

(가)–도읍 웅진, (나)–도읍 사비, 남부여

해설 (가)는 웅진 천도(475년), (나)는 사비 천도(538년)로 백제의 수도 변천을 언급한 자료이다. 이 사이에는 무령왕이 지방의 22담로에 왕족을 파견하여 지방을 통제한 사실이 있었다 (5세기).

오답 정리

② 침류왕이 동진(東晉)으로부터 불교를 수용한 것은 (가) 이전이다(384년).

③ 의자왕이 신라를 공격하여 대야성을 함락한 것은 (나) 이후인 백제 말기의 상황이다.

④ 고이왕이 좌평과 관등제의 기본 골격을 마련한 것은 (가) 이전인 백제 초기 상황이다.

⑤ 성왕이 고구려를 공격하여 한강 유역을 수복한 것은 (나) 이후의 시기이다.

07 ④

포인트

해인사 묘길상탑기, 최치원

해설 신라시대 최치원의 해인사 묘길상탑기의 일부분으로, 해인사 주변에서 통일신라 말기인 신라 하대에 일어난 농민반란의 내용을 기술하고 있다. 이때는 지방에서 호족들이 반독립적인 세력으로 성장하였다.

오답 정리

① 복신과 도침 등이 주류성에서 군사를 일으킨 것은 백제의 부흥운동이다.

② 묘청 등이 중심이 되어 서경 천도를 주장한 것은 고려 시대이다.

③ 신라군이 당의 군대에 맞서 매소성에서 승리한 것은 통일신라 시기 이전이다.

⑤ 요세가 법화 신앙에 중점을 둔 백련 결사를 주도한 것은 고려 시대이다.

08 ④

포인트

신라 무덤, 김흠돌의 난 진압, 진골귀족 세력 숙청, 왕권 확립

해설 김흠돌의 난을 진압한 통일신라의 신문왕은 왕권 강화를 위한 여러 정책을 추진하였다. 관리에게 관료전을 지급하고(687년) 녹읍을 폐지한(689년) 것이 대표적이다.

오답 정리

① 화랑도를 국가 조직으로 개편한 때는 진흥왕 시기이다.

② 이사부를 보내 우산국을 복속시킨 때는 지증왕 시기이다.

③ 건원이라는 독자적 연호는 법흥왕 때 사용하였다.

⑤ 황룡사 구층 목탑은 선덕여왕 때에 자장 대사의 건의로 세워졌으며 몽골의 침입 때 소실되어 현재는 터만 남아 있다.

09 ②

포인트

대외 교류, 청동 낙타상, 러시아 연해주

해설 연해주 지역을 차지했던 국가는 발해로, 일본 등의 국가들과 대외 교류가 활발하였다. 발해는 전국토에 걸쳐 5경(京)·15부(府)·62주(州)를 설치했으며 솔빈부는 15부 중 하나이다. 이 부는 솔빈의 옛 땅에 설치되었고 그 밑에는 화주(華州)·익주(益州)·건주(建州)의 3개 주를 두어 다스리도록 하였다. 이곳은 말이 특산물로서 유명하다. 역사적으로 중국 동북지방의 말은 오래전부터 잘 알려져 있는데 국방·생산·교통에서는 물론 중국에의 수출과 진공용(進貢用)으로 이용되었다.

오답 정리

① 울산항이 국제 무역항으로 번성한 때는 통일신라 시기이다.

③ 청해진을 설치하여 해상 무역을 전개한 때는 통일신라 시기 장보고의 업적이다.

④ 건원중보를 발행하여 화폐 유통을 추진한 때는 고려 성종 시기이다.

⑤ 시장을 관리하는 간청인 동시전을 설치한 때는 신라 지증왕 시기이다.

10 ①

포인트

백제의 견훤, 쌍기

해설 (가)는 태조 왕건으로, 후백제 견훤의 포악 정치에 대항하여 후백제 백성들을 구한 내용이다. 쌍기는 광종에게 과거제를 건의한 고려의 신하이다. (나)는 고려 광종을 의미한다. 태조 왕건은 고구려의 진대법과 비슷한 흑창(黑倉)을 설치하여 민생을 안정시켰다.

오답 정리

② 광덕, 준풍 등의 연호를 사용한 인물은 광종이다.

③ 12목을 설치하고 지방관을 파견한 것은 고려 성종의 정책이다.

④ 상수리 제도를 실시하여 지방 세력을 통제한 것은 통일신라 시대의 왕권 강화 정책이다.

⑤ 현직 관리에게 전지와 시지를 지급한 것은 고려 문종의 정책이다.

11 ①

포인트

백제의 미소, 백제 불상 특유의 자비로운 인상

해설 제시문은 삼국시대 백제의 문화유산인 서산마애삼존불에 대한 내용이다.

오답 정리

② 논산 관촉사 석조 미륵보살 입상이다.

③ 서울 보타사 마애보살좌상이다.

④ 파주 용미리 마애이불입상이다.

⑤ 경주 배리 석조삼존불입상이다.

12 ①

포인트

송광사 국사전, 수선사 결사 창립, 불교계의 개혁 운동

해설 (가)는 고려 시대의 지눌로, 수선사 결사를 창립하여 불교 개혁 운동을 추진한 승려이다. 지눌의 『권수정혜결사문』은 승려들에게 정혜쌍수, 즉 선정(禪定; 참선으로 내면을 닦아 삼매경에 이름)과 지혜(智慧)를 함께 닦을 것을 호소하기 위해 지은 책으로, 선정과 지혜를 닦아야 하는 이유와 수행법 등을 문답 형식으로 설명하였다.

오답 정리

② 고려 고종 때 승려 각훈이 『해동고승전』을 집필하여 승려들의 전기를 기록하였다.

③ 고려 광종 때에 균여가 『보현십원가』를 지어 불교 교리를 대중에게 전파하였다.

④ 고려 대각국사 의천이 교관겸수를 내세워 이론 연마와 실천을 함께 중시하였다.

⑤ 일연이 『삼국유사』를 저술하여 불교 중심의 민간 설화를 정리하였다.

13 ②

포인트

강조, 대량원군(大良院君), 목종 폐위

해설 고려 시대의 강조는 목종을 폐위시킨 후 그를 살해하고, 현종을 옹립하는 쿠데타를 일으켰다. 이러한 강조 정변을 구실로 거란이 고려에 대한 2차 침입을 강행하게 된다.

거란의 제2차 침입은 거란 성종이 직접 40만 대군을 거느리고 왔으며, 강조가 거느린 고려군의 주력 부대를 격파한 후 곽산ㆍ안주 등의 성을 빼앗고 개경까지 함락하였다. 당시 고려의 왕인 현종은 거란의 침략을 피해 나주까지 피난하였고, 병참선이 차단된 거란군은 고려 왕의 친조(親朝)를 조건으로 철군하였다.

오답 정리

① 광군은 고려시대 거란의 침입을 막기 위해 고려 정종 때에 설치되었다.

③ 서희가 외교 담판을 벌여 강동 6주를 획득한 것은 거란의 1차 침입 시기의 일이다.

④ 만부교 사건은 고려 태조 때에 거란에서 보낸 낙타 50필을 만부교에 매어놓아 굶어 죽게 만든 것으로, 이로써 고려와 거란의 관계가 악화되었다.

⑤ 후주와 사신을 교환하여 대외 관계의 안정을 꾀한 것은 고려 광종 시기이며, 쌍기가 막차를 타고 고려에 사신으로 오게 된다.

14 ③

포인트

고려 정부의 관학 진흥정책

해설 고려 시대의 대표적인 관학 진흥정책으로는 (ㄴ) 1119년

(예종 14) 양현고를 설치하여 장학금 지급, (ㄷ) 1109년(예종 4) 국학(국자감) 내에 7개의 전문 강좌인 7재를 설치하여 운영, 1101년(숙종 6) 서적포의 설치를 통한 서적 발매 등이 있다.

오답 정리

ㄱ. 독서삼품과를 마련하여 인재를 등용한 것은 통일신라의 원성왕 때이다.

ㄹ. 4부 학당은 사학(四學)이라고도 하며, 고려 말과 조선시대의 관립 교육기관이다. 고려 시대에는 개경과 조선시대에는 한성의 각 부에 두었다.

15 ④

포인트

정방, 문사, 서방

해설 (가)는 최우로 고려 무신집권기에 정방과 서방을 설치하였다. 최우는 몽골의 침략에 대비하여 강화도로 천도하였다.

오답 정리

① 칭제 건원과 금국 정벌을 주장한 인물은 고려 묘청이다.

② 고려 명종 때에 최충헌이 봉사 10조를 올려 개혁을 제안하였다.

③ 고려 의종 때에 정중부를 비롯한 무신들이 보현원에서 문신들을 살해하고 정권을 장악하였다.

⑤ 전민변정도감의 판사가 되어 권문세족을 견제한 인물은, 공민왕 시기에 개혁을 주장한 승려 신돈이다.

16 ③

포인트

몽고습래회사(蒙古襲來繪詞), 고려가 원의 일본 원정에 동원되었던 시기

해설 몽고습래회사는 몽골의 습격과 그린 그림과 글이라는 뜻으로, 고려 시기의 원간섭기에 대한 내용이다. 충렬왕 때에 원의 내정간섭을 받아 도병마사를 도평의사사로 개편하였다.

오답 정리

① 나성을 쌓고 천리장성을 축조한 것은 거란 침입과 관련 있다.

② 만적이 개경에서 반란을 모의한 만적의 난은 무신집권기의 내용이다.

④ 우리나라 최초의 대장경인 초조대장경은 고려 현종 때에 거란의 침입을 물리치기 위해 간행되었다.

⑤ 여진의 침입을 받게 되자 윤관의 건의로 별무반을 설치하였다.

17 ②

포인트

만월대, 안동 이천동 마애여래입상, 하남 하사창동 철조 석가여래좌상

해설 하남 하사창동 철조 석가여래좌상이 가장 대표적인 고려 시대의 철불(철제불상)로, (가)에 들어가야 할 것은 고려 시대의 건축물이다. 따라서 ① 봉정사 극락전, ③ 수덕사 대웅전, ④ 성불사 응진전, ⑤ 부석사 무량수전이 해당된다.

오답 정리

② 법주사 팔상전은 조선 시대의 문화유산이다.

18 ①

포인트

시무 7조, 향원(鄕愿), 향리, 경재소

해설 제시문의 성종실록에 나오는 경재소는 조선 시대의 지방 유향소를 통제하기 위해 설치한 기구이다. 따라서 (가)는 유향소로, 조선 초기에 지방에서 향리를 감찰하고, 지방의 풍속을 교정하기 위해 설치한 향촌자치기구이다. 유향소에서는 자체적으로 좌수와 별감을 선발하여 운영되었다.

오답 정리

② 성균관에서 대성전을 세워 선현에 제사를 지냈다.

③ 옥당은 홍문관을 의미하며 경연을 담당하였다.

④ 농민들로 구성된 공동 노동의 작업 공동체는 농민 자치 공동체인 두레를 의미한다.

⑤ 불교의 신앙 조직인 향도에서 매향(埋香) 활동 등 각종 불교 행사를 주관하였다.

19 ④

포인트

김종서

해설 4군 6진은 조선 세종 때 여진족을 물리치고 개척한 지역이다. 조선의 대외 정책은 사대 교린 정책이다. 명나라에 대해서는 사대 교린(事大交隣)을 실시하였고, 일본과 여진족에 대해서는 교린 정책을 실시하였다. 교린 정책이란 회유책과 강경책을 병행하여 실시하는 정책이다. 4군 6진 개척은 여진족에 대한 강경책이고, (ㄴ) 경성과 경원에 무역소 설치하여 물물 교환을 허락하고, (ㄹ) 한양에 북평관을 설치하여 조공 무역을 허용한 것 등은 회유책이다.

(ㄱ) 강경책의 일환으로 대마도를 정벌하고, (ㄷ) 초량에 왜관을 설치하고 개시 무역을 실시한 것은 왜에 관한 설명이다.

20 ⑤

포인트

주세붕

해설 (가)는 서원이다. 조선 중기에 주세붕이 서원을 세워 학문을 가르치고자 하였다. 국가가 서원 설립을 공인함으로써 지방 사회에 교육이 보급될 수 있도록 지원해 주었다. 따라서 서원은 왕으로부터 현판과 노비를 받았기도 하였다.

오답 정리

① 청연각은 고려 예종 때에 궁중 경연을 위해 설치되었다.
② 향교는 전국의 부, 목, 군, 현에 하나씩 설치되었다.
③ 중앙에서 파견된 교수나 훈도가 지도한 것은 향교에 관한 내용이다.
④ 국자감에서는 유학을 비롯하여 율학, 서학, 산학 등의 기술 교육도 실시하였다.

21 ②

포인트

격몽요결, 성리학을 처음 배우는 학도들의 입문서

해설 『격몽요결』은 1577년(선조 10)에 이이가 성리학을 처음 배우는 이들을 위해 입문서로 저술한 서적이다. 당시에는 사림이 동인과 서인으로 분화되었다. 이이는 서인의 대표적인 인물로 이후에는 『성학집요』를 저술하였으며, 이황은 동인의 대표적인 인물로 『성학십도』를 저술하였다.

오답 정리

① 임진왜란(1592) 이후 (선조 이후) 명과 후금 사이에서 광해군이 중립외교를 펼쳤다.
③ 광해군 즉위년(1608)에 영의정 이원익의 주장으로 경기도에 한해서 대동법이 실시되었다.
④ 폐비 윤씨 사사 사건을 빌미로 사화가 발생한 때는 연산군 시기이다(갑자사화, 1504).
⑤ 자의 대비의 복상 문제를 둘러싸고 예송이 전개된 때는 현종 시기이다(예송논쟁, 1659).

22 ③

포인트

적자(赤子), 노비 문서

해설 제시문은 조선 후기에 진행되었던 노비 해방에 대한 기술이다. 조선 후기에 볼 수 있는 모습은 ① 청화 백자를 제작하는 장인, ② 상평통보로 물건을 구매하는 농민, ④ 시사(詩社)를 조직하여 활동하는 중인, ⑤ 여러 장시를 돌며 물품을 판매하는 보부상 등이다.

오답 정리

③ 제포의 왜관에서 교역을 하는 상인은 조선 전기에 볼 수 있는 모습이다.

23 ②

포인트

위훈 삭제 등 개혁 정치 주친, 훈구파의 반발

해설 위훈 삭제를 주장한 인물은 조선 중기의 문신인 조광조이다. 당시에는 훈구파와 사림파가 대립하였으며, 조광조는 현량과 실시, 소격서 폐지, 소학 보급 및 공납의 폐단 시정 등의 정책을 주장하였다.

오답 정리

① 조의제문은 김종직이 세조의 왕위 찬탈을 비난한 글로, 무오사화와 관련 있다.
③ 송시열이 올린 「기축봉사(己丑封事)」는 정치적 소신을 장문으로 진술한 것인데, 명에 대한 의리를 강조하였다.
④ 이황은 예안 향약을 시행하여 향촌 교화를 위해 노력하였다.
⑤ 박세당은 사변록에서 유교 경전에 대한 독자적 해석을 시도하였다.

24 ①

포인트

궁궐, 대한문, 중화전, 석어당, 석조전

해설 (가)는 덕수궁으로, 고종이 1896년 아관파천(러시아 공사관으로 피신) 이후 1897년 덕수궁으로 환궁하였다.

오답 정리

② 경복궁은 도성 내 북쪽에 있어 북궐이라고 하였다.
③ 창덕궁은 태종이 한양 재천도를 위하여 건립하였다.
④ 창경궁은 일제에 의해 창경원으로 격하되기도 하였다.

⑤ 조선 초기에 정도전이 처음 경복궁의 주요 전각 명칭을 정하였다.

25 ②

포인트

농서 편찬, 우리 풍토에 맞는 농법 보급을 위한 서적

해설 제시문의 왕은 세종으로, 우리 풍토에 적합한 농법을 보급하기 위한 농서를 편찬하게 하여 정초와 변효문 등의 문신들이 『농사직설』을 저술하였다. 또한 전분 6등법 및 연분 9등법을 시행하여 수취 체제를 정비하였다. 연분 9등법은 풍흉에 따라 토지 1결당 최저 4두에서 최고 20두를 납부하는 조세 제도이다.

오답 정리

① 영조는 균역법을 시행하여 결작을 징수함으로써 재정 부족 문제에 대처하였다.

③ 광해군 시기에 기유약조를 체결하여 일본과의 무역을 재개하였다.

④ 조선시대 효종 때에 설점수세제를 시행하여 민간의 광산 개발을 허용하였다.

⑤ 세조 시기에 부족해진 토지로 인해 과전법에서 직전법으로 토지 정책을 변경하여 현직 관리에게만 수조권을 지급하였다.

26 ③

포인트

후금의 위협에 대비하여 축조한 남한산성

해설 제시된 사진은 남한산성을 보여준다. (가) 왕은 인조이다. 인조의 업적은 총융청과 수어청, 어영청을 설치하여 국방을 강화하고자 하였다.

오답 정리

① 정조 때에 왕권 강화를 위하여 장용영을 신설하였다.

② 조선시대에 효종은 나선 정벌을 위하여 조총 부대를 파견하였다.

④ 조선시대 숙종 때에 청과의 국경을 정한 백두산정계비를 건립하였다.

⑤ 조선 후기 영조는 농민들의 군역 부담을 줄여주고자 균역법을 시행하였다.

27 ④

포인트

(가)-행주산성에서 패한 왜군이 명과 강화 교섭 재개, (나)-왜군이 본국으로 철수

해설 (가)는 임진왜란 시기에 일어난 전투인 행주대첩(1593)을 의미하고, (나)는 왜군이 본국으로 철수한 정유재란이 종료된 시기(1598)를 의미한다. 따라서 (가)와 (나) 사이에는 이순신 장군의 명량해전(1597)이 들어가야 한다. 명과 일본의 휴전 회담이 결렬되어 왜군이 다시 조선을 침략한 것이 정유재란이며, 이순신 장군이 수군을 이끌고 노량 해전을 마지막으로 승리하게 되면서 왜군이 본국으로 철수하며 정유재란이 종료되었다.

오답 정리

① 조 · 명 연합군이 평양성을 탈환한 것은 (가) 이전의 사건이다.

② 이괄의 반란 세력이 도성을 점령한 것은 (나) 이후의 사건이다.

③ 임진왜란 때 신립이 탄금대에 배수진을 치고 항전한 것은 (가) 이전의 사건이다.

⑤ 정봉수와 이립이 의병을 이끌고 활약한 것은 (나) 이전의 사건이다.

28 ②

포인트

조선 왕실 어보, 사도 세자에 대한 효심

해설 (가) 왕은 정조이다. 영조 시기의 왕세손은 사도 세자의 아들 정조이다. 정조 시기에는 대외 관계를 정리한 『동문휘고(同文彙考)』가 간행되었다.

오답 정리

① 순조 때 홍경래 등의 봉기로 정주성이 점령되었다.

③ 순조 때에 신유박해로 수많은 천주교도들이 처형되었다.

④ 영조 때에 붕당의 폐해를 경계하기 위한 탕평비가 건립되었다.

⑤ 세종 때에 한양을 기준으로 한 역법서인 『칠정산 내편』이 편찬되었다.

29 ⑤

포인트

추사, 추사체, 세한도, 청의 학자들과 교류

해설 추사 김정희는 세한도를 그렸으며, 『금석과안록』에서 북한산비가 진흥왕 순수비임을 고증한 것이 대표적인 업적이다.

오답 정리

① 정약용은 거중기를 제작하여 수원 화성 건설에 이용하였다.

② 박지원은 『양반전』을 지어 양반의 허례와 무능을 풍자하였다.

③ 정상기는 최초로 100리 척을 활용한 동국지도를 제작하였다.

④ 박제가는 『북학의』를 저술하여 수레와 배의 이용을 권장하였다.

30 ①

포인트

송시열의 관직을 회복시키고 제사를 지내게 함

해설 기사환국 이후 갑술환국 때에 송시열의 관직을 회복시킨 사건을 가리킨다. 갑술환국 때에는 서인이 노론과 소론으로 분화되어 정국을 주도하였다.

오답 정리

② 명종 시기에 외척 간의 대립으로 을사사화가 발생하였다.

③ 숙종의 경신환국 때에 허적과 윤휴 등 남인들이 대거 축출되었다.

④ 광해군 시기에 중립외교를 주장하던 북인이 서인과 남인을 배제하고 권력을 장악하였다.

⑤ 조선 선조시기에 정여립 모반 사건으로 인해 기축옥사가 발생하였다.

31 ③

포인트

혜원, 조선 후기 풍속화

해설 혜원은 신윤복의 호이며, 조선 후기의 풍속화가였다. 신윤복의 풍속화로는 ③「월하정인」이외에도 「주유청강」, 「단오풍정」 등이 있다.

오답 정리

① 김득신의 「노상현알」이다.

② 김홍도의 「무동」이다.

④ 김준근의 「밭갈이」이다.

⑤ 유숙의 「수계도권」이다.

32 ②

포인트

우정국에서 낙성연을 열었음, 홍영식, 민영익

해설 민영익이 칼에 맞은 사건, 우정국에서 낙성연을 개최한 것은 1884년 갑신정변에 관한 내용이다. 갑신정변 이후 일본에게 배상금을 지불하기로 하는 한성 조약(漢城條約)을 체결하였다.

오답 정리

① 1905년 을사늑약이 맺어지자 최익현(양반 유생), 민종식(전직 관료) 등이 의병을 일으켜 을사의병이 일어났다

③ 1894년 보국안민(輔國安民; 나라를 지키고 백성을 편안하게 하다), 제폭구민(除暴救民; 폭정을 없애고 백성을 구하다), 척왜척양(斥倭斥洋; 왜와 양이를 물리치자) 등을 기치로 동학농민운동이 일어났다

④ 1882년 구식 군인에 대한 차별 대우가 발단이 되어 임오군란이 일어났다.

⑤ 1862년 조선 철종 때 진주 지역에서 농민들이 봉기했다는 소식이 전해지자 정부는 사건의 수습을 위해 박규수를 안핵사로 파견하였다.

33 ①

포인트

황준헌, 러시아, 미국, 오랑캐

해설 『조선책략』은 2차 수신사로서 일본에 파견된 김홍집이 가져온 서책이며, 러시아의 남하를 막기 위해 친중국, 결일본, 연미국해야 한다는 내용을 담고 있다. 제시된 지문은 이러한 『조선책략』의 내용을 비판하고자 영남 지방 유생들이 왕에게 연명하여 상소를 올린 영남만인소를 나타낸다. 그러나 이후 1882년(고종 19)에 조・미 수호 통상 조약이 체결되었다.

오답 정리

② 1871년 신미양요 때 어재연 부대가 광성보에서 항전하였다.

③ 1875년 일본이 조선에게 개항을 요구하며 운요호를 보내 강화도 초지진을 공격하였다. 이것은 강화도 조약을 체결하는 배경이 되었다.

④ 1866년 병인양요 때 프랑스군이 외규장각 도서를 약탈하였다.

⑤ 1880년(고종 17) 수신사로 일본에 갔던 김홍집이 『조선책략』을 들여왔다.

34 ③

포인트

운현궁, 아들 고종

해설 (가)는 고종의 아버지인 흥선대원군으로 호포제, 서원 철폐, 경복궁 중건, 당백전 발행 등의 개혁 정책을 추진하였다.

오답 정리

① 태종 때 주자소를 설치하여 계미자를 주조하였다.

② 영조 때 속대전을 편찬하여 통치 체제를 정비하였다.

④ 철종 때 삼정이정청을 설치하여 삼정의 문란을 개선하고자 하였다.

⑤ 정조 때 육의전 이외 시전 상인의 특권을 폐지하는 신해통공을 실시하였다.

35 ⑤

포인트

박상진과 김한종이 주도함, 풍기 광복단과 조선 국권 회복단, 1915년 결성

해설 (가)는 대한광복회(大韓光復會)로 1915년 대구에서 결성된 한국의 항일독립운동 단체이다. 대한광복회는 공화정체의 국민 국가 수립을 목표로, 만주에 무관학교를 설립하기 위해 군자금을 모금하고 친일 부호를 처단하였다.

오답 정리

① 의열단은 신채호가 작성한 조선 혁명 선언을 활동 지침으로 삼았다.

② 독립의군부는 고종의 밀지를 받아 결성된 비밀 단체이다.

③ 신민회는 일제가 꾸며낸 105인 사건으로 해체되었다.

④ 독립협회는 중추원 개편을 통한 의회 설립을 추진하였다.

36 ⑤

포인트

경제적 구국 운동, 독립 협회, 황국 중앙 총상회, 보안회, 국채 보상 기성회

해설 아관 파천 이후 외세의 경제 침탈에 맞서 경제적 구국 운동이 다양하게 전개되었다. (다) 보안회는 일제의 황무지 개간권 요구를 철회시켰으며 (라) 국채 보상 기성회의 경우 금주와 금연을 통해 열강에게 진 채무를 갚기 위한 운동을 전개하였다.

오답 정리

(가) 대동 상회와 장통 상회는 1883년, 독립 협회는 1896년에 설립되었다.

(나) 러시아의 절영도 조차 요구를 저지한 것은 독립 협회의 활동이다.

37 ③

포인트

영국이 함대를 보내 조선 영토를 불법 점령

해설 1885~1887년까지 영국은 러시아의 남하를 견제하기 위해 거문도를 불법으로 점령하였다. 따라서 이 시기는 임오군란(1882)과 청일전쟁(1894) 사이인 (다)에 해당한다.

38 ⑤

포인트

윤현진, 상하이 망명, 의용단 조직

해설 (가)는 상하이의 대한민국 임시정부를 의미한다. 임시정부에서는 ① 구미 위원부를 설치하여 외교 활동을 추진하였고, ② 한인 애국단을 조직하여 이봉창 및 윤봉길 의사의 의열 투쟁을 지원하였으며, ③ 이륭양행에 교통국을 설치하여 국내와의 연결 문제를 해결하고자 하였다. 또한 ④ 임시 사료 편찬회를 두어 한ㆍ일 관계 사료집을 간행하였다.

오답 정리

⑤ 신민회의 이승훈은 태극서관(太極書館)을 설립하여 조선 광문회에서 발간한 서적을 보급하였다.

39 ⑤

포인트

1910년대 일제의 통치

해설 제시문은 1910년대 일제의 무단통치시기에 관한 내용이다. (가)의 무단통치시기 사회의 내용은 제1차 교육령을 발표한 것으로, 조선인의 교육은 보통학교(4년 연한)와 중등보통학교(4년 연한)로 제한을 두었다는 것이다.

오답 정리

① 국민 교육 헌장 발표는 1960년대 박정희 정부의 정책이다.

② 경성 제국 대학 설립은 1920년대 일제의 문화통치시기 정책이다.

③ 한성 사범 학교 관제 마련은 2차 갑오개혁 시기의 정책이다.

④ 소학교에서 국민학교로의 명칭 변경은 1930년대 민족말살통치 시기의 정책이다.

40 ④

포인트

(가)-6 · 10 만세 사건 제1회 공판, (나)-광주고보-중학생 충돌 사건

해설 (가)는 1926년 6 · 10 만세운동, (나)는 1929년의 광주학생 항일운동을 가리킨다. 두 사건 사이에는 민족 유일당 운동의 일환으로 1927년 신간회가 창립되는 일이 있었다.

오답 정리

① 1919년에 3 · 1운동이 전국적으로 전개되었다.

② 1940년대에 광복에 대비하여 조선 건국 동맹이 결성되었다.

③ 1932년 총사령관 양세봉이 이끄는 조선 혁명군이 중국 의용군과 연합하여 영릉가 전투에서 일본군에 승리하였다.

⑤ 1938년 김원봉이 중국의 임시수도 한커우에서 조선민족전선연맹 산하에 조선의용대를 조직하였다.

41 ④

포인트

을밀대, 평양, 강주룡이 항의 농성

해설 제시문은 강주룡 을밀대 농성사건을 다루고 있다. 평양 고무공장의 노동자였던 강주룡은 1930년 노동자들의 파업에 대해 일제가 폭력적으로 진압하자, 을밀대 지붕에 올라가서 단식 농성을 벌였다. 이는 일제 강점기에 진행된 1930년대 노동운동을 나타내는 사건으로 임금 삭감 반대, 노동 조건 개선을 주장하였다.

오답 정리

① 조선 노동 총동맹이 결성된 시기는 1927년이다.

② 1929년 원산 총파업은 문평제유공장 노동자의 파업(1928년 9월)이 발단이 되어 벌어진 사건이다.

③ 1907년 국채보상운동에는 국채보상기성회를 비롯해 대한매일신보, 황성신문, 제국신문, 만세보 등의 언론 단체들이 참여하였다.

⑤ 1923년부터 일어난 형평운동(衡平運動)은 백정에 대한 사회적 차별 철폐를 목적으로 하였다.

42 ②

포인트

10년 후의 조선을 생각하라, 어린 사람

해설 제시된 자료는 천도교소년회에서 발표한 것으로 1921년 김기전, 방정환 등의 주도로 천도교청년회 산하에 결성된 모임이다. 천도교소년회는 1923년 3월부터 월간 「어린이」를 창간하고 소년계몽운동을 주도하였다. 천도교소년회의 이 운동은 우리나라에서 처음으로 시작된 어린이 문화운동이자 어린이 인권운동이다.

오답 정리

① 잡지 「근우(槿友)」(1929. 5)는 여성운동단체인 근우회가 발행한 여성 잡지이다.

③ 1924년 김용관이 발명학회를 조직하였고, 일본 동경에서는 유학생 학술단체인 과학지식보급회가 창립되었다.

④ 조선어연구회는 가갸날을 제정하고 기관지인 「한글」을 발행하였다.

⑤ 신민회는 대성 학교와 오산 학교를 설립하여 민족 교육을 실시하였다.

43 ①

포인트

회사령 폐지

해설 제시문은 1920년 회사령 폐지에 관한 내용으로, 1920년과 1923년 평양과 서울에서 조선물산장려회가 발족되었다.

오답 정리

② 1889년 함경도에서 방곡령이 선포되었다.

③ 1908년 동양척식 주식회사가 창립되었다.

④ 1897년 한성 은행이, 1899년에 대한 천일 은행이 설립되었다.

⑤ 1904년 메가타의 주도로 화폐 정리 사업이 실시되었다.

44 ⑤

포인트

일제의 징용령은 일제의 민족말살정책 시기인 1930년대~1940년대에 걸쳐 실행되었다. 당시 창씨개명, 징용, 징병 등의 황국신민화 정책을 실시하였다.

해설 일제의 징용령은 일제의 민족말살정책 시기인 1930년대~1940년대에 걸쳐 실행되었다. 당시 창씨개명, 징용, 징병 등의

황국신민화 정책을 실시하였다.

오답 정리

① 1920년 일본군의 보복으로 간도 참변이 발생하였다.

② 1925년 일제가 중국 군벌과 미쓰야 협정을 체결하였다.

③ 1930년대에 농촌을 계몽하기 위한 브나로드 운동이 시작되었다.

④ 1933년 한국 독립군이 대전자령 전투에서 일본군을 격퇴하였다.

45 ①

포인트

일본 교토 우지시, 연희 전문학교 졸업, 일본 유학, 반일 운동 혐의, 송몽규, 후쿠오카 형무소에서 생을 마침

해설 제시문은 윤동주에 대한 내용으로 연희 전문 학교를 졸업하고 일본 유학 중에 반일 운동 혐의로 체포되었으며 광복 이전인 1945년 2월에 29세로 후쿠오카 형무소에서 생을 마쳤다. 이후 『하늘과 바람과 별과 시』라는 유고집이 출간되었다.

오답 정리

② 조선어 학회를 창립하여 한글을 연구한 인물은 장지영, 김윤재, 최현배 등이다.

③ 단성사에서 개봉된 영화 「아리랑」을 제작한 인물은 나운규이다.

④ 일제의 침략 과정을 서술한 『한국통사(韓國痛史)』를 저술한 인물은 박은식이다.

⑤ 1920년대에 사회주의적 색채를 띤 카프(KAPF)를 조직하여 식민지 현실을 고발하는 작품을 쓴 인물은 최서해 등이다.

46 ⑤

포인트

1948년 토벌대의 제주도 중산간 마을에 대한 초토화 작전

해설 (가)는 4·3사건이며 남한만의 단독 정부 수립에 대한 반발로 남로당이 제주도에서 무장봉기를 진행한 민중항쟁이다.

오답 정리

① 통일 주체 국민 회의의 역할을 알아보는 것은 박정희 정부와 관련 있다.

② 국가 보위 비상 대책 위원회의 설치 배경을 찾아보는 것은 전두환 정부와 관련 있다.

③ 5년 단임의 대통령 직선제가 실시된 계기를 파악하는 것은 1987년 6월 민주항쟁 사건과 관련 있다.

④ 비상 국무 회의에서 마련한 유신 헌법의 내용을 검색하는 것은 박정희 정부와 관련 있다.

47 ②

포인트

우리의 평화 통일 제의, 우리 대한 적십자사가 제의한 인도적 남북 회담, 제26주년 광복절 경축사

해설 우리나라는 1945년 8월 15일에 광복을 맞이하였다. 이후 26년 후는 박정희 정부 시기로 (ㄱ) 남북 조절 위원회를 구성하고 (ㄷ) 7·4 남북 공동 성명을 발표하였다.

오답 정리

(ㄴ) 남북 기본 합의서를 채택하고 (ㄹ) 한반도 비핵화 공동 선언에 합의한 것은 노태우 정부 시기이다.

48 ④

포인트

민주화 운동, 독일 기자, 1980년, 택시 기사 김사복, 광주

해설 제시문은 1980년 광주민주화운동에 대한 내용으로 이때는 신군부 세력이 쿠데타를 일으켜 권력을 장악하였다.

오답 정리

① 3·15 부정 선거는 이승만 정부가 물러나는 4·19혁명의 원인이 되었다.

② 베트남 파병에 관한 브라운 각서가 체결된 때는 박정희 정부 시기이다.

③ 대통령의 3선이 가능하도록 헌법이 개정된 때는 박정희 정부 시기이다.

⑤ 국민의 직선제 요구를 거부한 4·13호헌 조치를 발표한 것은, 전두환 정부 시기인 1987년 6월 민주항쟁이 발생하는 계기가 되었다.

49 ②

포인트

인천항, 인적·물적·시간적 손실을 최소화시킬 수 있을 것임

해설 제시문은 인천상륙작전 내용으로, 이를 통해 우리 군과 미

군은 서울을 탈환하게 되었다. 따라서 정답은 (나) 시기가 해당
된다.

50 ②

포인트

국제 통화 기금(IMF)에 지원 요청

│해설│ 제시문은 김영삼 정부 시기의 내용이다. 당시에는 외환위
기, 금융실명제 도입, 경제 협력 개발 기구(OECD) 가입, 삼풍백
화점 붕괴 등이 있었다.

오답 정리

① 제1차 경제 개발 5개년 계획이 추진된 때는 박정희 정부 시
   기이다.
③ 한·미 자유 무역 협정(FTA)이 체결된 때는 노무현 정부 시
   기이다.
④ 제2차 석유 파동으로 경제 불황이 심화된 때는 박정희 정부
   시기이다.
⑤ 유상 매수, 유상 분배의 농지 개혁법이 제정된 때는 이승만
   정부 시기이다.

40회

41회

42회

43회

44회

45회

46회

정답 및 해설
신과함께 기출문제집 제40회

01 ③

포인트

약 8천 년 전 제작, 물고기를 잡음, 농경과 목축 시작

해설 신석기 시대에 대한 설명이다. 당시 낚싯바늘과 그물을 이용해 물고기를 잡았고 농경과 목축을 시작하였다. 또한 빗살무늬 토기를 만들어 식량을 보관하였다.

오답 정리

① 소를 이용한 깊이갈이가 일반화된 때는 고려 시대이다.
② 반량전, 명도전 등의 화폐가 사용된 때는 철기 시대이다.
④ 고인돌을 축조한 때는 청동기 시대이다.
⑤ 주먹도끼나 찍개 등을 제작한 때는 구석기 시대이다.

02 ①

포인트

장성 북쪽 나라, 사출도

해설 (가)는 부여이다. 부여는 5부족 연맹체 국가로, 중앙에 왕이 있고, 각 지방에는 마가, 우가, 저가, 구가가 지배하는 사출도가 있었다. 12월에 영고라는 제천 행사를 열었다.

오답 정리

② 혼인 풍속으로 민며느리제를 시행한 나라는 옥저이다.
③ 소도라고 불리는 신성 지역이 존재한 나라는 삼한이다.
④ 단궁, 과하마, 반어피 등의 특산물로 유명한 나라는 동예이다.
⑤ 범금 8조(犯禁八條)는 8조법을 의미하며 고조선의 제도이다.

03 ④

포인트

김해, 대성동 고분 출토 청동 솥, 대동면 덕산리 출토 도기 기마인물형 뿔잔

해설 제시된 자료의 김해 지역은 연맹왕국 시대의 가야가 있던 지역이며, 낙랑과 왜를 연결하는 중계 무역으로 번성한 국가이다.

오답 정리

① 읍락 간의 경계를 중시한 책화가 있던 나라는 동예이다.

② 백강 전투는 백제 최후의 운명을 결정한 백제와 당나라의 전투이다.
③ 지방 장관으로 욕살, 처려근지 등을 둔 나라는 고구려이다.
⑤ 만장일치제도인 화백 회의를 통해 국정을 운영한 나라는 신라이다.

04 ⑤

포인트

(가)-영락 6년, 백제[百殘] 토벌, 백제왕[殘主], 고구려왕의 노객(奴客)이 되겠다고 맹세. (나)-고구려, 북쪽 성 공격, 개로왕

해설 (가)는 영락이라는 연호 사용으로 광개토대왕 시기임을 알 수 있고, (나)는 백제 개로왕의 죽음이라는 기술을 통해 장수왕의 남하 정책 당시 백제의 세력이 점차 약화되었음을 보여준다.

오답 정리

① 의자왕은 7세기의 백제 왕으로, 대야성을 함락하였다.
② 미천왕은 고구려 초기의 왕이다.
③ 동성왕은 6세기에 나·제 동맹을 강화하였다.
④ 6세기에 성왕이 한강 하류 지역을 수복하였다.

05 ②

포인트

거칠부, 국사 편찬, 파진찬

해설 제시문에서는 6세기 신라 진흥왕 때의 재상인 거칠부에 대해 다루고 있다. 진흥왕은 재위 기간에 국사를 편찬하고, 대가야 등을 복속시켜 영토를 확장해 신라를 강성하게 만들었다.

오답 정리

① 중앙군으로 9서당을 편성한 왕은 통일신라 시대의 신문왕이다.
③ 지방관 감찰을 위해 외사정이 파견된 시기는 문무왕 때이다.
④ 최고 지배자의 칭호가 마립간으로 변경된 시기는 내물왕 때이다.
⑤ 시장을 관리하기 위한 동시전이 설치된 시기는 지증왕 때이다.

06 ③

포인트

중대성, 일본국 태정관

해설 제시문에서 (가)는 발해로, 발해의 중대성에 대해 기술하

고 있다. 발해는 5경 15부 62조의 지방 행정 제도를 갖춘 국가이다.

오답 정리

① 옥저를 정복하고 동해안으로 진출한 나라는 고구려이다.
② 광덕, 준풍 등의 독자적인 연호를 사용한 사람은 광종으로 해당 국가는 고려이다.
④ 상수리 제도를 실시하여 지방 세력을 견제한 나라는 신라이다.
⑤ 내신 좌평, 위사 좌평 등 6좌평의 관제가 마련한 나라는 백제이다.

07 ③

포인트

당이 신라를 계림대도독부로 삼고 왕에게 대도독의 관작을 내림, 복신과 도침, 고구려 왕 항복, 검모잠, 안승

해설 복신, 도침, 안승, 검모잠 등은 고구려와 백제의 부흥 운동을 대표하는 인물이다. 이러한 부흥 운동은 삼국통일 직전에 일어났으며 (가)는 문무왕을 가리킨다.

오답 정리

① 백성에게 정전을 지급한 시기는 통일신라의 성덕왕 때이다.
② 이사부를 보내 우산국을 복속시킨 시기는 신라 지증왕 때이다.
④ 유학 교육을 위해 국학을 설립한 시기는 통일신라 신문왕 때이다.
⑤ 인재를 등용하기 위해 독서삼품과를 실시한 시기는 통일신라 원성왕 때이다.

08 ③

포인트

마한의 족속, 22담로

해설 제시문의 (가)는 백제로 마한의 족속이다. 22담로는 백제의 관직명이다. 대표적인 문화유산으로는 금관이 있다.

오답 정리

① 발해의 유물인 돌사자상이다.
② 고구려의 연가7년명 금동여래입상이다.
④ 가야의 금동관이다.
⑤ 신라의 천마도이다.

09 ②

포인트

신라 불교사, 신라 승려들의 활동을 통해 불교사의 흐름 파악, 원광, 자장, 원효, 의상, 도전

해설 제시문에서는 신라 승려들의 활동을 통해 불교사의 흐름을 파악하는 것을 강좌의 주세로 하고 있다. 자장은 황룡사 9층 목탑 건립을 건의하였다.

오답 정리

① 원광은 신라의 세속오계를 만들었다.
③ 원효는 대승기신론소를 저술하여 불교대중화에 앞장섰다.
④ 의상은 영주에 부석사를 창건하였다.
⑤ 도선은 풍수지리설을 들여왔다.

10 ②

포인트

남북 공동 발굴 비무장지대 내 유적, 강원도 철원의 태봉 옛 도성, 태봉 왕

해설 제시문에서 언급한 철원, 태봉 등은 후고구려의 도읍지였다. 따라서 (가)는 태봉 왕, 즉 궁예를 의미한다. 궁예는 광평성 등의 각종 정치 기구를 마련하였다.

오답 정리

① 후백제의 견훤이 후당과 오월에 사신을 파견하였다.
③ 후백제 견훤이 일리천 전투에서 왕건의 고려군에게 패배하였다.
④ 고려 왕건이 『정계』와 『계백료서』를 지어 관리의 규범을 제시하였다.
⑤ 통일신라의 장보고가 완도에 청해진을 설치해 해상무역을 전개하였다.

11 ②

포인트

9성 반환, 우리의 생업을 편안하게 해줌, 자손대대로 이르기까지 공물을 정성껏 바칠 것, 기와 조각 하나라도 국경에 던지지 않음, 감사의 절

해설 제시문에서는 고려 시대의 윤관이 여진족에 대항해 동북 9성을 만들었으나, 이후 고려 정부가 동북 9성을 여진에게 돌려주어 서로 화평하게 지냈다는 내용을 설명하고 있다. 이 처인성 전투는 몽골의 침입과 관련이 있으므로 (나) 시기가 해당된다.

12 ③

포인트

신채호, 진취 사상 대 보수 사상의 싸움

[해설] 단재 신채호는 묘청의 서경천도운동을 조선 역사상 일천 년래 제일 대사건으로 평가하였다. 묘청의 난은 김부식이 이끄는 관군에 의해 토벌되었다.

오답 정리

① 이성계의 위화도 회군은 고려 말에 발생한 사건이다.

② 고려 시대 중기 문벌귀족이었던 이자겸이 척준경과 함께 난을 일으킨 사건이다.

④ 무신 정권에 대항한 조위총이 정중부 등의 제거를 도모하였다.

⑤ 고려 목종 때에 강조가 난을 일으켜 김치양을 제거하고 목종을 폐위하였다.

13 ②

포인트

(가)-경종 원년(976), 전시과, 공양왕 3년(1391), (나)-도평의사사, 과전을 주는 법

[해설] (가)는 고려 시대의 시정전시과(始定田柴科)로, 이는 경종 때에 직관과 산관의 전시과를 제정한 것을 가리킨다. 전시과를 통해 관리에게 수취의 권리를 행사하게 하였다. (나)는 고려 공양왕 때의 과전법으로, 지급 대상 토지를 원칙적으로 경기 지역에 한정하였다.

오답 정리

ㄴ. 과전법은 수신전과 휼양전을 지급하여 관리 사망 시 유가족의 생활을 보호하였다. 따라서 이는 (나)에 대한 설명이다.

ㄹ. 관리의 인품과 공복을 기준으로 토지를 지급한 것은 (가)의 시정전시과에 대한 내용이다.

14 ③

포인트

고려 제31대 왕, 원·명 교체기, 개혁

[해설] 고려 공민왕은 원·명 교체기에 적극적인 개혁을 추진하였다. 또한 왕권을 강화하고 인사권을 장악하기 위한 명목으로 정방을 폐지하였다.

오답 정리

① 7재는 고려 예종 때 국학에 설치한 전문 강좌이다.

② 광군 창설은 고려 정종 때에 거란군을 막기 위해 설치되었다.

④ 과거 제도는 쌍기의 건의를 받아들여 시행된 고려 광종 때의 정책이다.

⑤ 전국에 12목의 지방 제도를 정비한 것은 고려 성종 때이다.

15 ①

포인트

고려 전기의 석탑, 불교문화 특유의 화려하고 귀족적 면모, 다각 다층 석탑을 대표하는 문화유산

[해설] 고려 전기의 석탑으로, 다각 다층 석탑의 대표적인 문화유산은 월정사 8각 9층 석탑이다.

오답 정리

② 고려 경천사지 10층 석탑이다.

③ 통일신라 시기의 다보탑이다.

④ 백제의 정림사지 5층 석탑이다.

⑤ 통일신라의 안동 법흥사지 7층전탑이다.

16 ②

포인트

백련사, 고려 무신 정권기 최우의 후원

[해설] 백련사에 대한 설명으로, 요세의 불교 진흥 운동인 백련결사 운동과 천태종에 대한 내용이 (가)에 들어가야 한다. 요세는 법화 신앙을 바탕으로 신앙 결사를 이끌었다.

오답 정리

① 의천은 국청사에서 해동 천태종을 창시하였다.

③ 지눌은 불교계를 개혁하기 위해 수선(현재의 송광사) 결사를 제창하였다.

④ 각훈은 삼국 시대의 고승들의 전기를 정리하여 해동고승전을 편찬하였고 이는 고려 고종때이다.

⑤ 일연이 삼국유사를 집필한 것은 고려 충렬왕 때이다.

17 ②

포인트

천도를 위해 축조한 궁궐과 전각의 이름

[해설] 조선시대 태조 이성계의 신하였던 정도전은 경복궁을 창

건하며 전각의 이름을 지었다. 그중 근정전에는 '임금께서 항상 정사를 부지런히 돌보시는 전각이라는 뜻'을 담았다. 태조 이성계의 여러 아들들은 왕위 계승을 둘러싸고 2차례 왕자의 난을 일으켰다.

오답 정리

① 학문 연구 기관인 집현전을 설치한 왕은 조선시대 세종이다.

③ 호패법을 실시한 시기는 조선시대 태종 때이다.

④ 『국조오례의』를 편찬한 시기는 조선시대 성종 때이다.

⑤ 조선말기 흥선대원군이 경복궁 재건을 위해 당백전을 발행시켰다.

18 ③

포인트

고려 시대, 민생안정 시책, 의창

해설 제시문에서는 고려 시기의 민생 안정 정책에 대해 논의하고 있다. 고려 시대에는 ① 의창과 더불어 물가 조절을 위해 상평창을 설치하였고, ② 병자에게 의약품을 제공하는 혜민국을 두었다. 또한 ④ 환자 치료와 빈민 구제를 위해 개경에 동·서 대비원을 두었으며, ⑤ 기금을 모아 그 이자로 빈민을 구제하는 제위보를 운영하였다.

오답 정리

③ 기근에 대비해 『구황촬요(救荒撮要)』를 간행하여 보급한 것은 조선 시대이다.

19 ①

포인트

세종, 실용적 학문, 과학 기술 진전, 앙부일구, 칠정산

해설 세종 대에는 실용적인 학문 및 다양한 과학 기술이 발전하였다. 예를 들면 해시계인 앙부일구가 제작되고 역법서인 칠정산이 편찬되었으며 금속 활자인 갑인자가 주조되었다.

오답 정리

② 조선 선조 대에 이장손이 비격진천뢰를 만들었다.

③ 조선 정조 대에 정약용이 기기도설을 참고해 거중기를 설계하였다.

④ 조선 영조 대에 정상기가 100리 척을 사용한 동국지도를 제작하였다.

⑤ 조선 고종 대에 이제마가 사상 의학을 정립한 『동의수세보원(

東醫壽世保元)』을 편찬하였다.

20 ⑤

포인트

광릉, 한명회, 권람, 육조 직계제, 군제 개편, 왕권 강화, 후대 왕릉 축조의 전범(典範)

해설 세조는 한명회 등과 난을 일으켜 단종을 폐위 시킨 후 왕이 되었다. 따라서 (가)는 세조이다. 세조는 직전법을 실시하여 현직 관리에게만 수조권을 지급하였다.

오답 정리

① 조선 세종이 4군 6진을 설치하여 북방 영토를 개척하였다.

② 흥선대원군은 대전회통을 편찬하여 통치 체제를 정비하였다.

③ 광해군은 임진왜란 이후 기유약조를 체결해 일본과의 무역을 재개하였다.

④ 영조는 균역법을 시행하여 백성들의 군역 부담을 완화시켰다.

21 ⑤

포인트

유재건, 인물 행적기, 위항 문학 발달에 기여

해설 제시문에 나온 『이향견문록(里鄕見聞錄)』은 중인이었던 유재건이 저술한 서적이다. 중인은 조선 후기에 관직 진출의 제한을 타파해달라는 소청 운동을 전개하였다.

오답 정리

① 노비는 매매, 증여, 상속의 대상이 되었다.

② 노비는 장례원을 통해 국가의 관리를 받았다.

③ 수공업자는 공장안에 등록되어 수공업 제품 생산을 담당하였다.

④ 양인이지만 신량역천으로 분류된 것은 양인 신분이면서 천역에 종사하던 신분을 가리킨다.

22 ①

포인트

겸재 그림

해설 겸재란 조선 후기 화가인 정선의 호이다. 정선이 그린 그림은 인왕제색도이다.

오답 정리

② 강세황의 영통동구도이다.

③ 안견의 몽유도원도이다.

④ 김정희의 세한도이다.

⑤ 강희안의 고사관수도이다.

23 ④

포인트

영조 사언시, 집현전을 계승한 기구, 옥당이라는 별칭

해설 조선시대에 궁중의 경서와 사적을 관리하고, 왕의 자문에 응하던 업무를 담당하던 관청은 홍문관이다. 조선의 삼사는 이처럼 관리를 감찰하고, 경연 업무를 맡던 기관이다.

오답 정리

① 한성부가 수도의 행정과 치안을 담당하였다.

② 고려의 삼사는 회계 업무를 담당하였다.

③ 실록을 보관하고 관리하는 관청은 춘추관이다.

⑤ 의금부는 국왕 직속의 사법 기구로 반역죄와 강상죄를 처벌하였다.

24 ①

포인트

소설, 전기수

해설 전기수는 조선 후기의 직업적인 낭독가를 지칭하며, 소설이 이처럼 대중화된 시기는 조선 후기이다. 조선 후기에는 ② 고구마 등의 구황 작물이 재배되었고 ③ 독점적 도매상인인 도고가 활동하였다. 또한 ④ 여러 장시가 하나의 유통망으로 연계되었고 ⑤ 송상과 만상이 대청 무역으로 부를 축적하던 시기이다.

오답 정리

① 금속 화폐인 건원중보가 주조된 시기는 고려 성종 때이다.

25 ①

포인트

김제남과 함께 영창 대군을 옹립하기로 모의

해설 제시문의 영창대군은 선조의 아들이다. 광해군은 인목대비를 폐위시키고 영창대군을 서인으로 강등시켰다. 광해군의 중립 정책을 비판하던 서인 세력은 인조반정을 일으켜 광해군을 몰아내고 정권을 장악하였다.

오답 정리

② 조선 명종 시대에 외척 간의 갈등으로 을사사화가 발생하였다.

③ 조선시대 연산군 때에 무오사화는 조의제문이 발단이 되어 일어난 사건이다.

④ 기축옥사는 선조 시대에 동인과 서인 간의 대립을 의미한다.

⑤ 조선 선조 시대에 이조 전랑 임명을 둘러싸고 김효원을 중심으로 한 동인 세력과 심의겸을 중심으로 한 서인 세력으로 분당되었다.

26 ④

포인트

변방의 일, 변방에 관계되는 모든 일을 실제로 다 장악

해설 (가)는 비변사로 변방에 관계된 일을 담당하는 기관이다. 비변사는 (ㄴ) 임진왜란 이후 조직과 기능이 확대되었으며, (ㄹ) 조선 후기 세도 정치 시기에는 외척의 세력 기반이 되었다. 흥선대원군은 따라서 개혁정책으로 이러한 비변사를 폐지하였다.

오답 정리

ㄱ. 승정원에서 왕명 출납을 담당하였다.

ㄷ. 조선시대의 도교 관서인 소격서를 폐지한 것이 조광조를 비롯한 사림 세력이다.

27 ⑤

포인트

진주 난민들의 소란, 백낙신이 탐욕스러워 백싱을 침학했기 때문

해설 진주의 난민이 난을 일으킨 것은 1862년 임술농민봉기이다. 진주민란, 임술농민봉기 등은 홍경래의 난 이후에 발생하였다. 따라서 (마) 시기에 해당한다.

28 ①

포인트

(가)-어진 정치를 베풀어 민심 수습, 성을 쌓고 군량을 비축함, (나)-국경

해설 (가) 시기는 인조 시기의 정묘호란 이후라는 것을 알 수 있고, (나)는 국경을 정비하기 위해 백두산에 이르렀다는 점에서 숙종 때에 세운 백두산정계비라는 것을 알 수 있다. 따라서 (가)와 (나) 시기에 해당하는 것은 효종 시대에 조총 부대가 파견된 사건이다.

오답 정리

② 광해군 시기의 중립외교를 수행하기 위해 명의 요청에 따라 강홍립이 이끄는 부대가 파병되었다.

③ 후금의 침입에 대비하여 이괄이 평안도에 주둔한 것은 정묘호란 이전이다.

④ 용골산성 전투는 정묘호란 시기이므로 (가) 이전이다.

⑤ 훈련도감이 설치된 때는 임진왜란 시기이므로 (가) 이전이다.

29 ③

포인트

초정, 조선 후기의 대표적인 실학자, 북학의

해설 초정 박제가는 재물을 우물에 비유하여 절약보다 소비를 권장한 대표적인 중상주의 학파의 실학자이다. 박제가는 서얼 출신으로 규장각 검서관에 발탁되었다.

오답 정리

① 박지원은 『양반전』을 집필하여 양반의 허례와 무능을 풍자하였다.

② 추사 김정희가 북한산 신라 진흥왕 순수비를 그의 저서 『금석과안록(金石過眼錄)』에서 처음으로 고증하였다.

④ 이익은 『곽우록(藿憂錄)』을 지어 토지 매매를 제한하는 한전론을 제시하였다.

⑤ 유수원은 『우서(迂書)』를 통해 사농공상의 직업적 평등과 전문화를 주장하였다.

30 ④

포인트

양헌수, 하거집, 강화도, 정족산성

해설 제시문은 1866년 병인양요에 대해 다루고 있다. 병인양요 시기에는 (ㄴ) 외규장각에 있는 도서가 약탈당하였으며, (ㄹ) 병인박해라고 하는 조선 정부의 프랑스 선교사 처형이 구실이 되어 발생하였다.
오답 정리

오답 정리

ㄱ. 러시아의 절영도 조차 요구를 저지한 것은 독립협회이다.

ㄷ. 어재연 부대가 광성보에서 항전한 것은 신미양요에 관련된 설명이다.

31 ⑤

포인트

피해를 입은 일본인의 유가족과 부상자, 조선국이 지불, 일본 공관 신축, 조선국은 땅과 건물을 내준다. 조선국이 공사비 충당

해설 제시문에서 밑줄 친 사변은 갑신정변이다. 일본은 1884년 갑신정변으로 손실이 발생한 일본 공사관을 신축하고, 일본인의 손실을 변상할 것을 주장하였다. 한편 조선에서는 김홍집에게 전권을 위임하였다. 하지만 3일 만에 실패로 끝나 주동자들이 해외로 망명하였다.

오답 정리

① 임오군란의 배경은 신식 군대의 별기군 창설이다.

② 강화도 조약 이후 1차 수신사 대표로 김기수가 일본에 파견되었다.

③ 조선책략에 반대하는 이만손 등의 유생들이 영남만인소를 올렸다.

④ 강화도조약 이후 1880년에 고종이 개화 정책을 담당하는 통리기무아문을 설치하였다.

32 ④

포인트

청 상인들에게 상권을 빼앗긴 조선 상인들이 많음

해설 임오군란 이후 청의 내정간섭이 심화되고 조·청 상민 수륙무역장정이 체결되어 청 상인이 조선의 상권을 독점하게 되었다.

오답 정리

① 1908년 동양 척식 주식회사가 설립되었다.

② 1920년대 일제는 문화통치 시기로, 일본 기업이 한국으로 쉽게 진출하도록 회사 설립을 허가제에서 신고제로 변경하였다.

③ 1896년 고종은 을미사변 이후 러시아 공사관으로 피신하게 되었다.

⑤ 1905년 일본이 조선에 대한 경제 침탈을 목적으로 구(舊) 백동화를 제일 은행권으로 교환하였다.

33 ⑤

포인트

(가)—덕원부, 원산사(元山社)에 학교 설치, (나)—경인 철도 회사

해설 (가)에서 덕원부라는 키워드를 통해 원산학사를 가리키는 시기인 1883년임을 알 수 있고, (나)는 경인 철도 회사 개업 시기인 1899년을 가리키는 시기라는 것을 알 수 있다. (가)와 (나) 사이에는 전신 가설(1885), 이화 학당 설립(1886), 제중원 설립(1885) 등이 있으며 한성 전기 회사는 1898년에 설립되었다.

오답 정리
⑤ 대한매일신보는 1904년 창간되었다.

34 ⑤

포인트
홍범 14조, 김홍집과 박영호의 연립 내각이 주도
해설 홍범 14조는 제2차 갑오개혁인 1894년에 발표되었다. 홍범 14조의 주요 내용으로는 교육 입국 조서를 반포하고 한성 사범 학교 관제를 마련한 것이 해당된다.

오답 정리
① 대한제국의 광무개혁기에 양전 사업을 실시하고 지계가 발급되었다.
② 1883년 대동 상회가 설립되었다.
③ 대한제국 광무개혁기에 황제의 군사권 강화를 위해 원수부가 설치되었다.
④ 1881년 최초로 청나라에 영선사를 파견하였다.

35 ③

포인트
근대적 지주 독립 국가, 민민 공동회, 관민 공동회, 황국 협회
해설 (가)는 독립협회로 만민공동회를 설치한 기관이다. 독립협회는 중추원 개편을 통해 의회 설립을 추진하였다.

오답 정리
① 대한자강회에서 고종 강제 퇴위 반대 운동을 주도하였다.
② 보안회에서 일제의 황무지 개간권 요구를 저지시켰다.
④ 신민회는 태극 서관을 설립하여 계몽 서적을 보급하였다.
⑤ 대한민국 임시정부에서 한·일 관계 사료집을 편찬하고 독립신문을 발행하였다.

36 ④

포인트

일제의 침략에 맞서 싸운 의병장, 허위
해설 한·일 신협약 체결과 군대 해산에 반발하여 결성된 것은 정미의병이다. 정미의병은 양주에 집결해 서울 진공 작전을 전개하였다.

오답 정리
① 1920년에 홍범도가 이끄는 대한 독립군은 봉오동 전투에서 일본군에 승리하였다.
② 대한민국 임시정부에서 독립 공채를 발행해 자금을 마련하였다.
③ 을미의병은 고종의 해산 권고 조칙에 따라 해산하였다.
⑤ 독립의군부는 조선 총독부에 국권 반환 요구서를 제출하려 하였다.

37 ⑤

포인트
1910년대 국외 독립운동 전개 지역, 용정, 도쿄, 하와이, 삼원보, 연해주
해설 1910년 국외 독립운동은 연해주, 삼원보, 하와이, 도쿄, 용정 등에서 활발히 전개되었다. (마) 대한 광복군 정부를 수립한 곳은 연해주이다.

오답 정리
① 신흥 강습소는 서간도이다.
② 서전서숙은 만주 용정인 북간도 지역이다.
③ 2·8 독립선언서를 작성한 곳은 일본 도쿄이다.
④ 대조선 국민 군단이 결성된 곳은 하와이이다.

38 ④

포인트
일본 제품 배척 운동
해설 (가)는 1920년대 일본 제품을 배척하고자 한 운동인 물산 장려 운동이다. 여기에서는 조선 사람 조선 것이라는 구호를 내걸었다.

오답 정리
① 조선 노동 총동맹은 1927년 결성되었다.
② 진주에서 시작되어 전국으로 확산된 것은 백정의 형평운동이다.
③ 국민의 성금을 모아 국채를 갚고자 노력한 것은 국채 보상 운동이다.

⑤ 일제강점기에 농민 운동인 농민 단체가 결성되어 소작 쟁의를 전개하였다.

39 ③

포인트

방정환, 잡지 어린이, 소년 운동

해설 방정환이 이끄는 천도교 소년회가 활동한 시기는 1920년대로, 당시 나운규의 영화「아리랑」이 처음 개봉되었다.

오답 정리

① 1910년 박은식 등이 조선 광문회를 조직하였다.
② 1908년 안국선이 신소설『금수회의록』을 집필하였다.
④ 1908년 국내 최초의 서양식 극장인 원각사가 건립되었다.
⑤ 1907년 주시경이 국문 연구소를 세워 한글을 체계적으로 연구하였다.

40 ④

포인트

항일구국열사 권오설, 순종 인산일을 기회로 삼아 천도교 계열과 사회주의 계열이 함께 준비

해설 제시문은 1926년 6·10 만세 운동에 대한 내용이다. 이 운동은 이후 국내에서는 민족 유일당 운동이 전개되는 계기가 되었다.

오답 정리

① 1925년 사회주의 세력을 탄압하기 위해 일제는 치안 유지법을 제정하였다.
② 백정의 형평운동과 관련 있는 내용이다.
③ 1919년 3·1운동으로 일제는 문화통치를 실시하게 되었다.
⑤ 1930년대 문맹퇴치 운동에서 브나로드를 구호로 내세웠다.

41 ⑤

포인트

초등학교, 황국 신민

해설 제시문의 법령은 1941년 일제의 국민학교령이다. 징병, 징용, 정신대 등의 당시 사회 모습을 찾아볼 수 있다.

오답 정리

① 1920년대에 원산 총파업이 발생하였다.
② 태형은 1910년대의 모습이다.
③ 1927년 신간회가 창립되었다.
④ 광주 학생 항일 운동은 1929년의 모습이다.

42 ②

포인트

일제의 식민 지배 이데올로기에 대항, 한국 역사와 문화의 독자성·주체성을 탐구한 민족 운동, 정인보, 안재홍, 문일평

해설 1930년대 정인보, 안재홍 등은 여유당전서를 간행하는 사업을 계기로 조선학 운동을 전개하였다.

오답 정리

① 1920년대 카프 문학 이전의 사회주의 문학인 신경향파 문학이 등장하였다.
③ 조선사 편수회는 식민지배를 정당화하기 위한 식민사관에 입각한 단체이다.
④ 1920년대 초반 실력양성운동의 일환으로 이상재가 민립 대학 설립을 목표로 민립 대학 설립 운동을 전개하였다.
⑤ 신민회는 대성학교와 오산학교를 설립해 민족 교육을 실시하였다.

43 ①

포인트

양세봉, 영릉가와 흥경성 전투에서 일본군 격퇴

해설 양세봉, 영릉가, 흥경성 전투로 (가) 부대는 1930년대의 조선혁명군을 가리킨다. 조선혁명군은 남만주를 중심으로 중국 의용군과 연합 작전을 수행하였다.

오답 정리

② 한국광복군은 연합군의 일원으로 인도, 미얀마 전선에 파견되었다.
③ 1920년대에 대한독립군단은 간도 참변 이후 조직을 정비하고 자유시로 이동하였다.
④ 중국 관내(關內)에서 조직된 최초의 한인 무장 부대는 조선 의용대이다.
⑤ 김좌진이 이끄는 북로군정서는 홍범도 부대와 연합하여 청산리에서 일본군과 교전하였다.

44 ②

포인트

학병 강제 징집, 조선 민족 청년단 활동, 사상계 창간 주도, 막사이사이상(賞) 수상, 제7대 총선에서 옥중 출마하여 국회의원에 당선, 만주 회복을 위한 개헌 청원 백만인 서명 운동 주도

해설 제시문의 인물은 장준하이며, 박정희 정부의 독재 정치에 맞선 인물로, 한국광복군의 일원으로 국내 진공 작전을 준비하였다.

오답 정리

① 삼균주의에 입각한 건국 강령은 조소앙이 주장하였다.
③ 신채호는 민중의 직접 혁명을 주장하는 조선 혁명 선언을 집필하였다.
④ 여운형이 조선 건국 동맹을 결성하였다.
⑤ 김원봉은 중국 국민당 정부의 지원을 받아 조선 혁명 간부 학교를 설립하였다.

45 ②

포인트

무상 원조, 유상 원조, 국교 정상화

해설 제시문은 1965년 박정희 대통령 재임 시절에 일어난 한·일 수교를 다루고 있다. 한·일 수교 이후에는 이를 반대하는 6·3 시위가 전개되었으며, 이를 진압하기 위해 비상 계엄령이 선포되었다.

오답 정리

① 이승만 정부 때에 반민족 행위 특별 조사 위원회가 구성되었다.
③ 이승만 정부 때에 진보당의 조봉암을 구속시켰다.
④ 이승만 정부는 유엔 한국 재건단의 지원으로 문경 시멘트 공장을 건립하였다.
⑤ 이승만 정부 때에 귀속 재산 처리법을 제정하였다.

46 ②

포인트

국민 생활의 안정을 위한 대통령 긴급 조치, 석유류세법, 지방세법

해설 제시문은 박정희 정부의 유신헌법을 다루고 있다. 박정희 정부에서는 YH 무역 노동자들이 폐업에 항의하며 농성하였다.

오답 정리

① 미국과의 자유무역협정(FTA)을 체결한 정부는 노무현 정부이다.
③ 농지 개혁법을 제정한 정부는 이승만 정부이다.
④ 김대중 정부 시기에 개성공단이 건설되었다.
⑤ 김영삼 정부 시기에 금융 실명제가 실시되었다.

47 ①

포인트

대통령 임기, 재임, 무기명 투표, 보통·평등·직접·비밀선거, 중임

해설 대통령의 임기를 4년으로 하고 3기에 계속 재임을 허용한 것은 박정희 정부의 6차 개헌이며, 통일주체국민회의 역시 박정희 정부의 유신헌법으로 7차 개헌에 해당한다. 이후 대통령 선거인단은 전두환 정부의 8차 개헌이고, 마지막으로 5년 단임제는 현재까지 지속되고 있는 노태우 정부의 9차 개헌이다. 따라서 정답은 (가)-(나)-(다)-(라)의 순서이다.

48 ①

포인트

맥아더 장군 동상

해설 맥아더 장군의 동상이 있는 곳은 인천이다. 인천 지역에서 주된 사건은 개항 이후 조계가 설정되어 외국인이 자유롭게 거주하며 치외법권을 누릴 수 있게 한 곳이다.

오답 정리

② 제1차 미·소 공동 위원회는 서울에서 개최되었다.
③ 부산에 왜관을 설치하였다.
④ 강우규는 시이토 총독에게 폭탄을 투척하였는데, 이 지역은 서울이다.
⑤ 영국군은 러시아 남하를 막기 위해 거문도를 불법 점령하였다.

49 ④

포인트

부통령, 이기붕

해설 제시된 자료는 이승만 정부의 4·19 혁명을 다루고 있다. 이를 통해 양원제 국회와 장면 내각이 출범하는 계기가 되었다.

오답 정리

① 호헌 철폐와 독재 타도는 1987년 6월 민주항쟁의 내용이다.
② 1980년 5·18 광주 민주화운동의 전개 과정에서 시민군이

조직되었다.

③ 1980년 5 · 18 광주 민주화운동은 신군부의 쿠데타가 원인이 되어 발생하였다.

⑤ 1976년 3월 1일 명동성당에서 3 · 1 민주 구국 선언을 통해 박정희 독재에 저항하였다.

50 ③

포인트

통일 노력

해설 1961년 남북 학생회담 요구 집회가 먼저 진행되고, 박정희 정부에서 7 · 4 남북 공동 성명을 발표하였으며, 김대중 정부에서 정주영이 북한을 방문하였고, 마지막으로 노무현 정부에서 10 · 4 남북 공동 선언을 채택하였다.

따라서 (나) – (가) – (라) – (다)의 순서이다.

정답 및 해설

신과함께 기출문제집 제**41**회

01 ④

포인트

민무늬 토기, 반달 돌칼, 벼농사

해설 (가)는 청동기 시대이다. 당시에는 민무늬 토기, 미송리식 토기가 사용되고 일부 저습지를 중심으로 벼농사가 시작되었다. 또한 고인돌이 축조되었다.

오답 정리

① 동굴이나 강가의 막집은 구석기 시대의 주거지이다.
② 청동기 시대에는 계급이 출현하였다.
③ 오수전, 화천 등의 중국 화폐는 철기 시대부터 사용되었다.
⑤ 가락바퀴를 사용한 것은 신석기 시대의 생활모습이다.

02 ②

포인트

상투, 동쪽으로 도망, 진(秦)의 옛 땅인 상하장에 살다

해설 (가) 인물은 위만으로, (ㄱ) 고조선의 준왕을 몰아내고 왕위에 올랐다. (ㄷ) 진번과 임둔을 복속시켜 세력을 확장하였다.

오답 정리

ㄴ. 한 무제가 파견한 군대에 맞서 싸운 것은 우거왕의 업적이다.
ㄹ. 고조선이 연나라와 맞설 정도로 세력을 다투었던 시기는 3세기로 위만조선 이전이다.

03 ①

포인트

(가)-서옥(婿屋), (나)-온 집 식구를 모두 하나의 관 속에 넣어 둠

해설 (가)는 고구려의 사회모습을 설명하고 있고, (나)는 온 집 식구를 모두 하나의 곽 속에 넣어 두는 가족공동묘(골장제)를 시행하던 옥저의 사회모습이다. 고구려에서는 대가들이 사자, 조의 등을 거느렸고 동맹이라는 제천행사를 지냈다.

오답 정리

② 읍락 간 경계를 중시하는 책화를 시행한 국가는 동예이다.

③ 남의 물건을 훔쳤을 때 물건 값의 12배를 배상하도록 하는 1책 12법(一責十二法)은 부여와 고구려의 법 제도이다.
④ 철이 많이 생산되어 낙랑과 왜에 수출한 것은 삼한 중 변한에 해당한다.
⑤ 제사장인 천군과 신성지역인 소도가 존재한 곳은 삼한 지역에 해당한다.

04 ①

포인트

고령군, 진흥왕이 공경하여 멸망시킴

해설 (가)는 대가야로 562년 진흥왕이 멸망시키고 낙동강 유역을 차지하였다. 대가야의 문화유산은 금동관이다.

오답 정리

② 백제의 문화유산으로 창왕명석조사리감(昌王銘石造舍利龕)이다.
③ 신라의 천마도이다.
④ 고구려의 대표적인 불상인 금동여래입상이다.
⑤ 발해의 돌사자상이다.

05 ④

포인트

(가)-백제 왕 평양성 공격, (나)-고구려 왕 거련(巨連)이 백제 공격, 신라에 구원 요청, 백제가 고구려에 함락

해설 (가)는 백제 왕이 평양성을 공격하였던 사건을 기술하고 있다. 따라서 (가)의 백제왕은 4세기 근초고왕이며 (나)에서 거련은 장수왕을 가리킨다. 백제가 고구려에 함락되었다는 점에서 5세기에 장수왕이 남하정책을 펼치며 백제의 세력이 약화된 시점을 의미한다. (가)와 (나) 사이는 고구려가 후연을 공격해 요동 땅을 차지하여 고구려의 전성기에 해당한다.

오답 정리

① 고구려의 미천왕은 4세기로, 근초고왕에게 전사한 고국원왕보다 이전의 왕이다.
② 고구려가 멸망한 이후인 7세기에 당이 평양에 안동도호부를 설치하였다.
③ 고구려 영양왕 시기인 7세기에 이문진이 유기를 간추린 신집을 편찬하였다.
⑤ 3세기에 위의 군대가 고구려를 침략한 사건이다.

06 ③

포인트

부여, 백제 발자취, 부소산성, 관북리 유적, 정림사지, 궁남지, 능산리 고분군

해설 백제의 부여(사비) 시기에 있었던 문화유산이 해당된다. 부여에는 백제의 대표적인 5층 석탑인 정림사지 5층 석탑이 남아있다.

오답 정리

① 재상을 선출하던 천정대는 규암면 호암리에 남아있다.

② 금동 대향로는 백제의 문화유산으로 능산리에 있다.

④ 귀족들의 놀이 도구인 나무 주사위는 신라의 문화유산으로 경주에 있다.

⑤ 무령왕 부부의 무덤은 사비 천도 이전인 웅진 시기로 공주에 남아있다.

07 ④

포인트

수로왕의 12대손, 화랑, 무열왕의 딸, 삼국통일에 기여

해설 제시된 인물은 가야의 후손인 김유신을 가리킨다. 김유신은 화랑으로, 태종무열왕의 딸과 혼인하였다. 또한 황산벌에서 백제 장군 계백이 이끄는 군대를 물리치고 삼국통일에 기여하였다.

오답 정리

① 매소성 전투는 문무왕 시기에 발생하였다.

② 성왕을 전사시킨 왕은 진흥왕이다.

③ 김춘추는 당으로 건너가 군사 동맹을 체결하였다.

⑤ 흑치상지는 임존성에서 소정방이 지휘한 당군을 격퇴한 백제부흥운동을 일으킨 장군이다.

08 ①

포인트

군사 징발, 토벌, 발해의 남쪽 국경

해설 제시문은 무왕 시기의 내용이다. 발해의 남쪽 국경을 치려했으나 실패하였다는 점을 지적했듯 발해와 당나라가 적대 관계에 있던 시기이다. 당나라는 발해가 장문휴를 보내 등주를 공격한 것에 대응하여 이와 같이 발해를 공격하였다.

오답 정리

② 발해의 문왕이 대흥이라는 연호를 사용하였다.

③ 발해 문왕은 철리부 등 동북방 말갈을 복속시켰다.

④ 고려 윤관이 여진의 침략을 막기 위해 별무반을 편성하고 동북 9성을 축조하였다.

⑤ 연개소문이 정변을 일으킨 것은 고구려 시기이고, 발해는 고구려 멸망 이후에 창건되었다.

09 ⑤

포인트

부석사, 화엄사, 법계도

해설 (가)는 의상으로 부석사, 화엄사 등을 세우고 현세의 고난에서 구제받고자 하는 관음 신앙을 강조하였다.

오답 정리

① 신라 선덕여왕 시기의 자장법사가 외적의 침입에 대비해 황룡사 9층 목탑 건립을 건의하였다.

②「무애가(無碍歌)」를 지어 불교 대중화에 노력한 승려는 통일신라 시대의 원효대사이다.

③「보현십원가(普賢十願歌)」는 균여의 업적이다.

④ 신라시대 승려 혜초가 고대 인도의 5천축국을 답사하고『왕오천축국전(往五天竺國傳)』을 집필하였다.

10 ④

포인트

(가)-헌창 반란, (나)-원종과 애노 등이 사벌주를 근거지로 반란을 일으킴

해설 (가)는 김헌창의 난을, (나)는 신라 하대의 원종과 애노의 난을 기술하고 있다. 따라서 통일신라 시기 중에서도 신라 하대에 발생한 사건인 장보고의 난이 (가)와 (나) 사이의 사건이다.

오답 정리

① 진흥왕 시기에 거칠부가 국사를 편찬하였다.

② 신문왕 때에 김흠돌의 난이 일어났으며, 이는 신라 중대이다.

③ 법흥왕은 병부 등을 설치해 지배 체제를 정비하였으며, 이는 통일신라 이전이다.

⑤ 통일신라 중대의 신문왕이 관료전을 지급하고 녹읍을 폐지하였다.

11 ③

포인트

(가)-태조, 공산(公山), 견훤, (나)-국호 고려, (다)-일리천, (라)-견훤, 나주

해설 (나) 왕건의 고려 건국(918) 이후에 (가) 공산전투(927)에서 왕건이 크게 패배하였다. 다음은 (라)의 견훤 투항(935)이 있었고 마지막으로 견훤의 아들인 신검과 왕건의 전투인 (다) 일리천전투(936)가 벌어졌다.

따라서 (나) – (가) – (라) – (다) 순서이다.

12 ④

포인트

12목

해설 밑줄 친 왕은 고려 성종으로, 12목을 두고 박사를 파견하였다. 성종은 최승로의 시무 28조를 받아들여 통치 체제를 정비하였다.

오답 정리

① 관학 진흥을 위해 양현고를 설치한 왕은 고려 예종이다.

② 노비안검법을 실시하여 왕권을 강화한 왕은 고려 광종이다.

③ 권문세족을 견제하기 위해 전민변정도감(田民辨整都監)을 설치한 왕은 고려의 공민왕이며, 신돈의 건의를 받아들여 설치되었다.

⑤『정계』와『계백료서』를 지어 관리가 지켜야 할 규범을 제시한 왕은 고려의 태조 왕건이다.

13 ④

포인트

적(賊)들 봉기, 김사미, 최광수

해설 제시문에서 기술하고 있는 사건은 무신집권기에 발생한 김사미와 효심의 난 및 최광수의 난이다. 김사미와 효심의 난은 신라 부흥을 표방한 운동이며, 최광수의 난은 고구려 부흥 운동을 표방하였다.

따라서 올바른 시기는 (라)이다.

14 ①

포인트

낙타 50필, 낙타는 만부교 아래에 매어두니 모두 굶어 죽음

해설 (가)의 국가는 거란이다. 제시문은 태조 왕건 시기에 거란이 보낸 낙타 50필을 만부교 아래에 매어두어 죽게 만든 만부교 사건을 기술하고 있다. 이 사건으로 고려와 거란의 사이가 악화되었으며, 정종은 거란 침입에 대비하여 광군을 창설해 개경에 설치하였다.

오답 정리

② 고려 우왕 시기에 화통도감이 설치되어 화포를 제작하였다.

③ 조선 세조가 진관 체제를 실시하였다.

④ 조선의 선조가 훈련도감을 설치하였다.

⑤ 고려 무신집권기에 최우가 좌·우별초와 신의군으로 삼별초를 조직하였다.

15 ①

포인트

문종의 아들, 동아시아 각지의 불교 서적, 신편제종교장총록(新編諸宗敎藏總錄)

해설 (가)는 의천이다. 고려 시기의 승려인 대각국사 의천은 문종의 아들이며 국청사를 중심으로 해동 천태종을 창시하였다.

오답 정리

② 법화 신앙에 중점을 둔 백련 결사는 요세가 주도하였다.

③ 정혜사를 결성하여 돈오점수, 정혜쌍수를 주장한 인물은 지눌이다.

④ 유불 일치설을 주장하여 심성의 도야를 강조한 인물은 혜심이다

⑤『해동고승전(海東高僧傳)』을 편찬해 승려들의 전기를 정리한 인물은 승려 각훈이다.

16 ④

포인트

(가)-벼슬길, (나)-조상의 공로[蔭], 나이 18세 이상으로 제한

해설 제시문은 고려 시대의 관리등용제도를 기술하고 있다. (가)는 고려 시대의 과거제도이고, (나)는 조상의 공로라고 하였으니 음서 제도를 뜻한다.

ㄴ. 과거제도를 통해 향리의 자제가 중앙 관직으로 진출할 수 있었다.

ㄹ. 고려시대의 음서제도는 사위나 조카, 외손자에게 적용되었다는 점에서 조선시대의 음서제도에 비해 그 혜택의 범위

가 넓었다.

오답 정리

ㄱ. 재가한 여자의 자손이 응시에 제한을 받은 것은 조선 시대
문과이다.

ㄷ. 고려 광종 시기의 쌍기가 건의하여 과거제도가 시행되었다.

17 ③

포인트

고려와 몽골의 교류, 천산대렵도, 송광사 티베트문 법지

해설 원간섭기의 고려시대 문화유산은 ③ 경천사지 10층석탑
이 가장 대표적이다.

오답 정리

① 석굴암은 통일신라 시대의 문화유산이다.

② 원성왕릉 석상은 통일신라 시대의 문화유산이다.

④ 충주 정토사의 홍법국사탑은 고려 초기의 문화유산이다.

⑤ 곤여만국전도(坤輿萬國全圖)는 조선 시기의 문화유산이다.

18 ②

포인트

은, 화폐, 활구

해설 활구는 고려 숙종 때 발행된 은병, 즉 화폐이다. 고려시
대 경제 상황으로는 경시서가 수도의 시전을 감독한 일이 있다.

오답 정리

① 왜관이 설치되어 일본과 무역하고 ③ 보부상의 활동이 전개되
었으며, ④ 광산을 전문적으로 경영하는 덕대가 출현하고, ⑤ 중
강 개시 및 후시를 통한 중국과의 교역이 활발했던 것은 모두 조
선 시대의 경제 상황이다.

19 ②

포인트

(동래선생교정북사상절(東萊先生校正北史詳節), 혼일강리역대국도지도

해설 혼일강리역대국도지도, 주자소의 계미자 모두 조선 태종
의 업적이다. 당시에는 문하부 낭사를 분리하여 사간원으로 독
립시켰다.

오답 정리

① 광해군 시기에『동의보감』이 간행되었다.

③ 조선 성종 때에 경국대전을 반포하여 국가 통치 규범을 마련
하였다.

④ 영조가 탕평비를 건립하고 탕평책을 마련하였다.

⑤ 세종 때에 한양을 기준으로 한 역법서인『칠정산 내편(七政算
內篇)』을 편찬하였다.

20 ②

포인트

청주 흥덕사지, 논산 개태사, 합천 해인사, 군위 인각사, 안동 봉정사

해설 팔상전(부처의 일생을 여덟 장면으로 나누어 그린 팔상도
를 모신 사찰 전각)은 충북 보은에 위치한 법주사에 있다. 논산
개태사에는 석조여래삼존입상이 있다.

오답 정리

①『직지심체요절(直指心體要節)』의 정식 명칭은『백운화상초록
불조직 지심체요절(白雲和尙抄錄佛祖直指心體要節)』이며 현
존하는 금속활자로 인쇄된 책 중 가장 오래된 책이다. 백운화
상(白雲和尙)이 석가모니의 가르침에서 중요한 내용을 뽑아
청주 흥덕사에서 펴냈다. 현재 파리 국립 도서관에 보관되어
있으며, 유네스코 세계 기록 유산으로 지정되었다.

③ 합천 해인사의 장경판전은 13세기에 제작된 팔만대장경을
봉안하기 위해 경상남도 합천군에 지어진 목판 보관용 건축
물이다.

④『삼국유사』는 고려 충렬왕 때 일연이 쓴 책으로 고대 민간 설
화 및 단군의 건국 이야기가 수록되어 있다.

⑤ 안동 봉정사 극락전은 주심포 양식의 목조 건물이다.

21 ①

포인트

태조 이성계, 왕실의 정통성 확립과 효 실천, 임진왜란 때 소실, 1608년
중건, 정전, 영녕전

해설 (가)는 이성계가 효를 실천하기 위해 설립한 종묘이다. 종
묘에는 역대 국왕과 왕비의 신주가 모셔져 있다.

오답 정리

② 공자와 여러 성현들의 위패가 모셔져 있는 곳은 성균관과 향
교이다.

③ 신농씨와 후직씨에게 풍년을 기원하는 곳은 선농단이다.

④ 토지와 곡식의 신에게 제사를 지내는 공간은 사직단이다.

⑤ 일제강점기 때 조선 총독부 청사가 경복궁 내에 세워졌다.

22 ③

포인트

흉악한 도적 임꺽정

해설 제시문에서 말하는 임꺽정의 난은 조선 명종 시기에 발생하였다. 명종 시대에는 외척 간의 권력 다툼으로 인해 을사사화가 발생하였다(1545).

오답 정리

① 조선 효종 대에 북진 정책으로 조총 부대를 파견하였다.

② 세종 때에 4군 6진이 설치되었다.

④ 숙종 때 환국으로 인해 남인이 축출되고 노론과 소론이 정국을 주도하였다.

⑤ 선조 때에 이조 전랑 임명을 둘러싸고 사림이 동인과 서인으로 분화되었다.

23 ①

포인트

의주로 파천한 국왕

해설 의주로 파천한 국왕은 선조로, 제시문은 임진왜란 시기에 해당되는 내용이다. 임진왜란 시기에는 이순신이 명량해전을 승리로 이끌었다.

오답 정리

② 의주로 피신을 가기 이전에 신립이 탄금대전투에서 패배하였다.

③ 쓰시마섬을 정벌한 것은 세종 때이다.

④ 계해약조를 체결한 것은 세종의 업적이다.

⑤ 조선 정부의 통제에 반발하여 3포 왜란이 일어난 것은 중종 때이다.

24 ④

포인트

여전(閭田)의 법

해설 제시문은 정약용의 여전론에 대해 기술하고 있다. 정약용은 중농주의 실학자로 『경세유표(經世遺表)』, 『목민심서(牧民心書)』 등을 저술하였다.

오답 정리

① 홍대용이 『의산문답(醫山問答)』을 저술해 중국 중심의 세계관을 비판하였다.

② 이제마가 『동의수세보원(東醫壽世保元)』을 저술해 사상 의학을 확립하였다.

③ 유수원이 『우서(迂書)』에서 사농공상의 직업적 평등과 전문화를 주장하였다.

⑤ 박제가는 『북학의(北學議)』에서 재물을 우물에 비유하여 절약보다 소비를 권장하였다.

25 ③

포인트

군포를 기존의 절반인 1필로 줄이는 법, 세입 감소 보충

해설 제시문은 영조의 균역법에 대한 설명이다. 균역법은 군포를 기존의 절반인 1필로 줄이는 정책을 통해 군역 부담을 완화하고자 하였다. 균역법 시행으로 부족한 세금은 (ㄴ) 어염세, 선박세 등으로 마련하였으며 (ㄷ) 선무군관에게 1년에 1필의 군포를 징수한 선무군관포 정책을 시행하였다.

오답 정리

ㄱ. 대한제국 시기의 광무개혁에서 양전 사업을 실시해 지계를 발급하였다.

ㄹ. 세조 때에 수신전, 휼양전 등의 명목으로 세습되는 토지를 폐지하였다.

26 ⑤

포인트

조선과 에도 막부를 잇는 사절단

해설 조선은 건국 후 사절단을 보내 외교 활동을 진행하였으며, 임진왜란 시기에 조선통신사 파견이 중단되었으나, 일본이 요구하여 재개되었다. 조선통신사는 19세기 초까지 파견되어 양국 간 문화 교류의 역할을 담당하였다.

오답 정리

① 조선통신사는 비정기적으로 일본의 요청이 있을 때에 파견되었다.

② 『연행록(燕行錄)』은 문인 김정중이 청나라에 다녀온 사행 일기이다.

③ 하정사, 성절사, 천추사는 명나라에 보내는 사절단이었다.

④ 북평관은 여진족의 사신을 접대하기 위해 만든 기관이다.

27 ⑤

포인트

상대계첩(霜臺契帖), 소속 감찰직 관원들의 계모임을 기념하여 제작, 수장 대사헌

해설 조선 시대에 감찰 업무를 수행하던 기관은 사헌부로 사간원과 함께 양사를 구성하였고 5품 이하 관리의 임명 과정에서 서경권을 행사하였다.

오답 정리

① 중종 때에 조광조의 건의로 폐지된 것은 소격서이다.

② 왕명 출납을 맡았던 비서 기관은 승정원이다.

③ 조선 정조 때에 국왕의 친위 부대로 서울과 수원에 배치된 군대는 장용영이다.

④ 왕에게 경서와 사서를 강론하는 경연을 주관한 곳은 홍문관이다.

28 ②

포인트

3년설, 1년설, 유교 경전의 재해석, 사문난적, 경신환국으로 사사(賜死)

해설 현종 시기에 자의 대비 상복 착용에 대해 논쟁이 벌어졌으며, 남인의 수장이었던 윤휴는 왕을 대우해 3년설과 1년설을 주장하였다. 또한 유교 경전의 재해석을 시도하여 사문난적이라는 비판을 받았다. 또한 그는 청의 정세 변화를 계기로 북벌을 주장한 인물이다.

오답 정리

① 김종직은 사화의 발단이 된 조의제문을 작성하였다.

③ 유형원은 『반계수록(磻溪隨錄)』에서 토지 제도 개혁을 주장하였다.

④ 박지원이 『양반전』을 저술하여 양반의 허례와 무능을 지적하였다.

⑤ 김육이 충청도 지역까지의 대동법 확대 실시를 건의하였다.

29 ⑤

포인트

조정의 지나친 세금 수탈, 평안도민에 대한 차별을 부각하는 격문 발표

해설 제시문은 평안도민에 대한 차별과 세금 수탈로 인해 일어난 홍경래의 난(1811년)을 설명하고 있다. 당시 선천, 정주 등 청천강 이북의 여러 고을을 점령하였으나 정주성에서 관군에 패하였다.

오답 정리

① 청의 군대에 의해 진압된 사건은 임오군란과 갑신정변이다.

② 백낙신의 탐학이 발단이 되어 1862년 임술농민봉기가 일어났다.

③ 인조는 이괄의 난이 발생하자 공산성으로 피란하였다.

④ 1894년 동학농민운동은 전주성 점령 이후 정부와 화약을 맺으며 집강소를 설치하였다.

30 ⑤

포인트

서양목(西洋木), 토산 면포, 물건 수입을 일절 금지

해설 개시 및 후시 무역이 발달한 것은 조선 후기로, ① 청화 백자를 제작하는 도공, ② 시사를 조직하여 활동하는 중인, ③ 담배 등의 상품 작물을 재배하는 농민, ④ 저잣거리에서 이야기책을 읽어주는 전기수 등이 해당된다.

오답 정리

⑤ 과전법은 명종 때에 직전법 폐지로 인해 수조권 제도가 사라졌다. 따라서 과전법에 의해 토지의 수조권을 지급받는 권리는 조선 전기의 상황이다.

31 ①

포인트

(가)-천주교도들이 학살, (나)-비석, 화친을 주장함은 나라를 팔아먹는 짓

해설 (가)는 천주교도의 학살에 관련된 병인박해를, (나)는 1871년 신미양요 이후 흥선대원군이 척화비를 건립하여 쇄국정책을 전국에 알렸던 사건을 기술하고 있다. (가)와 (나) 사이에는 1868년의 오페르트 도굴 사건이 있었다.

오답 정리

② 일본 군함 운요호가 영종도를 공격하는 운요호사건은 1875년 발생하였다.

③ 영국군이 러시아를 견제하기 위해 거문도를 점령한 시기는 1885년이다.

④ 천주교 포교를 허용한 조·프 통상조약은 1886년 체결되었다.

⑤ 조선책략 유포에 반발하여 이만손 등이 영남만인소를 올린 시기는 1881년이다.

32 ③

대조선국 군주와 대미국 대통령과 아울러 그 인민은 각각 모두 영원히 화평하고 우호를 다짐

해설 조·미 수호 통상조약은 청나라 외교관 황쭌셴이 저술한 『조선책략』을 근거로 맺어지게 되었다. 이는 청의 알선으로 서양 국가와 맺은 최초의 조약이며, 제시문에서는 '친중국, 결일본, 연미국' 해야 한다는 거중조정에 관한 조항과 최혜국 대우를 다루고 있다.

오답 정리

① 1876년 조일무역규칙에 따라 양곡의 무제한 유출 조항이 허용되었다.

② 1882년 조청상민 수륙무역장정은 외국 상인의 내지 통상권을 최초로 규정하였다.

④ 1904년 1차 한일협약에 따라 스티븐스가 외교 고문으로 부임하였다.

⑤ 1876년 강화도 조약에 따라 부산, 원산, 인천에 개항장이 설치되었다.

33 ⑤

일본인은 병사를 거느리고 경성에 진을 침, 우리나라 영토 침략

해설 (가)에 들어갈 인물은 전봉준이다. 1894년 동학농민운동을 빌미로 일본군은 경복궁을 점령하고 조선을 차지하고자 하는 야욕을 드러낸다. 이를 계기로 동학농민군은 다시 서울로 봉기하지만 우금치 전투(牛金峙戰鬪)에서 일본에 대패하고, 전봉준은 사로잡힌다. 동학농민운동은 보국안민을 기치로 하여 일본군 및 관군과 맞서 싸웠다.

오답 정리

① 을사늑약에 반대하는 을사의병을 일으킨 인물은 유인석, 민종식, 최익현 등이다.

② 독립 협회를 창립하고 독립문을 세운 인물은 서재필이다.

③ 지부복궐척화의소(持斧伏闕斥和議疏)를 올려 왜양일체론을 주장한 인물은 최익현이다.

④ 정미의병을 결성해 13도 창의군을 지휘하여 서울 진공 작전을 전개한 인물은 이인영, 허위 등이다.

34 ⑤

국권 침탈에 저항한 구국 운동의 지도자, 이준, 신민회

해설 고종은 을사조약의 부당함을 알리기 위해 네덜란드 헤이그에서 열리는 만국 평화 회의에 특사를 파견하였다. 당시 고종은 이준, 이위종, 이상설을 특사로 보냈다.

오답 정리

① 임병찬이 고종의 밀지를 받아 독립 의군부를 조직하였다.

② 양기탁과 영국의 베델은 대한매일신보를 발간하였다.

③ 조만식이 평양에서 조선 물산 장려회를 발기하였다.

④ 이상설이 북간도에 서전서숙을 설립하여 민족 교육을 실시하였다.

35 ①

환구단, 왕이 황제의 자리에 오름

해설 고종은 환구단에서 대한제국을 선포하고 1897년 광무개혁을 단행하였다. 광무개혁은 (ㄱ) 관립 실업 학교인 상공학교를 개교하고, (ㄴ) 원수부를 설치하여 황제권을 강화하고자 하였다.

오답 정리

ㄷ. 기기창은 1883년 청나라 사신 파견 이후 설립한 무기 공장이다.

ㄹ. 육영 공원은 1886년 최초의 근대식 공립학교로 설립되었다.

36 ②

대한민국 임시 정부, 내각 책임제, 국무령제

해설 임시정부는 2차 개헌에서 내각 책임제와 국무령제를 채택하였는데, 초대 대통령인 이승만이 1919년 국제 연맹 청원 사건 이후 신채호와 안창호, 김구 등과 임시정부의 노선을 두고 격렬하게 대립하였다. 이후 1923년 국민대표회의를 개최하여 이에 대해 논의하였으나 합의점을 찾지 못하고, 임시정부가 약화되었다. 제시문의 2차 개헌은 김구의 한인 애국단 이전의 사건이다. 따라서 적절한 시기는 (나)이다.

35회

36회

37회

38회

39회

40회

4회

42회

43회

44회

45회

46회

37 ④

포인트

의열 남아가 희생적으로 단결, 나석주

해설 나석주는 의열단에 소속된 인물로 동양척식 주식회사, 식산은행에 폭탄을 투척하였다. 따라서 (가)는 의열단이다. 의열단은 신채호의 조선 혁명 선언을 활동 지침으로 삼았다.

오답 정리

① 1931년 김구에 의해 상하이에서 한인애국단이 결성되었다.
② 1904년 보안회는 일제의 황무지 개간권 요구를 저지하였다.
③ 1906년 대한자강회는 고종의 강제 퇴위에 반대하는 시위를 주도하였다.
⑤ 1907년 신민회는 일제가 조작한 105인 사건으로 조직이 해체되었다.

38 ②

포인트

박용만 주도, 대조선 국민 군단의 훈련, 농사 병행

해설 1914년 박용만을 중심으로 대조선 국민군단이 결성되었는데, 이는 미주 하와이에 만들어진 독립운동단체이다. 따라서 (가)는 미주 지역으로, 박용만, 이승만 등을 중심으로 1910년 대한인 국민회가 창설되었다.

오답 정리

① 연해주에서 권업신문을 발간하여 민족의식을 고취하였다.
③ 1914년 연해주에서 이상설, 이동휘 등이 중심이 되어 대한 광복군 정부를 세워 무장 독립 투쟁을 준비하였다.
④ 여운형을 중심으로 상하이에 만들어진 신한청년당은 파리 강화회의에 대표인 김규식이 파견되었다.
⑤ 1919년 일본 동경의 한인 유학생들이 중심이 되어 2 · 8 독립 선언서를 발표하였다.

39 ②

포인트

한국광복군 총사령관 역임, 일본 육군 사관 학교 졸업, 만주 지역으로 망명, 독립군 양성, 대전자령 전투

해설 (가)는 한국광복군 총사령관을 역임한 지청천 장군이다. 지청천 장군은 1930년대 한국 독립군을 이끌면서 중국 호로군

과 함께 쌍성보, 사도하자, 대전자령 전투를 승리로 이끌었다.

오답 정리

① 1910년 이근영 등이 멕시코에 건립한 한인무관양성학교가 숭무 학교이다.
③ 1920년 미국 윌로스에 세워진 것이 독립군 비행사 육성을 위한 한인 비행 학교이다.
④ 1919년 김좌진을 중심으로 한 북로군정서는 청산리 전투에서 승리하였다.
⑤ 1944년 여운형을 중심으로 일제 패망과 광복에 대비하여 조선 건국 동맹이 결성되었다.

40 ③

포인트

나라는 형체이고 역사는 정신이다

해설 '나라는 형체이고 역사는 정신이다'라는 역사를 중시한 인물은 대한민국 임시정부 2대 대통령을 지낸 박은식이다. 박은식은 『한국통사』, 『한국독립운동지혈사』 등을 지어 민족주의 사학의 뿌리를 만들었다.

오답 정리

① 이병도 등이 진단 학회를 창립하고 『진단학보』를 발행하였다.
② 정인보, 문일평 등이 『여유당전서』를 간행하고 조선학 운동을 주도하였다.
④ 신채호가 『독사신론』을 저술하여 민족주의 사관의 기초를 마련하였다.
⑤ 백남운은 『조선사회경제사』를 집필하여 식민 사학의 정체성 이론을 반박하였다.

41 ③

포인트

노동 정지, 원산

해설 제시문은 1929년 원산 총파업에 대해 다루고 있다. 원산 총파업은 일본인 관리자가 조선인 노동자에 대해 차별로 일관하자, 여기에 대항하여 발생한 노동 운동이다. 노동자 강주룡이 을밀대 지붕에서 고공 농성을 전개한 것이 대표적인 저항이다.

오답 정리

① 1927년 조선 노동 총동맹과 조선 농민 총동맹이 성립되었다.
② 1923년 경성 고무 여자 직공 조합이 결성되었다.

④ 1920년 전국 단위의 노동 운동 단체인 조선 노동 공제회가 조직되었다.

⑤ 1923년 백정에 대한 차별 철폐를 요구하는 조선 형평사가 창립되었다.

42 ④

포인트

김원봉이 조직, 중국 국민당 정부의 지원을 받아 창설

해설 (가)는 조선 의용대로, 중국 국민당 정부의 지원을 받아 김원봉이 조직한 단체이다. 조선 의용대는 중국 관내(關內)에서 결성된 최초의 한인 군사 조직이다.

오답 정리

① 간도 참변 이후 조직을 정비하고 자유시로 이동한 것은 서일의 대한독립군단이다.

② 북만주 지역에서 활동한 한국 독립당의 산하 부대는 지청천의 한국 독립군이다.

③ 남만주 지역에서 중국군과 연합 작전으로 항일 전쟁을 벌인 것은 양세봉의 조선 혁명군이다.

⑤ 대한 국민회군과 연합해 봉오동에서 일본군을 격파한 것은 홍범도의 대한 독립군이다.

43 ②

포인트

나철이 조직한 것

해설 (기)는 대종교로, 1909년 나철은 이를 통해 본격적으로 항일 무장 투쟁 운동에 동참하였다. 대종교는 항일 무장 단체인 중광단을 결성해 민족의 시조인 단군을 숭배하는 종교이다.

오답 정리

①「개벽」,「신여성」 등의 잡지를 발간한 종교는 천도교이다.

③ 개신교에서 배재 학당을 설립하여 신학문을 보급하였다.

④ 천주교는 만주에서 의민단을 조직해 무장 투쟁을 전개하였다.

⑤ 방정환 등의 천도교 신자들이「어린이」 등의 잡지를 발간하여 소년 운동을 주도하였다.

44 ②

포인트

치안 유지법, 석방 후 다시 동범의 죄를 범할 우려가 현저할 때, 예방 구금

해설 제시문은 1925년 일제가 독립운동가를 잡아들이고 사회주의를 탄압하기 위해 제정한 치안유지법이다. 조선어 학회 사건은 1940년대에 조선어 사전 편찬을 이유로 국어 학자들을 투옥한 사건이다.

오답 정리

① 신간회는 1920년대 민족 유일당 운동의 일환으로 성립되었다.

③ 6·10 만세운동은 1920년대에 순종의 인산일을 기회로 삼아 일어났다.

④ 정우회 선언은 1920년대 좌우 합작 운동의 신호탄이 되었다.

⑤ 1930년대 윤봉길은 홍커우 공원에서 폭탄을 던져 일제 요인을 살상하였다.

45 ③

포인트

일제 강점기 프로 문학, 카프, 이기영

해설 카프는 사회주의 사상을 바탕으로 한 문학으로, (가)에는 1920년대 문학 작품이 들어가야 한다. 소설『고향』을 통해 당시 농촌 현실에 대해 알 수 있다.

오답 정리

① 1898년 황성신문이 발간되었으며, 주로 한문으로 작성되었다.

②「해에게서 소년에게」는 최남선의 작품으로 1908년 작성되었다.

④『금수회의록』은 안국선이 1909년 집필하였다.

⑤「광야」는 이육사의 시로 1945년 발표되었다.

46 ②

포인트

위수 사령관, 비상사태, 육군 총참모장

해설 위수령은 위급 상황 시에 군대가 지역을 담당하는 대통령령을 가리키며, 이승만 대통령이 치안을 위해 1950년 위수령을 선포해 민주화 시위를 진압하였다. 이승만 정부 시기에는 3·15 부정 선거에 항거하는 4·19 혁명이 전국 각지에서 일어났다.

오답 정리

① 5년 단임의 대통령 직선제 개헌이 실시된 것은 전두환 정부 말기이다.

③ 호헌 철폐, 독재 타도 등은 전두환 정부 시기에 발생한 6월 민주항쟁의 내용이다.

④ 박종철 고문 치사 사건은 전두환 정부 시기에 발생한 6월 민주항쟁의 발단이 된 사건이다.

⑤ 최규하 정부 시기에 신군부가 계엄을 확대하고 무력으로 진압하자, 이를 반대하기 위한 광주 민주화 운동이 1980년에 일어났다.

47 ①

포인트

야간 통행 금지 해제

해설 야간 통행 금지가 해제된 것은 1982년 전두환 정부의 상황이다. 전두환 정부 때는 (ㄱ) 1982년 프로야구를 출범시켰으며, (ㄴ) 1980년 언론기본법을 제정하여 언론 통폐합을 강제로 단행시켰다.

오답 정리

ㄷ. 허례허식을 없애기 위해 제정한 가정 의례 준칙은 1969년 박정희 정부 때 추진되었다.

ㄹ. 혼, 분식 장려 운동은 쌀 부족을 해결하기 위해 쌀 소비를 줄이기 위한 정부 주도의 식생활 개선 운동으로, 1969년 박성희 정부 때 추진되었다.

48 ③

포인트

(가)–조선의 민주 독립 보장, 좌우 협작으로 민주주의 임시 정부 수립, (나)–최고 5년 기한의 4개국 신탁통치, (다)–남조선 단독 선거

해설 1945년 모스크바 3상회의에서 미국, 소련, 영국의 외무장관들이 5년간 한국의 신탁 통치를 결정하였으며, 좌익은 여기에 찬성, 우익은 여기에 반대하였다. 이후 1차 미소 공동위원회가 결렬되고 1946년 좌우합작위원회가 출범하여 이승만의 정읍 발언으로 남한만의 단독 정부 수립에 반대하였다. 마지막으로 1948년 남북 협상을 통해 UN소총회에서 결의한 남한만의 단독 선거에 반대하는 김구, 김규식이 북으로 올라가 김일성과 면담을 하였다.

따라서 순서는 (나) – (가) – (다)이다.

49 ⑤

포인트

군사 원조, 월남 파견, 경제 원조

해설 1965년 한국 정부는 월남(베트남 전쟁) 파견을 통해 외환을 벌어들이고자 하였으며, 당시는 박정희 정부이다. 박정희 정부에서는 1965년 한일협정을 체결하였다.

오답 정리

① 1991년 노태우 정부 때 남북한이 UN에 동시 가입하였다.

② 1992년 노태우 정부 때 중국과 국교를 수립하였다.

③ 1996년 김영삼 정부 시기에 OECD에 가입하였다.

④ 한국과 칠레의 FTA가 체결된 것은 2004년 노무현 정부 시기이다.

50 ③

포인트

국민 기초 생활 보장법, 남북 경제 공동체 구성을 위한 협의, 남북 이산가족 상봉 추진

중요 사료

김대중 정부

IMF 위기 상황 아래 대통령에 취임하면서 저는 우리 국민의 저력에 대한 확신이 있었기에 1년 반 안에 외환 위기를 이겨내겠다고 약속할 수 있었고, 또 이 약속을 지킬 수 있었습니다. 대북 정책에 있어서도 안보를 바탕으로 한 포용 정책을 일관되게 추진해서 한반도의 전쟁 위기를 감소시키겠다고 한 약속을 지켜가고 있습니다.

−광복절 경축사−

해설 국민 생활 기초법을 만들고, IMF를 극복하였으며, 남북 이산가족 추진을 시도한 것은 김대중 정부 시기이다. 2000년 남북한의 교류 협력을 위한 개성 공업 지구 조성에 합의하였다.

오답 정리

① 1991년 노태우 정부 시기에 한반도 비핵화 공동 선언을 채택하였다.

② 1985년 전두환 정부 시기에 최초 이산가족 방문과 예술 공연단 교환이 이루어졌다.

④ 1991년 노태우 정부 시기에 남북 기본 합의서를 교환하였다.

⑤ 1972년 박정희 정부 시기에 7 · 4 남북 공동 성명 실천을 위한 남북 조절 위원회를 구성하였다.

01 ②

포인트

구석기 시대 동굴 생활, 사냥, 채집

해설 경상북도 예천군 삼강리 유적에서 출토된 주먹도끼와 몸돌·격지·찍개 등은 구석기 시대를 대표하는 유물이다. 구석기 시대는 주로 동굴에 살면서 사냥과 채집을 하였다.

오답 정리

① 가락바퀴를 이용하여 실을 뽑은 것은 신석기 시대다.

③ 청동기를 제작하는 틀인 거푸집을 이용하여 세형동검을 제작한 것은 청동기 후기에서 철기시대다.

④ 빗살무늬 토기를 만들어 식량을 저장한 것은 신석기 시대다.

⑤ 쟁기, 쇠스랑 등의 철제 농기구를 사용한 것은 철기시대다.

02 ③

포인트

위만, 한과 진국 사이의 중계 무역

해설 위만은 중국의 진·한 교체기에 고조선으로 이주하여 준왕의 신임을 얻었다. 기원전 2세기경 위만은 세력을 확대하여 왕검성을 공략, 준왕을 몰아내고 왕이 되었다. 위만은 한(漢)과 진국(辰國)사이의 중계 무역을 통해 경제적 이득을 취하였고, 한(漢)의 공격을 받았다.

오답 정리

① 지방의 여러 성에 욕살, 처려근지 등을 둔 것은 고구려다.

② 제가 회의에서 나라의 중요한 일을 결정한 것은 고구려다.

④⑤ 전국 7웅 중 하나인 연과 대적할 만큼 성장한 것과 부왕 등 강력한 왕이 등장하여 왕위를 세습한 것은 기원전 3세기경으로 위만 조선 이전이다.

03 ①

포인트

(가)—옥저, 대인, 사자 등의 관리, 맥포, 어염, 해산물 등의 특산물, 민며느리제, (나)—동예 무천, 단궁, 과하마, 반어피 등의 특산물

해설 (가)는 옥저에 대한 설명으로 대인, 사자 등의 관리를 두었고, 특산물로 맥포, 어염, 해산물이 있다. 옥저에는 혼인 풍속

으로 민며느리제가 있었다. (나)는 동예에 대한 설명으로 제천행사로 무천이 있었고, 특산물로는 단궁, 과하마, 반어피가 있다.

오답 정리

② 읍락 간의 경계를 중시하여 책화가 있던 나라는 동예다. 따라서 이는 (나)에 대한 설명이다.

③④ 여러 가들이 별도로 사출도를 주관하였고 남의 물건을 훔쳤을 때 12배로 갚게 한 나라는 부여다.

⑤ 제사장인 천군과 신성 지역인 소도가 존재한 나라는 삼한이다.

04 ①

포인트

금관가야, 철 생산

해설 (가)나라는 금관가야로 철을 생산하여 한, 왜 등에 수출하였다. 철제 무기를 생산하였으며 덩이쇠를 만들어 화폐와 같은 교환 수단으로 이용하기도 하였다.

오답 정리

② 만장일치제로 운영된 화백 회의가 있던 나라는 신라다.

③ 빈민을 구제하기 위해 진대법을 실시한 것은 고구려다.

④ 지방을 통제하기 위해 22담로를 설치한 것은 백제다.

⑤ 박, 석, 김의 3성이 고대로 왕위를 계승한 것은 신라다.

05 ⑤

포인트

신라 지증왕, 순장 금지, 우경, 신라 국호, 지방 제도 정비

해설 순장을 금지하고, 처음으로 우경을 실시하였으며 신라를 국호로 삼고, 신라 국왕이라 칭한 것은 지증왕 때다. 지증왕 때는 지방 제도를 정비하여 주·군·현을 정하고, 실직주를 설치하였다. 또한, 시장을 감독하는 관청인 동시전을 설치하였다.

오답 정리

① 첨성대를 세워 천체를 관측한 것은 선덕여왕 때다.

②③ 대가야를 정복하여 영토를 확장한 것과 거칠부에게 국사를 편찬하도록 한 것은 진흥왕 때다.

④ 건원이라는 독자적인 연호를 사용한 것은 법흥왕 때다.

06 ②

포인트

(가)—김춘추, 나당 동맹, (나)—나당연합군, 고구려 멸망

해설 (가)는 진덕여왕 때로 648년 김춘추를 당나라에 보내 나당

동맹을 맺은 사실이 나타난다. (나)는 676년 나당연합군의 공격으로 평양성이 함락된 상황으로 고구려의 멸망을 보여준다. 왜(일본)는 백제와 전통적으로 우호관계를 맺고 있었고 백제가 멸망한 후인 663년에 군대를 파견했다. 이에 신라와 당의 연합군은 백강에서 왜군을 물리쳤다.

오답 정리

① 당이 안동도호부를 요동 지역으로 옮긴 것은 나당 전쟁에서 패한 사실로 (나) 이후다.
③ 신라가 당의 군대에서 맞서 매소성에서 승리한 것은 나당 전쟁 시기로 (나) 이후다.
④ 고구려의 안승이 신라에 의해 보덕 국왕으로 임명된 것은 고구려 부흥 운동을 나타내는 것으로 (나) 이후다.
⑤ 고구려가 당의 침입에 대비하여 천리장성을 완성한 것은 631년으로 (가) 이전이다.

07 ⑤

포인트

고려, 고분벽화, 박익 묘 벽화

해설 ⑤는 박익 묘 벽화의 여인들로 고려 때의 고분벽화다.

오답 정리

① 적장 참수도, ② 씨름도, ③ 접객도, ④ 강서 수산리 벽화는 고구려의 고분벽화다.

08 ⑤

포인트

백제 의자왕, 장군 윤충이 신라 대야성 공격

해설 장군 윤충을 보내 신라의 대야성을 공격한 상황으로 백제의 의자왕 시기를 나타낸다. 이 시기 김유신과 소정방의 나당연합군이 백제를 공격하자, 계백은 결사대를 이끌어 황산벌에 나가 전투를 치렀다.

오답 정리

①③ 익산에 미륵사를 창건한 것과 수와 외교 관계를 맺고 친선을 도모한 것은 무왕 때다.
② 사비로 천도하고 국호를 남부여로 고친 것은 성왕 때다.
④ 평양성을 공격하여 고국원왕을 전사시킨 것은 근초고왕 때다.

09 ①

포인트

신라 신문왕, 설총의 화왕계와 만파식적, 국학 설립, 군사 제도 확립, 관료전 지급, 녹읍 폐지

해설 설총의 화왕계와 만파식적과 관련된 설명으로 신라의 신문왕을 나타낸다. 신문왕은 국학을 설립하였고, 9서당 · 10정의 군사 제도를 확립하였다. 또한, 관료전을 지급하고 녹읍을 폐지하였다.

오답 정리

② 관리 채용을 위해 독서삼품과를 시행한 것은 원성왕 때다.
③ 병부와 상대등을 설치하고 관등을 정비한 것은 법흥왕 때다.
④ 자장의 건의로 황룡사 구층 목탑을 건립한 것은 선덕여왕 때다.
⑤ 위홍과 대구화상에게 삼대목을 편찬하도록 한 것은 진성여왕 때다.

10 ③

포인트

발해, 고구려의 양식을 계승한 영광탑

해설 (가) 국가는 고구려의 양식을 계승하였다는 것과 문왕의 부인 효의 황후를 통해 발해임을 알 수 있다. 따라서 정답은 ③ 발해의 영광탑이다.

오답 정리

① 백제의 정림사지 오층 석탑이다.
② 통일신라의 다보탑이다.
④ 고려의 경천사지 10층 석탑이다.
⑤ 조선의 원각사지 10층 석탑이다.

11 ②

포인트

견훤의 후백제 건국, 완산주, 후당 및 오월과 교류

해설 (가) 인물은 완산주에 후백제를 건국한 견훤으로 중국의 후당, 오월과 교류하였으며 신라의 금성을 습격하여 경애왕을 살해하였다.

오답 정리

①③⑤ 궁예는 양길의 휘하에서 세력을 키우고 후고구려를 건국하였다. 국호를 마진으로 바꾸고 철원으로 천도하였으며 광평성 등 각종 정치 기구를 마련하였다.
④ 일리천 전투에서 고려군에게 패배한 인물은 견훤의 아들인 신검이다.

12 ③

고려 숙종, 주전도감, 관영 상점 운영

해설 주전도감을 두고 은병을 주조한 것은 고려 숙종 때로 서적점, 다점 등의 관영 상점이 운영되었다.

오답 정리

① 집집마다 부경이라는 창고가 있던 것은 고구려 때다.
② 청해진을 중심으로 해상 무역이 전개된 것은 통일신라 때다.
④ 감자, 고구마 등의 구황 작물을 널리 재배한 것은 조선 후기다.
⑤ 일본과의 무역을 허용하고 계해약조를 체결한 것은 조선 전기다.

13 ④

포인트

고려 태조 왕건, 서경 중시, 흑창 설치, 경순왕 김부를 경주의 사심관으로 삼음, 계백료서

해설 (가) 왕은 고려 태조 왕건으로 ① 평양을 서경으로 삼아 중시하였고, ② 민생 안정을 위해 흑창을 설치하였다. ③ 경순왕 김부를 경주의 사심관으로 삼았으며, ⑤ 계백료서를 지어 관리의 규범을 제시하였다.
④ 국자감에 7재라는 전문 강좌를 개설한 것은 예종 때다.

14 ③

포인트

양규, 강감찬, 윤관의 별무반, 묘청의 서경 천도 운동

해설 제시된 사건은 (나)-(가)-(라)-(다) 순이나.
① 거란의 3차 침입(1018) 이후 강감찬의 건의에 따라 개경 주위에 나성을 축조하였다.
② 거란의 2차 침입(1010) 때 양규의 활약으로 철수하는 거란군을 공격하였다.
③ 묘청의 서경 천도 운동(1135)으로 김부식이 이끈 관군의 공격으로 1년 만에 진압되었다.
④ 윤관은 왕에게 건의하여 별무반을 편성하였고, 여진 정벌 후 동북 지방에 9성을 개척하였다(1107).

15 ②

포인트

고려 시대 불상

해설 고려 시대의 불상을 나타낸 대화로 ② 논산 관촉사 석조미륵보살입상이 해당한다.

오답 정리

① 서산 용현리 마애여래삼존상으로 백제의 문화유산이다.
③ 합천 치인리 마애여래입상으로 통일신라의 문화유산이다.
④ 파주 용미리 마애이불입상으로 고려의 문화유산이다.
⑤ 경주 배리 석불입상으로 신라의 문화유산이다.

16 ③

포인트

몽골, 칭기즈 칸

해설 (가) 국가는 몽골로 몽골족을 통일한 테무친은 칭기즈 칸이라 칭하며(1206) 동·서양으로 진출하였다. 화포를 이용하여 진포에서 대승을 거둔 것은 왜구와의 전투다.

오답 정리

① 강화도로 도읍을 옮겨 항전한 것은 몽골의 2차 침입 때다.
② 김윤후가 처인성 전투에서 활약한 것은 몽골의 2차 침입 때다.
④ 다인철소 주민들이 충주 지역에서 저항한 것은 몽골의 6차 침입 때다.
⑤ 대장도감을 설치하여 팔만대장경판을 만든 것은 몽골의 3차 침입 때다.

17 ④

포인트

승정원, 왕의 비서 기관, 왕명 출납

해설 (가) 정치 기구는 승정원이다. 승정원은 왕의 비서 기관으로 왕명 출납을 담당하였다.

오답 정리

① 한성부는 수도의 행정과 치안을 맡아보았다.
② 고려의 삼사는 화폐와 곡식의 출납과 회계를 맡았다.
③ 양사(사헌부와 사간원)는 5품 이하의 관원에 대한 서경권을 가졌다.
⑤ 사역원은 외국어의 통역과 번역에 관한 업무를 관장하였다.

18 ②

포인트

고려 충렬왕, 일연 삼국유사, 이승휴 제왕운기, 단군 건국 이야기

35회

36회

37회

38회

39회

40회

41회

42회

43회

44회

45회

46회

해설 첫 번째 역사서는 고려 충렬왕 때(1281) 일연이 저술한 삼국유사로 고대 민간 설화 및 단군의 건국 이야기가 수록되어 있다. 두 번째 역사서는 충렬왕 때(1287) 이승휴가 저술한 제왕운기로 단군부터 고려 충렬왕까지의 역사를 서사시로 정리하였으며 단군의 건국 이야기가 기록되어 있다. 충선왕 때(1314)는 만권당을 설치하여 이제현 등 고려 유학자들과 원나라 유학자들이 교류하였다.

오답 정리

① 쌍기의 건의로 과거제가 도입된 것은 광종 때다.

③ 최충이 유학을 교육하는 9재 학당을 설립한 것은 문종 때다.

④ 망이 · 망소이가 가혹한 수탈에 저항하여 봉기한 것은 명종(무신 집권기)때다.

⑤ 의천이 불교 교단 통합을 위한 천태종을 개창한 것은 숙종 때다.

19 ④

포인트

개경, 만적, 노비 신분 해방

해설 (가) 지역은 개성(개경)으로 만적을 비롯한 노비들이 신분 해방을 도모한 지역이다.

오답 정리

① 인조가 피신하여 청군에 항전한 곳은 남한산성이다.

② 제1차 미 · 소 공동 위원회가 개최된 곳은 덕수궁 석조전이다.

③ 오페르트가 남연군 묘 도굴을 시도한 곳은 충남 예산군이다.

⑤ 현존 최고의 금속 활자본인 직지심체요절이 간행된 곳은 청주 흥덕사다.

20 ④

포인트

조선 세종, 이순지, 천체 운동 역법서 칠정산

해설 이순지는 세종 때(1444) 한양을 기준으로 천체 운동을 계산한 역법서인 칠정산을 저술하였다.

오답 정리

① 기기도설을 참고하여 거중기를 설계한 것은 정약용이다.

② 최초로 100리 척 축척법을 사용한 것은 정상기의 동국지도다.

③ 홍역에 관한 국내외 자료를 종합한 의서는 마과회통으로 정약용이 편찬하였다.

⑤ 체질에 따라 처방을 달리해야 한다는 사상 의학을 확립한 것은 이제마다.

21 ②

포인트

(가)-수령, 지방의 행정 · 사법 · 군사권을 행사, (나)-향리, 수령의 보좌 역할

해설 (가)는 조선 시대의 수령으로 8도의 부 · 목 · 군 · 현에 파견되어 지방의 행정 · 사법 · 군사권을 행사하였다. (나)는 조선 시대의 향리로 고려 때와 달리 외역전을 지급받지 못하고 수령의 보좌역할을 수행하였다.

오답 정리

① 향리는 단안이라는 명부에 등재되었다.

③ 관찰사는 감사, 도백으로 불렸다.

④ 노비는 장례원을 통해 국가의 관리를 받았다.

⑤ 잡과를 통해 의학, 천문, 지리 등 기술관을 선발하였다.

22 ②

포인트

(가)-연산군, 갑자사화, (나)-명종, 을사사화

해설 (가)는 연산군 때의 갑자사화(1504)고 (나)는 명종 때의 을사사화(1545)다. 두 시기 사이에는 위훈 삭제를 주장한 조광조가 제거된 기묘사화(1519)가 있었다.

오답 정리

① 왕자의 난으로 정도전 등이 피살된 것은 조선 태조 때다.

③ 서인이 반정을 일으켜 정권을 장악한 것은 인조반정이다.

④ 수양대군은 계유정난(1453)을 통해 단종을 폐위시키고 세조로 즉위(1455)하였다. 세조는 단종 복위를 꾀한 성삼문, 박팽년 등의 사육신을 처형하였다.

⑤ 이조 전랑 임명을 둘러싸고 사림이 동인과 서인으로 나뉜 것은 선조 때다.

23 ④

포인트

조선의 관립 교육 기관, 성균관, 생원과 진사가 입학, 성현에 대한 제사, 명륜당

해설 (가)는 성균관으로 조선의 관리 최고 교육 기관으로 소과에 합격한 생원과 진사가 입학하였다. 성현에 대한 제사를 지냈으며 학문을 강의하는 명륜당을 두고 있다.

오답 정리

① 좌수와 별감을 선발하여 운영한 것은 유향소다.

②⑤ 지방의 사림 세력이 주로 설립한 것은 서원으로 흥선 대원군에 의해 47개소를 제외하고 철폐되었다.
③ 전국의 부·목·군·현에 하나씩 설립된 것은 향교다.

24 ①

포인트

조선 효종, 나선 정벌, 조총 부대 파견

해설 제시문은 효종으로 청이 러시아와 국경분쟁 중 조선에 군대 파견 요청하였다. 효종은 조총 부대를 파견하여 청을 도와 러시아군과 두 차례 교전하였다.

오답 정리

② 왕권 강화를 위해 장용영이 설치된 것은 정조 때다.
③ 청과의 경계를 정한 백두산정계비가 건립된 것은 숙종 때다.
④ 역대 문물을 정리한 동국문헌비고가 편찬된 것은 영조 때다.
⑤ 전통 한의학을 집대성한 동의보감이 완성된 것은 광해군 때다.

25 ⑤

포인트

조선 숙종, 경신환국

해설 제시된 상황은 숙종 때의 경신환국(1680)으로 영의정 허적이 왕의 허락 없이 유악을 가져간 것이 원인이 되었다. 이를 계기로 숙종은 남인을 축출하고 서인을 중용하게 되었다. 이후 희빈 장씨 소생의 원자 책봉 문제로 기사환국(1694)이 발생하였다. 왕은 송시열을 제주도로 귀양 보내고 사사함으로써 서인이 몰락하고 남인이 집권하게 되었다.

오답 정리

① 현종 때는 자의 대비의 복상 문제로 예송논쟁이 전개되었다.
② 선조 때는 정여립 모반 사건으로 서인이 정국을 주도하였다.
③ 인조 때는 이괄의 난이 일어나 반란군이 도성을 장악하였다.
④ 광해군 때는 북인이 서인과 남인을 배제한 채 정국을 독점하였다.

26 ⑤

포인트

대동법, 공인 등장

해설 제시문은 대동법으로 가호에 부과하던 공납(토산물)을 토지 결수(1결당 미곡 12두)에 따라 징수하였다. 대동법 시행에 따라 관청에 물품을 조달하는 공인이 등장하는 배경이 되었다.

오답 정리

① 양반에게도 군포가 부과된 것은 호포제다.
② 고종 때(대한제국)는 양전 사업을 실시하여 지계를 발급하였다.
③ 풍흉에 따라 전세를 9등급으로 차등 부과한 것은 세종 때 시행한 연분 9등법이다.
④ 균역법 시행에 따라 부족한 재정의 보충을 위한 선무군관포를 징수하였다.

27 ①

포인트

홍대용의 의산문답, 지전설, 무한우주론

해설 의산문답은 홍대용의 저서로 지전설과 무한우주론을 주장하였다.

오답 정리

② 유득공은 발해고에서 남북국이라는 용어를 처음 사용하였다.
③ 김정희는 북한산비가 진흥왕 순수비임을 고증하였다.
④ 박제가, 이덕무 등은 서얼 출신으로 규장각 검서관에 등용되었다.
⑤ 정약용은 여전론을 통해 마을 단위 토지 분배와 공동 경작을 주장하였다.

28 ④

포인트

천주교, 청을 다녀온 사신에 의해 서학으로 소개

해설 (가)는 천주교로 17세기 청나라를 다녀온 사신들에 의하여 서학으로 소개되었고 18세기 남인 계열 일부 학자가 신앙으로 수용하였다.

오답 정리

① 단군 숭배 사상을 전파한 것은 대종교다.
② 하늘에 제사 지내는 초제를 거행한 것은 도교다.
③⑤ 동학은 유·불·선을 바탕으로 민간 신앙의 요소까지 포함하였으며 동경대전과 용담유사를 경전으로 삼았다.

29 ③

포인트

조선 후기 경제, 덕대의 광산 경영, 담배와 면화, 송상과 만상의 부 축적, 왜관에서 개시 무역과 후시 무역

해설 제시된 상황은 조선 후기의 경제 모습을 보여주는 것으로 ① 덕대가 광산을 전문적으로 경영하였고, ② 담배와 면화 등이 상품 작물로 재배되었다. ④ 송상, 만상 등이 대청 무역으로 부를 축적하였으며 ⑤ 왜관에서 개시 무역과 후시 무역이 이루어졌다. ③ 수조권이 세습되는 수신전, 휼양전은 조선 전기 토지제도로 직전법 시행 이전이다.

30 ⑤

> **포인트**
> 임술 농민 봉기, 박규수, 안핵사 파견

해설 제시된 사건은 임술 농민 봉기(1862)로 지방관 및 향리의 착취(진주 목사 백낙신의 횡포)가 발단이 되었다. 유계춘이 주도하여 진주성을 점령하였고 전국 각지의 농민 봉기로 확산되었다. 사건 수습을 위해 박규수를 안핵사로 파견하였고 삼정이정청(철종, 1862)을 설치하였다.

> **오답 정리**

① 청의 군대에 의해 진압된 것은 임오군란이다.
② 천주교(서학)의 확산과 이양선 출몰 등 위기의식 속에서 최제우는 동학을 창시하였다.
③ 왕의 도성을 떠나 공산성으로 피란한 것은 이괄의 난 때다.
④ 남접과 북접이 연합하여 조직적으로 전개한 것은 2차 동학농민운동이다.

31 ③

> **포인트**
> 통리기무아문, 개화 정책 추진, 12사 설치, 5군영 개편, 별기군 창설

해설 개화 정책의 추진을 위해 총괄기구인 통리기무아문을 설치하였고, 12사(재정, 통상, 외교 등을 담당하는 실무기구)가 설치되었다. 군제 개편에 따라 5군영을 통합하여 2영으로 개편하였고 신식군대인 별기군을 창설하였다.

> **오답 정리**

①⑤ 재판소를 설치하여 사법권을 독립시킨 것과 교육 입국 조서를 반포하고 외국어 학교 관제를 마련한 것은 2차 갑오개혁 때다.
② 미국과 합작하여 한성 전기 회사를 설립한 것은 대한제국 시기다.
④ 재정 문제를 해결하기 위해 당백전을 주조한 것은 흥선대원군 집권 시기다.

32 ⑤

> **포인트**
> 홍범도, 대한 독립군 사령관

해설 홍범도는 평민 의병장에서 대한 독립군 사령관으로 활약하였다.

> **오답 정리**

① 반침략 기치를 들고 우금치 전투에 참여한 것은 전봉준이다.
② 군국기무처의 총재로 개혁을 주도한 것은 김홍집이다.
③ 입헌 군주제를 꿈꾸며 갑신정변을 일으킨 것은 김옥균이다.
④ 을사늑약에 반대하여 항일 의병을 이끈 것은 최익현이다.

33 ④

> **포인트**
> 을미사변, 일본 군대, 낭인, 명성황후 살해

해설 제시된 사건은 을미사변(1895)으로 일본 자객들이 왕후 폐하를 수색하는 상황을 통해 알 수 있다. 조선 주재 일본 공사인 미우라 고로는 일본 군대와 낭인을 건청궁에 난입시켜 명성황후를 살해하였다. 을미사변 직후 성립된 김홍집 내각은 을미개혁을 추진하였다.

34 ①

> **포인트**
> 대한제국, 고종, 이범윤을 간도 관리사로 임명

해설 (가)는 대한제국 시기로 국방 강화를 위해 원수부를 설치하였고, 이범윤을 간도 관리사로 파견하였다. 또한 독도를 관할 영토로 명시하였으며 양전 사업을 실시하여 지계를 발급하였다.

> **오답 정리**

② 김윤식을 청에 영선사로 파견한 것은 1880년대 개화정책이다.
③ 건양이라는 독자적인 연호를 사용한 것은 을미개혁이다.
④⑤ 행정 기구를 6조에서 8아문으로 개편한 것과 공사 노비법을 혁파하고 과거제를 폐지한 것은 1차 갑오개혁 때다.

35 ③

> **포인트**
> 대한매일신보, 베델, 양기탁, 박은식, 신채호, 항일 논설

해설 대한매일신보는 영국인 베델과 양기탁이 함께 창간하고 박은식, 신채호 등이 항일 논설을 실었다. 외국인이 발행하는 신문

이어서 일본의 사전 검열이 미치지 않았다. 국채보상운동은 대한매일신보의 지원을 받아 전국으로 확산되었다.

오답 정리

① 천도교의 기관지로 발행된 것은 만세보다.
② 상업 광고가 처음으로 게재된 것은 한성주보다.
④ 농촌 계몽을 위해 브나로드 운동을 전개한 것은 동아일보다.
⑤ 순 한문 신문으로 열흘마다 발행하는 것이 원칙인 것은 한성순보다.

36 ④

포인트

(가)–한일의정서, (나)–정미7조약

해설 (가)는 한일의정서(1904), (나)는 정미7조약(한일신협약, 1907.7)이다. 두 시기 사이에는 을사늑약이 체결됨에 따라 고종은 이상설, 이준, 이위종에게 친서와 신임장을 주고 네덜란드 헤이그 만국 평화회의에 특사를 파견(1907)하였다. 이를 계기로 일제는 고종을 강제로 퇴위시킨다.

오답 정리

① 안중근이 하얼빈에서 이토 히로부미를 사살한 것은 1909년이다.
② 의병 진압을 위한 '남한 대토벌' 작전은 1909년 전개되었다.
③ 일본이 경복궁을 점령하고 내정 개혁을 요구한 것은 1894년이다.
⑤ 영국군이 러시아를 견제하기 위해 거문도를 불법 점령한 것은 1885년이다.

37 ⑤

포인트

대한 광복군 정부, 이상설과 이동휘를 정·부통령으로 선임

해설 대한 광복군 정부는 이상설과 이동휘를 정·부통령으로 선임하였다.

오답 정리

① 대한인 국민회는 샌프란시스코에 중앙 총회를 두었다.
② 숭무 학교는 멕시코에 설립된 한인 무관 양성학교다.
③ 연해주 지역의 권업회는 권업신문을 발행하여 민족의식을 고취하였다.
④ 일본 동경 유학생으로 결성된 조선청년독립단은 2·8 독립 선언서를 작성하여 발표하였다.

38 ④

포인트

3·1 운동, 대한민국 임시 정부 수립

해설 제시문의 만세 시위 운동은 1919년 3·1 운동으로 이를 계기로 대한민국 임시 정부가 수립되었다.

오답 정리

① 민족 유일당 운동의 영향을 받아 사회주의 세력이 정우회 선언을 발표하였다. 사회주의 세력과 비타협적 민족주의 세력이 신간회를 창립하였다.
② 순종의 인산일을 기회로 삼아 추진된 것은 1926년 6·10 만세 운동이다.
③ 조선 형평사를 중심으로 전국으로 확산된 것은 1923년 형평 운동이다.
⑤ 박상진이 주도한 대한 광복회는 3·1 운동 전인 1915년에 결성되었다.

39 ②

포인트

신간회, 광주 학생 항일 운동

해설 제시된 사건은 1929년의 광주 학생 항일 운동으로 (가) 단체는 신간회다. 민족 유일당 운동의 영향을 받아 사회주의 세력이 정우회 선언을 발표한 이후 사회주의 세력과 비타협적 민족주의 세력이 신간회를 창립하였다.

오답 정리

① 의열단은 조선 혁명 선언을 활동 지침으로 삼았다.
③ 김성진, 정인보, 안재홍은 조선학 운동을 전개하여 여유당전서를 간행하였다.
④ 대한민국 임시 정부(충칭)는 조소앙의 삼균주의를 기초로 기본 강령을 발표하였다.
⑤ 신민회는 대성 학교와 오산 학교를 세워 민족 교육을 전개하였다.

40 ②

포인트

문화통치, 치안 유지법, 사회주의 운동 탄압

해설 제시문은 1920년대 문화통치 시기로 경성 제국 대학이 설립되었고, 사회주의 운동을 탄압하기 위한 치안 유지법이 마련되었다(1925).

35어

36어

37어

38어

39어

40어

41어

42어

43어

44어

45어

46어

오답 정리

① 한국인에 한해 적용되는 조선 태형령이 공포된 것은 1910년 대다.

③ 기한 내에 토지를 신고하게 하는 토지 조사령이 제정된 것은 1910년대다.

④ 헌병대 사령관이 치안을 총괄하는 경무총감부가 신설된 것은 1910년대다.

⑤ 회사 설립 시 총독의 허가를 얻도록 하는 회사령이 발표된 것은 1910년대다.

41 ②

포인트

천도교, 잡지 개벽 발행, 민족의식 고취

해설 천도교는 잡지 개벽을 발행하여 민족의식을 고취하였다.

오답 정리

①③ 천주교는 의민단을 조직하여 무장 투쟁을 전개하였고 경향 신문을 발간하여 민중 계몽에 힘썼다.

④ 개신교는 배재 학당을 세워 신학문 보급에 기여하였다.

⑤ 대종교는 을사오적을 처단하기 위해 자신회를 결성하였다.

42 ③

포인트

김구, 한인 애국단, 이봉창

해설 (가) 단체는 1931년 김구가 조직한 한인 애국단으로 이봉창은 일왕이 찬 마차를 향해 폭탄을 던졌다. 윤봉길은 상하이 홍커우 공원에서 일본군 장성과 고관들을 처단하였고 이에 중국 국민당 정부가 대한민국 임시정부를 지원해 주는 계기가 되었다.

오답 정리

① 조선 혁명군은 중국군과 함께 영릉가 전투에서 큰 전과를 올렸다.

② 한국광복군은 영국군의 요청으로 인도·미얀마 전선에 투입되었다.

④ 독립 의군부는 조선 총독부에 국권 반환 요구서를 제출하려 하였다.

⑤ 의열단(김원봉)은 조선 혁명 간부 학교를 설립하여 군사 훈련에 힘썼다.

43 ⑤

포인트

백남운, 조선봉건사회경제사, 조선사회경제사

해설 제시된 인물은 사회 경제 사학자인 백남운으로, 『조선사회경제사』, 『조선봉건사회경제사』를 저술하였으며 우리 역사발전이 세계사의 보편적 발전 과정과 궤를 같이하고 있음을 주장하였다.

오답 정리

① 최남선은 조선사 편수회에 들어가 조선사 편찬에 참여하였다.

② 이병도, 손진태는 실증주의 사학의 연구를 위해 진단 학회를 창립하였다.

③ 박은식은 한국독립운동지혈사에서 독립 투쟁 과정을 서술하였다.

④ 이광수 등은 임시 사료 편찬회에서 한·일 관계 사료집을 편찬하였다.

44 ⑤

포인트

민족 말살 통치, 베를린 올림픽, 손기정, 일장기 삭제, 조선어 학회 사건

해설 제시된 사건은 1936년의 베를린 올림픽에서 우승한 손기정 선수의 가슴에 있던 일장기를 삭제한 것으로 1930년대의 민족 말살 통치 때다. 이 사건 이후 일제가 한글학자들을 구속한 조선어 학회 사건(1942)이 일어났다.

오답 정리

① 일제에 의해 경성 제국 대학이 설립된 것은 1924년이다.

② 신경향파 작가들이 카프를 결성한 것은 1925년이다.

③ 나운규가 제작한 영화 아리랑이 처음 개봉된 것은 1926년이다.

④ 여성 계몽과 구습 타파를 주장하는 근우회가 창립된 것은 1927년이다.

45 ④

포인트

제헌국회, 농지 개혁법

해설 제시된 국회는 1948년 5·10 총선을 통해 구성된 제헌국회로 유상 매수·유상 분배 원칙의 농지 개혁법을 제정하였다.

오답 정리

① 민의원, 참의원의 양원으로 운영된 것은 내각 책임제와 국회 양원제 헌법 개정(3차 개헌)으로 수립된 장면 내각이다.

② 한·미 자유 무역 협정(FTA)은 2007년 양국 간 합의 후 협정

문이 공개되었고 2011년 국회 본회의를 통과하였다.

③ 초대 대통령에 한해 중임 제한을 철폐한 것은 이승만 정부 때다.

⑤ 의원 정수 3분의 1이 통일 주체 국민 회의에서 선출된 것은 박정희 정부(유신헌법) 때다.

46 ④

포인트
김규식, 파리 강화 회의 민족 대표, 남북 협상 참여

해설 제시된 인물은 김규식으로 파리 강화 회의 민족 대표로 파견되었고 1944년에는 대한민국 임시 정부 부주석으로 활동하였다. 1948년에는 민족 자주 연맹을 이끌고 남북 협상에 참여하였다.

오답 정리
① 김원봉은 의열단을 조직하여 단장으로 활동하였다.
② 안창호는 재미 한인을 중심으로 흥사단을 창립하였다.
③ 이회영은 신흥 강습소를 설립하여 독립군을 양성하였다.
⑤ 여운형은 일제의 패망과 건국에 대비하여 조선 건국 동맹을 결성하였다.

47 ②

포인트
6 · 25 전쟁 정전협정, 포로 송환 문제로 체결 지연, 군사 분계선 확정

해설 제시문은 6 · 25 전쟁 정전협정(휴전협정, 1953.7.27.)으로 포로 송환 문제로 체결이 지연되었고, 군사 분계선을 확정하여 비무장 지대를 설정하였다.

오답 정리
ㄴ. 남북한은 단독정부를 수립한 이후 미국과 소련의 군정이 종식된다.
ㄹ. 미국의 극동 방위선을 조정한 애치슨 선언은 6 · 25 전쟁의 발발에 영향을 주었다.

48 ②

포인트
박정희 정부, 긴급 조치 발동, YH 무역 노동자들의 농성을 강경 진압

해설 (가) 정부는 박정희 정부(유신 체제, 제4공화국) 때로 긴급 조치를 발동하여 개헌 논의를 금지하였고 YH 무역 노동자들의 농성을 강경 진압하였다.

오답 정리
①⑤ 한 · 미 상호 방위 조약 체결, 진보당의 조봉암을 제거한 것은 이승만 정부 때다.
③ 대통령 긴급 명령으로 금융 실명제를 시행한 것은 김영삼 정부 때다.
④ 사회 정화를 명분으로 삼청 교육대를 설치한 것은 전두환 정부 때다.

49 ③

포인트
6월 민주 항쟁, 대통령 직선제, 5년 단임제

해설 제시된 자료는 6월 민주 항쟁으로 대통령 직선제, 5년 단임제 규정의 헌법 개정을 이끌어냈다.

오답 정리
①⑤ 장면 내각이 출범하는 배경, 3 · 15 부정 선거에 항의하는 시위가 전국으로 확산된 것은 4 · 19 혁명과 관련된다.
② 굴욕적인 한 · 일 국교 정상화에 반대한 것은 6 · 3 시위다.
④ 신군부의 계엄령 확대와 무력 진압에 저항한 것은 5 · 18 민주화 운동이다.

50 ①

포인트
노태우 정부, 서울 올림픽 개최, 3당 합당, 남북한 유엔 동시 가입, 남북 기본 합의서

해설 서울 올림픽 개최, 3당 합당, 남북한 유엔 동시 가입은 노태우 정부 때다. 이 시기 남북한 상호 체제 인정 및 상호 불가침에 합의한 남북 기본 합의서가 채택(1991)되었다.

오답 정리
② 7 · 4 남북 공동 성명을 발표한 것은 박정희 정부 때다.
③ 개성 공업 지구 조성에 합의한 것은 김대중 정부 때다.
④ 10 · 4 남북 공동 선언을 채택한 것은 노무현 정부 때다.
⑤ 이산 가족 고향 방문을 최초로 성사시킨 것은 전두환 정부 때다.

정답 및 해설
신과함께 기출문제집

35회

36회

37회

38회

39회

40회

41회

42회

43회

44회

45회

46회

01 ②

포인트

신석기 시대, 제주 고산리 유적, 민무늬 토기, 화살촉, 가락 바퀴

해설 제주 고산리 유적에서 출토된 이른 민무늬 토기, 화살촉 등은 신석기 시대의 생활 모습을 보여준다. 신석기 시대에는 가락 바퀴를 이용하여 실을 뽑았다.

오답 정리

① 구석기 시대는 주로 동굴이나 막집에 거주하였다.

③④ 명도전을 이용하여 중국과 교역한 것, 철제 농기구를 사용하여 농사를 지은 것은 철기시대다.

⑤ 의례 도구로 청동 거울과 방울 등을 제작한 것은 청동기 시대다.

02 ③

포인트

부여, 순장, 사출도, 영고

해설 제시된 자료에 해당하는 나라는 부여로 순장의 풍습을 통해 알 수 있다. 부여는 왕 아래 마가, 우가, 저가, 구가들이 다스리던 사출도가 있었다. 특산물로는 말, 모피가 생산되었으며 1책 12법이 있었다. 12월에는 영고라는 제천행사를 지냈다.

오답 정리

① 읍군, 삼로 등의 군장이 있던 나라는 옥저와 동예다.

② 혼인 풍속으로 민며느리제가 있던 나라는 옥저다.

④ 신성 구역인 소도에서 천군이 제사를 주관한 나라는 삼한이다.

⑤ 읍락 간의 경계를 중시하는 책화라는 풍습이 있던 나라는 동예다.

03 ③

포인트

고구려, 강서대묘 사신도, 무용총 수렵도

해설 ③ 연가 7년명 금동여래입상으로 고구려의 문화유산이다. 제시된 자료에서 강서대묘 사신도, 무용총 수렵도 등을 통해 (가) 국가는 고구려임을 알 수 있다.

오답 정리

① 가야의 판갑옷이다.

② 발해의 석등이다.

④ 신라의 기마 인물형 토기다.

⑤ 백제의 무령왕릉 석수다.

04 ④

포인트

신라 법흥왕, 율령 반포, 공복 제정, 이차돈 순교, 불교 공인

해설 신라 법흥왕은 율령을 반포하고 처음으로 관리들의 공복을 제정하였다. 법흥왕은 이차돈의 순교를 계기로 불교를 공인하였다.

오답 정리

① 지증왕은 이사부를 보내 우산국을 복속시켰다.

② 신문왕은 관료전을 지급하고 녹읍을 폐지하였다.

③ 진흥왕은 거칠부로 하여금 국사를 편찬하게 하였다.

⑤ 선덕여왕은 자장의 건의로 황룡사 구층 목탑을 건립하였다.

05 ①

포인트

대가야, 고령 지산동 고분군, 후기 가야 연맹

해설 경상북도 고령군 지산동 고분군은 대가야의 유물이 출토된 지역으로 대가야는 후기 가야 연맹을 주도하였다.

오답 정리

② 중앙군으로 2군 6위를 설치한 것은 고려 때다.

③ 9주 5소경의 지방 행정 제도를 둔 것은 통일신라 때다.

④ 신라는 귀족 합의제인 화백 회의를 운영하였다.

⑤ 백제는 왕족인 부여씨와 8성의 귀족이 지배층을 이루었다.

06 ③

포인트

발해 무왕, 연호 인안, 일본 교류, 장문휴, 등주 공격

해설 인안이라는 연호를 내세워 당과 대등하다는 의식을 표방한 발해의 제2대 왕은 무왕이다. 무왕은 일본에 사신과 국서를 보내 교류를 시작했고 장문휴를 보내 등주를 공격했다.

오답 정리

① 낙랑군을 몰아낸 것은 고구려 미천왕이다.

② 국호를 남부여로 바꾼 것은 백제 성왕이다.

④ 3성 6부의 중앙 관재를 정비한 것은 문왕이다.

⑤ 5경 15부 62주의 지방 행정 제도를 확립한 것은 선왕이다.

07 ④

백제 멸망, 백제 부흥 운동, 부여풍, 흑치상지, 당나라 소정방

해설 백제 멸망(660) 후 복신, 도침은 주류성을 기반으로 부여풍을 왕으로 세우고 백제 부흥 운동을 도모한다. 흑치상지는 임존성에서 복신과 연합하여 당나라 소정방의 군대에 저항하였다.

08 ⑤

포인트

신라, 골품제도, 일상생활 규제

해설 (가) 제도는 신라의 신분제도인 골품제도로 "진실로 그 족속이 아니면 비록 큰 재주와 뛰어난 공이 있더라도 그 한도를 넘을 수가 없다"는 데서 알 수 있다. 골품제도에 따라 집과 수레의 크기 등 일상생활까지 규제를 받았다.

오답 정리

① 진대법은 춘대추납의 빈민구제법으로 고구려 고국천왕 때 실시되었다.

② 원성왕이 인재 등용 제도로 제정한 것은 독서삼품과다.

③ 후주 출신인 쌍기의 건의로 실시된 것은 과거제로 광종 때다.

④ 권문세족에 대한 견제를 목적으로 시행된 것은 공민왕 때 시행한 전민변정도감이다.

09 ④

포인트

진성여왕, 최치원, 계원필경, 시무 10조, 원종과 애노의 봉기

해설 제시된 인물은 최치원으로 6두품 출신으로 당의 빈공과에 급제하였다. 계원필경을 저술(879)하였고 진성여왕에게 시무 10조를 건의(894)하였다. 진성여왕 때인 889년 원종과 애노가 사벌주에서 봉기하였다.

오답 정리

① 김흠돌이 반란을 도모한 것은 신문왕 때다.

② 최승로가 시무 28조를 올린 것은 고려 성종 때다.

③ 세속오계는 원광이 수나라에서 구법하고 귀국한 후, 다섯 가지 계율(사군이충 · 사친이효 · 교우이신 · 임전무퇴 · 살생유택)을 일러주었다. 화랑도의 교리가 되어 삼국 통일의 기초를 이룩하게 하였다.

⑤ 김춘추는 제29대 무열왕으로 당나라와 연합하여 백제를 멸망시켜 삼국통일의 기초를 마련하였다.

10 ①

포인트

신문왕, 경주 감은사지 3측 석탑

해설 신문왕 때 세워진 것으로 삼국을 통일한 문무왕의 유업을 이어 받아 완공한 탑은 경주 감은사지 3층 석탑이다.

오답 정리

② 통일신라의 다보탑이다.

③ 신라의 경주 분황사 모전 석탑이다.

④ 고려의 월정사 8각 9층 석탑이다.

⑤ 백제의 익산 미륵사지 석탑이다.

11 ⑤

포인트

고려 광종, 노비안검법

해설 제시된 왕은 고려 광종으로 광덕, 준풍 등의 독자적인 연호를 사용했다. 광종은 노비안검법을 시행하여 전쟁에서 포로가 되었거나 빚 때문에 강제로 권세가의 노비가 된 자를 양인으로 해방했다.

오답 정리

① 12목을 설치하고 지방관을 파견한 것은 성종 때다.

② 신돈을 등용하고 전민변정도감을 둔 것은 공민왕 때다.

③ 민생 안정을 위해 흑창을 처음 설치한 것은 태조 왕건이다.

④ 주전도감을 설치하여 해동통보를 발행한 것은 숙종 때다.

12 ②

포인트

후고구려, 궁예, 송악, 국호 마진 변경, 철원 천도

해설 (가) 인물은 궁예로 양길의 휘하에서 세력을 키워 송악

을 도움으로 후고구려를 건국하였다. 광평성 등 각종 정치 기구를 마련하였으며 국호를 마진으로 바꾸고 철원으로 천도하였다.

오답 정리

①⑤ 후백제를 건국한 견훤은 후당, 오월에 사신을 파견하였다. 견훤은 신라의 금성을 습격하여 경애왕을 죽게 하였다.

③ 장보고는 청해진을 설치하여 행상 무역을 전개하였다.

④ 왕건은 일리천 전투에서 신검의 군대를 격퇴하였다.

13 ③

포인트

고려, 별무반, 여진 정벌, 9성 축조 이후 반환

해설 고려는 윤관의 건의에 따라 별무반을 편성하여 천리장성을 넘어 여진 정벌 후 동북지방 일대 9성을 축조하였으나 이후 반환한다. 여진은 금나라를 건국하며 고려에 군신 관계를 요구하자(인종, 1126) 이자겸은 금의 사대 요구 수용을 주장한다.

오답 정리

① 강감찬이 귀주에서 외적을 격퇴한 것은 거란의 3차 침입 때다.

② 강조가 정변을 일으켜 왕을 폐위한 것은 거란의 2차 침입 때다.

④ 서희가 외교 담판을 벌여 강동 6주를 획득한 것은 거란의 1차 침입 때다.

⑤ 당의 침입에 대비하여 부여성에서 비사성에 이르는 천리장성이 축조된 것은 고구려 때다.

14 ④

포인트

최충의 9재 학당, 사학 12도, 관학 진흥책, 7재 설치

해설 최충의 9재 학당 등 사학 12도가 융성함에 따라 고려의 관학 교육이 위축되었다. 관학 진흥책으로 숙종 때는 서적포를 설치하였고, 예종 때는 국자감에 전문 강좌인 7재를 설치하였다. 인종 때는 경사 6학을 중심으로 교육 제도를 정비하기도 했다.

오답 정리

① 독서삼품과를 시행한 것은 통일신라 원성왕 때다.

② 초계문신제를 실시한 것은 조선 정조 때다.

③ 수도에 4부 학당을 둔 것은 조선 때다.

⑤ 경당을 설립하여 학문을 가르친 것은 고구려 때다.

15 ②

포인트

고려, 팔관회, 경시서 설치

해설 팔관회는 고려의 풍속으로 산천의 토속신에게 제사 지내는 행사다. 겨울에 개경과 서경에서 거행하였으며 외국 상인들도 참여하여 특산물을 거래하였다. 고려 때는 경시서가 설치되어 수도의 시전을 감독하였다.

오답 정리

① 고구려에는 집집마다 부경이라는 창고가 있었다.

③ 감자, 고구마 등의 구황 작물이 재배된 것은 조선 후기다.

④ 모내기법 등을 소개한 농가집성이 편찬된 것은 조선 후기다.

⑤ 국경 지대에서 개시 무역과 후시 무역이 이루어진 것은 조선 후기다.

16 ⑤

포인트

지눌, 돈오점수, 정혜쌍수

해설 지눌은 수선사 결사를 제창하여 승려의 기본인 독경, 수행, 노동에 힘쓰자는 개혁 운동을 전개하였다. 지눌은 돈오점수를 주장하며 수행 방법으로 정혜쌍수를 제시하였다.

오답 정리

① 원효는 무애가를 지어 불교 대중화에 힘썼다.

② 의상은 화엄일승법계도를 지어 화엄 사상을 정리했다.

③ 의천은 불교 교단 통합을 위해 해동 천태종을 개창했다.

④ 혜초는 인도와 중앙아시아를 여행하고 왕오천축국전을 남겼다.

17 ④

포인트

지눌, 돈오점수, 정혜쌍수

해설 제시된 자료는 원 간섭기로 고려왕은 몽골 공주와 결혼함으로써 부마 대우를 받았으며 제후국으로 격하되었다. 왕은 조(祖)나 종(宗)을 붙여서 묘호(廟號)를 지을 수가 없게 되었고, 그 대신 '왕'자를 사용하게 되었다. 원나라에 대한 충성심의 뜻으로 '충(忠)'자를 덧붙였다. 이 당시, 지배층을 중심으로 변발과 호복이 유행하였다.

① 서얼이 통청 운동을 전개한 것은 조선 후기다.

② 웅천주 도독 김헌창이 반란을 일으킨 것은 신라 하대다.

③⑤ 만적이 개경에서 신분 해방을 도모한 것과 망이 · 망소이가 봉기한 것은 무신 집권기다.

18 ④

고려 충렬왕, 일연, 삼국유사, 단군왕검 건국 이야기

해설 삼국유사는 고려 충렬왕(1281) 때 승려 일연이 편찬한 책으로 불교 중심의 역사적 사실과 함께 민간 설화 등이 수록되어 있다. 삼국유사에는 단군왕검의 건국 이야기가 기록되어 있다.

①⑤ 기전체는 역사 사실을 서술할 때 본기, 열전, 지, 연표 등으로 구성하는 것으로 대표적으로 삼국사기가 기전체 형식으로 서술되어 있다. 삼국사기는 현존하는 우리나라 최고의 역사서다.

② 유득공은 발해고에서 남북국이라는 용어를 처음 사용하였다.

③ 조선왕조실록은 사초, 시정기 등을 바탕으로 편찬되었다.

19 ⑤

조선 사헌부, 서경권

해설 자료에 나타난 정치 기구는 조선의 사헌부로 백관을 규찰하고 풍속을 바로잡는 일을 하였다. 사간원과 함께 양사를 구성하며 5품 이하 관리의 임명 과정에서 서경권을 행사하였다.

① 한성부는 수도의 치안과 행정을 주관하였다.

② 고려의 삼사는 화폐와 곡식 출납, 회계를 담당하였다.

③ 조광조를 비롯한 사림의 건의로 혁파된 것은 도교 행사를 주관하는 소격서다.

④ 임진왜란을 거치면서 국정 최고 기구로 성장한 것은 비변사다.

20 ④

세종, 집현전, 농사직설, 4군 6진

해설 제시문의 왕은 세종으로 유교 정치 활성화를 위해 집현전을 설치하였고 여진족을 몰아내고 4군 6진을 설치하여 영토를 확장하였다. 세종 때는 우리 풍토에 맞는 농법을 소개한 농사직설이 간행되었다.

① 훈련 교법인 무예도보통지가 편찬된 것은 정조 때다.

② 전통 한의학을 정리한 동의보감이 간행된 것은 광해군 때다.

③ 최초로 100리 척을 사용한 동국지도는 정상기가 조선 후기에 제작하였다.

⑤ 각도의 지리 · 풍속 등이 수록된 동국여지승람이 편찬된 것은 성종 때다.

21 ⑤

(가)–과전법, 전 · 현직 관리에게 수조권을 분급 (나)–직전법, 현직 관리에게만 수조권을 지급

해설 (가)는 과전법으로 경기 지역을 대상으로 전 · 현직 관리에게 수조권을 분급하였다. 토지는 반납이 원칙이었으나 관리가 사망하면 수신전, 휼양전 명목으로 세습되면 신진 관료에게 지급할 토지가 부족해졌다. 이에 (나)의 현직 관리에게만 수조권을 지급하는 직전법이 시행됨으로써 수신전 · 휼양전은 폐지하였다.

① 백성에게 정전을 지급한 것은 통일신라 때다.

② 양전 사업을 실시하여 지계를 발급한 것은 대한제국 시기다.

③ 관등에 따라 관리에게 전지와 시지를 차등 지급한 것은 고려 때다.

④ 개국 공신에 인품, 공로를 기준으로 역분전을 지급한 것은 고려 때다.

22 ③

성종, 경국대전, 홍문관

해설 (가) 왕은 성종으로 경국대전을 완성 및 반포하였으며 홍문관을 설치하여 경연을 강화하였다.

① 광해군 때는 경기도에 한하여 대동법을 실시하였다.

② 세종 때는 학문 연구 기관으로 집현전을 설치하였다.

④ 태종 때는 문하부 낭사를 분리하여 사간원으로 독립시켰다.

⑤ 중종 때는 조광조의 건의에 따라 현량과를 실시하여 신진 사림을 등용하고자 하였다.

23 ③

포인트

이황, 성학십도

해설 제시된 인물은 이황으로 군주의 도를 소식으로 설명한 성학십도를 지었으며 이황의 사상은 일본 성리학에 영향을 미쳤다.

오답 정리

① 정제두는 양명학을 연구하여 강화 학파를 형성하였다.

② 송시열은 명에 대한 의리를 내세워 기축봉사를 올렸다.

④ 이이는 다양한 개혁 방안을 제시한 동호문답을 저술하였다.

⑤ 정도전은 재상 중심의 정치를 강조한 조선경국전을 편찬하였다.

24 ②

포인트

훈련도감, 상비군

해설 제시문의 부대는 훈련도감(1593)으로 포수, 사수, 살수의 삼수병으로 구성되었으며 급료를 받는 상비군이 주축을 이루었다.

오답 정리

① 최씨 무신 정권의 군사적 기반은 도방과 삼별초다.

③ 국경 지역인 북계와 동계에 배치된 것은 고려의 주진군이다.

④ 이종무가 대마도를 정벌한 것은 조선 세종 때다.

⑤ 국왕의 친위 부대로 수원 화성에 외영을 둔 것은 장용영이다.

25 ⑤

포인트

인조, 병자호란

해설 제시된 전쟁은 병자호란(1636) 때다. 정묘호란 이후 후금은 나라 이름을 청으로 바꾸고 조선에 군신 관계를 요구하였다. 청 태종의 침입에 인조는 남한산성으로 피신하여 항전하였으나 청에 항복하였다(삼전도의 굴욕).

오답 정리

① 삼별초는 최씨 무신정권의 군사적 기반이었으며, 고려 왕실의 개경 환도 명령 이후에는 진도, 제주도로 옮기며 대몽항쟁을 전개하였다.

② 통신사는 에도막부의 요청으로 파견되었으며 일본에 선진 문물을 전파하였다.

③ 이성계는 위화도 회군으로 정권을 장악, 급진파 신진 사대부와 결탁하여 조선을 건국하였다(1392).

④ 계해약조는 세종 때(1443) 체결되어 대마도의 세견선을 50척으로 할 것과 선박의 크기에 따라 인원을 제한하는 대신 이들에게 식량을 지급하도록 결정했다.

26 ②

포인트

현종, 예송 논쟁, 자의 대비 복상 기간

해설 (가)는 현종 때 서인과 남인 간 예절을 두고 일어난 예송 논쟁으로, 효종과 효종비 사후 계모 자의 대비의 복상 기간을 둘러싸고 대립하였다.

오답 정리

① 사림과 훈구의 갈등이 원인이 된 것은 사화다.

③ 북인이 정국을 주도한 시기는 광해군 때다.

④ 을사사화는 외척 세력인 대윤과 소윤의 대립으로 일어났다.

⑤ 동인이 남인과 북인으로 분열되는 결과를 가져온 것은 정여립 모반 사건이다.

27 ②

포인트

영조, 속대전, 통치 체제 정비, 동국문헌비고, 균역법 실시, 탕평비 건립

해설 제시문의 왕은 영조로 ① 속대전을 편찬하여 통치 체제를 정비하였고, ③ 동국문헌비고를 간행하여 역대 문물을 정리하였으며 ④ 균역법을 실시하여 군역의 부담을 줄이고자 하였다. 영조는 또한, ⑤ 탕평비를 건립하여 붕당의 폐해를 경계하고자 하였다. ② 기유약조를 체결하여 일본과의 무역을 재개한 왕은 광해군이다.

28 ①

박지원, 열하일기, 수레와 선박, 화폐의 필요성 강조, 서양 문물 도입 주장

해설 제시된 자료의 인물은 박지원으로 열하일기를 저술하여 수레와 선박, 화폐의 필요성 강조, 서양 문물 도입을 주장하였다. 양반전에서는 양반의 위선과 무능을 풍자하였다.

오답 정리

② 박제가는 북학의에서 절약보다 적절한 소비를 강조하였다.

③ 이익은 곽우록에서 토지 매매를 제한하는 한전론을 제시하였다.

④ 유수원은 우서에서 사농공상의 직업적 평등과 전문화를 주장하였다.

⑤ 박세당은 색경에서 담배, 수박 등의 상품작물 재배법을 소개하였다.

29 ④

포인트

세도정치, 수군, 군정의 문란, 삼정이정청, 정감록

해설 제시된 상황은 세도정치 시기로 ① 이양선의 출몰을 보고하는 수군, ② 군정의 문란으로 고통받는 농민, ③ 삼정이정청 설치를 건의하는 관리, ⑤ 왕조의 교체를 예언한 정감록을 읽고 있는 양반의 모습을 볼 수 있다.

④ 조선통보를 주조하는 관청 소속 장인은 세종 때 볼 수 있는 모습이다.

30 ③

포인트

단원 김홍도, 벼타작

해설 제시된 그림은 단원 김홍도의 작품인 벼타작으로 서민의 일상생활을 주로 표현하였다.

오답 정리

① 김득신의 파적도다.

② 신사임당의 초충도다.

④ 정선의 인왕제색도다.

⑤ 김정희의 세한도다.

31 ⑤

포인트

흥선대원군, 사창제 실시, 서원 철폐

해설 (가) 인물은 흥선대원군으로 환곡의 폐단을 시정하고자 사창제를 실시하였고, 도산서원과 소수서원 등 47개 서원을 제외한 8백여 개의 서원을 철폐하였다.

오답 정리

① 나선 정벌을 위해 조총 부대를 파견한 것은 효종 때다.

② 청과의 경계를 정한 백두산정계비를 세운 것은 숙종 때다.

③ 신유박해로 수많은 천주교인을 처형한 것은 순조 때다.

④ 대전통편을 편찬하여 통치 체제를 정비한 것은 정조 때다.

32 ①

포인트

평양, 안창호, 대성 학교, 강주룡 노동 쟁의, 제너럴 셔먼호, 조선 물산 장려회

해설 (가) 지역은 평양으로 ② 안창호가 민족 교육을 위해 대성 학교를 설립한 지역이다. ② 고무 공장 노동자 강주룡이 노동 쟁의를 전개하였고, ③ 미국 상선 제너럴 셔먼호가 관민들에 의해 불태워졌다. 평양은 또한, ⑤ 조만식 등을 중심으로 조선 물산 장려회가 결성된 지역이기도 하다.

① 제1차 미·소 공동 위원회가 개최된 곳은 덕수궁(서울)이다.

33 ④

포인트

강화도 조약, 원산과 인천 개항

해설 제시문의 조약은 강화도 조약(조·일 수호 조규, 1876)으로 청의 간섭을 배제하기 위해 조선이 자주국임을 명시하였고, 부산 외 2곳 항구(원산, 인천)를 개항하였으며, 개항장에 일본인 거주를 허용하였다. 또한, 해안 측량권 허용, 치외법권 인정을 규정하고 있다.

오답 정리

① 방곡령을 선포할 수 있는 조항을 명시한 것은 조·이리 무역 규칙(조·일 통상 장정)이다.

② 메가타가 재정 고문으로 부임하는 근거가 된 것은 제1차 한·일 협약이다.

③ 외국에 대한 최혜국 대우를 처음으로 규정한 것은 조·미 수호 통상 조약이다.

⑤ 고종이 헤이그에 특사를 파견하여 부당성을 알리고자 한 것은 을사늑약이다.

34 ①

포인트

통리기무아문, 임오군란, 대원군, 갑신정변, 거문도 사건

해설 제시문은 (가)-(나)-(다)-(라) 순서로 일어났다.

① (가)의 통리기무아문은 강화도 조약 이후 1880년에 개화 정책을 추진하기 위해 설치한 기구다.

② (나)는 임오군란 직후 대원군이 일시적으로 재집권(1882)하는 상황이다.

③ (다)는 1884년의 갑신정변이다.

④ (라)는 1885년의 거문도 사건이다.

35 ②

포인트

(가)-영선사, 기기창 설립 계기 마련, (나)-보빙사, 미국과의 친선을 위해 파견

해설 (가)는 청나라에 파견한 영선사로 무기 제조 공장인 기기창 설립의 계기를 마련하였다. (나)는 보빙사로 미국 공사의 부임에 대한 답례와 양국의 친선을 위해 파견하였다.

오답 정리

① 청나라에 파견된 수신사는 귀국할 때 조선책략을 가지고 들어왔다.

③ 신숙주는 일본에 다녀와서 해동제국기를 남겼다.

④ 오경석은 사신을 수행하여 청에 갔다가 세계 지리서인 해국도지, 영환지략을 들여와 국내에 소개하였다.

⑤ 암행어사 형태로 비밀리에 파견한 단체는 조사 시찰단이다.

36 ①

포인트

황룡촌 전투, 동학농민군, 전주성 점령, 전주 화약

해설 (가) 시기는 동학농민군이 황룡촌 전투에서 홍계훈이 이끄는 정부군을 상대로 승리하여 전주성을 점령하게 되는 상황이다. 이어, 정부는 청에 원병을 요청하며 일본은 톈진 조약을 빌미로 군대를 동원한다. 동학농민군은 청과 일본의 개입으로 사태가 악화할 것을 우려하여 관군과 전주 화약을 맺는다(1894.5).

오답 정리

② 교조 신원을 요구하는 삼례 집회는 1892년 개최되었다.

③ 농민군이 황토현 전투에서 관군에게 승리한 것은 제시문의 황룡촌 전투 직전이다.

④ 사태 수습을 위해 이용태가 안핵사로 파견된 것은 1894년 3월이다.

⑤ 전봉준이 농민들을 이끌고 고부 관아를 습격한 것은 1894년 1월이다.

37 ①

포인트

을미의병, 단발령, 을미사변

해설 제시문의 의병은 을미의병으로 단발령과 을미사변이 원인이 되어 봉기하였다. 위정척사 사항을 가진 유생층이 주도하였으며 유인석이 이끄는 의병은 충주성을 점령하기도 했다.

오답 정리

② 민종식이 이끈 부대가 홍주성을 점령한 것은 을사의병이다.

③④ 국제법상 교전 단체로 승인해 달라고 요구한 것과 서울 진공 작전을 전개한 것은 정미의병이다.

⑤ 독립 의군부는 조선 총독부에 국권 반환 요구서를 제출하고자 하였다.

38 ②

포인트

독립협회, 만민 공동회, 러시아의 절영도 조차 요구 반대

해설 (가) 단체는 독립협회로 러시아의 절영도 조차 요구를 저지하고 만민 공동회를 열어 러시아의 군사 교관, 재정 고문을 철수시켰다. 1898년 10월에는 관민 공동회를 개최하여 헌의 6조를 결의하였고 왕의 재가를 획득하였다.

오답 정리

① 일본의 황무지 개간권 요구를 저지한 단체는 보안회다.

③ 고종의 강제 퇴위 반대 운동을 전개한 단체는 대한 자강회다.

④ 계몽 서적 출판을 위해 태극 서관을 설립한 단체는 신민회다.

⑤ 일본에 진 빚을 갚자는 국채 보상 운동을 주도한 단체는 국채 보상기성회다.

39 ⑤

포인트

조선 의용대, 최초의 한인 무장 부대, 중국 관내

해설 제시문의 (가)는 조선 의용대로 중·일 전쟁 발발 직후 김원봉의 주도하에 중국 국민당과 협력하여 결성하였다. 조선 의용대는 중국 관내에서 결성된 최초의 한인 무장 부대였다.

오답 정리

① 조선 혁명군은 총사령 양세봉의 지휘 아래 활동하였다.

② 한국광복군은 미국과 연계하여 국내 진공 작전을 계획하였다.

③ 한국독립군은 쌍성보 전투에서 한·중 연합 작전을 전개하였다.

④ 대한독립군단은 간도 참변 이후 조직을 정비하고 자유시로 이동하였다.

40 ②

포인트

대한민국 임시 정부, 삼균주의, 건국 강령

해설 대한민국 임시 정부는 충칭 시기(1940~1945)에 지청천을 총사령으로 하는 한국광복군을 창설하였고, 조소앙의 삼균주의를 바탕으로 대한민국 건국 강령을 제정하였다.

오답 정리

① 파리 강화 회의에 독립 청원서를 제출한 것은 1919년이다.

③ 무장 투쟁을 위해 육군 주만 참의부를 조직한 것은 1941년이다.

④ 국민 대표 회의를 열어 독립운동의 방향을 논의한 것은 1923년이다.

⑤ 임시 사료 편찬회를 두어 한·일 관계 사료집을 간행한 것은 1919년이다.

41 ③

포인트

홍범도, 봉오동 전투, 청산리 전투

해설 (가) 인물은 홍범도로 1920년 일본군이 봉오동을 공격해오자, 3일간의 봉오동 전투에서 120명을 사살하였다. 이후 청산리 전투에서 김좌진의 북로군정서군과 함께 일본군을 대파하였다.

오답 정리

① 신민회는 안창호·양기탁 등이 국권 회복과 공화정체의 근대 국민 국가 건설을 목표로 조직한 비밀 결사다.

② 여운형은 광복에 대비하여 조선 건국 동맹을 결성하였다.

④ 이회영·이동년 등은 독립군을 양성하기 위하여 신흥 강습소를 설립하였고 이는 신흥 무관학교가 되었다.

⑤ 박은식은 독립 투쟁 과정을 정리한 한국독립운동지혈사를 저술하였다.

42 ④

포인트

6·10 만세 운동, 민족 유일당 운동

해설 제시문은 1926년 6·10 만세 운동으로 순종의 인산일을 기회로 전개되었으며 국내에서 민족 유일당 운동이 전개되는 계기가 되었다.

오답 정리

① 참의부, 정의부, 신민부의 3부는 미쓰야 협정으로 만주에서 독립 활동이 제한되자, 국민부(남만주)와 혁신 의회(북만주)로 통합되었다.

② 신간회가 조사단을 파견하여 지원한 것은 광주 학생 항일 운동이다.

③ 국채 보상 운동은 대한매일신보의 후원으로 전국적으로 확산하였다.

⑤ 브나로드 운동은 동아일보 주도로 학생이 중심이 되어 전개한 농촌 계몽 운동이다.

43 ⑤

포인트

의열단, 만주 지린, 황푸 군관 학교 군사 훈련

해설 (가) 단체는 의열단으로 김원봉이 중심이 되어 만주 지린(길림성)에서 결성 되었다. 의열 투쟁을 통해 독립을 쟁취하고자 하였으며 단원 일부가 황푸 군관 학교에 입학해 군사 훈련을 받았다.

오답 정리

① 태평양 전쟁은 1941년에 발발하였고, 의열단은 1919년 조직되었다.

② 고종의 밀지를 받아 결성된 비밀 단체는 독립 의군부다.

③ 만민 공동회를 열어 민권 신장을 추구한 단체는 독립 협회다.

④ 신민회는 일제가 조작한 105인 사건으로 큰 타격을 입었다.

44 ①

포인트

아리랑, 나운규, 카프(KAPF)

해설 아리랑은 1926년 나운규가 제작하였다. 이 시기 일제 강점기 때 활동했던 문학예술가 조직인 카프(KAPF)가 결성(1925)되었는데, KAPF란 명칭은 에스페란토어인 'Korea Artista Proleta Federatio'의 머리글자를 딴 것으로 조선프롤레타리아 예술가동맹으로 호칭한다.

오답 정리

② 원각사에서 은세계 공연을 관람하는 학생은 1908년의 모습이다.

③ 육영 공원에서 영어를 가르치는 미국인 교사는 1886년의 모습이다.

④ 전차 개통식에 참여하는 한성 전기 회사 직원은 1899년의 모습이다.

⑤ 손기정 선수의 올림픽 우승 소식을 보도하는 기자는 1936년의 모습이다.

45 ③

포인트

민족 말살 통치, 조선 사상범 예방 구금령 공포, 내선일체, 일본식 성명 강요

해설 제시문은 1930년대 이후의 민족 말살 통치 시기로 내선일체, 일본식 성명 강요, 조선 사상범 보호 관찰령 공포, 조선 사상범 예방 구금령 공포, 조선일보 및 동아일보 폐간 등의 사건이 있었다.

오답 정리

① 조선 태형령 시행, ② 회사령 공포, ③ 제1차 조선 교육령 제정, ⑤ 토지 조사 사업은 모두 1910년 시행되었다.

46 ①

포인트

(가)–이승만, 정읍발언, (나)–김구, 남북 협상

해설 (가)는 이승만의 1946년 6월의 정읍발언이고 (나)는 1948

년 4월 김구의 남북 협상을 나타낸다. 두 시기 사이인 1946년 10월에는 좌우 합작 7원칙이 발표되었다.

오답 정리

② 조선 건국준비 위원회가 결성된 시기는 광복 직후인 1948년 8월이다.

③ 모스크바 3국 외상 회의는 1945년 12월 개최되었다.

④ 반민족 행위 특별 조사 위원회는 1948년 9월 구성되었다.

⑤ 유상매수, 유상분배 원칙의 농지 개혁법은 1949년이 제정되었다.

47 ⑤

포인트

이승만 정부, 국가보안법 개정

해설 (가)는 이승만 정부 시기로 국가보안법을 개정하여 대공 사찰 강화 및 언론 통제, 진보당 탄압 및 조봉암을 간첩죄로 처형(1958)하였고, 경향신문을 폐간(1959)하였다.

오답 정리

① 통일 주체 국민 회의 대의원이 선출된 것은 박정희 정부 때다.

② 농촌 근대화를 표방한 새마을운동이 전개된 것은 박정희 정부 때다.

③ 사회 정화를 명분으로 삼청 교육대가 설치된 것은 전두환 정부 때다.

④ 한·독 정부 간의 협정에 따라 서독으로 광부가 파견된 것은 박정희 정부 때다.

48 ②

포인트

박정희 정부, 포항 제철 준공, 제3차 경제 개발 5개년 계획 추진

해설 제시된 자료는 박정희 정부 때로 포항 제철이 준공(1970)되었고, 제3차 경제 개발 5개년 계획이 추진(1972)되었으며, 수출액 100억 달러를 달성(1977)하였다.

오답 정리

① 경제 협력 개발 기구(OECD)에 가입한 것은 김영삼 정부 때다.

③ 한·칠레 자유 무역 협정(FTA)이 체결된 것은 노무현 정부 때다.

④ 대통령 긴급 명령으로 금융 실명제가 실시된 것은 김영삼 정부 때다.

⑤ 3저 호황으로 물가가 안정되고 수출이 증가한 것은 전두환 정부 때다.

49 ②

포인트

5 · 18 민주화 운동, 계엄군, 유네스코 세계 기록유산 등재

해설 제시된 자료는 5 · 18 민주화 운동으로 신군부의 집권과 5 · 17 비상계엄 확대 조치에 반발하여 전남 광주에서 저항 시위(5 · 18)가 일어났다. 계엄군의 진압에 다수의 사상자가 발생하였고 관련 기록물이 유네스코 세계 기록유산으로 등재되었다 (2011).

오답 정리

① 한 · 일 국교 정상화에 반대하여 6 · 3 시위가 일어났다.

③ 4 · 19 혁명을 통해 대통령 중심제에서 의원 내각제로 바뀌는 계기가 되었다.

④ 3 · 1 민주 구국 선언은 박정희 정부의 유신 체제 반대를 주장하였다.

⑤ 4 · 13 호헌 조치에 반발하여 호헌 철폐 등의 구호를 내세운 것은 6월 민주 항쟁이다.

50 ③

포인트

김대중 정부, 햇볕 정책, 6 · 15 남북 공동 선언

해설 제시문은 김대중 정부 때로 햇볕 정책을 추진하면서 1998년에는 금강산 관광이 시작되었다. 이어 2000년에는 최초의 남북 정상 회담이 평양에서 개최됨에 따라 6 · 15 남북 공동 선언을 하게 되었다.

오답 정리

① 7 · 4 남북공동 성명을 발표한 것은 박정희 정부 때다.

②④ 남북한이 유엔에 동시 가입한 것과 한반도 비핵화 공동 선언에 서명한 것은 노태우 정부 때다.

⑤ 최초의 이산가족 고향 방문을 실현한 것은 전두환 정부 때다.

35회

36회

37회

38회

39회

40회

41회

42회

43회

44회

45회

46회

정답 및 해설

신과함께 기출문제집

제44회

01 ②

포인트

구석기 시대– 동굴, 강가 생활. 막집, 찌르개, 돌날

해설 주먹도끼, 찌르개, 돌날은 구석기 시대를 대표하는 유물로, 구석기 시대에는 주로 동굴이나 강가에서 막집을 짓고 살았다.

오답 정리

① 소를 이용한 우경이 시작된 것은 신라 지증왕 때 기록이 있으나, 소를 이용한 깊이갈이가 일반화된 것은 고려 때 와서다.

③ 중국 화폐인 명도전, 반량전이 사용된 것은 철기 시대.

④ 지배층의 무덤으로 고인돌을 축조한 것은 청동기 시대.

⑤ 빗살무늬 토기를 이용하여 식량을 저장한 것은 신석기 시대.

02 ⑤

포인트

고조선– 8조법

해설 제시문은 고조선을 설명한 것으로 『한서』 지리지에 따르면, 고조선에는 8조법이 있었으며 현재 세 개 조항만 전해진다.

오답 정리

① 정사암에 모여 재상을 선출한 나라는 백제다.

② 동맹은 국왕과 신하들이 동쪽에 있는 큰 굴(수혈)에 모여 제사를 지내던 것으로 고구려에 있던 제천행사다.

③ 동예는 읍락 간의 경계를 중시하는 책화가 있었다.

④ 삼한에는 제사장인 천군과 신성 지역인 소도가 있었다.

03 ②

포인트

신라 진흥왕– 『국사』 편찬, 흥륜사 황룡사 건립, 화랑도 개편

해설 진흥왕은 거칠부에게 명하여 『국사』를 편찬토록 하였으며 흥륜사와 황룡사를 건립하였다. 또한 화랑도를 국가적인 조직으로 개편하였다.

오답 정리

① 백성에게 정전을 지급한 왕은 통일신라 성덕왕이다.

③ 국학을 설립하여 유학 교육을 실시한 왕은 통일신라 신문왕이다.

④ 『삼국유사』에는 내물왕을 내물 마립간이라 하여 마립간 칭호를 처음 사용한 왕으로 기록되어 있다.

⑤ 지방관 감찰을 위하여 외사정을 파견한 왕은 신라 문무왕이다.

04 ③

포인트

부여– 사출도, 제천 행사 영고

해설 부여는 여러 가(加)들이 별도로 사출도를 주관하였으며 12월에 영고라는 제천 행사를 열었다.

오답 정리

① 옥저에는 민며느리제라는 혼인 풍습이 있었다.

② 삼한 중 변한은 철이 많이 생산되어 낙랑과 왜에 수출하였다.

④ 단궁, 과하마, 반어피 등이 특산물인 나라는 동예다.

⑤ 고구려에는 대가들이 사자, 조의, 선인 등의 관리를 거느렸다.

05 ②

포인트

무용총– 고구려 굴식돌방무덤

해설 무용총은 고구려의 굴식돌방무덤으로 수렵도와 무용 그림 등 당시 생활상을 담은 벽화가 남아 있다.

오답 정리

① 백제의 공격으로 고국원왕이 전사한 곳은 평양성이다.

③ 각저총은 굴식돌방무덤으로 벽화(씨름도)가 남아 있다.

④ 김정희의 금석과안록에서 비의 설립 시기가 고증된 것은 북한산비다.

⑤ 벽돌무덤으로 중국 양나라와의 문화적 교류를 보여 주는 것은 공주 송산리 7호분인 백제 무령왕릉이다.

06 ②

포인트

백제·신라의 고구려 연합 공격(553), 온달 장군 신라 아차산 전투에서 전사. 연개소문– 영류왕 시해, 보장왕 옹립, 권력 장악

해설 고구려는 백제와 신라의 연합 공격으로 한강유역을 빼앗긴다(553). 영토를 회복하고자 온달 장군이 출전하여 신라군과 아차산(아단성)에서 전투했으나 전사하였다. 연개소문은 영류왕을 시해하고 보장왕을 옹립(642)함으로써 권력을 장악하게 된다.

오답 정리
① 관구검의 공격으로 환도성이 함락된 것은 동천왕(244) 때다.
③ 미천왕이 서안평을 공격하여 영토를 확장한 것은 311년이다.
④ 태조왕이 옥저를 정복하고 동해안으로 진출한 것은 1세기 후반이다.
⑤ 장수왕이 평양으로 천도하고 남진 정책을 본격화한 것은 427년이다.

07 ②

포인트
백제 의자왕– 660년 나 · 당 연합군에 의해 멸망
해설 백제 의자왕은 신라를 여러 차례 공격하여 대야성을 포함하여 여러 성을 빼앗았으나 660년 나 · 당 연합군의 공격으로 멸망한다.

오답 정리
① 백제가 사비로 천도한 것은 성왕 때다(538).
③ 고구려가 낙랑군을 축출한 것은 미천왕 때다(313).
④ 신라가 매소성에서 당군을 물리친 것은 문무왕 때다(675).
⑤ 신라가 안승을 보덕국왕으로 임명한 것은 문무왕 때다(674).

08 ④

포인트
발해– 수도 상경 용천부 → 동경 용원부 이동, 특산품 말(솔빈부), 모피, 인삼, 사향
해설 상경 용천부는 발해 문왕 때의 수도로 이후 동경 용원부로 이동한다. 발해는 특산품으로 말(솔빈부), 모피, 인삼, 사향을 생산하였다.

오답 정리
① 녹읍 폐지를 명하는 국왕은 통일신라 신문왕이다.
② 백강 전투(663)는 나 · 당 연합군과 백제를 구원하러 온 왜군 · 백제 부흥군과의 전투다.

③ 청해진에서 교역 물품을 점검하는 군졸은 신라의 모습이다.
⑤ 지방에 설치되는 22담로에 파견되는 왕족은 백제 무령왕 때의 모습이다.

09 ④

포인트
금관가야– 김수로왕 건국, 철기 문화 발달. 신라 법흥왕에 의해 병합
해설 금관가야는 김수로왕이 건국했으며 수준 높은 철기 문화를 발전시켰다. 법흥왕 때 신라에 병합된다(532).

오답 정리
① 만장일치제로 운영된 화백 회의가 있던 나라는 신라다.
② 고구려는 고국천왕 때 빈민을 구제하기 위한 진대법을 실시하였다.
③ 신라는 내물왕(내물 마립간) 전까지 박, 석, 김의 3성이 번갈아 왕위를 차지하였다. 내물왕 때에 김씨의 왕위 계승권이 확립된다.
⑤ 백제는 오경박사, 의박사, 역박사 등을 일본에 파견하였다.

10 ⑤

포인트
최치원– 골품제 비판, 시무 10조
해설 신라 말에는 혜공왕이 죽음(780)으로써 무열왕계의 왕위 계승이 끝나고 선덕왕이 왕위에 오르면서 내물왕계가 왕위를 잇게 된다. 이후 150여 넌간 20명의 왕이 교체되는 혼란의 시기가 도래한다. 최치원은 골품제를 비판하며 새로운 정치 이념으로 시무 10조를 올리지만 진골 귀족의 반발로 효과를 거두지 못한다.

오답 정리
① 진골 귀족인 김춘추가 왕위(태종 무열왕)에 오른 것은 654년이다.
② 왕의 장인인 김흠돌이 반란을 도모한 것은 신문왕(681) 때다.
③ 이차돈의 순교를 계기로 불교가 공인된 것은 법흥왕(528) 때다.
④ 자장의 건의로 황룡사 구층 목탑이 건립된 것은 진성 여왕(645) 때다.

11 ④

포인트

후삼국– 후백제 견훤의 아들 신검의 반란 → 견훤 고려에 귀순 → 고려 후삼국 통일

해설 견훤은 넷째 아들 금강에게 왕위를 물려주려고 했다. 그러자 이복형제인 신검 등이 반발해 반란을 일으켰다. 아버지 견훤을 금산사에 가두고 동생 금강을 죽인 후 신검은 스스로 왕위에 올랐다. 이후 견훤은 고려에 귀순하며 고려군은 일리천 전투에서 신검의 후백제군을 격파하고 후삼국을 통일한다(936).

오답 정리

① 신숭겸이 공산 전투에서 전사한 것은 927년이다.

② 궁예가 정변으로 왕위에서 축출된 것은 918년이다.

③ 견훤이 경주를 습격하여 경애왕을 죽게 한 것은 927년이다.

⑤ 왕건이 고창 전투에서 후백제군을 상대로 승리한 것은 930년이다.

12 ④

포인트

중서문하성– 고려 최고 중앙 관서. 어사대– 서경권 행사

해설 (가)는 중서문하성으로 고려의 국정을 총괄하는 최고 중앙 관서였다. (나)는 어사대로 간쟁, 봉박과 함께 관리 임명에 대한 서경권을 행사하였다.

오답 정리

ㄱ. 화폐, 곡식의 출납과 회계를 맡았던 기구는 삼사다.

ㄷ. 원 간섭기에 도평의사사로 개편된 기구는 도병마사다.

13 ③

포인트

이자겸의 난(1126) → 묘청 서경 천도 운동(1135) → 보현원 사건(1170) → 망이 · 망소이의 난(1176)

해설 (가)는 묘청의 서경 천도 운동으로 1135년의 일이다. (나)는 이자겸의 난으로 1126년의 일이다. (다)는 무신 정변의 발단이 되었던 보현원 사건으로 1170년의 일이다. (라)는 망이 · 망소이의 난(공주 명학소의 난)으로 1176년의 일이다. (나)-(가)-(다)-(라) 순으로 일어났다.

14 ④

포인트

성종– 경국대전 반포, 홍문관 설치

해설 (가) 왕은 성종으로 세조 때 편찬을 시작한 경국대전을 완성 및 반포함으로써 국가의 통치 규범을 마련하였다. 또한, 홍문관을 설치하여 경연을 강화하였다.

오답 정리

① 문하부 낭사를 분리하여 사간원으로 독립시킨 왕은 태종이다.

② 국호를 조선으로 바꾸고 수도를 한양으로 옮긴 왕은 태조다.

③ 한양을 기준으로 한 역법서인 칠정산을 만든 왕은 세종이다.

⑤ 직전법을 제정하여 현직 관리에게만 수조지를 지급한 왕은 세조다.

15 ①

포인트

보은 법주사 팔상전– 임진왜란 때 소실, 인조 때 사명대사 재건. 안동 봉정사 극락전– 현존 최고(最古) 목조 건축물

해설 보은 법주사 팔상전은 17세기 건축물로 임진왜란 때 소실되었으나 1624년 인조 때 사명대사가 재건한 것으로 전해진다. 안동 봉정사 극락전은 현존하는 가장 오래된 목조 건축물로 주심포 양식을 취하고 있다.

오답 정리

② 논산 관촉사 석조 미륵보살 입상은 18미터 높이의 거대 석불로 불균형한 인체 비례와 친근한 표현이 특징이다.

③ 보조국사 지눌은 순천 송광사를 중심으로 결사 운동을 펼쳤다.

④ 합천 해인사에는 팔만대장경을 보관하고 있다.

⑤ 요세는 강진 백련사에서 법화 신앙을 바탕으로 신앙 결사 운동을 제창했다.

16 ①

포인트

공민왕– 쌍성총관부 수복(유인우, 이자춘)

해설 제시문은 공민왕을 설명한 것으로 재위 당시 유인우, 이자춘 등이 쌍성총관부를 수복하였다(1356).

② 나세, 심덕부 등이 진포에서 왜구를 격퇴한 것은 우왕 때의 진포 대첩이다(1380).

③ 좌별초, 우별초, 신의군의 삼별초를 조직한 것은 최우(1219~1249 집권)다.

④ 서희가 외교 담판을 벌여 강동 6주를 획득한 것은 성종 때다(993).

⑤ 명의 철령위 설치에 반발하여 요동 정벌이 추진된 것은 우왕 때다(1388).

17 ③

포인트

직지심체요절– 현존 최고(最古) 금속 활자본(1377)

해설 현존하는 가장 오래된 금속 활자본인 직지심체요절은 1377년 간행되었으므로 (가)는 고려 시대의 과학 기술 발달에 해당한다.

오답 정리

ㄴ. 고려의 최무선은 화통도감을 설치하여 화약과 화포를 제작하였다.

ㄷ. 향약구급방은 현존하는 최고의 의학 서적으로 고려 시대에 편찬되었다.

ㄱ. 기기도설을 참고하여 거중기를 제작한 인물은 정약용으로 조선 정조 때다.

ㄹ. 농업 기술 혁신 방안을 제시한 임원경제지를 저술한 인물은 서유구로 조선 순조 때다.

18 ④

포인트

벽란도– 고려 국제 무역항. 고려 성종– 건원중보 발행

해설 벽란도는 고려의 국제 무역항으로 송의 상인은 물론 아라비아 상인과도 교역하였다. 건원중보는 고려 성종 때 발행되어(996) 금속 화폐의 통용이 추진되었다.

오답 정리

① 내상과 만상이 국제 무역을 통해 부를 축적한 것은 조선 후기다.

② 담배와 면화 등이 상품 작물로 활발하게 재배된 것은 조선 후기다.

③ 모내기법의 확대로 벼와 보리의 이모작이 성행한 것은 조선 후기다.

⑤ 설점수세제의 시행으로 민간의 광산 개발이 허용된 것은 조선 후기다.

19 ⑤

포인트

김장생– 가례집람 저술

해설 (가) 인물은 김장생으로 가례집람을 저술하여(1685) 예학을 조선의 현실에 맞게 정리하였다.

오답 정리

① 양명학을 연구하여 강화 학파를 형성한 인물은 정제두다.

② 무오사화의 발단이 된 조의제문을 작성한 인물은 김종직이다.

③ 동호문답을 통해 다양한 개혁 방안을 제시한 인물은 이이다.

④ 성학십도를 지어 군주의 도를 도식으로 설명한 인물은 이황이다.

20 ①

포인트

원각사지 십층 석탑– 원나라 영향, 세조 때 건립

해설 조선의 원각사지 십층 석탑은 원나라의 영향을 받은 탑으로 세조 때 건립되었다.

오답 정리

② 부여의 정림사지 오층 석탑이다.

③ 통일신라의 경주 불국사 다보탑이다.

④ 양양 진전사지 삼층 석탑이다.

⑤ 백제의 익산 미륵사지 석탑으로 현존하는 가장 오래된 석탑이다.

21 ③

포인트

인조– 광해군 폐위. 총융청, 수어청 설치

해설 제시문은 광해군을 폐하고 왕위에 오른 인조를 설명한 것으로 인조는 총융청(1624)과 수어청(1626)을 설치하여 도성을

방비하였다.

35강

오답 정리

① 이시애의 난을 진압하고 유향소를 폐지한 왕은 세조다.

② 문신의 재교육을 위한 초계문신제를 실시한 왕은 정조다.

④ 전제상정소를 설립하고 전분6등법을 제정한 왕은 세종이다.

⑤ 변급, 신류 등을 파견하여 나선 정벌을 단행한 왕은 효종이다.

22 ⑤

포인트

임술 농민 봉기– 유계춘, 백낙신 수탈, 진주 발생

해설 김시민 장군(임진왜란 때 활약) 전공비, 촉석루, 강민청(고려의 거란 격퇴 활약), 옥봉 고분군(가야의 고분군)은 모두 경남 진주와 관련된다. 유계춘이 백낙신의 수탈에 맞서 봉기한 임술 농민 봉기는 진주에서 발생하였다(1862).

오답 정리

① 김만덕의 빈민 구제 활동이 일어난 지역은 제주도다.

② 정묘호란에서 정봉수가 활약한 곳은 용골산성으로 평안북도에 위치해 있다.

③ 정약전이 자산어보를 전술한 곳은 흑산도(전남 신안군)다.

④ 신립이 배수의 진을 치고 싸운 장소는 충주 탄금대다.

23 ①

포인트

조선 순조– 중앙 관서 공노비 해방, 신유박해

해설 조선의 순조는 중앙 관서의 공노비를 해방하였다(1801). 같은 해에 신유박해로 다수의 천주교도가 처형되었다.

오답 정리

② 박규수의 건의로 삼정이정청이 설치된 것은 철종 때다.

③ 명의 요청으로 강홍립의 부대가 파견된 것은 광해군 때다.

④ 붕당의 폐해를 경계하기 위한 탕평비가 건립된 것은 영조 때다.

⑤ 통치 체제를 정비하기 위해 대전회통이 편찬된 것은 고종 때다.

24 ②

포인트

송상– 개경 활동, 전국 송방 설치. 경강 상인– 한강 활동, 정부 세곡 운

송 주도

해설 (가)는 송상으로 개경에서 활동하며 전국 각지에 송방이라는 지점을 설치하였다. (나)는 경강 상인으로 한강을 무대로 정부의 세곡 운송을 주도하였다.

오답 정리

① 보부상은 혜상공국을 통해 정부의 보호를 받았다.

③ 만상은 책문 후시를 통해 청과의 무역을 주도하였다.

④ 시전 상인은 금난전권을 행사해 사상의 활동을 억압하였다.

⑤ 근대적 상회사인 대동 상회는 평안도 상인의 자본을 기반으로 인천에 설립되었다.

25 ⑤

오답 정리

① 조보, 일성록, 비변사등록, 승정원일기, 조선왕조실록 중 유네스코 세계 기록 유산으로 등재된 것은 승정원일기와 조선왕조실록이다.

② 일성록은 영조 때부터 기록되기 시작하였다.

③ 비변사등록은 비변사에서 매일매일의 업무를 기록한 것이다.

④ 정조가 세손 시절부터 쓴 일기(존현각일기)에서 유래한 것은 일성록이다. 승정원일기는 승정원에서 업무 관련 내용을 일지 형식으로 작성한 것이다.

26 ⑤

오답 정리

① 사직단은 나라의 신과 곡식을 맡은 신시에게 제사를 지내는 제단이다. 역대 국왕과 왕비의 신주를 모신 곳은 종묘다.

② 촉의 장수인 관우를 제사지내는 사당은 동관왕묘다.

③ 문묘는 유교의 성인인 공자를 모시는 사당이다. 흥선 대원군이 집권한 시기에 혁파된 곳은 47개소를 제외한 전국의 8백여 개 서원과 만동묘다.

④ 대성전과 명륜당을 중심으로 구성되어 있는 곳은 문묘다.

27 ④

포인트

조선 광해군– 기유약조 체결

36강 37강 38강 39강 40강 41강 42강 43강 44강 45강 46강

해설 일본은 조선의 인삼을 수입하기 위해 많은 양의 은화를 발행하였다. 조선은 임진왜란 이후 광해군 때 일본과 기유약조를 체결하여 무역을 재개하였다(1609).

오답 정리

① 고려는 거란의 침입에 대비하기 위해 광군을 조직하였다.
② 학문 교류를 위한 만권당을 설립한 것은 고려 충숙왕 때다.
③ 하정사, 성절사, 천추사 등은 명에 보낸 사신이다.
⑤ 사절 왕래를 위해 한성에 북평관을 개설한 것은 세종 때다.

28 ③

포인트

붕당– 동인, 서인 분열. 동인– 남인, 북인 분열
해설 붕당은 척신 정치의 청산 문제와 이조 전랑 임명 문제를 둘러싸고 동인(김효원 중심)과 서인(심의겸 중심)으로 나뉘게 된다. 이후 동인은 기축옥사와 건저의 사건으로 남인과 북인으로 분열된다. (가)는 남인으로 이언적과 이황의 제자들이 주류를 이루었다.

오답 정리

① 광해군 시기에 국정을 이끌었던 붕당은 북인이다.
② 경신환국으로 정권을 장악한 붕당은 서인이다.
④ 기해예송에서 자의 대비의 기년복(1년복)을 주장한 붕당은 서인이다.
⑤ 정여립 모반 사건을 내세워 기축옥사를 주도한 붕당은 서인이다.

29 ②

포인트

동학– 최제우 창시, 시천주 강조
해설 (가)는 1860년 최제우가 창시한 동학으로 마음속에 한울님을 모시는 시천주를 강조하였다.

오답 정리

① 배재 학당을 세워 신학문 보급에 기여한 종교는 기독교다.
③ 일제의 통제에 맞서 사찰령 폐지 운동을 펼친 종교는 불교다.
④ 간척 사업을 추진하고 새생활 운동을 전개한 종교는 원불교다
⑤ 제사와 신주를 모시는 문제로 정부의 탄압을 받은 종교는 천주교다.

30 ⑤

포인트

유형원– 반계수록 저술, 토지 차등 분배 주장(균전론)
해설 (가) 인물은 유형원으로 반계수록을 저술하여 자영농 육성을 위해 신분에 따른 토지의 차등 분배를 주장하였다(균전론).

오답 정리

① 정조 때 규장각 검서관으로 활동한 인물은 박제가, 이덕무, 유득공 등이다.
② 동국지리지를 저술하여 삼한의 위치를 고증한 인물은 한백겸이다.
③ 지전설을 주장하여 중국 중심의 세계관을 비판한 인물은 홍대용이다.
④ 연행사를 따라 청에 다녀온 후 열하일기를 집필한 인물은 박지원이다.

31 ④

포인트

대한 제국– 광무개혁 추진. 지계아문– 토지 측량조사. 러시아– 남하 정책. 용암포 및 압록강 하구 조차 요구
해설 제시된 자료에는 대한 제국은 광무개혁을 추진하면서 토지 소유권 증명서인 지계를 발급한 사실이 나타난다. 지계아문에서는 지역의 토지 측량조사를 실시하였고 1901년 토지 소유권 증명인 지계를 발급하였다. 1903년 러시아는 남하 정책을 추진하며 용암포 및 압록강 하구를 점령하고 조차를 요구하였다.

오답 정리

① 이만손 등이 영남만인소를 올린 것은 1881년이다.
② 박문국에서 한성순보가 발행된 것은 1883년이다.
③ 조선 형평사 창립 대회가 개최된 것은 1923년이다.
⑤ 제너럴 셔먼호 사건을 구실로 미군이 강화도를 침략한 것은 1871년이다.

32 ⑤

포인트

갑신정변(1884)– 김옥균 등 개화세력. 14개조 정강 발표, 청군 개입 진압됨
해설 제시문은 갑신정변(1884)을 설명하고 있다. 김옥균 등 개

35회
36회
37회
38회
39회
40회
41회
42회
43회
44회
45회
46회

화세력은 우정총국 개국 축하연을 이용하여 사대당 요인을 살해하면서 14개조 정강을 발표했으나 청군의 개입으로 3일 만에 진압된다.

오답 정리

ㄷ. 갑신정변은 청의 군사 개입으로 실패하였다.

ㄹ. 정강 12조에는 국가 재정을 호조로 일원화할 것을 규정하고 있다.

ㄱ. 집강소는 동학농민군이 호남지방의 각 군현에 설치하였던 자치기구다.

ㄴ. 토지의 균등 분배는 동학 농민군의 폐정 개혁안 12개조에 담겨 있다.

33 ⑤

포인트

박정양– 초대 주미 공사, 관민 공동회 참석, 중추완 관제 개편 추진

해설 (가) 인물은 박정양으로 1887년에 초대 주미 공사로 임명되었다. 1898년 10월 개최된 관민 공동회에 참정대신 자격으로 참석하였다. 독립 협회의 제안을 받아들여 중추원 관제 개편을 추진하였다.

오답 정리

① 민족 교육을 위해 대성 학교를 설립한 인물은 안창호다.

② 서유견문을 집필하여 서양 근대 문물을 소개한 인물은 유길준이다.

③ 영국인 베델과 제휴하여 대한매일신보를 창간한 인물은 양기탁이다.

④ 헤이그에서 열린 만국 평화 회의에 특사로 파견된 인물은 이상설, 이준, 이위종이다.

34 ③

포인트

임오군란(1882) 이후– 청의 내정 간섭 심화

해설 임오군란(1882) 이후 청의 내정 간섭이 심화된다. 위안스카이가 지휘하는 청 군대의 주둔, 내정 고문(마젠창)과 외교 고문(묄렌도르프) 파견, 제시문의 조·청 상민 수륙 무역 장정이 체결된다.

오답 정리

① 영국이 거문도를 불법 점령한 것은 1885년이다.

② 청일 전쟁에서 일본이 승리한 것은 1895년이다.

④ 시전 상인들이 철시 투쟁을 전개하기 시작한 것은 1890년이다.

⑤ 운요호가 강화도에 접근하여 무력시위를 벌인 것은 1875년이다.

35 ④

포인트

경복궁 건천궁– 일본 낭인들에 의해 명성 황후 시해

해설 중화전, 석조전, 중명전, 함녕전 등은 덕수궁의 주요 건물들이다. 명성 황후가 일본 낭인들에 의해 시해된 장소는 경복궁 건천궁이다.

오답 정리

① 고종이 아관 파천 이후 환궁한 곳은 경운궁이며 이후 덕수궁으로 개칭되었다.

② 두 차례의 미소 공동 위원회가 개최된 곳은 덕수궁 석조전이다.

③ 일제의 강압 속에 을사늑약이 체결된 현장은 덕수궁 중명전이다.

⑤ 궁궐 안에 남아 있는 가장 오래된 서양식 건물은 덕수궁 석조전이다.

36 ①

포인트

군국기무처– 1차 갑오개혁 추진. 과거제 폐지, 신분제 폐지, 고문과 연좌법 폐지 결정

해설 (가) 기구는 1차 갑오개혁(1894.7.)을 추진한 군국기무처다. 초정부적인 정책 의결 기구로 과거제 폐지, 신분제(공사 노비 제도) 폐지, 고문과 연좌법 폐지 등을 결정하였다.

오답 정리

② 임술 농민 봉기를 계기로 설치된 기구는 삼정이정청이다.

③ 조광조를 비롯한 사림의 건의로 혁파된 기구는 도교 의식을 주관하던 소격서다.

④ 임진왜란을 거치면서 국정 최고 기구로 자리 잡은 기구는 비변사다.

⑤ 소속 부서로 교련사, 군무사, 통상사 등의 12사를 둔 기구는 통리기무아문이다.

37 ④

포인트

간도- 대한제국 시기 이범윤 간도관리사 파견, 3 · 1운동 이후 북로군
정서 개편

해설 (가) 지역은 간도로 대한제국 시기 광무개혁 추진의 일환
으로 이범윤을 간도관리사로 파견하였다. 또한 간도(북간도)에
는 중광단이 조직되어 3 · 1운동 이후 북로군정서로 개편되었다.

오답 정리

① 숭무 학교가 설립된 곳은 멕시코 유카탄 메리다 지역이다.

② 대조선 국민 군단이 조직된 곳은 미국 하와이다.

③ 동제사가 조직된 곳은 중국 상하이이다.

⑤ 유학생들이 2 · 8 독립 선언서를 발표한 장소는 일본 도쿄다.

38 ①

포인트

김원봉- 의열단 단장. 조선 혁명 간부 학교 설립, 민족 혁명당 결성 주도

해설 김원봉은 의열단 단장으로 조직적 투쟁 준비를 위해 1932
년 조선 혁명 간부 학교를 설립하였다. 또한, 김원봉은 1935년
민족 혁명당 결성을 주도하였다.

오답 정리

② 조선 혁명 선언이 작성(신채호)된 것은 1923년이다.

③ 한국 독립 유일당 북경 촉성회가 창립된 것은 1926년이다.

④ 고종의 밀지를 받아 독립 의군부가 조직된 것은 1912년이다.

⑤ 한성, 상하이, 연해주 지역의 임시 정부가 통합된 것은 1919
년 9월이다.

39 ④

포인트

6 · 10 만세 운동(1926), 광주 학생 항일 운동(1929), 정우회 선언(1926)

해설 (가)는 1926년의 6 · 10 만세 운동의 격문이고 (나)는
1929년의 광주 학생 항일 운동의 격문이다. 비슷한 시기인 1926
년 11월 사회주의 세력의 활동 방향을 밝힌 정우회 선언이 발표

되었다.

오답 정리

① 김상옥이 종로 경찰서에 폭탄을 투척한 것은 1923년이다.

② 동아일보를 중심으로 브나로드 운동이 전개된 것은 1931년
이다.

③ 고액 소작료에 반발하여 암태도 소작 쟁의가 발생한 것은
1923년이다.

⑤ 일제가 데라우치 총독 암살 미수 사건을 계기로 105인 사건
을 날조한 것은 1911년이다.

40 ③

포인트

한국광복군- 1940년 대한민국 임시 정부 직할 부대. 태평양 전쟁 참여.
국내 진공 작전 추진

해설 (가) 군대는 1940년에 대한민국 임시 정부의 직할 부대로
창설된 한국광복군이다. 조선 의용대의 일부가 합류하면서 군사
력이 증강되었고 연합군의 일원으로 태평양 전쟁에 참여하였다.
미국 전략 정보처와 협력하여 국내 진공 작전을 추진하였으나 일
본의 항복으로 실행하지는 못했다.

오답 정리

① 김좌진의 지휘 아래 활동한 군대는 북로 군정서군이다.

② 자유시 참변으로 큰 타격을 입은 군대는 대한 독립 군단이다.

④ 중국 관내에서 결성된 최초의 한인 무장 부대는 조선 의용
대다.

⑤ 중국 호로군과 연합 작전을 통해 항일 전쟁을 전개한 군대는
한국 독립군이다.

41 ④

포인트

일제 식민 통치- 토지 조사 사업, 회사령(1910)

해설 토지 조사 사업은 1910년의 일제 식민 통치 때 있었던 일
로 토지 소유자의 기한부 신고제를 도입하여 기한 내 신고되지
못한 토지는 총독부가 소유하였다. 이 시기 일제는 회사령(1910)
을 통해 회사 설립 시 총독의 허가를 받도록 하였다.

오답 정리

① 국가 총동원법을 제정하여 인력과 물자를 수탈한 것은 1938

35회

36회

37회

38회

39회

40회

41회

42회

43회

44회

45회

46회

년이다.

② 도 평의회, 부·면 협의회 등의 자문 기구를 설치한 것은 1920년이다.

③ 재정 고문 메가타의 주도 아래 화폐 정리 사업을 실시한 것은 1905년이다.

⑤ 독립운동을 탄압하기 위해 조선 사상범 보호 관찰령을 공포한 것은 1936년이다.

42 ①

포인트

권업회– 최재형 발기. 권업신문 발행, 광복군 양성 추진

해설 최재형은 1911년 러시아정부의 공식적 허가를 받아 한인의 실업과 교육을 장려할 목적을 가진 합법적 단체로서 권업회의 발기인이 되었다. 권업회는 권업신문을 발행하였고 광복군 양성을 추진하였다.

오답 정리

② 서전서숙 설립과 민족 교육 진흥 활동을 했던 인물은 이상설이다.

③ 신흥 무관 학교가 설립된 것은 1919년 5월이다.

④ 한인 애국단 결성과 항일 의거 활동에 힘쓴 인물은 김구다.

⑤ 신한 청년당 결성과 파리 강화 회의에 참석한 인물은 김규식이다.

43 ②

포인트

한국 독립군– 한국 독립당 군사 조직

해설 한국 독립군은 한국 독립당의 군사 조직으로 총사령관 지청천의 지휘 아래 일본군을 격파하였다. 중국 호로군과 연합항일 전쟁 전개(1931), 쌍성보 전투에 승리(1932), 대전자령 전투에서 승리(1933)하였다.

오답 정리

① 동북 항일 연군으로 개편된 부대는 동북 인민 혁명군이다.

③ 간도 참변 이후 조직을 정비하고 자유시로 이동한 부대는 대한 독립 군단이다.

④ 홍범도 부대와 연합하여 청산리에서 일본군과 교전한 부대는 김좌진이 이끈 북로 군정서군이다.

⑤ 조선 혁명당의 군사 조직으로 남만주 지역에서 활약한 부대는 조선 혁명군이다.

44 ①

해설 (가)는 김구가 1948년 2월 10일에 발표한 '삼천만 동포에게 읍고함'이다. (나)는 1948년 5월 31일 개원한 제헌 국회의 개회사다. 두 시기 사이에 우리나라 최초의 보통 선거인 5·10 총선거(1948)가 있었다.

오답 정리

② 남한만의 단독 정부 수립을 주장한 정읍 발언이 제기된 것은 1946년이다.

③ 여운형이 중심이 되어 조선 건국 준비 위원회가 조직된 것은 1945년 8월이다.

④ 좌우 합작 위원회가 결성되어 좌우 합작 7원칙에 합의한 것은 1946년 10월이다.

⑤ 민족주의 정당을 중심으로 독립 촉성 중앙 협의회가 결성된 것은 1945년이다.

45 ②

포인트

조선어 학회– 최현배, 이윤재. 조선어 연구회 계승

해설 (가) 단체는 조선어 학회로 최현배, 이윤재 등이 조선어 연구회 계승(1931)하여 잡지 「한글」 간행, 한글 맞춤법 통일안과 표준어 제정, 우리말 큰사전 편찬 사업을 추진하였다.

오답 정리

① 여유당전서 간행 사업을 계기로 조직된 것은 조선학 운동이다.

③ 국어의 이해 체계 확립을 위해 국문 연구소를 세운 것은 1907년이다.

④ 개벽, 신여성 등의 잡지를 간행하여 민족의식을 높인 단체는 천도교이다.

⑤ 인재 육성의 일환으로 민립 대학 설립 운동이 전개된 것은 1922년부터다.

46 ③

포인트

육군특별지원법령(1938), 대한 애국 청년당원 폭탄 설치(1945)

해설 제시된 법령은 일제가 1938년에 제정한 육군특별지원법령으로 일제 강점기 식민지 조선인 및 재일 조선인들을 일본 육군에 복무할 수 있도록 한 법령이다. 대한 애국 청년당원이 부민관에 폭탄을 설치한 것은 1945년 7월이다.

오답 정리

① 신간회는 1927년 창립되었다.

② 원산 총파업이 일어난 것은 1929년이다.

④ 잡지 어린이가 창간된 것은 1923년이다.

⑤ 조선 물산 장려회가 발기된 것은 1920년이다.

47 ③

포인트

6 · 25전쟁 중 헌법개정안 상정, 직접 선거 규정 개헌

해설 6 · 25전쟁 중 임시 수도인 부산 일대에 계엄령이 선포되었고 여당의안(대통령 직선제)과 야당의 안(내각 책임제)을 발췌 · 절충한 헌법개정안이 상정되었다. 국회의 토론 없이 기립 표결로 통과되었으며 정 · 부통령 직접 선거를 규정한 개헌이 이루어졌다.

오답 정리

① 북한의 전면적인 남침으로 6 · 25 전쟁이 발발한 것은 1950년이다.

② 경찰이 반민족 행위 특별 조사 위원회를 습격한 것은 1949년이다.

④ 전조선 정당 사회 단체 지도자 협의회가 성명서를 발표한 것은 1948년이다.

⑤ 일제가 남긴 재산 처리를 위한 귀속재산처리법이 처음 제정된 것은 1949년이다.

48 ①

해설 뉴스가 보도된 것은 전두환 정부의 시기로 야간 통행 금지 해제, 해외여행 자유화 등 개방 정책 시행, 프로 야구 출범, 86 아시아 경기 대회 개최, 88 서울 올림픽 유치, 중 · 고등학생의 두발과 교복 자율화 등이 이루어졌다.

오답 정리

② 금강산 해로 관광 사업이 시작된 것은 김대중 정부 시기다.

③ 제1차 경제 개발 5개년 계획이 추진된 것은 박정희 정부 시기다.

④ 외환 위기 극복을 위해 금 모으기 운동이 전개된 것은 김영삼 정부 시기다.

⑤ 대통령의 긴급 명령으로 금융 실명제가 전격 실시된 것은 김영삼 정부 시기다.

49 ②

포인트

유신 헌법(1972)– 대통령 직선제 폐지, 간접 선거와 긴급조치권 규정.
3 · 1 민주 구국 선언(1976)– 긴급조치 철폐 요구

해설 제시된 헌법은 유신 헌법으로(1972, 4공화국) 대통령 직선제 폐지 및 통일주체국민회의에서 간접 선거, 긴급조치권 등을 규정하고 있다. 1976년에는 긴급조치 철폐를 요구하는 3 · 1 민주 구국 선언이 발표되었다.

오답 정리

① 굴욕적 대일 외교 반대를 주장하는 6 · 3 시위가 일어난 것은 1964년이다.

③ 부정 선거에 항거하는 4 · 19 혁명이 전국 각지에서 전개된 것은 1960년이다.

④ 4 · 13 호헌 조치 철폐를 요구하는 전 국민적인 저항이 벌어진 것은 1987년이다.

⑤ 김영삼과 김대중을 공동 의장으로 한 민주화 추진 협의회가 조직된 것은 1984년이다.

50 ⑤

포인트

노무현 정부– 제2차 남북 정상 회담, 10 · 4 선언 채택

해설 제시문은 노무현 정부 시기로 제2차 남북 정상 회담(2007) 개최에 따라 남북한이 군사적 대결 종식과 평화 체제 정착을 천명한 10 · 4 선언을 채택하였다.

오답 정리

① 남북한이 한반도 비핵화 공동 선언을 채택한 것은 노태우 정부 시기다(1991).

② 최초의 이산가족 고향 방문과 예술 공연단 교환이 이루어진 것은 전두환 정부 시기다(1985).

③ 남북한 간 최초의 공식 합의서인 남북 기본 합의서를 교환한 것은 노태우 정부 시기다(1991).

④ 7·4 남북 공동 성명을 실천하기 위한 남북 조절 위원회를 구성한 것은 박정희 정부 시기다(1972).

35회

36회

37회

38회

39회

40회

41회

42회

43회

44회

45회

46회

01 ⑤

포인트

청동기 시대, 부여 송국리 유적지, 비파형 동검, 거푸집, 반달 돌칼

해설 부여 송국리는 청동기 시대의 대표적인 유적지로 비파형 동검, 거푸집 등이 출토되었다. 청동기 시대는 농기구로 반달 돌 칼을 사용하여 곡물을 수확하였다.

오답 정리

① 주로 동굴이나 막집에 거주한 것은 구석기 시대다.

② 철제 농기구를 제작하여 사용한 것은 철기 시대다.

③ 소를 이용한 우경이 시작된 것은 신라 지증왕 때 기록이 있으 나, 소를 이용한 깊이갈이가 일반화된 것은 고려 때 와서다.

④ 구석기 시대와 신석기 시대는 계급이 없는 평등한 공동체 생 활을 하였다.

02 ③

포인트

동예– 책화, 제천 행사 무천

해설 동예는 산천을 중요시하여 산과 내마다 각기 구분이 있어 함부로 들어가지 않았다. 경계를 침범할 경우 노비, 말, 소로 변 상하였는데 이를 책화라 한다. 동예는 10월 무천이라는 제천 행 사를 열었다.

오답 정리

① 동예는 연맹 왕국으로 발전하지 못하였다.

② 삼한 중 변한은 낙랑과 왜에 철을 수출하였다.

④ 옥저에는 혼인 풍습으로 민며느리제가 있었다.

⑤ 부여는 여러 가(加)들이 별도로 사출도를 주관하였다.

03 ①

포인트

대가야– 경상북도 고령. 신라 진흥왕 정복

해설 경상북도 고령을 중심으로 발전하였던 나라는 대가야다. 진흥왕은 대가야를 정복함으로써 낙동강 유역을 차지하였다.

오답 정리

② 나당 연합군에 의해 멸망된 나라는 백제(660)와 고구려(668)다.

③ 대가들이 사자, 조의, 선인을 거느린 나라는 고구려다.

④ 빈민을 구제하기 위해 진대법을 시행한 나라는 고구려다.

⑤ 박, 석, 김의 3성이 교대로 왕위를 계승한 나라는 신라다.

04 ④

포인트

백제 근초고왕의 고구려 고국원왕 공격(371), 고구려 장수왕의 백제 개 로왕 공격(475)

해설 (가)는 백제 근초고왕의 평양성 공격으로 고구려 고국원 왕이 전사한 사실을 나타낸다(371). (나)는 고구려 장수왕의 공 격으로 백제의 개로왕이 전사한 사실을 나타낸다(475). 두 시기 사이에 고구려 광개토 대왕은 백제를 공격하여 한강 이북 지역 을 차지한다.

오답 정리

① 신라의 법흥왕이 불교를 공인한 것은 527년이다.

② 백제의 문주왕이 웅진으로 천도한 것은 한성이 함락되고 개 로왕이 전사한 직후다.

③ 고구려의 태조왕이 옥저를 복속한 것은 1세기 후반이다.

⑤ 백제와 고구려가 동맹(여제 동맹)을 맺고 신라에 대항한 것은 642년을 전후한 시기다.

05 ④

포인트

백제의 도교 문화– 산수무늬벽돌, 금동대향로, 사택지적비

해설 백제의 도교 문화를 엿볼 수 있는 유물로는 산수무늬벽돌, 금동대향로, 사택지적비가 대표적이다.

오답 정리

ㄴ. 백제의 산수무늬 벽돌로 충청남도 부여군 규암면 외리의 옛 절터에서 출토된 산수무늬가 새겨진 벽돌이다.

ㄹ. 백제의 금동대향로로 부여군 능산리 절터의 물웅덩이에서 발 견되었다. 용 모양(받침), 연꽃(몸체), 신선 및 동물(향로), 봉 황 장식(뚜껑 위)으로 이루어져 있다.

ㄱ. 가야의 판갑옷이다.

ㄷ. 고구려의 연가 7년명 금동여래입상이다.

06 ④

포인트

백제 성왕- 사비 천도(538), 국호 남부여 변경

해설 제시문은 백제 성왕을 설명한 것으로 수도를 웅진에서 사비로 천도하였고(538), 국호를 남부여로 변경하였다.

오답 정리

① 익산에 미륵사를 창건한 것은 무왕 때다.

② 동진으로부터 불교를 수용한 침류왕 때다.

③ 신라를 공격하여 대야성을 점령한 것은 의자왕 때다.

⑤ 고흥으로 하여금 서기를 편찬하게 한 것은 근초고왕이다.

07 ③

포인트

발해- 대조영 건국(698), 5경 15부 62주, 해동성국

해설 (가) 국가는 대조영이 고구려 유민을 이끌고 지린성 동모산에서 건국(698)한 발해다. 선왕 때는 5경 15부 62주의 지방 제도를 완비하였고 중국으로부터 해동성국으로 불렸다.

오답 정리

① 지방관 감찰을 위해 외사정이 파견된 것은 신라 문무왕 때다.

② 지방을 통제하기 위해 22담로가 설치된 것은 백제 무령왕 때다.

④ 통일 신라는 집사부를 중심으로 아래에 13부를 두고 행정 업무를 분담하였다.

⑤ 상수리 제도를 시행하여 지방 세력을 견제한 국가는 신라다.

08 ④

포인트

신라 말- 선종 영향, 승탑 유행

해설 승려의 시신을 화장하고 남은 사리, 즉 유골을 돌로 만든 묘탑에 안치하는데, 이를 부도(浮屠) 또는 승탑(僧塔)이라 부른다. 신라 말 참선과 수행을 통해 깨달음을 얻고자 하는 선종의 영향에 따라 승탑이 유행하였다.

오답 정리

①⑤ 동경대전을 경전으로 삼은 종교는 최제우가 창시한 동학이다. 동학은 마음속에 한울님을 모시는 시천주를 강조하였다.

② 단군을 숭배의 대상으로 한 종교는 나철이 창시한 대종교다.

③ 대성전을 세워 옛 성현에 제사를 지낸 종교는 유교다.

09 ⑤

포인트

독도- 우산국, 세종실록 지리지, 안용복, 동국문헌비고, 칙령 제41호

해설 512년 우산국을 복속했다는 사실, 1454년 세종실록 지리지의 기록, 1696년 안용복의 활동, 1770년 동국문헌비고 등을 통해 (가)는 독도임을 알 수 있다. 대한제국 시기 이범윤을 간도 관리사로 파견하였고, 칙령 제41호에서 관할 영토로 명시하였다.

오답 정리

① 몽골에 항전할 때 임시 수도였던 곳은 강화도다.

② 정약전이 자산어보를 저술한 섬은 흑산도(전남 신안 소재)다.

③ 하멜 일행이 표류하다가 도착한 곳은 제주도다.

④ 양헌수 부대가 프랑스군을 격퇴한 장소는 강화도(정족산성)다.

10 ⑤

포인트

궁예- 후고구려 건국(901), 국호 마진, 철원 천도(901)

해설 제시문의 선종은 후고구려를 건국한 궁예다. 도적 양길에게 의탁하였고, 양길은 그에게 병사를 나누어 주어 고을 등을 공략하게 하였다. 궁예는 송악(개성)을 도읍으로 후고구려를 건국한 이후(901), 국호를 마진으로 바꾸고 철원으로 천도하였다(901).

오답 정리

① 김흠돌 등 진골 세력을 숙청한 것은 통일신라 신문왕 때다(681).

② 후백제의 견훤은 고창 전투에서 고려군에게 패했다(930).

③ 견훤은 신라 수도 금성을 습격하여 경애왕을 죽게 하였다(927).

④ 견훤은 금산사에 유폐된 후 고려의 왕건에게 귀부하였다(935).

11 ①

공민왕– 몽골 풍습·연호·관제 폐지, 정동행성 이문소 폐지, 친원 세력 숙청, 신진사대부 등용

해설 공민왕은 원 간섭기에 즉위하여 몽골의 풍습·연호·관제 폐지, 정동행성 이문소를 폐지하였다. 기철을 중심으로 한 친원 세력을 역모죄로 숙청(1356)하였고 신진사대부를 등용하였다.

오답 정리

② 김윤후가 처인성에서 몽골군을 물리친 것은 원 간섭기 이전인 무신정권 때다(1232).

③ 정중부 등이 정변을 일으켜 권력을 장악한 것은 무신 정변이다(1170).

④ 최충이 9재 학당을 세워 유학 교육을 실시한 것은 고려 문종 때다(1053).

⑤ 만적을 비롯한 노비들이 신분 해방을 도모한 것은 고려 신종 때다(1198).

12 ④

포인트

고려, 상감 기법 자기

해설 겉 부분을 파낸 후에 그 자리에 백토나 흑토를 메우면서 무늬를 만든 고려의 자기는 상감 청자다. ④는 상감 기법으로 제작한 청자인 청자 상감 운학문 매병이다.

오답 정리

① 조선의 백자 달항아리다.

② 고려 전기에 유행한 순수 청자로, 순청자병(참외모형)이다.

③ 조선의 '철화' 백자로 매죽문대호다.

⑤ 조선의 '청화' 백자로 매죽문호다.

13 ④

포인트

광종– 과거 제도 시행(958) → 최우 인사권 장악(1225) → 충목왕– 정치도감 설치(1347) → 전민변정도감– 신돈의 건의(1366)

해설 (가) 최우가 자택에 정방을 설치하고 문신과 왕실의 인사권을 장악한 것은 1225년이다.

(나) 후주 출신 쌍기는 왕에게 과거 제도의 도입을 건의하였고 광

종은 이를 받아들여 958년 과거 제도를 시행하였다.

(다) 전민변정도감은 1366년 신돈의 건의로 설치하여 권문세족들이 불법으로 겸병한 토지를 원소유자에게 환원하였고 억울하게 노비가 된 사람을 해방하였다.

(라) 정치도감은 충목왕 때의 개혁 추진 기관으로 1347년 설치하였다.

사건은 (나)–(가)–(라)–(다) 순으로 일어났다.

14 ①

포인트

삼국사기– 김부식 편찬, 최고(最古) 역사서, 신라 계승 의식

해설 제시된 역사서는 인종 때 왕명으로 김부식이 편찬한 삼국사기다. 유교적 합리주의 사관으로 쓰인 현존하는 최고의 역사서다(1145). 기전체 형식으로 서술하였으며 신라 계승 의식이 나타난다.

오답 정리

② 조선 건국의 정통성을 강조한 역사서는 정도전의 고려국사(1395)와 권근의 동국사략(1403)이다.

③ 남북국이라는 용어를 처음 사용한 역사서는 유득공의 발해고다(1784).

④ 단군 조선에서 고려까지의 역사를 정리한 사서는 동국통감(1485)이 대표적이다.

⑤ 불교사를 중심으로 고대의 민간 설화 등을 수록한 역사서는 일연이 저술한 삼국유사다(1281).

15 ②

포인트

고려 현종– 거란 3차 침입, 강감찬 귀주대첩

해설 고려 현종은 거란에 친조 불가능을 통보하자 거란은 강동 6주 반환을 요구하여 침공하였다(3차 침입). 이 때, 강감찬은 귀주에서 크게 승리하였다(귀주대첩, 1019).

16 ④

포인트

국채 보상 운동– 대구 시작, 서상돈, 김광제 발의

[해설] 2 · 28 기념 중앙 공원 → 경상 감영 공원 → 달성 공원 내 최제우 동상 → 민족 저항 시인 이상화 고택 모두 대구에 위치해 있다. (가) 지역인 대구에서는 또한 서상돈, 김광제 등의 발의로 국채 보상이 일어났다.

[오답 정리]
① 인조가 피신하여 청군에 항전한 곳은 남한산성이다.
② 오페르트가 남연군 묘 도굴을 시도한 곳은 충남 예산 덕산면이다.
③ 다산 정약용이 유배 중에 경세유표를 저술한 곳은 강진이다.
⑤ 노동자 강주룡이 을밀대 지붕에서 고공 농성을 벌인 곳은 평양이다.

17 ②

[포인트]
장보고– 통일 신라, 청해진 설치, 무역권 장악
[해설] 통일 신라 때 장보고는 완도에 청해진을 설치하고 남해와 황해의 해상 무역권을 장악하였다.

[오답 정리]
① 영국이 러시아의 남하를 구실로 불법 점령한 섬은 거문도다.
③ 6 · 25 전쟁 때 포로 수용소가 설치된 섬은 거제도다.
④ 러시아가 저탄소 설치를 명분으로 조차를 요구한 섬은 영도 (절영도)다.
⑤ 삼별초가 용장성을 쌓고 몽골에 대항한 섬은 진도다.

18 ①

[포인트]
고려 숙종– 주전도감 설치, 화폐 주조
[해설] 제시된 대화의 왕은 고려 숙종으로 의천의 건의에 따라 주전도감을 설치(1101)하여 해동통보, 삼한통보, 해동중보 등의 동전과 활구(은병)라는 은전을 주조하였다.

[오답 정리]
② 전환국에서 백동화가 발행된 것은 조선 고종 때다(1883).
③ 중국 화폐인 명도전, 반량전이 널리 사용된 것은 초기 철기 시대다.
④ 상평통보가 발행되어 널리 유통되기 시작한 것은 조선 숙종 이후다.

⑤ 궁궐 중건 비용을 마련하기 위해 당백전이 발행된 것은 조선 고종 때다(1866).

19 ⑤

[포인트]
고려 인종– 금나라 군신 관계, 이자겸의 난, 묘청의 서경 천도 운동
[해설] 제시된 대화의 왕은 고려 인종으로 완안 아골타는 금나라를 건국하며 거란(요나라)을 멸망시키고 고려에 군신 관계를 요구하였다(인종, 1126). 인종은 금나라의 요구를 수용하게 된다 (1131). 이자겸의 난(1126)과 묘청의 서경 천도 운동(1135) 또한 인종 때 일어났다.

[오답 정리]
① 최충헌이 봉사 10조를 올린 것은 고려 명종 때다(1196).
② 명학소의 망이 · 망소이가 봉기한 것은 고려 명종 때다(1176).
③ 최무선의 건의로 화통도감이 설치된 것은 고려 우왕 때다 (1377).
④ 강조가 정변을 일으켜 김치양을 제거한 것은 고려 목종 때다 (1009).

20 ②

[포인트]
이성계– 위화도 회군 → 과전법 제정 → 조선 건국
[해설] (가)는 명나라의 철령 이북 땅 요구에 대해 요동 정벌이 단행되는 과정에서 이성계가 위화도에서 회군하는 상황이다 (1388). (나)는 이성계가 조선의 태조로 즉위하는, 즉 조선 건국 사실이 나타난다(1392). 두 시기 사이에 조준 등의 건의로 과전법이 제정되었다(1391).

[오답 정리]
① 통일 신라 신문왕은 녹읍을 폐지하고 관료전을 지급하였다.
③ 양지아문을 설치하여 양전 사업을 실시한 것은 대한제국 때다.
④ 고려 태조 왕건은 공로와 인품에 따라 역분전을 차등 지급하였다.
⑤ 조선 세조 때는 직전법을 실시하여 현직 관리에게만 수조권을 지급하였다.

21 ③

포인트

김종직– 조의제문 작성, 무오사화의 발단

해설 제시된 자료는 김종직을 설명한 것으로 연산군 때 무오사화(1498)의 발단이 된 조의제문을 작성하였다. 조의제문은 김종직이 항우에게 죽은 초나라 회왕, 즉 의제를 조상하는 글을 지었는데, 이것은 세조에게 죽임을 당한 단종을 의제에 비유한 것으로 세조의 찬탈을 비난한 글이다.

오답 정리

① 갑술환국이 일어난 것은 숙종 때인 1694년의 일이다.

② 반정 공신의 위훈 삭제를 주장한 인물은 조광조다.

④ 색경을 저술하여 농업 기술 발전에 이바지한 인물은 박세당이다.

⑤ 양명학을 연구하여 강화 학파 형성의 기초를 마련한 인물은 정제두다.

22 ⑤

포인트

조선– 양반, 중인, 상민, 천민 신분 구조.

중인– 시사 조직, 위항 문학 활동

해설 조선은 양반, 중인, 상민(평민), 천민의 신분 구조를 이루고 있다. (가) 신분은 중인으로 특히 잡과를 통해 선발된 기술관에 해당한다. 이들은 조선 후기에 이르러 시사를 조직해 위항(혹은 여항) 문학 활동을 하였다. 이는 조선 후기 한성을 중심으로 중인들과 평민들에 의해 이루어진 문학 양식이다.

오답 정리

① 소속 관청에 신공을 바친 신분은 공노비다.

② 매매, 상속, 증여의 대상이 된 신분은 노비 중에서도 사노비다.

③ 원칙적으로 과거에 응시할 수 없었던 신분은 천민이다.

④ 장례원을 통해 국가의 관리를 받은 신분은 노비다.

23 ②

포인트

1차 왕자의 난– 1398년 발생, 조선 태조의 왕세자 책봉에 대한 반발 원인

해설 제시된 상황은 1차 왕자의 난으로 1398년에 발생하였다.

태조 이성계는 신의왕후 한씨와의 사이에 6남(방우, 방과, 방의, 방간, 방원, 방연)을 두었다. 이후 신덕왕후 강씨와의 사이에서 2남(방번, 방석)을 두게 되며 강씨 소생의 방석을 왕세자로 책봉하였다. 이에 한씨 소생의 왕자들이 난을 일으켰는데 바로 제1차 왕자의 난이다.

24 ①

포인트

선조– 임진왜란 발발, 광해군 왕세자 책봉, 의주 피신, 명나라 원군 요청

광해군– 분조 지휘

해설 일기의 왼쪽 페이지는 1592년 6월의 일로 임진왜란이 발발하자 선조는 광해군을 왕세자로 책봉하고 의주로 피신, 명나라에 원군을 요청한다. 광해군은 평안북도 강계로 향해 분조(分朝)를 지휘하였다. 일기의 오른쪽은 1593년 1월의 일로 조·명 연합군이 평양성을 탈환한 사실이 나타난다. 두 시기 사이인 1592년 7월에는 이순신이 한산도 대첩에서 승리한다.

오답 정리

② 1592년 4월 정발이 부산진성 전투에서 전사하였다.

③ 1597년 1월 휴전 회담의 결렬로 정유재란이 시작되었다.

④ 명의 요청으로 강홍립의 부대가 파견된 것은 광해군 때인 1618년이다.

⑤ 정봉수와 이립이 의병을 이끌고 활약한 것은 정묘호란 때다(인조, 1627).

25 ⑤

포인트

보은 법주사 팔상전– 임진왜란 때 소실, 사명대사 재건

해설 보은 법주사 팔상전은 임진왜란 때 완전히 소실되었으나 1624년(인조 2년)에 사명대사가 재건한 것으로 전한다.

오답 정리

① 마곡사 대웅보전은 충남 공주시 마곡사에 있으며 보물 제801호로 지정되어 있다. 임진왜란 때 소실된 것을 효종 때 중건하였다.

② 금산사 미륵전은 전북 김제시 금산사에 있는 조선 시대(17세기)의 목조 건물로 국보 제62호로 지정되어 있다. 금산사는 후백제 견훤이 유폐되었던 곳이기도 하다.

③ 화엄사 각황전은 국보 제67호로 전라남도 구례군에 소재하며 현존하는 중층의 불전 중 가장 큰 규모다. 임진왜란 때 소실되었으나 1702년(숙종) 중건되어 현재에 이르고 있다.

④ 무량사 극락전은 충남 부여군 무량사에 있으며 보물 제356호로 지정되어 있다. 임진왜란 때 소실된 것을 인조 때 다시 중창하였다.

26 ⑤

포인트

숙종– 원자 책봉 반대한 송시열 사사, 서인 몰락. 기사환국(1689)

해설 제시된 상황은 숙종 때의 기사환국(1689)으로 희빈 장씨 소생의 아들인 '윤(훗날 경종)'을 원자로 책봉한 것에서 비롯된다. 송시열 등 서인의 반대에 왕은 송시열을 제주도로 귀양 보내고 사사함으로써 서인은 몰락한다. 이후 인현왕후가 폐위되고 희빈 장씨가 왕비로 책봉되었고 남인이 집권하게 된다.

오답 정리

① 공신 책봉 문제로 이괄의 난이 일어난 것은 인조 때인 1624년이다.

② 정여립 모반 사건으로 기축옥사가 발생한 것은 선조 때인 1589년이다.

③ 허적과 윤휴 등 남인들이 대거 축출된 것은 숙종 때의 경신환국으로 1680년이다.

④ 북인이 서인과 남인을 배제하고 권력을 장악한 것은 광해군 때다.

27 ③

포인트

유수원– 18세기 초 '우서' 저술, 상공업 진흥과 기술 혁신 주장, 사농공상의 직업적 평등과 전문화 강조

해설 유수원은 조선 후기인 18세기 초 '우서'를 저술하여 상공업 진흥과 기술 혁신을 주장하였고 사농공상의 직업적 평등과 전문화를 강조하였다. ① 개시 무역과 후시 무역, ② 담배, 면화 등 상품 작물 재배, ④ 송상, 만상이 대청 무역으로 부를 축적한 일, ⑤ 모내기법의 확대로 벼와 보리의 이모작이 확산된 것은 조선 후기의 경제 상황이다.

오답 정리

28 ③

포인트

정조– 정약용 거중기 사용, 수원 화성 건립. 규장각 설치, 장용영 설치, 초계문신제 실시

해설 제시된 자료의 왕은 정조로 정약용이 고안한 거중기를 사용하여 수원 화성을 건립하였다. 정조는 학술 연구와 국왕의 정책을 뒷받침하기 위해 규장각을 설치하였고, 국왕 직속의 친위 부대인 장용영을 설치하였다. 또한, 신진 인물이나 문신들을 재교육하기 위해 초계문신제를 실시하였다.

오답 정리

① 집현전을 계승한 홍문관을 설치한 왕은 성종이다.

② 군역의 부담을 줄이고자 균역법을 제정한 왕은 영조다.

④ 붕당의 폐해를 경계하기 위해 탕평비를 건립한 왕은 영조다.

⑤ 삼정의 문란을 해결하기 위해 삼정이정청을 설치한 왕은 철종이다.

29 ④

포인트

명종– 을사사화(1545), 외척 세력 정국 주도

해설 대화 속의 임금은 명종으로 1545년 외척 세력인 대윤(윤임, 인종의 외척)과 소윤(윤원형, 명종의 외척) 간의 대립인 을사사화가 발생한다. 윤임 일파가 제거됨으로써 윤원형을 비롯한 외척 세력이 정국을 주도하게 된다.

오답 정리

① 신유박해로 천주교인들이 처형된 것은 순조 때인 1801년이다.

② 사림이 동인과 서인으로 나뉘게 된 것은 선조 때로 1575년이다.

③ 홍경래 등이 봉기하여 정주성을 점령한 홍경래의 난은 순조 때인 1811년에 발생했다.

⑤ 자의 대비의 복상 문제로 예송이 전개된 것은 기해예송(1659), 갑인예송(1674)으로 현종 때다.

30 ④

포인트
세시 풍속 '유두'– 음력 6월 보름(15일)

해설 (가)는 음력 6월 보름날(15일)의 세시 풍속인 '유두'로 흐르는 개울에서 머리를 감는다. 밀가루 면인 유두면을 만들어 오색실에 꿰어 액운을 막았고 경단을 만들어 얼음 꿀물에 넣어 먹었다.

오답 정리
① 동지는 일 년 중 밤이 가장 길고 낮이 가장 짧은 날로 음력 11월 중순이다. '작은 설'로도 불리며 팥죽을 먹는다.
② 한식은 동지로부터 105일째 되는 날로 일정 기간 불의 사용을 금하며 찬 음식을 먹는 고대 중국의 풍습에서 유래된 명절이다.
③ 칠석은 음력 7월 7일로 전설 속의 견우와 직녀가 1년에 한 번 까치와 까마귀가 날개를 펴서 놓은 다리인 오작교에서 만나는 날이다.
⑤ 삼짇날은 음력 3월 3일로 강남에 갔던 제비가 돌아온다고 전해지는 세시풍속이다.

31 ⑤

포인트
조 · 일 수호 조규(강화도 조약), 조 · 일 무역 규칙(조 · 일 통상 장정)

해설 (가)는 조 · 일 수호 조규(강화도 조약) 부록으로 일본 외교관의 여행 자유, 일본인 거류지 설정[일본인의 개항장 활동 범위(간행이정)를 10리로 제한], 개항장 내 일본 화폐 유통을 규정하고 있다. (나)는 조 · 일 무역 규칙(조 · 일 통상 장정)으로 일본 상품에 대한 무관세, 양곡의 무제한 유출 허용을 규정하고 있다. 두 조약 모두 강화도 조약인 조일 수호 조규의 후속 조치로 1876년에 체결되었다.

오답 정리
① 임오군란을 계기로 체결된 조약은 조 · 청 상민 수륙 무역 장정과 제물포 조약이다.
② 최혜국 대우를 처음으로 규정한 조약은 조 · 미 수호 통상 조약이다.
③ 조선책략의 영향으로 체결된 것은 조 · 미 수호 통상 조약이다.
④ 거중 조정에 대한 내용이 포함된 것은 조 · 미 수호 통상 조약이다.

32 ②

포인트
이토 히로부미와 하세가와 조선 주둔군 사령관의 조선 군대해산 조칙 강권. 13도 창의군 서울 진공 작전 전개

해설 제시된 자료에는 한 · 일 신협약의 비밀각서에 의거, 이토 히로부미와 하세가와 조선 주둔군 사령관은 순종으로 하여금 군대해산 조칙을 반포(1907.7.)한 사실이 나타난다. 고종 강제 퇴위와 군대 해산을 계기로 결성된 13도 창의군은 이인영과 허위 등이 지휘하여 서울 진공 작전을 전개한다.

오답 정리
① 민영환, 조병세 등이 자결로써 항거한 것은 을사늑약(1905) 직후다.
③ 메가타가 주도한 화폐 정리 사업이 시작된 것은 1905년이다.
④ 고종이 헤이그 만국 평화 회의에 특사를 파견한 것은 1907년이다.
⑤ 구식 군대가 난을 일으켜 일본 공사관을 습격한 것은 1882년의 임오군란이다.

33 ⑤

포인트
신민회– 안창호, 양기탁, 이승훈 조직 비밀 결사 단체. 태극 서관, 독립 운동 기지

해설 (가) 단체는 신민회로 안창호, 양기탁, 이승훈 등이 중심이 되어 조직한 비밀 결사 단체다. 국권을 회복한 후 공화 정체의 국가를 수립하고자 하였다. 평양에 대성학교(안창호), 정주에 오산학교(이승훈)를 건립하였고, 태극 서관을 설립하여 계몽 서적을 출판하였으며 자기 회사를 설립하였다. 신민회는 또한 남만주 삼원보에 독립운동 기지를 건설하였다.

오답 정리
① 연통제를 통해 독립운동 자금을 모은 단체는 대한민국 임시 정부다.
② 일제의 황무지 개간권 요구를 저지한 단체는 보안회다.
③ 중추원 개편을 통해 의회 설립을 추진한 단체는 독립 협회다.
④ 복벽주의를 내세우며 의병 전쟁을 준비한 단체는 독립 의군부다.

35회
36회
37회
38회
39회
40회
41회
42회
43회
44회
45회
46회

34 ①

포인트

갑신정변(1884)– 김옥균, 박영효 등 개화세력. 청군 개입으로 3일 만에 진압

해설 (가) 사건은 갑신정변(1884)으로 김옥균, 박영효 등 개화세력은 우정총국 개국 축하연을 이용하여 사대당 요인을 살해하고 14개조 정강을 발표하였으나 청군의 개입으로 3일 만에 진압되었다.

오답 정리

② 수신사는 강화도 조약 이후 일본에 파견된 외교 사절이다. 1차 김기수(1876), 2차 김홍집(1880)을 수신사로 파견하였다.

③ 구본신참에 입각한 개혁이 추진된 것은 광무개혁 때다(1897~1904).

④ 개화 정책을 총괄하는 통리기무아문이 설치된 것은 1880년이다.

⑤ 개혁의 기본 방향을 제시한 홍범 14조가 반포된 것은 2차 갑오개혁 때다(1894.12).

35 ③

포인트

동학 농민 운동– 1차 동학 농민 봉기, 전주 화약. 집강소 설치, 폐정 개혁안 12개조 추진

해설 (가) 운동은 동학 농민 운동으로 1차 동학 농민 봉기 당시 전주성을 점령하였고, 전주 화약을 맺었다(1894). 동학 농민군은 전라도 지역에 집강소를 설치하여 폐정 개혁안 12개조를 추진하였다.

오답 정리

① 을사늑약에 반발하여 봉기한 운동은 을사의병이다(1905).

② 백낙신의 탐학이 발단이 되어 일어난 것은 진주 농민 봉기(임술 농민 봉기)다(1862).

④ 유계춘을 중심으로 봉기하여 진주성을 점령한 것은 진주 농민 봉기이다.

⑤ 홍의장군으로 불린 곽재우가 의병장으로 활약한 것은 임진왜란 때다.

36 ⑤

포인트

광주 학생 항일 운동(1929)

해설 제시된 사건은 1929년의 광주 학생 항일 운동으로 일제의 식민지 차별 교육, 기차 안에서 일본 남학생이 한국 여학생을 희롱하자 한국인 학생과 일본인 학생 간 충돌이 발단이 되었다. 이는 전국 각지에서 일어난 동맹 휴학의 도화선이 되었다.

오답 정리

① 순종의 인산일을 계기로 일어난 것은 1926년의 6·10 만세 운동이다.

②,③ 대한민국 임시 정부 수립 계기, 일제의 무단 통치를 완화시키는 배경이 된 것은 1919년에 일어난 3·1운동이다.

④ 대한매일신보의 후원 속에 전국적으로 확산된 것은 국채 보상 운동이다.

37 ②

포인트

(가)– 고종. 황제 지칭, 대한 제국 수립 선포

(나)– 대한국 국제 제정(1899)

해설 (가)는 대한 제국의 수립으로 고종은 원구단에서 황제를 지칭하며 대한 제국 수립을 선포하였다(1897). (나)는 1899년의 대한국 국제 제정을 설명하고 있다. 두 시기 사이인 1898년에 독립 협회는 관민 공동회를 개최하여 헌의 6조 재가를 획득하였다.

오답 정리

① 영화 아리랑이 상영된 것은 1926년이다.

③ 육영 공원이 문을 연 것은 1886년이다.

④ 경부선 기차가 개통한 것은 1905년이다.

⑤ 근우회가 설립된 것은 1927년이다.

38 ④

포인트

대종교– 나철 창시, 무장 항일 투쟁

해설 (가) 종교는 나철 등이 단군 신앙을 바탕으로 창시한 대종교로 민족 고유의 신앙으로 발전하였다. 대종교는 만주에 중광단을 조직하여 무장 항일 투쟁을 전개하였다.

①② 개벽, 신여성 등의 잡지를 발행한 종교는 천도교다. 또한, 만세보를 발행하여 민중 계몽에 힘썼다.

③ 여성 교육을 위해 이화 학당을 설립한 종교는 기독교다.

⑤ 박중빈을 중심으로 새생활 운동을 추진한 종교는 원불교다.

39 ①

의열단. 김익상– 조선 총독부 폭탄 투척, 김원봉– 민중의 직접 혁명 주장

해설 제시문의 인물은 의열단원 김익상으로 조선 총독부에 폭탄을 투척하였다(1921). 의열단은 김원봉이 중심이 되어 신채호의 '조선 혁명 선언'을 지침으로 삼아 민중의 직접 혁명을 주장하였다.

② 윤봉길, 이봉창 등이 단원으로 활동한 단체는 김구가 조직한 한인 애국단이다.

③ 대한민국 임시 정부는 파리 강화 회의에 김규식을 보내 독립 청원서를 제출하였다.

④ 이회영, 이상룡 등은 서간도(남만주) 지역에 신흥 무관 학교를 세워 독립군을 양성하였다.

⑤ 대한민국 임시 정부는 독립군 비행사 육성을 위해 한인 비행 학교를 세웠다.

40 ③

대한민국 임시 정부– 대한민국 건국 강령 제정·발표

해설 제시된 자료는 1937년의 중·일 전쟁을 설명한 것으로 여기서 두 번째 겨울이란 이듬해인 1938년을 의미한다. 대한민국 임시 정부는 충칭에서 조소앙의 삼균주의를 바탕으로 대한민국 건국 강령을 제정·발표하였다.

① 조선 농민 총동맹이 결성된 것은 1927년이다.

② 사회주의 세력이 정우회 선언을 발표한 것은 1926년으로 신간회 결성의 배경이 되었다.

④ 독립군 연합 부대가 청산리에서 큰 승리를 거둔 것은 1920년의 청산리 대첩이다.

⑤ 노동 조건 개선을 요구하는 원산 노동자 총파업이 전개된 것은 1929년이다.

41 ①

대한 광복회(1915)– 박상진 총사령, 김좌진 부사령. 공화 정체 국민 국가 수립 지향, 만주 독립군 기지, 무관 학교, 독립 군자금 모금, 친일 부호 처단

해설 (가) 단체는 대한 광복회(1915)로 박상진을 총사령으로, 김좌진을 부사령으로 하여 공화 정체의 국민 국가 수립을 지향하였다. 만주에 독립군 기지 건설, 무관 학교 설립을 추진하였고, 독립에 필요한 군자금 모금, 친일 부호를 처단하였다.

② 대한민국 임시 정부가 수립된 것은 1919년이다.

③ 홍범도가 이끄는 대한 독립군단은 봉오동에서 일본군을 상대로 승리를 거두었다(1920).

④ 구미 위원부를 설치하여 외교 활동을 전개한 단체는 대한민국 임시 정부다.

⑤ 중국군과 함께 영릉가 전투에서 큰 전과를 올린 단체는 양세봉이 이끈 조선 혁명군이다.

42 ①

대한민국 임시 정부– 창조파(신채호)와 개조파(안창호) 대립, 국민 대표 회의 개최 결렬

해설 대한민국 임시 정부의 비밀 연락망 붕괴, 외교 성과 미흡(이승만의 위임 통치 청원서)으로 새로운 정부 수립을 주장하는 창조파(신채호)와 체제 개편을 주장하는 개조파(안창호)는 대립하게 된다. 1923년 국민 대표 회의를 개최했으나 결렬되었다.

43 ③

문화통치(1920~1934)– 일본 산미 증식 계획, 식량 수탈

해설 사이토 마코토의 「조선 통치에 대하여」는 3·1 운동 이후 친일파를 양성하고 민족 기만을 통해 내부 분열을 조장하고자 했

35회

36회

37회

38회

39회

40회

41회

42회

43회

44회

45회

46회

던 1920년대의 문화통치를 나타낸다. 이 시기인 1920년~1934년 일본은 식량 부족 문제를 해결하기 위해 산미 증식 계획을 실시하여 식량을 수탈하였다.

오답 정리

① 노동력 동원을 위해 국민 징용령을 시행한 것은 1939년이다.
② 한국인에 한해 적용되는 조선 태형령을 공포한 것은 1912년이다.
④ 독립운동 탄압을 위한 조선 사상범 보호 관찰령을 공포한 것은 1936년이다.
⑤ 회사 설립 시 총독의 허가를 받도록 하는 회사령을 제정한 것은 1910년이다.

44 ①

포인트

신간회– 민족 유일당 운동, 광주 학생 항일 운동 조사단 파견

해설 (가) 단체는 신간회로 비타협적 민족주의와 사회주의 세력의 연대에 따라 민족 유일당 운동의 일환으로 결성되었다(1927). 광주 학생 항일 운동에 조사단을 파견하여 진상 보고를 위한 민중 대회를 계획하였다.

오답 정리

② 대한 광복군 정부는 이상설, 이동휘를 정·부통령에 선임하였다.
③ 신민회는 일제가 조작한 105인 사건으로 해체되었다.
④ 독립 의군부는 조선 총독부에 국권 반환 요구서를 발송하려 하였다.
⑤ 신민회는 오산 학교와 대성 학교를 세워 민족 교육을 실시하였다.

45 ②

포인트

김원봉– 의열단 조직(1919), 조선 의용대 창설(1938), 한국광복군 부사령관

해설 제시된 인물은 김원봉으로 1919년 의열단을 조직하였고, 1938년 중국 관내에서 결성된 최초의 한인 무장 부대인 조선 의용대를 창설했다. 조선 의용대의 일부가 한국광복군에 편입되면서 김원봉은 한국광복군의 부사령관으로 활약하였다.

오답 정리

① 대조선 국민 군단을 조직한 인물은 박용만이다.
③ 하얼빈 역에서 이토 히로부미를 사살한 인물은 안중근이다.
④ 한국 독립군을 이끌고 쌍성보 전투에서 승리한 인물은 지청천이다.
⑤ 일제의 패망과 광복에 대비하여 조선 건국 동맹을 결성한 인물은 여운형이다.

46 ③

포인트

사사오입 개헌(2차 개헌, 1954)

해설 제시된 자료는 사사오입 개헌(2차 개헌, 1954)을 설명하고 있다. 이승만 대통령의 장기 집권 목적으로 헌법 개정안을 상정하였으나 개헌 통과 정족수에 1표 부족으로 부결이 선포되었다. 자유당은 사사오입의 논리로 개헌안을 통과시켰으며 초대 대통령에 한해 중임 제한이 철폐되었다.

오답 정리

① 대통령 중심제가 의원 내각제로 바뀐 것은 1960년 4·19 혁명 이후인 3차 개헌이다(1960).
② 통일 주체 국민 회의에서 대통령이 선출된 것은 7차 개헌이다(유신헌법, 1972).
④ 선거인단이 선출하는 7년 단임의 대통령제가 실시된 것은 8차 개헌이다.
⑤ 우리나라 최초의 보통 선거인 5·10 총선거는 1948년 실시되었다.

47 ②

포인트

김종필·오하라 비밀 회담, 한·일 어업 협정

해설 (가)는 한·일 국교 정상화를 위한 김종필·오하라 비밀 회담이다. 1964년 일본과의 국교 정상화에 강력히 반대하며 대학생 및 일반시민 그리고 재야인사들은 6·3 시위를 전개하였다. 이를 진압하기 위해 정부는 계엄령을 선포하였고 (나)의 한·일 어업 협정이 체결되었다(1965).

오답 정리

① 한·미 상호 방위 조약이 체결된 것은 1953년이다.

③ 경찰이 반민족 행위 특별 조사 위원회를 습격한 것은 1949년이다.

④ 평화 통일론을 주장한 진보당의 조봉암이 구속된 것은 1958년이다(진보당 사건).

⑤ 유상 매수, 유상 분배 원칙의 농지 개혁법이 제정된 것은 1949년이다.

48 ④

포인트

유신 체제– 긴급조치권, 미니스커트 착용 단속, 야간 통행 금지

해설 제시된 자료는 유신 체제(1972, 4공화국)를 나타내는 것으로 대통령에게 헌법 효력까지도 일시 정지시킬 수 있는 긴급조치권을 부여하였다. 장발 단속, 미니스커트 착용 단속, 야간 통행이 금지되었다.

오답 정리

① 프로 축구가 출범한 것은 1983년으로 전두환 정부 때다.

② 개성 공단 착공식이 있었던 것은 2003년으로 노무현 정부 때다.

③ 금융 실명제가 시행된 것은 1993년으로 김영삼 정부 때다.

⑤ 외환 위기 극복을 위한 금 모으기 운동이 일어난 것은 김영삼 정부 말기에서 김대중 정부 초기다.

49 ②

포인트

6월 민주 항쟁(1987), 6·29 민주화 선언, 대통령 직선제 개헌

해설 제시된 자료의 민주화 운동은 1987년의 6월 민주 항쟁이다. 호헌 조치 철폐를 요구하는 시위가 전개되던 중 이한열이 의식 불명되는 사건이 발생하였다. 학생과 시민은 6·10 대회 선언문을 발표하였고 '호헌 철폐, 독재 타도, 민주 헌법 쟁취' 구호를 외치며 시위는 전국으로 확산하였다. 6월 민주 항쟁 결과 6·29 민주화 선언이 발표되면서 대통령 직선제 개헌을 이끌어냈다.

오답 정리

①② 장면 내각이 출범하는 배경은 1960년 4·19 혁명이다. 이는 3·15 부정 선거에 항의하는 시위에서 시작되었다.

④ 1980년 5·18 광주 민주화 운동은 신군부의 비상 계엄 확대가 원인이 되어 일어났다.

⑤ 3·1 민주 구국 선언을 통해 긴급 조치 철폐 등을 요구한 것은 1976년 3월 1일이다.

50 ①

포인트

남북 기본 합의서– 남북한 최초 공식 합의 문서

해설 제시된 자료는 노태우 정부로 남북한 유엔 동시 가입(1991), 남북 기본 합의서 채택(1991), 한반도 비핵화에 관한 공동 선언 발표(1992)가 있었다. 남북 기본 합의서는 남북한 상호 체제 인정 및 상호 불가침에 대한 내용을 담고 있는 남북한 간 최초의 공식 합의 문서다.

오답 정리

② 7·4 남북 공동 성명이 발표된 것은 1972년으로 박정희 정부 때다.

③ 10·4 남북 공동 선언이 채택된 것은 2007년으로 노무현 정부 때다.

④ 금강산 해로 관광 사업이 시작된 것은 1998년으로 김대중 정부 때다.

⑤ 최초의 이산가족 고향 방문이 실현된 것은 1985년으로 전두환 정부 때다.

정답 및 해설
신과함께 기출문제집

제46회

01 ②

포인트

신석기 시대– 농경과 정착 생활

해설 (가) 시대는 신석기 시대로 농경과 정착 생활이 시작되었다. 갈돌과 갈판을 이용한 곡식 갈기, 움집 거주, 빗살무늬 토기 등 신석기 시대의 생활상을 보여준다. 또한 신석기 시대에는 가락바퀴를 이용하여 실을 뽑았다.

오답 정리

① 돌방무덤에 시신을 매장한 것은 삼국 시대 들어와서다.
③ 명도전, 반량전 등의 화폐를 사용(출토)한 것은 철기 시대다.
④ 쟁기, 쇠스랑 등의 철제 농기구를 사용한 것은 철기 시대다.
⑤ 거푸집을 이용하여 비파형 동검을 제작한 것은 청동기 시대부터다.

02 ②

포인트

(가)– 옥저. 민며느리제, 가족공동묘 (나)– 고구려. 서옥제

해설 (가) 혼인을 약속한 여자 아이를 데려다 키워서 며느리로 삼는 민며느리제는 옥저의 혼인 풍속이다. 옥저에는 가족의 유골을 한 목곽에 안치하는 풍습(가족공동묘)이 있었다. (나) 혼인 후 신랑이 신부의 집 서옥에 살다가 자식이 장성하면 신랑 집으로 함께 돌아가는 풍속은 고구려의 서옥제다.

오답 정리

① 여러 가(加)들이 별도로 사출도를 주관한 나라는 부여다.
③ 읍락 간의 경계를 중시하는 책화가 있던 나라는 동예다.
④ 삼한 중 변한은 철이 많이 생산되어 낙랑과 왜에 수출하였다.
⑤ 제사장인 천군과 신성 지역인 소도가 있던 나라는 삼한이다.

03 ⑤

포인트

광개토 대왕 왜군 격파, 고령의 대가야 후기 가야 연맹

해설 제시된 자료는 고구려의 광개토 대왕이 군사를 보내 왜적을 격퇴하고 신라를 구원한 사실이 나타난다. 당시 전기 가야 연맹의 중심이었던 금관가야는 백제·왜와 연합하여 신라를 공격하였다. 금관가야는 신라를 구원하러 온 광개토 대왕의 공격을 받고 쇠퇴하면서 고령의 대가야를 중심으로 후기 가야 연맹이 형성된다.

오답 정리

① 백강 전투는 백제 멸망 후에 결성된 백제 부흥군과 왜군이 나당 연합군과 싸운 전투로 왜선 4백여 척이 불에 탄다(663).
② 안동도호부는 고구려 멸망 후 당나라가 고구려를 통치하기 위해 설치하였다.
③ 백제는 성왕 때에 수도를 웅진에서 사비로 천도(538)하고 국호를 남부여로 변경한다.
④ 신라는 백제를 공격하기 위해 고구려에 동맹을 요청하였으나 고구려가 거절하자 당과 동맹하게 된다.

04 ③

포인트

사마왕=무령왕– 고구려 견제 외교 강화, 지방 22담로

해설 사마왕은 백제의 무령왕으로 백제 왕릉 중 피장자가 밝혀진 무덤은 무령왕릉이 유일하다. 무령왕은 고구려 견제를 목적으로 중국 남조의 양나라, 왜 등과 외교 관계를 강화하였고, 지방에 22담로를 두어 왕족을 파견하였다.

오답 정리

① 금마저에 미륵사를 창건한 것은 무왕 때다.
② 윤충을 보내 대야성을 함락한 것은 의자왕이다.
④ 근초고왕은 고흥으로 하여금 서기를 편찬하게 하였다.
⑤ 동진에서 온 마라난타를 통해 불교를 수용한 것은 침류왕 때다.

05 ④

포인트

장보고 법화원, 9세기 남북국시대 빈공과 6두품, 『입당구법순례행기』

해설 법화원은 흥덕왕 때(823) 장보고가 산둥반도 적산촌에 세운 사찰로 적산법화원이라고도 하며 신라원 중에서도 가장 대표적이다. 일본 천태종의 승려 엔닌[圓仁]이 쓴 『입당구법순례행기』에는 법화원에 대한 기록이 실려 있다. 장보고가 활동했던 시

기는 9세기로 남북국시대에 해당한다. 이 시기 빈공과를 준비하는 6두품 출신 유학생의 모습을 볼 수 있다.

오답 정리

① 농상집요는 중국 화북(원나라) 지방의 농법을 정리한 책으로 고려의 이암이 들여왔다.

② 만권당은 고려의 충선왕이 원나라 수도 대도(베이징)에 지은 독서당이다.

③ 매소성 전투는 삼국 통일 직전에 있었다(675).

⑤ 주류성에서 백제 부흥 운동을 벌이는 귀족은 백제 멸망(660) 이후 볼 수 있는 모습이다.

06 ③

포인트

고구려 소수림왕– 불교 전래, 태학 설립, 율령 반포

해설 제시문은 고구려 소수림왕 시기로 전진의 승려 순도로부터 불상과 경문을 전달받음으로써 불교가 전래되었다(372). 유교적 정치 이념에 따른 인재 양성을 위해 태학을 설립하고(372), 국가 통치와 사회질서 유지를 위해 율령을 반포하였다(373).

07 ②

포인트

신라 지증왕– 순장 금지, 우경 도입, 국호(신라) 및 왕호 사용, 주·군·현의 지방 제도 정비, 시장(동시) 설치, 우산국(울릉도) 정복(512)

해설 제시문의 순장 금지, 우경 도입은 신라 지증왕 때 있었던 사실이다. 국호(신라) 및 왕호 사용, 주·군·현의 지방 제도 정비, 시장(동시) 설치, 우산국(울릉도) 정복(512) 또한 지증왕의 업적이다.

오답 정리

① 병부와 상대등은 법흥왕 때 설치되었다.

③ 불국사 삼층 석탑은 통일신라 경덕왕 때 건립된 것으로 추정된다.

④ 화랑도가 국가적인 조직으로 개편된 것은 진흥왕 때다.

⑤ 지방관 감찰을 목적으로 외사정이 파견된 것은 문무왕 때다.

08 ④

포인트

신문왕– 김흠돌의 난 평정 및 귀족 숙청, 9주 5소경, 9서당 10정

해설 (가)에는 신문왕의 업적이 들어가야 한다. 신문왕은 김흠돌의 난을 평정 및 귀족들을 숙청하였고 9주 5소경의 지방 제도를 확립하였다. 군사 제도로 중앙에는 9서당, 지방에는 10정을 두었으며 국학을 설립하였다.

오답 정리

① 성덕왕은 백성에게 정전을 지급하였다.

② 법흥왕은 건원이라는 독자적인 연호를 사용하였다.

③ 독서삼품과를 실시하여 관리를 채용하려 한 것은 원성왕 때다.

⑤ 시장을 감독하는 관청인 동시전을 설치한 것은 지증왕 때다.

09 ①

포인트

(가)– 발해. 선왕 해동성국 5경 15부 62주, 무왕 인안, 문왕 대흥

해설 (가) 국가는 발해로 ② 관리에 대한 감찰 기관으로 중정대를 두었고, ③ 전성기인 선왕 때는 해동성국이라고도 불렸다. ④ 무왕 때는 인안, 문왕 때는 대흥의 연호를 사용하였다. ⑤ 발해는 선왕 때에 5경 15부 62주의 지방 행정 제도를 마련하였다. 9서당의 중앙군을 편성한 것은 신라(통일신라)다.

10 ④

포인트

분황사 모전 석탑– 신라 최고(最古) 석탑

해설 분황사 모전 석탑은 현존하는 신라 석탑 가운데 가장 오래된 것으로 돌을 다듬어 벽돌 모양으로 쌓아 만든 형태다.

오답 정리

① 발해의 영광탑이다.

② 백제의 정림사지 오층 석탑이다.

③ 통일신라의 제천 장락동 칠층 모전 석탑이다.

⑤ 통일신라의 불국사 다보탑이다.

35회

36회

37회

38회

39회

40회

41회

42회

43회

44회

45회

46회

11 ③

포인트

고려 후삼국 통일

해설 (가)는 930년의 고창 전투로 후백제의 견훤은 군사를 일으켜 고창군을 포위 공격했으나 고려의 왕건에게 패했다. (나)는 927년의 공산 전투로 고려 태조는 공산에서 견훤과 전투를 벌였고 고려가 패배하였다. (다)는 935년 경순왕이 고려에 항복 의사를 전달한 것으로 왕건은 신라를 경주라 하고 경순왕(정승공)의 식읍으로 삼았다. (라)는 936년의 일리천 전투로 고려군은 신검의 후백제군을 격파함으로써 후삼국을 통일하였다. (나)-(가)-(다)-(라) 순으로 일어났다.

12 ①

포인트

성종- 중앙 통치 2성 6부제, 전국 12목 지방관 파견, 의창 설치, 향리제 정비

해설 제시문의 왕은 성종으로 2성 6부제를 기반으로 중앙의 통치 조직을 정비하였고, 전국에 12목을 설치하여 지방관을 파견하였다. 빈민 구제 기관으로 의창을 설치하였으며 지방 세력 통제를 위해 향리제를 정비하였다.

오답 정리

② 주전도감을 설치하여 해동통보를 발행한 것은 숙종 때다.

③ 쌍기의 건의를 받아들여 과거제를 실시한 것은 광종 때다.

④ 정계와 계백료서를 지어 관리의 규범을 제시한 왕은 태조 왕건이다.

⑤ 국자감은 충렬왕 때 국학으로 개칭하였고, 충선왕이 즉위하여 성균감으로 고쳤다가 다시 성균관으로 고쳤다. 그 뒤 공민왕 때 국자감으로 환원했다가 성균관으로 개칭되어 조선으로 이어졌다.

13 ②

포인트

서희- 외교 담판, 강동 6주, 강감찬- 천리장성 국경 경비 강화

해설 (가) 국가는 거란(요나라)으로 고려에 1차 침입 당시(993) 서희는 소손녕과의 외교 담판으로 거란을 철수시켰고 강동 6주를 획득하였다. 3차 침입 이후 고려는 강감찬의 건의에 따라 개경에 나성을 쌓아 침입에 대비하였다. 또한 압록강 하구에서 동해안의 도련포에 이르는 천리장성을 쌓아 국경의 경비를 강화하였다.

오답 정리

① 별무반을 보내 여진을 정벌 후 동북 9성을 축조하였다.

③ 고려 말 명나라가 철령 이북의 땅을 요구하자 최영을 중심으로 요동 정벌이 추진되었다.

④ 최무선은 화통도감을 설치하여 화약과 화포를 제작하였고 진포에서 왜구를 격퇴하였다.

⑤ 공민왕은 원나라의 쌍성총관부를 공격하여 철령 이북의 땅을 수복하였다.

14 ④

포인트

지눌- 수선사 결사, 개혁운동 전개, 돈오점수, 정혜쌍수

해설 지눌은 불교계를 개혁하기 위해 수선사(현재의 송광사) 결사를 제창하여 승려의 기본인 독경, 수행, 노동에 힘쓰자는 개혁 운동을 전개하였다. 지눌은 돈오점수(깨달음)를 주장하며 수행 방법으로 정혜쌍수를 제시하였다.

오답 정리

① 일연은 경상북도 군위군 인각사에서 삼국유사를 집필하였다.

② 금강삼매경론은 금강삼매경(중국 남북조 때부터 당나라 때까지 유행하였던 여러 설과 교리를 두루 모아 엮은 경전)을 주석한 책이다.

③ 의천은 개경 흥왕사에서 신편제종교장총록을 편찬하였다.

⑤ 요세는 법화 신앙을 바탕으로 강진 만덕사에서 백련 결사를 이끌었다.

15 ⑤

포인트

(가)- 강화 천도 (나)- 개경 환도, 삼별초 항전

해설 (가)는 몽골의 2차 침입을 겪으면서 최우가 장기전을 위해 강화 천도를 결정한 상황(1232)이다. (나)는 무신 정권이 끝남으로써 개경 환도(1270)를 앞둔 시점에 삼별초가 항전을 결정한 상황이다. 두 시기 사이인 몽골의 3차 침입(1235) 당시 황룡사 9층 목탑이 소실된다.

오답 정리

① 인사 행정을 담당하던 정방은 공민왕 때 폐지되었다(1369).

② 만적이 개경에서 신분 행방을 도모한 것은 1182년이다.

③ 묘청이 중심이 되어 서경 천도를 주장한 것은 1135년이다.

④ 정중부 등이 정변을 일으켜 권력을 장악한 것은 1170년이다.

16 ②

포인트

원의 내정 간섭기. 변발, 호복 확산

해설 제시된 자료에서는 일본의 대명포에 이르렀다는 것과 왜와 교전했으며 풍랑을 만나 행방을 잃은 사실이 나타난다. 이는 고려에 대한 원의 내정 간섭기 일본 원정에 해당한다. 이 시기 지배층을 중심으로 변발과 호복이 확산되었다.

오답 정리

① 왕조 교체를 예언하는 정감록이 유포된 것은 조선 후기다.

③ 교정도감이 국정을 총괄하는 기구로 부상한 것은 무신집권기다.

④ 이자겸이 왕실의 외척이 되어 권력을 독점한 것은 고려 인종 때로 원의 내정 간섭이 더 앞선 시기다.

⑤ 김사미와 효심이 가혹한 수탈에 저항하여 봉기한 것은 무신집권기다.

17 ③

포인트

직지심체요절– 최고(最古) 금속활자 책

해설 직지심체요절의 정식 명칭은 『백운화상초록불조직지심체요절』로 현존하는 금속활자로 인쇄된 책 중 가장 오래된 책이며, 백운화상이 석가모니의 가르침에서 중요한 내용을 뽑아 청주 흥덕사에서 펴냈다. 유네스코 세계 기록 유산에 지정되었다.

오답 정리

① 유형원이 반계수록을 저술한 지역은 전북 부안군이다.

② 안승을 왕으로 하는 보덕국이 세워진 지역은 전북 익산이다.

④ 백제와 신라 사이에 황산벌 전투가 벌어진 지역은 충남 논산이다.

⑤ 전태일이 근로기준법 준수를 외치며 분신한 지역은 서울 종로(평화시장)다.

18 ⑤

포인트

고려– 구제도감, 제위보

해설 구제도감은 고려의 질병환자 치료 및 병사자의 매장을 관리하기 위한 기구다. 고려에서는 또한 기금을 모아 그 이자로 빈민을 도와주는 제위보가 운영되었다.

오답 정리

① 을파소의 건의로 진대법이 실시된 것은 고구려 고국천왕 때다.

② 기근에 대비하기 위해 구황촬요가 발간된 것은 조선 명종 때다.

③ 우리 풍토에 맞는 농법을 소개한 농사직설이 편찬된 것은 조선 세종 때다.

④ 국산 약재와 치료 방법을 정리한 향약집성방이 간행된 것은 조선 세종 때다.

19 ⑤

포인트

조선 세종– 3포 개항, 계해약조 체결

해설 제시된 자료의 왕은 조선 세종으로 일본에 부산포, 제포, 염포의 3포를 개항하고 계해약조를 체결하여 제한된 범위의 무역을 허용하였다.

오답 정리

① 어영청을 중심으로 북벌이 추진된 것은 조선 효종 때다.

② 국왕의 친위 부대인 장용영이 설치된 것은 조선 정조 때다.

③ 강홍립 부내가 사르후 전투에 참전한 것은 조선 광해군 때다.

④ 에도 막부의 요청에 따라 통신사가 파견된 것은 조선 선조 때다.

20 ②

포인트

홍문관 · 사헌부 · 사간원 → 통칭 3사, 언론 기능 담당

해설 (가) 기구는 홍문관으로 집현전의 기능을 이었으며 사헌부, 사간원과 함께 3사로 불렸으며 3사는 언론 기능을 담당하였다.

오답 정리

① 한성부는 수도의 행정과 치안을 담당하였다.

③ 규장각 검서관에 서얼 출신 학자들이 기용되었다.

④ 비변사는 임진왜란을 거치면서 국정 전반을 총괄하였다.

⑤ 의금부는 국왕 직속 사법 기구로 반역죄, 강상죄 등을 처결하였다.

21 ③

포인트

조선 세조– 계유정난, 사육신, 이시애의 난

해설 제시문은 조선 세조를 설명한 것으로 세종의 2남인 수양 대군은 계유정난(1453)을 통해 단종을 폐위시키고 즉위하였다. 또한 단종 복위를 꾀한 성삼문, 박팽년 등의 사육신을 처형하였다. 함길도 토착 세력이 일으킨 이시애의 난을 진압한 것도 세조 때다.

오답 정리

① 유자광의 고변을 계기로 남이를 처형한 것은 예종 때다.

② 변급, 신류 등을 파견하여 나선 정벌을 단행한 것은 효종 때다.

④ 인목 대비 유폐와 영창 대군 사사를 명분으로 폐위된 왕은 광해군이다.

⑤ 유능한 인재를 양성하기 위해 초계문신제를 시행한 것은 정조 때다.

22 ⑤

포인트

천주교– 황사영 백서 사건, 만주 의민단

해설 (가) 종교는 천주교로 황사영이 쓴 백서에는 천주교에 대한 정부의 탄압 상황과 신앙의 자유를 얻기 위해 외국 군대의 출병을 요청하는 내용이 쓰여 있다. 황사영 백서 사건으로 정부에 대한 천주교 탄압이 거세진다. 일제강점기 천주교는 만주에서 의민단을 조직하여 독립 전쟁을 전개하였다.

오답 정리

① 대종교는 개벽, 신여성 등의 잡지를 발행하였다.

② 하늘에 제사 지내는 초제는 도교 행사와 관련된다.

③ 동학은 동경대전과 용담유사를 경전으로 삼았다.

④ 원불교는 박중빈을 중심으로 새생활 운동을 추진하였다.

23 ②

포인트

훈구파– 기묘사화

해설 조광조 일파는 중종반정 공신에 책봉된 100명 가운데 4분의 3이 부당하게 공신이 되었으므로 그들의 공신 칭호와 토지 및 노비를 몰수해야 한다고 주장하였다. 이에 불만을 품은 훈구파의 홍경주, 남곤 등은 연합하여 조광조 일파를 타도하기 위해 계략을 꾸미고 곧이어 조광조 일파는 축출되었다(기묘사화).

오답 정리

① 정여립 모반 사건으로 기축옥사가 일어난 것은 선조 때다.

③ 양재역 벽서 사건으로 이언적 등이 화를 입은 것은 명종 때다.

④ 조의제문이 발단이 되어 김일손 등이 처형된 것은 무오사화로 연산군 때다.

⑤ 공신 책봉에 불만을 품고 이괄이 반란을 일으킨 것은 인조 때다.

24 ③

포인트

조선 후기– 홍대용 연행사 참여, 곤여만국전도

해설 연행사 일행으로 홍대용이 연경에 갔던 시기는 조선 후기로 이 시기 곤여만국전도를 열람하는 학자들의 모습을 볼 수 있다.

오답 정리

① 제중원에서 치료받는 환자, ② 도병마사에서 회의하는 관리, ⑤ 벽란도에서 교역하는 아라비아 상인은 고려 시기에 볼 수 있는 모습이다. ④ 당백전을 주조하는 관청 소속 장인은 흥선대원군 집권기에 해당한다.

25 ④

포인트

대동법– 폐단 방지, 공인 등장

해설 (가) 제도는 대동법으로 방납의 폐단으로 농민 부담이 가중되자 가호에 따라 부과하던 공납 대신 토지 결수에 따라 1결당 미곡 12두를 징수하였다. 대동법의 시행은 관청에 물품을 조달하는 공인이 등장하는 배경이 되었다.

오답 정리

① 양반에게도 군포를 부과한 것은 흥선대원군 때 실시한 호포제다.

② 토지 소유자에게 결작을 거둔 것은 균역법과 관련된다.

③ 풍흉에 따라 전세를 9등급으로 차등 부과한 것은 연분 9등법이다.

⑤ 부족한 재정을 보충하기 위해 선무군관포를 징수한 것은 균역법과 관련된다.

26 ④

포인트

조선 영조– 이인좌의 난(무신란), 탕평비

해설 이인좌의 난은 조선 영조 때 이인좌 등의 소론이 주도한 반란으로 무신년(1728)에 일어난 반란이라고 하여 무신란이라고도 한다. 탕평비는 1742년(영조 18) 성균관 입구에 건립하였으며 "두루 사귀되 편을 가르지 않는 것이 군자의 공정한 마음이요, 편을 가르고 두루 사귀지 않는 것은 소인의 사사로운 마음이다."라고 새겨져 있다.

오답 정리

① 허적과 윤휴 등 남인들이 대거 축출된 것은 숙종 때의 경신환국이다.

② 박규수의 건의로 삼정이정청이 설치된 것은 철종 때다.

③ 자의 대비의 복상 문제로 예송이 전개된 것은 현종 때다.

⑤ 왕조의 통치 규범을 재정비한 대전통편이 편찬된 것은 정조 때다.

27 ②

포인트

조선 후기– 담배, 면화, 개시 무역 · 후시 무역, 모내기법, 설점수세제

해설 제시된 대화의 산대놀이는 조선 후기에 볼 수 있는 모습이다. ① 담배, 면화 등이 상품 작물로 재배된 것, ③ 국경 지대에서 개시 무역과 후시 무역이 이루어진 것, ④ 모내기법의 확산으로 벼와 보리의 이모작 성행, ⑤ 설점수세제의 시행으로 민간의 광산 개발이 활기를 띤 것은 모두 조선 후기다.

오답 정리

② 경기 지역에 한하여 과전법이 시행된 것은 고려 말의 상황이다.

28 ①

포인트

인조– 병자호란, 김상용 순절

해설 제시된 자료는 병자호란을 설명한 것으로 인조는 남한산성으로 피신하여 항전하게 된다. 병자호란 당시 김상용은 강화도로 피난하였으나 청군에 함락되자 화약을 터뜨려 순절하였다.

오답 정리

② 정문부가 길주에서 의병을 이끈 것은 임진왜란에 해당한다.

③ 조명 연합군이 평양성을 탈환한 것은 임진왜란에 해당한다.

④ 정봉수와 이립이 용골산성에서 항전한 것은 정묘호란에 해당한다.

⑤ 임진왜란 중에 포수, 사수, 살수로 구성된 훈련도감이 설치되었다.

29 ⑤

포인트

홍경래의 난(1811)– 서북인 차별 반발

해설 제시된 자료는 홍경래의 난(1811)을 설명한 것으로 서북인에 대한 차별에 반발하여 일어났다. 한때 청천강 이북 지역을 점령하기도 했으며 정주성에서 관군에 패함으로써 진압되었다.

오답 정리

① 동학은 척왜양창의를 기치로 내걸었다.

② 몰락 양반 유계춘이 주도한 것은 임술 농민 봉기(진주 농민 봉기, 1862)이다.

③ 청군이 파병되는 결과를 가져온 것은 임오군란(1882)이다.

④ 동학 농민 운동 2차 봉기 때 남접과 북접이 연합하여 전개되었다.

30 ⑤

포인트

서원– 주세붕 설립 시초, 국왕의 지원받음

해설 제시문의 자료는 서원을 설명한 것으로 풍기 군수 주세붕이 안향을 제사하기 위해 사당을 세운 것이 시초다. 국왕으로부터 편액과 함께 서적을 받기도 하였다.

오답 정리

①③ 향교는 전국의 부·목·군·현에 하나씩 설립되었고 중앙에서 교관인 교수나 훈도가 파견되었다.
④ 유학을 비롯하여 율학, 서학, 산학을 교육한 곳은 고려의 국자감이다.

31 ①

포인트

조선 정부 통상 요구 거절 → 오페르트 도굴 사건 → 어재연 부대 항전

해설 제시된 자료는 오페르트 도굴 사건(1868)을 보여준다. 독일 상인 오페르트의 통상 요구에 조선 정부가 거절하자 오페르트는 흥선 대원군의 아버지인 남연군 묘를 도굴하려 한다. 어재연 부대가 광성보에서 항전한 것은 신미양요(1871) 때로 오페르트 도굴 사건 이후다.

오답 정리

② 외규장각의 의궤가 약탈된 것은 병인양요(1866) 때다.
③ 평양 관민이 제너럴 셔먼호를 불태운 것은 1866년이다.
④ 로즈 제독의 함대가 양화진을 침입한 것은 병인양요다(1866).
⑤ 양헌수 부대가 정족산성에서 프랑스군을 격퇴한 것은 병인양요다.

32 ④

포인트

임오군란(1882)– 구식군인 반발, 일본 피해배상 제물포 조약 체결

해설 제시된 자료에서 군인에게 지급할 봉급을 몇 개월 동안 지급하지 못함으로 일어난 사건은 1882년의 임오군란이다. 구식군인들은 일본인 교관을 살해하고 일본 공사관을 습격함으로써 피해배상을 위한 제물포 조약을 체결하였다. 이를 계기로 일본 공사관에 경비병이 주둔하게 되었다.

오답 정리

① 1907년의 국채보상운동은 통감부의 방해와 탄압으로 실패하였다.
② 통리기무아문은 개화정책을 추진하기 위해 1881년 설치하였다.
③ 홍범 14조는 1895년 2차 갑오개혁 때 반포되었다.
⑤ 김기수는 강화도 조약 체결 이후 1876년 수신사로 일본에 파견되었다.

33 ③

포인트

독립협회– 만민 공동회. 중추원 개편 추진

해설 (가) 단체는 독립협회로 만민 공동회를 열어 러시아 군사 교관과 재정 고문을 철수시켰다. 독립협회는 의회 설립을 정부에 건의하여 중추원 개편을 통한 민중 대표의 정치 참여를 추진하였다.

오답 정리

① 천도교는 만세보를 발행하여 민중 계몽에 힘썼다.
② 보안회는 일본의 황무지 개간권 요구를 저지하였다.
④ 대한민국 임시정부는 독립운동 자금 마련을 위해 독립 공채를 발행하였다.
⑤ 신민회는 대성 학교와 오산 학교를 설립하여 인재를 양성하였다.

34 ①

포인트

을미개혁– 김홍집 내각. 연호 제정, 태양력 사용, 단발령

해설 대화는 김홍집 내각을 설명한 것으로 을미개혁을 추진하여 연호 제정(건양), 태양력 사용, 단발령 등을 실시하였다.

오답 정리

② 전국 8도를 23부로 개편한 것은 2차 갑오개혁 때다.
③ 황제 직속의 원수부를 설치한 것은 광무 개혁 때다.
④ 박문국을 설치하여 한성순보를 발행한 것은 1883년~1884년이다.
⑤ 공사 노비법을 혁파하고, 과거제를 폐지한 것은 1차 갑오개혁 때다.

35 ④

포인트

대한인 국민회– 초대 회장 안창호, 샌프란시스코 외교 활동

해설 (가) 지역은 미주 지역인 샌프란시스코로 1912년 안창호를 초대 회장으로 한 대한인 국민회를 중심으로 외교 활동을 전개하였다.

오답 정리

① 서간도(남만주)에서는 신흥 강습소가 설립되어 독립군을 양성하였다.
② 해조신문은 러시아의 블라디보스토크(연해주)에서 창간되었던 일간신문이다.
③ 서전서숙은 북간도에 설립되어 민족 교육을 실시하였다.
⑤ 중국 연안 지역에서는 조선 독립 동맹이 결성되어 대일 항전을 준비하였다.

36 ④

포인트

청산리 전투(1920)– 북로 군정서 일본군 격퇴, 어랑촌 전투, 독립군 연합 부대 승리

해설 제시된 자료의 북로 군정서의 일본군 격퇴, 어랑촌 전투, 독립군 연합 부대의 일본군에 대한 승리는 1920년의 청산리 전투에 해당한다.

오답 정리

ㄴ. 1925년 미쓰야 협정이 체결됨에 따라 만주 내 항일 독립운동이 크게 탄압되었다.
ㄹ. 1921년 독립군 주력 부대들은 러시아의 자유시로 이동하나 소련 적색군에게 무장 해제를 당하며 세력이 약화된다(자유시 참변).
ㄱ. 13도 창의군은 고종 강제 퇴위와 군대 해산 이후 결성되어 서울 진공 작전을 추진하였다.
ㄷ. 서울 진공 작전 전개 이후 일제는 1909년 남한 대토벌 작전을 전개하였다.

37 ⑤

포인트

독립 의군부– 고종 지령, 임병찬 결성. 국권 반환 요구서

해설 (가) 단체는 독립 의군부로 고종의 지령을 받고 임병찬이 의병을 모아 결성한 비밀 단체다. 국권 반환 요구서를 조선 총독에게 제출할 것을 계획하였다.

오답 정리

① 신간회는 정우회 선언의 영향으로 결성되었다.
② 신민회는 일제가 꾸며낸 105인 사건으로 해체되었다.
③ 일제는 1925년 치안 유지법을 제정하여 독립운동가 및 사회주의자를 탄압하였다.
④ 대한민국 임시정부는 백산상회를 통해 독립운동 자금을 마련하였다.

38 ②

포인트

안중근– 의사(義士). 이토 히로부미 사살

해설 제시된 자료의 인물은 안중근으로 하얼빈 역에서 이토 히로부미를 사살하였다.

오답 정리

① 나석주는 동양 척식 주식회사에 폭탄을 투척하였다.
③ 김구는 한인 애국단을 결성하여 의거 활동을 전개하였다.
④ 의열단을 결성한 김원봉은 조선 혁명 간부 학교를 세워 독립군을 양성하였다.
⑤ 이재명은 명동 성당 앞에서 이완용을 습격하여 중상을 입혔다.

39 ④

포인트

3·1운동(1919)– 각계각층 만세 운동 참여. 일본군 경기도 화성 제암리 교회 주민 학살

해설 (가) 운동은 1919년의 3·1운동으로 고종의 인산일을 계기로, 각계각층이 만세 운동에 참여하였다. 이 당시 일본군은 경기도 화성에 있는 제암리 교회에서 주민들을 학살하였다.

오답 정리

① 의열단은 신채호의 조선 혁명 선을 활동 지침으로 삼았다.
② 신간회는 1929년 광주 학생 항일운동에 진상 조사단을 파견하여 지원하였다.
③ 대한광복회는 3·1운동 전인 1915년에 결성되었다.
⑤ 국채 보상 운동은 대한매일신보의 후원을 받아 전국적으로 확산되었다.

40 ③

포인트

최현배, 이윤재– 잡지 한글 간행, 한글 맞춤법 통일안. 정인보– 조선학 운동. 신채호– 을지문덕전. 백남운– 식민 사학 정체성론 반박

35회

36회

37회

38회

39회

40회

41회

42회

43회

44회

45회

46회

해설 ①② 조선어 학회의 최현배, 이윤재 등은 잡지 한글의 간행을 주도하였고, 한글 맞춤법 통일안 제정에 참여하였다.
③ 정인보는 민족의 얼을 강조하고 조선학 운동을 추진하였다.
④ 신채호는 애국심 고취를 위해 을지문덕전을 집필하였다.
⑤ 백남운은 조선사회경제사에서 식민 사학의 정체성론을 반박하였다.

41 ①

포인트

대한민국 임시정부– 창조파(신채호) 개조파(안창호) 대립, 국민대표 회의 결렬. 1925년 이승만 탄핵. 1941년 대한민국 건국 강령 제정

해설 대한민국 임시정부는 비밀 연락망 붕괴, 외교 성과 미흡으로 새로운 정부 수립을 주장하는 창조파(신채호)와 체제 개편을 주장하는 개조파(안창호)의 대립이 생긴다. 이에 국민대표 회의를 개최(1923)했으나 결렬된다. 1925년에는 이승만을 대통령직에서 탄핵당하고 박은식이 임시 정부 대통령이 된다. 제시된 자료 이후 1941년 조소앙의 삼균주의를 바탕으로 대한민국 건국 강령을 제정한다.

오답 정리

② 무장 투쟁을 위해 육군 주만 참의부를 조직한 것은 1923년이다.
③ 독립군 비행사 양성을 위해 한인 비행 학교를 설립한 것은 1920년이다.
④ 국민대표회는 1923년에 개최된다.
⑤ 파리 강화 회의에 대표단을 파견하여 외교 활동을 전개한 것은 1919년이다.

42 ①

포인트

물산 장려 운동– 조만식 주도, 민족의 실력 양성 도모

해설 자료의 민족 운동은 물산 장려 운동으로 민족 자본 보호와 산업육성을 통한 민족의 실력 양성을 도모하였다.

오답 정리

ㄱ. 물산 장려 운동은 조만식 등의 주도로 평양에서 시작되었다.
ㄴ. 자작회, 토산 애용 부인회 등이 동참함으로써 전국적으로 확산하였다.

ㄷ. 국채 보상 기성회를 중심으로 전개된 것은 국채 보상 운동이다.
ㄹ. 1929년 원산 총파업은 일본, 프랑스 등의 노동 단체로부터 격려 전문을 받았다.

43 ②

포인트

1910년– 일제의 무단 통치 시기

해설 (가)는 1910년에 공포된 회사령으로 회사 설립 시 총독의 허가를 받도록 하였다. 1910년대에는 일제의 무단 통치 시기로 범죄 즉결례에 의해 한국인을 처벌하였다.

오답 정리

① 제2차 조선 교육령은 1922년에 시행하였다.
③ 조선 사상범 예방 구금령은 1941년 제정되었다.
⑤ 국가 총동원법은 1938년 제정되었다.

44 ④

포인트

형평 운동(1923)– 백정에 대한 사회적 차별 철폐 주장

해설 제시문의 운동은 형평 운동(1923)으로 백정에 대한 사회적 차별 철폐를 주장하였다. 조선 형평사를 중심으로 진주에서 시작되어 전국적 조직으로 확대되었다.

오답 정리

① 민족주의 계열의 수양동우회는 잡지 동광을 발행하였다.
② 국채 보상 운동은 김광제 등의 발의로 시작되었다.
③ 1929년의 광주 학생 항일운동은 한일 학생 간의 충돌에서 비롯되었다.
⑤ 브나로드 운동은 동아일보 주도로 학생이 중심이 되어 전개한 농촌 계몽 운동이다.

45 ⑤

포인트

조선 의용대– 김원봉 조직, 최초의 한인 무장 부대

해설 (가) 군사 조직은 김원봉이 중심이 된 조선 의용대다. 조선 민족 전선 연맹 산하 조직으로 중국 관내에서 결성된 최초의

한인 무장 부대다.

① 조선혁명군은 영릉가 전투에서 일본군에게 승리하였다.

② 한국광복군은 미군과 연계하여 국내 진공 작전을 계획하였다.

③ 동북 인민 혁명군은 동북 항일 연군으로 개편되어 유격전을 펼쳤다.

④ 한국 독립군은 쌍성보에서 중국 호로군과 연합 작전을 전개하였다.

46 ⑤

포인트

3차 개헌(1960)- 내각 책임제, 국회 양원제

해설 제시된 자료의 헌법은 3차 개헌(1960.6, 2공화국)으로 내각 책임제와 국회 양원제(민의원, 참의원) 헌법 개정을 골자로 한다.

오답 정리

① 반민족 행위 처벌법은 1949년 제정되었다.

② 통일 주체 국민 회의는 1972년 10월 17일 '10월 유신'으로 제4공화국이 출범하면서 헌법에 따라 구성된 간접민주주의 기관이다.

③ 1948년 5·10 총 선거에 따라 2년 임기의 제헌 국회 의원을 선출하였다.

④ 조봉암을 중심으로 진보당이 창당된 것은 1956년이다.

47 ⑤

포인트

유엔 소총회- 남한의 총선거 결의(1948.2.)

해설 미국은 한국 문제를 유엔에 상정함에 따라 소련은 유엔 임시 위원단의 입북을 거부하게 된다. 이에 유엔 소총회는 위원단이 접근 가능한 지역인 남한의 총선거를 결의하였다(1948.2).

48 ①

포인트

부·마 항쟁- 유신 체제 붕괴 배경

해설 (가) 민주화 운동은 부·마 항쟁으로 1979년 10월 16일부

터 10월 20일까지 부산광역시와 경상남도 마산시(현 창원시)에서 유신 체제에 대항한 항쟁을 말한다. 부·마 항쟁은 유신 체제가 붕괴되는 배경이 되었다.

오답 정리

②④ 시민군을 조직하여 계엄군에 대항한 것은 1980년의 5·18 광주 민주화 운동이다. 관련 기록물이 유네스코 세계 기록 유산으로 등재되었다.

③ 허정 과도 정부가 구성되는 결과를 가져온 것은 1960년 4·19 혁명이다.

⑤ 대통령 하야를 요구하는 대학 교수단의 시위 행진은 1960년 4·19 혁명과 관련된다.

49 ⑤

포인트

6월 민주 항쟁(1987)- 호헌 조치 철폐 요구, 노태우- 6·29 민주화 선언

해설 1987년 호헌 조치 철폐를 요구하며 6월 민주 항쟁이 전개되었고 대통령 후보인 노태우는 대통령 직선제 개헌 요구를 수용하는 6·29 민주화 선언을 발표하였다. 이후 여야 합의로 대통령 직선제 및 5년 단임제 규정의 현행 헌법 개정이 있었고, 노태우가 당선된다.

오답 정리

① 3당 합당으로 민주 자유당이 창당된 것은 1990년이다.

② 국제 통화 기금의 구제 금융을 받게 된 것은 김영삼 정부 시기인 1997년이다.

③ 비상계엄이 선포된 가운데 발췌 개헌안이 통과된 것은 1952년이다.

④ 여당 부통령 후보 당선을 위한 3·15 부정 선거가 원인이 되어 1960년 4·19 혁명이 일어났다.

50 ④

포인트

김대중- 국민 기초 생활 보장법(1999), 개성 공업 지구 건설

해설 국민 기초 생활 보장법은 김대중 대통령 시기인 1999년 제정되었다. 김대중 정부는 남북한의 교류 협력을 위한 개성 공업 지구 건설에 합의하였다.

오답 정리

35회

36회

37회

38회

39회

40회

41회

42회

43회

44회

45회

46회

① 10 · 4 남북 공동 선언은 노무현 정부(2007) 때에 채택하였다.

② 남북한이 한반도 비핵화 공동 선언에 서명한 것은 노태우 정부(1991) 때다.

③ 박정희 정부는 1972년의 7 · 4 남북 공동 성명에서 남북은 합의된 통일 원칙을 실무적으로 추진하기 위한 기구로 남북 조절 위원회를 구성하였다.

⑤ 최초의 이산가족 고향 방문과 예술 공연단 교환은 전두환 정부(1985) 때 실현되었다.

개정 2판 1쇄 인쇄 2020년 3월 27일
개정 2판 1쇄 발행 2020년 4월 3일

지 은 이 마패한국사연구소
펴 낸 이 권기대
발 행 처 마패
공 급 처 도서출판 베가북스
총괄이사 배혜진
편   집 임용섭, 박석현, 신기철
디 자 인 박숙희
마 케 팅 황명석, 연병선
경영지원 지현주

등록번호 제313-2004-000221호
주   소 (07269) 서울특별시 영등포구 양산로3길 9, 201호
주문 및 문의 (02)322-7241 팩스 (02)322-7242

ISBN 979-11-90242-32-5 13910

홈페이지 www.vegabooks.co.kr
블로그 http://blog.naver.com/magicpass1
인스타그램 @vegabooks   트위터 @VegaBooksCo   이메일 magicpass1@naver.com